JN418656

東洋古典譯註叢書 52

譯註 唐宋八大家文抄

曾鞏

宋基采 譯註

傳統文化研究會

東洋古典譯註叢書를 발간하면서

우리의 古典國譯事業은 민족문화 진흥의 기초사업으로 1960년대부터 政府 支援으로 古文獻 現代化 작업을 추진하여 많은 成果를 거두었다. 당시 이 사업 추진의 先行課題로 東洋古典이라 일컬어지는 중국의 基本古典을 먼저 飜譯하여야 한다는 學界의 주장이 있었음에도 불구하고 우리 고전이 아니라는 일부의 偏狹한 視覺과 財政 事情 등으로 인하여 배제되어 왔다.

전통적으로 중국의 기본고전은 우리 歷史와 함께 숨쉬며 각종 교육기관의 教科書로 활용됨은 물론이고 지식인들의 必讀書가 되어 왔으며, 우리 文化의 基底에 자리잡고 거의 모든 방면의 體系와 根幹을 형성하여 왔다. 그래서 학문연구의 기본서 역할을 해 왔을 뿐만 아니라 오늘날에도 우리의 國學徒 및 東洋學 研究者들에게 같은 역할을 하고 있음은 주지의 사실이다. 그럼에도 불구하고 中國古典은 우리 것이 아니라 하여 專門機關의 飜譯對象에 포함하지 않음으로써, 대부분 原典에서의 직접 번역이 아닌 重譯이나 拔萃譯의 방식이 주를 이루면서 教養水準으로 出版되어 왔다.

오늘날 東洋 三國 중에서 우리의 東洋學 연구가 가장 부진한 이유는, 東洋基本古典에 대한 폭넓은 이해의 부족과 漢文古典 讀解力의 저하에 기인함을 우리는 솔직히 인정하여야 한다. 따라서 이들 중국고전에 대한 신뢰할 만한 國譯이 이루어지는 것이 한국학 연구를 촉진시키는 시급한 先行課題라 할 수 있다.

이에 韓國學 및 東洋學의 연구와 古典現代化의 基盤構築을 위해서는, 전문기관으로 하여금 동양고전을 단기간에 각 분야의 專門 研究者와 漢學者가 상호 협동하여 연구번역하여 飜譯의 傳統性과 效率性, 研究의 專門性을 높일 수 있도록 政策的 配慮가 있어야 한다.

이에 本會에서는 元老 및 中堅 漢學者와 斯界의 專攻者로 하여금 協同研究飜譯하여 공부하는 사람들이 믿고 引用하거나 깊이 있는 註釋 등을 활용할 수 있게 하고, 知識人들의 教養을 증진시켜 줄 수 있는 東洋古典의 國譯書 간행을 지속적으로 추진해 왔다. 근래에 다행히 이 사업에 대하여 각계 지도층의 폭넓은 이해와 지원에 힘입어 2001년도부터 國庫補助를 받아 東洋古典譯註叢書를 간행하게 되었다. 이를 계기로 우리 先學의 註釋과 見解를 반영하는 등 국역사업의 內實을 기하게 되었음을 이 자리를 빌어 衷心으로 감사드리며, 아울러 國譯에 參與하신 관계자 여러분의 勞苦에 깊은 謝意를 표한다.

끝으로 우리의 이러한 작업은 오랜 역사 위에 축적된 先賢들의 業績과 現代學問을 이어주는 튼튼한 架橋와 礎石이 되어 진정한 韓國學과 東洋學 발전에 기여할 것을 굳게 믿으며, 21세기를 우리 文化의 世紀로 열어 가는 밑거름이 되도록 우리의 力量을 本 事業에 경주하고자 한다. 江湖諸賢의 부단한 관심과 지원을 기대해 마지않는다.

社團法人 傳統文化硏究會 會長 李啓晃

解　題

宋基采(한국고전번역원 한학교수, 본회 번역위원)

1. 머리말

이 책은 明代의 학자 茅坤(1512~1601)이 편찬한 ≪唐宋八大家文抄≫ 속에 〈宋大家曾文定公文抄〉라는 이름으로 수록되어 있는 曾鞏의 문장에 주석과 토를 붙이고 번역한 것이다. 曾鞏은 일생 동안 대량의 詩歌와 散文을 창작하였는데, 주요 작품은 ≪元豐類藁≫ 속에 수록되어 있다. 韓維(1017~1098)가 지은 〈曾鞏神道碑〉의 기록에 의하면, 曾鞏이 세상을 떠난 뒤에 ≪元豐類藁≫ 50권, ≪續元豐類藁≫ 40권, ≪外集≫ 10권이 간행되었다고 하였으나, 元나라 말기에 전쟁으로 인해 모두 유실되고 ≪元豐類藁≫ 50권만 남아 후세에 전해졌다. 따로 이 밖에 ≪隆平集≫ 20권이 있는데 이는 宋 太祖부터 英宗까지 5朝 106년간의 역사를 기록한 것이다. 茅坤이 ≪唐宋八大家文抄≫를 편찬할 때 ≪元豐類藁≫를 대본으로 삼아 疏・箚・狀 6편, 書 15편, 序 31편, 記・傳 28편, 論・議・雜著・哀詞 7편 등 모두 87편을 가려 뽑아 이것을 10권으로 편집하였으며, 앞부분에 자신이 지은 〈曾文定公文抄引〉을 서문으로 붙이고 ≪宋史≫의 〈曾鞏列傳〉을 ≪曾文定公本傳≫이란 이름으로 그 뒤에 옮겨 실었다.

2. 曾鞏의 계보와 생애

曾鞏의 자는 子固이며 북송 建昌軍 南豐縣(지금의 江西省 南豐縣) 사람이다. 宋 眞宗 天禧 3년(1019)에 曾易占의 6남 9녀 가운데 둘째 아들로 태어났다. 曾鞏의 선조는 孔子의 제자 曾參으로, 魯나라 사람이었는데 후대에 豫章으로 거주지를 옮겼고 그의 4대조 曾延鐸이 建昌軍 南豐에서 살았다. 증조 曾仁旺은 尙書水部員外郎을 지냈고 조부 曾致堯는 尙書戶部郎中을 지냈다. 아버지 曾易占은 太常博士 贈右銀靑光祿大夫이고 어머니는 文城郡太君 吳氏이며 繼母는 仁壽郡太君 朱氏이다. 아내 晁氏는 光祿少卿 晁宗恪

의 딸이고 후처 李氏는 司農少卿 李禹卿의 딸이다. 3남 2녀를 두었는데, 장남 曾綰은 太平州司理參軍·瀛州防禦推官·知揚州天長縣事를 지냈고, 차남 曾綜은 太廟齋郎·瀛州防禦推官·知宿州蘄縣事를 지냈으며, 막내아들 曾綱은 右承務郎과 監常州稅務를 지냈다. 두 딸은 일찍 죽었다. 손자는 曾悊·曾恴·曾愈·曾怛·曾怤·曾憩 등 6명이고 손녀는 5명이다. 형은 曾曅이고 아우는 曾牟·曾宰·曾布·曾肇 등 4명인데, 모두 進士試에 급제하였으며 문학과 논변이 뛰어나 당대에 이름이 났다. 10명의 누이 중에 1명은 어릴 적에 죽고 나머지 9명은 제대로 성장하여 모두 적기에 良家로 시집갔다.

曾鞏은 생모 吳氏를 어릴 적에 여의고 계모 朱氏의 슬하에서 하급관리로 있다가 물러나 생활력이 없는 아버지와 학문에 종사하는 10세 연상인 형을 위시하여 10여 명의 어린 아우들을 가르치고 입히고 먹여 살리는 책임을 혼자 힘으로 부담해야 할 처지였다. 그래서 학문에 대한 열정으로 틈틈이 책을 접하기는 하였으나 그것은 부차적이었고 가족의 삶을 꾸려가는 일이 무엇보다 절실하였기에 고향을 떠나 돈을 벌기 위해 동서남북 각지를 돌아다니면서 수많은 역경을 치르며 힘겨운 세월을 보냈다. 관리로 진출하기 위해 進士試에 두 번 도전하였으나 낙방한 뒤 36세 때인 至和 원년(1054)에 공부에 더 치중할 목적으로 고향집 옆에 南軒이란 이름의 공부방을 마련하여 학문에 매진하였다. 그후 3년이 지난 39세 때인 嘉祐 2년(1057)에 進士에 급제하여 이듬해 太平州司法參軍에 임명됨으로써 극도의 어려운 처지를 약간이나마 벗어날 수 있었다. 젊은 시절의 어려웠던 생활상을 그의 자서전 성격의 글인 〈學舍記〉에서 엿볼 수 있다.

“서북쪽으로 갈 때는 陳州·蔡州·譙縣·苦縣 일대와 睢水·汴水·淮河·泗河 유역을 경유하여 도성인 汴京에까지 도달하였고, 동쪽으로 갈 때는 長江을 건너 배로 운하의 수로를 지나 五湖를 넘고 封山·禺山·會稽山 등의 산을 지나 동해의 해변까지 도달하였으며, 남쪽으로 長江에 몸을 싣고 夏口에 도달하여 洞庭湖을 바라보고 彭蠡湖로 길을 꺾은 뒤에 大庾嶺을 오르고 湞陽縣에서 瀧水 흐름을 따라 내려가 남해에 도달하였다. 이것은 내가 세상사를 경험하고 생계를 위해 바쁘게 돌아다닌 역정이다. 상어가 출몰하고 물살이 거세게 치솟으며 급류에 바위가 구르는 하천을 건너고, 깎아지른 산비탈에 잡초와 수목이 우거져 맹수와 독사들이 우글거리는 곳을 지나가기도 하고, 또 비가 내리다가 맑았다가 추웠다가 따뜻했다 하는 변덕스러운 날씨 속에 풍파가 갑자기 일어나거나 독한 안개가 잔뜩 끼는 등 예측할 수 없는 위험을 경험하였다. 이것은 내가 집을 떠나 혈혈단신으로 멀리 돌아다니면서 겪은 고초이다. 의복·음식·약품과 집·가구에서부터 곡식의 티끌을 골라내는 키와 밥을 담는 광주리 등 자질구레한 것들은 내 힘으로 마련하여 가족을 부양하는 물건이다. 아버지가 돌아가셨을 때 나 혼자 타향에서 통곡하고 수 천리 밖에서 영구를 모시고 남쪽으로 돌아와 장시간의 노고와 고통을 겪은 뒤에 비로소 大事를 마쳤으니, 이것은 내가 큰 화를 만나 어려움에 처했던 정황이다. 모친께서 바라시는 일과 아우와 누이들의 혼인, 춘추 사계절의 제사, 친족 및 외척간의 안부, 나라 세금을 납부하는 일 등을 실현하는 것은 내가 한 해 내내 바쁘게 서두르더라도 완수하지 못할 형편이다. 나는 이로 인해 기진맥진하였고 또 몸이 허약하여 병이 많았다. 이상 기술한 내용은 수많은 일 가운데 한두 가지 대략적인 정황일 뿐이다."

官界로 들어와 館閣校勘·集賢校理·英宗實錄院檢討官을 역임하고, 지방으로 나가 越州通判을 지낸 뒤에 齊·襄·洪·福·亳 등 여러 州의 知州를 지냈다. 元豐 3년(1080)에 留判三班院으로 있다가 史館修撰으로 자리를 옮겼으며, 5년(1082)에 中書舍人으로 발탁되었다. 6년(1083)에 江寧府에서 병으로 세상을 떠났다. 후세 사람들이 南豐先生이라 불렀으며 시호는 文定이다.

중국의 역사학자 周明泰가 1931년부터 韓維의 〈曾鞏神道碑〉, 曾肇의 〈行狀〉, 王安石의 〈曾公墓誌銘〉, ≪南豐縣志≫, ≪宋史≫의 〈曾鞏傳〉·〈英宗紀〉·〈神宗紀〉 및 기타 자료를 조사하여 편찬한 ≪曾子固年譜稿≫를 참고하여 그의 일대기를 정리하면 다음과 같다.

12세 때인 仁宗 天聖 8년(1030)에 2편의 試策과 6편의 論을 거침없이 지어냈는데 그 내용이 매우 웅장하였다.

16세 때인 景祐 원년(1034)에 六經의 내용이 고금의 여타 문장에 비해 크게 우수하다는 것을 알고 좋아하여 자기도 그 수준을 따라가야겠다고 다짐하였다.

18세 때인 景祐 3년(1036)에 도성인 汴京에 들어가 進士試에 응시하였으나 낙방하였다. 이때 王安石과 교우관계를 맺었다.

19세 때인 景祐 4년(1037)에 汴京에서 고향으로 돌아왔다.

23세 때인 慶曆 원년(1041)에 太學에 들어가 王君兪와 교우관계를 맺고 그의 집에서 묵었다. 비로소 冠禮를 행하고 太學에서 공부하였는데, 歐陽脩가 그의 문장을 한번 보고 기특하게 여겼다. 歐陽脩에게 첫 번째 편지를 올리면서 그가 지은 雜文과 時務策 두

묶음을 함께 올렸다.

24세 때인 慶曆 2년(1042)에 撫州 臨川으로 돌아와 歐陽脩에게 두 번째 편지를 올렸다. 撫州縣 관리 張文叔이 그의 內弟 劉伯聲과 함께 曾鞏에게 글을 배웠다. 田況이 諫官으로 있었는데, 그에게 편지를 올려 국사에 관해 바른말을 할 것을 일깨웠다. 이때 曾鞏의 90세 된 조모가 시집간 딸들이 있는 臨川에서 지내고 있었으므로 齊工部에게 편지를 올려 고향인 南豐에서 臨川으로 거주지를 옮겨 그곳의 鄕學에 입학하여 수학할 수 있도록 주선해줄 것을 청하였다. 8월에 王安石이 淮南判官으로 부임하자 中庸의 도를 추구하자는 뜻으로 〈懷友詩〉 1수를 지어 그에게 부쳤다.

25세 때인 慶曆 3년(1043)에 鄕學에 있으면서 휴가를 얻어 臨川에 있는 조모를 찾아가 만나고 그곳에서 가을과 겨울 두 철을 보낸 뒤에 돌아왔다. 劉希聲이 臨川으로 찾아와 受學하였다. 江西로 가서 王希를 만나 함께 어울렸다.

26세 때인 慶曆 4년(1044) 5월에 知諫院으로 있던 蔡襄에게 편지를 올려 諫官의 제도에 관해 논하고 조석으로 황제를 모시고 있으면서 수시로 바른말을 올려 正義을 바로 세워줄 것을 청하였다. 조모 萬年太君 黃氏가 撫州 臨川에서 92세로 죽었다. 州學에 들어가 공부하면서 歐陽脩에게 편지를 올려 당대의 급선무에 관해 의견을 말하고, 아울러 그가 지은 〈通論雜文〉 1편, ≪先祖述文≫ 1권을 올려 조부의 神道碑 비문을 지어줄 것을 요청하였다. 그리고 王安石이 지은 문장 1편을 올리면서 그를 추천하였다. 그 뒤에 또 歐陽脩에게 편지를 보내 고향의 벗인 王回와 王向을 추천하였다.

27세 때인 慶曆 5년(1045) 5월에 劉希聲이 東明으로 돌아가자 序를 지어 전송하였다. 조모 黃氏를 南豐에 장사 지냈는데, 王安石이 墓誌銘을 지었다. 張久中이 臨川으로 찾아와 受學하였다. 이때 朋黨論이 일어나 재상으로 있던 歐陽脩와 蔡襄이 파직되자 이들 두 사람에게 편지를 올려 진퇴거취의 의리에 관해 의견을 말하고 아울러 〈憶昨詩〉 1편과 〈雜說〉 3편을 지어 부쳤다.

28세 때인 慶曆 6년(1046)에 함께 어울리던 王希가 8월에 汴京으로 떠나자 序를 지어 전송하였다. 이때 폐질환을 앓았다.

29세 때인 慶曆 7년(1047)에 歐陽脩에게 편지를 보내 조부의 墓碑銘을 지어준 것에 대해 감사를 표하였다. 9월에 아버지를 모시고 南京에 이르렀는데 이때 59세인 아버지가 병으로 그곳에서 죽었다. 객지에서 노자도 떨어지고 친척도 없는 처지에 혼자 큰 일을 당해 매우 어려운 상황에서, 재상으로 있다가 퇴임한 杜衍의 도움으로 상여를 고향으로 운반하여 장례를 치렀다.

31세 때인 皇祐 원년(1049)에 아버지 曾易占을 南豐 先塋에 장사 지냈다. 王安石이 墓誌銘을 지었다.

32세 때인 皇祐 2년(1050)에 杜衍에게 편지를 올려 어려울 때 도와준 것에 대해 고마움을 표하였다.

35세 때인 皇祐 5년(1053)에 曾鞏보다 11년 연상으로 가사를 함께 끌어가던 형 曾曄이 병으로 죽어 12월에 장례를 치렀다. 孫抗에게 편지를 올려 孔宗旦의 억울한 사정을 변론하였다.

36세 때인 至和 원년(1054)에 고향집에 물러나 있으면서 학문에 전념하였다. 文柔 晁氏에게 장가들었다.

37세 때인 至和 2년(1055)에 杜衍에게 편지를 올려 질병과 가정사로 매우 어려운 처지이지만 학문에 종사하여 옛 성현들의 말씀을 되새기면서 즐겁게 지내고 있다는 뜻을 말하였다.

39세 때인 嘉祐 2년(1057) 3월에 進士試에 급제하였다. 아우 曾牟와 曾布, 從弟 曾阜와 妹婿 王无咎도 동시에 급제하였으며, 蘇軾・蘇轍 형제도 함께 급제하였다.

40세 때인 嘉祐 3년(1058)에 太平州司法參軍에 임명되었다. 李白의 무덤을 참배하고 그에 관한 시를 지었다.

41세 때인 嘉祐 4년(1059)에 太平州司法參軍으로 있었다. 從兄 曾庠이 進士試에 급제하였다.

42세 때인 嘉祐 5년(1060)에 太平州司法參軍으로 있었다. 일곱째 누이를 王補之의 후처로 시집보내 그 언니의 어린 두 딸을 보살펴 기르도록 하였다. 歐陽脩의 천거로 館職에 충원되어 史館의 서적을 편찬하고 교정하였다.

43세 때인 嘉祐 6년(1061)에 도성에 있으면서 史館의 서적을 편찬하고 교정하였다. 아내 晁氏가 도성으로 들어왔다가 병이 들었다. 8월에 ≪陳書≫를 교정하였다. 9월에 여덟째 누이 曾德耀가 王氏에게 시집가기로 한 지 며칠 뒤에 20세의 나이로 병이 나서 죽었다. 10월에 맏누이의 장례를 치렀다. 11월에는 4세의 딸 慶老가 죽었다. ≪鮑溶詩集≫을 교정하고 〈目錄序〉를 지었으며 李白詩를 편집하고 〈李白詩集後序〉를 지었다. 아우 曾宰가 進士試에 급제하였다.

44세 때인 嘉祐 7년(1062) 2월에 아내 晁氏가 죽었다. 晁氏는 曾綰과 曾綜 두 아들과 딸 慶老를 낳고 26세로 죽었다.

45세 때인 嘉祐 8년(1063)에 도성에 있으면서 史館의 서적을 편찬하고 교정하였다. 3월 29일에 仁宗이 죽어 〈仁宗皇帝挽詞三首〉를 지었다. 7월에 趙彦若・孫洙覺 등과 ≪陳書≫를 교정하여 올리고 〈陳書目錄序〉를 지었다. 〈仁壽縣太君吳氏墓誌銘〉을 지었는데, 吳氏는 王安石의 어머니이다.

46세 때인 英宗 治平 원년(1064)에 도성에 있으면서 史館의 서적을 편찬하고 교정하였다.

47세 때인 治平 2년(1065)에 도성에 있으면서 史館의 서적을 편찬하고 교정하였다. 후처 李氏가 딸 興老를 낳았다. 아우 曾牟가 죽어 어머니 朱氏가 도성으로 들어왔다.

48세 때인 治平 3년(1066)에 도성에 있으면서 史館의 서적을 편찬하고 교정하였다. 9월에 景德寺에 들어가 國子監進士 시험을 보였다.

49세 때인 治平 4년(1067)에 도성에 있으면서 史館의 서적을 편찬하고 교정하였다. 1월에 英宗이 죽어 〈英宗皇帝挽詞二首〉를 지었다. 아우 曾肇가 進士試에 급제하였다.

50세 때인 神宗 熙寧 원년(1068)에 도성에 있으면서 史館의 서적을 편찬하고 교정하였다. 황제의 명으로 ≪英宗實錄≫을 편수하였다. ≪英宗實錄≫ 檢討官이 되었다가 1개월이 채 안 되어 면직되었다. 4월에 아우 曾宰가 47세로 죽었다. 陳師道가 찾아와 受學하였다.

51세 때인 熙寧 2년(1069)에 越州通判이 되었다. 때마침 흉년이 들어 越州 백성들이 어려운 상황에 처하자, 각처의 부자들이 저축해둔 식량을 시가보다 높은 값으로 사서 그 주변에 거주하는 백성들에게 나눠줌으로써 백성들이 자기 마을을 벗어나지 않고 편리하게 굶주림을 해결할 수 있도록 하였다. 이후 10여 년 동안 중앙으로 들어오지 못하고 6개 州의 관리로만 전전하여 주위 사람들이 안타깝게 여겼으나 정작 본인은 태연자약하였다.

52세 때인 熙寧 3년(1070)에 越州通判으로 있었다. 겨울에 知齊州軍州事가 되었다. 齊州의 풍속이 사나워 豪族들이 법을 어기고 불법을 자행하였는데, 심한 자는 남의 부녀자를 겁탈하거나 살해하기까지 하는데도 관리가 제어하지 못하고 있었다. 曾鞏은 백성들을 중심으로 대오를 조직하여 범법자를 살펴보게 하고 적발이 되는 대로 체포하여 여지없이 처벌하거나 회유하였다. 그 결과 길거리에 돈이 떨어져 있어도 줍는 자가 없고 남의 물건을 훔치기 위해 담에 구멍을 뚫는 자가 없어 백성들이 바깥문을 닫지 않았고 밤중에 개 짖는 소리가 나지 않았다.

53세 때인 熙寧 4년(1071)에 知齊州軍州事로 있었다. 4월에 날씨가 가물어 〈泰山祈雨文〉을 지었고, 6월에 비가 내려 〈泰山謝雨文〉과 〈喜雨詩〉를 지었다. 8월에 형의 아들 曾覺을 南豊 龍池縣에 장사 지내고 〈亡姪韶州軍事推官墓誌銘〉을 지었다.

54세 때인 熙寧 5년(1072)에 知齊州軍州事로 있었다. 齊州 北水門을 만든 뒤에 〈齊州北水門記〉를 지었다. 北渚亭을 만든 뒤에 〈北渚亭詩〉와 〈北渚亭雨中詩〉를 지었다. 날씨가 가물어 〈泰山祈雨文〉과 〈嶽廟祈雨文〉을 지었다. 8월에 歐陽脩가 죽어 〈祭歐陽少師文〉을 지었다.

55세 때인 熙寧 6년(1073)에 知齊州軍州事로 있다가 知襄州軍州事로 자리를 옮겼다. 〈謝熙寧六年曆日表〉를 지었다. 襄州에 이전에 큰 獄事가 있어 사형수들이 감옥에 가득 차 있었는데 曾鞏이 죄수에 관한 문서를 훑어보고 무고하다는 것을 알고는 그날로 석방시킨 자가 100여 명에 이르렀다. 御使 呂升卿이 曾鞏이 知齊州로 재임 시에 잘못이 있었는지를 조사하였으나 아무런 하자가 없었다.

56세 때인 熙寧 7년(1074)에 知襄州軍州事로 있었다. 3월에 江都 王氏에게 시집간 아홉째 누이 德操가 31세로 죽었다. 8월에 妹夫 王安國이 죽었다. 王安國은 王安石의 아우인데, 그의 형과 정치적인 견해를 달리하였다.

58세 때인 熙寧 9년(1076)에 知洪州軍州事로 자리를 옮겨 江南西路兵馬都鈐轄을 겸하다가 다시 知洪州軍州事로 전보되었다. 이때 洪州에 전염병이 크게 번졌는데, 曾鞏이 환자들을 이동시키지 않고 약품과 음식을 많이 준비하여 현지에서 제공함으로써 많은 생명을 구하였다. 그리고 交趾의 반란을 진압하기 위해 安南道招討使 郭逵가 군사 1만 명을 거느리고 安南道 江西로 진군하느라 洪州를 경유할 적에 曾鞏이 군사들이 머무를 숙소와 음식, 기타 물품들을 준비하여 영접함으로써 군사들이 불편함이 없게 하였는데, 군대가 지나간 뒤에도 민간에서 그 사실을 아는 자가 없었다.

59세 때인 熙寧 10년(1077)에 知洪州軍州事로 있었다. 3월에 휴가를 받아 고향으로 돌아와 성묘하였다. 이달에 아우 曾宰와 아내 晁氏, 누이 德耀와 두 딸을 南豊 龍池鄕에 장사 지냈다. 直龍圖閣에 제수되고 동시에 知福州軍州事 겸 福建路兵馬鈐轄에 임명되었다. 이 당시 福州에 도적이 떼를 지어 해변과 산림 속에 터를 잡고 강도짓을 자행하여 백성들이 두려움에 떨고 있었는데, 曾鞏이 계책을 세워 수백 명을 생포하거나 회유하고 순라군의 숫자를 늘려 감시함으로써 백성들이 수로나 육로를 안전하게 다닐 수 있게 되었다.

60세 때인 神宗 元豐 원년(1078)에 知福州軍州事로 있었다. 상소하여 도성에 있는 88세의 노모를 봉양할 수 있도록 중앙 조정의 한가한 관청이나 도성에서 가까운 고을로 전보시켜 줄 것을 요청하였다. 判太常寺로 부름을 받고 福州를 떠났으나 취임하기 전에 다시 知明州軍州事로 임명되었다.

61세 때인 元豐 2년(1079)에 知明州軍州事로 있었다. 이때 明州 성곽을 수축하는 공사가 한창 진행 중에 있었는데 조정에서 曾鞏에게 그 공사를 마무리할 것을 지시하였다. 曾鞏은 공사현장을 면밀히 조사하여 2,500여 丈으로 계획되었던 성곽의 둘레를 2,430여 丈으로 줄이고 12개소로 계획되었던 門樓를 2개소로 줄였다. 그리고 낡은 벽돌 중에서 10분의 6을 수습하고 사람들을 모집하여 버려진 벽돌 중에 쓸 만한 것을 골라 오게 하여 그것을 돈으로 보상해주고 또 10분의 2를 확보하였다. 이로써 비용을 많이 줄이는 한편, 작업에는 役兵과 傭夫를 투입하고 일반인에게는 부담을 주지 않았다. 공사가 마무리된 뒤에 공사를 감독한 자들은 모두 포상을 받아 관직이 올라갔으나 曾鞏은 자기의 공을 내세우지 않았다. 5월 30일에 知亳州軍州事로 전보되었다. 亳州도 도적이 많기로 소문난 고장이었는데 그들을 齊州에서처럼 다스린 결과 모두 사라졌다.

62세 때인 元豐 3년(1080)에 知滄州軍州事로 전보되었다. 亳州에서 滄州의 임지로 가기 위해 도성을 경유하던 도중에 神宗이 대궐로 불러 만났다. 이때 曾鞏이 유능하다는 것을 알고 그대로 머물러 三班院의 사무를 관장하게 하고 便殿에서 자주 접견하였는데, 曾鞏이 건의한 말들이 모두 국가안위에 관한 큰 계책이었으므로 치하하고 받아들였다.

63세 때인 元豐 4년(1081)에 도성에서 三班院의 사무를 관장하였다. 7월에 神宗이 曾鞏의 史學이 뛰어나 사류들 사이에 이름이 났다고 하면서 史館修撰 管勾編修院 判太常寺 겸 禮儀事로 임명하여 宋나라 역사서 편찬을 전담하도록 하였다.

64세 때인 元豐 5년(1082)에 도성에서 史館修撰으로 있었다. 4월에 관직명을 대대적으로 정리할 때 中書舍人으로 발탁되어 延安郡王의 箋奏를 작성하는 일을 전담하였다. 그리고 정리된 관직명에 따라 매일 수십 수백 명의 관리를 임명할 때 曾鞏이 각 직무의 특성을 적출하여 간곡하고 의미심장하게 훈계하였으므로 學者들이 三代의 유풍을 다시 보았다고 말하였다. 曾鞏의 저술 중에 制辭 232수, 詔 4수, 策 3수는 모두 이 당시 지은 것이다. 中書舍人으로 재직한 지 백여 일 만에 병이 들었고, 9월에 어머니 朱氏의 상을 당해 관직을 그만두었다.

65세 때인 元豐 6년(1083) 4월 11일 江寧府에서 세상을 떠났다.

3. 曾鞏과 王安石의 變法

宋나라는 太祖 趙匡胤이 960년에 개국한 이후 작자가 생을 마감한 神宗 元豐 6년인 1083년까지 120여 년 동안 대내외적으로 큰 전쟁이 없어 비교적 태평한 상태를 유지함으로써 정치가 안정된 가운데, 范仲淹・韓琦・文彦博・富弼・司馬光 등 중국 역사상 굴지의 명재상과 蘇洵・歐陽脩・王安石・蘇軾・蘇轍 및 曾鞏 등 문장가들이 배출되었다. 그러나 태평한 세상이 오래 유지됨으로 인해 인심이 해이해져서 민간이나 국가의 재정이 날로 피폐해지는 상황에 이르게 되었다. 이리하여 熙寧 2년(1069) 2월에 神宗이 王安石을 參知政事로 임명하고 三司條例司를 설치하여 정치・경제・군사 등 각 방면에 대한 개혁을 진행하였다. 7월에 均輸法・青苗法・農田水利法을 제정하고, 그 이듬해에 司農寺를 新法을 추진할 기구로 전환하여 免役・市易・方田均稅 등 법을 제정하고, 군대를 보강하기 위해 保甲・保馬 등 법을 제정하였으며, 學校와 科擧제도를 개혁하고 州縣을 합병하며 軍隊를 정비하는 등 정치개혁을 단행하였다. 하지만 新法이 부분적으로 통치계급의 이익을 침범한데다 그것을 추진하는 중에 일정한 결점이 도출됨으로 인해 韓琦와 司馬光 등 대신들의 강력한 반대에 부딪혀 개혁이 중단되었다. 그 뒤에 그와 같은 시도가 몇 번 있었으나 결국 유야무야되고 말았다.

王安石은 고향이 曾鞏과 같은 臨川이며 曾鞏의 고모 河東縣太君 吳君夫人의 외손자로, 曾鞏과의 관계가 매우 친밀하였으므로 曾鞏이 젊은 시절에 歐陽脩에게 그를 추천하였고, 상대방 가문의 墓道文字를 서로 부탁하고 지어주는 등 각별한 관계가 王安石이 新法을 추진할 때까지 유지되었다. 曾鞏이 司馬光 등과 함께 초기에는 개혁을 찬성하였으나 그 부작용이 심각하다는 이유로 반대함으로써 개혁 주도세력인 王安石 일파와 대립하는 관계가 되었다.

4. 曾鞏의 인품과 정치철학

曾鞏은 품성이 효성스럽고 우애가 지극하여 아버지가 죽은 뒤에 계모를 받들어 모시기를 더 한층 극진히 하였고, 네 아우와 아홉 누이를 가정환경이 쇠패하여 고단한 속에서 부양하여 이들이 관리가 되기 위해 객지에 나가 공부를 한다거나 시집 장가를 갈 적에 필요한 뒷바라지를 모두 그가 해내었다. 그리고 의지가 강인하고 곧아 외면은 근엄하면서도 내면은 온화하고 부드러웠다. 남들과 사귈 적에는 구차하게 영합하지 않아 벗에게 좋지 않은 부분이 있을 때는 반드시 그 잘못을 빠짐없이 말해주고 좋은 점이 있을 때는 반드시 그 장점을 찬양하였으며, 후진을 적극적으로 이끌어주었다. 기질이 청렴하고 행정 수완이 뛰어나 여러 고을의 수령으로 재직하면서 반드시 백성의 고통을 해소하여 그들의 욕구를 충족시키고 수하 관리들을 억업하지 않음으로써 善政을 거두어 直龍圖閣의 직함을 받기도 하였다. 福州知州로 있을 때의 일이다. 그 고을에는 수령에게 딸린 職田이 없어 해마다 농장의 채소를 팔아 그것을 수입으로 잡았는데 그 돈이 매년 3, 4십만 냥이나 되었다. 曾鞏이 "태수는 백성과 이익을 다투어서는 안 된다." 하고 그 관례를 혁파하였는데, 뒤에 부임해 온 관리들도 더 이상 그와 같은 방법으로 이익을 취하지 않았다.(〈曾文定公本傳〉)

해박한 지식과 건전한 정신을 겸비한 자가 관료가 되어 정치를 수행하는 것이 이상적이라 할 수 있다. 曾鞏은 이와 같은 인물을 얻기 위해서는 단순한 학교교육으로 지식의 수준을 평가하는 경직된 시험보다는, 漢나라 때처럼 각 지방관이 당해 지역 인물의 품성과 도덕 수양 및 학문 수준을 종합적으로 평가 판단하여 우수한 자를 상급관청에 천거하는 방식을 운영하여야 한다고 하였다. 〈筠州學記〉에 "先王의 道에 대해 들은 것은 보잘것없어도 그 의리가 매우 높은 경우가 있고, 아는 것은 많아도 그 지조가 부족한 경우가 있는데, 그 까닭은 무엇인가? 漢代의 인재는 향리에서 察擧(각 지방관이 해당 지역의 인재를 선별하여 등급별로 조정에 천거하면, 그에 따라 관직을 주는 제도)의 방법을 거쳐 선발되기 때문에 자기의 도덕을 수양하는 데에 노력하지 않을 수 없다. 心性을 도야하고 연마하는 기간이 오래되면 義를 위해 단호하게 몸을 바치는데, 이는 억지로 노력하여 그렇게 한 것이 아니다." 하고, 이어서 "가령 교화를 통해 사람들을 계도하는 방법과 학교를 설립하여 인재를 육성하는 제도가 제대로 되어 있다면, 인재들이 학문과 행실에 있어서 어떻게 어느 하나에 편중되는 현상과 어느 쪽을 우선시하거나 소홀히 하는 잘못이 있겠는가. ≪대학≫에서 가르치는 도리는 誠意·正心·修身의 과정을 거쳐 그 국가와 천하를 잘 다스리려는 것이며, 이는 반드시 먼저 자신의 지식을 극도로 넓히는 데에 근본을 둔다. 이렇게 보면 지식이라는 것은 본디 善의 시발점이면서 사람들이 높은 수준에 도달하기 어려운 부분이다. 오늘날 글을 읽은 자는 사람들이 도달하기 어려운 것에 대해서는 이미 거의 성취하였다. 그렇다면 위에서 도덕으로 교화를 시행하는 것이 이때보다 쉬운 때는 없으니, 다만 그들을 어떤 방법으로 계도하느냐 하는 문제만 남았다." 하여, 옛날 先王들이 행했던 仁義정치로 백성을 교화하고 인도함으로써 훌륭한 인재를 얻을 수 있을 것이라고 강조하였다.

국가의 재정을 건실하게 운영하는 복안으로는 수입을 따져 지출을 해야 한다고 하면서 역사적인 전례를 들어 이것을 실증하였다. 〈議經費箚子〉에 "예산지출이 절제가 있으면 천하가 가난하더라도 부유함을 쉽게 이뤄내는 법입니다. 漢·唐 초기에는 천하의 재정이 항상 부족하였으나 漢 文帝와 唐 太宗이 예산을 지출할 때 절제가 있었기 때문에 公私가 풍요로웠으니, 이것이 이른바, 천하가 비록 가난하더라도 부유함을 쉽게 이뤄낼 수 있다는 것입니다. 이와 반대로 재정지출이 절제가 없으면 천하가 비록 부유하더라도 가난을 또한 쉽게 불러오는 법입니다. 漢·唐이 성황을 누릴 당시 천하의 재정이 항상 충분하였으나 漢 武帝와 唐 明皇이 능히 법도로 절제하지 못하였기 때문에 公私의 재정이 소진되었으니, 이것이 이른바, 천하가 비록 부유하더라도 가난을 또한 쉽게 불러올 수 있다는 것입니다." 한 다음, 宋代의 역대 가구수, 경작하는 토지면적, 세입과 세출의 규모를 구체적으로 상호 비교하면서 서로 차이가 난 이유를 설명하고 이어서 "각 항목에 따라 혁파할 만한 것은 혁파하고 줄일 만한 것은 줄여 국가의 세입이 皇祐·治平 때처럼 많게 하고 아울러 국가의 지출과 관원의 숫자와 郊祭의 비용이 모두 景德 때와 같도록 한다면 이 두 방법으로 줄인 규모가 대체로 현재 예산의 절반이나 될 것입니다. 그리고 또 이와 비슷한 사례를 찾아 확대해 나간다면 국가의 소비가 과거에는 적었으나 오늘은 많은 경우가 있을 것이고 오늘은 적지만 과거에는 많은 경우도 있을 것입니다. 소비가 과거보다 많은 것은 반드시 그 많게 된 근원을 찾아 막아버리고 과거에 적은 것은 반드시 그 적을 수밖에 없었던 까닭을 알아내어 그대로 따라야 합니다. 이와 같은 방법으로 강력히 추진하십시오. 세입을 1억만(1조) 이상으로 계산했을 때 지출을 줄인 것이 세입의 10분의 1이면 연간 남는 예산이 1만만(1천억)이 될 것이고 차츰차츰 중단하지 않고 앞으로 나아가 줄인 지출이 세입의 10분의 3에 이르면 연간 남는 예산이 3만만(3천억)이 될 것입니다. 남는 예산을 30년간의 평균 비율로 계산해보면 분명히 남는 예산이 9억만(9조)이 있어 국가가 15년 동안 유지될 만한 비축이 있는 셈이니, 예로부터 국가의 부유가 이런 수준에 미친 경우는 없었습니다." 하였다.

5. 曾鞏의 문장과 문학사에서의 위치

王震(1046~1095)은 〈元豐類藁原序〉에서 "南豐先生이 문장으로 천하에 이름을 날린

지 오래이다. 나이가 들어 志氣가 높아지자, 그 문장이 기세는 맹렬하고 자유분방하며 기상은 雄渾하고 특이하여 마치 이른 아침 충천하는 三軍의 士氣와도 같고 맹수의 성난 포효, 江湖의 거센 물결, 煙雲의 변화무쌍한 형상과도 같았으니, 이 얼마나 기이한가. 이 당시 先生은 자부심이 대단하여 漢나라 劉向과 어깨를 나란히 하고 韓愈 정도는 안중에 두지 않을 정도였다." 하였다. 曾肇가 지은 〈行狀〉에 의하면, 어릴 적에 영민하여 동자처럼 보이지 않았고 글을 읽으면 수백 수천 자라도 한 번 읽고 암송하였으며, 弱冠 이전에 사방에 이름이 나서 조정의 관료에서부터 촌야와 해변의 아녀자들까지 曾鞏의 성명을 알아 당대의 명사 歐陽脩와 그 명성이 같을 정도였다고 한다.

茅坤은 〈曾文定公文抄引〉에서 曾鞏의 文才는 韓愈・柳宗元・歐陽脩 및 蘇氏 三父子(蘇洵・蘇軾・蘇轍)만 못하다고 하면서도 "그 논변은 반드시 六經을 근본으로 삼았고 녹여내고 재단하는 것은 반드시 옛 작가의 뜻에다가 그 기준을 맞췄다. 朱晦菴(朱熹)은 일찍이 그의 문장이 劉向과 비슷하다고 하였는데 劉向의 문장은 西漢에서 가장 우아하니, 이것이 이른바 '슬기로운 자에게 말할 수 있지 俗人에게는 말하기 어렵다.'는 경우이다."라고 하여, 안목이 뛰어난 朱熹와 같은 인물은 曾鞏의 문장을 높이 평가하였다고 하였다. ≪宋史≫ 〈曾鞏列傳〉에 그의 문장을 논하기를 "그의 문장은 고금의 역사를 광범위하게 섭렵한 뒤에 六經에 그 근본을 두고 司馬遷과 韓愈의 문법을 참고하였으니, 당시에 그 수준을 뛰어넘을 만한 자가 매우 적었다." 하였다.

중국문학의 변천을 살펴보면, 漢代 이후 兩晉・南北朝 시대의 장기적인 자유와 해방풍조를 거치면서, 실용적인 도덕의 속박으로부터 완전히 탈피하고 현실사회와 민중생활의 기초를 초탈하여 고도의 낭만주의와 순수예술의 唯美主義가 발전하는 방향으로 달려나갔다. 내용상으로는 田園山水文學과 色情文學이 성행하였고 형식상으로는 騈體文과 新體詩가 일어났으며, 風格上으로는 허무 공허와 형식의 치장을 조성하였는데, 이와 같은 풍조는 初唐 때까지 지속되었다. 그러다가 杜甫・張籍・白居易・元稹의 사회시와 韓愈・柳宗元의 이른바 古文運動이라 불리는 散文이 출현하여, 六朝의 唯美主義 기풍을 배격함으로써 문학사상사적인 면에서 대대적인 변동이 일어났다. 하지만 그 뒤에 李賀・杜牧・李商隱・段成式・溫庭筠 등이 騈驪文과 艶體詩를 선동함으로 인하여 唯美文學이 부활하는 계기가 되었으며, 宋代 초기에 楊億・劉筠・錢惟演 등이 중심이 되어 형성한 이른바 西崑體가 출현함으로써 외적인 아름다움을 추구하는 순수문예가 한세상을 풍미하였다. 그러자 柳開・王禹偁・范仲淹 등의 古文과 寇準・林逋・魏野 등의 詩가 쉽고 순박한 산문체 형식으로 도리와 사실을 서술하기도 하고, 혹은 진솔하고 평범한 가락으로 전원생활의 정취를 표현하기도 함으로써, 西崑體의 부귀기상과 겉만 화려한 풍조를 일소하고 헛된 말을 하지 않는 진실한 경지로 돌아왔다. 이때 理學家인 石介가 "지난날 楊翰林(億)이 문장으로 천하에 군림할 생각으로 세상이 자기의 도를 완전히 믿어주지 않을까 걱정한 끝에 천하 사람의 눈을 멀게 하고 천하 사람의 귀를 먹게 하였다."고 공격하고, ≪詩經≫·≪書經≫·≪周易≫·≪春秋≫ 등은 문학의 정통이고 그 글을 지은 堯·舜·周公·孔子는 작가의 모범이라 하였다. 그러면서 문장은 聖人의 도를 밝히고 실용적인 것이어야 한다고 정의를 내렸다.

歐陽脩는 石介 사상의 틀 위에서 적절히 승화하여 古文運動을 완성하였다. 그는 古文의 대가일 뿐만 아니라 詩·詞·賦에서부터 四六駢體에 이르기까지 최고 수준에 달한 당대의 名手로, 각계각층의 인정과 찬양을 받았다. 게다가 정치계와 학술계의 높은 지위에 있으면서 후진을 지도하고 장려함으로써 자연스럽게 문단의 맹주가 되었다. 벗으로는 尹洙·梅堯臣·蘇舜欽 등이 함께 절차탁마하였고, 문하생으로는 蘇軾·曾鞏·王安石 등이 힘을 보탬으로써 古文運動의 강력한 집단이 형성되었다.

曾鞏의 문장은 고금의 역사를 섭렵한 다음 儒學經典인 六經에 그 뿌리를 두고 司馬遷과 劉向, 韓愈의 문법을 참고하였다. 이로 인해 스승 歐陽脩로부터 각별한 사랑과 인정을 받았고, 王安石·蘇軾·蘇轍 등 당대의 古文派와 한 집단이 됨으로써 歐陽脩를 중심으로 한 古文運動의 완성에 일정한 기여를 하였다. 그의 문장의 특성은 느긋하면서도 번잡하지 않고 심오하면서도 난삽하지 않아 탁월하게 일가를 이루었다.

6. 맺음말

曾鞏은 극도로 어려운 환경에 휘둘리지 않고 그것을 오히려 강인한 기질을 형성하는 데에 자양분으로 활용하였으며, 너그럽고 후덕한 품성을 끝까지 유지함으로써 萬人의 사표가 되었다. 가정에서는 수많은 가족의 생계를 혼자 책임지고 끌어가면서 네 명의 아우를 공부시켜 이들이 모두 進士에 급제하도록 하였고 아홉이나 되는 누이들을 곱게 성장시켜 혼기를 놓치지 않고 良家의 文士에게 시집을 보내주었으며, 계모가 92세로 죽을 때까지 주어진 여건에서 유감없이 봉양하였다. 지방수령으로 재직할 때는 오로지 백성의 입장이 되어 현실적이고 효과적인 계책으로 도적을 회유하여 제거하고 전염병을 치유하고 흉년의 굶주림을 구제하였으며, 공사를 진행할 때는 그 공정의 전반적인 실태를 파악하여 불필요한 낭비를 차단함으로써 경제적인 이익을 창출하였다. 불의와 타협하지 않고 세력가에게 아부하지 않는 곧은 성품으로 인해 벼슬길이 순탄하지 않았으나, 그것에 아랑곳하지 않고 맡은바 직무에 충실함으로써 관료로서 모범적인 자세를 지녔다. 뿐만 아니라, 전통적인 儒者의 올바른 기풍을 지녀 자신의 지조와 行檢을 엄격하게 단속함으로써 사람들이 저절로 심복하였다. 陳師道가 16세 때 曾鞏으로부터 受學하였는데, 수십 년 뒤에 蘇軾이 자기의 문하생으로 삼으려는 뜻을 보이자, "내 본디 스승 위한 한 대의 향을 증남풍 위해 삼가 피워 올리네.〔向來一瓣香 敬爲曾南豐〕"라는 시를 지어 曾鞏을 존경하는 마음을 바꾸지 않았다는 일화는 유명하다.

그의 문장은, 고금의 서적을 탐독하여 탄탄한 지식의 기초 위에 예리한 분석력과 올바른 사고를 겸비하여 보통 사람은 추종할 수 없는 높은 경지에 도달함으로써, 당대의 名士 歐陽脩를 위시하여 王安石・蘇軾・蘇轍 등으로부터 전폭적인 인정과 후세 사람들의 각별한 사랑을 받아 당당하게 唐宋八大家의 한 사람으로 그 위치를 점유하였다.

凡 例

1. 本書는 東洋古典譯註叢書의 한 책이다.
2. 본서는 戊申字本 ≪唐宋八大家文抄≫(國會圖書館 所藏本, 刊年未詳)을 저본으로 하고, 曾鞏의 문집인 ≪元豐類藁≫와 ≪曾鞏集≫ 및 ≪唐宋八大家文鈔 校注集評≫(高海夫 主編, 三秦出版社, 北京, 1998)을 참고하여 校勘하였다.
3. 본 譯註는 원전의 傳統性과 번역의 現代性을 구현하기 위해 노력하였다.
4. 原文에 懸吐하고 번역하였다.
5. 原文의 分節은 ≪唐宋八大家文鈔 校注集評≫을 참고하되, 단락이 길 경우에는 역자의 재량으로 분절하여 가능한 한 原文이 한 면의 반을 넘지 않도록 하였다.
6. 번역은 原義에 충실하게 하되, 이해가 어려운 부분은 意譯 또는 보충역을 하였다.
7. 譯註는 인용문의 출전과 故事와 難解語, 그리고 사건의 역사적인 배경, 인물, 관직에 관한 사항을 밝히되 ≪唐宋八大家文鈔 校注集評≫ 등을 참고하였다.
8. 題下註를 달아 독자들의 이해를 돕고자 하였다.
9. 본서에 사용된 주요 符號와 略號는 다음과 같다.

   “ ” : 對話, 각종 引用
   ‘ ’ : “ ” 안에서 再引用, 强調
   「 」 : ‘ ’ 안에서 재인용
   ( ) : 原文 중의 괄호는 漢字의 音, 同字, 通用字, 俗字의 正字,
   번역문 중의 괄호는 간단한 註釋
   ≪ ≫ : 書名이나 典據
   〈 〉 : 篇章名, 作品名, 原文의 補充, 補充譯
   〔 〕 : 번역문과 뜻은 같으나 音이 다른 한자와 한문

參考書目

1. 경서류

≪論語≫ ≪孟子≫ ≪中庸≫ ≪詩經≫ ≪書經≫ ≪周易≫ ≪周禮≫ ≪儀禮≫ ≪禮記≫ ≪春秋左氏傳≫

2. 사서류

≪國語≫ ≪史記≫ ≪漢書≫ ≪後漢書≫ ≪舊五代史≫ ≪宋書≫ ≪新唐書≫ ≪宋史≫ ≪宋史紀事本末≫ ≪宋朝事實類苑≫ ≪續資治通鑑≫

3. 제자류

≪荀子≫ ≪法言≫ ≪水經注≫ ≪列女傳≫ ≪貞觀政要≫ ≪湘山野錄續錄≫ ≪日知錄≫

4. 문집류

≪元豐類藁≫ ≪曾鞏集≫ ≪韓昌黎集≫ ≪文忠集≫ ≪曲阜集≫ ≪義門讀書記≫ ≪文選≫

5. 관련 연구문헌

≪新譯曾鞏文選≫, 高克勤 注譯, 三民書局, 台北, 2008年 5月.

≪曾鞏詩文選譯≫, 祝尙書 譯注, 巴蜀書社出版, 四川, 1190年 6月.

≪八家散文選≫, 畢庶春 主編, 遼寧人民出版社, 遼寧, 2004年 8月.

≪唐宋八大家散文鑑賞≫, 呂晴飛 主編, 中國婦女出版社, 北京, 1991年 1月.

≪漢文大系≫, 新文豊出版有限公司, 臺北, 1978年 10月.

≪新譯古文辭類纂≫, 姚鼐 撰, 三民書局, 台北, 2006年 4月.

≪古文觀止≫, 安徽教育出版社, 合肥市, 1990年 2月.

≪經史百家雜抄全譯≫, 曾國藩 撰, 張政烺 譯, 貴州人民, 貴州, 1999年 4月.
≪唐宋八大家文鈔 校注集評≫, 高海夫 主編, 三秦出版社, 西安, 1998年 9月.

6. 데이터베이스(DB) 자료

四庫全書電子版 : 迪志文化出社, 北京, 1999年.
尙友千古(http://www.s-sangwoo.kr), 宋基采
辭典(70種) 儒學經傳(28種) 儒學文獻(38種) 詩文(77種) 諸家(183種)
二十四史(24種) 歷史(14種) 典章制度(11種) 書誌(3種)

目 次

卷3 書

卷4 序

卷5 序

卷6 序

卷7 記

卷8 記

卷9 記·傳

卷10 論·議·雜著

附 錄

曾文定公文抄引* 《曾文定公文抄》에 대한 서문〔引〕

* 文抄는 여러 작품 중에서 취할 만한 것을 가려 뽑는다는 뜻이고, 引은 唐나라 이후에 생긴 序와 유사한 문체의 일종으로 그 분량이 비교적 적은 편이다.

曾子固之才欿은 **雖不如韓退之柳子厚歐陽永叔及蘇氏父子兄弟**나 **然其議論**은 **必本於六經**[1)]하고 **而其鼓鑄翦裁**[2)]는 **必折衷之於古作者之旨**라 **朱晦菴嘗稱其文似劉向**[3)]이라하니 **向之文**은 **於西京**[4)]**最爲爾雅**라 **此所謂可與知者言**이요 **難與俗人道也**[5)]라 **近年**에 **晉江王道思**[6)]와 **毘陵唐應德**[7)]이 **始亟稱之**나 **然學士間**에 **猶疑信者半**이요 **而至於膾炙者罕矣**라 **予錄其疏劄狀六首**와 **書十五首**와 **序三十一首**와 **記傳二十八首**와 **論議雜著哀詞七首**하노라 **嗟乎**라 **曾之序記爲最**요 **而誌銘稍不及**이나 **然於文苑中**에 **當如漢所稱古之三老祭酒**[8)]**是已**니 **學者不可不知**니라 **歸安鹿門茅坤題**하노라

曾子固(曾鞏)의 글재주는 비록 韓退之(韓愈)·柳子厚(柳宗元)·歐陽永叔(歐陽脩) 및 蘇氏 三父子(蘇洵·蘇軾·蘇轍)만 못하지만, 그 논변은 반드시 六經을 근본으로 삼았고, 녹여내고 재단하는 것은 반드시 옛 작가의 뜻에다가 그 기준을 맞췄다. 朱晦菴(朱熹)은 일찍이 그의 문장이 劉向과 비슷하다고 하였는데, 劉向의 문장은 西漢에서 가장 우아하니 이것이 이른바 '슬기로운 자에게 말할 수 있지 俗人에게는 말하기 어렵다.'는 경우이다. 근래에 晉江의 王道思(王愼中)와 毘陵의 唐應德(唐順之)이 비로소 그를 매우 칭송하였으나, 學士들 사이에서는 여전히 의심하는 자가 태반이었으므로 〈그의 문장이〉 세상에 회자되는 경우가 드물었다. 나는 疏·劄·狀 6편, 書 15편, 序 31편, 記·傳 28편, 論·議·雜著·哀詞 7편을 수록하였다. 아, 曾子固의 문장은 序·記가 가장 훌륭하고, 誌銘은 그에 조금 못 미친다. 그러나 文壇에서는 분명히 漢나라 때 칭송을 받았던 옛날의 三老·祭酒와도 같은 존재이니, 배우는 자들은 이 점을 알지 않으면 안 된다. 歸安의 鹿門 茅坤은 쓴다.

1) 六經 : ≪易經≫, ≪詩經≫, ≪書經≫, ≪春秋≫, ≪禮記≫, ≪樂經≫ 등 여섯 종의 儒家經典을 말한다. ≪樂經≫은 漢나라 이후 그 존재를 알 수 없는데, 漢나라 초기에 당시에 통행하던 隸書로 經傳을 연구하던 今文家는 '樂'은 본디 經이 없고 모두 ≪詩經≫, ≪禮記≫ 속에 포함되었다고 하고, 西漢 말에 옛 籒書로 된 古文經傳을 연구하던 古文家는 ≪樂經≫은 秦始皇이 서적을 태워버릴 때 함께 없어졌다고 하는 등 여러 설이 있다.

2) 鼓鑄翦裁 : 鼓鑄는 바람을 일으켜 불을 살리고 쇠붙이를 제련한다는 뜻이고, 翦裁는 의복을 만들 때 일정한 치수 혹은 양식을 살펴 재단한다는 뜻인데, 여기서는 문예를 창작하는 과정에 소재를 취사 안배하는 것을 가리킨다.

3) 朱晦菴嘗稱其文似劉向 : 晦菴은 宋나라 朱熹(1130~1200)의 호이다. 劉向(약 B.C. 78~약 B.C. 7)은 ≪列女傳≫·≪新序≫·≪說苑≫의 저자로, 經典에 통달하고 문장을 잘 지었다. 王震(1046~1095)이 쓴 〈元豐類藁序〉에 "선생은 스스로 劉向과 비슷하다고 자부하였으니 韓愈와 견주어본다면 누가 나을지 알 수 없다."라고 한 내용이 있는데, 朱熹가 쓴 〈跋曾南豐帖〉에 曾鞏의 문장은 말이 엄중하고 논리가 바르다고 하면서 王震이 한 말을 그대로 인용하였다.

4) 西京 : 동쪽의 도성 洛陽을 東京이라 한 것의 대칭으로 서쪽의 도성 長安을 가리키는데, 여기서는 長安이 도성이었던 西漢(前漢)을 말한다. 東漢(後漢)의 도성은 洛陽이다.

5) 可與知者言 難與俗人道也 : 司馬遷(B.C. 145 또는 B.C. 135~?)이 쓴 〈報任少卿書〉의 내용이다. ≪前漢書≫ 〈司馬遷傳〉에는 "可爲智者道 難爲俗人言也"로 되어 있으므로 이에 따라 번역하였다.

6) 晉江王道思 : 道思는 福建 晉江 사람인 王愼中(1509~1559)의 자이다. 嘉靖 때 進士에 급제하였고 詩文을 잘 지었으며 唐宋八大家의 문장을 으뜸으로 삼았다.

7) 毘陵唐應德 : 應德은 江蘇 毘陵 사람인 唐順之(1507~1560)의 자이다. 嘉靖 때 進士에 급제하였고, 天文·地理·兵法·樂律·武術 등에 정통하였다. 王愼中의 영향을 받아 明나라 중엽 이후 '唐宋派' 古文의 영수가 되었다.

8) 三老祭酒 : 三老는 上壽 120세, 中壽 100세, 下壽 80세의 노인을 말하고, 祭酒(좨주)는 宴饗을 행할 때 술을 부어 신에게 제사를 올리는 지위가 높은 어른을 말한다. 여기서는 曾鞏이 문단의 영수라는 뜻이다.

曾文定公本傳* 文定公 曾鞏에 관한 正史의 傳記

* 本傳은 正史에 나온 인물의 傳記라는 뜻으로, 여기서는 南豐先生 曾鞏의 傳記인 ≪宋史≫ 〈曾鞏傳〉을 말한다. 이 글은 그 내용 중에서 중요한 부분을 발췌한 것이다.

曾鞏字子固니 南豐人이라 幼警敏能文[1)]하여 甫冠에 名聞四方하니라 登嘉祐二年進士第[2)]하고 歷集賢校理하여 爲實錄檢討官하니라 出通判越州하고 知齊襄洪三州에 皆有異政하니라 加直龍圖閣[3)]하고 知福州에 福無職田[4)]하여 歲鬻園蔬하여 自入常三四十萬이러니 鞏謂太守不宜與民爭利라하고 罷之할새 後至者 亦不復取也하니라 徙明亳滄三州하다 鞏久外徙하니 世頗謂偃蹇不偶라하니라 一時後生輩鋒出하되 鞏視之泊如也러라

曾鞏은 자가 子固니 南豐 사람이다. 어릴 적에 기지가 있고 민첩하여 문장을 잘 지었으므로 20세 때 이미 사방에 이름이 났다. 嘉祐(宋 仁宗의 연호) 2년(1057)에 進士에 급제하고 集賢校理를 거쳐 實錄檢討官이 되었다. 지방관으로 나가 越州通判을 지낸 뒤에 齊・襄・洪 3州의 知州를 역임하면서 맡은 고을마다 선정이 있어 直龍圖閣의 직함을 받았다. 福州知州로 있을 때의 일이다. 福州에는 職田이 없어 〈知州가〉 해마다 농장의 채소를 팔아 그것으로 잡은 수입이 항상 3, 4십만 냥이나 되었다. 曾鞏이 "태수는 백성과 이익을 다투어서는 안 된다." 하고 그 관례를 혁파하였는데, 뒤에 부임해 온 관리들도 더 이상 〈이와 같은 방법으로 이익을〉 취하지 않았다. 〈그 뒤에〉 또 明・亳・滄 3州 知州를 역임하였다. 曾鞏이 오랫동안 외직으로 전전하자 세상 사람들은 그가 성품이 오만하여 선발되는 기회를 얻지 못한 것이라고 생각하였다. 이 시기에 후배들이 사방에서 쏟아져 나와 출세가도를 달렸지만 曾鞏은 그것을 담담하게 보아 넘겼다.

1) 幼警敏能文 : 曾鞏이 어릴 적에 다른 아이들과는 달리 매우 총명하여 수백, 수천 자의 글을 한 번 읽고 암송하였고, 12세 때는 매일 여섯 편의 論을 시험 삼

아 지으면서 붓을 잡고 단숨에 완성하였는데 그 문장이 매우 훌륭하였다 한다. ≪曲阜集 子固先生行狀≫

2) 登嘉祐二年進士第：嘉祐는 宋 仁宗의 연호이고 2년은 1057년인데, 曾鞏이 여러 번 進士試에 낙방하다가 이때 39세의 나이로 다시 응시하여 합격하였다.

3) 直龍圖閣：곧 龍圖閣直學士이다. 宋나라 제도에서 외직으로 있는 관원에게 주는 명예직이다.

4) 職田：職分田과 같다. 隋나라 때 처음 만든 제도로, 관직의 품계에 따라 나눠주는 公田이다. 관리가 임직하는 동안 그 수입으로 녹봉을 충당한다.

過闕[1)]에 **神宗召見**하고 **勞問甚寵**하여 **留判三班院**[2)]하니라 **疏議經費以節用爲理財之要**[3)]하니 **帝稱善**하니라 **帝欲合累朝國史爲一書**하여 **加鞏史館修撰**하여 **專典**하고 **不以大臣監總**이러니 **旣而不克成**하니라 **會官制行**[4)]에 **拜中書舍人**하고 **尋掌延安郡王箋奏**[5)]하니라 **居母憂卒**[6)]하니 **年六十五**러라

조정에 들렀을 때 神宗이 그를 불러 만나보고 위로하면서 매우 총애하여 도성에 머물러 三班院通判으로 제수하였다. 상소하여 국가의 재정문제를 해결하는 의견을 제출하면서 비용을 절감하는 것을 재정관리의 관건으로 삼으니 황제가 좋은 의견이라고 칭찬하였다. 황제가 宋나라 여러 조정의 國史를 합쳐 한 책으로 만들기 위해 曾鞏을 史館修撰으로 올려 제수하여 그 일을 전담하도록 하고 大臣이 감독하지 못하게 하였는데, 결국 완성하지 못하였다. 때마침 새 관직제도가 시행되어 中書舍人에 제수되었고, 얼마 뒤에 延安郡王이 皇上께 올리는 箋奏文을 작성하는 임무를 담당하였다. 어머니의 상중에 있다가 죽었는데 이때 65세였다.

1) 過闕：元豐 3년(1080)에 曾鞏이 滄州知州로 전보되어 그곳으로 부임하던 길에 도성에 들렀던 일을 가리킨다. 闕은 궁궐, 조정, 도성 등의 뜻으로 이해할 수 있다.

2) 判三班院：三班院通判을 말한다. 三班은 供奉官・殿直・殿前承旨인데, 雍熙 4년(987)에 三班院을 설치하여 武官과 三班使臣의 추천・승진・전보・포상 등에 관한 업무를 관장하게 하였다.

3) 疏議經費以節用爲理財之要：元豐 3년 11월에 曾鞏이 神宗에게 〈議經費箚子〉

를 올려 국가를 잘 다스리기 위해서는 반드시 재정비용을 절감해야 한다고 주장하였다.

4) 會官制行 : 會는 '때마침'이란 뜻으로 適과 같다. 元豐 5년(1082) 5월에 ≪大唐六典≫에 실린 규정에 따라 관직제도를 개정한 일을 말한다. 그 골자는 조정의 일을 처리할 때 中書省이 황제의 윤허를 받고 門下省이 재차 심의하고 尙書省이 집행하는 방식이다.

5) 尋掌延安郡王箋奏 : 尋은 '얼마 뒤에, 오래지 않아' 등의 뜻이다. 延安郡王은 神宗의 아들 趙煦이다. 元豐 5년에 王에 봉해지고 8년에 즉위하였는데 이 사람이 哲宗이다. ≪元豐類藁≫ 〈表〉에 〈代皇子免延安郡王 第一表〉, 〈代皇子免延安郡王第二表〉, 〈代皇子延安郡王謝表〉, 〈代皇子延安郡王謝皇太后表〉, 〈代皇子延安郡王謝皇后箋〉 등 황태자를 대신하여 지은 다섯 편의 表와 箋이 있다.

6) 居母憂卒 : 元豐 5년 9월에 曾鞏이 92세인 계모 朱氏의 상을 당해 관직을 떠났다가 이듬해 4월 11일에 江寧府에서 죽었다.

鞏性孝友하여 父亡[1]에 奉繼母益至하고 撫四弟九妹[2]於委廢單弱中하여 宦學婚嫁를 一出其力하니라 爲文章에 上下馳騁하되 本原六經하고 斟酌於司馬遷韓愈하니 時鮮能過也러라 少與王安石游에 安石聲譽未振이러니 鞏導之於歐陽脩하고 及安石得志하얀 遂與之異하니라 神宗嘗問安石何如人고하니 對曰 安石文學行義는 不減揚雄이나 以吝故不及이니이다하고 帝曰 安石輕富貴어늘 何吝也오하니 曰勇於有爲요 吝於改過耳라하니라 呂公著[3]嘗告神宗以鞏行義不如政事하고 政事不如文章이라 故不大用云이라

曾鞏은 품성이 효성스럽고 우애가 지극하여 아버지가 죽은 뒤에 계모를 받들어 모시기를 더 한층 극진히 하였고, 가정환경이 쇠패하여 고단한 속에서 네 아우와 아홉 누이를 부양하여 이들이 관리가 되기 위해 객지에 나가 공부를 한다거나 시집 장가를 갈 적에 필요한 뒷바라지를 모두 그가 해내었다. 그의 문장은 고금의 역사를 광범위하게 섭렵한 뒤에 六經에 그 근본을 두고 司馬遷과 韓愈의 문법을 참고하였으니, 당시에 그 수준을 뛰어넘을 만한 자가 적었다. 젊었을 때 王安石과 종유하였는데 그때는 王安石의 名價가 아직 크지 않았었다. 曾鞏은 그를 歐陽脩에게 소개해주었으며, 王安石이 뜻을 이룬 뒤에는 곧 그와 노선을 달리하였다. 神宗이 언젠가 그에게 "安石

은 어떤 사람이오?" 하고 묻자, 대답하기를 "安石의 문학과 품행 도의는 揚雄에게 뒤지지 않습니다만 인색하기 때문에 전체적으로는 미치지 못합니다." 하였고, 황제가 "安石은 부귀를 가볍게 보는데 어째서 인색하다고 하는가?" 하니, 대답하기를 "그가 무슨 일을 하는 데에는 용감하지만 잘못을 고치는 데에는 인색하다는 것을 지적한 것일 뿐입니다." 하였다. 呂公著가 일찍이 神宗에게 "曾鞏의 품행과 도의는 정사를 다스리는 것보다 못하고, 정사를 다스리는 것은 문장을 짓는 것보다 못합니다."라고 고한 적이 있는데, 이로 인해 크게 등용되지 못하였다.

1) 父亡 : 曾鞏의 나이 29세 때인 慶曆 7년(1047)에 그의 아버지 曾易占이 59세로 죽었다.
2) 四弟九妹 : 曾鞏의 형제는 자신을 포함하여 6남 9녀로 모두 15명인데, 10년 연상인 형 曾曅은 皇祐 5년(1053)에 45세로 죽었다. 네 아우는 曾牟·曾宰·曾布·曾肇이다. 아홉 누이는 첫째는 關氏의 아내, 둘째는 王氏의 아내이고, 여덟째는 이름이 德耀이며 나머지는 알 수 없다.
3) 呂公著 : 1018~1089. 御史中丞으로 있던 중에 王安石이 주도하여 추진한 青苗法 시행을 반대하고, 呂惠卿은 간사하여 임용해서는 안 된다고 주장한 일로 穎州知州로 좌천되었다가, 元豐 3년(1080)에 同知樞密院事로 발탁되었다. 曾鞏을 크게 등용해서는 안 된다고 말한 것은 그 이후의 일로, 그의 정적인 王安石이 曾鞏의 고모 河東縣太君의 외손자였다는 점이 작용한 것으로 보인다.

疏·箚·狀

01. 熙寧轉對疏 * 熙寧 때 輪對할 당시 올린 疏

* 본 편은 작자의 나이 50세 때인 神宗 熙寧 2년(1069)에 實錄檢討官으로 있다가 越州通判으로 부임하면서 올린 상소이다. 神宗이 즉위하여 堯舜시대와 같은 치적을 이루고 싶은 의지가 있으면서도 제대로 안 되고 있는 문제를 적출하여, "그 근본을 올바로 세우면 만사가 다스려진다.〔正其本 萬事理〕"는 논리를 전개하면서 儒家에서 추구하는 誠意·正心·修身으로 천하를 다스리는 근본을 세울 것을 권하였다. 經典의 내용과 역사사실을 근간으로 하여 논변과 충고를 적절히 결합함으로써 어조가 완곡하면서도 엄중하여 강한 설득력을 지녔다. 轉對는 輪對와 같다. 송나라 때 신료들이 5일 간격으로 한 사람씩 번갈아 內殿으로 올라가 時政의 잘잘못을 지적하여 개진하였는데 이 일을 말한다.

勸學二字는 公之所見正하고 所志亦大나 而惜也才不足以副之라 故不得見用於時라 姑錄而存之하여 以見公之槪하니라

'勸學' 두 글자에 대해 공의 견해가 바르고 뜻한 바도 컸다. 하지만 아쉽게도 재주는 거기에 미치지 못하였기 때문에 당대에 크게 등용되지 못하였다. 우선 초록하여 남겨 공의 대체적인 면모를 엿볼 수 있게 하였다.

准[1]御史臺[2]告報臣寮朝辭[3]日具轉對하니이다 臣愚淺薄하여 恐言不足采나 然臣竊觀唐太宗卽位之初에 延群臣與論天下之事하여 而能絀封倫하고 用魏鄭公之說[4]하니 所以成貞觀之治요 周世宗初卽位에 亦延群臣하여 使陳當世之務하여 而能知王朴之可用이라 故顯德之政이 亦獨能變五代之因循하니이다 夫當衆說之馳騁하여 而以獨見之言으로 陳未形之得失일새 此聽者之所難也라 然二君能辨之於群衆之中而用之하여

以收一時之效하니 此後世之士所以常感知言之少하고 而頌二君之明也니이다 今陛下始承天序하여 亦詔群臣하여 使以次對[5]나 然且將歲餘에 未聞取一人하고 得一言하니 豈當世固乏人하여 不足以當陛下之意與잇가 抑所以延問者 特用累世之故事하여 而不必求其實歟잇가 臣愚竊計殆進言者未有以當陛下之意也라하노이다 陛下明智大略은 固將比跡於唐虞三代之盛이니 如太宗世宗之所至는 恐不足以望陛下라 故臣之所言도 亦不敢效二臣之卑近하노이다 伏惟陛下는 超然獨觀於世俗之表하여 詳思臣言而擇其中하시면 則二君之明이 豈足道於後世며 而士之懷抱忠義者가 豈復感知言之少乎잇가 臣所言如左니이다

御史臺의 통보에 의하면 신료들에게 朝辭하는 날 轉對할 내용을 준비하라고 하셨습니다.

신은 우매하고 학식이 얕아 신이 하는 말이 채용할 만한 것이 못 될 소지도 있습니다. 그러나 신이 삼가 살펴보건대, 唐 太宗은 즉위 초기에 뭇 신료를 영접하여 함께 천하의 일을 토론하는 자리를 마련하여 封倫의 주장을 배격하고 魏鄭公(魏徵)의 설을 채용하였으니, 이 때문에 貞觀(唐 太宗의 연호)의 치적을 이루었습니다. 그리고 後周 世宗(柴榮)은 즉위 초기에 그 또한 뭇 신료를 영접하여 당대의 정사에 대한 의견을 개진하게 하고 이를 통해 王朴을 크게 등용할 만하다는 것을 알았으니, 이 때문에 顯德(後周 世宗의 연호)의 정사가 또한 五代의 고식적인 정치 양상을 변화시킬 수 있었습니다.

대체로 여러 설이 난무하는 자리에서 독창적인 말로 아직 드러나지 않은 미래의 득실을 개진하게 되면 이것은 그 말을 듣는 자가 받아들이기 어려운 법입니다. 그러나 저들 두 군주는 능히 여러 사람들 속에서 그들이 〈비범하다는 것을〉 가려내 등용함으로써 한때의 성과를 거두었으니, 이 때문에 후세의 선비들이 항상 옳은 말을 알아주는 경우가 적음을 유감으로 여기면서 저 두 군주의 혜안을 칭송하였던 것입니다. 지금 폐하께서는 제왕의 계통을 이어받은 초기에는 역시 뭇 신료에게 명하여 次對하도록 하였습니다. 그러나 그 이후 한 해가 지났는데도 한 사람의 인재를 취했거나 한마디 좋은 건의를 얻었다는 소식을 듣지 못했습니다. 그 이유는 혹시 당대에 진정 인재다운 인재가 없어 〈개진하는 내용이〉 폐하의 의중을 충분히 채워드리지 못해서 그

런 것입니까? 아니면 신료들의 의견을 청취하는 조처가 그저 과거 군주들의 의례적인 고사만 따르고 굳이 그 내실을 추구하지 않으셔서 그런 것입니까? 신은 삼가 헤아려보건대, 아마도 진언한 자가 폐하의 의중을 채워드리지 못했다고 봅니다. 폐하의 밝으신 지혜와 큰 계책은 진정 앞으로 堯舜과 三代(夏·殷·周)의 거룩한 치적과 어깨를 나란히 할 만하고 太宗과 世宗이 도달했던 그 정도는 폐하의 역량으로 보아 하찮은 수준일 것입니다. 그러므로 신이 올리는 말씀도 감히 저들 두 신하(魏徵·王朴)의 천근한 견해를 본받을 수 없습니다. 삼가 바라건대, 폐하께서는 초연히 세속 사람들의 통속적인 시각을 뛰어넘어 신이 올리는 말을 곰곰이 생각해보시고 좋은 점을 골라 행하신다면 저들 두 군주의 밝은 지혜가 어찌 후세에 거론될 만한 거리가 되겠으며, 충성과 의리를 가슴에 품은 선비들이 어찌 다시 옳은 말을 알아주는 사람이 적다고 유감스러워하겠습니까? 신이 올리는 말씀은 다음과 같습니다.

1) 准 : 공문에 사용하는 투식어로, 許可 또는 依據 등의 의미를 나타낸다. 唐나라와 五代 때부터 사용하였다.
2) 御史臺 : 조정 관리의 잘못을 사찰하고 탄핵하는 임무를 담당한 사정관의 하나이다.
3) 朝辭 : 지방관에 임명된 관리가 조정에 나아가 천자에게 사은숙배하고 하직하는 일이다.
4) 唐太宗卽位之初……用魏鄭公之說 : 唐 太宗이 즉위하여 신하들에게 한탄하기를 "지금 큰 난리를 치른 뒤라서 천하를 다스리기 어렵겠구나."라고 하자, 魏徵이 말하기를 "큰 난리 뒤에는 다스리기가 쉽습니다. 비유하자면 굶주린 자에게 밥을 먹이기 쉬운 것과 같습니다."라고 하면서 五帝 三王이 행했던 仁義政治를 행할 것을 권하였다. 이에 대해 封倫은 후세에는 인심이 혼탁해져서 불가능하다고 반박하였으나 唐 太宗은 魏徵의 건의를 받아들였다. ≪新唐書 魏徵列傳≫
5) 今陛下始承天序……使以次對 : 神宗이 治平 4년(1067) 2월에 즉위하여 그해 11월에 2차에 걸쳐 내외 文武官으로 하여금 인재를 천거할 것을 명하였고, 12월에 또 매일 轉對할 관리를 2인으로 추가할 것을 명하였다.

臣伏以陛下는 恭儉慈仁하여 有能承祖宗之德하고 聰明睿智하여 有能任天下之材하니이다 卽位以來로 早朝晏罷하고 廣問兼聽하여 有更制變俗하고 比迹唐虞之志하니 此非

群臣之所能及也니이다 然而所遇之時 在天則有日食星變之異[1)]하고 在地則有震動陷裂水泉湧溢之災[2)]하고 在人則有饑饉流亡訛言相驚之患하니 三者皆非常之變也니이다 及從而察今之天下하여는 則風俗日以薄惡하고 紀綱日以弛壞하며 百司庶務 一切文具而已니이다 內外之任은 則不足於人材하고 公私之計는 則不足於食貨하며 近則不能不以盜賊爲慮하고 遠則不能不以夷狄爲憂하니 海內智謀之士는 常恐天下之勢不得以久安也하니이다 以陛下之明으로 而所遇之時如此하니 陛下有更制變俗하고 比迹唐虞之志면 則亦在正其本而已矣니이다 易에 曰 正其本이면 萬事理라하니 臣以謂正其本者는 在陛下得之於心而已니이다

신은 삼가 생각건대, 폐하께서는 공손하고 검소하며 인자하시어 祖宗(帝王의 선조)의 덕을 계승하였고, 총명하고 지혜로워 천하의 인재를 가려 정사를 맡기실 수 있습니다. 즉위하신 이후 이른 아침에 조정에 나오시어 정무를 처리하고 저녁 무렵에야 조회를 파하면서 〈주위 사람들의 의견을〉 널리 묻고 청취하여 제도와 풍속을 바꾸고 堯舜과 어깨를 나란히 해야겠다는 뜻을 지니셨으니, 이는 뭇 신하가 미쳐 갈 수 없습니다. 그러나 지금 만난 시점이 천상에는 日蝕과 별자리의 이변이 있고, 지상에는 지진으로 땅이 갈라지고 지하수가 터져 나와 사방이 범람하는 재앙이 있으며, 인간 세상에는 기근으로 인해 각지로 유랑하고 유언비어로 서로 소란을 피우는 우환이 있으니, 이들 세 가지는 모두 비상한 변고입니다.

더 나아가 오늘의 천하를 살펴보면 풍속은 나날이 각박해지고 기강은 나날이 해이해지며 모든 관리의 온갖 정무가 일체 내실이 없는 허울에 불과합니다. 內外의 관직은 〈그것을 맡길 만한〉 인재가 부족하고 公私의 계책은 〈그것을 운영할 만한〉 재력이 부족합니다. 그리하여 가깝게는 도적을 염려하지 않을 수 없고 멀게는 변방 이민족을 걱정하지 않을 수 없어, 천하의 지모 있는 선비는 항상 천하의 형세가 오랫동안 편안을 유지하지 못할까 걱정하고 있습니다. 폐하의 밝으신 지혜로도 지금 만난 때가 이와 같으니 폐하께서 제도와 풍속을 바꾸고 요순과 어깨를 나란히 해야겠다는 뜻을 지니셨다면, 〈해결책은〉 또한 그 근본을 올바로 세우는 데에 있을 뿐입니다. ≪易經≫에 "그 근본을 올바로 세우면 만사가 다스려진다." 하였는데, 신은 그 근본을 올바로 세우는 일은 오직 폐하께서 〈그것이 무엇인가를〉 마음으로 자득하는 데에 달려 있다고 생각

합니다.

1) 在天則有日食星變之異 : 熙寧 원년(1068) 1월 1일에 일식이 일어났고, 7월에 熒惑星이 낮에 나타났으며, 8월 1일에는 太白星이 낮에 나타났다. 고대의 점술가가 주장하기를, 일식은 陰이 陽을 침범한 것으로 신하가 임금을 능멸하는 현상인데 임금이 죽거나 나라가 망하거나 홍수가 날 징조이고, 熒惑星이 낮에 나타나는 것은 역적, 질병, 병란이 일어날 징조이고, 太白星이 낮에 나타나는 것은 병란이 일어날 징조라고 하였다. 熒惑星은 火星의 옛 이름이고, 太白星은 金星의 옛 이름이다. ≪宋史 神宗本紀≫

2) 在地則有震動陷裂水泉湧溢之災 : 治平 4년(1067)과 熙寧 원년에 여러 지역에서 지진이 일어났다. 治平 4년 8월에는 도성에서, 9월에는 潮州에서, 10월에는 漳州・泉州와 建州의 昭武・興化軍 등지에서 일어났으며, 熙寧 원년 7월에는 京都에서 두 차례, 河北에서 여러 차례, 8월에는 京都에서 두 차례 일어났다. 특히 河北에서는 모랫벌이 융기하고 지하수가 터지는가 하면 성곽과 주택이 무너지는 등 피해가 컸다고 한다. ≪宋史 英宗本紀, 神宗本紀≫

臣觀洪範은 所以和同天人之際하여 使之無間이니 而要其所以爲始者는 思也요 大學은 所以誠意正心修身하여 治其國家天下니 而要其所以爲始者는 致其知也라 故臣以謂正其本者는 在得之於心而已라하노이다 得之於心者는 其術非他라 學焉而已矣니 此致其知所以爲大學之道也라 古之聖人으로 舜禹成湯文武는 未有不由學而成이요 而傅說周公之輔其君도 未嘗不勉之以學이라 故孟子以謂學焉而後에 有爲면 則湯以王하고 齊桓公以霸를 皆不勞而能也[1]라하니 蓋學所以成人主之功德如此니이다 誠能磨礱長養하여 至於有以自得이면 則天下之事在於理者 未有不能盡也라 能盡天下之理면 則天下之事物接於我者 無以累其內요 天下之以言語接於我者 無以蔽其外니이다 夫然則循理而已矣라 邪情之所不能入也요 從善而已矣라 邪說之所不能亂也니 如是而用之以持久하고 資之以不息이면 則積其小者 必至於大하고 積其微者 必至於顯하나니이다 古之人自可欲之善而充之하여 至於不可知之神[2]하고 自十五之學而積之하여 至於從心之不踰矩[3] 豈他道哉리오 由是而已矣니이다 故曰 念終始典于學[4]하라하고

又曰 學然後에 知不足[5]이라하며 孔子亦曰 吾는 學不厭[6]이라하니 蓋如此者는 孔子之所不能已也니이다 人能使事物之接於我者로 不能累其內면 所以治內也요 言語之接於我者로 不能蔽其外면 所以應外也니이다 有以治內는 此所以成德化也요 有以應外는 此所以成法度也니 德化法度旣成이면 所以發育萬物而和同天人之際也니이다

신은 살펴보건대, ≪書經≫ 〈周書 洪範〉은 天道와 人事의 관계를 조화시켜 서로 간격이 없게 하기 위한 것인데 그 단초가 되는 것을 따져보면 곧 '생각하는 것〔思〕'이고, ≪大學≫은 뜻을 진실되게 하고 마음을 바르게 갖고 몸을 닦아 국가와 천하를 다스리기 위한 것인데 그 단초가 되는 것을 따져보면 '지식을 극대화하는 것〔致知〕'입니다. 이 때문에 신은 그 근본을 올바로 세우는 일은 오직 그것을 마음으로 자득하는 데에 있다고 생각한 것입니다.

근본을 마음으로 자득하는 일은 그 방법이 별다른 것이 아니라 학문일 뿐입니다. 학문을 통해 지식을 극대화하는 일이 곧 ≪大學≫을 공부하는 방도입니다. 옛날 성인으로서 舜·禹·成湯·文王·武王은 학문을 통해 〈그 덕을〉 이루지 않은 이가 없었고, 傅說과 周公이 그 군주를 보좌할 때에도 학문을 가지고 권하지 않은 적이 없었습니다. 그러므로 孟子가 "배운 다음에 정치를 하였기에 湯이 천하에 王者가 되고 齊桓公이 제후의 霸者가 되는 일을 모두 힘들이지 않고 이루어낼 수 있었다." 하였으니, 대체로 학문이 군주의 업적과 도덕을 이루어내게 하는 역할이 이와 같습니다.

진실로 타고난 자질을 연마하고 길러 스스로 근본을 얻는 수준까지 이르게 되면, 천하만사에 개재되어 있는 이치를 남김없이 이해하지 못하는 일이 없을 것입니다. 천하의 온갖 이치를 다 이해하게 되면, 나에게 접해오는 천하의 사물이 마음을 번거롭게 하지 못하고, 나에게 접해오는 천하의 언어가 귀를 현혹시키지 못할 것입니다. 이렇게 되면 오직 이치만을 따라 부정한 감정이 침입하지 못하고, 善만을 따라 부정한 설이 어지럽게 하지 못할 것입니다. 이렇게 한 다음에 이 길을 따라 장구히 유지하고 근간으로 삼아 중단하지 않는다면, 작은 것이 쌓이고 또 쌓여서 반드시 거대해질 것이고, 희미한 것이 밝아지고 또 밝아져서 반드시 환해지는 경지에 이를 것입니다.

옛날 사람은 내면에 선을 지녀 남으로부터 호감을 받는 단계에서부터 덕을 확충해 나가 마침내 남들이 그 실체를 헤아리지 못하는 神의 수준까지 이르렀고, 15세에 학

문에 뜻을 둔 데서부터 공부를 쌓아 마음이 내키는 대로 행하더라도 법도를 넘어서지 않는 수준까지 이르렀는데, 어찌 별다른 방도가 있었겠습니까? 오직 학문의 길을 따랐을 뿐입니다. 그러므로 "생각이 시종 언제나 학문에 있어야 한다." 하였고, 또 "배워본 뒤에 부족한 점을 안다." 하였으며, 孔子도 "나는 배우기를 싫어하지 않는다." 하였으니, 대체로 이처럼 하는 일은 공자가 소홀히 하지 못한 바입니다. 사람이 능히 나에게 접해오는 사물이 마음을 번거롭게 하지 못하게 한다면 이는 그 내면을 잘 다스리는 것이고, 나에게 접해오는 언어가 귀를 현혹시키지 못하게 한다면 이는 외부를 잘 대응하는 것입니다. 내면을 다스리는 것은 곧 德化를 이루는 것이고 외부를 대응하는 것은 곧 법도를 이루는 일이니, 德化와 법도가 이미 이루어지면 이로 인해 만물을 발육해내고 天道와 人事의 관계를 조화시키게 되는 것입니다.

1) 孟子以謂學焉而後……皆不勞而能也 : ≪孟子≫ 〈公孫丑 下〉에 "湯이 伊尹에게 배운 뒤에 그를 신하로 삼았기 때문에 수고롭지 않고 王者가 되었고, 桓公이 管仲에게 배운 뒤에 그를 신하로 삼았기 때문에 수고롭지 않고 霸者가 되었다." 라고 한 데서 인용한 것이다.

2) 自可欲之善而充之 至於不可知之神 : ≪孟子≫ 〈盡心 下〉에 "본능적으로 하려고 하는 것을 善이라 하고, 그 善을 실제로 마음에 지니는 것을 信이라 하고, 그 善을 힘써 행하여 몸에 충만한 것을 美라 하고, 충만하여 겉으로 광채가 있는 것을 大라 하고, 廣大하여 인위적인 흔적이 없이 변화하는 것을 聖이라 하고, 聖人의 경지에 들어서서 사람이 측량할 수 없는 것을 神이라 한다."라고 한 것을 축약하여 인용한 것이다.

3) 自十五之學而積之 至於從心之不踰矩 : ≪論語≫ 〈爲政〉에 "나는 15세에 학문에 뜻을 두었고, 30세에 스스로 도에다가 뜻을 굳게 세웠고, 40세에 외부 사물의 유혹을 받지 않았고, 50세에 사물에 부여된 하늘의 도를 알았고, 60세에 각종 언어의 의미가 귀에 접하는 대로 환히 통하였고, 70세에는 마음이 내키는 대로 따르더라도 법도를 넘어가지 않았다."라고 한 것을 축약하여 인용한 것이다.

4) 念終始典于學 : ≪書經≫ 〈商書 說命 下〉에 나오는 말이다.

5) 學然後 知不足 : ≪禮記≫ 〈學記〉에 나오는 말이다.

6) 學不厭 : ≪孟子≫ 〈公孫丑 上〉에 나오는 말이다.

自周衰以來로 道術不明하여 爲人君者는 莫知學先王之道以明其心하고 爲人臣者는 莫知引其君以及先王之道也니이다 一切苟簡하여 溺於流俗末世之卑淺하여 以先王之道로 爲迂遠而難遵하니 人主雖有聰明敏達之質이나 而無磨礱長養之具하여 至於不能有以自得이면 則天下之事在於理者를 有所不能盡也니이다 不能盡天下之理면 則天下之以事物接於我者 足以累其內하고 天下之以言語接於我者 足以蔽其外하나니이다 夫然故欲循理而邪情足以害之하고 欲從善而邪說足以亂之하니 如是而用之以持久면 則愈甚無補하고 行之以不息이면 則不能見效하여 其弊則至於邪情勝而正理滅하고 邪說長而正論消하니 天下之所以不治而有至於亂者는 以是而已矣니 此周衰以來로 人主之所以可傳於後世者少也니이다 可傳於後世者 若漢之文帝宣帝와 唐之太宗은 皆可謂有美質矣라 由其學不能遠而所知者陋라 故足以賢於近世之庸主矣로되 若夫議唐虞三代之盛德이면 則彼烏足以云乎잇가 由其如此라 故自周衰以來로 千有餘年에 天下之言理者도 亦皆卑近淺陋하여 以趨世主之所便하고 而言先王之道者는 皆紬而不省이라 故以孔子之聖과 孟子之賢으로도 而猶不遇也니이다

周나라가 쇠약해진 이후로 道術이 밝아지지 않아, 군주가 된 자는 先王의 도를 배워 그 마음을 밝힐 줄을 모르고, 신하가 된 자는 그 군주를 인도하여 先王의 도로 나아가게 할 줄을 몰랐습니다. 그리하여 오로지 적당히 되는 대로 넘어가는 자세로 관습화된 못된 풍속과 말세의 비루하고 천박한 부류로 전락하여, 先王의 도를 현실과 괴리되어 따르기 어려운 것으로 치부해버립니다. 군주가 비록 총명 민첩하고 통창한 자질을 지녔더라도, 그 자질을 연마하고 길러내는 장치가 없어 근본을 자득하지 못하는 상황에 이르게 되면, 천하만사에 개재되어 있는 이치를 완전히 파악할 수 없습니다. 천하의 이치를 완전히 파악하지 못하면 나에게 접해오는 천하의 사물이 충분히 그 마음을 번거롭게 하고, 나에게 접해오는 천하의 언어가 충분히 그 귀를 현혹시킬 것입니다. 이렇기 때문에 바른 이치를 따르려 해도 부정한 감정이 족히 그것을 해치고, 선을 따르려 해도 부정한 설이 족히 그것을 어지럽게 만듭니다. 이와 같이 하면서 그 길을 따라 장구히 유지하면 그럴수록 더욱 보탬이 없고, 이대로 행하여 중단하지 않는다면 좋은 성과를 볼 수 없을 것이며, 그 폐해는 부정한 감정이 우세하여 바

른 이치가 소멸되고 부정한 설이 신장되어 바른 논리가 사라지는 데에 이를 것이니, 천하가 다스려지지 않고 어지러워지는 지경에 이르게 되는 이유가 오직 여기에서 기인합니다. 이 때문에 周나라가 쇠약해진 이후로 후세에 이름을 전할 만한 군주가 적었던 것입니다.

후세에 이름을 전할 만한 자로서 漢의 文帝・宣帝와 唐의 太宗과 같은 경우는 모두 아름다운 자질을 지녔다고 말할 수 있으나, 그 학문이 원대하지 못해 아는 바가 고루하였습니다. 그러므로 근대의 무능한 군주보다는 월등히 나았지만 堯舜과 三代의 거룩한 덕으로 논한다면 저들이 어찌 거론할 수준이 되겠습니까? 상황이 이와 같기 때문에 周나라가 쇠약해진 이후 천여 년 동안 천하에 이치를 말하는 자들도 모두 그 수준이 낮고 고루하여 그 당대 군주가 편하게 여기는 쪽으로 따라갔고, 先王의 도를 말하는 자에 대해서는 모두 배척하고 돌아보지 않았습니다. 이 때문에 孔子와 같은 성인과 맹자와 같은 현인도 〈알아주는 군주를〉 만나지 못했던 것입니다.

今去孔孟之時又遠矣요 臣之所言은 乃周衰以來로 千有餘年에 所謂迂遠而難遵者也라 然臣敢獻之於陛下者는 臣觀先王之所已試其言最近而非遠하고 其用最要而非迂라 故不敢不以告者니 此臣所以事陛下區區之志也니이다 伏惟陛下는 有自然之聖質하고 而漸漬於道義之日이 又不爲不久나 然臣以謂陛下有更制變俗하고 比迹唐虞之志면 則在得之於心이니 得之於心은 則在學焉而已者는 臣愚以謂陛下宜觀洪範大學之所陳하여 知治道之所本이 不在於他하고 觀傳說周公之所戒하여 知學者 非明主之所宜已也라하노이다 陛下有更制變俗하고 比迹唐虞之志면 則當懇誠惻怛하여 以講明舊學而推廣之하여 務當於道德之體要하고 不取乎口耳之小知하며 不急乎朝夕之近效하고 復之熟之하여 使聖心之所存으로 從容於自得之地면 則萬事之在於理者를 未有不能盡也하리이다 能盡萬事之理면 則內不累於天下之物하고 外不蔽於天下之言하리니 然後明先王之道而行之면 邪情之所不能入也요 合天下之正論而用之면 邪說之所不能亂也라 如是而用之以持久하고 資之以不息이면 則雖細必鉅하고 雖微必顯하리니 以陛下之聰明而充之하여 以至於不可知之神하고 以陛下之睿知而積之하여 以至於從心所欲之不踰矩 夫豈遠哉리오 顧勉强如何耳니이다 夫然故內成德化하고

外成法度하여 以發育萬物而和同天人之際甚易也리이다 若夫移風俗之薄惡하고 振紀綱之弛壞하며 變百司庶務之文具하고 屬天下之士하여 使稱其位하고 理天下之財하여 使贍其用하며 近者使之親附하고 遠者使之服從하며 海內之勢를 使之常安이면 則惟陛下之所欲을 何求而不得이며 何爲而不成乎리오 未有若是而福應不臻하고 而變異不消者也니이다 如聖心之所存이 未及於此하여 內未能無秋毫之累하고 外未能無纖芥之蔽면 則臣恐欲法先王之政이나 而智慮有所未審하고 欲用天下之智謀材諝之士나 而議論有所未一하여 於國家天下에 愈甚無補하고 而風俗綱紀 愈以衰壞也리이다 非獨如此라 自古所以安危治亂之幾 未嘗不出於此니이다 臣幸蒙降問하여 言天下之細務而無益於得失之數者는 非臣所以事陛下區區之志也라 輒不自知其固陋하고 而敢言國家之大體하니 惟陛下審察而擇其宜하시면 天下幸甚하리이다

지금 孔孟 당시와 그 거리가 또 멀고 신이 진언하는 내용은 곧 周나라가 쇠약해진 이후 천여 년 동안 이른바 현실에 맞지 않아 따르기 어렵다고 여겨왔던 것입니다. 그런데도 신이 감히 폐하께 올리는 것입니다. 그 이유는, 신이 살펴볼 때 先王들이 이미 시험해본 것으로써 그 말이 가장 현실과 가까워 멀지 않고 그 효용이 가장 긴요하여 오활하지 않기 때문에 감히 이것을 고해 올리지 않을 수 없어서입니다. 이것이 곧 신이 폐하를 섬기는 간곡한 뜻입니다. 삼가 생각건대 폐하께서는 선천적으로 신성하신 자질을 지니시고 마음이 道義에 젖어든 시일이 또 오래되지 않은 것은 아닙니다. 그러나 신은 생각할 때, 폐하께서 제도와 풍속을 바꾸고 堯舜과 어깨를 나란히 해야겠다는 뜻을 지니셨다면, 그것은 근본을 마음으로 자득하는 데에 달려 있으며, 근본을 마음으로 자득하는 일은 오직 학문에 달려 있다고 봅니다.

신은 다음과 같이 권해 올립니다. 폐하께서는 마땅히 ≪書經≫ 〈周書 洪範〉과 ≪大學≫에 개진되어 있는 내용을 살펴 천하를 다스리는 도의 근본이 다른 데에 있지 않다는 사실을 알아야 하고, 傅說과 周公이 경계한 내용을 살펴 학문이란 슬기로운 군주가 도외시할 일이 아니라는 것을 아셔야 합니다. 폐하께서 제도와 풍속을 바꾸고 堯舜과 어깨를 나란히 해야겠다는 뜻을 지니셨다면, 마땅히 간절하고 정성스런 마음으로 옛 학문을 강명하고 그것을 더욱 확대해나가 도덕의 구체적인 핵심에 도달하도록 힘써야 합니다. 말하고 듣는 정도의 작은 지혜는 취하지 말고 아침저녁에 당장 나

타나는 효과를 우선시하지 말면서, 〈학문하기를〉 반복하고 익숙히 하심으로써 폐하의 마음에 자연스레 자신감이 생기도록 하신다면, 만사에 개재되어 있는 이치를 모두 이해하지 못하는 일이 없을 것입니다. 능히 만사의 이치를 모두 이해한다면 안으로는 천하의 사물에 마음이 번거로워지지 않고 밖으로는 천하의 말에 귀가 현혹되지 않을 것입니다. 그런 다음에 先王의 도를 밝혀 행하면 부정한 감정이 침입해 들어올 수 없고, 천하의 정당한 의견에 맞추어 적용하면 부정한 설이 귀를 어지럽게 하지 못할 것입니다. 이처럼 하면서 이 길을 따라 장구히 유지하고 근간으로 삼아 중단하지 않는다면, 비록 작은 것이라도 반드시 거대해질 것이고 희미한 것이라도 반드시 환해질 것입니다. 〈그렇다면〉 폐하의 총명으로 자꾸 확충해나가 측량할 수 없는 신묘한 경지에 도달하는 일과, 폐하의 예지로 자꾸 쌓아나가 마음이 내키는 대로 행하더라도 법도를 넘어서지 않는 경지에 도달하는 일이 어찌 요원하겠습니까. 그저 힘쓰기를 어떻게 하느냐에 달려 있을 뿐입니다. 대체로 그렇기 때문에 안으로 德化를 이루고 밖으로 법도를 이룸으로써 만물을 발육하여 天道와 人事의 관계를 조화시키는 일이 매우 쉬울 것입니다.

기타 야박하고 고약한 풍속을 바꾸고 해이해지고 무너진 기강을 추스르며, 모든 관리의 온갖 정무에 내실이 없는 허울을 쇄신한다거나, 천하 선비를 불러들여 그의 능력에 맞는 자리에 앉게 하고 천하의 재물을 다스려 그 운용을 넉넉하게 하며, 가까운 측근들은 친근히 따르게 하고 먼 지방에 있는 자들은 복종하게 함으로써, 온 천하의 상황이 항상 안정을 유지하게 하는 일 따위는 폐하께서 이뤄내고 싶다면 무엇을 원한들 얻지 못할 것이며, 무엇을 행한들 이루지 못하겠습니까. 이와 같이 하는데도 그에 호응하는 복이 이르지 않고 이변이 사라지지 않은 경우는 없습니다. 만일 폐하의 마음 상태가 여기에 미치지 못해 안으로는 마음이 추호도 번거롭지 않고 밖으로는 귀가 조금도 현혹되는 일이 없지 못한다면, 신은 아마도 폐하께서 先王의 정사를 본받고 싶더라도 지혜가 잘 살피지 못할 것이고, 천하의 지모와 재간을 지닌 선비를 등용하고 싶더라도 주위의 논의가 통일되지 않음으로써, 국가와 천하에 더욱더 보탬이 없고 풍속과 기강은 더욱더 퇴패해지지 않을까 염려됩니다. 〈그 폐해는〉 여기에서 그치지 않으니 예로부터 천하의 安危와 治亂의 갈림길이 여기에서 나오지 않은 적이 없습니다.

신이 다행하게도 下問하신 은혜를 입었는데, 천하의 하찮은 일로써 〈정사의〉 득실에 도움이 되지 않는 문제를 진언한다는 것은 신이 폐하를 섬기는 간곡한 뜻이 아닙니다. 그러므로 신의 식견이 고루함을 스스로 돌아보지 못하고 감히 국가를 다스리는 중요한 도리를 진언하였습니다. 바라건대 폐하께서 곰곰이 살펴 사리에 합당한 부분을 선택해주신다면 천하가 매우 다행할 것입니다.

王遵巖[1]曰 董仲舒劉向揚雄之文도 不過如此라 若論結構法이면 則漢猶有所未備나 而其氣厚質醇은 曾遠不迨董劉矣라 惟揚雄才艱[2]이나 而又不能大變於當時之體하니 比曾爲不及耳라하니라

王遵巖이 말하였다.

"董仲舒와 劉向, 揚雄의 문장도 이 정도의 수준을 넘지 못한다. 만일 논리 구성법을 논한다면 漢나라 작가도 오히려 미진한 부분이 있긴 하나, 그 기운이 온후하고 자질이 순수한 점은 曾鞏이 董仲舒와 劉向에게 크게 미치지 못한다. 다만 揚雄은 재주가 뛰어났지만 당대에 유행하던 문체의 성향을 크게 바꾸지 못하였기에 曾鞏과 견주어보면 미치지 못한다."

1) 王遵巖 : 遵巖은 王愼中(1509~1559)의 별호이다. 자는 道思, 호는 南江이며 晉江(지금의 福建省에 속함) 사람이다. 明나라 때의 문장가로 嘉靖八才子 가운데 한 사람이다.

2) 才艱 : 재주가 그 유례를 찾아보기 어렵다는 뜻으로, 재주가 출중한 것을 말한다.

02. 移滄州過闕上殿疏* 滄州知州로 전보되어 대궐을 지나다가 大殿에 올린 疏

* 작자의 나이 62세 때인 神宗 元豐 3년(1080)에 올린 소이다. 亳州知州로 있던 작자가 滄州知州로 전보되어 부임하던 길에 도성에 들러 이 疏를 썼는데, 神宗이 대궐로 불러 만나보고는 작자가 비범한 인물임을 알고 도성에 머물러 三班院의 직무를 담당하도록 하였다. 본편의 요지는 宋나라 역대 황제의 功德을 찬양하면서 옛날 周나라 聖君들의 功德을 기린 雅頌과 같은 글이 아직 지어지지 않은 것을 개탄한 것이다.

曾公此箚는 欲附古作者雅頌[1]之旨하여 陳上功德하고 宣之金石[2]이요 而其結束은 歸於勸戒라

曾公의 이 疏箚는 옛 작가들이 雅頌을 쓴 취지에 따라 군왕의 功德을 서술하고 그것을 金石에 올리고자 한 것이었으며, 그 마무리는 선을 힘쓰고 악을 경계하라는 것이었다.

1) 雅頌 : 본디 ≪詩經≫의 내용과 악곡을 분류하는 명칭이다. 雅는 조정에서 연주하는 음악이고, 頌은 종묘제사 때 연주하는 음악으로, 선대 임금의 공덕을 찬양하는 뜻으로 된 음악들을 말한다.

2) 金石 : 鍾鼎과 碑碣로, 큰 공덕이나 업적을 후세에 오래도록 전하기 위해 그것을 찬양하는 문자를 새겨 넣는다.

臣聞基厚者勢崇하고 力大者任重이라 故功德之殊에 垂光錫祚[1]하고 舃奕繁衍하여 久而彌昌者는 蓋天人之理 必至之符니이다 然生民以來로 能濟登玆者는 未有如大宋之隆也니이다

신은 듣건대, 기초가 튼튼한 곳은 건축물의 형세가 높고 역량이 큰 자는 짊어진 짐이 무겁다고 하였습니다. 이 때문에 제왕의 공덕은 특별히 위대하여 그 광채가 만천하에 비치고 은택이 후손에게 파급됨으로써 자손들이 번창하여 세월이 가면 갈수록 더욱 창성하니, 이는 天道와 人事의 이치상 반드시 이루어지는 증거인 것입니다. 그러나 인류가 생긴 이후 능히 이 수준까지 올라선 일은 우리 大宋의 王朝처럼 융성한 경우는 없었습니다.

1) 垂光錫祚 : 垂光은 ≪後漢書≫ 〈班固傳〉에 "和氏의 옥은 천 년토록 빛을 전한다.〔和氏之璧 千載垂光〕"에서 인용한 것으로, 제왕이 기초를 다져놓은 업적을 가리키고, 錫祚는 ≪詩經≫ 〈大雅 旣醉〉에 "군자는 만세토록 장수 누리고 자손에게 길이길이 복을 준다네.〔君子萬年 永錫祚胤〕"에서 인용한 것으로, 큰 공을 세운 제왕의 자손이 오랫동안 은혜를 입는 것을 말한다.

夫禹之績大矣나 而其孫太康이 乃墜厥緖[1]하고 湯之烈盛矣나 而其孫太甲이 旣立不

明[2)]하고 周自后稷으로 十有五世에 至于文王이나 而大統未集하고 武王成王이 始收太平之功이나 而康王之子昭王이 難於南狩[3)]하고 昭王之子穆王은 殆於荒服[4)]하며 曁于幽厲하여 陵夷盡矣하니이다 及秦以累世之智로 幷天下[5)]나 然二世而亡하고 漢定其亂이나 而諸呂七國之禍相尋以起[6)]하고 建武中興[7)]이나 然沖質[8)]以後로 世故多矣하니이다 魏之患은 天下爲三[9)]이요 晉宋之患은 天下爲南北[10)]이며 隋文始一海內나 然傳子而失[11)]하고 唐之治는 在於貞觀開元之際[12)]나 而女禍世出[13)]하여 天寶以還으로 綱紀微矣하니이다 至于五代[14)]히 蓋五十有六年이로되 而更八姓十有四君[15)]하니 其廢興之故甚矣니이다

대체로 禹는 공적이 위대하였으나 그의 손자 太康이 결국 그 유업을 실추시켰고, 湯은 공업이 성대하였으나 그의 손자 太甲이 군왕이 된 뒤에 昏暗하여 〈국정을 다스리지 못했다.〉 周나라는 后稷 이후 15대를 거쳐 文王에게까지 이르렀으나 통일천하의 대업을 성취하지 못하였고, 武王과 成王은 비로소 천하를 태평하게 한 공을 거두었으나 康王의 아들 昭王은 남쪽 나라를 순행하러 나갔다가 어려운 일을 당했는가 하면 昭王의 아들 穆王은 변방 오랑캐 땅에서 위험에 처하였고 幽王과 厲王 때에 이르러 〈나라의 세력이〉 점점 쇠퇴해졌습니다.

秦나라 때에 와서는 여러 대의 지혜로 천하를 통합하였으나 두 대 만에 망하였고, 漢나라는 어지러운 세상을 안정시켰으나 呂氏 종족과 7국의 화가 끊임없이 일어났으며, 建武 때에 중흥을 이루었지만 沖帝와 質帝 이후로 세상에 혼란한 일이 많아졌습니다. 魏나라의 고충은 천하가 셋으로 갈라진 것이었고, 晉나라와 宋나라의 고충은 천하가 남북으로 나누어진 것이었으며, 隋 文帝는 비로소 천하를 통일하긴 하였으나 아들까지만 전하고 잃어버렸습니다. 唐나라의 治世는 貞觀과 開元 때에 있었으나 〈이 당시〉 여인으로 인한 화가 대대로 생겨나 天寶(玄宗의 연호) 이후에는 기강이 쇠해졌습니다. 五代에 이르러서는 56년 동안에 8姓 14君이 바뀌었으니 그 흥망성쇠가 유래가 없을 정도로 심하였습니다.

1) 太康 乃墜厥緖 : 太康은 湯王의 손자이자 啓의 아들이다. 啓의 뒤를 이어 즉위한 뒤에 정사를 돌보지 않고 사냥을 즐기다가 有窮后羿에게 나라를 빼앗겼다. 그러자 그의 다섯 아우들이 〈五子之歌〉를 지었는데, 그 안에 "선왕의 업적을 실

추하여 종족을 멸망시키고 제사를 단절시켰다.〔荒墜厥緖 覆宗絶祀〕"는 내용이 있다. ≪史記 夏本紀≫ ≪尙書 夏書 五子之歌≫

2) 太甲 旣立不明 : 殷나라 太甲이 군왕으로 즉위하여 정치가 혼암하자, 伊尹이 그를 湯王의 무덤이 있는 桐宮으로 추방하여 반성하도록 하였다. ≪史記 殷本紀≫

3) 昭王 難於南狩 : 周나라 昭王의 이름은 瑕이다. 남쪽으로 楚나라 지역의 각 종족을 정벌하던 중 즉위한 지 51년이 되던 기원전 1002년에 漢水를 건너가다가 익사하였다. ≪史記 周本紀≫

4) 穆王 殆於荒服 : 周나라 穆王의 이름은 滿이다. 신하들의 만류를 뿌리치고 멀리 나가 서쪽으로는 犬戎을 정벌하고 동쪽으로는 徐戎을 공격함으로써 국경지대가 불안해지는 상황을 초래하였는데, 후세에 전해오는 전설은 그가 여덟 마리 준마를 타고 천하를 두루 돌아다녔다고 한다. 荒服은 王畿로부터 사방 2,500리 떨어진 지역으로 五服 가운데 가장 먼 곳이다. ≪穆天子傳≫ ≪國語 周語≫

5) 秦以累世之智 幷天下 : 累世는 秦나라의 孝公·惠文王·武王·昭襄王·孝文王·莊襄王 등 여섯 왕을 가리킨다. 秦始皇이 역대의 이 선왕들이 이루어놓은 부국강병을 기반으로 삼아 천하를 통일하였다.

6) 諸呂七國之禍相尋以起 : 諸呂는 漢나라 呂太后의 일족인 呂産·呂祿 등으로, 漢高祖가 죽고 그의 아들 惠帝가 즉위하자 기원전 180년에 이들이 呂太后의 세력을 믿고 권력을 독단하여 劉氏 황실을 전복하려 하였다가 太尉 周勃에 의해 처단되었다. 七國은 漢 景帝 때 吳·楚·趙·膠西·膠東·濟南·菑川 등 일곱 개의 諸侯國으로, 기원전 145년에 이들이 동시에 무장반란을 일으켰다가 역시 周勃에 의해 평정되었는데, 역사에서는 이것을 '七國之亂'이라 부른다. ≪史記 袁盎晁錯列傳≫

7) 建武中興 : 建武는 後漢 光武帝의 연호이다. 漢나라 皇族인 劉秀, 곧 光武帝가 王莽에 의해 유린당한 漢나라를 되찾아 도성을 長安에서 洛陽으로 옮기고 東漢의 창업주가 되었다.

8) 沖質 : 漢나라 沖帝 劉炳과 質帝 劉纘을 말한다. 沖帝는 順帝의 아들로 나이 두 살 때 즉위하여 6개월 뒤에 병사하였는데, 이때 梁太后가 수렴청정하고 大將軍 梁冀가 권력을 독단하였으며 揚州와 徐州 등지에서 반란이 일어나는 등 정세가 매우 불안하였다. 質帝는 勃海孝王 劉鴻의 아들로 여덟 살 때 梁太后와 梁冀에 의해 황제로 옹립된 뒤 이듬해에 梁冀에게 독살되었다.

9) 魏之患 天下爲三 : 魏・蜀・吳가 천하를 삼등분하여 鼎立한 것을 말한다.

10) 晉宋之患 天下爲南北 : 元熙 2년(420)에 東晉이 멸망한 이후 開皇 9년(589) 隋 文帝 楊堅이 陳을 멸망시킬 때까지 170년 동안 천하가 남북으로 대치국면을 형성했던 것을 말한다. 南朝는 宋・齊・梁・陳이고 北朝는 北魏・東魏・西魏・北齊・北周이다.

11) 隋文始一海內 然傳子而失 : 隋 文帝 楊堅이 남북으로 분열된 천하를 통일하여 隋 왕조를 세웠으나 그의 아들 楊廣이 아비를 시해하고 왕위를 빼앗은 뒤에 정사를 도외시하고 돈을 허비하다가 617년 唐나라에 의해 멸망하였다.

12) 唐之治 在於貞觀開元之際 : 貞觀은 唐 太宗의 연호(627~649)이고, 開元은 唐 玄宗의 연호(713~741)이다. 唐 太宗 李世民이 隋의 멸망을 귀감으로 삼아 백성을 보살피고 인재를 선발하는 정책에 치중하고 경제회복에 속도를 가하였으므로 역사에서 이를 '貞觀之治'라 부르고, 唐 玄宗 李隆基는 姚崇과 宋璟을 재상으로 삼아 武周(690~705) 후기의 피폐한 정사를 정돈하여 사회와 경제가 번영하였으므로 역사에서 이를 '開元之治'라 부른다.

13) 女禍世出 : 唐 高宗妃 武則天이 高宗이 죽고 中宗이 즉위하자 皇太后가 되어 정권을 독단하다가, 690년에 국호를 周로 바꾸고 자칭 聖神皇帝가 되어 15년 동안 강압정책을 써 수많은 唐 宗室과 옛 대신들이 억울하게 죽었다. 그 뒤에 中宗妃 韋后가 권력을 독단하여 공신인 王同皎・敬暉・桓彦範 등을 죽이고 安樂公主와 공모하여 中宗을 독살하였는가 하면, 唐 高宗과 武則天 사이에서 태어난 太平公主가 唐隆 元年(710)에 李隆基와 공모하여 韋后와 安樂公主를 죽이고 睿宗을 옹립하는 등 권세가 천하를 뒤흔들었으며, 玄宗이 즉위한 뒤에 또 정변을 꾀하다가 발각되어 賜死되었다.

14) 五代 : 907년 朱溫이 唐을 멸망시키고 後梁을 세운 뒤에 後唐・後晉・後漢・後周 등이 연이어 출현하였는데, 이를 五代라 부른다. 趙匡胤이 後周를 멸망시키고 宋나라를 세웠다.

15) 更八姓十有四君 : 八姓은 五代 때 後梁의 朱氏와 後唐의 莊宗 李存勗・明宗 李嗣源(본디 胡人인데 李克用의 양자가 되었음)・閔宗 李從厚(明宗의 양자로 본성은 王氏임)・後晉 石氏・後漢 劉氏・後周 太祖 郭威・世宗 柴榮(郭威의 양자임)이고, 十四君은 梁 3君, 唐 4君, 晉 2君, 漢 2君, 周 3君이다.

宋興에 太祖皇帝[1]爲民去大殘하여 致更生하고 兵不再試로되 而粵蜀吳楚五國之君을 生致闕下[2]하니 九州來同하여 復禹之跡하니이다 內輯師旅하여 而齊以節制하고 外卑藩服하여 而納以繩墨하니 所以安百姓하고 禦四夷하며 綱理萬事之具는 雖創始經營이나 而彌綸已悉하니이다 莫貴於爲天子요 莫富於有天下어늘 而舍子傳弟[3]하여 爲萬世策하고 造邦受命之勤으로 爲帝太祖니 功未有高焉者也니이다

宋나라가 일어나 太祖皇帝가 백성을 위해 흉포한 자를 제거하여 다시 살아날 기회를 얻게 하고, 전쟁을 두 번도 치르지 않고서도 粵·蜀·吳·楚 지역을 점거하고 있던 다섯 나라의 君長을 모두 사로잡아 도성으로 끌어왔습니다. 그리하여 九州가 통일되어 大禹시대의 옛 강토를 회복하였습니다. 그리고 안으로는 군대를 취합하여 군율로 견제하였고 밖으로는 변방 속국들이 자세를 낮추어 규약을 지키도록 하였습니다. 그 밖에 백성을 안정시키고 사방 오랑캐를 방어하는 등 만사를 다스릴 법도들이 비록 창업하는 초기에 준비한 것이었으나 전체적인 기준이 이미 완비되었습니다. 貴로 말하면 천자보다 더 귀한 자리가 없고, 富로 말하면 천하를 소유한 것보다 더 부유한 것이 없는데도, 자식을 놓아두고 아우에게 그것을 물려주어 만대의 장구한 계책을 마련하였으며, 새 나라를 세우고 천명을 받기를 부지런히 함으로써 太祖皇帝가 되셨으니, 그 공적은 전대에 더 높은 경우가 없었습니다.

1) 太祖皇帝 : 이름은 趙匡胤(927~976)으로, 宋 王朝를 창건한 사람이다. 後周 恭宗 때 歸德軍節度使로 있던 중 陳橋에서 政變을 일으켜 宋나라를 세웠다. 재위기간은 960~976년이다.
2) 粵蜀吳楚五國之君 生致闕下 : 宋 太祖가 군대를 파견하여 荊南·湖南(楚)·後蜀·南漢(粵)·南唐(吳) 지역을 점거하고 있던 정권을 멸망시키거나 평정한 일을 가리킨다.
3) 舍子傳弟 : 宋 太祖 趙匡胤이 그의 아우 趙光義에게 왕위를 물려주어 그가 太宗이 되었다.

太宗皇帝[1]는 適求厥寧하여 旣定晉疆[2]에 錢俶自歸[3]하고 作則垂憲하여 克紹克類[4]하여 保世靖民하고 丕丕之烈로 爲帝太宗니 德未有高焉者也니이다

太宗皇帝는 천하의 안녕을 추구하여 이미 晉 지역을 평정한 뒤에는 錢俶이 스스로 귀순하였습니다. 그리하여 규칙을 만들고 법령을 후세에 전함으로써 황제의 대업을 계승하고 능히 선정을 행하여 천하를 보호하고 백성을 안정시켰습니다. 이와 같이 위대한 업적으로 太宗皇帝가 되셨으니, 그 덕은 그보다 더 높은 경우가 없었습니다.

1) 太宗皇帝 : 北宋 제2대 황제 趙炅(939~997)으로, 宋 太祖 趙匡胤의 아우이며, 재위기간은 976~997년이다.
2) 旣定晉疆 : 宋 太宗이 군대를 파견하여 太原, 곧 晉 지역을 수중에 넣고 北漢을 멸망시킨 일을 가리킨다.
3) 錢俶自歸 : 宋 太宗이 즉위한 뒤에 吳越 國王 錢俶이 국호를 취소하고 땅을 헌납하여 宋나라에 귀순하였다.
4) 克紹克類 : 紹는 繼와 같고, 類는 善과 같다.

眞宗皇帝[1)]는 **繼統遵業**하여 **以涵煦生養**하고 **蕃息齊民**하여 **以幷容徧覆**하여 **擾服異類**하니이다 **蓋自天寶之末**로 **宇內板蕩**[2)]이라가 **及眞人**[3)]**出**에 **天下平**이나 **而西北之虜**[4)] **猶間入闚邊**하고 **至于景德 二百五十餘年**하여 **契丹始講和好**하고 **德明亦受約束**[5)]하여 **而天下銷鋒灌燧**하여 **無鷄鳴犬吠之警**하여 **以迄于今**하니이다 **故於是時**에 **遂封泰山**하고 **禪社首**[6)]하여 **薦告功德**하여 **以明示萬世不祧之廟**[7)]하니 **所以爲帝眞宗**이니이다

眞宗皇帝는 〈선대 황제의〉 大統과 基業을 계승하여 만물의 생기를 함양하고 백성들이 번영하게 함으로써 천하를 포용하여 통치하고 이민족을 순종하게 하였습니다. 대체로 天寶 말기부터 천하가 혼란을 거듭하다가 太祖가 세상에 출현함에 이르러 천하가 안정되었지만, 서북방의 오랑캐는 오히려 수시로 침입하여 변경을 엿보았습니다. 그러다가 景德(眞宗의 연호) 때까지 이르렀는데 〈安祿山의 난리 이후〉 250여 년의 세월이 흘렀습니다. 이때 契丹은 비로소 화친을 거론하고 趙德明도 조정의 지시를 받아들여 온천하가 무기를 불에 녹여버리고 봉화불을 꺼버림으로써 닭이나 개가 놀라 울거나 짖어대는 일이 없이 오늘에 이르렀습니다. 그러므로 이때 마침내 泰山에 封하고 社首山에 禪을 하여 上帝께 제물을 올리면서 그 功德을 고하여 만세토록 신주를 옮기지 않고 고이 모실 사당임을 분명히 드러내 보였습니다. 이 때문에 眞宗皇帝

가 되신 것입니다.

1) 眞宗皇帝 : 北宋 제3대 황제 趙恒(968~1022)으로, 太宗의 셋째 아들이며, 재위기간은 998~1022년이다.
2) 板蕩 : ≪詩經≫ 〈大雅〉 가운데 〈板〉과 〈蕩〉 두 편이 있는데, 이 시들은 모두 周 厲王이 무도하여 사회의 혼란을 조성한 것을 책망한 것으로, 상황이 혼란한 것을 뜻한다.
3) 眞人 : 聖人과 같은 뜻으로 宋 太祖를 지칭한다.
4) 西北之虜 : 遼와 西夏를 가리킨다.
5) 德明亦受約束 : 西夏의 군주 元昊(趙德明)가 景德 3년(1006)에 表文을 받들고 귀순하였다.
6) 封泰山 禪社首 : 옛날 帝王이 천지의 신에게 제사하는 큰 행사이다. 泰山 위에 壇을 쌓아 하늘에 제사 지내 天神의 공에 보답하는 것을 封이라 하고, 泰山 아래 梁父山, 혹은 社首山 위에 壇을 쌓아 땅에 제사 지내 地神의 덕에 보답하는 것을 禪이라 한다.
7) 不祧之廟 : 神主를 다른 곳으로 옮겨 폐기하지 않는 사당이란 뜻이다. 祧는 대수가 먼 조상의 사당을 말한다. 사당의 제도에, 代數가 차면 그때마다 神主를 차례대로 먼 조상의 사당으로 옮겨 기타의 조상과 함께 제사를 지내거나 폐기하지만, 始祖나 국가에 지대한 공덕을 끼친 조상의 神主는 영원히 옮기지 않는다.

仁宗皇帝[1)]는 寬仁慈恕하여 虛心納諫하고 愼注措하며 謹規矩하고 早朝晏退하여 無一日之懈하니이다 在位日久에 明於群臣之賢不肖忠邪하여 選用政事之臣하여 委任責成하되 然公聽竝觀하여 以周知其情僞하고 其用舍之際에 一稽於衆이라 故任事者亦皆警懼하고 否輒罷免하니 世以謂得馭臣之體라하니이다 春秋未高에 援立有德[2)]하여 傳付惟允이라 故傳天下之日에 不陳一兵하고 不宿一士하여 以戒非常이나 而上下晏然하니 殆古所未有니이다 其豈(개)弟之行[3)]은 足以附衆者요 非家施而人悅之也니이다 積之以誠心에 民皆有父之尊하고 有母之親이라 故棄群臣之日에 天下聞之하고 路祭巷哭하여 人人感動歔欷하니 其得人之深은 未有知其所繇然者라 故皇祖之廟 爲帝仁宗이니이다

仁宗皇帝는 관대하고 인자하여 마음을 비우고 간하는 말을 받아들이며 일처리를

신중히 하고 규칙을 삼가 따랐습니다. 아침 일찍 나와서 조회를 보고 날이 저물어서야 내전으로 물러나 어느 하루도 태만히 한 적이 없었습니다. 재위한 날짜가 오래되자 뭇 신하의 어질고 불초함과 충직하고 간사함을 환히 알아 정사에 수완을 지닌 신하를 가려 써서 국사를 믿고 맡겨 책임지고 성과를 이루어내도록 하였습니다. 그러나 많은 사람의 의견을 널리 듣고 모두 살펴보아 그 사람의 허실을 두루 알았고, 그를 등용하거나 버릴 적에는 한결같이 많은 사람의 의중을 참고하였습니다. 이 때문에 일을 맡은 자 또한 모두 마음을 가다듬고 두려워하였으며 아니다 싶으면 그 즉시 파면하였으니, 세상 사람들이 신하를 다스리는 요령을 얻었다고 말하였습니다.

나이가 많아지기 전에 德性을 지닌 사람을 태자로 세워 〈국가를 다스리는 법도를〉 전수하기를 합당하게 하였습니다. 이 때문에 천하를 넘겨주는 날 한 명의 병사를 배치하거나 숙직시켜 비상사태를 경계하지 않았는데도 조정 상하가 태평하였으니, 이는 옛날에도 없었던 일입니다.

그 온화하고 단아한 行檢은 충분히 대중의 마음을 순종하게 할 만한 것으로서 〈의도적으로〉 집집마다 찾아다니며 은덕을 베풀거나 개개인을 만나 자기를 좋아하게 만드는 차원이 아니었습니다. 〈백성을 위하는〉 진실한 마음을 오랫동안 축적하였기 때문에 백성들이 모두 아버지처럼 존경하고 어머니처럼 친애하였습니다. 그러므로 뭇 신하를 버리고 세상을 떠나던 날 온 세상 사람이 그 소식을 듣고 길을 가다가 제향을 올리거나 마을 안에서 곡을 하는 등 사람마다 비감에 젖어 탄식하였으니, 인심을 얻기를 그처럼 깊이한 데에 대해서는 그 유래를 안 사람이 없었습니다. 이 때문에 皇祖의 廟號가 仁宗皇帝가 된 것입니다.

1) 仁宗皇帝 : 北宋 제4대 황제 趙禎(1010~1063)으로, 眞宗의 여섯째 아들이다. 재위기간은 1023~1063년이다.

2) 援立有德 : 仁宗이 아들이 없어 嘉祐 7년(1062)에 그의 형 濮王 趙允讓의 아들인 趙宗實을 양자로 삼아 이름을 曙로 바꾸고 태자로 세웠다. 이때 인종의 나이가 52세였다.

3) 豈(개)弟之行 : 豈弟는 愷悌와 같은 것으로, 덕이 있어 마음이 즐겁고 평온한 군자를 가리킬 때 흔히 쓰인다. 곧 그와 같은 군자의 바른 행실을 말한다.

英宗皇帝[1)]는 聰明睿智하여 言動以禮하니 上帝眷相하여 天命所集이로되 而稱疾遜避하여 至于累月하고 自踐東朝[2)]로 淵默恭愼하여 無所言議施爲로되 而天下傳頌稱說하여 德號彰聞하니이다 及正南面에 勤勞庶政하고 每延見三事[3)]하여 省決萬機하되 必咨詢舊章하고 考求古義하니 聞者惕然하여 皆知其志在有爲하니이다 雖早遺天下[4)]하여 成功盛烈을 未及宣究나 而明識大略은 足以克配前人之休라 故皇考之廟를 爲帝英宗이니이다

英宗皇帝는 총명하고 슬기로워 언어와 행동을 예법대로 하였기 때문에 하늘이 돌보아 天命이 자기에게 집중되었음에도 불구하고, 신병을 이유로 〈태자의 자리를〉 사양하기를 여러 달 동안이나 하였습니다. 그러다가 태자의 자리에 앉은 이후로는 과묵하고 공손하고 신중하여 특별한 말씀이나 행동을 보이는 일이 없는데도 온 천하가 이분을 끊임없이 칭송하고 거론하여 성대한 덕을 지녔다는 평판이 크게 드러났습니다.

그러다가 황제로 즉위해서는 각종 정무에 부지런히 힘쓰고 걸핏하면 三公을 접견하여 국사를 살펴 처결하되 반드시 옛 규례를 물어보고 옛사람의 도리를 상고하였으니, 〈이 때문에 그와 같은 말을〉 들은 자들은 마음을 가다듬으면서 모두 그 뜻이 거룩한 정사를 행하자는 데 있다는 것을 알았습니다. 비록 일찍 천하를 버림으로써 뛰어난 공과 업적을 미처 완전히 다 이루지는 못했으나 밝은 식견과 큰 계책은 충분히 옛사람의 그 거룩함과 필적할 만하였습니다. 이 때문에 皇考의 廟號가 英宗皇帝가 된 것입니다.

1) 英宗皇帝 : 北宋 제5대 황제 趙曙(1032~1067)로, 재위기간은 1063~1067년이다.
2) 東朝 : 東宮과 같은 것으로, 태자를 말한다.
3) 三事 : 《詩經》 〈小雅 雨無正〉의 "삼사와 대부들이 주야로 국사에 힘쓰는 자가 없네.〔三事大夫 莫肯夙夜〕"에서 나온 말로, 조정의 대신인 三公을 뜻한다.
4) 早遺天下 : 英宗이 재위한 기간이 짧아 겨우 3년(1064~1067)이었으며 향년 36세였다.

陛下는 聖神文武[1)]하니 可謂有不世出之姿요 仁孝恭儉[2)]하니 可謂有君人之大德이라 憫自晩周秦漢以來로 世主率皆不能獨見於衆人之表하여 其政治所出이 大抵踵襲卑

近하고 因於世俗而已라 於是慨然以上追唐虞三代荒絶之迹하고 修列先王法度之政으로 爲其任在己하니 可謂有出於數千載之大志라 變易因循하고 號令必信하여 使海內觀聽으로 莫不奮起하여 群下遵職하여 以後爲羞하니 可謂有能行之效라 今斟酌損益하고 革敝興壞하여 制作法度之事 日以大備하니 非因陋就寡하고 拘牽常見之世所能及也라 繼一祖四宗[3]之緖하고 推而大之하니 可謂至矣로이다

폐하께서는 聖神文武하시니 세상에 보기 드문 자질을 지녔다고 말할 만하고, 仁孝恭儉하시니 군주의 큰 덕을 지녔다고 말할 만합니다. 말기 周나라와 秦·漢 이후 군주들이 대부분 일반 대중의 범주 이외의 것을 보지 못하여, 그들이 행하는 정치가 대체로 비근한 수준의 것을 답습하고 세속의 추이에 휩쓸릴 따름이었다는 것을 가엽게 여기셨습니다. 그리하여 의기에 북받쳐 저 위로 唐堯·虞舜과 三代(夏·殷·周)의 요원한 자취를 소급하고, 先王들이 행했던 법도가 있는 정사를 차례대로 정리하는 것을 자신에게 맡겨진 책임으로 삼으셨으니, 수천 년의 세월을 초월한 큰 뜻을 지녔다고 말할 수 있습니다.

고식적인 폐습을 개혁하고 명령을 반드시 실행하게 하여 온 나라의 보고 듣는 사람으로 하여금 떨쳐 일어나지 않는 자가 없게 함으로써 많은 관료들이 각자의 직무를 잘 수행하여 남에게 뒤처지는 것을 부끄럽게 여겼으니, 〈원대하신 포부를〉 능히 행할 가능성이 있다고 말할 수 있겠습니다. 그런데 이제 이해를 헤아리고 〈옛 법을 가감하여〉 폐단을 고치고 허물어진 것을 일으켜 세우는 등 법도를 만들어내는 일이 나날이 크게 갖춰지고 있으니, 구차한 것에 만족하여 개선해나가려 하지 않고 범상한 소견에 얽매어 있는 세상 사람들이 미칠 수 있는 수준이 아닙니다. 한 분 太祖와 네 분 선대 제왕의 유업을 계승하고 더 확대하셨으니 뛰어나다고 말할 만합니다.

1) 聖神文武 : ≪書經≫ 〈虞書 大禹謨〉에 "황제의 덕은 광대하고 널리 파급되어 성스럽고 신묘하고 위엄이 있고 기풍이 아름답다.〔帝德廣運 乃聖乃神 乃武乃文〕"라고 한 데서 인용한 것으로, 제왕이나 걸출한 인물을 칭송하는 말로 쓰인다.

2) 仁孝恭儉 : 아랫사람에게는 인자하고 부모에게는 효도하고 상대방에게 공손하고 생활을 검소하게 한다는 덕목으로, 흔히 제왕이나 학덕이 높은 인물을 칭송하는 말로 쓰인다.

3) 一祖四宗 : 宋 太祖와 太宗·眞宗·仁宗·英宗을 가리킨다.

蓋前世或不能附其民者는 刑與賦役[1]之政暴也라 宋興以來로 所用者鞭朴之刑이나 然猶詳審反覆하여 至於緩故縱之誅하고 重誤入之辟하니 蓋未嘗用一暴刑也하며 田或二十而稅一이나 然歲時省察하여 數議寬減之宜하고 下蠲除之令하니 蓋未嘗加一暴賦也하며 民或老死不知力役이나 然猶憂憐惻怛하여 常謹復除之科하고 急擅興之禁하니 蓋未嘗興一暴役也하니 所以附民者如此라 前世或失其操柄者는 天下之勢或在於外戚하고 或在於近習하며 或在於大臣이나 宋興以來로 戚里宦臣과 曰將曰相이 未嘗得以擅事也하니 所以謹其操柄者如此라 而況輯師旅於內하여 天下不得私尺兵一卒之用하고 卑藩服[2]於外하여 天下不得專尺土一民之力하니 其自處之勢如此라 至於畏天事神과 仁民愛物之際에도 未嘗有須臾懈也하니 其憂勞者又如此라 蓋不能附其民하여 而至於失其操柄하고 又怠且忽은 此前世之所以危且亂也요 民附於下하고 操柄謹於上하여 處勢甚便하고 而加之以憂勞는 此今之所以治且安也라 故人主之尊은 意諭色授라도 而六服[3]震動하고 言傳號渙이라도 而萬里奔走하여 山巖窟穴之民이 不待期會로되 而時輸歲送以供其職者 惟恐在後하고 航浮索引之國이 非有發召로되 而籯齎槖負以致其贄者 惟恐不及하며 西北之戎은 投弓縱馬하여 相與袪服而戲豫하고 東南之夷는 正冠束衽하여 相與挾冊而唫誦하며 至於六府[4]順敍하고 百嘉鬯遂하여 凡在天地之內含氣之屬이 皆裕如也하니이다 蓋遠莫懿於三代하고 近莫盛於漢唐이나 然或三四世或一二世에 而天下之變을 不可勝道也니 豈有若今五世六聖[5]百有二十餘年에 自通邑大都至於荒陬海聚히 無變容動色之慮萌於其心하고 無援枹擊柝之戒接於耳目이리오 臣은 故로 曰 生民以來로 未有如大宋之隆也라하노이다

대체로 이전 시대에 간혹 자기 나라의 백성을 복속시키지 못했던 원인은 형벌과 賦役에 관한 정사가 혹독하였기 때문이었습니다. 宋나라가 일어난 이후로는 벌을 가할 때 사용한 것이라고는 채찍과 곤장 정도의 刑具에 지나지 않았는데도 신중히 살피고 따져보았습니다. 심지어 〈죄인을 심리하는 관리 중에 마땅히 죄를 심판해야 할 것인데도〉 고의로 심판하지 않은 잘못을 범한 자에 대해서는 문책을 관대히 하고, 〈죄

를 마땅히 심판하지 말아야 할 것인데도 심판을 한〉 잘못을 범한 자에 대해서는 징벌을 엄하게 하는 등 대체로 일찍이 한 번도 중형을 사용한 적이 없었습니다. 농토에 대해서는 간혹 수확의 20분의 1로 세를 정하기는 하였으나 해마다 철마다 〈과중한 부과는 없는가〉 살펴 적절하게 줄여주는 조치를 자주 논의하고 면제하라는 명령을 내렸으니, 대체로 일찍이 한 번이라도 과중한 조세를 부과한 적이 없었습니다. 그리고 백성들이 간혹 늙어죽을 때까지 勞役을 몰랐으나 그런데도 황제께서는 이들을 걱정하고 가엽게 여겨 賦役을 면제해주는 법을 항상 염두에 두고 토목공사를 함부로 일으키지 못하도록 금하는 조치를 우선시하였으니, 대체로 일찍이 한 번이라도 가중한 賦役을 일으킨 적이 없었습니다. 백성들이 복속하게 된 원인은 이와 같은 일들이었습니다.

이전 시대에서 간혹 그 권력을 잃었던 자는 천하의 권세가 외척에게 있거나 혹은 군주와 친근한 사람에게 있거나 혹은 대신에게 있기도 하였습니다. 그러나 宋나라가 일어난 뒤로는 외척이나 환관, 장수나 재상들이 국가대사를 함부로 독단하게 한 적이 없으니, 권력을 잡는 일을 신중히 하기를 이와 같이 하였습니다. 더구나 안에서 군대를 통솔하여 천하에 누구도 무기 하나, 군사 하나를 사적으로 이용하지 못하게 하였고, 밖으로는 藩服의 위상을 낮추어 천하에 누구도 토지 한 자, 백성 하나의 힘을 마음대로 점유하지 못하게 하였으니, 스스로 대처하신 형세가 이와 같았습니다. 그리고 하늘을 경외하고 신령을 섬기는 일이며 백성에게 은혜를 베풀고 만물을 애호하는 부분에도 일찍이 잠시라도 태만히 하신 적이 없으니, 〈나라를 위해〉 노심초사하신 것이 또 이와 같았습니다.

대체로 자기 백성을 복속시키지 못하여 그 권력을 잃는 상황에까지 이르거나, 또 국사를 게을리 하고 소홀히 했던 일은 곧 이전 시대가 위태롭거나 혼란에 빠지게 된 까닭이고, 백성이 아래에서 복속하고 권력을 위에서 신중히 행사하여 처한 상황이 매우 온당한데에다 〈국사를 위해〉 노심초사하시는 정성까지 들인 일은 곧 오늘날 국가가 다스려지고 안정된 까닭입니다.

그러므로 존엄하신 군주께서 어떤 기색만 살짝 보이더라도 六服이 진동하고, 말이 전달되고 호령이 떨어지면 만리가 분주해집니다. 산골 바위틈이나 토굴 속에 사는 백성들로서 정해진 기한을 기다리지 않고 공물을 철마다 보내고 해마다 보내어 그들의 의무를 수행하는 자들은 오직 남보다 뒤처지지나 않을까 염려하고, 배로 운반하고 밧줄로 끌어오는 나라들로서 들어오라고 부르는 명을 내리지 않았는데도 상자에 담고 보따리를 꾸려 짊어지고 그 예물을 보내오는 자들은 오직 제때에 미치지 못하지나 않을까 걱정합니다. 서북방의 오랑캐는 활을 던져버리고 말을 풀어놓은 채 서로 어울려 고운 옷을 차려입고 즐거움을 누리고 있으며, 동남방의 오랑캐는 갓을 똑바로 쓰고 옷매무새를 단정히 한 〈경건한 자세로〉 서로 더불어 책을 끼고 〈성현의 말씀을〉 읊조리고 있습니다. 더 나아가 六府가 순조롭게 운영되고 온갖 상서로운 일들이 성대하게 이루어져 천지 안에서 숨을 쉬는 모든 생명이 다 만족해하고 있습니다.

대체로 먼 옛날로는 三代보다 더 아름다운 경우가 없고, 가깝게는 漢·唐보다 성대한 경우가 없습니다. 그러나 3, 4대 혹은 1, 2대 만에 천하에 변란이 일어나 이루 다 거론할 수 없을 정도입니다. 〈이로 볼 때〉 五世六聖이 천하를 다스려온 120여 년 동안, 교통이 발달한 고을과 큰 도회지에서부터 먼 변방과 해변 마을에 이르기까지 〈불만스러워〉 기색이 달라지지나 않을까 하는 우려가 마음속에서 싹트는 일이 없었고, 〈변란으로〉 인해 북을 쳐 〈군사를 지휘한다거나 야경을 도느라〉 딱다기를 치는 사례를 이목에 접하는 일이 없는 것이 지금과 같은 때가 과연 언제 있었습니까. 신은 이 때문에 이 세상에 인류가 생긴 이후 大宋처럼 거룩한 나라는 없다고 말하는 것입니다.

1) 賦役 : 賦는 賦稅로 국가에서 민가에 부과하는 호구세이고, 役은 徭役으로 국가에서 인부를 징발하는 것을 말한다.
2) 藩服 : 옛날 九服의 하나이다. 고대에 王畿 사방 천 리를 중심으로 하여 그 둘레를 원형으로 각 500리씩 9등분하였는데, 맨 끝의 국경 지역을 藩服이라 한다.
3) 六服 : 九服 중에서 王畿와 비교적 가까운 거리에 있는 侯服·甸服·男服·采服·衛服·蠻服 등 여섯 지역으로, 전국 각지를 가리킨다.
4) 六府 : 司土·司木·司水·司草·司器·司貨 등 국가의 재물을 관장하는 여섯 관청을 말한다.
5) 五世六聖 : 5대 여섯 임금이란 뜻이다. 宋 太祖부터 神宗까지 임금이 모두 여섯이고, 太祖와 太宗은 형제로서 한 대이다.

竊觀於詩컨대 其在風雅엔 陳太王王季文王致王迹之所由와 與武之所以繼代하고 而成之興하니 則美有假樂鳧鷖[1]하고 戒有公劉泂酌[2]이라 其所言者는 蓋農夫女工[3]築室治田과 師旅祭祀飮尸受福으로 委曲之常務요 至於兎罝之武夫 行修於隱[4]하고 牛羊之牧人이 愛及微物[5]하여도 無不稱紀하니 所以論功德者는 由小以及大하여 其詳如此라 後嗣所以昭先人之功이며 當世之臣子所以歸美其上이요 非徒薦告鬼神하고 覺寤黎庶而已也라 書稱勸之以九歌俾勿壞[6]하니 蓋歌其善者는 所以興其嚮慕興起之意하고 防其怠廢難久之情이니 養之於聽而成之於心이라 其於勸帝者之功美와 昭法戒於將來에 聖人之所以列之於經하여 垂爲世敎也니이다

삼가 ≪詩經≫을 살펴보건대, 〈國風〉과 〈大雅〉·〈小雅〉에 있어서는 太王·王季·文王이 제왕의 功業을 이루어낸 연유와 武王이 선대를 계승하고 成王이 일어난 일을 개진하였으니, 찬미한 시로는 〈假樂〉과 〈鳧鷖〉가 있고 경계한 시로는 〈公劉〉와 〈泂酌〉이 있습니다. 〈國風〉과 〈大雅〉·〈小雅〉에 언급한 것은 대체로 농부와 女工들이 집을 짓거나 농사를 짓는 내용과, 군대를 일으키고 제사를 지내고 尸童에게 술을 올리고 〈신령으로부터〉 복을 받는 내용 등 작고 세세한 일상적인 일들입니다. 더 나아가 토끼 그물을 얽는 武夫가 드러나지 않은 처지에서도 덕행을 수양하고, 소와 양을 기르는 사람이 微物에게도 사랑이 미쳤다는 내용까지 기록하지 않은 것이 없습니다. 이 때문에 功德을 논하는 자는 작은 것에서부터 큰 것까지 포괄하여 그 자세한 정도가 이와 같은 법입니다.

이는 자손이 선조의 공을 드러내기 위함이자 당대의 신하가 그 윗사람에게 찬미를 돌리기 위한 것이지, 그저 귀신에게 제사를 지내며 사유를 고하고 백성들의 의식을 일깨우기 위한 의도만은 아닙니다. ≪書經≫에 "백성들을 〈九歌〉로 격려하여 德政이 무너지지 않게 하십시오." 하였는데, 대체로 제왕의 善政을 노래하게 한 이유는 백성으로 하여금 그 덕을 흠모하여 분발하는 뜻을 일으키고 태만하면 오래 지속하기 어렵게 되는 정서를 예방하게 하는 한편, 그 가사를 익히 듣고 그 속에 담긴 뜻이 마음속에 젖어들게 하기 위해서입니다. 이것은 제왕의 아름다운 공을 권면하고 〈따라야 할〉 법과 경계를 후세에 밝히는 내용을 성인이 經典에 기록해두어 세상의 교훈으로 남긴 것입니다.

1) 假樂鳧鷖 : 모두 ≪詩經≫ 〈大雅〉의 편명으로, 周 成王이 선조들이 이루어놓은 업적을 잘 지킨 것을 기리는 노래이다.
2) 公劉泂酌 : 모두 ≪詩經≫ 〈大雅〉의 편명으로, 섭정을 하던 周公이 成王에게 정권을 돌려주려 할 때, 召公이 成王에게 백성을 돌보는 일에 힘쓰라는 것과, 하늘은 덕을 지닌 인물을 친애한다는 것을 일러주는 노래이다.
3) 女工 : 베를 짜고 수를 놓고 바느질을 하는 등의 작업에 종사하는 부녀자를 가리킨다.
4) 兎罝之武夫 行修於隱 : ≪詩經≫ 〈國風 兎罝〉의 "토끼 잡을 그물을 촘촘히 얽고, 말뚝 박는 소리가 쩡쩡 울리네. 씩씩하고 용감한 무사들이여, 공후 위험 막아줄 방패막일레.〔肅肅兎罝 椓之丁丁 赳赳武夫 公侯干城〕"를 가리킨 것으로, 文王과 그의 后妃 太姒의 德化가 널리 파급되어 현인이 많아짐으로써 산골에 은거하여 토끼를 잡는 野人까지도 어진 덕을 지녔다는 것이다.
5) 牛羊之牧人 愛及微物 : ≪詩經≫ 〈大雅 行葦〉의 "수북하게 자라는 길가의 갈대, 소와 양 너희들아 밟지를 마라. 이제 막 싹이 트고 형체 이루어, 잎들이 보드랍고 싱그럽나니.〔敦彼行葦 牛羊勿踐履 方苞方體 維葉泥泥〕"를 가리킨 것으로, 周나라 왕실의 忠厚한 영향을 받아 소를 먹이는 사람의 어진 마음이 초목에게까지 미쳤다는 것이다.
6) 勸之以九歌俾勿壞 : ≪書經≫ 〈虞書 大禹謨〉의 내용으로, 禹가 舜에게 한 말이다. 〈九歌〉는 아홉 가지 덕에 관한 노래이다. 水・火・木・金・土・穀 등 財用이 생산되는 근본인 六府와, 덕을 단정히 하고〔正德〕 사용하는 물건을 편리하게 하고〔利用〕 생활을 풍족하게 한다〔厚生〕는 三事는 사람이 마땅히 추구해야 할 일이다. 禹가 舜에게, 이들 아홉 가지 덕을 이상적으로 잘 성취한 다음 이것을 노래로 지어 사람들을 격려시키라고 하였다.

今大宋祖宗이 興造功業은 猶太王王季文王이요 陛下承之以德은 猶武王成王이로되 而群臣之於考次論撰하여 列之簡冊[1]하고 被之金石하여 以通神明하고 昭法戒者는 闕而不圖하니 此學士大夫之過也라 蓋周之德盛於文武나 而雅頌之作은 皆在成王之世하니 今以時考之컨대 則祖宗神靈 固有待於陛下니이다 臣誠不自揆하고 輒冒言其大體하니이다 至於尋類取稱하여 本隱以之顯하여 使莫不究悉은 則今文學之臣이 充於列

位하니 惟陛下之所使니이다

지금 大宋 祖宗들께서 功業을 일으킨 일은 周나라 太王・王季・文王과 같고, 폐하께서 그것을 덕으로 계승한 일은 武王・成王과 같습니다. 그런데도 뭇 신하가 〈그 功業과 덕을〉 상고・정리하고 토론・편찬하여 그것을 서책에 나열하고 金石에 올림으로써, 〈위로 하늘의〉 神明과 감응하고 〈아래로 천하에〉 모범과 경계를 드러내 보이는 일에 있어서는 빠뜨리고 뫼하지 않고 있으니, 이는 學士 大夫들의 잘못입니다. 대체로 周나라의 덕은 文王과 武王 때 성대하였으나 雅・頌 작품은 모두 成王의 시대에 이루어졌으니, 지금 〈그에 견주어〉 시기를 살펴보면 祖宗의 신령이 진정 폐하에게 기대하는 뜻이 있는 것입니다. 이에 신은 진정 자신의 역량을 헤아리지 못하고 감히 이 일에 대한 요점을 말씀드립니다. 〈찬양하는 문장을 서술하는 과정에 비유할 만한〉 특정 사례를 찾아가며 찬양할 점을 취하여 본디 숨겨져 있는 부분을 겉으로 드러냄으로써 〈마땅히 표현해야 할 것들을〉 심도 있게 표현해야 할 것입니다. 이런 일은 지금 문학에 종사하는 시종신들이 여러 관직에 가득하니 폐하께서 그저 분부를 내리시기만 하면 됩니다.

1) 簡冊 : 여기서는 史書를 가리킨다.

至若周之積仁累善하여 至成王周公하여 爲最盛之時로되 而泂酌에 言皇天親有德하고 饗有道[1]니라하니 所以爲成王之戒니이다 蓋履極盛之勢하되 而動之以戒懼者는 明之至요 智之盡也라 如此者는 非周獨然이라 唐虞至治之極也나 其君臣相飭曰 兢兢業業하라 一日二日萬幾[2]니라하니 則處至治之極하여 而保之以祇愼은 唐虞之所同也니이다 今陛下履祖宗之基하여 廣太平之祚하여 而世世治安은 三代所不及이니 則宋興以來로 全盛之時는 實在今日이니이다 陛下仰探皇天所以親有德饗有道之意하여 而奉之以寅畏하고 俯念一日二日萬幾之不可以不察하여 而處之以兢兢하여 使休光美實로 日新歲益하여 閎遠崇侈하고 循之無窮하여 至千萬世하여 永有法則이니 此陛下之素所蓄積이니이다 臣愚區區愛君之心에 誠不自揆하고 欲以庶幾詩人之義也[3]하니 惟陛下之所擇이로이다

周나라가 인덕과 선행을 쌓아오다가 成王과 周公에게 이르러 가장 성대한 시기가 되었으나, ≪詩經≫ 〈泂酌〉시에 "하늘은 덕 있는 〈군주를〉 가까이하고 도를 지닌 〈군주의〉 제사를 흠향한다."는 뜻을 말하였으니, 이것을 成王에 대한 경계로 삼았습니다. 대체로 매우 성대한 입장에 처해 있는데도 경계하고 조심하는 말로 마음을 감동시켰으니, 이는 총명과 지혜의 정점이라 할 것입니다. 이와 같은 경우는 周나라만 그랬던 것은 아닙니다. 唐堯·虞舜은 태평한 세상의 최고 경지였으나 그 君臣들이 서로 경계하기를 "조심하고 두려워하소서. 하루나 이틀 사이에도 〈처리해야 할 작은 일들이〉 만 가지나 됩니다." 하였습니다. 그렇다면 태평한 세상의 최고 경지에 처해 있으면서도 삼가고 두려워하는 자세로 그것을 보호했던 일은 堯舜시대도 마찬가지였던 것입니다. 지금 폐하께서는 祖宗들이 이루어놓은 基業 위에서 천하태평의 국운을 더 확대해나가고 계십니다. 대대로 천하가 잘 다스려지고 안정된 것은 三代 때도 미치지 못하였으니 宋나라가 일어난 이후 전성시기는 확실히 오늘입니다.

폐하께서는 위로 저 하늘이 '덕 있는 〈군주를〉 가까이하고 도를 지닌 〈군주의〉 제사를 흠향한다.'는 뜻을 탐지하시고, 아래로 '하루나 이틀 사이에도 일어나는 만 가지나 되는 〈작은 정무를〉 살피지 않으면 안 된다.'는 뜻을 생각하시되 삼가고 두려워하는 태도로 처리하셔야 합니다. 그리하여 아름다운 광채와 좋은 성과가 날마다 더 새롭고 해마다 더 축적되어 그 범위가 넓어지고 규모가 성대해져서 이것을 후대에 물려주어 자손만대에까지 내려가 영원히 법칙이 되도록 하셔야 합니다. 이는 폐하께서 평소에 계속 가슴에 품고 계셔야 할 〈이념입니다.〉 우매한 신은 임금을 사랑하는 변변치 않은 마음으로 인해 사실 자신의 역량을 스스로 헤아리지 못하고 고대의 시인이 ≪詩經≫을 짓던 大義에 근접했으면 하고 희망할 뿐입니다. 다만 폐하의 취택을 바랍니다.

1) 皇天親有德 饗有道 : ≪詩經≫ 〈大雅 泂酌〉의 毛序에 나오는 말이다.
2) 兢兢業業 一日二日萬幾 : ≪書經≫ 〈虞書 皐陶謨〉에 나오는 말이다.
3) 欲以庶幾詩人之義也 : 작자 자신의 이와 같은 논의가 周나라 召康公이 〈泂酌〉편을 지어 成王을 경계했던 뜻과 부합되었으면 하고 바란다는 것이다.

王遵巖曰 體意雖出於封禪美新諸家[1]與韓柳進唐雅序[2]等門戶中來나

然原本經訓하여 別出機軸이라 不爲諛悅淺制하고 而忠藎進戒之義昭然하여 與先朝周雅3)比盛矣니 眞作者之法也라하니라

王遵巖이 말하였다.

"문장의 체제와 내용은 비록 〈封禪文〉·〈劇秦美新〉 같은 諸家의 문장과 韓退之(漢愈)·柳子厚(柳宗元)의 進唐雅序 등의 문파로부터 나왔으나, 기본적으로 經典의 가르침에 근본을 두고 따로 억양반복의 변화를 구사하였다. 아첨하거나 비속하지 않고 충성으로 경계를 올리는 뜻이 드러난 것으로 상고적의 周雅와 그 성대함을 견줄 만하니, 참으로 문장가의 바른 법이다."

1) 封禪美新諸家 : 漢나라 司馬相如가 〈封禪文〉을 지어 천자의 공덕을 칭송하였고, 王莽이 漢나라를 찬탈하고 천자가 되어 국호를 新으로 바꿨을 때 揚雄이 〈封禪文〉의 사례를 본떠 〈劇秦美新〉을 지어 新나라를 칭송하여 王莽의 환심을 샀다. 후대에 제왕의 공덕을 칭송하고 아첨하는 문장이란 뜻으로 인용된다.

2) 韓柳進唐雅序 : 唐 憲宗 때 吳元濟의 반란이 진압된 뒤에 韓愈가 〈進撰平淮西碑文表〉를 짓고, 柳宗元이 〈上裴晉公度獻唐雅詩啓〉를 지어 천자와 재상 裴度의 공덕을 칭송하였는데, 이것을 가리킨 것으로 보인다.

3) 周雅 : ≪詩經≫의 〈大雅〉와 〈小雅〉를 가리킨다. 周는 ≪詩經≫의 작품이 모두 周나라 때 나왔기 때문에 붙여진 것이다.

03. 議經費箚子* 국가의 경비 지출을 논한 차자

* 작자의 나이 62세 때인 1080년 10월 三班院에 봉직하면서 올린 차자이다. 같은 날 〈請令長貳自擧屬官札子〉, 〈請令州縣特擧士札子〉, 〈請西北擇將東南益兵札子〉 등 3편과 함께 올렸는데, 神宗이 이 작품을 특별히 극찬하기를 "비용을 절약하는 것으로 재정을 관리하는 요체로 삼았는데 재정관리를 말하는 세상 사람들 중에 이 수준을 따라갈 자가 없다." 하였다.

名言이라

명언이다.

臣聞古者에 以三十年之通으로 制國用하여 使有九年之蓄하고 而制國用者는 必於歲杪[1)]라하니 蓋量入而爲出이라 國之所不可儉者는 祭祀也나 然不過用數之仂하니 則先王養財之意를 可知矣로이다 蓋用之有節이면 則天下雖貧이나 其富易致也니 漢唐之始에 天下之用이 常屈矣로되 文帝太宗이 能用財有節이라 故公私有餘[2)]하니 所謂天下雖貧이나 其富易致也니이다 用之無節이면 則天下雖富나 其貧亦易致也니 漢唐之盛時에 天下之用이 常裕矣로되 武帝明皇이 不能節以制度라 故公私耗竭[3)]하니 所謂天下雖富나 其貧亦易致也니이다

신은 듣건대, 옛날에 "30년간의 평균비율로 국가의 예산을 짜 나라에 9년 동안 유지할 비축이 있도록 해야 한다." 하고, 또 "예산을 짜는 일은 반드시 연말에 거행해야 한다." 하였으니, 그 이유는 수입을 헤아려 지출을 해야 한다는 것입니다. 국가가 검소하게 할 수 없는 것은 제사입니다. 그런데도 1년 동안 지출하는 예산의 10분의 1을 초과하지 않았으니, 先王들이 재력을 축적한 뜻을 알 만합니다. 대체로 예산지출이 절제가 있으면 천하가 가난하더라도 부유함을 쉽게 이뤄내는 법입니다. 漢・唐 초기에는 천하의 재정이 항상 부족하였으나 漢 文帝와 唐 太宗이 예산을 지출할 때 절제가 있었기 때문에 公私가 풍요로웠으니, 이것이 이른바, 천하가 비록 가난하더라도 부유함을 쉽게 이뤄낼 수 있다는 것입니다. 〈이와 반대로〉 예산지출이 절제가 없으면 천하가 비록 부유하더라도 가난을 또한 쉽게 불러오는 법입니다. 漢・唐이 성황을 누릴 당시 천하의 재정이 항상 충분하였으나 漢 武帝와 唐 明皇(玄宗)이 능히 법도로 절제하지 못하였기 때문에 公私의 재정이 소진되었으니, 이것이 이른바, 천하가 비록 부유하더라도 가난을 또한 쉽게 불러올 수 있다는 것입니다.

1) 以三十年之通……必於歲杪 : 두 인용문은 모두 ≪禮記≫ 〈王制〉의 내용이다.

2) 漢唐之始……故公私有餘 : 楚・漢의 전쟁이 끝난 뒤에 새로 황제가 된 劉邦이 색깔이 동일한 네 마리 말이 끄는 수레를 탈 여력이 없고, 장수와 재상들은 그저 소가 끄는 수레를 탈 정도로 경제가 극도로 피폐하였으나, 文帝가 물자를 절약하고 재력을 축적하여 부를 이루었다. 唐 초기인 高祖 만년에 가구 수가 隋나라 전성기에 비해 3분의 1 정도인 3백만 호도 채 되지 않아 초야에는 반경 수천리 안에 인가가 보이지 않을 정도였는데, 太宗이 사치를 없애고 비용을 줄이며

徭役과 조세를 감하는 정책을 추진하는 동시에 州縣을 통폐합하고 관리 수를 대폭 축소한 결과 재력이 탄탄해졌다. ≪史記 平準書≫ ≪貞觀政要 直諫篇≫

3) 漢唐之盛時……故公私耗竭 : 漢 초기에 文帝와 景帝가 인구를 늘리고 쉬게 한 결과 중앙과 지방 각처의 창고에 곡물이 넘쳐나고 돈이 셀 수 없을 정도로 많아 돈꿰미의 끈이 썩어 끊어질 정도였으나, 武帝가 밖으로는 전쟁을 일삼고 안으로는 공명과 이욕을 추구함으로써 노역과 소비가 동시에 행해져 文帝와 景帝가 축적해놓은 재력을 탕진해버렸다. 唐 貞觀 4년(630)부터 경제가 현저하게 호전되어 나중에는 쌀 한 말 값이 동전 서너 돈에 지나지 않을 정도로 풍요로웠으나, 玄宗 天寶(742~755) 이후 황금과 비단을 천시하여 끝없이 소비하고 백성의 재물을 각종 명목을 붙여 수탈함으로써 公私間에 재정이 피폐해졌다. ≪史記 平準書≫ ≪資治通鑑 天寶八載二月≫

宋興에 **承五代之敝**나 **六聖**[1]**相繼**하여 **與民休息**[2]이라 **故生齒旣庶**하고 **而財用有餘**하니이다 **且以景德**[3]**皇祐**[4]**治平**[5]**校之**컨대 **景德**은 **戶七百三十萬**에 **墾田一百七十萬頃**이요 **皇祐**는 **戶一千九十萬**에 **墾田二百二十五萬頃**이요 **治平**은 **戶一千二百九十萬**에 **墾田四百三十萬頃**이니이다 **天下歲入**은 **皇祐治平**은 **皆一億萬以上**이요 **歲費亦一億萬以上**이니이다 **景德**은 **官一萬餘員**이요 **皇祐**는 **二萬餘員**이요 **治平**은 **幷幕職州縣官**[6]**三千三百餘員**하여 **總二萬四千員**이니이다 **景德**은 **郊費**[7]**六百萬**이요 **皇祐**는 **一千二百萬**이요 **治平**은 **一千三百萬**이니이다 **以二者校之**컨대 **官之衆**은 **一倍於景德**하고 **郊之費**도 **亦一倍於景德**하니이다 **官之數不同如此**하니 **則皇祐治平入官之門**이 **多於景德也**며 **郊之費不同如此**[8]하니 **則皇祐治平用財之端**이 **多於景德也**하니이다

宋나라가 일어날 적에 五代의 피폐한 끝을 이어받았으나 여섯 성군이 서로 뒤를 이어 백성의 부담을 줄여주고 생활을 안정시켰기 때문에 인구가 늘어나고 재력이 넉넉해졌습니다. 한번 景德·皇祐·治平 각 연간의 실태를 상호 비교해보겠습니다. 景德 때 가구 수는 730만 戶이고 경작 토지는 170만 頃이며, 皇祐 때 가구 수는 1,090만 戶이고 경작 토지는 225만 頃이며, 治平 때 가구 수는 1,290만 戶이고 경작 토지는 430만 頃이었습니다. 국가의 세입은 皇祐·治平 때 모두 1억만 이상이고 세출 또한 1억만 이상이었습니다. 관원은 景德 때 1만여 員이고 皇祐 때 2만여 員이었으며

治平 때는 幕職官과 州縣官 3,300여 員을 포함하여 총 2만 4,000員이었습니다. 景德 때는 郊祭에 들어가는 비용이 600만이고 皇祐 때는 1,200만이고 治平 때는 1,300만이었습니다. 둘로 대비하여 살펴보면, 후자가 관원이 많은 정도가 景德 때보다 갑절이나 되고, 郊祭에 들어가는 비용 또한 景德 때보다 갑절이나 많습니다. 관원수가 이와 같이 다른 이유는 皇祐·治平 때 관원으로 들어오는 문이 景德 때보다 많았고, 郊祭에 지출하는 예산이 이와 같이 다른 이유는 皇祐·治平 때 재물을 쓰는 단서가 景德 때보다 많았기 때문입니다.

1) 六聖 : 宋 太祖·太宗·眞宗·仁宗·英宗·神宗 등 여섯 황제를 말한다.
2) 與民休息 : 休息은 休養生息의 준말이다. 국가가 큰 동란을 치렀거나 혹은 큰 변혁이 있은 뒤에 백성의 부담을 경감하고 생활을 안정시켜 원기를 회복하게 한다는 뜻이다.
3) 景德 : 宋 眞宗의 연호(1004~1067)이다.
4) 皇祐 : 宋 仁宗의 연호(1049~1053)이다.
5) 治平 : 宋 英宗의 연호(1064~1067)이다.
6) 幕職州縣官 : 幕職官은 幕官, 혹은 職官이라 부르기도 하는데, 簽書判官廳公事·節度掌書記·觀察支使와 각 州·府의 判官·推官과 軍·監의 判官 등으로, 府·州·軍·監의 長官의 정무처리를 도와 각종 공문서의 발송과 수납 등의 일을 분장한다. 州縣官은 州의 錄事參軍 이하 曹官과 縣의 令·丞·主簿·尉 등과 城寨·馬監主簿 등이 있는데 州·縣의 사무를 분장한다.
7) 郊費 : 郊는 郊祭의 약칭으로 하늘에 지내는 제사이다. 여기서는 국가에서 연례적으로 천지의 신에게 지내는 제사에 지출하는 예산을 말한다.
8) 郊之費不同如此 : 저본에는 없으나 ≪曾鞏集≫에 근거하여 보충하였다.

誠詔有司按尋載籍하여 而講求其故하여 使官之數入者之多門을 可考而知하고 郊之費用財之多端을 可考而知니 然後에 各議其可罷者 罷之하고 可損者 損之하여 使天下之入을 如皇祐治平之盛하고 而天下之用官之數郊之費를 皆同於景德이면 二者所省者 蓋半矣리이다 則又以類而推之면 天下之費 有約於舊而浮於今者하고 有約於今而浮於舊者하리니 其浮者는 必求其所以浮之自而杜之하고 其約者는 必本其所以約之

由而從之니 如是而力行하여 以歲入一億萬以上計之하여 所省者 十之一이면 則歲有餘財一萬萬하리이다 馴致不已하여 至於所省者 十之三이면 則歲有餘財三萬萬이며 以三十年之通計之면 當有餘財九億萬하여 可以爲十五年之蓄이니 自古國家之富 未有及此也니이다 古者에 言九年之蓄者는 計每歲之入하여 存十之三耳니 蓋約而言之也니이다

바라건대 담당 관리에게 명하여 관련 자료를 찾아 살펴 그 까닭을 강구하여, 관원의 숫자와 관원으로 들어오는 문이 얼마나 많은가를 알 수 있게 하고, 郊祭에 들어가는 비용과 재물을 소비하는 단서가 얼마나 많은가를 알 수 있게 해야 합니다. 그런 뒤에 각 항목에 따라 혁파할 만한 것은 혁파하고 줄일 만한 것은 줄여, 국가의 세입이 皇祐·治平 때처럼 많게 하고 아울러 국가의 지출과 관원의 숫자와 郊祭의 비용이 모두 景德 때와 같도록 한다면, 이 두 방법으로 줄인 규모가 대체로 〈현재 예산의〉 절반이나 될 것입니다. 그리고 또 이와 비슷한 사례를 찾아 확대해나간다면, 국가의 소비가 과거에는 적었으나 오늘은 많은 경우가 있을 것이고, 오늘은 적지만 과거에는 많은 경우도 있을 것입니다. 〈소비가 과거보다〉 많은 것은 반드시 그 많게 된 근원을 찾아 막아버리고, 〈과거보다〉 적은 것은 반드시 그 적을 수밖에 없었던 까닭을 알아내어 그대로 따라야 합니다. 이와 같은 방법으로 강력히 추진하십시오. 세입을 1억만(1조) 이상으로 계산했을 때 지출을 줄인 것이 세입의 10분의 1이면 연간 남는 예산이 1만만(1천억)이 될 것이고, 차츰차츰 중단하지 않고 앞으로 나아가 줄인 지출이 세입의 10분의 3에 이르면 연간 남는 예산이 3만만(3천억)이 될 것입니다. 〈남는 예산을〉 30년간의 평균비율로 계산해보면 분명히 남는 예산이 9억만(9조)이 있어 국가가 15년 동안 유지될 만한 비축이 있는 셈이니, 예로부터 국가의 부유가 이런 수준에 미친 경우는 없었습니다. 상고 때 '9년 동안 유지할 비축'이라고 말한 것은 매년의 수입을 헤아려 그것의 10분의 3만 남긴 것으로 그저 어림잡아 그렇게 말한 것입니다.

今臣之所陳도 亦約而言之니 今其數不能盡同이나 然要其大致는 必不遠也리이다 前世於彫敝之時에도 猶能易貧而爲富하니 今吾以全盛之勢로 用財有節하여 其所省者一則吾之一也요 其所省者二則吾之二也니 前世之所難이요 吾之所易를 可不論而知也니이다

지금 신이 개진한 수치도 어림잡아 말한 것으로 지금 그 수치가 사실과 완전히 일치되지 않는다 하더라도 그 큰 개요는 반드시 많이 어긋나지 않을 것입니다. 이전 세상에 상황이 열악한 때에도 오히려 가난을 바꿔 부자로 만들 수 있었습니다. 지금 우리가 한창 왕성한 형세를 기반으로 삼아 예산을 지출할 때 절제가 있게 하여 지출을 줄인 것이 예산의 〈10분의〉 1이면 이는 우리가 그 1을 얻어낸 것이고, 지출을 줄인 것이 〈10분의〉 2면 이는 우리가 그 2를 얻어낸 것입니다. 이전 세상에서는 어려웠지만 우리는 쉽게 할 수 있다는 것을 새삼 논하지 않고서도 알 수 있습니다.

伏惟陛下는 **沖靜質約**이 **天性自然**하여 **乘輿器服**[1]**尙方**[2]**所造**를 **未嘗用一奇巧**하며 **嬪**嬙**左右掖庭之間**에 **位號多闕**하여 **躬履節儉**하여 **爲天下先**하고 **所以憂憫元元**하여 **更張庶事之意 誠至惻**怛하여 **格于上下**하니 **其於明法度以養天下之財**도 **又非陛下之所難也**니이다 **臣誠不自揆**하고 **敢獻其區區之愚**하니 **惟陛下裁擇**하소서

삼가 생각건대 폐하께서는 온화하고 침착하며 소박하고 검소한 덕을 천성으로 타고나셨습니다. 그리하여 수레와 기물, 의복 등 尙方에서 만드는 것들을 하나라도 특이하고 정교한 것은 사용하지 않았으며, 女官이며 좌우 後宮들도 정원수를 다 채우지 않는 등 몸소 절약과 검소를 실천하시어 천하의 모범을 보이셨습니다. 이 때문에 백성을 걱정하고 불쌍히 여겨 국정을 쇄신하는 뜻이 지극하고 애절하여 천지신명을 감동시키셨으니, 법도를 밝혀 천하의 재물을 축적하는 것도 폐하에게는 어려운 일이 아닙니다. 신은 진정 부족한 역량을 스스로 헤아리지 못하고 감히 우매한 소견을 바치오니, 폐하께서 취사선택하소서.

1) 乘輿器服 : 제왕이 타는 수레와 일용 물품 및 의복 등을 말한다.
2) 尙方 : 황실에서 사용하는 기물과 병기 등 물품을 만드는 관청이다.

04. 請減五路城堡箚子* 五路 城堡의 수효를 줄일 것을 청한 차자

* 元豐 3년(1080) 말부터 이듬해 초 사이에 작자가 三班院에 재직하면서 지어 올린 것으로 보인다. 五路는 중국 陝西省 전역과 甘肅・寧夏 동남부의 군사적 행정구역으로, 秦鳳・鄜延・涇原・環慶・幷代를 말하고 城堡는 적의 공격을

방어하기 위해 쌓은 작은 토성을 말한다. 五路에 배치된 토성이 너무 많아 명령 체계가 일원화되지 못해 기동성이 떨어지므로 그 숫자를 줄일 것을 건의하는 차자이다.

似亦名言이나 惜也篇末措注는 亦欠發明이라

명언 같기는 하지만 아쉽게도 글 말미에서 그 대처방법에 관한 설명은 분명치 않다.

臣嘗議今之兵[1)]하되 以謂西北之宜는 在擇將帥하고 東南之備는 在益戍兵이라하니 臣之妄意는 蓋謂西北之兵은 已多하고 東南之兵은 不足也니이다 待罪三班하여 修定陝西河東城堡之賞法하고 因得考於載籍하니 蓋秦鳳鄜延涇原環慶幷代五路는 嘉祐之間엔 城堡一百一十有二요 熙寧엔 二百一十有二요 元豐엔 二百七十有四니 熙寧較於嘉祐에 爲一倍요 元豐較於嘉祐에 爲再倍며 而熙河城堡는 又三十有一이니이다 雖故有之城을 始籍이 在於三班者 或在此數나 然以再倍言之컨대 新立之城이 固多矣니이다

신은 일찍이 오늘날 군병제도에 관해 논하면서 서북 지방의 적절한 방법은 장수를 잘 선택하는 데에 있고, 동남 지방의 대비책은 주둔군을 늘리는 데에 있다고 말하였습니다. 신이 이와 같이 생각한 이유는, 대체로 서북 지방의 군대는 숫자가 많고 동남 지방의 군대는 부족하기 때문입니다. 신이 三班院에 봉직하여 陝西와 河東 지방의 城堡에 포상하는 법을 수정하면서 그에 관련한 문헌을 조사해보았더니, 대체로 秦鳳·鄜延·涇原·環慶·幷代 등 五路에 嘉祐 연간에는 城堡가 112개소이고, 熙寧 때는 212개소이고, 元豐 때는 274개소였습니다. 熙寧 때는 嘉祐 때에 비해 갑절이 증가하였고, 元豐 때는 嘉祐 때에 비해 두 갑절이 증가하였으며, 熙河 지방에 城堡가 또 31개소나 있었습니다. 비록 옛날에 있던 성을 문헌에 처음 올려놓은 것이 三班院에 보관되어 있어 혹시 그 숫자가 포함되었을 수는 있으나, 두 갑절이나 된다는 점으로 말한다면 새로 세운 성이 사실 많은 것입니다.

1) 臣嘗議今之兵 : 이 차자를 올리기 직전인 11월 21일에 垂拱殿에 올린 차자에서 당시의 군병제도를 개선할 것을 건의한 일을 말한다. ≪元豐類藁 請西北擇

將東南益兵≫

夫將之於兵은 猶奕之於碁니 善奕者 置碁雖疎나 取數必多는 得其要而已라 故敵雖萬變하고 塗雖百出이라도 而形勢足以相援하고 攻守足以相赴하니 所保者必其地也니이다 非特如此라 所應者又合其變이라 故用力少而得算多也니이다 不善奕者는 置碁雖密이나 取數必寡는 不得其要而已라 故敵有他變하고 塗有他出하여 而形勢不得相援하고 攻守不能相赴하여 所保者非必其地也니이다 非特如此라 所應者 又不能合其變이라 故用力多而得算少也니이다 守邊之臣이 知其要者는 所保者必其地라 故立城不多則兵不分하고 兵不分則用士少하며 所應者도 又能合其變이라 故用力少而得算多하나니 猶之善奕也니이다 不得其要者는 所保非必其地라 故立城必多하니 立城多則兵分하고 兵分則用士衆하며 所應者도 又不能合其變이라 故用力多而得算少하나니 猶之不善奕也니이다

대체로 장수가 군병을 지휘하는 것은 바둑판에서 바둑을 두는 것과 같습니다. 바둑을 잘 두는 자가 바둑알을 배치하는 자리는 듬성듬성하더라도 점수를 취하는 것이 반드시 많은 이유는 그 핵심을 파악하기 때문일 뿐입니다. 이 때문에 적의 계책이 아무리 수없이 변하고 〈공격해 들어오는〉 길이 아무리 각양각색이더라도, 나의 판세가 충분히 서로 구원하고 공격과 수비를 할 때 충분히 서로 달려가 〈힘을 합쳐〉 반드시 그 영역을 지켜냅니다. 이뿐만 아니라 〈적의 공격에〉 대응하는 것도 상황의 변화에 부합되기 때문에 힘을 쓰는 것은 적고 승리를 얻는 것은 많은 것입니다. 〈반면에〉 바둑을 잘 두지 못하는 자는 바둑알을 배치하는 것이 비록 촘촘하더라도 점수를 취하는 것이 반드시 적은 이유는 그 핵심을 파악하지 못하기 때문일 뿐입니다. 그러므로 적의 계책에 의외의 변화가 있고 〈공격해 들어오는〉 길에 의외의 노선이 있어, 나의 판세가 서로 구원하지 못하고 공격과 수비를 할 때 서로 달려가 〈힘을 합치지〉 못해 반드시 그 영역을 지켜내는 것이 아닙니다. 이뿐만 아니라 〈적의 공격에〉 대응하는 것도 상황의 변화에 부합되지 못하기 때문에 힘을 쓰는 것은 많고 승리를 얻는 것은 적은 것입니다.

변방을 지키는 신하로서 그 핵심을 파악한 자는 반드시 그 영역을 지켜냅니다. 그러므로 城堡를 세운 곳이 많지 않으니 그렇게 되면 군대가 분산되지 않고 군대가 분

산되지 않으면 병사를 동원한 숫자가 적으며 〈적의 공격에〉 대응하는 것도 상황의 변화에 부합됩니다. 이 때문에 힘을 쓰는 것은 적고 승리를 얻는 것은 많으니, 이는 바둑을 잘 두는 경우와 같습니다. 그 핵심을 파악하지 못하는 자는 반드시 그 영역을 지켜내는 것이 아닙니다. 그러므로 城堡를 세운 곳이 반드시 많으니 城堡를 세운 곳이 많으면 군대가 분산되고 군대가 분산되면 병사를 동원한 숫자가 많으며 〈적의 공격에〉 대응하는 것도 상황의 변화에 부합되지 못합니다. 이 때문에 힘을 쓰는 것은 많고 승리를 얻는 것은 적으니, 이는 바둑을 잘 두지 못하는 경우와 같습니다.

昔張仁愿이 **度河**하여 **築三受降城**[1)]하니 **相去各四百餘里**에 **首尾相應**하니이다 **繇是**로 **朔方以安**하여 **減鎭兵數萬**하니 **此則能得其要**에 **立城雖疎**나 **所保者必其地也**니이다 **仁愿之建三城**은 **皆不爲守備**라 **曰 寇至**면 **當併力出戰**이라 **回顧望城**이면 **猶須斬之**니 **何用守備**오하니 **自是**로 **突厥遂不敢度山**하니 **可謂所應者合其變也**로이다

옛날 張仁愿이 황하를 건너 3개소의 受降城을 쌓았는데 각 성 사이의 거리가 각각 400여 리로 〈적의 공격을 받으면〉 앞뒤가 서로 호응하였습니다. 이로 인해 북방이 편안해져 수비군 수만 명을 감축하였습니다. 이는 문제의 핵심을 파악하였기 때문에 城堡를 세운 것은 드물었으나 반드시 그 영역을 지켜냈던 것입니다. 張仁愿이 세운 3개소의 城堡는 모두 수비를 하기 위해서가 아니었으니, 그가 하는 말이 "적이 쳐들어오면 마땅히 힘을 모아 나가서 싸워야 한다. 고개를 돌려 후방의 城堡를 바라보더라도 오히려 목을 베야 할 터인데 어찌 〈성에 들어앉아〉 수비할 수 있겠는가." 하였습니다. 이로부터 突厥이 끝내 감히 산을 넘어오지 못했으니 〈적의 공격에〉 대응하는 것이 상황의 변화에 부합되었다고 말할 수 있습니다.

1) 昔張仁愿……築三受降城 : 唐 景龍 2년(708)에 朔方軍總管 張仁愿(?~714)이 황하 북쪽의 강변을 따라 약 400리 간격으로 西受降城·中受降城·東受降城 등 3개소의 성을 건조하고 북쪽으로 국토 300여 리를 개척하였으며, 烽燧臺 1,800개소를 설치하여 突厥의 침입을 막았다. ≪新唐書 張仁愿列傳≫

今五路新立之城이 **十數歲中**에 **至於再倍**하니 **則兵安得不分**이며 **士安得不衆**이리잇가

殆疆埸之吏謀利害者 不得其要也니이다 以奕碁況之컨대 則城不必多니 臣言不爲無據也니이다 以他路況之면 則北邊之備胡는 以遵誓約之故[1)]로 數十年間에 不增一城一堡나 而不患戍守之不足하니 則立城不必多는 又已事之明驗也니이다 臣以此竊意城多則兵分이라 故謂西北之兵已多하여 而殆恐守邊之臣이 未有稱其任者라하노이다 守邊之臣은 遇陛下之明하여 常受成算以從事하고 又不敢不奉法令하니 幸可備驅策이니이다 然出萬全之畫은 常諉於上하여 人臣之於職에 苟簡而已니 固非體理之所當然이온 況繇其所保者未得其要하고 所應者未合其變하여 顧使西北之兵獨多하고 而東南不足이리잇가

지금 五路에 새로 세운 城堡가 십여 년 동안에 두 갑절이나 늘어났으니, 군대가 어찌 분산되지 않을 수 있고 병사가 어찌 많아지지 않을 수 있겠습니까. 이는 곧 싸움터에서 이해를 따져보는 관리가 문제의 핵심을 파악하지 못한 것입니다. 바둑으로 비유하자면 城堡가 굳이 많아야 할 필요가 없으니, 신이 하는 말이 근거가 없는 것은 아닙니다. 다른 路의 경우로 비교해보면 북쪽 국경에서 胡族의 침입을 방비하는 것은 〈상호간에〉 서약을 준수하고 있기 때문에 수십 년 동안 城 하나, 堡 하나를 더 증설하지 않았는데도 수비병이 부족하다고 걱정하지 않으니, 城堡 건립을 굳이 많이 할 것이 없다는 것은 또 지나간 일에서 분명히 입증되었습니다. 신은 이로 인해 생각하기를 '城堡가 많으면 군대가 분산되기 때문에 서북방의 군사가 많은 것이며, 아마도 변방을 수비하는 신하 중에 자기 직무를 제대로 수행하는 자가 없을 것이다.' 하는 것입니다. 변방을 수비하는 신하가 거룩하신 폐하를 만나 항상 이미 결정된 계책을 받아 직무를 수행하고 또 감히 나라의 법령을 받들지 않을 수 없으니, 이들을 잘 부리고 인도해야 할 것입니다. 그러나 빈틈없는 대책은 항상 폐하에게 맡겨버려 신하가 마땅히 수행해야 할 자기 직분에 대해 소홀히 할 따름이니, 사리상 당연한 도리를 체득한 것이 아닙니다. 더구나 아군의 영역을 지켜내는 데에 문제의 핵심을 파악하지 못하고 〈적의 공격에〉 대응하는 것은 상황의 변화에 부합되지 못함으로 인해, 서북방의 병사만 유독 많고 동남 지방 병사는 부족하게 만든 데에야 더 말할 게 뭐가 있겠습니까.

1) 北邊之備胡 以遵誓約之故：胡는 胡族으로 북쪽 遼나라를 가리킨다. 誓約은 宋

나라와 遼나라 상호간에 체결한 강화조약으로 '澶淵之盟'을 말한다. 景德 원년(1004) 9월에 遼나라 군대가 대거 남하하여 河北 여러 성을 함락시키고 宋나라 영역으로 깊이 들어오자, 宋 眞宗이 재상 寇準의 건의에 따라 반격에 나서 황하를 건너 澶州城(지금의 河南 濮陽)까지 탈환하였다. 遼나라 군대가 불리한 상황에 처하자 그해 12월에 조약을 맺고 퇴각하였는데, 그 조건은 宋나라가 매년 은 10만 냥과 비단 20만 필을 보내고 宋 眞宗과 遼 聖宗이 형제로 서로 호칭하며 遼의 蕭太后를 높여 숙모라고 부르기로 한다는 것이었다. ≪宋史 寇準列傳, 曹利用列傳≫

在陛下之時하여 方欲事無不當其理하고 官無不稱其任인댄 則因其舊而不變은 必非聖意之所取也리이다 夫公選天下之材하여 而屬之以三軍之任은 以陛下之明聖慮之緖餘로 足以周此하리이다 臣歷觀世主컨대 知人善任使는 未有如宋興太祖之用將이 英偉特出者也니 故能撥唐季五代數百年之亂하여 使天下大定하고 四夷[1)]軌道하니 可謂千歲已來로 不世出之盛美라 非常材之君이 拘牽常見者之所能及也로이다 以陛下之聰明叡聖으로 有非常之大略이 同符太祖하니 則能任天下之材以定亂은 莫如太祖요 能繼太祖之志以經武는 莫如陛下니이다

지금 폐하의 시기에 국사가 사리에 합당하지 않은 일이 없고 관리가 그 직임에 걸맞지 않은 자가 없기를 원한다면, 예전 관례를 그대로 답습하고 변화하지 않는 것은 필시 폐하께서 인정하지 않으실 것입니다. 천하의 인재를 공개적으로 선발하여 三軍의 직임을 맡겨야 옳다는 것은 슬기로우신 폐하께서 충분히 잘 아실 것입니다. 신이 역대 군주들을 낱낱이 살펴보건대 인재를 알아 잘 임용한 경우는 宋나라 초기에 太祖가 임용한 장수들처럼 준수하고 출중한 적이 없었습니다. 그러므로 능히 唐나라 말기부터 五代까지 이어져온 수백 년간의 혼란을 다스려 천하가 크게 안정되고 四夷가 바른길을 가도록 하였으니, 이는 천 년 이후로 세상에서 보기 드문 거룩하고 아름다운 일로 통상적인 견해에 얽매인 범상한 군주가 미쳐갈 수 있는 정도가 아닙니다. 총명하고 슬기로우신 폐하께서는 비범한 큰 계책을 지니고 계신 것이 太祖와 똑같습니다. 능히 천하의 인재를 임용하여 시국의 혼란을 평정한 군주는 太祖만 한 분이 없고, 능히 太祖의 뜻을 계승하여 軍備를 정돈할 군주는 폐하만 한 분이 없습니다.

1) 四夷 : 옛날 중국이 인접 국가들을 얕잡아 일컫던 말로, 東夷・西戎・南蠻・北狄을 가리킨다.

臣誠不自揆하고 得太祖任將之一二 竊嘗見於斯文하여 敢繕寫以獻하오니 萬分之一이라도 或有以上當天心하여 使西北守邊之臣으로 用衆少而得算多하고 不益兵而東南之備足이면 有助聖慮之纖芥하여 以終臣前日之議하리니 惟陛下之所裁擇이니이다

신은 진정 자신의 역량을 헤아리지 못하고, 일찍이 문헌에 나타난 것에서 太祖가 장수를 임용한 기준 한두 가지를 얻어 감히 등사하여 올립니다. 만분의 일이라도 혹시 황제의 마음에 부합되어 서북방의 변경을 지키는 신하가 동원하는 군대는 적으면서도 거두는 승리는 많고 사병을 더 늘이지 않고도 동남방의 수비가 충분하도록 하는 일이 있다면, 이는 폐하의 거룩하신 계책에 사소하나마 도움이 되어드린 것으로써 신이 전일에 올렸던 건의가 실현된 것입니다. 폐하께서 취사선택하시길 바랍니다.

05. 明州擬辭高麗送遺狀* 明州에서 고려 사신이 주는 예물을 사양해야 한다는 뜻으로 조정에 올리기 위해 썼던 奏狀

* 작자가 59세 때인 熙寧 10년(1077)에 明州知州로 있으면서 조정에 올리려고 썼다가 결국 올리지 못한 글이다. 明州 수령이 거주하는 관청이 있던 鄞縣은 오늘날의 寧波市이고, 그 관할지역은 浙江省 甬江 유역과 慈溪 및 舟山群島 등지인데, 宋나라 때 이곳에 市舶司를 두어 高麗와 日本 등 외국의 무역항이 되었다. 특히 바닷길로 들어온 高麗 사신 일행이 맨 먼저 경유하는 길목이기도 하였다. 이 당시 高麗 사신이 宋나라 도성인 河南 開封까지 가는 동안 각지의 수령에게 예물이라는 명목으로 고려의 토산품을 주는 관행이 공식적으로 행해지고 있었다. 이 작품은 작자 자신이 지방 수령의 입장으로서 외국 사신을 우의로 접대해야지 재물을 우선시하면 안 된다는 뜻을 피력한 것이다.

極爲通達國體之言이라

매우 국가의 도리를 통달한 말이다.

竊以高麗는 於蠻夷中에 爲通於文學하여 頗有知識하니 可以德懷요 難以力服也니이다 故以隋之全盛煬帝之世에 大兵三出하여 天下騷然하되 而不能朝其君[1)]하고 及至唐室하여 以太宗之英武와 李勣之善將으로 至於君臣皆東嚮하여 以身督戰하되 而不能拔其一城[2)]하니 此臣之所謂難以力服也로이다

삼가 생각해보니, 高句麗는 이민족 중에서 문학에 통달하여 대단히 지식이 있는 나라이니 덕으로 회유할 수 있지, 무력으로 굴복시키기는 어렵다고 생각됩니다. 그러므로 隋나라 전성기 煬帝 때에 대군이 세 번 출병하였다가 천하만 소란해지고, 그 임금을 조알하게 하지는 못했습니다. 唐나라에 이르러 英武한 太宗과 명장 李勣 등 君臣이 모두 동쪽을 향하여 몸소 전쟁을 독려하였어도 성 하나 함락시킬 수 없었으니, 이것이 신이 이른바 무력으로 굴복시키기 어렵다는 것입니다.

1) 隋之全盛……而不能朝其君 : 隋 文帝 開皇 18년(598)에 30만 대군으로 高句麗를 침입하였다가 장마로 인해 식량이 모자라고 전염병까지 나돈 상황에서 패배하고 돌아왔는데 죽은 병사가 8, 9할이었고, 隋 煬帝가 高句麗를 침공하기 위해 1년 동안 준비한 끝에 大業 8년(612) 즉 高句麗 嬰陽王 23년 2월에 백만 대군을 거느리고 평양까지 침입하였다가 7월에 乙支文德에 의해 薩水에서 참패하여 살아서 돌아간 군사가 3천 명 미만이었다. 2년 후에 또 두 번 침공하였으나 모두 패하였다. 이때 군량 운송을 감독하던 楊玄感이 민심이 이반한 기회를 틈타 반란을 일으켜 천하가 소란해졌다.

2) 及至唐室……而不能拔其一城 : 貞觀 19년(645)에 唐나라 군대가 육로와 해상 양면으로 高句麗를 공격해 들어갔으나 결국 실패하고 돌아간 일을 말한다. 唐 太宗이 선봉에 서서 직접 전투를 독려하고 최신 무기를 사용하여 安市城(지금의 遼寧 牛莊)을 4개월 동안 포위하였으나 결국 함락시키지 못하고 돌아갔다. 李勣(594~669)은 곧 唐나라 초기의 장수 徐世勣으로, 太宗이 高句麗를 침공할 때 遼東道大總管으로 수행하였다.

宋興에 自建隆以來로 其王王昭以降으로 六王繼修貢職하여 使者相望이라가 其中間에 厭(압)於强虜[1)]하여 自天聖以後로 始不能自通於中國하니이다 陛下卽祚하여 聲教四塞하니 其國聞風하여 不敢寧息하여 不忌强胡之難하며 不虞大海之阻하고 效其土實하되 五歲

三至를 如東西州하여 唯恐在後하니 其所以致之者는 不以兵威니 此臣之所謂可以德懷也니이다

宋나라가 일어난 뒤 建隆(宋 太祖의 연호) 이후로 그 나라의 왕 王昭(高麗 光宗) 이하 여섯 왕이 대를 이어가며 공물을 보내와 사신의 왕래가 끊이지 않고 이어지다가, 중간에 강한 오랑캐에게 눌려 天聖(宋 仁宗의 연호) 이후부터 비로소 중국과 교류하지 못했습니다. 폐하께서 즉위하시어 위엄과 교화가 사방에 충만하게 되자, 그 나라가 소문을 듣고서 감히 편안히 있지 못하고 강한 오랑캐와의 곤란한 입장과 먼 바닷길의 험난한 노정을 꺼리지 않고서 행여 남보다 뒤질세라 마치 〈중국 영내의〉 동쪽이나 서쪽의 고을처럼 5년에 세 번씩 토산품을 보내왔습니다. 이와 같은 결과를 초래하게 된 이유는 무력으로 인한 것이 아니니, 이것이 신이 이른바 '덕으로 회유할 수 있다.'는 것입니다.

1) 厭(압)於强虜 : 厭은 壓과 같은 글자로 제압을 당한다는 뜻이다. 强虜는 遼나라를 가리킨다.

陛下亦憐其萬里惓惓하여 歸心有德하고 收而撫之하여 恩禮甚厚하니 州郡當其道途所出에 迎勞燕餞은 所以宣達陛下寵錫待遇之意니 此守臣之職分也니이다 其使者所歷之州 贄其所有하여 以爲好於邦域之臣할새 陛下加恩하여 皆許受之而資以官用하여 爲其酧幣하니이다 其使一再至之間에 許其如此하되 不爲常制可也어늘 今其使數來에 邦域之臣이 受其贄遺를 著於科條하여 以爲常制하니 則臣竊有疑焉이로이다

폐하께서도 그 만 리 밖에서 정성을 다하여 덕이 있는 군왕에게 마음이 돌아온 것을 어여삐 여기시고 거두어 어루만지시니 그 예우가 매우 두텁습니다. 〈사신이〉 통과하는 고을에서는 사신이 당도하면 영접하여 위로하고 전별연을 베풀어주는데, 이는 이들에게 은혜를 베풀고 대우하시는 폐하의 뜻을 드러내는 것으로 곧 지방 수령에게 주어진 직분입니다. 그 사신들은 자기들이 경유하는 고을에 그들이 지닌 물건을 예물로 내놓아 지방관들과 우호를 다지려고 하자, 폐하께서 은혜를 베풀어 〈지방관들에게〉 그것을 모두 받아 관아의 비용으로 사용하는 한편 〈사신에게〉 답례할 예물로 삼도록 허락하셨습니다. 그러나 이것은 그 사신들이 한두 번 올 적에나 이와 같이 하도

록 허락해야지 항구적인 법으로 만들면 안 될 것입니다. 그런데 지금 그 사신이 자주 왕래하고 있는데 지방관들이 그들의 폐백을 받는 것을 조례로 정하여 항구적인 법으로 삼는다면 신은 내심 이해하기 어려운 점이 있습니다.

蓋古者相聘에 **贄有圭璋**하고 **及其卒事**면 **則皆還之**하여 **以明輕財重禮之義**하니 **今蠻夷使來**에 **邦域之臣**이 **與之相接**하여 **示之以輕財重禮之義**하여 **使知中國之所以爲貴此人事之所宜先**이니 **則當還其贄**를 **如古之聘禮 還其圭璋 此誼之所不可已也**니이다 **又古之以贄見君者**는 **國君**이 **於其臣則受之**하고 **非其臣則還之**하니 **今蠻夷嚮化**하여 **來獻其方物**하여 **以致其爲臣之義**에 **天子受之**하여 **以明天下一尊**하여 **有臣而畜之之義**는 **此不易之制也**니이다 **邦域之臣**이 **與其使接**할새 **以非其臣之義**로 **還其贄**하여 **以明守禮而不敢踰**는 **亦不易之制也**니이다 **以此相厲**하여 **以明天子之尊**과 **中國之貴**와 **所重者禮義**와 **所輕者貨財**니 **其於待遇蠻夷之道**에 **未有當先於此者也**니이다

대체로 옛날 국가간에 서로 聘問할 때 바치는 폐백에는 圭璋(예물로 쓰는 옥)이 있었고, 일을 마치고 〈돌아갈 때는〉 그것을 다 돌려주어 재물을 가벼이 여기고 예를 중시하는 의리를 밝혔습니다. 지금 이민족의 사신이 와서 지방관이 그들과 접촉할 적에 재물을 가벼이 여기고 예를 중시하는 의리를 보여줌으로써, 중국이 소중하게 여기는 것이 무엇인가를 알게 해야 합니다. 이것이 인사 중에서 마땅히 먼저 해야 할 일이니, 옛날 聘禮 때 그 圭璋을 도로 돌려줬던 것처럼 마땅히 그 폐백을 돌려주는 것이 의리상 그만둘 수 없는 일입니다. 또 옛날에 폐백을 가지고 군주를 알현하는 것에는 군주가 자기의 신하에 대해서는 그 폐백을 받아들이지만, 자기 신하가 아니면 돌려줬습니다.

지금 이민족이 교화를 받아 사신을 보내와서 그 토산물을 바침으로써 그 신하된 의리를 다하고 있으니, 폐하께서 이것을 받아들여 천하에 유일한 지존으로서 신하로 삼아 보살펴주는 의리를 밝히시는 것이 곧 변동할 수 없는 법이라 할 수 있습니다. 그리고 지방관이 그 사신과 접촉할 경우에는 자기의 신하가 아니라는 원칙에 따라 그 폐백을 돌려줌으로써 예를 지켜 감히 법도를 넘지 않는 도리를 밝히는 것 또한 변동할 수 없는 법입니다. 이와 같은 기준으로 서로 독려하여 천자의 존엄함과 중국의 귀함, 중시하는 것은 예의이고 가벼이 여기는 것은 재화임을 밝히셔야 하니, 저

이민족을 대우하는 도는 이것보다 더 우선으로 할 것이 없습니다.

且彼贄其所有를 **以明州一州計之**컨대 **知州通判所受 爲錢三十萬**이니 **受之者 旣於義未安**이라 **其使自明而西**하여 **以達京師**히 **歷者尙十餘州**에 **當皆有贄**하리니 **以彼之力度之**컨대 **蠻夷小國**이 **其於貨財**에 **恐未必有餘也**리이다 **使其有親附中國之心**이나 **而或憂於貨財之不足**이면 **臣竊恐有傷中國之義**하여 **而非陛下所以畜之幸之之意也**니이다

또 저들이 소지한 물품을 폐백으로 올린 것을 明州 한 고을만으로 계산해보니, 知州와 通判이 받은 것이 30만 錢이나 되었으므로 그것을 받은 자로서 도리상 미안한 일이었습니다. 그 사신들이 明州에서부터 서쪽으로 京師에 도달하기까지 거쳐 가는 곳이 십여 고을이 되는데 모두 폐백을 줬을 것입니다. 저들의 국력으로 헤아려보건대, 이민족의 작은 나라가 재화에 있어서 꼭 여유가 있지는 않을 것입니다. 설사 중국을 가까이하려는 마음이 있더라도 재화가 부족할까 혹시 걱정한다면, 아마도 중국의 도리를 손상하여 폐하께서 그들을 길러주고 아껴주는 뜻을 저버리는 일이 되지 않을까 염려됩니다.

臣愚竊欲自今高麗使來에 **贄其所有**하여 **以爲好於邦域之臣者**는 **許皆以詔旨還之**하고 **其資於官用**하여 **以爲酬幣 已有故事者**는 **許皆以詔旨與之如故**를 **惟陛下詳擇之**하여 **如可推行**인대 **願更著於令**하소서 **蓋復其贄**하여 **以及於恐其力之不足**하고 **厚其與**하여 **以及於察其來之不易**하시면 **所謂尙之以義綏之以仁**이니 **中國之所以待蠻夷 未有可以易此者也**니이다 **其國**에 **粗爲有知**면 **歸相告語**에 **必皆心服誠悅**하여 **慕義於無窮**하리니 **此不論而可知也**니이다 **臣愚非敢以是爲廉**이요 **誠以拊接蠻夷**에 **示之以輕財重禮之義**를 **不可不先**이면 **庶幾萬分之一**이라도 **無累於陛下以德懷遠人之體**라 **是以**로 **不敢不言**하오니 **惟陛下裁擇**하소서

신의 소견은, 앞으로 高麗 사신이 와서 그들이 지닌 물품을 폐백으로 내놓아 지방관에게 우호를 맺고자 하는 경우에는 모두 조서를 내려 폐백을 돌려보내게 하시고, 관아의 비용을 가지고 답례로 주는 예물로 삼는 일이 이미 전례가 있는 경우에는 모

두 조서를 내리시어 이전처럼 〈답례로 예물을〉 주게 하십시오. 〈이 문제를〉 폐하께서 엄정하게 가리시어 만일 미루어 시행할 수 있으시면 다시 법으로 선포하십시오.

대체로 폐백을 돌려줌으로써 힘이 부족할 것을 염려하는 데까지 〈생각이〉 미치고, 〈답례로 주는 예물을〉 후하게 줌으로써 그들이 찾아오는 길이 쉽지 않음을 살펴주는 데까지 〈은혜가〉 미치게 하신다면, 이는 이른바 義로써 높여주고 仁으로써 편안하게 해주는 것입니다. 중국이 이민족을 대하는 도리 가운데 이것을 대체할 만한 것이 없습니다. 그 나라가 조금이나마 식견이 있다면 〈사신들이 본국으로〉 돌아가 고하는 말을 듣고 반드시 모두 마음으로 복종하고 기뻐하여 끝없이 그 의리를 사모할 것이니, 이는 새삼 말하지 않더라도 알 수 있습니다.

신이 이와 같이 아뢰는 이유는 감히 이것으로 청렴하다는 명예를 얻으려는 것이 아니고, 다만 이민족을 접할 적에 재물을 가벼이 여기고 예를 중시하는 도리를 우선으로 삼는다는 것을 보여준다면, 만분의 일이라도 덕으로 먼 외국 사람을 회유하는 폐하의 도리에 누가 되는 일이 없기 때문입니다. 이 때문에 감히 말씀을 올리지 않을 수 없었으니 폐하께서 취사선택하시기 바랍니다.

06. 請令州縣特擧士箚子* 州縣에서 학생을 특별히 천거하게 할 것을 청한 차자

* ≪元豐類藁≫ 권30 본편의 말미의 自注에 '元豐三年十一月二十一日垂拱殿進呈'이라고 한 것으로 볼 때, 작자가 그의 나이 61세 때인 元豐 3년(1080) 11월에 垂拱殿에서 올린 차자이다. 11년 전인 熙寧 2년(1069)에 王安石이 과거제도를 개혁하는 작업에 착수하여 明經科와 기타 여러 과목을 폐지하였으며, 進士試에서 詩賦를 폐지하는 대신 경서 가운데 특정한 문구를 제목으로 내걸고 응시자가 그 의미를 천명하는 방식의 이른바, 經義와 論策을 考査하는 것을 위주로 하였다. 작자는 이 방식만으로는 인재를 제대로 선발할 수 없으므로 각 지방에서 우수한 자를 선발하여 太學으로 특별히 천거하고, 太學에서 일정한 교육을 시행한 뒤에 역시 우수한 자를 선발하여 임시로 적절한 임무를 맡김으로써 그 능력을 검정해보는 과정을 거칠 것을 제의하였다.

子固 按古者三代及漢興에 令郡國으로 各擧賢良[1]者以聞하니 甚屬古意라

世之君相이 未必擧行이나 而不可不聞此議라 予故錄之라

子固가 옛날 三代 때와 漢나라가 일어났을 당시에 郡國으로 하여금 각기 賢良을 천거하게 한 일을 조사하여 아뢰었으니, 이것은 고대의 취지와 매우 부합된다. 오늘날 세상의 군주와 재상이 이러한 제도를 반드시 시행하지는 않지만 이러한 의견을 알지 않을 수 없다. 이러한 까닭으로 내가 채록하였다.

1) 賢良 : 인재 선발의 한 가지 방법으로 漢 武帝 때부터 시작되었다. 州에서는 秀才를, 郡에서는 孝行이 있고 청렴한 사람을 천거하게 하여 관리로 임용하였다.

臣은 聞三代之道[1]에 鄕里[2]有學하여 士之秀者는 自鄕升諸司徒[3]하고 自司徒升諸學하면 大樂正[4]이 論其秀者하여 升諸司馬[5]면 司馬論其賢者하여 以告于王하여 論定然後官之하고 任官然後爵之하고 位定然後祿之[6]하니이다 論定然後官之者는 鄭康成[7]이 云 謂使試守라하고 任官然後爵之者는 蓋試守而能任其官然後命之以位也하니 其取士詳如此니이다 然此特於王畿[8]之內에 論其鄕之秀士耳라 故在周禮에 則稱鄕老獻賢能之書于王也[9]라하고 至於諸侯貢士엔 則有一適再適三適之賞과 黜爵削地之罰[10]이나 而其法之詳은 莫得而考니 此三代之事也니이다

신은 듣건대, 三代의 제도는 鄕・里에 학교가 있어 선비 중에 우수한 자는 鄕으로부터 司徒에게 올리고, 司徒로부터 太學에 올리면 大樂正이 그 가운데 우수한 사람을 평가하여 司馬에게 올리고, 司馬는 그 가운데 賢能한 자를 평가하여 군왕에게 보고하였습니다. 그리하여 평가가 확정된 뒤에 관직을 내리고, 관직을 맡긴 뒤에 작위를 내리며, 작위가 정해진 뒤에 봉록을 준다고 하였습니다. 평가가 확정된 뒤에 관직을 내린다는 말은 鄭康成(鄭玄)이 "임시로 직무를 수행해보게 하는 것이다." 한 것이고, 관직을 맡긴 뒤에 작위를 준다는 말은 대체로 직무를 임시로 수행하도록 하여 그 관직을 능히 감당해낸 뒤에 작위를 내리는 것이니, 〈고대에 사방에서〉 선비를 구했던 내용은 이와 같습니다. 그러나 이것은 다만 王畿 내에서 鄕・里의 우수한 선비를 평가하는 일을 논한 것일 뿐입니다. 그러므로 ≪周禮≫에 "鄕老들이 賢能한 자를 추천하는 글을 왕에게 올린다."고 하였습니다. 제후가 인재를 왕에게 천거하는 부분에 대

해서는 한 번 인재를 얻고 두 번 인재를 얻고 세 번 인재를 얻는 것에 따라 각기 다른 포상이 있고, 또 작위를 거두어들이고 封地를 줄이는 등의 벌책이 있었지만, 그 법에 관한 자세한 내용은 알 수 없습니다. 이상은 三代의 일입니다.

1) 三代之道 : 三代는 본디 夏・殷・周를 가리키지만 여기서는 ≪周禮≫의 내용을 근거로 말한 것으로 특별히 周를 가리키고, 道는 인재를 교육하고 관직에 임용하는 제도를 가리킨다.
2) 鄕里 : 1鄕은 1만 2,500호이고 1里는 25호로, 지방행정조직이다.
3) 司徒 : ≪周禮≫ 속에 열거된 六卿의 하나로, 地官을 맡아 敎化를 주관하고 六鄕을 관할한다.
4) 大樂正 : 大司樂이라고도 한다. 樂官의 우두머리로, 太學을 관장한다.
5) 司馬 : 大司馬에게 소속된 관리로, 軍事를 관장한다.
6) 大樂正……位定然後祿之 : ≪禮記≫ 〈王制〉의 내용을 축약하여 인용한 것이다. ≪禮記≫ 본문은 "大樂正이 우수한 太學 졸업생을 평정하여 왕에게 보고하고 아울러 司馬에게 천거하는데 천거된 자를 進士라고 부른다. 司馬는 다시 각 進士의 재능이 어떤 벼슬을 할 만한가를 고찰하고, 각 進士의 장점을 고찰하여 왕에게 보고함으로써 결론을 확정한다. 결론이 확정된 뒤에 관직을 맡겨 시험해보고 직무를 감당할 만하다는 것이 드러난 뒤에 작위를 주고 작위가 정해진 뒤에 녹봉을 지급한다.〔大樂正 論造士之秀者以告于王 而升諸司馬 曰進士 司馬辨論官材 論進士之賢者以告於王 而定其論 論定然後官之 任官然後爵之 位定然後祿之〕"라고 하였다.
7) 鄭康成 : 康成은 後漢의 經學家 鄭玄(127~200)의 자이다. 여러 儒學經典에 주를 달고 풀이하여 漢나라 經學을 집대성하였다.
8) 王畿 : 천자가 머무르는 京都를 중심으로 사방 천 리 지역을 말한다.
9) 鄕老獻賢能之書于王也 : ≪周禮≫ 〈地官 司徒 鄕大夫〉의 "鄕老와 鄕大夫 및 각급 관리가 賢能한 자를 천거하는 문서를 왕에게 올린다.〔鄕老及鄕大夫群吏 獻賢能之書于王〕"를 인용한 것이다. 鄕老는 지방조직의 한 단위인 鄕의 長老를 말하는데, 六鄕에 長老가 3인이 있고 이들을 三公이라 부른다. 이들의 임무는 왕과 국사를 논하고, 六官의 일에 참여하고, 밖으로는 六鄕의 교훈을 관장한다. ≪周禮 地官 序官≫

10) 一適再適三適之賞 黜爵削地之罰：適은 추천한다는 뜻이다. ≪尙書大傳≫ 卷3에 “고대에 諸侯가 천자에게 인재를 추천할 적에 3년마다 한 번씩 거행하였다. 한 번 추천하면 덕이 있는 자를 좋아한다고 말하고, 두 번 추천하면 어진 자를 어질게 여긴다고 말하고, 세 번 추천하면 공이 있다고 말한다. 공이 있는 자에게는 천자가 車馬·衣服·弓矢를 하사하고 ‘명을 받은 諸侯’라고 호칭한다. 인재를 추천하지 않는 자가 있으면 천자에게 복종하지 않는다고 말한다. 한 번 추천하지 않으면 과실을 범했다고 말하고, 두 번 추천하지 않으면 거만하다고 말하고, 세 번 추천하지 않으면 기만했다고 말한다. 천자를 기만한 자는 1차는 그의 작위를 거두고, 2차는 그의 封地를 삭감하고, 3차는 封地를 모두 환수한다.〔古者諸侯之於天子 三年一貢士 一適謂之攸好德 再適謂之賢賢 三適謂之有功 有功者 天子賜之車服弓矢 號曰命 諸侯有不貢士 謂之不率正 一不適謂之過 再不適謂之傲 三不適謂之誣 誣者 天子絀之 一絀以爵 再絀以地 三絀而爵地畢也〕”라고 한 데서 그 요지를 인용한 것이다.

漢興에 采董生之議하여 始令郡國으로 擧孝廉[1]一人하고 其後에 又以口爲率하되 口百二十萬至不滿十萬을 自一歲至三歲와 自六人至一人히 察擧各有差하고 至用丞相公孫弘과 太常孔臧議[2]하여는 則又置太常博士弟子員[3]하여 郡國縣官에 有好文學하고 孝悌謹順하며 出入無悖者所聞이어든 令相長丞이 上屬所二千石[4]하니이다 二千石이 謹察可者하여 令詣太常하여 受業如弟子하여 一歲皆課試하여 通一藝[5]以上이면 補文學掌故[6]缺하고 其高第可爲郎中[7]者는 太常籍奏하며 卽有秀才異等이면 輒以名聞하고 又請以治禮掌故하니이다 比二百石及百石吏는 選擇爲左右內史[8]大行[9]下郡太守[10]卒史[11]는 皆各二人[12]이요 邊郡一人이니이다 不足이면 擇掌故以補中二千石屬하고 文學掌故補郡屬하여 備員[13]하니이다 其郡國貢士와 太常試選之法이 詳矣니 此漢之事也니이다

漢나라가 일어나 董仲舒의 건의를 받아들여 처음으로 君國으로 하여금 孝·廉에 각 1인을 천거하게 하였습니다. 그 뒤에 인구를 기준으로 인구 120만 인에서 10만 인 미만까지 단위를 정하고, 〈각 단위별로〉 1년에서 3년 간격으로 6인부터 1인까지 차등을 두고 관찰하여 선발하였습니다. 丞相 公孫弘과 太常 孔臧의 건의를 받아들여 또 太常博士의 弟子員을 두었습니다. 郡國·縣官에 문헌과 학술을 좋아하며 부모에

게 효도하고 어른을 존경하며 사람됨이 신중하고 공손하여 가정에서나 밖에서나 〈그 언행이 법도에〉 어긋나지 않는다고 소문난 사람이 있으면, 縣令·國相·縣長·縣丞이 그들이 소속된 二千石에게 보고합니다. 그러면 二千石은 인정할 만한 자를 신중히 관찰한 다음, 〈당초에 추천한 관리와 함께〉 太常으로 가서 博士의 제자와 똑같이 수업할 수 있도록 하였습니다. 1년 동안 〈수업을 마치면〉 모두 시험을 보여 하나의 재주 이상을 능통하면 文學과 掌故의 결원에 보충하고, 성적이 우수하여 郎中이 될 만한 사람은 太常이 그들의 명단을 작성하여 위로 보고합니다. 만약 뛰어난 수재가 있다면 그 사람의 성명을 특별히 위로 보고하고, 또 治禮郎과 掌故로 임명할 것을 청합니다. 祿俸이 二百石 이상과 百石에 해당되는 관리들은 우수한 자를 가려 左右內史·大行·下郡太守·卒史로 임명하되 모두 각 2인이며, 변방 郡은 1인입니다. 〈인원이〉 부족하면 掌故 중에서 선발하여 中二千石 등에 보임하고, 文學과 掌故는 郡 등에 보임하여 정원수를 충당하게 합니다. 이는 郡國에서 선비를 천거하고 太常이 시험하여 선발하는 법으로써 구체적인 내용입니다. 이상은 漢나라 때의 일입니다.

1) 孝廉 : 관리를 선발하는 두 종류의 과목으로, 孝는 효자를 가리키고, 廉은 청렴하고 개결한 선비를 가리킨다. 漢 武帝 元光 원년(B.C. 134)에 처음 시행하였는데, 賢良의 경우와 마찬가지로 각 郡國에 소속된 관리와 민간인 중에서 천거한다.
2) 丞相公孫弘 太常孔臧議 : 公孫弘(B.C. 200~B.C. 121)은 漢 武帝 때 賢良對策으로 장원급제하여 博士가 된 뒤에 元朔 5년(B.C. 124)에 丞相이 되었고, 孔臧은 孔安國의 從兄으로 武帝 元朔 2년에 太常이 되었다. 이들이 일찍이 武帝에게 博士를 위해 弟子를 두게 하고 儒生을 발탁하여 관리로 충원할 것을 건의하였다. ≪漢書 武帝紀≫ 太常은 禮樂과 宗廟 社稷의 제사를 관장하고 皇帝의 陵墓가 있는 縣邑을 관리하며, 博士와 博士 弟子들의 학업 수준을 심사하고 추천하는 일을 주관한다. 官秩은 中二千石이며 九卿의 수장이다.
3) 弟子員 : 漢代에 五經博士 아래에서 經學을 공부하던 학생을 말한다.
4) 二千石 : 官秩 등급 가운데 하나이다. 국가에서 받는 祿俸을 미곡을 기준으로 하기 때문에 '石'으로 호칭한다. 漢代의 二千石은 중앙정부기구의 太子太傅·太子少傅·將作大匠·詹事·水衡都尉·內史 등 列卿이 그에 해당되고, 州郡牧守·諸侯王國相 등 1급 관원까지 포함된다. 매월 받는 祿俸은 미곡 120斛으로 연간 1,440斛을 받는다. 이밖에 中二千石은 매월 祿俸이 180斛이고, 比二千

石은 100斛이며, 眞二千石은 150斛이다.

5) 一藝 : 한 가지 經傳이란 뜻으로, '一經'과 같다.

6) 文學掌故 : 文學은 漢代에 각 州郡과 王國에 배치한 관리로 후세의 敎官과 같고, 掌故는 禮樂과 制度에 관한 직무를 관장하는 관리이다.

7) 郎中 : 郎中令에 딸린 관리로, 車騎와 門戶를 관리하며, 안으로는 侍衛에 충원되고 밖으로는 전투에 종군한다.

8) 左右內史 : 諸侯王國 안에 둔 관리로 民政을 관장한다. 나중에 左馮翊과 右扶風으로 바뀌었다.

9) 大行 : 典客, 또는 大鴻臚라고도 하는데 빈객을 접대하는 관리이다.

10) 下郡太守 : 규모가 작은 고을의 태수를 뜻한다.

11) 卒史 : 1백 석 혹은 2백 석 祿俸을 받는 작은 관리이다.

12) 皆各二人 : ≪前漢書≫ 〈儒林傳〉에는 '大行卒史'와 '皆各二人' 사이에 '比百石以下 補郡太守卒史'가 있다.

13) 備員 : 직무는 있으나 실권이 없이 정원수만 채우고 있는 관원이란 뜻으로, 조선시대의 遞兒職과 비슷하다.

今陛下 隆至德하고 **昭大道**하여 **參天地**하고 **本人倫**하고 **興學崇化**하여 **以風天下**하니 **唐虞用心**이 **何以加此**리오 **然患今之學校**는 **非先王敎養之法**이며 **今之科擧**[1]는 **非先王選士之制**니 **聖意卓然**이나 **自三代以後**로 **當塗之君**이 **未有能及此者也**니이다

지금 폐하께서는 아름다운 덕을 닦고 큰 도리에 밝으시어 〈공은〉 천지와 짝을 이루고 〈마음은〉 인륜을 근본으로 삼아 학교를 일으키고 교화를 높임으로써 천하를 진작시키시니, 堯舜이 마음을 기울인 것이 어찌 이보다 더하겠습니까. 그러나 오늘날의 학교는 옛 성왕이 인재를 교육했던 법이 아니고, 지금의 과거제도는 옛 성왕이 인재를 선발했던 제도가 아니라는 것이 문제입니다. 폐하의 뜻은 훌륭하지만, 三代 이후로 정권을 잡은 군주로서 여기에까지 미친 자가 없습니다.

1) 科擧 : '과목을 나누어 인재를 선발한다.〔分科取士〕'는 뜻으로, 시험을 보여 관리를 선발하는 제도이다. 唐代에 進士·秀才·明經·明法·明書·明算 등 과목에다 一史·三史·開元禮·童子·道學 등 과목까지 설치한 이후 시대에 따라 과목

이 약간씩 다르다. 해마다 시험 보이는 常試와, 地支에 子午卯酉가 든 해에 3년마다 보이는 式年試와 황제의 명에 의해 임시로 보이는 制擧가 있고, 그 종류는 시대에 따라 鄕試·禮府試·殿試, 혹은 鄕試·府試·會試·殿試 등이 있다.

臣以謂三代學校勸敎之具와 漢氏郡國太常察擧之目을 揆今之宜컨대 理可參用이니이다 今州郡京師有學은 同於三代나 而敎養選擧 非先王之法者는 豈不以其遺素勵之實行하고 課無用之空文하여 非陛下隆世敎育人材之本意歟잇가 誠令州縣으로 有好文學하고 勵名節하며 孝悌謹順하여 出入無悖者所聞이어든 令佐[1]升諸州學하고 州謹察其可者上太學하되 以州大小爲歲及人數之差하고 太學一歲에 謹察其可者上禮部면 禮部謹察其可者籍奏니 自州學至禮部히 皆取課試하여 通一藝以上은 御試[2]與否를 取自聖裁하소서

신은, 三代시대에 학교에서 권면하고 가르쳤던 방법과, 漢나라 때에 郡國과 太常이 선발했던 조목을 오늘날 적용하는 것이 가능할지 헤아려보면, 이치상 참작하여 사용할 만하다고 봅니다. 지금 州郡과 京師에 학교가 있는 것은 三代시대와 같은데도 인재를 교육하고 선발하는 것은 옛 성왕의 법이 아니니, 이는 어찌 평소 힘써야 할 實行은 뒤로 하고 쓸모없는 空文만 평가하여 세상의 도덕을 높이고 인재를 교육하려는 폐하의 본의를 저버려 그런 것이 아니겠습니까. 바라건대, 州縣으로 하여금 문학을 좋아하고 명예와 절개를 중시하며 부모에게 효도하고 어른을 존경하며 사람됨이 신중하고 공손하여 가정에서나 밖에서나 그 언행이 배운 것과 어긋나지 않는 사람이 있으면, 令佐가 州의 학교로 올려주고 州의 학교에서 그중에 쓸 만한 사람을 신중히 살펴 太學으로 올리게 하십시오. 州 규모의 크기에 따라 인재를 천거하는 햇수와 인원수를 각기 다르게 하고, 太學에서 1년마다 쓸 만한 자를 신중히 살펴 禮部에 올리면, 禮部에서 그 중에 쓸 만한 자를 신중히 살펴 그 명단을 작성하여 폐하께 보고하게 하소서. 州의 학교에서부터 禮部에 이르기까지 〈각 단계마다〉 모두 〈배우고 익힌 것을〉 평가하게 하고, 하나의 재주 이상을 능통한 자에 대해 御試를 행할 것인지의 여부는 폐하께서 결정하십시오.

1) 令佐 : 縣令의 幕佐이다.

2) 御試 : 황제가 직접 응시자를 시험하는 것으로, 殿試와 같다.

今旣正三省諸寺之任[1)]하니 其都事主事掌故之屬이 舊品不卑라 宜淸其選하여 更用士人하여 以應古義하며 遂取禮部所選之士로 中第或高第者하여 以次使試守하되 滿再歲或三歲에 選擇以爲州屬及縣令丞하며 卽有秀才異等이면 皆以名聞하여 不拘此制하소서 如此者를 謂之特擧니이다 其課試는 不用糊名謄錄之法[2)]하소서 使之通一藝以上者는 非獨采用漢制而已라 周禮大司徒에 以鄕三物로 敎萬民而賓興之[3)]도 亦以禮樂射御書數[4)]也하니이다

현재 이미 三省 등 여러 官署의 임무를 바로잡았는데, 都事·主事·掌故 등의 관속은 이전의 품계가 낮지 않습니다. 마땅히 그 선발을 정밀히 하여 더욱 훌륭한 인재를 등용해서 옛 뜻에 부응하도록 해야 합니다. 禮部에서 선발한 선비 중에 〈그 성적을〉 중간 등급이나 높은 등급을 받은 자들은 차례로 시험 삼아 관직을 맡게 하여 2년 혹은 3년을 채우면 이들 중에서 다시 뽑아 州의 관속 및 縣의 令·丞으로 삼고, 뛰어난 재주를 지닌 사람이 있다면 모두 그 성명을 위에 보고하게 하여 이 제도에 구속받지 않도록 해야 합니다. 이처럼 하는 것을 特擧라 합니다. 시험 보일 때는 응시자의 성명을 가리거나 답안지를 副本으로 베껴 평가하는 법을 쓰지 말아야 합니다. 하나의 재주 이상을 능통한 사람을 〈특별히 임용하는 것은〉 漢나라 제도를 채용하는 것일 뿐만이 아닙니다. ≪周禮≫ 〈大司徒〉에 "鄕三物로 만백성을 가르쳐 훌륭한 자를 예우하여 천거한다." 한 것 또한 〈그 안에〉 禮·樂·射·御·書·數가 〈포함되어 있습니다.〉

1) 今旣正三省諸寺之任 : 神宗이 이른바 '元豐改制'라 불리는 官制개혁을 실행하기 시작하면서 먼저 官名을 개정하고 직무를 배정시켰다. 三省은 최고 권력기관인 樞密院에 소속된 관청으로 門下省·中書省·尙書省을 가리킨다. 이때 門下省은 전국에서 올리는 章·奏·案·牘을 수납하고 하급기관에 하달할 명령을 심의하고 각 기관의 위법사항을 시정하며, 中書省은 황제의 명령을 선포하고, 尙書省은 政令을 집행하는 직무를 맡도록 하였다. 諸寺는 '諸司'와 같은 뜻으로 각 관청을 말한다.

2) 糊名謄錄之法 : 과거시험장에서 부정을 행하는 것을 방지하기 위한 조치이다.

糊名은 모든 답안지에 응시자의 성명을 가려 試官이 사심으로 농간을 부리지 못하게 하는 것이고, 謄錄은 응시자가 답안지를 제출한 뒤에 封彌院에서 시권의 첫 부분을 밀봉하여 謄錄院에 보내면 書手가 副本을 초록하고 그 副本을 시험관에게 보내 심사하여 등수를 정하게 한다. 이 제도는 당사자의 출신성분과 미래 발전성 등 여러 가지 조건을 무시하고 오직 시험성적만을 위주로 인재를 선발하게 되므로 식견이 있는 자들이 문제를 제기하였는데, 작자 또한 그와 같은 생각을 가졌다. ≪日知錄≫

3) 以鄕三物 敎萬民而賓興之 : ≪周禮≫ 〈地官 大司徒〉의 내용이다. 周代에 인재를 천거하는 법으로, 鄕大夫가 鄕小學으로부터 賢能한 자를 예우해 천거하여 國學으로 올려 보낸다는 뜻이다. 鄕三物은 鄕學의 교과과정으로서의 六德·六行·六藝의 세 가지이다. 六德은 知·仁·聖·義·忠·和이고, 六行은 孝·友·睦·婣·任·恤이고, 六藝는 禮·樂·射·御·書·數를 말한다. 賓興의 興은 천거한다는 뜻의 擧와 같다.

4) 禮樂射御書數 : 周代에 학교에서 가르치는 교과과목으로, 五禮·六樂·五射·五御·六書·九數를 말한다. 五禮는 吉禮·嘉禮·凶禮·賓禮·軍禮이고, 六樂은 雲門·大咸·大韶·大夏·大濩·大武 등 서로 다른 시대의 樂舞이고, 五射는 白矢·參連·剡注·襄尺·井儀이고, 五御는 鳴和鸞·逐水曲·過君表·舞交衢·逐禽左 등 5종의 수레를 모는 기술과 儀節이고, 六書는 象形·指事·會意·形聲·轉注·假借이고, 九數는 方田·粟米·差分·少廣·商功·均輸·方程·贏不足·旁要 등 9종의 계산하는 기술이다. ≪周禮 地官 保氏≫의 鄭玄과 鄭衆의 注 참조.

如臣之議爲可取者어든 其敎養選用之意로 願降明詔以諭之하고 得人失士之效를 當信賞罰以厲之하시면 以陛下之所嚮을 孰敢不虔於奉承이며 以陛下之至明을 孰敢不公於考擇하리이까 行之以漸하고 循之以久면 如是而俗化不美하고 人材不盛하고 官守不修하고 政事不擧者는 未之聞也니이다 其舊制科擧는 以習者旣久하여 難一日廢之니 請且如故事하고 惟貢擧[1]疎數(삭)은 一以特擧爲準하여 而入官試守選用之敍를 皆出特擧之中하소서 至夫敎化已洽하고 風俗旣成之後엔 則一切罷之하소서 如聖意以謂可行이면 其立法彌綸之詳은 願詔有司而定議焉하소서 取進止하소서

만일 신의 건의가 취할 만하다고 생각되신다면 인재를 교육하고 선발하여 등용해야겠다는 뜻으로 詔命을 내려 유시하시길 바라며, 인재를 얻거나 잃은 추후의 결과에 대해 상벌을 엄격하게 가하여 격려하십시오. 그렇게 하시면 폐하께서 지향하신 바를 누가 감히 경건하게 받들어 따르지 않겠으며, 폐하의 밝으신 안목 아래 누가 감히 인재선발을 공정하게 하지 않겠습니까. 〈그 과정을〉 점진적으로 행하고 〈그 노선을〉 오랫동안 따른다면, 이와 같이 하는데도 풍속이 아름답지 않고 인재가 많지 않고 관직이 정돈되지 않고 정사가 행해지지 않았다는 말은 아직 듣지 못했습니다.

옛 제도로 시행해오고 있는 科擧는 익숙해진 지 오래되어 갑자기 이를 없애기가 어려우니, 우선 전례대로 시행하시고 貢擧에 대해서만은 시행하는 빈도를 드물게 하거나 자주 하거나 간에 오로지 특별히 천거하는 것을 기준으로 삼아, 관리로 들어오고 임시로 직무를 수행하고 선발하여 등용되는 자들이 모두 특별히 천거된 인재 중에서 나오게 해야 합니다. 〈그리고 나중에〉 교화가 두루 미치고 아름다운 풍속이 이루어진 뒤에는 과거를 일체 혁파하십시오. 만일 폐하의 마음에 행할 만하다고 여겨지시면 이에 관해 자세한 법을 세우는 일은 有司에게 명하여 의논을 정하게 하십시오. 행하실지의 여부를 결정해주시길 기다립니다.

1) 貢擧 : 지방에서 인재를 선발하여 조정으로 천거하는 것으로 주요 명목에는 孝廉·秀才·賢良·方正 등이 있는데, 모두 연한과 인원수에 관해 일정한 규정이 있다.

入時事以後는 **措注**를 **須本古之所以得與今之所以失**하여 **參錯論列**하여 **使朝廷開明然後**에 **得按行之**어늘 **而子固於此**에 **往往亦似才識不稱其志云**이라

당시의 일로 접어든 이후에는 문제에 대한 대응조치를 논할 때 반드시 옛날에는 왜 제대로 하였고 오늘날은 왜 잘못하는가에 관한 까닭을 핵심요소로 삼아 다각도로 하나하나 논변하여, 조정으로 하여금 〈그 필요성을〉 환히 이해하도록 한 다음에 그 〈제도를〉 살펴 시행할 수 있을 것이다. 그런데 子固는 이런 부분에 있어서는 가끔 재주와 식견이 그의 뜻과 걸맞지 않기도 한 것 같다.

宋大家曾文定公文抄 卷2

書

01. 上范資政書* 范資政께 올린 편지

* 范資政은 資政殿學士 范仲淹(989~1052)을 말한다. 參知政事가 되어 동지들과 新政을 추진하던 范仲淹이 보수세력의 강렬한 반대에 부딪혀 慶曆 4년(1044) 6월에 朋黨을 지었다는 죄목으로 파직된 뒤에 資政殿學士 직명을 띠고 지방으로 나가 知邠州 兼陝西四路沿邊安撫使가 되었다. 慶曆新政이 비록 실패하였으나 개혁 사조는 계속 발전하여 范仲淹 등 개혁파 영수들이 사회로부터 받는 명망은 더 높아져 수많은 선비들이 그들의 문하에 투신하였으며 그들도 기꺼이 영재를 장려하였다. 이해에 范仲淹이 객지에서 작자를 만나보고 문하생으로 거두어주려 하자 작자가 매우 감격한 나머지 이 편지를 써 보낸 것이다. 范仲淹은 儒學을 엄격히 지키고 易學에 조예가 깊었으므로 이에 관한 자기의 견해와 학식을 서술하여 范仲淹에게 자기의 실체를 알리고 문하생이 되어 가르침을 받겠다는 뜻을 말하였다.

按此書는 **曾公旣自幸爲范文正公所知**하여 **竊欲出其門**하고 **又恐文正公**이 **或賤其人**이라 **故爲紆徐曲折之言**하여 **以自通于其門**이나 **而行文**이 **不免蒼莽沈晦**하여 **如揚帆者之入大海 而茫乎其無畔已**라 **若韓昌黎所投執政書**는 **其言多悲慨**하고 **歐公所投執政書**는 **其言多婉曲**하고 **蘇氏父子投執政書**는 **其言多曠達而激昂**하여 **較之子固**에 **醒人眼目**하여 **特倍精爽**이라

이 편지를 살펴보면, 曾公이 이미 范文正公(范仲淹)이 〈자기의 존재를〉 알아준 것을 스스로 다행으로 여겨 내심 그의 문하생이 되기를 원하는 한편, 文正公이 혹시 자기를 천시하지나 않을까 우려하였다. 그러므로 완곡하고 부드러우며 함축성이 있는 말을 전개하여 스스로 그 문하

에 자기를 알렸다. 그러나 문장 구성이 아련하고 흐릿하여 마치 돛을 단 배가 큰 바다로 들어갔을 때 동서남북을 분간하지 못하는 것과 같다. 韓昌黎(韓愈)가 執政에게 보낸 편지는 그 말이 비분강개한 부분이 많고, 歐公(歐陽脩)이 執政에게 보낸 편지는 그 말이 완곡한 부분이 많으며, 蘇氏 父子(蘇洵・蘇軾)가 執政에게 보낸 편지는 그 말이 활달하고 격렬한 부분이 많다. 〈이 편지들은〉 子固의 이 글과 비교해볼 때 읽는 사람의 눈을 끌어 한결 더 시원스럽다.

資政給事[1] 夫學者之於道에 非處其大要之難也라 至其晦明消長과 弛張用舍之際하여 而事之有委曲幾微에 欲其取之於心而無疑하고 發之於行而無擇이라 推而通之면 則萬變而不窮하고 合而言之면 則一致而已니 是難也라 難如是라 故古之人 有斷其志하여 雖各合於義하여 極其分이나 以謂備聖人之道는 則未可者니 自伊尹伯夷展禽[2]之徒所不免如此요 而孔子之稱其門人에 曰 德行文學政事言語[3]라하여 亦各殊科하니 彼其材는 於天下之選에 可謂盛矣라 然獨至於顔氏之子하여 乃曰 用之則行하고 舍之則藏은 唯我與爾有是夫[4]인저하시니 是所謂難者久矣라

資政給事께 올립니다. 대체로 배우는 자가 道를 〈배울 적에〉 그 大體를 파악하는 것이 어려운 일이 아닙니다. 〈정말 어려운 일은〉 그 道가 어두워지고 밝아지며 성하고 쇠하는 상황에 따라 세상에 나가 도를 행하든지 아니면 물러나 은둔하든지 하는 것을 파악하는 데에 있는데, 어떤 일의 내막과 조짐이 있을 때 그것을 마음으로 알아차려 의심하는 일이 없고 행동으로 실천하여 주저하는 일이 없도록 하여야 합니다. 이것을 범위를 넓혀 두루 통하면 천만 가지로 변하더라도 막히지 않고, 이것을 수합하여 원점에서 말하면 지니고 있는 기준은 하나일 뿐이니, 이것을 〈파악하기가〉 어렵습니다. 〈道를 파악하기가〉 이처럼 어렵기 때문에 옛날 훌륭한 인물들이 결연한 심지를 지니고서 저마다 道義에 부합되어 자기의 한계를 유감없이 충족시키기는 하였으나, 〈그 정도만으로〉 성인의 道를 완비하였다고 말하는 것은 옳지 않은 점이 있습니다. 伊尹・伯夷・展禽 등이 이와 같은 수준을 면치 못하였고, 孔子가 그 문인들을 칭찬할 때도 德行・文學・政事・言語를 거론하여 그 종류를 구분하였습니다. 그들의

재주는 천하의 인물 중에서 뽑혔으므로 훌륭하다고 말할 수 있습니다. 그러나 유독 顔子에 대해서 "세상이 나를 쓰면 道를 행하고 버리면 은둔하는 일은 오직 나와 네가 이렇게 할 수 있느니라." 하였으니, 이것이 이른바 道란 파악하기 어렵다는 것으로 그 유래가 오래되었습니다.

1) 給事 : 執事와 같은 말로, 상대방을 감히 직접 지칭하지 못하는 謙辭이다.
2) 伊尹伯夷展禽 : 伊尹은 湯을 도와 夏를 멸망시키고 태평성대를 이룩하였다. 뒤에 太甲이 즉위하여 국정을 다스리지 않자 그를 湯의 무덤이 있는 桐으로 축출하여 반성하도록 하였고, 3년 뒤에 반성하자 다시 영접해 와서 복위시켰다. 伯夷는 孤竹國의 왕자이다. 그의 아버지가 아우 叔齊를 후계자로 삼는다는 유언을 남기고 죽은 뒤에 叔齊는 아우가 왕이 될 수 없다는 이유로 형에게 양보하고 그는 아버지의 명을 어길 수 없다는 이유로 아우에게 양보하다가 함께 周나라로 도망해버렸다. 武王이 商을 정벌하는 것을 반대하였고 武王이 천자가 되자 周나라 곡식을 먹는 것이 부끄러워 首陽山에서 고사리를 꺾어 먹다가 굶어죽었다 한다. 展禽은 柳下惠로, 春秋 때 魯나라 대부이다. 法官으로 바르게 직무를 처리하다가 여러 번 쫓겨나는 것을 보고 주위 사람이 다른 나라로 떠나 벼슬하라고 권하자 "바른 도로 직무를 수행하면 어디를 간들 쫓겨나지 않겠으며, 바르지 않게 직무를 수행하기로 한다면 어찌 굳이 조국을 떠날 것이 있겠는가." 하였다 한다. 孟子가 이들 세 사람을 평하기를 "伯夷는 성인의 덕 중에 맑은 덕을 지녔고, 伊尹은 성인의 덕 중에 스스로 책임지는 덕을 지녔고, 柳下惠는 성인의 덕 중에 누구와도 어울리는 덕을 지녔다." 하였다. ≪孟子 萬章 下≫
3) 德行文學政事言語 : 孔子가 제자들을 가르칠 때 각자의 타고난 소질과 능력을 보고 그에 맞게 하였는데, 크게 네 가지로 구분하였다. 공자가 뛰어난 제자를 칭찬하기를 "德行이 좋은 자는 顔淵·閔子騫·冉伯牛·仲弓이고, 논변을 잘 구사하는 자는 宰我·子貢이고, 정사를 잘 처리하는 자는 冉有·子路이고, 옛 문헌을 잘 아는 자는 子游·子夏이다."라고 하였다. 이를 '孔門四科'라 한다. ≪論語 先進≫
4) 用之則行……唯我與爾有是夫 : ≪論語≫ 〈述而〉에 보이는 말이다.

故聖人之所敎人者는 其晦明消長과 弛張用舍之際에 極大之爲無窮하고 極小之爲至

隱이라 雖他經靡不同其意나 然尤委曲其變於易하고 而重復顯著其義於卦爻彖象繫辭[1]之文하여 欲人之可得諸心而惟所用之也라 然有易以來히 自孔子之時로 以至於今히 得此者는 顔氏而已爾요 孟氏而已爾라 二氏而下는 孰爲得之者歟아 甚矣其難也로다

이 때문에 성인이 사람을 가르치는 것은 그 道가 어두워지고 밝아지며 성하고 쇠하는 상황에 따라 세상에 나가 도를 행하든지 아니면 물러나 은둔하든지 하는 일에 대해, 그 범위를 극도로 확대하여 한량이 없는 경지에 도달하기도 하고 극도로 축소하여 극히 미세한 부분까지 도달하기도 하는 것입니다. 다른 여타의 經典도 그 뜻이 같지 않은 것은 아니지만, 그 변화에 관해서는 ≪易經≫이 더 자세하고 그 의미가 또 卦・爻・彖・象・繫辭 등 내용 속에 되풀이해 가며 나타나 있어, 읽는 사람으로 하여금 그 이치를 마음으로 깨달아 그대로 운용할 수 있도록 하였습니다. 그러나 ≪易經≫이 세상에 나온 이후 孔子 때부터 오늘날까지 이 원리를 파악한 자는 顔子와 孟子뿐입니다. 이 두 사람 이후로 또 누가 파악했습니까. 아, 道를 파악한다는 것은 이처럼 어렵습니다.

1) 卦爻彖象繫辭 : 卦는 ≪易經≫ 안에서 자연현상과 人事 변화를 상징하는 일종의 부호이다. 陽爻와 陰爻가 서로 배합하여 64개로 이루어졌다. 爻는 ≪易經≫ 卦를 구성하는 기본 부호이다. 매 3爻가 모여 1卦가 되고 8卦(24爻)가 되며 2卦(6爻)가 서로 중복되어 64卦(386爻)가 되는데, 卦의 변화는 爻의 변화로 인해 결정되므로 爻는 서로 교차하고 변동하는 의미를 나타낸다. 彖은 ≪易傳≫ 안에서 각 卦의 기본 의미를 판단하고 설명한다는 뜻으로 彖傳, 또는 彖辭라고도 한다. 象은 사물의 현상을 모방하였다는 뜻으로 그 속에 길흉을 내포하고 있는데, 卦와 爻가 모두 일종의 象이며 각각의 길흉을 설명하는 것을 象辭, 또는 象傳이라 한다. 繫辭는 곧 〈繫辭傳〉으로 상하 두 편이다. 사물 변화의 규율을 탐구한 것으로, ≪易傳≫의 정수라 할 수 있다.

若鞏之鄙는 有志於學에 常懼乎其明之不遠과 其力之不强하여 而事之有不得者라 旣自求之하고 又欲交天下之賢以輔而進하여 繇其磨礱灌漑하여 以持其志養其氣者有

矣라 **其臨事而忘**하고 **其自返而餒者**를 **豈得已哉**리오 **則又懼乎陷溺其心**하여 **以至於老而無所庶幾也**하나니라

저처럼 고루한 사람은 학문에 뜻을 두었을 때 항상 자기 식견이 원대하지 못하고 자기 능력이 강하지 못하여 사리를 파악하지 못하는 일이 있지나 않을까 두려워합니다. 그래서 스스로 그 〈미진한 부분을〉 배우려 할 뿐만 아니라, 또 천하의 賢人과 교제함으로써 그 도움으로 진보하고 이를 통해 갈고닦으며 양분을 받아들여 자기 심지를 굳게 지키고 자기의 기개를 배양하려 하는 경향이 있습니다. 무슨 일에 임하면 처리할 방법을 잊어버리고 자신을 돌이켜보면 기개가 죽어 있는 상황을 어찌 떨쳐버릴 수 있겠습니까? 그러니 또 자신의 심지가 나약해져서 늙을 때까지도 어떤 희망이 없을까 두렵습니다.

嘗聞而論天下之士컨대 **豪傑不世出之材 數百年之間**에 **未有盛於斯時也**며 **而造於道 尤可謂宏且深**이요 **更天下之事 尤可謂詳且博者**는 **未有過閣下也**라 **故閣下嘗履天下之任矣**하니라 **事之有天下非之**하고 **君子非之**라도 **而閣下獨曰是者**하고 **天下是之**하고 **君子是之**라도 **而閣下獨曰非者**라가 **及其旣也**하여 **君子皆自以爲不及**이라하고 **天下亦曰范公之守是也**라하니 **則閣下之於道何如哉**오 **當其至於事之幾微**하여 **而講之以易之變化**에 **其豈有不盡者耶**아

얼마 전에 천하의 선비에 관해 논해보았는데, 세상에 자주 나오지 않는 걸출한 인재가 수백 년 사이에 지금보다 많은 적이 없었습니다. 그리고 道 영역으로 누구보다 넓고도 깊이 들어갔다고 말할 수 있고, 천하의 일을 누구보다 자세하고도 두루 경험했다고 말할 수 있는 사람은 閣下를 넘어설 자가 없습니다. 그러므로 閣下께서 일찍이 천하의 막중한 책임을 담당하였던 것입니다. 어떤 일을 온 천하가 그르다 여기고 군자가 그르다 여기는데도 閣下만 혼자 옳다고 말하는 경우가 있고, 또 온 천하가 옳다고 여기고 군자가 옳다고 여기는데도 閣下만 혼자 그르다고 말하는 경우가 있습니다. 그러다가 그 일이 지나간 뒤에는 군자가 모두 스스로 〈그 식견을〉 따라갈 수 없다고 하고, 천하 사람들도 范公이 견지한 뜻이 옳다고 말합니다. 그러니 閣下께서 道를 〈터득한 수준이〉 과연 얼마나 〈높겠습니까.〉 어떤 일이 일어날 조짐이 있을 때 ≪易經≫

의 변화하는 이치로 강구해보면 어찌 조금이라도 미진한 점이 있을 수 있겠습니까.

夫賢乎天下者는 天下之所慕也어든 況若鞏者哉아 故願聞議論之詳하여 而觀所以應於萬事者之無窮하여 庶幾自寤以得其所難得者 此鞏之心也라 然閣下之位는 可謂貴矣요 士之願附者는 可謂衆矣라 使鞏也不自別於其間이 豈獨非鞏之志哉리오 亦閣下之所賤也라 故鞏不敢爲之러니 不意閣下欲收之而教焉하여 而辱召之하니 鞏雖自守나 豈敢固於一耶리오 故進於門下하여 而因自敍其所願與所志하여 以獻左右하노니 伏惟賜省察焉하라

대체로 천하에 뛰어난 자는 온 천하가 흠모하는 대상입니다. 그런데 더구나 저 같은 경우야 말할 나위가 있겠습니까. 그러므로 자세한 가르침을 듣고 변화무궁한 만사에 어떻게 대응할 것인지 그 방법을 살펴봄으로써 혹시 그 파악하기 어려운 이치를 스스로 깨달았으면 하는 것이 곧 제 마음입니다. 그러나 閣下의 지위는 존귀하다 말할 수 있고 선비로서 閣下에게 귀의하기를 원하는 자들이 많다고 말할 수 있습니다. 이런 상황에 가령 제가 제 자신을 이들과 구별하지 않는다면 이것이 어찌 제 志向에만 안 맞을 뿐이겠습니까. 閣下께서도 하찮게 여기실 것입니다. 이 때문에 제가 감히 조용히 있지를 못했던 것인데 뜻밖에 閣下께서 저를 거두어 가르침을 주시고 불러주셨으니, 제가 비록 제 분수를 지킨다 하더라도 어찌 감히 편협하게 한쪽만을 고집하겠습니까. 이 때문에 문하를 찾아간 것이며 아울러 〈閣下께〉 바라는 바와 뜻하는 바를 스스로 서술하여 執事께 올리는 것이니, 바라건대 한번 살펴주십시오.

02. 上歐陽學士第二書* 歐陽學士께 올린 두 번째 편지

* 작자의 나이 24세 때인 慶曆 2년(1042)에 禮部의 進士試에 낙방하고 고향인 撫州(臨川)로 돌아와 集賢校理로 있던 歐陽脩(1007~1072)에게 쓴 편지이다. 작자가 18세 때 進士試에 낙방하고 이때 또 응시하였으나 역시 실패하여 실의에 빠져 있을 때, 당대의 명사인 歐陽脩로부터 크게 인정을 받고 고무된 나머지 두 차례 편지를 보내 자기의 포부를 진술하고 아울러 계속 그의 가르침을 받고 싶다는 희망을 토로하였다.

子固感歐公之知하여 又欲歐公併覽睹其所自期待處하여 蘊思綴語를 種種斟酌이라

子固가 歐公이 자기를 알아준 것에 감격한 나머지, 또 歐公으로 하여금 그가 歐公에게 기대하는 점을 아울러 살펴줄 것을 바라는 뜻에서 많은 생각을 함축하고 논리를 전개하여 여러 가지로 법도에 적합하게 하였다.

學士先生執事 伏以執事는 好賢樂善하고 孜孜於道德하여 以輔時及物爲事하여 方今海內에 未有倫比라 其文章智謀材力之雄偉挺特은 信韓文公以來一人而已라 某之獲幸於左右는 非有一日之素와 賓客之談하고 率[1]然自進於門下어늘 而執事不以衆人待之라 坐而與之言할새 未嘗不以前古聖人之至德要道可行於當今之世者하여 使鞏薰蒸漸漬하여 忽不自知其益하고 而及於中庸[2]之門戶하니 受賜甚大에 且感且喜라 重念鞏無似 見棄於有司[3]하니 環視其中所有에 頗識涯分이라 故報罷之初에 釋然不自動하니 豈好大哉리오 誠其材資召取之如此故也라

學士先生 執事께 올립니다. 삼가 생각건대 執事께서는 현자를 좋아하고 선행을 즐기며 도덕을 닦기를 부지런히 하면서 時政을 보조하고 민생을 유리하게 하는 것을 임무로 삼아 지금 천하에서 동등하게 겨룰 자가 없습니다. 그 위대하고 걸출한 문장과 지모와 재능은 진실로 韓文公(韓愈) 이후 〈執事〉 한 사람이 있을 뿐입니다.

제가 執事에게 사랑을 얻은 것을 〈돌아보건대,〉 단 하루라도 이전에 교분이 있었다거나 〈중간에서〉 어떤 빈객이 소개를 해준 일도 없이 경솔하게 스스로 門下에 찾아갔는데도 執事께서는 저를 보통 사람으로 대하지 않았습니다. 앉아서 저와 대화를 나눌 적에 오로지 오늘날 세상에 적용하여 행할 수 있는 옛 聖人의 가장 아름다운 도덕과 가장 핵심적인 도리를 〈일러주시어,〉 저로 하여금 차츰차츰 그 속에 젖어들어 자신도 모르는 사이에 도움을 얻고 中庸의 입구까지 도달하게 하였으니, 제가 받은 은혜가 매우 커 감격스럽고도 기쁩니다. 깊이 생각해보니, 못난 제가 有司에게 버려졌는데 제 자신의 내면을 돌아보고 역량의 폭이 좁다는 것을 잘 알고 있었습니다. 그러므로 낙방하였다는 소식을 들을 당시 마음이 태연하여 흔들리지 않았습니다. 그런데 이것

이 어찌 매사를 대범하게 생각하기를 좋아해서 그랬겠습니까. 진정 저의 자질이 그와 같은 결과를 초래할 수밖에 없었기 때문이었습니다.

1) 率 : 저본에 '卒'로 되어 있는 것을 ≪元豐類藁≫에 따라 수정하였다.
2) 中庸 : 儒家의 윤리사상이다. 사물을 접할 때 마음이 어느 한쪽으로 치우치거나 쏠리지 않고 지나치거나 부족한 점이 없는 태도를 가리키는 것으로, 가장 높은 경지의 도덕표준이다.
3) 見棄於有司 : 進士試에 낙방했다는 말이다.

道中來에 見行有操瓢囊負任挽車挈携老弱而東者하니 曰 某土之民이 避旱暵饑饉與征賦徭役之事하여 將徙占他郡하여 覬得水漿藜糗하여 竊活旦暮라하고 行且戚戚하여 懼不克如願하여 晝則奔走在道하고 夜則無所容寄焉하니 若是者는 所見殆不減百千人이라

돌아오던 길에 행인들 중에 물바가지와 포대자루를 소지하고 등에 짐을 진 채 수레를 끌면서 노인과 어린아이를 대동하고 동쪽으로 가는 자가 있는 것을 보았습니다. 그의 말을 들어보니, 자기는 아무 지방의 백성인데 가뭄과 기근, 세금과 부역을 피하기 위해 다른 고을로 옮겨 자리 잡아 약간의 국물과 명아주나물이며 미숫가루를 얻어 며칠이라도 살아가려 한다고 하였습니다. 걸어가면서 근심걱정을 하여 혹시 소원대로 되지 않을까 두려워하면서 낮에는 허둥지둥 길을 걸어가고 밤이 되면 어디 붙여 잘 만한 곳이 없었습니다. 이와 같은 처지에 있는 자를 제가 본 것이 거의 백 명, 천 명에 밑돌지 않을 정도였습니다.

因竊自感하되 幸生長四方無事時하여 與此民均被朝廷德澤涵養이로되 而獨不識癈耨耡耒辛苦之事하고 旦暮有衣食之給이라 及一日有文移發召之警이라도 則又承藉世德하여 不蒙矢石하여 備戰守하고 馭車僕馬하여 數千里饋餉이라 自少至于長히 業乃以詩書文史하여 其蚤暮思念이 皆道德之事라 前世當今之得失을 誠不能盡解나 亦庶幾識其一二遠者大者焉이라 今雖群進於有司하여 與衆人偕下하여 名字不列於薦書하여 不得比數於下士[1]하여 以望主上之休光이나 而尙獲收齒於大賢之門이라 道中來에 又

有鞍馬僕使代其勞하여 以執事於道路하고 至則可力求簞食瓢飮하여 以支旦暮之饑餓하니 比此民綽綽有餘裕니 是亦足以自慰矣라 此事屑屑不足爲長者言이나 然辱愛幸之深에 不敢自外於門下라 故復陳說하여 覬執事知鞏居之何如하니라

이로 인해 내심 생각하기를 '나는 다행히 사방이 무사한 때에 생장하여 이러한 백성과 함께 조정의 덕택과 보살핌을 고르게 받고 살면서도, 나만은 도롱이 차림으로 호미와 쟁기를 가지고 땅을 파는 고달픈 사정을 알지 못하고 아침저녁으로 편히 옷을 입고 밥을 먹고 있다. 어느 날 〈갑자기〉 공문이 내려와 병사를 징발하고 소집하는 비상사태가 일어나더라도 또 조상의 은덕을 힘입어 〈굳이〉 화살과 돌덩이를 받아내면서 전투와 수비를 준비한다거나, 전차를 몰고 말을 몰아 수천 리를 달려 군량을 운반할 일이 없다. 어릴 적부터 장성할 때까지 ≪詩經≫, ≪書經≫, 문학서, 역사서 등을 업으로 삼아 아침저녁으로 생각하는 것은 모두 도덕에 관한 일이었다. 그래서 前代와 현재의 〈정사의〉 잘잘못을 진정 완전히 다 알지는 못하지만, 그런대로 한두 가지 장구한 주요 사정은 알고 있다. 지금 비록 다른 사람들 속에 섞여 有司에게 나아가 〈응시하였다가〉 많은 사람들과 함께 낙방하여 이름자가 합격자의 명부에 들어가지 못하였으므로, 下士 가운데 일원이 되어 主上의 거룩하신 광채를 우러러보지는 못하였으나 그래도 大賢의 문하에 들어가는 영광은 얻었다.' 하였습니다.

돌아오는 도중에 또 저는 안장 얹은 말과 하인이 있어 수고로움을 대신해주는가 하면 길 위에서 〈여러 가지〉 일을 도와줬습니다. 〈고향에〉 당도하면 이들이 힘껏 약간의 음식을 구해주어 아침저녁의 굶주림을 지탱할 수 있을 것이므로 이 백성들에 비해 여유롭기 그지없으니, 이 점 또한 충분히 스스로 위안이 됩니다. 이와 같은 일은 자질구레하여 長者에게 말씀드릴 만한 것이 못 됩니다만, 총애를 많이 받아 감히 제 자신을 문하 이외 사람으로 치부할 수 없기 때문에 이처럼 진술하여 집사께서 저의 생활이 어떠한가 알아주시길 바라는 것입니다.

1) 下士 : 上士와 中士 아래 품계로 조정의 말단 관리를 말한다.

所深念者는 執事每曰 過吾門者百千人이나 獨於得生爲喜라하고 及行之日에 又贈序引[1]하여 不以規而以賞識其愚하고 又嘆嗟其去하니 此鞏得之於衆人이라도 尙宜感知

己之深하여 懇惻不忘이어든 況大賢長者는 海內所師表라 其言一出에 四方以卜其人之輕重이리오 某乃得是하니 是宜感戴欣幸이 倍萬於尋常可知也라 然此實皆聖賢之志業이라 非自知其材能與力能當之者면 不宜受此라 此鞏旣負緣幸知少之所學이 有分寸合於聖賢之道니 旣而又敢不自力於進修哉리오 日夜剋苦하여 不敢有媿於古人之道 是亦爲報之心也라

제가 마음속으로 깊이 생각하는 것은 執事께서 매번 말씀하기를 "내 문하를 찾아온 자가 수없이 많지만 유독 〈이와 같은〉 문생을 얻은 것에 대해 기쁜 일로 삼고 있다." 고 한 점입니다. 제가 출발하던 날 또 전별하는 글을 주셨는데, 저의 잘못을 꾸짖기보다는 우매한 저를 높이 평가하고 또 떠나가는 것을 한탄하였습니다. 이는 제가 보통 사람으로부터 이와 같은 대우를 받았더라도 오히려 저를 깊이 알아준 은혜에 감격하여 가슴에 깊이 새겨 잊지 못할 것인데, 하물며 大賢長者는 천하가 師表로 존경하는 분으로 〈어느 누구를 평하는〉 말씀이 한번 입 밖에 나오면 사방에서 그 사람의 경중을 짐작하는 그런 입장이겠습니까. 제가 이와 같은 인정을 받았으니 당연히 감격하여 받들고 다행으로 여기는 심정이 일반인의 경우보다 만 배나 될 것이라는 것을 알 수 있을 것입니다.

그러나 당부하신 내용은 사실 모두 聖賢의 志向과 사업으로써 스스로 자기의 재능과 역량이 능히 감당할 만하다는 것을 아는 자가 아니면 마땅히 이 말씀을 받아들일 수 없는 일입니다. 이번에 저는 執事로 인하여 다행히 제가 어릴 적부터 배웠던 것이 다소나마 성현의 도와 부합되는 점이 있음을 알았으니, 앞으로 또 감히 〈도덕을〉 증진하고 〈학업을〉 닦는 데에 스스로 힘쓰지 않을 수 있겠습니까. 밤낮으로 부단히 노력하여 감히 옛사람의 도에 부끄러운 점이 없도록 해야겠다는 것이 또한 제가 보답으로 삼는 마음입니다.

1) 贈序引 : 작자가 歐陽脩를 만나보고 떠날 때 그가 훌륭한 문생을 얻은 것을 흐뭇해하는 뜻과, 有司가 안목이 없어 불행하게 낙방하였으나 좌절하지 말고 희망을 가지라는 뜻으로 〈送曾鞏秀才序〉를 써준 것을 말한다. ≪文忠集≫

然恨資性短缺하고 學出己意하여 無有師法이라 覬南方之行李 時枉筆墨하시 特賜教

誨하면 不惟增疎賤之光明이라 抑實得以刻心思銘肌骨하여 而佩服矜式焉이라 想惟循誘之方이 無所不至하여 曲借恩力하여 使終成人材하고 無所愛惜窮陋之迹이라 故不敢望於衆人하고 而獨注心於大賢也로다 徒恨身奉甘旨에 不得旦夕於几杖之側하여 稟教誨媄講畫하니 不勝馳戀懷想之至라 不宣[1]이라

그러나 유감스러운 것은 타고난 품성이 모자라고 학문을 하는 것도 자의적인 이해에 의해 이루어질 뿐 스승을 모범으로 삼은 일이 없다는 점입니다. 바라건대 남쪽으로 오는 使者 편에 수시로 글월을 보내 특별히 가르침을 내려주십시오. 그런다면 재주 없고 학문이 변변찮은 저에게 광명을 〈보태줄〉 뿐만 아니라, 참으로 그 가르침을 마음에 담고 뼈에 새기며 아울러 깊이 믿고 모범으로 삼을 수 있을 것입니다.

생각건대 執事께서는 〈차근차근 후생을〉 잘 인도하는 방법이 가해지지 않은 데가 없어, 자상하게 은혜와 힘을 베풀어 마침내 인재가 이루어질 수 있도록 하시고 곤궁하고 고루한 자취는 염두에 두지 않으십니다. 이 때문에 감히 다른 사람에게 기대하지 않고 유독 大賢께 마음을 기울이는 것입니다. 다만 제가 어버이를 시하에서 받들고 있는 처지라, 조석으로 늘 執事의 곁에 있으면서 말씀과 손가락으로 가르쳐주시는 은혜를 직접 받지 못하는 점이 한스럽습니다. 지극히 흠모하고 그리는 심정을 가눌 수 없습니다. 이만 줄입니다.

1) 不宣 : 하나하나 자세히 말하지 않는다는 뜻으로, 편지 말미에 상용하는 투식어이다.

03. 上蔡學士書* 蔡學士께 올린 편지

* 작자의 나이 36세 때인 慶曆 4년(1044) 5월에 쓴 편지이다. 蔡學士는 蔡襄(1012~1067)을 가리킨다. 慶曆 3년에 仁宗이 中書省과 樞密院의 요직을 대거 교체하여 晏殊를 平章事로, 杜衍을 樞密使로, 韓琦・范仲淹・富弼을 樞密副使로, 王素・余靖・歐陽脩를 諫官으로 삼는 한편, 戶部尙書 夏竦을 파직하였다. 역사에서 이때의 조치를 '慶曆新政'이라 부른다. 그러나 1년이 지나지 않아 권력을 잃어 원한을 품은 權貴와 宦官들이 복수할 날을 노리고 있던 夏竦을 끼고서 여론을 선동하였고, 夏竦은 石介가 富弼을 대신하여 쓴 것으로 위장하

기 위해 石介의 필체를 모방하여 황제를 폐위하는 조서를 위조하기까지 하였다. 夏竦의 음모가 성공하지는 못했으나 范仲淹과 富弼 등이 정치상황이 험악한 것을 느끼고 모두 서북 변방의 지방관으로 자청하여 나갔다. 이때 蔡襄이 知諫院으로 재직 중이었으므로 그에게 正義를 바로 세워줄 것을 희망하는 뜻으로 이 편지를 쓴 것이다.

從歐陽公與兩司諫書[1)]中脫化來라

歐陽公이 두 司諫에게 보낸 편지투로부터 변화 발전하였다.

1) 歐陽公與兩司諫書 : 歐陽公은 歐陽脩(1007~1072)를 가리키고, 與兩司諫書는 歐陽脩가 明道 2년(1033)에 쓴 〈上范司諫書〉와 景祐 3년(1036)에 쓴 〈與高司諫書〉를 가리킨다. 范司諫은 范仲淹(989~1052)이고 高司諫은 高若訥(997~1055)이다.

慶曆四年五月日에 南豐曾鞏은 謹再拜上書諫院學士執事하노라 朝廷自更兩府諫官來로 言事者 皆爲天下賀得人而已라 賀之誠當也나 顧不賀則不可乎[1)]아 鞏嘗靜思天下之事矣컨대 以天子而行聖人之道[2)]니 不古聖賢然者否也아 然而古今難之者는 蓋無異焉이니 邪人은 以不己利也則怨하고 庸人은 以己不及也則忌하니 怨且忌則造飾以行其間이라 人主不寤其然이면 則賢者必疏而殆矣라 故聖賢之道 往往而不行也하나니 東漢之末是已[3)]라

慶曆 4년 5월에 南豊 曾鞏은 삼가 再拜하고 諫院學士 執事께 글을 올립니다. 조정이 兩府(中書省과 樞密院을 말함)의 諫官을 교체한 뒤로 〈정사를〉 논하는 자들이 모두 천하를 위하여 인재를 얻은 것을 축하합니다. 축하하는 것은 진실로 당연하지만, 그러나 축하를 하지 않으면 안 되는 것입니까. 제가 한번 천하의 일을 가만히 생각해 보건대, 이는 천자께서 성인의 도를 행하신 것으로 옛 성현들도 그러했던 것이 아니겠습니까. 그러나 고금에 이것을 어렵게 여긴 것은 다른 이유가 없습니다. 간사한 자는 자기에게 이롭지 않다 하여 원망하고 용렬한 자는 자기가 그 부류에 미치지 못한다 하여 꺼리니, 원망하고 꺼리면 일을 조작하고 꾸며서 〈군주에게〉 이간질을 행하는

데, 군주가 이것을 깨닫지 못하면 賢者들이 반드시 소원해져서 위태롭습니다. 그러므로 성현의 도가 왕왕 행해지지 못한 것이니, 東漢 말기의 경우가 바로 그렇습니다.

1) 顧不賀則不可乎 : 위의 문구와 문맥이 연결되지 않은 것으로 보아 오탈자가 있는 것으로 의심된다. 何焯의 ≪義門讀書記≫ 권42에도 '疑有脫訛'라 하였다.
2) 行聖人之道 : 仁宗이 賢者들을 등용하여 요직에 배치한 것을 가리킨다.
3) 東漢之末是已 : 東漢末 黨錮의 화를 가리킨다. 漢 桓帝 때 司隷校尉 李膺 등이 野王令 張朔 등 사악한 환관을 체포하여 죽이자, 이에 앙심을 품은 무리들이 延熹 9년(166)에 李膺 등이 붕당을 조성하여 조정을 비방한다고 공격하여 그에 연루된 자가 2백여 명이었고 종신토록 禁錮 처분을 당하였다. 靈帝 초기에 다시 長樂少府에 기용된 李膺과 大將軍 竇武 등이 환관들을 축출할 계획을 세웠다가 실패하여 李膺 등 善類 1백여 명이 죽고 함께 화를 당한 자가 6, 7백 명에 이르렀다. ≪後漢書 黨錮傳≫

今主上至聖하니 雖有庸人邪人이라도 將不入其間이나 然今日兩府諫官之所陳을 上已盡白而信邪아 抑未然邪아 其已盡白而信也라도 尙懼其造之未深하고 臨事而差也요 其未盡白而信也면 則當屢進而陳之하여 待其盡白而信하고 造之深하고 臨事而不差而後已也니 成此美者는 其[1]不在於諫官乎아

지금 주상께서는 지극히 성스러우셔서 비록 용렬한 자와 간사한 자가 있더라도 이간질이 행해지지 못할 것입니다. 그러나 오늘날 兩府의 諫官이 고하는 말을 주상께서 이미 모두 명백히 알아 믿고 계십니까, 아니면 그렇지 못합니까? 주상께서 이미 모두 명백히 알아 믿는다 하더라도 〈諫官으로서는〉 오히려 〈주상이 新政에 대한〉 이해와 지지가 깊지 못하지나 않을까 걱정하고, 일에 임하여 조처를 잘못하지나 않을까 두려워해야 할 것입니다. 만일 아직 모두 명백히 알아 믿지 못하신다면 마땅히 자주 나아가 아뢰어서 〈주상께서〉 모두 명백히 알아 믿으시고, 〈新政에 대한〉 이해와 지지가 깊고, 일에 임하여 조처를 잘못하는 일이 없는 상태가 될 때까지 기다린 뒤에 그만두어야 합니다. 이 아름다움을 이루는 일이 어찌 간관에게 달려 있지 않겠습니까.

1) 其 : 의문부사로, 豈와 같다.

古之制善矣라 夫天子之所尊而聽者는 宰相也나 然接之有時하여 不得數且久矣요 惟諫官은 隨宰相入奏事하고 奏已에 宰相退歸中書[1)]하니 蓋常然矣라 至於諫官하여는 出入言動相綴接하여 早暮相親이요 未聞其當退也하니 如此면 則事之失得을 早思之不待暮而以言可也요 暮思之不待越宿而以言可也며 不諭則極辨之可也라 屢進而陳之는 宜莫若此之詳且實也니 雖有邪人庸人이라도 不得而間焉이라 故曰 成此美者는 其不在於諫官乎아하니라

옛 제도는 훌륭합니다. 천자께서 존경하여 말을 듣는 자는 재상이지만, 접하는 것이 일정한 때가 있어서 자주 보거나 오래 볼 수 없습니다. 오직 간관만 재상을 따라 들어가 국사를 아뢰는데, 아뢰기를 마치면 재상은 물러나 中書門下省으로 돌아가는 것이 일반적이지만, 간관의 경우는 천자 곁에 출입하면서 말하고 행동하는 일이 이어져 아침저녁으로 서로 가깝게 있어야지 반드시 물러나야 한다는 말은 들어보지 못했습니다. 이와 같다면, 국사의 잘잘못에 대해 아침에 생각이 들면 저녁까지 기다리지 않고도 말하는 것이 가능하고, 저녁에 생각이 들면 날이 바뀌기를 기다리지 않고도 말하는 것이 가능하며, 이해하지 못하시면 그 내용을 확실하게 설명하는 일이 가능합니다. 자주 나아가 아뢰는 것은 당연히 이처럼 자세하고 확실한 것만 한 게 없으니, 〈이렇게 되면〉 비록 간사한 자와 용렬한 자가 있더라도 이간질을 할 수 없을 것입니다. 그러므로 '이 아름다움을 이루는 일이 어찌 간관에게 있지 않겠는가.'라고 한 것입니다.

1) 奏已 宰相退歸中書 : 唐나라 때부터 있었던 관례 가운데 하나로, 재상이 殿閣과 延英殿에서 정사를 주달한 뒤에는 물러나 中書門下省으로 돌아가게 되어 있는데, 이것을 말한 것이다. 재상이 돌아간 뒤에 官印을 맡은 재상이 그날 황제가 한 말과 재상이 아뢰었던 일을 기록하여 史館으로 보냈는데, 이것을 時政記라고 하였다. ≪樊川文集 論閣內延英奏對書時政記狀≫

今諫官之見也 有間矣니 其不能朝夕上下議도 亦明矣라 禁中之與居는 女婦而已爾요 捨是則寺人而已爾니 庸人邪人而已爾라 其於冥冥之間 議論之際에 豈不易行其間哉리오 如此면 則翬見今日兩府諫官之危요 而未見國家天下之安也라 度執事亦已念

之矣리니 **苟念之**면 **則在使諫官侍臣復其職而已**니 **安有不得其職而在其位者歟**아

그러나 오늘날 간관이 알현하는 것은 끊기는 때가 있으니 〈주상과〉 아침저녁으로 의논하지 못하고 있을 것 또한 분명합니다. 〈주상이〉 궁궐에서 함께 지내는 사람들은 부녀자들일 뿐이고 그들을 제외하면 환관일 뿐이니, 이들은 용렬한 사람이고 간사한 사람일 뿐입니다. 〈그러니 간관이 없는〉 밤중에 의논하는 사이 임금께 이간질하기가 쉽지 않겠습니까. 〈현 상황이〉 이와 같다면, 저는 오늘날 兩府 諫官들의 위태로움만 볼 뿐이겠고 천하국가의 안정은 보지 못하겠습니다. 執事께서도 이미 이와 같은 생각을 하고 계실 것으로 사료되는데, 만일 생각을 하고 계신다면 〈이를 실행하는 것은〉 諫官과 侍臣들로 하여금 그들의 직책을 회복하게 하는 것에 달려 있을 뿐입니다. 그렇게 된다면 자신의 직책을 제대로 수행하지 못하면서 그 자리를 차지하고 있는 사람이 어찌 있겠습니까.

噫라 **自漢降戾後世**히 **士之盛**이 **未有若唐太宗也**요 **自唐降戾後世**히 **士之盛**이 **亦未有若今也**라 **唐太宗**은 **有士之盛**하여 **而能成治功**하니 **今有士之盛**하여 **能行其道**면 **則前數百年之弊 無不除也**요 **否則後數百年之患**이 **將又興也**리니 **可不爲深念乎**아

아, 漢나라로부터 후세에 이르기까지 인재가 많았던 때는 唐 太宗 때만 한 적이 없었고, 唐나라로부터 후세에 이르기까지 인재가 많았던 때는 지금만 한 적이 또 없었습니다. 唐 太宗은 많은 인재로 인해 훌륭한 정치의 공적을 이룰 수 있었습니다. 지금 많은 인재를 통해 훌륭한 治道를 행한다면 지난 수백 년의 폐단을 모두 제거할 수 있을 것이고, 그렇게 하지 못한다면 이후 수백 년의 환란이 장차 또 일어날 것이니, 이 점을 깊이 염려하지 않을 수 있겠습니까.

鞏生於遠하여 **阨於無衣食以事親**[1)]이러니 **今又將集於鄕學**[2)]이라 **當聖賢之時**하여 **不得抵京師而一言**이라 **故**로 **敢布於執事**하고 **幷書所作通論雜文一編以獻**이라 **伏惟執事**는 **莊士也**라 **不拒人之言者也**니 **願賜觀覽**하여 **以其意少施焉**하라

저는 외지고 먼 지역에서 태어나 살면서 부모님을 봉양할 衣食이 없어 곤란을 겪고

있었는데 이제는 또 鄕學에 들어가게 되었습니다. 聖君과 賢臣의 시대에 태어났으면서도 京師에 들어가 한마디 말도 올리지 못하는 신세입니다. 이 때문에 감히 집사께 〈저의 뜻을〉 말씀드리고 아울러 제가 지은 通論, 雜文 한 권을 써서 보내드립니다. 제가 생각하기에 집사께서는 엄정한 사람이므로 다른 사람의 말을 거절할 분이 아니니, 부디 한번 살펴보시고 제 의견을 다소나마 시행해보시길 바랍니다.

1) 鞏生於遠 阨於無衣食以事親 : 작자는 지금의 江西省 廣昌縣 동쪽인 南豐縣에서 태어났다. 16, 7세에 가정형편이 좋지 않았고, 18세에 아버지 曾占이 太常博士로 있다가 실직하여 낙향한 이후 줄곧 그가 가계를 담당하여 가난하게 살았다.
2) 今又將集於鄕學 : 慶曆新政을 통해 北宋의 모든 州와 縣에는 학교가 설치되었는데, 선비들은 학교에서 3백 일 이상 공부를 해야 과거시험의 자격을 얻을 수 있었다. 당시 작자는 몇 차례 과거시험에 낙방하였기 때문에 鄕學에 들어가 다음 과거를 준비해야 했다. 여기에서의 鄕學은 작자가 거주지를 옮겨와 살고 있던 臨川縣에 있는 학교를 가리킨다.

鞏之友王安石[1)]者는 文甚古하고 行稱其文이라 雖已得科名[2)]이나 然居今知安石者는 尙少也라 彼誠自重하여 不願知於人이나 然如此人은 古今不常有하니 如今時所急은 雖無常人千萬이라도 不害也나 顧如安石은 此不可失也라 執事倘進之於朝廷이면 其有補於天下리이다 亦書其所爲文一編進左右하노니 庶知鞏之非妄也니이다

저의 벗 王安石은 文風이 매우 예스럽고 행실도 그 문풍에 꼭 맞습니다. 비록 이미 과거에 급제하긴 했으나 지금 사람 중에 왕안석을 아는 이는 여전히 적습니다. 저 사람은 진실로 〈언행을〉 신중히 하는 사람인지라 남에게 알려지길 원하지 않습니다. 그렇지만 이런 사람은 예로부터 지금까지 흔히 있는 사람이 아닙니다. 오늘날의 급선무는 〈인재를 구하는 일이니〉 보통 사람이야 천만 명이 없어도 무방하나 安石과 같은 이를 잃어서는 안 됩니다. 그러니 집사께서 만일 그를 조정에 진출시키신다면 천하에 보탬이 있을 것입니다. 그가 지은 글 한 권도 써서 집사께 올리니, 제가 함부로 말씀드리는 것이 아님을 아실 것입니다.

1) 王安石 : 1021~1086. 宋나라의 개혁정치가이자 문장가이다. 자는 介甫, 호는

半山이다. 新法이라는 개혁책을 통해 均輸法·青苗法·市易法·募役法·保甲法·保馬法 등을 실시하였다. 하지만 이러한 개혁의 노력에도 불구하고 당쟁이 격화되고 정치가 혼란에 빠지면서 큰 성과를 거두지는 못하였다. 그의 개혁정치는 보수파에게 매도되었지만 문장력은 동료뿐 아니라 政敵 모두에게 인정을 받았을 만큼 뛰어났으며 당송팔대가 중의 한 사람이다.

2) 雖已得科名 : 王安石은 경력 2년(1042) 진사시험에 급제하였다.

04. 上歐蔡書* 歐陽脩와 蔡襄께 올린 편지

* 앞의 편지와 비슷한 시기에 歐陽脩와 蔡襄에게 올린 것이다. 慶曆 3년(1043)에 仁宗이 정치적 포부를 펼치고자 呂夷簡과 夏竦 등 소인들을 파직하고 杜衍·富弼·韓琦·范仲淹 등 賢者들을 등용하였으며 諫官 4명을 더 늘려 천하의 명사를 임용하였는데, 歐陽脩와 蔡襄이 맨 먼저 선발되었다. 그러나 이듬해에 세력을 잃어 원한을 품은 소인들의 모함으로 정세가 극도로 불안해지자 하나둘 조정에서 밀려나고 말았는데, 이때 歐陽脩는 자원하여 河北都轉運使가 되고 蔡襄도 자원하여 知福州가 되었다. 이와 같은 상황을 안타깝게 생각한 작자가 이 편지를 쓴 것이다. 첫 부분에서는 賢者들이 聖君을 만난 일을 서술하여 자기가 무한한 기대와 희망을 품었었다는 것을 말하고, 중간에서는 歐陽脩와 蔡襄이 모함을 당해 떠나 분하고 실망스럽다는 것을 서술한 뒤에 끝으로 비록 중앙 조정에서 물러나 지방관으로 있더라도 천하를 잘 다스려보겠다던 처음의 의지를 굳게 지킬 것을 당부하였다.

委婉周匝하여 可誦하니 公文之佳者라

완곡하고 빈틈이 없어 낭송할 만하니 공의 문장 중에 훌륭한 작품이다.

鞏少讀唐書[1)]及貞觀政要[2)]라가 見魏鄭公王珪[3)]之徒 在太宗左右하여 事之大小를 無不議論諫諍하니 當時에 邪人庸人相參者少하고 雖有如封倫李義府[4)]輩나 太宗이 又能識而疎之라 故其言을 無不信聽하여 卒能成貞觀太平하여 刑置不以하여 居成康[5)]上일새 未嘗不反復欣慕하니라 繼以嗟喟하여 以謂三代君臣이 不知曾有如此周旋議論

否아 雖皐陶禹稷이 與堯舜으로 上下謀謨하여 載於書者라도 亦未有若此委曲備具하니 頗意三代堯舜이 去時遠이라 其時에 雖有謀議를 如貞觀間하여 或尙過之로대 而其史不盡存이라 故于今無所聞見하여 是不可知니 所不敢臆定이요 繇漢以降으로 至于陳隋하고 復繇高宗以降으로 至于五代하여는 其史[6]甚完이나 其君臣無如此謀議는 決也라 故其治皆出貞觀下하니 理勢然爾라 竊自恨不幸不生于其時하여 親見其事하고 歌頌推說하여 以飽足其心하고 又恨不得陞降進退於其間하여 與之往復議也로라

제가 어려서 ≪唐書≫와 ≪貞觀政要≫를 읽다가 魏鄭公과 王珪 무리가 太宗의 좌우에 있으면서 국가의 크고 작은 일들을 의논하고 간하지 않은 적이 없음을 보았습니다. 그 당시에 간사한 사람과 용렬한 사람으로서 그 속에 참여한 자가 적었고, 비록 封倫과 李義府 같은 무리가 있다고는 하나 太宗이 또 능히 알아서 멀리하였기 때문에, 어진 신하의 말을 믿고 받아들이지 않은 일이 없었습니다. 그리하여 마침내 貞觀의 태평성대를 이루어 형벌을 버려두고 쓰지 않음으로써 그 수준이 成·康의 위에 놓일 수 있었습니다. 그리하여 반복해가며 부러워하지 않은 적이 없었고, 이어서 다음과 같이 감탄하고 안타까워하였습니다.

三代 적의 君臣들이 과연 일찍이 이처럼 서로 잘 어울리고 국사를 의논한 일이 있었습니까? 비록 皐陶·禹·稷 등이 堯·舜과 더불어 위아래서 국사를 도모했던 내용이 ≪書經≫에 실려 있다고는 하나 이와 같이 완곡하게 갖춰져 있지 않습니다. 아마도 三代와 堯·舜시대는 워낙 상고적이라서 그때에 비록 국사를 도모하고 논의한 것이 貞觀 연간과 같거나 혹은 더 지나쳤음에도 불구하고 그 역사기록이 다 보존되지 않았기 때문에, 오늘날 보고 들을 수 없어서 알 수 없는 일이니 감히 억측으로 단정할 수는 없겠습니다. 그러나 漢나라 이후 陳·隋까지와 다시 唐 高宗 이후 五代까지는 그 역사기록이 매우 완전한데, 그 君臣들이 太宗 때처럼 국사를 도모하고 의논한 경우가 없었다는 것은 확실합니다. 그러므로 그 정치수준이 모두 貞觀 이하에 맴돌고 있으니, 이는 이치로나 형세로나 당연한 것입니다. 내심 스스로 한스러운 점은 불행히도 그때에 태어나 눈으로 직접 그 일을 보고 노래로 칭송하고 찬양하여 제 마음에 만족감을 느끼지 못한 것이고, 또 한스러운 점은 그들 사이에 어울려 그들과 주거니 받거니 국사를 함께 논의해보지 못했다는 것입니다.

1) 唐書：五代 後晉의 官撰史書로, 2백 권이다. 趙瑩·張昭遠·賈緯·趙熙 등이 편찬하고 재상 劉昫가 監修하였다. 宋 慶曆 연간에 歐陽脩와 宋祁가 편찬한 ≪新唐書≫와 구분하기 위해 ≪舊唐書≫로 불린다.

2) 貞觀政要：唐나라 吳兢이 唐 太宗 재위 23년 동안 군신간에 정사를 토론한 내용을 기술한 정치문헌이다. 모두 14권 40편이다.

3) 魏鄭公王珪：魏鄭公은 魏徵으로 貞觀之治를 이루는 데 핵심적으로 기여한 명재상이고, 王珪는 貞觀 원년에 諫議大夫가 된 뒤에 黃門侍郎과 侍中을 역임하면서 房玄齡과 魏徵 등 명신들과 국정을 맡아 직언을 아끼지 않은 것으로 유명하다.

4) 封倫李義府：封倫은 흔히 그의 字인 德彝로 불린다. 隋나라 때 內史舍人으로 재직하면서 煬帝에게 아첨하고 虐政을 자행하였고, 唐 太宗 때 右僕射가 되어 부귀를 누렸다. 위인이 음험하고 아첨을 잘하여 속으로는 李建成(太宗의 형. 모반하였다가 처형되었음)에게 붙고 겉으로만 太宗을 받들었는데, 그가 죽은 뒤에야 太宗이 그 사실을 알았다고 한다. 李義府는 太宗 때 門下省典儀·監察御史·太子舍人을 역임하고 高宗 때 中書侍郎을 지냈는데, 문장솜씨가 있고 남들과 대화할 때 항상 부드럽게 웃음을 지었으나 속마음은 매정하고 표독하여 자기에게 빌붙지 않으면 반드시 해를 가하였으므로 당시에 '李猫' 또는 '笑中有刀'라는 악명이 따라다녔다. ≪新唐書 封倫列傳, 姦臣 李義府列傳≫

5) 成康：周나라 成王과 康王으로, 西周의 전성시기이다. 세상에서 '成康之治'로 불린다.

6) 其史：≪陳書≫, ≪隋書≫, ≪舊唐書≫, ≪舊五代史≫ 등을 가리킨다.

自長以來로 則好問當世事하여 所見聞士大夫不少로되 人人惟一以苟且畏愼과 陰拱默處로 爲故하여 未嘗有一人見當世事 僅若毛髮하여 而肯以身任之하여 不爲回避計惜者온 況所繫安危治亂이 有未可立覩하고 計謀有未可立效者하니 其誰肯奮然迎爲之慮而已當之邪아 則又謂所欣慕者 已矣라 數千百年間에 不可復及이로라

장성한 이후로는 당대의 일에 관해 알아보기를 좋아하여 士大夫들에 관해 보고 들은 일들이 적지 않습니다. 그런데 사람마다 오직 한결같이 구차스레 몸을 사려 한쪽 구석에서 팔짱을 끼고 침묵을 지키는 것을 원칙으로 삼고 있을 뿐, 어느 한 사람도

당대의 일이 한 가닥 머리털처럼 위태로운 모습을 보고서 회피하거나 망설이지 않고 선뜻 자신이 그 일을 책임지는 자가 없습니다. 그런데 더구나 국가의 안위와 치란에 관한 일은 그 결과를 당장 볼 수 없고 계책 또한 신속하게 효과가 나타나는 것도 아니지 않습니까. 그러니 그 누가 분발하여 절실하게 걱정하고 자기가 감당하려 하겠습니까. 이렇게 되고 보니 또 처음에 부러웠던 貞觀 정치는 지나간 옛일로만 남고 수천 수백 년이 지나더라도 다시는 만나볼 수 없게 되었습니다.

昨者에 天子赫然하여 獨見於萬世之表하여 旣更兩府하고 復引二公爲諫官하니 見所條下及四方人所傳道하여 知二公在上左右하여 爲上論治亂得失과 群臣忠邪하여 小大無所隱하여 不爲錙銖計惜하여 以避怨忌毁罵讒搆之患하고 竊又奮起하여 以謂從古以來로 有言責者自任其事 未知有如此周詳惻至하고 議論未知有如此之多者否아 雖鄭公王珪라도 又能過是耶아 今雖事不合이라도 亦足暴之萬世하여 而使邪者懼하고 懦者有所樹矣온 況合乎否를 未可必也아하니라 不知所謂數百千年已矣하여 不可復有者를 今幸遇而見之하여 其心歡喜震動하여 不可比說이라 日夜庶幾雖有邪人庸人如封李者라도 上必斥而遠之하여 惟二公之聽하여 致今日之治를 居貞觀之上하여 令鞏小者로 得歌頌推說하여 以飽足其心하고 大者로 得出於其間하여 吐片言半辭하여 以託名於千萬世하니라 是所望於古者不負하고 且令後世聞今之盛하여 疑堯舜三代 不及遠甚을 與今之疑唐太宗時無異하리라

얼마 전에 천자께서 크게 분발하여 萬代 군주의 범주를 벗어나 이미 兩府(樞密院과 中書省)의 관리를 교체하고 뒤이어 두 공을 끌어다가 諫官으로 삼았습니다. 그런데 두 공이 조목별로 진술한 奏書가 아래로 사방 사람들이 말하는 데에까지 미친 것을 보고, 두 공께서 主上의 좌우에 계시면서 主上을 위하여 治亂 得失과 뭇 신하의 忠奸을 논하되 크고 작은 것을 숨기는 바가 없으며 조금이라도 몸을 사려 남의 원망과 시기, 비방과 참소 따위의 환난을 피하려 들지 않는다는 것을 알았습니다. 그리하여 저는 또 생기가 솟구쳐 생각하기를 '예로부터 군주에게 進言하는 책임을 지닌 자 가운데 어느 누가 그 직무를 수행하기를 이처럼 주도면밀하고 간곡하게 한 적이 있었으며, 의논을 개진하기를 이처럼 많이 한 적이 있었던가. 비록 鄭公, 王珪라 하더라

도 과연 이 수준을 넘어설 수 있겠는가. 지금 비록 일이 뜻과 부합되지 못한다 하더라도 충분히 이것을 萬代에 드러내 보여주어, 간사한 자가 두려워하고 나약한 자가 뜻을 세우는 일이 있게 할 수 있는데, 하물며 혹시 부합될지 여부를 아직 단정할 수 없지 않은가.' 하였습니다.

뜻밖에 이른바 '수백 수천 년이 지나더라도 이미 끝나버려 다시는 있을 수 없다.'고 했던 것을 이제 다행스럽게도 만나보게 되었으므로 마음이 기쁘고 가슴이 쿵쿵 뛰어 무어라 형용할 수 없었습니다. 그리하여 밤낮으로 바라기를 '비록 封倫과 李義府처럼 간사하고 용렬한 자가 있더라도 主上께서 반드시 배척하여 멀리하시고, 오직 두 공의 말만 받아들여 오늘날의 태평정치가 貞觀 때보다 위에 있도록 함으로써 나로 하여금 작게는 그 공덕을 노래로 찬양하고 추앙하여 내 마음이 흡족하게 하고, 크게는 나도 그 사이에 함께 어울려 몇 마디 짧은 말이라도 토해내어 천만 대까지 나의 이름을 함께 전했으면 좋겠다.' 하였습니다. 이렇게 되면 옛날의 정치를 보고 희망했던 염원이 어긋나지 않게 되고, 아울러 또 후대인이 오늘날의 성대함을 듣고서 堯舜과 三代 때에도 그보다는 크게 미치지 못했을 것이라고 의심하기를, 오늘날 우리가 唐 太宗 때의 정치수준은 堯舜과 三代 때에도 그보다는 미치지 못했을 것이라고 의심하는 것과 별로 다르지 않게 될 것입니다.

雖然이나 **亦未嘗不憂一日有於冥冥之中議論之際而行謗者**하여 **使二公之道**로 **未盡用**이라 **故前以書獻二公**에 **先擧是爲言**이러니 **已而**오 **果然二公**이 **相次出**하고 **兩府亦更改**하여 **而怨忌毁罵讒搆之患**이 **一日俱發**하여 **翕翕萬狀**이라 **至於乘女子之隙**하고 **造非常之謗**하여 **而欲加之天下之大賢**[1]하여 **不顧四方人議論**하고 **不畏天地鬼神之臨己**하여 **公然欺誣**하여 **駭天下之耳目**이라 **令人感憤痛切**하여 **廢食與寢**하여 **不知所爲**하니 **噫**라 **二公之不幸**은 **實疾首蹙頞之民之不幸也**라

비록 그러하나 한편으로는 어느 날 혹시 어두운 곳에서나 논의하는 과정에 비방을 행하는 자가 있어 두 공의 바른 도가 완전히 쓰여지지 못하는 일이 생기지나 않을까 걱정하지 않은 적이 없었습니다. 이 때문에 이전에 편지를 두 공에게 올려 먼저 이 점을 들추어 말씀드렸던 것입니다. 그런데 이윽고 과연 두 공께서 차례로 그 자리에서

나오시고 兩府 또한 물갈이가 됨으로써 원망과 시기, 비방과 참소의 환난이 하루 사이에 한꺼번에 터져 온갖 실망스러운 일이 벌어졌습니다. 심지어는 여자에 관한 일의 틈새를 타고 악독한 비방을 날조하여 그것을 천하의 大賢에게 씌우려고 사방 사람들의 논의도 무시하고 천지귀신이 자기를 내려다보고 있는 것도 무서워하지 않으면서 공공연히 기망하여 천하의 이목을 놀라게 하였습니다. 그리하여 사람으로 하여금 뼈에 사무치게 분개하여 침식을 폐하고 어찌할 줄 모르게 하고 있으니, 아, 두 공의 불행은 사실 학정에 시달려 머리가 지끈거리고 이맛살이 찌푸려지는 백성의 불행입니다.

1) 至於乘女子之隙……而欲加之天下之大賢 : 歐陽脩가 과부가 된 누이의 딸인 張氏를 먼 친척 歐陽晟에게 시집보냈는데, 그가 종과 간통한 사건이 일어났다. 사건의 심리를 맡은 開封府의 楊日嚴이 歐陽脩에게 품은 원한을 풀기 위해 사건을 날조하였는데, 歐陽脩가 생질녀 張氏와 간통하고 시집보낼 때 함께 보낼 재물을 탈취하였다고 한 것이다. 仁宗이 戶部判官 蘇安世와 內侍 王昭明에게 함께 사실여부를 조사하게 한 결과 사실이 아니라는 것이 밝혀졌으나, 歐陽脩는 이 일로 인해 知制誥・知滁州로 좌천되었다가 2년 뒤에 揚州・潁州 수령으로 전전하는 등 오랫동안 시달리게 되었다. ≪宋史 歐陽脩列傳≫, ≪文忠集 表奏書啓四六 滁州謝上表≫

雖然이나 君子之於道也에 旣得諸己면 汲汲焉而務施之於外하나니 汲汲焉務施之於外는 在我者也요 務施之外而有可有不可는 在彼者也라 在我者는 姑肆力焉하여 至於其極而後已也어니와 在彼者는 則不可必得吾志焉이라 然君子不以必得之難으로 而廢其肆力者라 故孔子之所說而聘者七十國이며 而孟子亦區區於梁齊滕邾之間하니라 爲孔子者 聘六十九國 尙未已하고 而孟子亦之梁之齊라가 二大國不可에 則猶俯而與邾滕之君謀하며 其去齊也엔 遲遲而後出晝하니 其言에 曰 王庶幾改之하면 則必召予하리니 如用予면 則豈惟齊民安이리오 天下之民이 擧安[1)]하리라하니 觀其心若是컨대 豈以一不合而止哉리오 誠不若是면 亦無以爲孔孟이리라

비록 그러하나 君子는 道에 대해 자기가 이미 그것을 얻었으면 힘써 밖으로 행해야 합니다. 급급히 힘써 행하는 것은 나에게 달려 있고, 힘써 행한 뒤에 성과가 있고 없

고는 저쪽에 달려 있는 것입니다. 나에게 달려 있는 것은 우선 온 힘을 다하여 더 이상 미진함이 없는 상황에 이른 후에 그만둘 일이지만 그 결과가 내 뜻대로 될 수 있는 일은 아닙니다. 그러나 君子는 반드시 뜻대로 되기 어렵다고 하여 온 힘을 다하는 노력을 그만두지 않습니다. 孔子가 유세하며 聘問한 나라가 70개국이었으며 孟子 또한 梁나라, 齊나라, 滕나라, 郲나라 등을 분주하게 돌아다녔습니다. 孔子는 69개 나라를 聘問하고도 오히려 그만두지 않았으며 孟子 또한 梁나라와 齊나라 두 대국에 갔다가 〈자신의 뜻을 행하는 것이〉 가능하지 않자 오히려 그 대상을 낮추어 郲나라와 滕나라 임금과 도모하였습니다. 孟子가 齊나라를 떠날 때에 시일을 지체한 뒤에 晝 땅을 출발하며 말하기를 "왕이 태도를 바꾸면 반드시 나를 부를 것이다. 만일 나를 등용하신다면 어찌 齊나라 백성만 편안할 것인가. 천하의 백성이 모두 편안할 것이다."라고 하였습니다. 그 마음이 이와 같음을 보면 어찌 한 번 마음이 합치되지 않는다고 하여 그만두겠습니까. 진실로 이처럼 하지 않았다면 또한 孔子와 孟子가 될 수 없었을 것입니다.

1) 王庶幾改之……天下之民擧安 : ≪孟子≫ 〈公孫丑 下〉에 나오는 말이다.

今二公은 **固一不合者也**니 **其心**에 **豈不曰天子庶幾召我而用之**를 **如孟子之所云乎**리오 **肆力焉於其所在我者**하고 **而任其所在彼者**하여 **不以必得之難而已 莫大斯時矣**니라 **況今天子仁恕聰明**하여 **求治之心**이 **未嘗怠**하여 **天下一歸**하고 **四方諸侯**는 **承號令奔走之不暇**하니 **二公之言**이 **如朝得於上**이면 **則夕被於四海**하고 **夕得於上**이면 **則不越宿而被於四海**하리니 **豈與聘七十國遊梁齊**郲滕**之區區艱難比邪**아 **姑有待而已矣**라 **非獨鞏之望**이라 **乃天下之望**이며 **而二公所宜自任者也**니 **豈不謂然乎**아

지금 두 공은 진실로 임금과 한 번도 마음이 부합하지 않은 분이니, 그 마음에 어찌 '천자가 행여 나를 불러 등용해주기를 바라노라.'라고 생각하기를 孟子의 말처럼 하지 않겠습니까. 나에게 달려 있는 것에 힘을 다하고 저쪽에 달린 것은 내버려두면서, 반드시 뜻대로 되기 어렵다는 이유로 그만둬서는 안 되는 것이 지금보다 더 중요한 때는 없습니다. 더구나 지금 천자는 인자하고 총명하여 태평성대를 이루려는 마음이 해이해진 적이 없어서, 천하가 모두 귀의하고 사방의 제후는 명령을 받들어 분주하게

직분을 수행하기에 여념이 없습니다. 두 공의 進言이 아침에 천자에게 받아들여진다면 저녁에 천하가 혜택을 받을 것이고 저녁에 천자에게 받아들여진다면 그 밤을 넘기기도 전에 천하가 혜택을 받을 것이니, 어찌 분주하고 어렵게 70개국을 聘問하고 梁나라, 齊나라, 邾나라, 滕나라에서 유세했던 일과 견주겠습니까. 우선 그와 같은 결과가 있기를 기다릴 뿐입니다. 이는 저만의 바람이 아니요 천하의 바람이며 두 공께서는 마땅히 자임해야 합니다. 그렇게 생각되지 않으십니까?

感憤之不已하여 謹成憶昨詩一篇과 雜說三篇하여 麤道其意라 後二篇은 竝他事나 因亦寫寄로라 此皆人所厭聞이니 不宜爲二公道나 然欲啓告는 覺悟天下之可告者하여 使明知二公志요 次亦使邪者庸者見之하여 知世有斷然自守者 不從己於邪하니 則又庶幾於天子視聽에 有所開益이로라 使二公之道行이면 則天下之嗷嗷者도 擧被其賜하리니 是亦爲天下計요 不獨於二公發也니 則二公之道 何如哉리오

몹시 분개하던 끝에 삼가 〈憶昨詩〉 한 편과 〈雜說〉 세 편을 써서 뜻을 대략 토로하였습니다. 뒤의 두 편은 모두 다른 일이지만 한꺼번에 써서 보내드립니다. 이와 같은 말은 모두 사람들이 듣기를 싫어하는 것이므로 마땅히 두 공을 위해서 말하지 말아야 할 것입니다. 그런데도 아뢰려고 하는 것은 천하에 고할 수 있는 자를 일깨워서 두 공의 뜻을 명확히 알게 하려는 것이요, 다음으로는 사악한 자와 용렬한 자가 그것을 보고서 세상에 단연코 스스로 정도를 지키고 사악함을 따르지 않는 자가 있다는 것을 알게 하려는 것입니다. 이렇게 되면 또한 천자의 귀와 눈이 열리는 것을 기대할 수도 있을 것입니다. 만약 두 공의 道가 행해진다면 천하의 원망하는 자들도 모두 그 내려지는 은택을 받을 것이니, 이는 또한 천하를 위한 계책이요 두 공만을 위해 발언한 것은 아닙니다. 그러니 두 공의 道가 과연 얼마나 큽니까.

嘗竊思更貢擧法하여 責之累日於學하여 使學者로 不待乎按天下之籍而盛須土著以待擧行하고 悖者로 不待籍以進[1]하니 此歷代之思慮所未及이라 善乎莫與爲善也라 故詩中에 善擧尤具하니 伏惟賜省察焉하라

일찍이 삼가 생각해보니, 貢擧法을 바꿔 州縣의 학교에서 많은 날수를 공부하도록

요구하고, 배우는 자로 하여금 太學에서 전국 각지 학생들의 호적을 심사하여 입학하게 할 때까지 기다리게 하지 않고 그 지방에 토착한 학생들을 널리 모집하여 貢擧와 秋試가 도래하는 것을 기다리게 하며, 금지규정을 어긴 자에 대해서는 호적에 등재하여 입학을 하거나 시험에 응할 수 없도록 하고 있습니다. 이것은 역대에 미처 생각하지 못한 조처로써 이보다 더 좋을 수가 없습니다. 그러므로 제가 올린 詩에 이와 같은 새로운 學制를 더욱 전폭적으로 찬미하였으니, 살펴보시기 바랍니다.

1) 更貢擧法……不待籍以進 : 慶曆 4년(1044) 3월에 范仲淹의 주도 아래 仁宗이 貢擧제도를 개혁하였다. 그 요지는 각 州縣에 학교를 세우고 글을 읽는 자는 거기서 300일 동안 학습하여야만 인재선발의 관문인 貢擧와 秋試에 응시할 자격을 얻을 수 있게 하였다. 그리고 宋나라 초기 學制에, 太學에 학생이 입학할 때 해당 학생의 출신지 지방관이 발급한 그의 호적과 이력사항을 증명하는 문건을 심사하도록 되어 있었는데, 이때 각 州縣에서 학생이 입학할 때에도 호적사항을 심사하여 그 지방에 거주하는 자에게 입학자격을 부여하였다. 일곱 가지 금지조항 중 제5항에 "본토 출신이 아닌 자가 호적을 거짓으로 꾸몄을 경우 進士試에 참가할 수 없다."라고 하여 타지방 출신자에 대해서는 호적에 등재하여 입학이나 시험에 참가하는 자격을 부여하지 않았다. ≪宋史 選擧志三≫

唐荊川云 敍論이 紆徐有味라하니라

唐荊川(唐順之)이 말하였다.
"논리 전개가 완곡하고 여유로워 맛이 있다."

05. 福州上執政書* 福州에서 執政께 올린 편지

* 작자가 60세 때인 元豐 1년(1078)에 쓴 편지이다. 작자가 熙寧 2년(1069) 越州通判으로 부임한 이후 知福州軍州事로 부임할 때까지 10년 동안 지방관으로 전전하느라 洛陽에 혼자 머물고 있는 계모인 朱氏를 모시지 못하였다. 朱氏는 이때 88세의 고령이었고 둘째 아우 曾布도 南越 지방에서 知廣州로 재직 중이었다. 이 당시 吳充과 王珪가 재상으로 있었는데 이들 중 한 사람에게 이 편지를 보냈다. 그 요지는, 국가에서 사대부 각자의 처지를 감안하여 안배해주고

공로를 인정하여 표창해주는 뜻이 담긴 ≪詩經≫의 여러 편을 인용하여 제시하면서, 자기에 대해서도 先王의 그와 같은 은혜를 베풀어 노모를 모시기에 편리하도록 중앙 관청이나 도성의 주변 고을로 전보시켜 달라는 뜻을 피력하였다.

子固以宦遊閩徼하여 不得養母라하여 本風雅以爲陳情之案하니 而其反覆詠歎은 藹然盛世之音이라 此子固之文이 所以上擬劉向而非近代所及也라

子固가 閩越 지방의 수령으로 재직하여 노모를 봉양할 수 없다는 이유로 ≪詩經≫ 〈國風〉·〈大雅〉·〈小雅〉에 근거하여 자기의 실정을 토로하는 문건으로 삼았는데, 되풀이해 가면서 읊조린 것은 온화한 태평성대의 가락이었다. 이와 같은 점이 곧 子固의 문장은 시대를 거슬러 올라가 劉向과 견줄 만하고 근대 사람이 미쳐갈 수준이 아닌 것이다.

鞏頓首再拜上書某官하노라 竊以先王之迹은 去今遠矣나 其可概見者 尙存於詩라 詩存先王養士之法하니 所以撫循待遇之者는 恩意可謂備矣라 故其長育天下之材하여 使之成就면 則如蘿蒿之在大陵[1]하여 無有不遂하고 其賓而接之 出於懇誠이면 則如鹿鳴之相呼召[2]하여 其聲音非自外至也라 其燕之則有飮食之具하고 樂之則有琴瑟之音하며 將其厚意엔 則有幣帛筐篚之贈하니 要其大旨면 則未嘗不在於得其歡心이라

鞏은 머리를 조아려 재배하고 某官께 글을 올립니다.

삼가 생각건대 先王들의 자취는 이제 이미 멀어져 없어졌으나 대강이나마 엿볼 수 있는 것이 아직 ≪詩經≫에 남아 있습니다. ≪詩經≫에 先王들이 인재를 배양했던 법이 있는데, 그들을 보살피고 대우한 실태를 보면 인재들에게 은혜를 베푼 뜻이 완전하다고 말할 수 있습니다. 그러므로 천하의 인재를 배양하여 그들이 성취하도록 도와주면 마치 재쑥이 큰 언덕에 뿌리를 내려 잘 자라지 않은 것이 없는 것과 같고, 성취된 뒤에 예우를 갖춰 맞아들이는 자세가 정성에서 우러나오면 마치 사슴이 애절한 울음으로 서로를 불러 그 소리가 피상적으로 나오는 것이 아닌 경우와 같습니다. 잔치를 베풀어줄 때는 여러 가지 음식을 준비하였고 음악으로 환영해줄 때는 거문고와

비파를 연주하였으며, 후의로 우대해주는 것으로는 폐백을 광주리에 담아 증정하였으니, 그 요지를 살펴보면 모든 것이 그들의 환심을 얻자는 데에 있었습니다.

1) 蘿蒿之在大陵：≪詩經≫ 〈小雅 菁菁者莪〉의 "무성한 재쑥이 많이도 자라 저기 저 큰 언덕에 깔려 있구나. 내 이미 여러 군자 만나고 보니 이들이 거둥 좋아 즐겁고 말고.〔菁菁者莪 在彼中阿 旣見君子 樂且有儀〕"를 인용한 것이다. 훌륭한 爲政者가 인재를 배양하는 환경을 잘 조성하여 성취해내는 것을 비유한 것이다. '蘿蒿'는 '莪'를 설명한 것으로 십자화과의 두해살이 풀인 재쑥이다.

2) 鹿鳴之相呼召：≪詩經≫ 〈小雅 鹿鳴〉의 "들사슴이 어우우 짝을 부르며 저 들녘에 자란 쑥 뜯어먹누나. 나는야 아름다운 빈객들 있어 비파 치고 피리 불며 맞이하노라.〔呦呦鹿鳴 食野之苹 我有嘉賓 鼓瑟吹笙〕"를 인용한 것이다. 사슴이 좋은 풀을 만나 소리 내어 울어서 짝을 불러 함께 먹는 것을 가지고, 周나라 왕이 훌륭한 인재를 갈망하여 아름다운 음악으로 융숭하게 환영하는 것을 비유한 시인데, 여기서는 정성으로 인재를 초빙한다는 뜻을 취하였다.

其人材旣衆하여 **列于庶位**는 **則如棫樸之盛**에 **得而薪之**[1]라 **其以爲使臣**엔 **則寵其往也**하되 **必以禮樂**하여 **使其光華皇皇於遠近**하고 **勞其來也**엔 **則旣知其功**하고 **又本其情而敍其勤**하니라 **其以爲將率**엔 **則於其行也**에 **旣遂遣之**하고 **又識薇蕨之始生**하되 **而恐其歸時之晩**[2]하며 **及其還也**에 **旣休息之**하고 **又追念其悄悄之憂**하되 **而及於僕夫之瘁**[3]하니라 **當此之時**하여 **后妃之於內助**에 **又知臣下之勤勞**하니 **其憂思之深**은 **至於山脊石砠僕馬之間**[4]하고 **而志意之一**은 **至於雖采卷耳**라도 **而心不在焉**이라 **蓋先王之世**에 **待天下士 其勤且詳如此**라 **故稱周之士也貴**하고 **又稱周之士也肆**[5]하며 **而天保亦稱君能下下**하여 **以成其政**하고 **臣能歸美**하여 **以報其上**[6]이라하니라 **其君臣上下 相與之際如此**하니 **可謂至矣**라

그리하여 인재가 이미 많이 확보되어 조정 백관에 배치한 것은 마치 두릅나무가 무성하게 자라 땔감이 필요할 때 그것을 사용하는 경우와 같았습니다. 이들을 사신으로 삼을 때는 외국에 나가는 것을 영예롭게 해주되 반드시 예의와 음악으로 해주어 그 영광이 원근의 이목에 환히 빛나도록 하였으며, 임무를 마치고 돌아온 자를 위로

할 때는 이미 그 공을 알아주고 더 나아가 그 애절한 정을 이해하면서 공적을 평정해 주었습니다. 그리고 장수로 삼을 적에는 그가 떠날 때 이미 예물을 증정하고, 또 고사리 싹이 돋아나 떠나야 할 때가 된 것을 알고 보내면서도 돌아오는 날이 혹시 늦어지지나 않을까 염려하였으며, 그가 돌아왔을 때에는 이미 편히 쉬도록 하고 또 그가 국사를 위해 노심초사 걱정했던 충정을 追念하면서 함께 따라간 마부의 고달픔까지도 돌아보았습니다. 이 당시에 文王을 내조하는 后妃까지도 신하의 노고를 알았으니, 그 근심 걱정이 깊은 정도는 높은 산, 돌산, 종, 말 등을 거론하는 데까지 이르렀고, 마음이 한결같기로는 비록 卷耳〔점나도나물〕를 캐더라도 마음은 나물에 있지 않고 국사를 위해 고생하고 있을 신하들을 걱정할 정도였습니다.

대체로 先王의 세상에서 천하의 선비를 대할 적에 정성을 다하고 또 소홀함이 없게 하기를 이처럼 하였기 때문에 "周나라 선비는 존귀하였다." 하고, 또 "周나라 선비는 거리낌이 없었다."고 하였으며, 〈天保〉편에서 "군주는 능히 아랫사람에게 자신을 낮추어 이상적인 정사를 이루었고, 신하는 능히 미덕을 윗사람에게 돌려 그 君上의 은혜에 보답하였다."고 하였습니다. 그 당시에는 군주와 신하 위아래가 서로 돕고 어울리기를 이와 같이 하였으니, 성대하다고 말할 수 있겠습니다.

1) 棫樸之盛 得而薪之 : ≪詩經≫ 〈小雅 菁菁者莪〉의 "두릅나무 무성히 많이 자라니 땔감으로 쓰고 또 쌓아둔다네. 기풍이 엄숙하신 군왕께서는 좌우에서 이들을 인도하시네.〔芃芃棫樸 薪之槱之 濟濟辟王 左右趣之〕"를 인용한 것으로, 어진 군주가 인재를 많이 양성하여 적재적소에 배치하고 아울러 예비인력으로 비축해둔다는 뜻이다.

2) 識薇蕨之始生 而恐其歸時之晩 : ≪詩經≫ 〈小雅 采薇〉의 "고사리 꺾자구나. 고사리 꺾어 고사리 싹 이제 막 돋아났거니. 고향에 돌아오소. 고향 돌아와 자칫하면 한 해가 저물어버려.〔采薇采薇 薇亦作止 曰歸曰歸 歲亦莫止〕"를 인용한 것이다. 周나라 文王이 해마다 고사리가 돋아나는 봄에 군사를 변방으로 보내지만, 이는 국경의 수비를 위해 어쩔 수 없이 취하는 조처이니 임무를 잘 수행한 뒤에 부디 돌아와야 할 기한을 넘기지 말라고 당부하는 군주의 진실한 애정을 표현한 것이라고 한다.

3) 追念其悄悄之憂 而及於僕夫之瘁 : ≪詩經≫ 〈小雅 出車〉의 "나라를 지키려는 걱정 깊었고 전차를 모는 마부 또한 고달파.〔憂心悄悄 僕夫況瘁〕"를 인용한 것

으로, 周나라 왕이 힘겨운 전쟁을 치르고 개선한 장수의 입장에서 그의 노고를 위로한 것이다.

4) 憂思之深 至於山脊石砠僕馬之間 : ≪詩經≫ 〈周南 卷耳〉의 "높디높은 저 산을 오르려 해도 내 말이 비실비실 오르지 못해.〔陟彼崔嵬 我馬虺隤〕"와 "높디높은 저 돌산 오르려 해도 내 말이 병이 나서 가지 못하고, 내 종도 병을 앓아 가지 못하니, 아, 어이 탄식하게 한단 말인고.〔陟彼砠矣 我馬瘏矣 我僕痡矣 云何吁矣〕"에서 인용한 것이다. 山脊은 시에서의 '高岡'을 뜻하고, 石砠는 흙이 덮인 돌산으로 시에서의 '砠'를 뜻한다. 文王의 后妃 太似가 변방에 출정한 장수의 입장에서 그의 노고를 걱정하는 뜻으로 쓴 작품이다.

5) 稱周之士也貴 又稱周之士也肆 : ≪揚子法言≫ 권6에 "周나라 선비는 존귀하고 秦나라 선비는 미천하였으며, 周나라 선비는 거리낌이 없고 秦나라 선비는 법에 구속을 받았다."라고 한 것을 말한다.

6) 天保亦稱君能下下……以報其上 : 〈天保〉는 ≪詩經≫ 〈小雅〉의 한 편명이다. ≪詩序≫ 卷下에서 〈天保〉篇의 요지를 설명한 내용을 인용하였다.

所謂必本其情而敍其勤者는 **在四牡之三章**에 **曰 王事靡盬**라 **不遑將父**라하고 **四章**에 **曰 王事靡盬**라 **不遑將母**라하고 **而其卒章則曰 豈不懷歸**리오 **是用作謌**하여 **將母來諗**이라하니 **釋者以謂 諗**은 **告也**라 **君勞使臣**에 **敍述其情**하여 **曰 豈不誠思歸乎**리오 **故作此詩之謌**하여 **以養父母之志**로 **來告其君也**라하니 **旣休息之**하고 **而又追敍其情如此**하니라 **繇是觀之**컨대 **上之所以接下**에 **未嘗不恐失其養父母之心**하고 **下之所以事上**에 **有養父母之心**이면 **未嘗不以告也**라 **其勞使臣之辭則然**하고 **而推至於戍役之人**하여 **亦勞之以王事靡盬憂我父母**[1]하니 **則先王之政**은 **卹人之心**이 **莫大於此也**라 **及其後世**에 **或任使不均**하고 **或苦於征役**하여 **而不得養其父母**하여는 **則有北山之感**[2]과 **鴇羽之嗟**[3]하고 **或行役不已**하여 **而父母兄弟離散**하면 **則有陟岵之思**[4]라 **詩人皆推其意**하여 **見於國風**하니 **所謂發乎情**하고 **止乎禮義者**[5]**也**니라

이른바 "그 애절한 정을 이해하면서 공적을 평정해주었다."는 사례는 다음과 같습니다. 〈四牡〉편 제3장에 "임금 일 아니 굳게 못할 것이라, 우리 아비 봉양할 겨를이 없네.〔王事靡盬 不遑將父〕" 하고, 제4장에 "임금 일 아니 굳게 못할 것이라, 우리 어

미 봉양할 겨를이 없네.〔王事靡盬 不遑將母〕" 하였으며, 마지막 장에서는 "돌아갈 생각 어찌 아니하리오. 이로 인해 이러한 노래 지어서, 어미 봉양하련다 고해 올리네.〔豈不懷歸 是用作謌 將母來諗〕" 하였습니다. 이에 대해 풀이한 자가 말하기를 "諗(심)은 고한다는 뜻이다. 군주가 사신을 위로하여 그 애절한 정을 서술하기를 '어찌 진심으로 고향에 돌아갈 생각을 하지 않겠는가. 그러므로 이 시의 가사를 지어 부모를 봉양하겠다는 뜻으로 그 임금에게 와서 고한다.' 라고 하였다." 하였으니, 이미 그들을 쉬도록 하고서 또 그 애절한 정을 서술하기를 이와 같이 하였습니다.

이를 통하여 살펴보건대, 君上이 아랫사람을 접할 때에 그들이 부모를 봉양하고픈 뜻을 혹시라도 이루지 못할까 걱정하지 않은 적이 없고, 아랫사람이 君上을 섬길 때 부모를 봉양하려는 마음이 있으면 그것을 고하지 않은 적이 없었습니다. 이는 사신을 위로하는 말이 곧 그러하였고 그 마음을 미루어 변방을 수비하는 사람들에게까지 확대하여 그들에게도 "임금 일 굳게 아니 못할 것이라, 우리네 부모님을 근심케 하네.〔王事靡盬 憂我父母〕" 라는 등의 말로 위로하였으니, 先王의 정사 가운데 사람들의 마음을 이해해주는 것으로는 이보다 더 큰 것이 없습니다.

후세에 이르러서는 임무를 부여하는 것이 고르지 못하거나 혹은 征役(조세와 부역)에 시달려 그 부모를 봉양하지 못했을 때는 〈北山〉편의 유감과 〈鴇羽(보우)〉편의 한탄이 있었고, 혹시 行役(공무로 지방을 순행하거나 국경을 수비하는 일)이 끊이지 않아 부모형제가 〈살기 어려워 사방으로〉 흩어졌을 때는 〈陟岵(척호)〉편의 그리움이 있었습니다. 이상은 시인이 모두 그 뜻을 추리하여 〈國風〉 등에 드러낸 것으로서 이른바 "情에서 우러나오고 禮義에 부합된다."는 것입니다.

1) 王事靡盬憂我父母 : 이와 같은 가사가 ≪詩經≫ 〈小雅〉의 〈杕杜〉편과 〈北山〉편 두 곳에 출현하는데, 여기서는 위정자가 변방에서 수비임무를 마치고 돌아온 병사의 입장에서 그동안에 겪었던 그의 노고를 위로하는 뜻으로 노래한 〈杕杜〉편의 내용을 인용한 것이다.

2) 北山之感 : 〈北山〉은 ≪詩經≫ 〈小雅〉의 한 편명이다. 제1장에 "광활한 푸른 하늘 덮인 아래에 왕가에 소속되지 않은 땅 없고, 육지에서 저 멀리 바닷가까지 왕가의 신하 아닌 사람 없건만, 대부들 맡는 일이 고르지 않아 나 혼자만 노역에 수고롭구나.〔溥天之下 莫非王土 率土之濱 莫非王臣 大夫不均 我從事獨賢〕"

라고 하여, 관리가 직무를 부담하는 일이 고르지 않아 자기만 고생하는 것에 따른 유감을 노래하였다.

3) 鴇羽之嗟 : 〈鴇羽〉는 ≪詩經≫ 〈唐風〉의 한 편명이다. 제1장에 "푸득푸득 기러기 날개를 치며 도토리나무 위에 내려 앉누나. 임금 일 아니 굳게 못할 것이라 찰기장과 매기장 심지 못하니 우리 부모 무엇을 믿을 것인고. 너무도 무심하다 저 푸른 하늘 어느 제나 안정을 찾을 것인고.〔肅肅鴇羽 集于苞栩 王事靡盬 不能蓺稷黍 父母何怙 悠悠蒼天 曷其有所〕"라고 하여, 백성이 조세와 부역에 시달리느라 농사를 짓지 못해 부모에게 자식으로서의 도리를 하지 못하는 것에 대해 하늘을 원망하였다.

4) 陟岵之思 : 〈陟岵〉는 ≪詩經≫ 〈魏風〉의 한 편명이다. 제1장에 "저기 저 민둥산에 올라가서는 아버님 계신 곳을 바라보노라. 아버님은 내 자식 부역하느라 주야로 쉬지 않고 고생할 텐데, 아무쪼록 탈 없이 지내고 있다 어서 빨리 오기를 고대하겠지.〔陟彼岵兮 瞻望父兮 父曰嗟予子行役 夙夜無已 上愼旃哉 猶來無止〕"라고 하여, 변방에서 복역하는 자식이 고향에서 자식을 고대할 부모를 그리워하는 심정을 노래하였다.

5) 發乎情 止乎禮義者 : ≪詩序≫ 卷上에 "變風은 情에서 우러나오고 禮義에 부합된다. 情에서 우러나오는 것은 백성의 心性이고 禮義에 부합된 것은 先王의 은택이다." 하였다.

伏惟吾君有出於數千載之大志하여 方興先王[1]之治하여 以上繼三代하니 吾相於時에 皆同德合謀하니 則所以待天下之士者를 豈異[2]於古며 士之出於是時者는 豈有不得盡其志邪리오 鞏獨何人으로 幸遇玆日고 鞏少之時에 尙不敢飾其固陋之質하여 以干當世之用이러니 今齒髮日衰하고 聰明日耗하니 令其至愚라도 固不敢有徼進之心커든 況其少有知邪아 轉走五郡이 蓋十年矣로대 未嘗敢有半言片辭로 求去邦域之任하여 而冀陪朝廷之儀하니 此鞏之所以自處는 竊計已在聽察之日이 久矣리라 今輒以其區區之腹心으로 敢布於下執事者는 誠以鞏年六十이요 老母年八十有八이라 老母寓食京師어늘 而鞏守閩越[3]하고 仲弟守南越[4]하니 二越者는 天下之遠處也라 於著令에 有一人仕於此二邦者면 同居之親當遠仕者는 皆得不行이라 鞏固不敢爲不肖之身으로

求自比於是也나 顧以道里之阻로 旣不可御老母而南하니 則非獨省晨昏承顔色하여 不得效其犬馬之愚라 至於書問往還에도 蓋以萬里로 非累月踰時不通하니 此白首之母子 所以義不可以苟安이며 恩不可以苟止者也라

삼가 생각건대, 우리 君上께서는 과거 수천 년에도 보기 드문 큰 뜻을 지니고 바야흐로 先王의 거룩한 정치를 일으켜 저 위로 三代를 계승하였는데, 우리 재상들께서 이때 모두 君上의 높으신 덕과 심오한 계책을 함께 지니고 있습니다. 그러니 천하의 선비를 대우하는 수준이 어찌 옛날과 다르겠으며, 이 당시에 태어난 선비들이 어찌 자기 뜻을 다 펴지 못하는 일이 있겠습니까. 저와 같은 사람이 무슨 행운으로 이런 날을 만났는지 모르겠습니다. 저는 젊었을 때도 오히려 감히 제 고루한 자질을 좋게 치장하여 당대에 쓰여지기를 구하지 못했는데 지금은 치아와 머리털이 날로 노쇠해 가고 청력과 시력도 날로 줄어들고 있으니, 제가 극히 어리석다 하더라도 사실 감히 의외의 진출을 기도하지 못할 것입니다. 그런데 더구나 조금이나마 지혜가 있는데 그럴 수 있겠습니까. 다섯 고을을 전전한 지가 지금 10년이지만 아직 감히 몇 마디 말로라도 지방수령을 그만두기를 구한다거나 중앙조정의 반열에 끼어들기를 바랐던 적이 없습니다. 이는 제가 그동안 취했던 처신으로 어쩌면 집사께서도 이에 관해 들어 알고 계신 날이 오래되었을 것으로 생각합니다.

그런데 지금 갑자기 저의 속마음을 감히 집사께 말씀드릴까 하는데 그 이유는 다음과 같습니다. 제 나이가 지금 60세이고 노모는 나이가 88세입니다. 이러한 노모께서 도성에 계시는데 저는 閩越을 지키고 있고 仲弟는 南越을 지키고 있으니, 이 두 越 지역은 중국천하 안에서 먼 곳입니다. 나라의 규정에 의하면, 한 사람이 이 두 지방에서 벼슬살이를 할 경우에는 동거하는 다른 친족이 먼 지방에서 벼슬하는 것을 허용하지 않는다고 하였습니다. 제가 사실 못난 사람으로 스스로 이 규례를 적용받기를 감히 요구하지 못합니다만, 길이 멀고 험난하여 이미 노모를 모시고 남쪽으로 내려오지 못하고 보니, 슬하에서 아침저녁으로 안부를 살피고 받들어 자식으로서의 정성을 바칠 수 없을 뿐만 아니라, 안부편지를 주고받는 것조차 달을 넘기고 철을 넘기지 않으면 통할 수 없습니다. 이것이 곧 백발이 된 母子가 도리상 그렇저렁 안일하게 있을 수 없고 은정을 그렁저렁 멀리해버릴 수 없는 까닭입니다.

1) 先王 : 여기서는 周 文王을 가리킨다.
2) 異 : 저본에 '易'으로 된 것을 ≪元豐類藁≫를 근거로 수정하였다.
3) 閩越 : 오늘날의 福建으로 福州를 가리킨다.
4) 南越 : 廣州를 가리킨다. 이 지역은 본디 남방의 越人이 거주하였다 하여 廣州의 별칭으로 쓰인다.

方去歲之春에 有此邦之命하여 鞏敢以情告於朝나 而詔報不許하니라 屬閩有盜賊之事하여 因不敢繼請하고 及去秋到職하여는 閩之餘盜로 或數十百爲曹伍者 往往蟻聚於山谷하고 桀黠能動衆하여 爲魁首者 又以十數라 相望於州縣하여 閩之室閭莫能寧하고 而遠近聞者도 亦莫不疑且駭也하니라 州屬邑이 又有出於饑旱之後하니 鞏於此時에 又不敢以私計自陳이라

지난해 봄 이 고을의 수령에 제수한다는 명이 있을 당시 제가 감히 저의 사정을 조정에 고하였으나 詔書로 허락하지 않는다고 답하였습니다. 이때 마침 閩越에 도적 떼 사건이 발생하여 이로 인해 감히 계속 요청하지 못했습니다. 지난해 가을 임지에 부임하자 閩越의 도적 잔당이 수십 수백 명씩 무리 지어 여기저기 산골에 모여 있기도 하고, 교활하여 능히 군중을 선동하여 우두머리가 된 자들이 또 10여 명이나 되었습니다. 이들이 여러 州縣에 깔려 있어 閩越 지방의 민가들이 편안히 살 수가 없고, 원근 지방에서 그 소문을 들은 자들도 모두 불안해하고 두려워하였습니다. 州의 산하 고을들이 또 기근과 가뭄을 치른 뒤였으므로 제가 이때 또 감히 사적인 사정을 가지고 스스로 진언하지 못했습니다.

其於寇孽에 屬前日之屢敗로 士氣旣奪하고 而吏亦無可屬者라 其於經營에 旣不敢以輕動迫之하고 又不敢以少縱玩之라 一則諭以招納하고 一則戒以剪除하니 旣而其悔悟者는 自相執拘以歸하고 其不變者도 亦爲士吏之所係獲하며 其魁首는 則或縻而致之하고 或殲而去之하니 自冬至春히 遠近皆定하여 亭無枹鼓[1]之警하고 里有室家之樂하여 士氣始奮而人和始洽하며 至於風雨時若하여 田出自倍라 今野行海涉에 不待朋儔하고 市粟而來에 價減什七하니 此皆吾君吾相의 至仁元澤이 覆冒所及이라 故寇

旱之餘로 曾未朞歲에 旣安且富 至於如此하니라

도적으로 인한 화에 대해서는 관군이 지난날 여러 차례 그들에게 패하였기 때문에 사기가 이미 떨어져 있었고 하급관리도 일을 부탁할 만한 자가 없었습니다. 저는 이 문제를 처리할 때 이미 감히 섣불리 움직여 그들을 압박하지도 못하고 또 감히 약간 방치하여 무시해버릴 수도 없었습니다. 그래서 한편으로는 관대하게 불러들인다는 말로 타이르고, 한편으로는 소탕해버리겠다는 말로 위협하였습니다. 얼마 뒤에 잘못을 뉘우친 자는 스스로 상대를 붙잡아 돌아왔으며, 마음을 바꾸지 않은 자들은 또 관군과 관리들에 의해 잡혔습니다. 그들의 우두머리에 대해서는 포박하여 데려오기도 하고 혹은 죽여 제거해버렸습니다.

그랬더니 지난해 겨울부터 봄까지 원근 지역이 모두 안정되어 驛亭에는 비상사태를 알리는 북소리가 울리지 않았고, 마을에는 가정의 평화를 즐기는 낙이 있어서 사기가 비로소 일어나고 인심이 비로소 흡족해졌으며, 심지어 비바람도 순조로워 농가의 소출이 이전에 비해 갑절이나 늘었습니다. 지금은 들판을 걸어가거나 바다를 건널 적에 여럿이 무리 지어 갈 필요가 없고 곡식을 사 가지고 올 때는 값이 십분의 칠이나 떨어졌으니, 이는 모두 우리 君上과 우리 재상의 지극하신 仁德과 크신 은택이 두루 미쳐 이루어진 결과입니다. 이 때문에 도적과 가뭄의 역경을 치른 이후 1년도 채 되지 않았는데도 살기가 편안하고 부유해진 정도가 여기까지 이르게 되었습니다.

1) 枹鼓 : 도적이 갑자기 일어나면 대중을 경계하기 위해 치는 북을 말한다.

鞏與斯民으로 與蒙其幸하여 方地數千里에 旣無一事하고 繫官於此 又已彌年이니 則可以將母之心으로 告於吾君吾相이 未有易於此時也라 伏惟推古之所以待士之詳하여 思勞歸之詩 本士大夫之情하여 而及[1]於其親하고 逮之以卽乎人心之政하여 或還之闕下거나 或處以閑曹거나 或引之近畿하여 屬以一郡하여 使得諧其就養之心하고 慰其高年之母면 則仁治之行이 豈獨昏愚得蒙賜於今日이리오 其流風餘法이 傳之永久하여 後世之士 且將賴此하여 以[2]無北山之怨과 鴇羽之譏와 陟岵之歎하리니 蓋行之甚易하고 爲德於士類者甚廣이리라 惟留意而圖之하라 不宣하노라

저는 이곳 백성들과 그 은택을 입어 수천 리에 이르는 지역이 이미 문제되는 일이 하나도 없고, 이곳에 수령으로 매여 있은 지가 또 한 해가 찼으니, 노모를 받들어 모시고픈 마음을 우리 君上과 우리 재상께 고하는 것이 지금보다 더 용이한 때가 없습니다. 삼가 바라건대, 옛날에 선비를 잘 대우하던 뜻을 미루어 확대하여 그 당시 공무를 마치고 돌아온 관리를 위로한 詩가 士大夫의 마음을 이해하여 그들의 어버이에게까지 미치고, 더 나아가 인심에 기반을 둔 정사로까지 미쳐갔다는 것을 생각해주십시오. 그리하여 대궐로 불러들여 일이 한가로운 관서로 앉히거나 혹은 도성에서 가까운 지방으로 끌어다가 한 고을을 맡김으로써, 노모를 가까이에서 봉양하고픈 마음을 이루게 하고 그 나이 많은 어미를 위안해드리게 해주십시오.

그렇게 되면 仁德으로 천하를 다스리는 은혜를 오늘날 어찌 우매한 저 혼자서만 입겠습니까. 그 좋은 기풍과 제도가 영구히 전해져 후세의 선비들도 장차 이로 인해 앞서 말한바 〈北山〉篇과 같은 원망, 〈鴇羽〉篇과 같은 비난, 〈陟岵〉篇과 같은 한탄이 없을 것입니다. 이는 대체로 시행하기는 매우 쉽고 士類에게 덕이 되는 것은 매우 넓을 것입니다. 바라건대 유념하여 도모해주십시오. 이만 줄입니다.

1) 及 : 저본에 '反'으로 된 것을 ≪元豐類藁≫를 근거로 수정하였다.
2) 以 : 저본에 '其'로 된 것을 ≪文編≫과 ≪唐宋八大家讀本≫을 근거로 수정하였다.

唐荊川曰 南豐之文은 純出於道古라 故雖作書亦然하니 蓋其體裁如此也라하니라

唐荊川이 말하였다.

"南豐의 문장은 오로지 고대의 문화를 논하는 데에서 나온다. 그러므로 비록 서간문을 지을 적에도 그러하니, 대체로 그 문장을 구성하는 체제가 이렇다."

06. 謝杜相公書* 杜相公께 사례한 편지

* 작자 나이 32세 때인 1050년에 杜衍(978~1057)에게 쓴 편지이다. 3년 전인 1047년에 작자가 아버지 曾易占을 모시고 汴京으로 올라가던 중 南京(지금의

河南 商丘)에 이르러 아버지가 병이 나서 죽었다. 이 당시 작자는 벼슬하기 전이었고 그곳은 고향인 江西 臨川으로부터 수천 리나 떨어진 타향이었으므로 주위에 가까운 사람이 아무도 없었다. 게다가 폐결핵으로 건강도 좋지 않아 매우 어려운 처지에 놓여 있었다. 이때 마침 벼슬에서 물러나 그곳에 살고 있던 옛 재상 杜衍의 각별한 도움으로 무사히 상을 치르고 靈柩를 고향으로 운반해 올 수 있었다. 작자는 3년 喪期를 마치고 그때 받은 은혜에 깊이 감동한 정을 이 편지에 담아 감사를 표하였다.

感慨深湛하고 雍容典則하니 有道者之文也라 豈淺儇者所及이리오

감동이 깊고 우아하면서도 법칙이 있으니 도를 지닌 자의 문장이다. 어찌 수준이 낮고 경박한 자가 미칠 수 있겠는가.

伏念昔者方鞏之得禍罰於河濱에 去其家四千里之遠이라 南嚮而望에 迅河大淮와 埭堰湖江[1] 天下之險이 爲其阻阨이라 而以孤獨之身으로 抱不測之疾[2]하여 煢煢路隅에 無攀緣之親과 一見之舊로 以爲之託이요 又無至行上之可以感人과 利勢下之可以動俗이라 惟先人之醫藥과 與凡喪之所急을 不知所以爲賴하고 而旅櫬之重大를 懼無以歸者러니 明公이 獨於此時에 閔閔勤勤하여 營救護視하고 親屈車騎하여 臨於河上하여 使其方先人之病으로 得一意於左右하고 而醫藥之有與謀하니라 至其旣孤에 無外事之奪其哀하여 而毫髮之私를 無有不如其欲하여 莫大之喪을 得以卒致而南하니 其爲存全之恩과 過越之義如此하니라

삼가 회상해보건대, 지난날 제가 黃河 강변에서 아비를 잃은 재앙과 징벌을 만났을 때 고향과는 4천 리나 멀리 떨어져 있었습니다. 남쪽을 향해 바라보니 보이는 것은 그저 사나운 黃河와 넓은 淮水, 제방과 방죽, 호수와 長江 등 천하의 험난한 것들이 이어진 것으로 제가 고향으로 靈柩를 운반해 가는 데에 장애가 되는 것들뿐이었습니다. 그런데 저는 고독한 몸으로 심각한 병을 앓으면서 길가에 쓸쓸히 서성거리는 신세가 되어 의지할 만한 친척이나 한 번 만나본 벗이라도 있어 의탁할 곳으로 삼을 만한 데가 없었고, 또 제가 위로는 지위가 높은 사람을 감동시킬 만한 높은 품덕도 없고

아래로는 세속의 대중에게 영향을 끼칠 만한 재력이나 세력도 없었습니다. 그래서 先人에게 필요한 醫藥과 喪事를 치를 때 급히 필요한 물자를 누구에게 의지하여 준비해야 할지 몰랐고, 게다가 객지타향에 놓여 있는 중대한 靈柩를 운송하여 돌아갈 방법이 없어 두려웠습니다.

그런데 이런 때에 明公께서 혼자 깊이 걱정하며 수고를 아끼지 않아 방법을 강구하여 구제하고 돌보아주었으며, 몸소 수레를 몰아 黃河의 물가에 왕림하셨습니다. 그리하여 저로 하여금 先人의 병세가 위중한 기간에 곁에서 전념하여 간호할 수 있게 하고, 의원을 부르고 약을 쓸 때에도 함께 상의할 사람이 있게 해주셨습니다. 제가 고아가 된 뒤에는 그때에도 잡다한 일로 인해 先人에 대한 애통한 정을 표하지 못하는 일이 없게 하여, 극히 사소한 욕구까지도 제 소원대로 안 되는 것이 없게 함으로써 이 막중한 喪禮의 행차가 마침내 남쪽 고향으로 돌아올 수 있도록 하였으니, 저를 돌보아 목적을 이루게 해주신 은혜와 일반 상식을 뛰어넘은 의리가 곧 이와 같았습니다.

1) 埭堰湖江 : 埭와 堰은 강물이 넘치는 것을 막기 위해 강변에 흙을 쌓아올린 제방과, 물을 가두어 수위를 높이기 위해 쌓은 방죽 따위이다. 湖는 洪澤과 高郵 등 호수이고, 江은 長江을 가리킨다. 南京에서 작자의 고향인 南豐까지 가기 위해서는 黃河・淮河・運河・長江을 경유해야 하는데, 도중에 洪澤・高郵 등 여러 호수가 있다.

2) 抱不測之疾 : 작자가 증세가 심각한 폐병을 앓고 있었으므로 하는 말이다.

竊惟明公이 相天下之道는 唫頌推說者窮萬世요 非如曲士汲汲一節之善이라 而位之極하고 年之高에 天子不敢煩以政하니 豈鄕閭新學의 危苦之情과 蘩細之事를 宜以徹於視聽而蒙省察이리오 然明公存先人之故하여 而所以盡於鞏之德이 如此하니 蓋明公雖不可起而寄天下之政이나 而愛育天下之人材하여 不忍一夫失其所之道 出於自然이라 推而行之를 不以進退하니 而鞏獨幸遇明公於此時也하니라

삼가 생각건대, 明公께서 천하를 보좌하는 원칙은 천추만대까지 사람들이 읊조리며 높이 찬양할 만한 것이고, 식견이 좁은 사람이 힘겹게 애써 어떤 하나의 작은 일을 완전하게 이루어낸 경우와 다릅니다. 그리고 지위가 정점에 이르고 연세도 높아

천자께서도 감히 더 이상 정사를 가지고 귀찮게 해드리지 못하고 있습니다. 그러니 어찌 저와 같은 시골 후학이 어렵고 힘겨운 내용과 자질구레한 일을 가지고 明公의 이목에 올려드려 살펴주시는 은혜를 입을 수 있겠습니까.

그러나 明公께서 先人과의 옛정을 생각하여 있는 힘껏 저를 도와주신 은덕이 이와 같습니다. 이는 대체로 明公께서 비록 다시 임용되어 천하의 정사를 맡을 수는 없으나, 천하의 인재를 사랑하고 배양하여 차마 한 사람이라도 자기의 책임을 다하는 기회를 잃어버리게 하지 못하시는 도의가 자연의 천성에서 우러나오기 때문입니다. 이것을 더 확대하고 실행하여 현직에 있거나 물러나 있는 것으로 인해 변화가 없는데 제가 유독 이 시기에 다행히 明公을 만난 것입니다.

在喪之日에 不敢以世俗淺意로 越禮[1)]進謝하고 喪除에 又惟大恩之不可名과 空言之不足陳으로 徘徊迄今하여 一書之未進하니 顧其慚生於心하여 無須臾廢也로이다 伏惟明公은 終賜亮察하라라 夫明公은 存天下之義而無有所私하니 則鞏之所以報於明公者도 亦惟天下之義而已라 誓心則然이요 未敢謂能也니라

제가 居喪하는 동안 감히 세속의 얕은 생각으로 인해 예법을 어기고 찾아가 뵙고 謝意를 표하지 못하고, 喪期를 마친 뒤에는 또 저에 대한 큰 은혜를 뭐라고 형용할 방법이 없고 몇 마디 빈말로는 감사하는 저의 정을 표현할 수 없었기에, 이리저리 생각하다가 지금에 이르도록 한 통의 편지조차 올리지 못하였습니다. 하지만 부끄러운 마음이 가슴속으로부터 올라와 잠시라도 떨쳐버릴 수 없었습니다. 삼가 바라건대 明公께서는 저의 이와 같은 심정을 헤아려주십시오. 대체로 明公께서는 천하를 가슴에 품는 大義를 견지하여 한 점의 사심이나 잡념이 없는 줄로 압니다. 그렇다면 제가 明公께 보답하는 것도 천하를 가슴에 품는 大義로 할 뿐입니다. 제 마음속으로 다짐하는 것은 그렇습니다만 과연 제대로 그렇게 할 것이라고는 감히 말씀드리지 못합니다.

1) 越禮 : 예법을 어긴다는 뜻으로, 여기서는 부모의 居喪 기간에 외부사람과 교제하면 안 되는 보편적인 예법을 어기는 것을 뜻한다.

宋大家曾文定公文抄 卷3

書

01. 上杜相公書* 杜相公께 올린 편지

* ≪元豐類藁≫에는 본문의 첫머리에 "經曆 7년 9월 모일에 南豐 曾鞏은 정사에서 물러난 相公閣下께 재배하고 글을 올립니다.〔慶曆七年九月日 南豐曾鞏 再拜上書致政相公閣下〕"라는 내용이 있다. 이로 볼 때 이 편지는 작자의 나이 29세 때인 1047년 9월에 쓴 것이다. 杜衍(978~1057)은 이때 太子少師로 있다가 물러나 지금의 河南省 商丘縣 남쪽에 위치한 南京에서 살고 있었다. 작자가 이때 아버지 曾易占을 모시고 京師로 들어가던 길에 그 지역을 경유하면서 올린 것으로, 작자가 杜衍에게 보낸 4통의 편지 중에 가장 먼저 쓴 것이다. 지난날 杜衍이 천하의 인재를 많이 등용한 것에 대해 흠모하는 정성을 드러낸 다음 자기가 그를 찾아가 알현하게 된 이유를 밝혔는데, 주된 의도는 자기 존재를 상대에게 알리고 앞길을 인도해주기를 부탁하려고 한 것이다.

以書爲質하고 其說宰相之體處도 亦自典刑이라

편지를 예물로 삼았고 재상의 도리를 설명한 부분 또한 나름대로 모범적이다.

鞏聞夫宰相者 以己之材爲天下用이면 則用天下而不足하고 以天下之材爲天下用이면 則用天下而有餘라하니 古之稱良宰相者 無異焉이요 知此而已矣니라

저는 듣건대, 재상이란 자기 한 개인의 재능을 천하를 위해 쓴다면 천하를 위해 전력을 다한다 하더라도 부족하고, 천하의 인재를 널리 발굴하여 천하를 위해 쓴다면 천하가 광대하더라도 여유가 있다고 하였습니다. 옛날에 훌륭한 재상으로 칭송을 받은 자는 어떤 별다른 이유가 있어서가 아니고 이 점을 알았던 것일 뿐입니다.

舜嘗爲宰相矣니 稱其功則曰 擧八元八愷[1)]요 稱其德則曰 無爲而治者는 其舜也與[2)]인저 卒之爲宰相者 無與舜爲比也하니 則宰相之體를 其亦可知也已니라 或曰 舜大聖人也라하고 或曰 舜遠矣라 不可尙也라하니 請言近하리라

舜이 일찍이 재상으로 있었는데 그 공을 칭송할 때는 "八元과 八愷를 등용했던 일이다." 하고, 그 덕을 칭송할 때는 "하는 일이 없이 다스린 자는 곧 舜일 것이다." 하였습니다. 후세에 재상으로 있었던 자들 가운데 舜과 견줄 만한 자가 없었으니, 재상의 본질이 무엇인지 또한 알 수 있습니다. 어떤 자는 "舜은 大聖人이다." 하고 어떤 자는 "舜은 시대가 멀어 기준으로 삼을 수 없다."고 말하기도 하니, 가까운 시대의 사례로 말씀드리겠습니다.

1) 擧八元八愷 : 八元은 高辛氏의 여덟 아들로 伯奮・仲堪・叔獻・季仲・伯虎・仲熊・叔豹・季貍 등을 말하고, 八愷는 高陽氏의 여덟 아들로 蒼舒・隤敳・檮戭・大臨・龍降・庭堅・仲容・叔達 등을 말하는데 이들의 후손이 모두 재능이 뛰어났다고 한다. 舜이 八愷의 후손을 등용하여 토지에 관한 일을 주관하게 하자 그들이 관장하는 모든 일들이 제때에 잘 이루어지고 질서가 있었으며, 八元의 후손을 등용하여 인륜을 파급시키게 하자 백성들이 교화되었다 한다. ≪史記 五帝本紀≫

2) 無爲而治者 其舜也與 : ≪論語≫ 〈衛靈〉篇에 있는 내용으로, 공자가 舜의 덕이 높아 백성이 저절로 교화되었다는 뜻으로 칭송한 말이다. 朱子의 集註에는 "오직 舜을 거론한 이유는 그가 堯의 뒤를 이었고 또 인재를 얻어 여러 직무를 맡겼기 때문에 그가 정사를 한 흔적을 더욱 볼 수 없는 것이다." 하였다.

近可言者는 莫若漢與唐이라 漢之相曰陳平은 對文帝에 曰 陛下卽問決獄인대 責廷尉하고 問錢穀인대 責治粟內史하소서하고 對周勃에 曰 且陛下問長安盜賊數면 又可强對耶아하고 問平之所以爲宰相者엔 則曰 使卿大夫로 各得任其職也로이다하니라 觀平之所自任者如此하고 而漢之治 莫盛於平爲相時면 則其所守者 可謂當矣니라

가까운 시대의 사례로 거론할 만한 경우는 漢과 唐보다 더 좋은 때가 없습니다. 漢나라 재상 陳平은 文帝의 질문에 대답하기를 "폐하께서 獄事의 처결에 관해 묻으시려

면 廷尉를 채근하고, 錢穀에 관해 물으시려면 治粟內史를 채근하소서." 하였고, 周勃의 질문에 대답하기를 "폐하께서 長安의 도적 수를 물으시면 그것도 애써 대답할 것인가." 하였으며, 文帝가 그에게 재상이 하는 일이 무엇이냐고 물었을 때는 "卿大夫로 하여금 각기 그들의 직무를 수행하도록 하는 것입니다." 하였습니다. 陳平이 그의 직무를 그와 같이 수행하였는데 漢나라가 陳平이 재상으로 있을 때보다 더 잘 다스려진 때가 없는 것을 살펴보면 그가 견지한 도리가 옳았다고 말할 수 있습니다.

降而至於唐하여는 **唐之相曰房杜**라 **當房杜之時**하여 **所與共事**는 **則長孫無忌岑文本**이요 **主諫諍**은 **則魏鄭公王珪**요 **振綱維**는 **則戴胄劉洎**요 **持憲法**은 **則張元素孫伏伽**요 **用兵征伐**은 **則李勣李靖**이요 **長民守土**는 **則李大亮**이니이다 **其餘爲卿大夫**하여 **各任其事**는 **則馬周溫彦博杜正倫張行成李綱虞世南褚遂良之徒**로 **不可勝數**라 **夫諫諍其君**과 **與正綱維持憲法用兵征伐長民守土**는 **皆天下之大務也**어늘 **而盡付之人**하고 **又與人共宰相之任**하며 **又有他卿大夫各任其事**하니 **則房杜者 何爲者邪**오 **考於其傳**컨대 **不過曰 聞人有善**에 **若己有之**라하고 **不以求備取人**하고 **不以己長格物**하며 **隨能收敍**하여 **不隔卑賤而已**니이다 **卒之稱良宰相者**는 **必先此二人**하니 **然則著於近者**로서 **宰相之體**를 **其亦可知也已**니라

후대로 내려와 唐나라 때에 이르러서는 唐나라 재상 房玄齡과 杜如晦가 있었습니다. 房玄齡과 杜如晦 때 함께 국사를 경영한 인물은 長孫無忌와 岑文本이고, 간쟁을 주도한 인물은 魏鄭公(魏徵)과 王珪이고, 기강을 진작시킨 인물은 戴胄와 劉洎이고, 헌법을 부지한 인물은 張元素와 孫伏伽이고, 군대를 부리고 정벌을 맡은 인물은 李勣과 李靖이고, 백성을 기르고 강토를 지킨 인물은 李大亮입니다. 그 나머지 卿大夫가 되어 저마다 그 직무를 맡은 인물로는 馬周·溫彦博·杜正倫·張行成·李綱·虞世南·褚遂良 등 이루 헤아릴 수 없을 정도로 많습니다. 대체로 그 군주에게 간쟁하는 일과 기강을 바로세우는 일, 헌법을 부지하는 일, 군대를 부리고 정벌하는 일, 백성을 기르고 강토를 지키는 일 등은 모두 천하의 중대한 사무인데도 불구하고 전부 다른 사람에게 맡기고, 또 다른 사람과 재상의 임무까지도 함께 수행하였으며, 아래로는 또 다른 卿大夫들이 저마다 그 직무를 맡았습니다.

그렇다면 房玄齡과 杜如晦는 과연 무엇을 한 사람들입니까? 그들의 列傳을 살펴보았더니, "남에게 선행이 있다는 말을 들으면 마치 자기에게 있는 것처럼 여겼으며, 인재를 취할 때 모든 것이 다 완전할 것을 요구하지 않고 자기의 장점을 가지고 남의 행위를 바로잡지 않았으며, 각자의 능력에 따라 임용하고 신분이 미천한 것은 따지지 않았다."라고 말한 것에 지나지 않았습니다. 그런데도 후세에 훌륭한 재상을 거론하는 자는 반드시 이 두 사람을 먼저 말합니다. 그렇다면 가까운 시대에 저명한 재상의 본질 또한 그것이 무엇인지 알 수 있습니다.

唐以降으로 天下未嘗無宰相也나 稱良相者는 不過其一二大節可道語而已니 能以天下之材爲天下用하여 眞知宰相體者는 其誰哉잇고

唐나라 이후 천하에 일찍이 재상이 없었던 것은 아니지만 훌륭한 재상으로 거론된 자는 입에 올려 말할 만한 한두 가지 큰 법도를 지닌 정도에 지나지 않으니, 천하의 인재를 발굴하여 천하를 위해 씀으로써 재상의 본질을 진정으로 안 사람은 과연 누구입니까?

數歲之前에 閣下爲宰相이라 當是時하여 人主方急於致天下治할새 而當世之士로 豪傑魁礨者 相繼而進하여 雜遝於朝라 雖然이나 邪者惡之하고 庸者忌之 亦甚矣라 獨閣下奮然自信하여 樂海內之善人用於世하여 爭出其力하여 以唱而助之하고 惟恐失其所自立하여 使豪傑者로 皆若素繇門下以出하니라 於是與之佐人主하여 立州縣學하여 爲累日之格以勵學者[1)]하고 課農桑하고 以損益之數로 爲吏陞黜之法하고 重名教[2)]하여 以矯衰弊之俗하고 變苟且하여 以起百官衆職之墜하며 革任子之濫하여 明賞罰之信이라 一切欲整齊法度하여 以立天下之本하고 而庶幾三代之事라 雖然이나 紛而疑하고 且排其議者亦衆矣라 閣下復毅然堅金石之斷하여 周旋上下하여 扶持樹植하여 欲使其有成也하니라 及不合矣에 則引身而退하니 與之俱否라 嗚呼라 能以天下之材爲天下用하여 眞知宰相體者는 非閣下其誰哉잇가 使充其所樹立인대 功德可勝道哉리오 雖不充其志리도 豈媿於二帝三代漢唐之爲宰相者哉리오

몇 해 전에 閣下께서 재상으로 계셨습니다. 그 당시에는 군주가 한창 태평한 천하를 이루기 위해 서둘렀으므로 당대의 선비로서 특출한 호걸들이 서로 뒤를 이어 진출하여 조정이 시끌벅적하였습니다. 비록 그렇기는 해도 간사한 자들의 증오와 용렬한 자들의 시기 또한 심하였습니다. 그런데 누구보다도 閣下께서는 분발하여 자신감을 갖고 천하의 유능한 인재가 세상에 쓰이는 것을 즐겁게 생각하여, 온 힘을 다 쏟아 앞장서서 도와주어 오직 그들이 성공하지 못하지나 않을까 염려함으로써, 호걸들로 하여금 모두 본디 閣下의 문하로부터 진출한 것 같은 느낌이 들게 하였습니다.

이리하여 마침내 그들과 군주를 보좌하여 각 州와 縣에 학교를 세워 많은 날수를 공부해야 하는 규정을 제정함으로써 배우는 자들을 격려하고, 농업과 양잠업을 권장하였으며, 곡물과 물자 등 비용을 줄인 정도로써 관리를 승진시키거나 퇴출하는 기준으로 삼고, 名教에 치중하여 쇠퇴하고 피폐해진 풍속을 바로잡고, 그럭저럭 구차하게 넘어가는 풍조를 바꾸어 무너진 百官 衆職의 기강을 일으켜 세우고, 고관의 자제를 관리로 무절제하게 임용하는 폐단을 고치고, 공이 있으면 반드시 상을 주고 죄가 있으면 반드시 벌을 가하는 법을 밝혔습니다. 이렇듯 모든 면에서 법과 제도를 정돈하여 천하의 근본을 바로 세움으로써 三代의 이상적인 정치에 근접하도록 하였습니다.

그러나 바르지 못한 자들이 어지럽게 떠들어대며 의심하고 또 그 개혁에 관한 논의를 배격하는 자들도 많았습니다. 그런데도 閣下께서는 무쇠나 바위 같은 견고한 자세로 이리저리 여유롭게 대처하면서 正道를 부지하고 세워나가 개혁이 반드시 성공하도록 노력하였습니다. 그러다가 상황이 의도한 대로 부합하지 않자 재상을 그만두고 물러나니 그와 동시에 善類들이 모두 액을 당하였습니다. 아, 능히 천하의 인재를 발굴하여 천하를 위해 씀으로써 재상의 본질을 진정으로 안 사람은 閣下가 아니고 과연 누구겠습니까. 만일 추진하던 그 계획을 충분히 실현하였더라면 그 공덕을 어찌 이루 말할 수 있겠습니까. 비록 그 뜻을 충분히 실현하지는 못했지만 二帝(堯舜)·三代·漢·唐 때 재상이었던 인물들에게 어찌 부끄럽겠습니까.

1) 爲累日之格以勵學者 : 慶曆新政에서 科擧제도를 바꾼 규정 가운데 하나로, 선비들은 반드시 지방 학교에서 300일 동안 학습하는 과정을 거쳐야 秋試에 응할 자격을 얻을 수 있게 하였다.

2) 名教 : 儒家가 정한 명분과 교훈을 준칙으로 하는 도덕관념을 뜻한다.

若鞏者는 誠鄙且賤이나 然常從事於書하여 而得聞古聖賢之道라 每觀今賢傑之士 角立竝出하여 與三代漢唐相侔에 則未嘗不歎其盛也하고 觀閣下與之反復議而更張庶事之意하야 知後有聖人作하여 救萬事之弊에 不易此矣하여는 則未嘗不愛其明也하고 觀其不合而散逐消藏하여는 則未嘗不恨其道之難行也라 以歎其盛하고 愛其明하고 恨其道之難行之心에 豈須臾忘其人哉리오 地之相去也千里요 世之相後也千載라도 尙慕而欲見之커든 況同其時하고 過其門墻之下也歟리오 今也過閣下之門에 又當閣下釋袞冕而歸하니 非干名蹈利者所趨走之日이라 故敢道其所以然하고 而幷書雜文一編하여 以爲進拜之資하니 蒙賜之一覽焉이면 則其願得矣니라

저와 같은 자는 실로 식견이 얕고 좁으며 지위가 미천합니다만 일찍이 글을 읽어 옛 성현의 도를 들었습니다. 매번 오늘날 재능과 덕이 뛰어난 선비들이 한꺼번에 쏟아져 나와 三代·漢·唐 때의 인물과 서로 대등한 것을 살펴보고는 그 성대함에 감탄하지 않은 적이 없었고, 閣下께서 그들과 의논을 거듭해가며 여러 가지 국정을 개혁하시는 뜻을 살펴보고는 후세에 성인이 출현하여 만사의 잘못된 폐단을 바로잡을 적에 이와 같은 방법을 바꾸지 않을 것이라는 것을 알고 그 밝으신 슬기를 사랑하지 않은 적이 없었습니다. 그리고 뜻이 시대상황과 부합하지 않아 여러 인물이 사방으로 흩어지고 자취를 감춰버린 것을 살펴보고는 바른 도를 행하기가 어렵다는 것에 한스러워하지 않은 적이 없었습니다.

이처럼 그 인물들이 성대함을 감탄하고 그 슬기가 밝음을 사랑하고 그 바른 도가 행해지기 어려움을 한스러워하고 있는 마음에 어찌 그 당사자를 잠시라도 잊어버리겠습니까. 거주하고 있는 지역의 거리가 서로간에 천 리나 되고 살아가는 세상의 앞뒤가 서로간에 천 년이나 되더라도 오히려 흠모하여 만나보려 할 터인데, 하물며 그와 시대를 함께하였고 그의 담장 밑을 지나가는 경우이겠습니까. 지금 閣下의 문하를 지나가는데 마침 또 각하께서 관복을 벗어버리고 초야로 돌아오신 때를 당하였으니, 명예를 구하고 이익을 따르는 자가 閣下를 향해 달려가는 날이 아닙니다. 그러므로 감히 제가 찾아뵙게 된 까닭을 말씀드리고, 아울러 〈雜文〉 한 편을 써서 찾아가 인사

드리는 소재로 삼을까 합니다. 한번 열람해주시면 제 소원은 이루어진 것입니다.

噫라 賢閣下之心은 非繫於見否也로되 而復汲汲如是者는 蓋其忻慕之志而已耳니 伏惟幸察하소서 不宣하니이다

아, 閣下를 존경하는 마음이 만나뵙고 만나뵙지 않는 것과는 무관함에도 불구하고, 이처럼 애절하게 바라는 이유는 좋아하고 흠모하는 뜻에 의한 것일 뿐입니다. 부디 살펴주십시오. 이만 줄입니다.

02. 與杜相公書* 杜相公께 보낸 편지

* 본문의 '去門下以來 九歲於此'라는 내용으로 볼 때, 이 편지는 작자의 나이 37세 때인 1055년에 쓴 것이다.

此는 子固所不可及處니 在不失己上이라

이 편지는 子固의 수준을 따라갈 수 없는 부분으로, 그것은 자기 윗사람의 신임을 잃지 않는다는 점에 있다.

鞏啓하노라 鞏多難而貧且賤하고 學與衆違하여 而言行少合於世라 公卿大臣之門을 無可藉以進이나 而亦不敢輒有意於求聞이라 閣下致位天子而歸에 始獨得望舄履於門下할새 閣下以舊相之重과 元老之尊으로 而猥自抑損하여 加禮於草茆之中과 孤煢之際하니라 然去門下以來로 九歲於此라 初不敢爲書以進하고 比至近歲하여는 歲不過得以一書之問으로 薦於左右하여 以伺侍御者之作止러니 又輒拜敎之辱이라 是以로 滋不敢有意以干省察하고 以煩覝施하여 而自以得不韙之誅나 顧未嘗一日而忘拜賜也라

鞏은 아룁니다. 저는 어려운 사정을 많이 겪었으며 가난하고 또 신분도 미천한데다 학문 경향이 일반 대중과 어긋나서 언행이 세상과 부합된 부분이 적습니다. 그래서 公卿 大臣의 문하에 무엇을 의지하여 찾아갈 만한 것이라고는 없습니다만, 그래도 감히 그들에게 제 존재가 알려지기를 원하는 데에는 뜻이 없습니다. 閣下께서 천자에게

벼슬을 내놓고 초야로 돌아오신 그 당시에 저는 문하에서 閣下를 찾아뵈었는데, 閣下께서는 전임 재상이라는 높은 명망과 원로의 존엄하신 지위로 스스로 자신의 격을 낮추어, 객지의 초가집에 머물며 외로운 처지에 놓여 있던 저를 예우하셨습니다.

그러나 문하를 떠나온 이후 지금 9년이 흘렀는데 초기에는 감히 편지를 써 올리지 못하였고, 근년에 이르러서는 한 해에 안부편지 한 통을 문하에 올려 閣下의 근황을 살피는 정도에 지나지 않고 있습니다. 그런데 또 매번 가르침을 주시는 편지를 보내주셨습니다. 이 때문에 더욱더 감히 제 안부를 살펴주시길 구하고 편지로 가르침을 주시는 폐해를 끼쳐드릴 마음이 없어 편지를 자주 올리지 못하였습니다. 그래서 무례하다는 책망을 받을 수 있습니다만 단 하루도 가르침을 주신 은혜를 잊은 적이 없습니다.

伏以閣下朴厚清明讜直之行과 樂善好義遠大之心을 施於朝廷而博見於天下하고 銳於强力而不懈於耄期라 當今內自京師로 外至巖野히 宿師碩士 傑立相望하니 必將憊精疲思하여 寫之冊書하여 磊磊明明하여 宣布萬世하리니 固非淺陋小生所能道說而有益毫髮也라

삼가 생각건대, 閣下께서는 순후하고 청명하고 올곧은 행실과 善을 즐거워하고 의리를 좋아하는 원대한 마음을 조정에 행하여 그것이 천하에 널리 드러났고, 청장년 시절에 전력투구하여 늙은 만년에도 해이해지지 않았습니다. 오늘날 안으로 도성에서부터 밖으로 산간 촌야까지 노성한 선배와 학문의 수준이 높은 선비들이 일가를 이루고 곳곳에 깔려 있으니, 반드시 장차 노심초사하여 閣下에 관한 이야기를 서책에 써서 뚜렷하고 분명하게 먼 후세에 선양하고 전파할 것입니다. 그러니 학식이 얕고 좁은 소생이 무슨 말을 하여 어떤 작은 도움이 되게 할 수 있는 일은 아닙니다.

鞏年齒益長하고 血氣益衰하여 疾病人事로 不得以休라 然이나 用心於載籍之文하여 以求古人之緒言餘旨하여 以自樂於環堵之內하고 而不亂於貧賤之中이면 雖不足希盛德之萬一이나 亦庶幾不負其意리니 非自以謂能也라 懷區區之心於數千里하여 因尺書之好하여 而惟所以報大君子之誼하니 不知所以裁나 而恐欲知其趣라 故輒及之也니라

저는 나이는 더 늘어나고 혈기는 더욱 쇠약해져 질병과 인간사로 인해 쉴 틈이 없습니다. 그러나 경전의 내용에 마음을 써 옛사람이 남긴 말과 뜻을 깊이 탐구하여 누추한 방 안에서 스스로 즐거워하고 빈천한 속에서 마음이 흐트러지지 않는다면, 閣下의 거룩하신 덕에 견주어 만에 하나라도 이룰 것을 기대하지는 못하더라도, 다소나마 저에게 바라는 閣下의 뜻을 저버리지 않을 것입니다. 그러나 이 각오를 제대로 성취할 것이라고는 스스로 장담하지 못합니다. 수천 리 떨어져 있는 곳에서 閣下를 향한 충정을 가슴에 품고 편지 왕복을 통해 저를 위하시는 대군자의 情誼에 보답하려 하니 무슨 말을 어떻게 해야 할지 모르겠습니만, 제가 지향하는 성향을 알고 싶어 하실 것 같기에 언급하였습니다.

春暄에 不審尊候如何오 伏惟以時善保尊重을 不勝鄙劣之望이라 不宣이라

봄날씨가 따스한 이때 근황은 어떻습니까? 바뀌는 계절따라 건강을 잘 보살피고 지키시길 삼가 바라마지 않습니다. 이만 줄입니다.

03. 與孫司封書* 孫司封에게 보낸 편지

* 작자의 나이 35세 때인 皇祐 5년(1053)에 지은 것으로 보인다. 孫司封은 尙書司封員外郎을 지낸 孫抗(998~1053?)이다. 송나라에 반기를 들고 大曆國을 세운 儂智高를 정벌할 때 廣南西路轉運使로 있던 孫抗이 관리를 독촉하여 군량을 수송하고 성곽을 쌓고 무기를 정비하는 공을 세웠다. 이때 邕州의 司戶參軍 孔宗旦이 처음에는 儂智高의 반란을 예고하였고 뒤에 儂智高에게 잡혀 그의 회유를 거절하고 절개를 지켜 죽었는데, 그의 억울한 사정을 변론하고 천하의 治亂得失에 관한 사리를 진술하였다.

憫孔宗旦先儂智高之反而言이로되 而猥與不爲禦賊者 同戮而無聞이라 其爲書反覆千餘言이 句句字字嗚咽涕洟하니 可與傳記相表裏라

孔宗旦이 儂智高의 반란을 미리 알고 고하였음에도 후에 적을 막아내지 못한 자들과 함께 죽임을 당하고 그 사실이 알려지지 못한 것을 안타

깝게 여겼다. 이 글은 반복하면서 이어진 천여 마디가 구구절절 목이 메이고 눈물이 흐르게 하니 傳記 작품과 서로 표리가 될 만하다.

運使司封閣下하노라 竊聞儂智高未反時에 已奪邕邑地而有之하되 爲吏者不能禦하고 因不以告라 皇祐三年에 邕有白氣起庭中하고 江水橫溢하니 司戶孔宗旦以爲兵象이라하여 策智高必反하여 以書告其將陳拱이라 拱不聽이어늘 宗旦言不已라 拱怒하여 詆之曰 司戶狂邪아하니라 四年에 智高出橫山하여 略其寨人하여 因其倉庫而大賑之라 宗旦又告曰 事急矣니 不可以不戒라하되 拱又不從하니라 凡宗旦之於拱에 以書告者七이요 以口告者多至不可數라 度拱終不可得意하여 卽載其家走桂州하여 曰 吾有官守不得去나 吾親毋爲與死也[1)]라하니라 旣行之二日에 智高果反하니 城中皆應之라 宗旦猶力守南門하고 爲書召隣兵하여 欲拒之라 城亡에 智高得宗旦하여 喜欲用之한대 宗旦怒曰 賊아 汝今立死어늘 吾豈可汙邪아하고 罵不絶口하니 智高度終不可下하여 乃殺之하다

轉運使 司封 閣下께 올립니다. 삼가 들으니 儂智高가 반란을 일으키지 않았을 때에 이미 邕邑 땅을 빼앗아 소유하였으나, 관리들이 제어하지 못하고 아울러 그 사실을 고하지도 않았습니다. 皇祐 3년(1051)에 邕邑에 흰색의 구름기운이 관청마당에서 일어나고 강물이 넘쳐흐르는 일이 있었습니다. 司戶參軍 孔宗旦이 병란의 조짐이라 여겨 儂智高가 반드시 반란할 것으로 예측하고 글로 그 고을 장수 陳拱에게 고했으나 陳拱이 그 말을 듣지 않았습니다. 孔宗旦이 멈추지 않고 계속 고하자 陳拱이 노하여 꾸짖기를 "司戶參軍은 미쳤느냐?" 하였습니다. 4년에 儂智高가 橫山을 지나다가 城寨 사람들을 약탈하여 그곳 창고의 곡물로 주변 백성들에게 마구 나눠주었습니다. 그러자 孔宗旦이 또 "일이 급박합니다. 경계하지 않아서는 안 됩니다."라고 고하였으나 陳拱이 또 그 말을 따르지 않았습니다. 孔宗旦이 陳拱에게 글로써 고한 것이 일곱 차례였고 말로써 고한 것은 헤아릴 수 없을 정도로 많았습니다.

그는 陳拱이 끝내 자신의 말을 들어주지 않을 것을 짐작하고 가족을 수레에 태워 桂州로 내보내며 말하기를 "나는 관직이 있어 떠날 수 없으나 나의 친족은 나와 함께 이곳에서 죽을 것이 없다."고 하였습니다. 가족이 떠난 지 이틀 만에 儂智高가 과연 반란을 일으키니, 성 안의 사람들이 모두 호응하였습니다. 하지만 孔宗旦은 힘껏 남

문을 지키고 글을 보내 이웃 고을의 병사들을 불러 모아 반란군을 막으려고 하였습니다. 성이 무너진 뒤에 儂智高가 孔宗旦을 잡고서는 좋아서 임용하려고 하자 孔宗旦이 노하여 말하기를 "네 이놈 역적아! 네가 당장 죽을 것인데 내가 어찌 네놈의 더러운 은혜를 입을 수 있겠느냐!"고 하면서 꾸짖기를 멈추지 않았습니다. 儂智高는 끝내 항복시킬 수 없다는 것을 알고 마침내 그를 죽였습니다.

1) 也 : ≪宋史≫, ≪元豐遺藁≫ 등 이 부분을 설명한 대본에는 '此', '比', '也' 등으로 각기 다르게 되어 있다. '此'와 '比'는 '也'의 오자로 보인다.

當其初에 使宗旦言不廢면 則邕之禍必不發이요 發而吾有以待之면 則必無事라 使獨有此一善이라도 固不可不旌이온 況其死節堂堂如是로되 而其事未白於天下라 比見朝廷所寵贈南兵[1]以來仗節死難之臣에 宗旦乃獨不與하니 此非所謂曲突徙薪無恩澤이요 焦頭爛額爲上客邪[2]아

처음에 만일 孔宗旦이 한 말이 폐기되지 않았더라면 邕邑의 화는 필시 일어나지 않았을 것이고, 일어난 뒤에 우리들이 제대로 대처하였더라면 필시 무사했을 것입니다. 이 중에 한 가지 잘한 일만 있더라도 진실로 표창하지 않을 수 없는데, 하물며 이처럼 당당하게 절개를 지켜 죽었는데도 그 사실이 천하에 알려지지 않았습니다. 근래에 보니 남쪽에서의 전쟁을 수행하던 당시부터 절개를 지키고 국난에 죽은 것에 대해 조정에서 포상한 신하들 가운데 유독 孔宗旦만 들어 있지 않으니, 이는 이른바 "굴뚝 돌리고 땔감 옮기란 자 받은 은택 없는데, 머리 그을리고 이마 데인 자 상객이 되었다네.〔曲突徙薪無恩澤 焦頭爛額爲上客〕"라는 경우가 아니겠습니까?

1) 南兵 : 남쪽 지방에서 군대를 부린다는 뜻으로, 儂智高의 반란을 평정한 전쟁을 가리킨다.

2) 曲突徙薪無恩澤 焦頭爛額爲上客 : 西漢 宣帝 때에 徐福이 霍光의 친족들인 霍氏의 권력이 지나친 것을 보고 상소하여 이들을 미리 제어해야 한다고 건의한 적이 있었다. 나중에 霍禹가 주동이 되어 일으킨 반란을 진압한 뒤에 공신들을 포상하면서 徐福을 제외하였다. 그러자 어떤 사람이 徐福의 억울함을 호소하는 글을 올렸는데, 그 내용 속에서 徐福의 억울함을 비유한 뜻으로 말한 것이

다. ≪漢書 霍光傳≫

使宗旦初無一言이라도 但賊至而能死不去는 固不可以無賞이라 蓋先事以爲備하고 全城而保民者는 宜責之陳拱이요 非宗旦事也라 今猥令與陳拱同戮하니 旣遺其言이요 又負其節이라 爲天下者 賞善而罰惡이요 爲君子者는 樂道人之善하고 樂成人之美어늘 豈當如是耶아 凡南方之事 卒至於破十餘州하여 覆軍殺將하고 喪元元之命하며 竭山海之財者는 非其變發於隱伏하고 而起於倉卒也라 內外上下有職事者 初莫不知로되 或隱而不言하고 或忽而不備하여 苟且偸託하여 以至於不可禦耳라 有一人先能言者로되 又爲世所侵蔽하여 令與罪人同罰하니 則天下之事를 其誰復言耶아

설사 孔宗旦이 애당초 한마디도 한 말이 없었다 하더라도, 다만 적이 쳐들어왔을 때 죽기를 각오하고 떠나지 않은 그것만으로도 진실로 상이 없어서는 안 됩니다. 사건이 일어나기 전에 미리 방비하고 성을 온전히 지켜 백성을 보존하는 일은 마땅히 陳拱에게 책임 지울 일이지 孔宗旦의 일은 아닙니다. 그런데 지금 그릇되게 그를 陳拱과 함께 시신을 도륙하게 하였으니, 이는 이미 그 말을 저버리고 또 그 절개를 저버린 것입니다. 천하를 다스리는 사람은 선한 자에게 상주고 악한 자에게 벌주며, 군자가 된 이는 남의 선행을 칭찬하길 좋아하고 남의 미덕을 이루어주길 좋아하거늘, 어찌 이와 같을 수 있습니까.

남쪽의 전쟁이, 마침내 10여 고을이 파괴되어 군대가 전복되고 장수들이 죽임을 당했으며 백성들이 목숨을 잃고 山海의 재물이 소진되는 지경에까지 이르렀으니, 이것은 그 변란이 남이 모르는 가운데 터져나왔거나 창졸간에 일어난 것이 아닙니다. 내외의 상하 관리들이 애당초 모르지 않는 이가 없었는데도 불구하고 숨기고 말을 하지 않거나, 혹은 소홀히 하여 방비하지 않으면서 그럭저럭 안일하게 지내다가 막을 수 없는 지경에 이르게 된 것일 뿐입니다. 이런 가운데 사전에 과감히 말을 꺼낸 한 사람이 있었는데, 이것 또한 세상 사람들에 의해 침해당하고 엄폐되어 죄인과 같은 벌을 받게 하였으니, 천하의 일을 누가 다시 말할 수 있겠습니까.

聞宗旦非獨以書告陳拱이요 當時爲使者於廣東西者를 宗旦皆歷告之라 今彼旣不能

用하여 懼重爲己累하여 必不肯復言宗旦嘗告我也리라 爲天下者는 使萬事已理하고 天下已安이라도 猶須力開言者之路하여 以防未至之患커든 況天下之事는 其可憂者甚衆하고 而當世之患은 莫大於人不能言與不肯言하고 而甚者或不敢言也라 則宗旦之事를 豈可不汲汲載之天下視聽하여 顯揚褒大其人하여 以警動當世耶아

들으니 孔宗旦이 비단 글로써 陳拱에게 고한 것만이 아니고, 당시에 廣東과 廣西에 轉運使로 있는 이들에게 孔宗旦이 모두 일일이 고하였다고 합니다. 지금 그들은 이전에 그의 말을 들어주지 않았기 때문에 자신에게 해가 될까 두려워, 필시 孔宗旦이 자신에게 고한 적이 있었다는 것을 다시 말하려 하지 않을 것입니다. 천하를 다스리는 자는 설사 만사가 이미 다스려지고 천하가 이미 안정되었더라도 오히려 힘을 다해 말하는 이들의 길을 열어주어 앞으로 일어날 우환을 막아야 하는 것인데, 더군다나 천하의 일은 걱정할 만한 것들이 매우 많고 당세의 걱정거리는 사람들이 할 말을 하지 못하거나 말을 하려고 하지 않거나, 심한 경우에는 감히 말을 하지 못하는 것보다 더 큰 것이 없음에 있습니다. 그렇다면 孔宗旦의 일을 어찌 서둘러 천하가 보고 듣게 해서 그를 드러내고 포상하여 당세 사람들을 경계하지 않을 수 있겠습니까?

宗旦喜學易하여 所爲注有可采者라 家不能有書라도 而人或質問以易이면 則貫穿馳騁이 至數十家하여 皆能言其意라 事祖母盡心하고 貧幾不能自存하며 好議論하고 喜功名이라 鞏嘗與之接이라 故頗知之하니 則其所立이 亦非一時偶然發也라 世多非其在京東時不能自重하여 至爲世所指目이나 此固一眚이라 今其所立이 亦可贖矣리라

孔宗旦은 ≪易經≫을 배우길 좋아하여 그가 풀이한 것 중에는 채택할 만한 것들이 있습니다. 자기 집에 책을 가지고 있는 것이 없었지만 혹 어떤 사람이 ≪易經≫에 대해 질문하면 수십 명의 儒家 학설을 거침없이 꿰뚫어 모두 그 뜻을 설명하였습니다. 조모를 섬기되 정성을 다하였고 가난하여 거의 생활을 꾸려가지 못할 정도였으며 논변하기를 좋아하고 공명 세우기를 좋아하였습니다. 제가 일찍이 그와 교제하였기 때문에 비교적 잘 알고 있으니, 그가 한 일들이 또한 일시에 우연히 나온 것은 아닙니다. 세상에는 그가 京東 지방에 관리로 있을 때에 자중하지 못했음을 비난하는 이들이 많아 세상 사람들의 지적을 받고는 있으나 이는 다만 하나의 과실일 뿐입니다. 지

금 그가 세운 공이 그 허물을 갈음할 수 있을 것입니다.

鞏初聞其死之事하고 未敢決然信也라 前後得言者甚衆하고 又得其弟自言하고 而聞祖袁州在廣東 亦爲之言하니 然後知其事라 使雖有小差나 要其大概不誣也라 況陳拱以下 皆覆其家하되 而宗旦獨先以其親遁하니 則其有先知之效 可知也요 以其性之喜事면 則其有先言之效 亦可知也라

제가 처음 그가 절개를 지켜 죽었다는 일을 듣고 감히 확실하게 믿지는 못했습니다. 그러다가 앞뒤로 말하는 이들이 매우 많고 그의 아우가 직접 한 말도 들었으며, 廣東에 있는 袁州知州 祖無擇이 그에 관해 한 말을 들은 뒤에야 그 일이 사실임을 알게 되었습니다. 혹시 그것이 조금 차이가 있을지라도 대략적인 정황은 거짓이 아닙니다. 더구나 陳拱 이하 관리들은 모두 집안이 전복되었으나 孔宗旦은 홀로 미리 친족을 도피시켰으니 그가 선견지명이 있다는 것을 알 수 있고, 그의 성품이 세상일을 빈틈없이 처리하기를 좋아한 것으로 보면 그가 미래의 일을 남보다 먼저 말할 수 있다는 것을 또한 알 수 있습니다.

以閣下好古力學하고 志樂天下之善하고 又方使南方하여 以賞罰善惡爲職이라 故敢以告라 其亦何惜須臾之聽과 尺紙之議로 博問而極陳之리오 使其事白이면 固有補於天下리니 不獨一時爲宗旦發也라 伏惟少留意焉하라 如有未合이면 願賜還答하라 不宣이라

閣下께서는 옛 것을 좋아하고 학문에 힘쓰시며 뜻은 천하의 선을 즐거워하시는데, 또 마침 남쪽 지역에 轉運使로 계시면서 선한 자는 상주고 악한 자는 벌하는 것을 직분으로 삼고 계시기에 감히 말씀드리는 것입니다. 그러니 어찌 잠시 귀를 열어 그 내용을 널리 들어보고 짧은 종이에 서술하여 조정에 힘껏 보고하는 것을 망설일 수 있겠습니까. 만약 이 일이 밝혀진다면 진실로 천하에 도움이 있을 것이니, 유독 한때 孔宗旦만을 위해서 말씀드리는 것이 아닙니다. 삼가 바라옵건대 조금이나마 고려해 주십시오. 만일 수긍되지 않는 부분이 있으면 부디 답서를 주십시오. 이만 줄입니다.

04. 與撫州知州書* 撫州知州에게 보낸 편지

* 작자가 撫州 臨川에 있는 지방학교에서 수학하던 25, 6세 무렵에 쓴 것으로 보인다. 작자 자신을 대신한 한 선비를 가설하여 내면으로는 남달리 뛰어난 학문과 소양을 지녔지만 외면의 생활방식은 남들과 다를 것이 없다고 하여 수령인 상대방을 만나보는 것도 이상할 것이 없다는 논리를 전개하였다. 완만하고 침착한 평소 작품의 경황과는 달리 자부심이 높고 기세가 등등하다.

子固有一段自別於衆人處之意이나 而又有所難言이라 故其文迂蹇하여 不甚精爽하니 非其佳者라

子固가 내심 자기는 일반인들과 다르다는 일련의 생각이 있었으나, 그것을 직설적으로 말하기 어려운 점이 있었기 때문에 그 문장이 우회적이고 순조롭지 않아 그다지 명쾌하지 못하니, 우수한 작품은 아니다.

士有與一時之士相參錯而居하니 其衣服食飮과 語默止作之節이 無異也나 及其心有所獨得者하여는 放之天地而有餘하고 斂之秋毫之端而不遺하여 望之不見其前하고 躡之不見其後라 巋乎其高하고 浩乎其深하고 燁乎其光明하여 非四時而信하고 非風雨雷電霜雪이나 而吹噓澤潤하고 聲鳴嚴威라 列之乎公卿徹官而不爲泰하고 無匹夫之勢而不爲不足이라 天下吾賴하고 萬世吾師라도 而不爲大요 天下吾違하고 萬世吾異라도 而不爲貶也라 其然也면 豈翦翦然而爲潔하고 婞婞然而爲諒哉며 豈沾沾者所能動其意哉리오 其與一時之士相參錯而居에 豈惟衣服飮食과 語默止作之節이 無異也리오 凡與人相追接相恩愛之道는 一而已矣니라

선비 중에 다음과 같은 사람이 있다고 가정해봅시다. 당시 선비들과 서로 뒤섞여 살면서 입고 먹는 의복과 음식이며 말하고 행동하는 등의 일이 남들과 다른 점이 없습니다. 그러다가 그의 가슴에 남다른 도를 터득하는 일이 있게 되면 그것을 온 천지에 풀어놓아도 여유가 있고 날카로운 털끝에 올려놓아도 떨어지지 않아, 앞에서 바라보면 그 앞이 보이지 않고 뒤에서 따라가면 그 뒷모습이 보이지 않습니다. 산처럼 높

고 강물처럼 깊으며 태양처럼 밝고 빛나, 춘하추동 사계절이 아닌데도 신의가 있고, 비바람과 천둥번개와 눈서리가 아닌데도 온기를 불어대고 촉촉하게 적셔주고 우렁차게 울리고 기운이 매섭습니다.

그리하여 公卿 등 높은 관직에 끼어 있더라도 지나치지 않고, 미천한 필부처럼 아무런 힘이 없더라도 부족하지 않습니다. 천하가 나를 의지하고 만대가 나를 스승으로 받들더라도 위대함이 되지 않고, 천하가 나를 어기고 만대가 나를 도외시하더라도 폄하가 되지 않습니다. 이런 사람이 과연 있다면 그 어찌 편협하게 고결함을 추구하고 빳빳하게 고집을 부리겠으며, 반면에 또 의기양양한 어느 누가 그 마음을 흔들 수 있겠습니까. 그가 당시 선비들과 서로 뒤섞여 살면서 입고 먹는 의복과 음식이며 말하고 행동하는 등의 일이 남들과 다른 점이 없는 그저 그뿐이겠습니까. 남들과 서로 어울려 왕래하고 또 정을 주고 사랑하는 등 일체의 일도 남들과 동일할 것입니다.

若夫食於人之境하고 而出入於其里에 進焉而見其邦之大人은 亦人之所同也니 安得而不同哉리오 不然이면 則立異矣라 翦翦然而已矣요 婞婞然而已矣니 豈其所汲汲爲哉리오 鞏方愼此以自得也라 於執事之至에 而始也自疑于其進焉이러니 旣而釋然이라 故具道其本末하여 而爲進見之資하니 伏惟少賜省察이라 不宣이라

대체로 남의 경내에서 생활하고 그 경내의 향리에 출입하면서 앞으로 나아가 그 고을의 수령을 찾아뵙는 일은 이것 또한 누구나 입장이 같습니다. 어찌 같지 않을 수 있겠습니까. 그렇지 않다면 이는 남과 다르다는 것을 표방하는 것으로 편협할 뿐이고 고집스러울 뿐이니, 그런 사람이 어찌 그렇게 하는 것을 서두르겠습니까.

저는 지금 이와 같은 행위를 경계로 삼아 유감이 없습니다. 執事께서 부임하였을 적에 처음에는 과연 나아가 뵙는 것이 옳은지 확신이 없다가 이윽고 확신을 얻었기 때문에 그 자초지종을 말씀드리고 나아가 찾아뵙는 자료로 삼고자 합니다. 삼가 바라건대 조금이나마 살펴주십시오. 이만 줄입니다.

05. 與王介甫第二書* 王介甫께 보낸 두 번째 편지

* 작자의 나이 47세 때인 治平 2년(1065)에 王安石에게 보낸 두 번째 편지이다.

王安石이 提點江東刑獄을 맡고 있을 때 보낸 것으로, 앞서 王安石이 보내온 편지에 "지방 관리의 비리를 적발하여 처벌하고 있는데 사람들의 비방이 많다."고 한 것에 대해 작자가 그 원인을 분석하며 자신이 생각하는 治道에 대해 논하였다.

介甫는 本剛慢自用之人이라 此書特爲忠告甚篤하니 蓋亦人所難及者라 但其砭劑多而諷諫少하니 恐亦不相入이라

介甫(王安石)는 본래 강하고 오만하여 자기 뜻대로 하는 사람이다. 이 편지는 특별히 그 점을 충고하기를 매우 극진하게 하였으니, 보통 사람은 미치기 어려운 점이다. 다만 잘못에 대해 직접적인 지적은 많고 완곡하게 타이른 부분은 적으므로 그 충고가 받아들여지기 어려울 것이다.

鞏은 頓首介父足下하노라 比辱書하니 以謂時時小有案擧나 而謗議已紛然矣라하니 足下無怪其如此也하라 夫我之得行其志而有爲於世는 則必先之以敎化하여 而待之以久라 然後乃可以爲治니 此不易之道也라 蓋先之以敎化면 則人不知其所以然하여 而至於遷善而遠罪하리니 雖有不肖라도 不能違也며 待之以久하면 則人之功罪善惡之實自見하리니 雖有幽隱이라도 不能掩也리라 故有漸磨陶冶之易하여 而無按致操切之難이요 有愷悌忠篤之純하여 而無偏聽摘抉之苛라 己之用力也簡하고 而人之從化也博이라 雖有不從而俟之以刑者라도 固少矣라 古之人有行此者하니 人皆悅而恐不得歸之하고 其政已熄而人皆思하여 而恨不得見之하니 而豈至於謗且怒哉아

저는 介父足下께 인사드립니다. 근래에 보내주신 편지에 "비리를 조사하여 조처하는 일이 가끔 약간씩 있었는데도 비방하는 논의가 이미 어지럽다."고 하였는데, 足下께서는 이와 같은 상황을 이상하게 여길 것이 없습니다. 자신의 뜻을 행하여 세상에 큰일을 하는 사람은 반드시 교화를 우선으로 하여 〈혐의가 있는 사람을 당장 적발하지 말고〉 일정 기간을 더 기다려보아야 합니다. 그런 다음에 비로소 다스릴 수 있으니 이는 바꿀 수 없는 이치입니다.

교화를 먼저 하면 사람들이 그 所以然을 모르고서도 선으로 옮겨가고 죄를 멀리하게 되어 비록 不肖한 사람이 있더라도 어길 수 없습니다. 일정 기간을 기다리면 사람

들의 功과 罪, 善과 惡의 실제가 저절로 드러날 것이니 비록 숨기는 일이 있더라도 엄폐할 수 없을 것입니다. 그러므로 개과천선이 쉽게 되는 일이 있어서 죄인을 심문하고 위협을 가하는 어려움이 없고, 온화하고 진실한 순수함이 있어서 한쪽 말만 듣고 잘못을 적발하는 가혹함이 없을 것입니다. 그리하여 자신이 들이는 공력은 간단하면서도 사람들이 따라서 교화되는 범위가 넓을 것입니다. 비록 따라 교화되지 않아서 형벌을 기다리는 자가 있다 하더라도 사실 그런 경우는 드물 것입니다. 옛사람 중에 이와 같은 법을 행한 자가 있었으니 사람들이 모두 즐거워하여 그에게 귀화되지 않을까 전전긍긍하였으며, 그의 정사가 사라진 뒤에라도 사람들이 모두 생각하여 그와 같은 위정자를 다시 보지 못한 것을 유감으로 여겼으니, 어찌 비방하고 노여워하는 데에 이르겠습니까.

今爲吏於此하여 欲遵古人之治하여 守不易之道하고 先之以敎化하여 而待之以久라도 誠有所不得爲也라 以吾之無所於歸하여 而不得不有負冒於此면 則姑汲汲乎於其厚者하고 徐徐乎於其薄者면 其亦庶幾乎其可也라

현재 오늘날과 같은 상황에서 관리가 되어 옛사람이 천하를 다스렸던 방법을 따라 바꿀 수 없는 이치를 지키고 교화를 우선으로 하여 일정 기간을 기다리고자 하더라도 사실 그렇게 할 수 없는 점이 있습니다. 자기가 천하의 인심을 귀화시킬 방법이 없어서 지금처럼 세상 사람들의 비난을 받지 않을 수 없을 경우, 우선 중요한 일을 서두르고 중요치 않은 일을 천천히 해나간다면 역시 그런대로 무난할 것입니다.

顧反不然하여 不先之以敎化하고 而遽欲責善於人하며 不待之於久하고 而遽欲人之功罪善惡之必見이라 故按致操切之法用하여 而怨忿違倍之情生하고 偏聽摘抉之勢行하여 而譖訴告訐之害集하니 己之用力也 愈煩하고 而人之違己也 愈甚이라 況今之士 非有素厲之行하고 而爲吏者 又非素擇之材也라 一日卒然除去하여 遂欲齊之以法하니 豈非左右者之誤而不爲無害也哉리오 則謗怒之來는 誠有以召之라 故曰 足下無怪其如此也라하니라

그러나 이와는 반대로 그렇게 하지 않아서, 교화를 먼저 행하지 않고 사람들에게

급하게 선을 따르라고 권하려 들며, 일정 시간을 기다리지 않고 급하게 사람들의 功과 罪, 善과 惡이 반드시 드러나길 바랍니다. 그러므로 죄인을 심문하고 위협을 가하는 법을 사용하여 원망하고 배반하는 마음이 생겨나고, 한쪽 말만 듣고 잘못을 들추어내는 가혹한 일이 행해져서 참소하고 남의 흠을 들춰내는 폐해가 쌓이니, 자신이 들이는 공력은 더욱 번거롭고 사람들이 자신을 배반하는 것은 더욱 심합니다. 더구나 오늘날의 선비들에게는 평소 가다듬는 행실이 없고, 관리가 된 자들은 더욱 평소에 가려 뽑은 재목이 아닙니다. 그런데 하루아침에 갑자기 이들을 제거하여 마침내 법으로 다스리고자 하시니, 어찌 足下의 잘못이 아니며 부작용이 없을 수 있겠습니까? 그러니 비방과 노여움이 일어나는 것은 진실로 자초한 점이 있습니다. 그러므로 족하께서는 이를 이상히 여기지 마시라고 하는 것입니다.

雖然이나 **致此者**는 **豈有他哉**리오 **思之不審而已矣**라 **顧吾之職而急於奉法**하면 **則志在於去惡**하여 **務於達人言而廣視聽**하니 **以謂爲治者 當如此**라 **故事至於已察**이면 **曾不思夫志於去惡者**하고 **俟之之道已盡矣**면 **則爲惡者 不得不去也**라 **務於達人言而廣視聽者**는 **己之治亂得失**을 **則吾將於此而觀之**하고 **人之短長之私**를 **則吾無所任意於此也**라 **故曰 思之不審而已矣**라하니라

비록 그렇지만, 이와 같은 정황이 조성된 원인은 어찌 다른 데에 있겠습니까? 문제를 고려하는 것이 신중하지 않아서일 뿐입니다. 나의 직분을 돌아보고 법을 받드는 데 급급하면 뜻이 악을 제거하는 데에 있게 되어, 사람들로 하여금 가슴속에 있는 말을 토해내게 함으로써 자기의 견문을 넓히려고 힘쓰게 되는데, 足下께서는 정치를 담당하는 사람은 마땅히 이와 같아야 한다고 생각해서입니다. 그러므로 상황이 이미 밝혀지고 난 뒤에는 악한 사람을 제거하는 일에 더 이상 마음을 먹지 않게 되고, 일정 시간을 기다려보는 도가 이미 없다면, 악을 자행하는 사람을 제거하지 않을 수 없을 것입니다. 사람들로 하여금 가슴속에 있는 말을 토해내게 함으로써 자기의 견문을 넓히려고 힘쓰는 사람은 자기가 정치를 잘하느냐 못하느냐를 곧 그 부분에서 살피고, 사람들 개개인의 잘잘못에 관해서는 자신이 관심을 갖는 일이 없게 됩니다. 그러므로 문제를 고려하는 것이 신중하지 않아서일 뿐이라고 하는 것입니다.

足下於今에 **最能取於人以爲善**이어늘 **而比聞有相曉者**라도 **足下皆不受之**라하니 **必其理未有以奪足下之見也**라 **鞏比懶作書**로되 **旣離南康**하여 **相見尙遠**이라 **故因書及此**하니 **足下爲何如**오

足下께서는 지금 어느 누구보다도 남의 장점을 취하여 자신의 善으로 삼는 분인데, 근래 소문에 일깨워주는 사람이 있더라도 足下께서 모두 받아들이지 않는다고 하니, 반드시 그 논리가 족하의 견해를 빼앗기에 부족하기 때문일 테지요. 제가 근래 편지를 쓰는 데 게을러졌지만 이미 南康을 떠나서 만날 날은 아직도 멀기 때문에 편지를 빌어 이렇게 쓰니, 足下께서는 어떻게 생각하는지요?

06. 寄歐陽舍人書* 歐陽舍人께 부친 편지

* 작자의 나이 29세 때인 慶曆 원년(1041)에 中書舍人으로 있던 歐陽脩에게 부친 편지이다. 이 글은 작자가 歐陽脩로부터 그의 조부 曾致堯의 묘지명을 얻은 것에 대해 감사를 표하면서 아울러 묘지명의 주인공과 그 글을 쓰는 사람이 모두 모범적인 인물이어야 한다는 자신의 견해를 밝힌 것이다.

此書는 **紆徐百折**하여 **而感慨嗚咽之氣**와 **博大幽深之識**이 **溢於言外**하니 **較之蘇長公所謝張公爲其父墓銘書**에 **特勝**이라

이 편지는 완곡하고 변화가 많아 느낌에 겨워 목이 멘 기운과 넓고 크며 심오한 식견이 말 표면에 드러나니, 자기 아버지의 묘지명을 지어달라는 張公(張方平)의 부탁을 거절한 蘇長公(蘇軾)의 편지와 비교해볼 때 더 낫다.

鞏은 **頓首載拜舍人先生**하노라 **去秋人還**하여 **蒙賜書及所譔先大父墓碑銘**하여 **反覆觀誦**하니 **感與慙幷**이라

저는 中書舍人 선생께 머리 숙여 인사드립니다. 지난 가을 심부름 갔던 사람이 돌아와, 편지와 지어주신 先大父의 묘비명을 받고 반복하여 보고 읽노라니 고맙고 또

부끄러운 감정이 사무칩니다.

夫銘誌之著于世는 義近於史나 而亦有與史異者라 蓋史之於善惡에 無所不書로되 而銘者는 蓋古之人有功德材行志義之美者를 懼後世之不知면 則必銘而見之라 或納于廟하고 或存于墓하니 一也라 苟其人之惡이면 則於銘乎何有리오 此其所以與史異也라 其辭之作은 所以使死者 無有所憾하고 生者 得致其嚴이라 而善人喜於見傳하니 則勇於自立이요 惡人無有所紀하니 則以媿而懼라 至於通材達識과 義烈節士의 嘉言善狀하여 皆見於篇이면 則足爲後法이니 警勸之道 非近乎史면 其將安近이리오

무릇 묘지명이 세상에 그 존재를 드러낼 수 있는 것은, 그 의의가 역사서와 서로 비슷하기 때문이지만 역사서와 다른 점도 있습니다. 역사서는 사람들의 미덕과 악행에 대하여 기록하지 않는 것이 없습니다. 그러나 묘지명은 옛사람의 공적과 도덕, 재능과 품행, 志向과 節義 등 훌륭한 점을 후세가 알지 못할까 염려스러우면, 반드시 묘지명을 지어 그 이름이 후세에 드러나게 합니다. 그것을 혹 사당에 들여놓기도 하고 혹 묘지에 묻기도 하는데 그 목적은 다 마찬가지입니다. 만일 그 사람이 나쁜 사람이라면 그 묘지명 속에 찬양할 것이 무엇이 있겠습니까? 이것이 묘지명과 역사서가 서로 다른 부분입니다.

묘지명을 짓는 것은 죽은 이로 하여금 유감이 없게 하고, 그 묘지명을 짓는 자가 죽은 사람에 대한 존경을 드러내기 위한 것입니다. 善人은 자기의 사적이 후대에 전해갈 수 있다는 것에 기분이 좋아서 자기가 사람들이 따라 배울 모범이 될 수 있도록 분발하고, 惡人은 자기의 행위에 어떤 기록할 만한 것이 없다고 생각하여 부끄러움과 두려움을 느끼게 될 것입니다. 널리 배워 재주가 많고 식견이 통달하거나 바르고 꿋꿋하며 절의를 지킨 사람들의 훌륭한 말과 사적에 대하여 모두 묘지명의 문장 속에 드러낸다면 후세 사람의 행동준칙이 될 것입니다. 경계하고 권면하는 묘지명의 작용이 역사서와 가깝지 않다면 장차 무엇과 가까울 수 있겠습니까.

及世之衰에 爲人之子孫者 一欲褒揚其親而不本乎理라 故雖惡人이라도 皆務勒銘以誇後世라 立言者 旣莫之拒而不爲하고 又以其子孫之所請也하여 書其惡焉이면 則人

情之所不得이니 於是乎銘始不實이라 後之作銘者는 當觀其人이니 苟託之非人이면 則書之非公與是니 則不足以行世而傳後라 故千百年來에 公卿大夫至于里巷之士히 莫不有銘이나 而傳者蓋少하니 其故非他라 託之非人하고 書之非公與是故也라

사회의 風紀가 무너진 때에 이르러 자손이 된 자들이 하나같이 그 죽은 조상을 선양하고자 하면서 사리를 돌아보지 않기 때문에, 비록 악인이라 하더라도 모두 묘지명을 지어 후세에 과시하고자 합니다. 묘지명을 짓는 사람은 그들을 거절하여 짓지 못한다고 하지 못하고, 또 그 자손이 부탁한 것이기 때문에 악한 점을 쓰는 것은 인정상 할 수 없는 바이니, 이런 실정하에 묘지명이 비로소 진실하지 않게 되었습니다. 후세에 묘지명을 짓는 사람은 마땅히 상대가 어떤 사람인가를 살펴보아야 합니다. 만약 부탁을 받은 상대가 착하지 않은 사람이라면 쓰는 묘지명 또한 공정하고 진실할 수 없을 것이니, 그렇다면 또한 당대에 전파되고 후세에 전해지지 못할 것입니다. 이 때문에 수백 년 동안 公卿大夫로부터 평범한 선비들에 이르기까지 묘지명이 없는 이가 없지만 후세에 전해오는 것은 매우 적으니, 그 까닭은 다른 것이 아닙니다. 위탁해온 자가 적당한 인물이 아닌데다 기록한 묘지명이 공정하고 진실하지 않기 때문입니다.

然則孰爲其人而能盡公與是歟아 非畜道德而能文章者면 無以爲也라 蓋有道德者之於惡人에 則不受而銘之하고 於衆人에 則能辨焉이나 而人之行이 有情善而迹非하고 有意奸而外淑하고 有善惡相懸而不可以實指하며 有實大於名하고 有名侈於實하니 猶之用人에 非畜道德者면 惡能辨之不惑하고 議之不徇이리오 不惑不徇이면 則公且是矣라 而其辭之不工이면 則世猶不傳하니 於是又在其文章兼勝焉이라 故曰 非畜道德而能文章者 無以爲也라 豈非然哉아

그렇다면 누가 적합한 대상자이며 누가 묘지명을 능히 완전히 공정하고 진실하게 지을 수 있겠습니까? 높은 도덕을 구비하고 또 문장을 잘 짓는 사람이 아니면 할 수 없을 것입니다. 대체로 높은 도덕을 지닌 사람은 악인에 대해서는 부탁을 받아도 묘지명을 써주지 않을 것이고, 일반인에 대해서는 〈상대가 선인인지의 여부를〉 구분할 수 있을 것입니다만, 사람들의 표면으로 드러난 행동은 동기는 좋더라도 행적은 좋지 않은 경

우가 있기도 하고, 혹은 속마음은 간사하면서도 외모는 선량한 경우가 있기도 하고, 선악의 차이가 현격하여 구체적으로 지적할 수 없는 경우가 있기도 하며, 실제가 평판보다 크거나 평판이 실제보다 과장된 경우가 있습니다. 이것은 조정에서 사람을 등용하는 경우와 같으니, 도덕을 구비한 자가 아니면 어찌 사람의 수준을 구별할 적에 선입견에 빠져들지 않으며, 그들을 평가할 때 사심을 따르지 않을 수 있겠습니까. 선입견에 빠져들지 않고 사심을 따르지도 않는다면 공정하고 진실할 것입니다. 그럼에도 문장이 훌륭하지 않다면 세상에 전해지지 못할 것이니, 이 때문에 문제는 또 그 문장과 도덕이 과연 다 좋은가의 여부에 달려 있습니다. 그러므로 도덕을 구비하고 문장에 뛰어난 자가 아니면 할 수 없다고 하는 것입니다. 어찌 그렇지 않겠습니까.

然畜道德而能文章者 雖或竝世而有나 **亦或數十年或一二百年而有之**하니 **其傳之難如此**하고 **其遇之難又如此**라 **若先生之道德文章**은 **固所謂數百年而有者也**라 **先祖之言行卓卓**하고 **幸遇而得銘**하니 **其公與是**와 **其傳世行後無疑也**라 **而世之學者 每觀傳記所書古人之事**하고 **至其所可感**하여는 **則往往衋然不知涕之流落也**어늘 **況其子孫也哉**며 **況鞏也哉**리오 **其追晞祖德而思所以傳之之繇**하니 **則知先生推一賜於鞏而及其三世**라 **其感與報**를 **宜若何而圖之**리오

그러나 도덕을 구비하고 문장을 잘 짓는 사람이 비록 혹은 당세에 있을 수 있으나, 혹은 수십 년이나 1, 2백 년 만에야 있을 수도 있으니, 그 문장이 후대에 전해지기 어렵기가 이와 같고 적합한 문장가를 만나기 어려운 것이 또한 이와 같습니다. 선생의 도덕과 문장은 진실로 이른바 수백 년 만에 있을 수 있는 경우입니다. 先祖의 언행이 훌륭하고 다행히 선생을 만나 묘지명을 지었으니, 그 공정하고 진실하며 당대에 전파되고 후세에 길이 전해지리라는 것은 의심할 여지가 없습니다.

세상의 학자들이 傳記에 쓰인 옛사람의 사적을 보고 감동할 만한 부분에 이르러서는 늘 슬퍼하며 자신도 모르게 눈물이 흘러 떨어지는데, 하물며 그 자손의 경우이겠으며 저의 경우이겠습니까. 조부의 덕을 추모하고 다시금 이 묘지명이 후세에 전해질 수 있는 원인을 생각해본 결과, 선생께서 이번에 이 한 번의 은혜를 끼쳐주신 일이 우리 가문의 조부와 부친, 손자 三代에까지 두루 미쳤다는 것을 알았습니다. 그 고마

움에 대한 보답을 과연 어떻게 도모해야 할지 모르겠습니다.

抑又思若鞏之淺薄滯拙을 **而先生進之**하고 **先祖之屯蹷否塞以死**를 **而先生顯之**하니 **則世之魁閎豪傑不世出之士 其誰不願進於門**하고 **潛遁幽抑之士 其誰不有望於世**리오 **善誰不爲**며 **而惡誰不愧以懼**리오 **爲人之父祖者 孰不欲敎其子孫**이며 **爲人之子孫者 孰不欲寵榮其父祖**리오 **此數美者**는 **一歸於先生**이라

한편 또 생각건대, 저처럼 학문이 낮고 재주가 없는 사람을 선생께서 이끌어주시고, 제 조부께서 좌절을 당해 어렵게 살다가 세상을 떠난 것을 선생께서 드러내주셨습니다. 풍채와 도량이 비범하여 흔하지 않은 세상 선비는 그 누가 선생의 문하에 들어가기를 원하지 않겠으며, 산림에 은둔하여 울울불락한 선비는 그 누가 세상에 희망을 가지지 않겠으며, 善人은 그 누가 선한 일을 하지 않겠으며, 惡人은 그 누가 악한 일을 하는 것을 부끄럽고 두려워하지 않겠습니까. 아버지와 조부 된 자는 그 누가 자손에게 선을 가르치려 하지 않겠으며, 자손 된 자는 그 누가 아버지와 조부를 영광스럽게 해드리려 하지 않겠습니까. 이런 여러 가지 아름다운 일들이 일어난 효과는 그 공이 모두 선생에게 돌아가는 것입니다.

旣拜賜之辱하고 **且敢進其所以然**이라 **所諭世族之次**[1]는 **敢不承敎而加詳焉**이리오 **愧甚**이라 **不宣**이라

이미 선생께서 내려주신 은혜를 받은 뒤에 또 제 마음으로 생각하는 점을 선생에게 아뢰었습니다. 선생께서 지적해주신 우리 가문의 世系 정황에 관하여는 제가 어찌 감히 가르침을 받아들여 더 자세히 살펴보지 않을 수 있겠습니까. 매우 부끄럽습니다. 이만 줄입니다.

1) 所諭世族之次 : 이보다 앞서 歐陽脩가 보내온 편지(〈與曾鞏論氏族書〉)에 "근대 사대부들이 자기 씨족에 대해 관직의 이동과 세대의 차례가 많이 잘못되고 있다. 처음 姓을 얻은 시조에 대해서도 진실되지 못한 경우가 있기도 하다."라고 한 내용을 말한다.

07. 答范資政書* 范資政에게 답한 편지

* 范資政은 資政殿學士 范仲淹을 말한다. 〈上范資政書〉가 慶曆 5년(1045)에 지어진 것으로 미루어볼 때, 이 글은 그 후에 지어졌을 것으로 추측된다. 자신의 어려운 신세를 슬퍼하고 각박한 세상풍토를 개탄하는 내용으로, 가슴속에서 우러나오는 감정을 진솔하게 서술하였다.

頌而不諂하고 伉而不驕라

칭송하면서도 아첨하지 않으며, 스스로를 높이면서도 교만하지 않다.

鞏啓하노라 王寺丞[1]至에 蒙賜手書及絹等이라 伏以閣下賢德之盛하여 而所施爲在於天下하니 鞏雖不熟於門이나 然於閣下之事에 或可以知라

鞏은 아룁니다. 王寺丞이 와서 친필편지와 명주 등을 받았습니다. 삼가 생각건대, 閣下의 미덕이 성대하여 베푸신 은혜가 천하에 고루 미치고 있으니, 제가 비록 문하에 자주 찾아뵙지는 못했으나 閣下의 일에 관해서는 간혹 알 수가 있었습니다.

1) 王寺丞 : 누구를 가리키는지 알 수 없다. 寺丞은 관명이다. 宋나라 때 太常寺, 宗正寺, 光祿寺, 衛尉寺, 太僕寺, 大理寺, 鴻臚寺, 司農寺, 太府寺 등 9개의 각 寺에 卿과 少卿이 있고, 그 밑에 丞이 있다.

若鞏之鄙 竊伏草茅하니 閣下於羈旅之中에 一見而已라 今鞏有所自得者라도 尙未可以致閣下之知커든 況鞏學不足以明先聖之意하고 識古今之變하며 材不足以任中人之事하고 行不足以無媿悔於心이라 而流落寄寓하여 無田疇屋廬匹夫之業하고 有奉養嫁送百事之役하니 非可責思慮之精하고 詔道德之進也라 是皆無以致閣下之知者로되 而拜別朞年之間과 相去數千里之遠에 不意閣下猶記其人하여 而不爲年輩爵德之間하고 有以存之라 此蓋閣下樂得天下之英材 異於世俗之常見하여 而如鞏者를 亦不欲棄之라 故以及此하니 幸甚幸甚이라

고루한 저는 초야에 처해 있어 閣下께서 여행하던 도중에 저를 한 번 보셨을 뿐입

니다. 그러니 지금 제가 남다른 훌륭한 점을 지녔더라도 오히려 각하께서 알아주실 것을 기대할 수가 없습니다. 더구나 저의 학문은 족히 先聖의 뜻을 환히 알거나 고금의 변화를 알지 못하며, 재능은 족히 보통 사람의 일도 감당하지 못하고 행실은 족히 마음속에 부끄럽거나 뉘우치는 일이 없지를 못합니다. 게다가 타향에 떠돌며 부쳐 살아 전답이며 주거할 집 등 匹夫의 생업도 없고, 봉양할 가족이나 시집보낼 자식 등 온갖 부담해야 할 짐이 있으니, 사려를 정밀하게 하는 것을 요구하거나 도덕이 진보되기를 지시할 수가 없습니다. 이런 점들은 모두 閣下께서 알아주실 만한 소지가 없습니다.

그런데 작별한 지 1년이 지나고 서로 수천 리나 멀리 떨어져 있었는데도, 뜻밖에 閣下께서 오히려 그 사람을 기억하여 나이 차이와 관작과 도덕의 간격을 염두에 두지 않고 안부를 물어주셨습니다. 이는 閣下께서 세속에서 늘 보는 사람과는 다른 천하의 영재를 얻기를 즐거워하신 것으로서, 저와 같은 사람도 버리지 않고자 하여 이 때문에 여기에 이른 것이니, 고맙고 또 고맙습니다.

夫古之人은 **以王公之勢而下貧賤之士者 蓋惟其常**하고 **而今之布衣之交 及其窮達毫髮之殊**하여도 **然相棄者有之**라 **則士之愚且賤**하고 **無積素之義**로되 **而爲當世有大賢德大名位君子 先之以禮**하니 **是豈不于衰薄之中**에 **爲有激于天下哉**리오 **則其感服**이 **固宜如何**아 **仰望門下**하니 **不任區區之至**라

옛사람은 王이나 公의 세력으로 빈천한 선비에게 자신을 낮추는 것이 일반적이었는데, 오늘날에는 미천할 때 사귀던 벗이 서로간의 窮達이 털끝만큼이라도 달라지면 버리는 경우가 있습니다. 선비가 우매하고 미천하며 평소에 쌓은 정분이 없는데도 당대의 大賢이자 명예와 지위가 높은 군자께서 먼저 예로써 대해주시니, 이는 어찌 세상의 기풍이 흐려진 가운데 천하를 격려하는 일이 되지 않겠습니까. 그렇다면 그 감복하는 정도가 과연 어떻겠습니까. 門下를 우러러보니 진심으로 승복하는 마음을 가눌 수가 없습니다.

08. 答王深甫論揚雄書* 王深甫가 揚雄에 관해 논한 것에 답한 편지

* 深甫는 王回(1023~1065)의 자로 福州 侯官縣(지금의 福建 福州) 사람이다. 進士가 되어 亳州 衛眞縣主簿를 지낸 뒤에 潁州에서 죽었다. 작자는 歐陽脩의 소개로 그와 연을 맺어 서로 교분이 두터웠다고 한다. 漢나라 신하로 있다가 王莽의 新나라에 벼슬하여 부귀를 누림으로써 후세에 변절자라는 비난을 받은 揚雄에 대하여 긍정적으로 이해하려는 뜻을 피력하였다. 이 편지가 오간 시기는 알 수 없다.

此書所議甚舛이라 **姑錄而質之有識者**라

이 글에서 논변한 내용은 매우 잘못되었다. 우선 뽑아 기록하여 식견이 있는 자의 평가를 기다린다.

蒙疏하니 **示鞏謂揚雄處王莽之際**[1)]는 **合於箕子之明夷**[2)]라하고 **常夷甫**[3)]**以謂紂爲繼世**요 **箕子乃同姓之臣**이니 **事與雄不同**이라하고 **又謂美新之文**[4)]은 **恐箕子不爲也**라하고 **又謂雄非有求於莽**이요 **特於義命有所未盡**이라하니 **鞏思之恐皆不然**이라

보내주신 편지를 받아보니 "揚雄이 王莽 때에 처신한 것은 箕子의 明夷卦의 뜻에 부합한다."고 하셨습니다. 그리고 常夷甫(常秩)는 "紂王은 왕위를 세습하였고 箕子는 紂王과 姓이 같은 신하였으니 일이 양웅과는 다르다." 하고, "〈劇秦美新〉과 같은 글을 짓는 일은 箕子는 하지 않을 것이다." 하고, "揚雄이 王莽에게 요구한 것이 있었던 것은 아니고 다만 正道에 미진한 점이 있었을 뿐이다."라고 하였으니, 저는 모두 그렇지 않을 거라고 생각합니다.

1) 揚雄處王莽之際 : 揚雄(B.C. 53~A.D. 18)은 西漢 후기의 문장가이자 철학가이다. 成帝 때에 文學侍從을 맡았고 관직이 成帝, 哀帝, 平帝 때 내내 낮았다가, 王莽이 新나라를 세운 뒤에 太中大夫에까지 올랐다. 저서로는 ≪周易≫을 모방하여 지은 ≪太玄經≫과 ≪論語≫를 본떠 지은 ≪法言≫ 등이 있다. 王莽은 孝元皇后의 친정 조카로, 平帝를 시해하고 왕위를 찬탈하여 국호를 新이라고 하였다. 즉위한 지 15년 만에 光武帝에게 패하여 죽었다.

2) 箕子之明夷 : ≪周易≫ 明夷卦 六五의 爻辭이다. 明夷는 우매한 자가 군주로 있을 때 현인이 자신의 능력을 숨기지 않고 드러내면 상처를 받는다는 뜻이다. 箕子가 그와 같이 처신하였으므로 한 말이다.
3) 常夷甫 : 夷甫는 常秩의 자이다. 宋 神宗 때 사람으로 經學에 통달하였다.
4) 美新之文 : 〈美新〉은 〈劇秦美新〉의 약칭이다. 揚雄이 王莽에게 아부하기 위해 지은 문장으로 秦나라의 과실을 공격하고 新나라의 미덕을 칭찬한다는 뜻이다.

方紂之亂에 微子箕子比干三子者 蓋皆諫而不從[1]하니 則相與謀하여 以謂去之可也요 任其難可也라 各以其所守自獻於先王이요 不必同也라하니 此見於書三子之志[2]也니라 三子之志 或去或任其難은 乃人臣不易之大義니 非同姓獨然者也라 於是에 微子去之하고 比干諫而死하고 箕子諫不從하여 至辱於囚奴라 夫任其難者는 箕子之志也니 其諫而不從하여 至辱於囚奴는 蓋盡其志矣라 不如比干之死는 所謂各以其所守自獻於先王하고 不必同也며 當其辱於囚奴而就之는 乃所謂明夷也라 然而不去는 非懷祿也요 不死는 非畏死也요 辱於囚奴而就之는 非無恥也니라 在我者는 固彼之所不能易也라 故曰 內難而能正其志[3]라하고 又曰 箕子之正은 明不可息也[4]라하니라 此箕子之事는 見於書易論語[5]하여 其說不同하니 而其終始可考者如此也라

紂王이 정사를 어지럽게 할 때에 微子・箕子・比干 세 사람이 모두 그것을 간하였으나 따라주지 않았습니다. 그리하여 서로 상의하기를 "떠나야 할 사람은 떠나는 것이 옳고 어려움을 당할 사람은 당하는 것이 옳으니, 각자 자신이 지켜야 할 도리로 先王에게 충성을 다할 뿐이고 굳이 행동을 함께할 필요는 없다."고 하였으니, 이 내용은 ≪尙書≫에 실려 있는 세 사람의 뜻에 드러나 있습니다. 세 사람의 뜻이 혹은 떠나거나 혹은 어려움을 당하자고 한 것은 곧 신하로서 바꿀 수 없는 大義이니 군주와 성이 같은 자에게만 해당되는 것이 아닙니다. 이에 微子는 떠났고 比干은 간하다 죽었으며, 箕子는 간해도 그의 말을 따라주지 않았을 뿐만 아니라 구금되어 노예가 되는 치욕을 받기까지 하였습니다.

대체로 어려움을 당하는 것은 箕子의 뜻이었으니, 간해도 따라주지 않고 구금되어 노예가 되는 치욕까지 받은 것은 그 뜻을 다한 결과입니다. 比干이 죽은 경우와 같지

않은 것은 이른바 "각자 자신이 지켜야 할 도리로 先王에게 충성을 다할 뿐이고 굳이 행동을 함께할 필요는 없다."고 말한 것에 따른 것입니다. 그리고 구금되어 노예가 되는 치욕을 받으면서도 순종한 것은 이른바 明夷입니다. 상처를 받으면서도 떠나지 않은 것은 祿을 탐해서가 아니고, 죽지 않은 것은 죽음을 두려워해서가 아니며, 구금되어 노예가 되는 치욕을 받으면서도 순종한 것은 수치심이 없어서가 아닙니다. 자신의 가슴에 지니고 있는 뜻은 진실로 남이 바꿀 수 없는 법이기 때문에 "안에 있어 어려우나 그 뜻을 바르게 하였다."라 하고, 또 "箕子의 곧고 바른 행동이야말로 그 밝음을 꺼지게 할 수 없다 하겠다."라 하였습니다. 箕子의 일은 ≪尙書≫, ≪周易≫, ≪論語≫에 보이는 설이 같지 않은데 전체적으로 고찰할 수 있는 것이 이와 같습니다.

1) 微子箕子比干三子者 蓋皆諫而不從 : 箕子와 比干은 각기 紂의 백부와 숙부이고, 微子는 庶兄이다. 이들 세 사람이 紂의 무도함을 간쟁하였으나 따르지 않자, 微子는 떠나 宗祀를 보존했고 箕子는 구금되어 노예가 되고 比干은 죽임을 당했다.
2) 書三子之志 : 微子가 그의 조국이 장차 망할 것을 애통해한 나머지 箕子, 比干과 함께 각자의 입장에 따라 소신껏 행동하자고 상의한 내용이 ≪尙書≫ 〈商書 微子〉에 실려 있는 것을 말한다.
3) 內難而能正其志 : ≪周易≫ 明夷卦 彖辭의 내용이다.
4) 箕子之正 明不可息也 : ≪周易≫ 明夷卦 六五 象辭의 내용이다.
5) 見於書易論語 : ≪尙書≫ 〈商書 微子〉, ≪周易≫ 明夷卦, ≪論語≫ 〈微子〉에 微子・箕子・比干에 관한 이야기가 나와 있다.

雄遭王莽之際하여 有所不得去요 又不必死며 辱於仕莽而就之하니 固所謂明夷也라 然雄之言著於書하고 行著於史者하니 可得而考니라 不去非懷祿也요 不死非畏死也요 辱於仕莽而就之非無恥也니라 在我者 亦彼之所不能易也라 故吾以謂與箕子合이라 하나니 吾之所謂與箕子合者如此요 非謂合其事紂之初也라

揚雄이 王莽 때를 만나 떠날 수 없는 사정이 있었고 또 굳이 죽을 필요도 없었으며 왕망에게 벼슬하는 치욕을 당하더라도 그에게 순종하였으니, 이는 진실로 이른바 明夷입니다. 〈이에 관한 구체적인 사실은〉 揚雄이 한 말이 그의 글에 드러나 있고 행실

이 역사에 드러나 있으므로 상고해볼 수가 있습니다. 떠나지 않은 것은 녹을 탐해서가 아니었고, 죽지 않은 것은 죽음을 두려워해서가 아니었으며, 王莽을 섬기는 치욕을 당하면서도 순종한 것은 수치심이 없어서 그런 것이 아닙니다. 자신의 가슴에 지니고 있는 뜻은 진실로 남이 바꿀 수 없는 법이기 때문에 저는 그가 箕子와 합치된다고 말하는 것입니다. 제가 箕子와 합치된다고 말하는 것은 이와 같은 점에서 그런 것이지, 箕子가 紂를 섬기던 초기의 일과 합치된다는 뜻으로 하는 말이 아닙니다.

至於美新之文하여는 **則非可已而不已者也**라 **若可已而不已**는 **則鄕里自好者 不爲**어늘 **況若雄者乎**아 **且較其輕重**하면 **辱於仕莽爲重矣**라 **雄不得而已**하니 **則於其輕者**에 **其得已哉**아 **箕子者 至辱於囚奴而就之**하니 **則於美新**에 **安知其不爲**며 **而爲之 亦豈有累哉**아 **不曰堅乎**아 **磨而不磷**이니라 **不曰白乎**아 **涅而不緇**[1]니라하니 **顧在我者如何耳**라 **若此者**는 **孔子所不能免**이라 **故於南子**에 **非所欲見也**요 **於陽虎**에 **非所欲敬也**[2]로되 **見所不見**하고 **敬所不敬**하니 **此法言所謂詘身所以伸道者也**라

〈劇秦美新〉을 지은 것에 관해서는 그만둘 수 있었는데도 그만두지 않은 것이 아닙니다. 그만둘 수 있는데도 그만두지 않는 행위는 자기의 순결을 아끼는 鄕里의 무식한 자들도 하지 않는 일인데, 하물며 揚雄과 같은 이가 그렇게 하겠습니까. 또 경중을 비교해보면 〈劇秦美新〉을 짓는 일보다 王莽에게 벼슬한 치욕이 더 중합니다. 揚雄이 王莽에게 벼슬하는 것을 그만둘 수 없었으니, 그 가벼운 일을 그만둘 수 있었겠습니까. 箕子는 구금되어 노예가 되는 치욕을 당하면서 순종하였으니 箕子가 〈劇秦美新〉을 짓지 않을 것이란 것을 어찌 알겠으며, 설사 짓는다 하더라도 또 무슨 하자가 있겠습니까. "단단하다고 말하지 않겠는가, 갈아도 얇아지지 않으니. 희다고 말하지 않겠는가, 물을 들여도 검어지지 않으니."라는 말처럼 자신의 가슴에 지닌 뜻이 어떠한가에 달려 있을 뿐입니다. 이와 같은 일은 孔子께서도 면할 수 없었기 때문에 南子는 보고 싶은 자가 아니었고 陽虎는 공경하고 싶은 자가 아니었지만 만나보았고 또 공경을 하였으니, 이는 ≪法言≫의 이른바 "자신의 몸을 굽혀 도를 편다."고 한 경우입니다.

1) 不曰堅乎……涅而不緇 : ≪論語≫ 〈陽貨〉에 나오는 말로, 心志가 매우 견고하

고 결백하여 바깥의 환경에 결코 영향을 받지 않는다는 뜻이다.

2) 故於南子……非所欲敬也 : 南子는 衛靈公의 부인으로 부정한 행실이 있었는데 그가 일찍이 孔子에게 만나기를 청하므로, 공자가 사양하다가 마지못해 그를 만나보았다. 陽虎는 魯의 권신인 季孫氏의 家臣이다. 공자가 자기 집에 찾아와 주기를 바랐으나 공자가 오지 않자, 禮에 "대부가 선비에게 물건을 내렸을 경우에 자신이 직접 받지 못했으면 반드시 대부의 집에 가서 拜謝해야 한다."고 말한 것을 이용하여, 공자가 집에 없는 틈을 엿보아 공자에게 찐 돼지를 보냈다. 이에 공자도 陽虎가 없는 틈을 엿보아 그 집에 가서 拜謝하였던 일을 말하는 것이다. ≪論語 雍也·陽貨≫

然則非雄所以自見者歟아 **孟子有言曰 天下有道**에는 **小德役大德**하고 **小賢役大賢**하며 **天下無道**에는 **小役大**하고 **弱役强**하나니 **二者皆天也**라 **順天者存**하고 **逆天者亡**[1]이라하고 **而孔子之見南子**하고 **亦曰 予所否者**인댄 **天厭之 天厭之**[2]시리라하니 **則雄於義命**에 **豈有不盡哉**아

그렇다면 揚雄이 당시의 시대상황을 스스로 드러내 보인 것이 아니겠습니까. 孟子께서 "천하에 도가 있을 때에는 小德이 大德에게 사역을 당하고 小賢이 大賢에게 사역을 당하며, 천하에 도가 없을 때에는 작은 자가 큰 자에게 사역을 당하고 약자가 강자에게 사역을 당한다. 이 두 가지는 天理이니, 天理를 순종하는 자는 보존되고, 天理를 거스르는 자는 망한다."라고 하였고, 孔子께서 南子를 만나보고 말씀하기를 "내 맹세코 잘못된 짓을 하였다면 하늘이 나를 버리시리라! 하늘이 나를 버리시리라!"라 하였으니, 양웅이 도리에 있어서 어찌 미진한 점이 있겠습니까.

1) 天下有道……逆天者亡 : ≪孟子≫ 〈離婁 上〉에 나오는 말을 그대로 인용한 것이다.

2) 予所否者……天厭之 : 孔子가 부정한 행실이 있는 南子를 만나보았다 하여 子路가 좋아하지 않자 孔子가 그에게 한 말이다. ≪論語 雍也≫

又云 介甫以謂雄之仕 合於孔子無不可之義[1]라하고 **吏甫以謂無不可者**는 **聖人微妙之處**니 **神而不可知也**라 **雄德不逮聖人**하니 **强學力行**이라도 **而於義命有所未盡**이라 **故**

於仕莽之際에 不能無差라하고 又謂以美新考之면 則投閣之事[2] 不可謂之無也라하니라 夫孔子所謂無不可者는 則孟子所謂聖之時也[3]니 而孟子歷敍伯夷以降하고 終曰 乃所願則學孔子[4]라하니라 雄亦爲太玄賦하여 稱夷齊之徒하고 而亦[5]曰 我異於是 執太玄兮 蕩然肆志 不拘攣兮 以二子之志로 足以自知而任己者如此하니 則無不可者는 非二子之所不可學也라 在我者 不及二子면 則宜有可有不可리니 以學孔子之無可無不可然後에 爲善學孔子니라 此言은 有以寤學者나 然不得施於雄也이니라 前世之傳者 以謂伊尹以割烹要湯하고 孔子主癰疽瘠環하니 孟子皆斷以爲非伊尹孔子之事[6]라하니 蓋以理考之면 知其不然也라 觀雄之所自立이라 故介甫以謂世傳其投閣者妄이라하니 豈不猶孟子之意哉리오

또 보내오신 편지에 "王介甫(王安石)는 '揚雄이 벼슬한 것이 孔子의, 가한 것도 없고 不可한 것도 없다는 뜻과 부합한다.'고 하였고, 常夷甫는 '不可한 것도 없다는 것은 성인의 오묘한 부분으로서 신묘하여 측량할 수 없는 경지이다. 揚雄의 덕은 성인에 미치지 못하니 힘써 배우고 행하더라도 도리에 미진한 점이 있을 것이다. 그러므로 王莽에게 벼슬한 일은 잘못이 없다고 할 수 없다.' 하고, 또 그가 하는 말이 '〈劇秦美新〉을 가지고 생각해보면, 天祿閣에서 몸을 던진 일이 없었다고 말할 수 없다.'고 했다."라고 하였습니다.

그런데 孔子의 이른바 '不可한 것도 없다.'라는 것은 孟子가 말한 '성인의 時中'인데, 孟子가 伯夷 이하 성인들에 관해 차례대로 서술하고 마지막에 "내가 원하는 것은 孔子를 배우는 것이다."라 하였습니다. 그리고 揚雄도 ≪太玄賦≫를 지어 伯夷・叔齊 등을 칭송하면서도 노래하기를 "나는야 이들과 달리 큰 도를 지키련다. 호호탕탕 뜻을 펴서 어디에도 아니 매이리."라고 하였습니다. 이들 두 사람은 뜻은 자기의 수준을 충분히 알면서도 자신에 대한 기대를 그처럼 하였으니, '不可한 것도 없다.'는 성인의 경지는 두 사람이 배우지 못할 바가 아닙니다. 우리 같은 사람들에게 있어서는 두 사람에 미치지 못하므로 당연히 可한 것도 있고 不可한 것도 있으니, 孔子의 '可한 것도 없고 不可한 것도 없다.'는 것을 배운 뒤에야 孔子를 잘 배웠다고 할 수 있습니다. 이 말은 배우는 과정에 있는 자는 일깨울 수 있으나 揚雄에게는 적용이 될 수가 없습니다.

옛날부터 전해오는 말에, 伊尹이 음식을 요리하여 湯임금에게 등용되기를 구하였다고 하고, 孔子께서 癰疽와 瘠環을 주인으로 섬겼다고 하였는데, 孟子가 단연코 이는 伊尹과 孔子의 일이 아니라고 하였습니다. 사리로 살펴보면 그 말이 맞지 않다는 것을 알 수 있습니다. 揚雄이 도를 스스로 세운 것을 보았기 때문에 介甫가 "세상에 揚雄이 天祿閣에서 몸을 던졌다고 전해오는 말은 거짓이다."라고 하였으니, 이 어찌 孟子의 생각과 같지 않겠습니까.

1) 介甫以謂雄之仕 合於孔子無不可之義 : 介甫는 王安石의 자이다. 王安石이, 揚雄이 王莽에게 벼슬한 것은 孔子가 상황에 따라 그에 맞는 중용의 도를 행한 것과 합치된다고 칭송했다는 것이다. 無不可는 無可無不可의 준말로 孔子가 한 말이다. '이렇게 해야만 한다는 것도 없고, 꼭 이렇게 해서는 안 된다는 것도 없다.'는 뜻으로, 하나에 집착하지 않고 시의적절하게 중용의 도를 따르는 것을 말한다. ≪論語 微子≫
2) 投閣之事 : 揚雄이 그의 제자 劉棻의 사건에 연루되어 獄吏가 그를 체포하러 갔을 때, 그는 마침 天祿閣에서 서적을 교정하고 있다가 체포되면 죽음을 면치 못할까 염려한 나머지 거기서 뛰어내려 죽을 뻔했던 일을 가리킨다. ≪漢書 揚雄傳≫
3) 孟子所謂聖之時也 : 孟子가 고대 성인들의 특성에 관해 "伯夷는 성인의 청렴한 덕을 지닌 자요, 伊尹은 스스로 천하의 치란을 책임지는 성인의 덕을 지닌 자요, 柳下惠는 성인의 온화한 덕을 지닌 자요, 孔子는 시의적절하게 중용의 도를 따르는 성인의 덕을 지닌 자이시다."라고 말한 것에서 인용한 것이다. ≪孟子 萬章 下≫
4) 孟子歷敍伯夷以降……乃所願則學孔子 : 孟子가 伯夷와 伊尹과 孔子에 대해 서술한 뒤에, "벼슬할 만하면 벼슬하고 그만둘 만하면 그만두며, 오래 머무를 만하면 오래 머물고 빨리 떠날 만하면 빨리 떠나신 것은 孔子이니, 모두 옛 성인이시다. 내가 그렇게 행할 수 없지만 원하는 것은 孔子를 배우는 것이다."라고 하였다. ≪孟子 公孫丑 上≫
5) 亦 : 저본의 '不'자를 ≪曾鞏集≫을 참조하여 '亦'자로 고쳤다.
6) 以謂伊尹以割烹要湯……孟子皆斷以爲非伊尹孔子之事 : 孟子가 伊尹이 湯王을 만날 때의 전설이 잘못된 것을 해명하기를 "그가 堯舜의 도로 湯王에게 요구했

다는 말은 들었고 음식 요리로 요구했다는 말은 듣지 못했다." 하였고, 또 萬章이 "혹자가 '孔子가 衛나라에서는 癰疽를 주인으로 삼으셨고, 齊나라에서는 侍人인 瘠環을 주인으로 삼으셨다.' 하니, 이러한 일이 있었습니까?"라고 하자, 孟子가 "아니다. 그렇지 않다. 말을 만들어내길 좋아하는 자들이 지어낸 것이다."라고 해명하였다. ≪孟子 萬章 上≫

鞏自度學每有所進이면 **則於雄書每有所得**하고 **介甫亦以爲然**하니 **則雄之言**이 **不幾於測之而愈深**하고 **窮之而愈遠者乎**아 **故於雄之事**에 **有所不通**이면 **必且求其意**라 **況若雄處莽之際**는 **考之於經而不繆**요 **質之於聖人而無疑**하니 **固不待議論而後明者也**라 **爲告夷甫**하여 **或以爲未盡**이면 **願更疏示**하라

저는 스스로 생각건대, 학문이 매번 진보할 때마다 揚雄의 글에서 깨달은 바가 있었고 介甫 역시 그렇다고 하였습니다. 그렇다면 揚雄의 말은 헤아릴수록 더욱 깊고 궁구할수록 더욱 원대한 것에 가깝지 않겠습니까. 그러므로 揚雄의 일에 이해되지 않는 바가 있으면 반드시 우선 그의 의중을 알아보아야 합니다. 더구나 揚雄이 王莽 때에 대처한 일은 經傳에서 살펴보더라도 어긋남이 없고 성인에게 질정하더라도 의심할 것이 없으니, 진실로 이런저런 논변을 기다린 뒤에야 진상이 밝혀질 일이 아닙니다. 이상의 이야기를 夷甫에게 전달해주고 혹 미진하다고 생각할 경우에는 다시 편지를 보내주시기 바랍니다.

以仕莽擬箕子之囚奴하니 **抑已過矣**어늘 **況美新乎**아 **以子固而猶爲附和其說**하니 **甚矣**라 **君子之權衡天下**는 **出處必至聖人**하고 **而後折衷也**라 **愚獨謂揚雄**은 **當不逮楚兩龔**[1]이라하노라

"〈揚雄이〉 王莽에게 벼슬한 것을 箕子가 구금되어 노예가 된 데에 비교하였으니, 이것도 이미 과장된 것인데 하물며 〈劇秦美新〉에 있어서겠는가. 子固와 같은 인물로서도 오히려 그 說에 동조하였으니 잘못된 정도가 심하다. 君子가 천하를 저울질하는 것은 出處의 도리가 반드시 聖人의 경지 이른 뒤에 가능할 것이다. 내 생각에 揚雄은 분명히 楚의 두

龔氏 수준에도 미치지 못한다고 본다."

1) 楚兩龔 : 漢代 楚 지방의 龔勝과 龔舍를 가리킨다. 이들은 교우관계였으며 모두 명예와 절개로 이름이 났다.

09. 答孫都官書* 孫都官에게 답한 편지

* 孫都官은 判都官事를 지낸 孫抗(998~1051)으로 자는 和叔이다. 滁州·洪州·常州·潯州·耀州·復州·金州·吉州의 知州와 湖南按撫使·廣南西路轉運使·尙書工部郎中 등을 역임하였다. 오랜 세월 동안 여러 지방관을 지내면서 저술한 글이 100권에 이르렀으나 후세에 전해지지 않는다. 작자의 나이 32세 때인 皇祐 2년(1050)경에 자기의 작품을 교정해달라는 孫抗의 편지를 받고 그에 답한 것이다.

書旨多蒼然之色과 幽然之思라

글의 취지에 예스러운 빛과 고상한 생각이 많은 편이다.

提刑都官閣下하노라 伏承賜書와 及示盛製六編하니 凡三千首이라 盛矣哉로다 文之多하고 工之深하니 且專以久라 其於君臣父子兄弟夫婦朋友와 天地三辰鬼神과 山川地理와 四夷中國의 風俗萬物과 治亂善惡과 通塞離合과 憂歡怨懟를 無不畢載하니 而其語則博而精하고 麗而不浮하여 其歸要不離於道하니 視昔以文名於天下者라도 夫豈易至於是耶아

提刑都官 閣下께 올립니다. 삼가 보내주신 편지와 보여주신 巨作 6책을 받아 보았습니다. 작품이 모두 3천 수나 되니 훌륭합니다. 이처럼 글의 분량이 많고 기울인 공부가 깊으신 것은 또 학문에 專心致志하고 오랜 세월 이어오신 결과입니다. 君臣·父子·兄弟·夫婦·朋友와 天地·三辰·鬼神·山川·地理와 四夷·中國의 風俗·萬物과 治亂·善惡과 通塞·離合과 憂歡·怨望 등을 모두를 담아내지 않은 것이 없습니다. 그 말이 넓으면서도 정밀하고, 화려하면서도 허황되지 않아 그 핵심이 도에서 벗어나지 않으니, 옛날에 문장으로 천하에 이름을 떨친 이들과 비교하더라도 그

누가 쉽게 이 수준에 도달할 수 있겠습니까.

鞏之愚且懶하고 且爲事物疾病所侵하여 以不專而且未久於學也라 使之觀若於海에 不見其涯涘하고 於深山長谷에 不見其形勢之所極하니 而敢議其大小高下耶아 而閣下不以所深且專以久者勵鞏하고 博而精하며 麗而不浮하며 其歸本於道者敎鞏하고 乃告之曰 其詳擇而去其非是者焉이라하니 鞏誠怪閣下自處之過하여 而爲以賜鞏者니 乃所以怠且蔽之也라

저는 어리석고 게으른데다가 또 세상사와 질병의 침해를 받아 학문에 전념하지 못하고 또 오랫동안 계속하지도 못했습니다. 제 안목으로 각하의 수준을 살펴보면 마치 바다에서 그 물가를 볼 수 없고, 깊은 산 긴 골짜기에서 그 지형이 끝난 곳을 볼 수 없는 것과 같은데, 감히 그 크기와 높이를 거론하겠습니까. 그런데 각하께서는, 〈공부를〉 깊이 하고 또 〈학문에〉 전념하되 오랫동안 하라는 말로 저를 격려하지 않으시고, 〈문장을 지을 적에〉 넓으면서도 정밀하게 하고 화려하되 허황되지 않게 하며 그 핵심은 도에 근본을 두라는 말로 저를 가르치지 않으시며, 도리어 하시는 말씀이 "자세히 골라 그 중에 옳지 않은 것은 버려라."고 하셨습니다. 제가 진정 이상하게 생각하는 것은 각하께서 왜 그처럼 자신을 지나치게 낮추시어 저에게 이와 같은 부탁을 하셨는가 하는 점입니다. 이는 곧 저로 하여금 학문을 게을리 하고 또 앞으로 진보하는 길을 잃어버리게 하는 것이기 때문입니다.

凡鞏之學은 蓋將以學乎爲身하여 以至於可以爲人也로되 方愚且懶하고 且不專以久之病也하니 惟閣下之仁이 豈欲怠且蔽之也리오 其欲使知閣下之貴而長과 其業之富而成하되 而猶不止如是하고 能下於後輩如是하니 是所以敎之也라 孟子曰 吾不屑之敎誨는 是亦敎誨之而已矣[1)]라하시니 敢不拜賜也아

대체로 제가 글을 배우는 목적은 장차 자신을 위하는 학문을 하여 남들을 위하는 경지에까지 도달하자는 것입니다. 그러나 어리석고 게으른데다 여기에 전념하지 못하고 또 오랫동안 계속하지 못한 문제가 있습니다. 생각건대, 인자하신 각하께서 어찌 저로 하여금 학문을 게을리 하고 앞길을 잃어버리게 하자는 것이었겠습니까. 그

이유는 곧 각하께서 지위가 높고 연령도 많으시며 학문 또한 넉넉하여 높은 경지를 이루었는데도, 이처럼 중단하지 않으시면서 저 같은 후배에게 이처럼 자신을 낮춘다는 것을 알게 하자는 뜻이었을 것입니다. 이는 저를 가르치신 것입니다. 孟子께서 "내가 가르치기를 탐탁하게 여기지 않아서 가르치지 않는 것도 역시 가르치는 방법이다." 하였으니, 감히 가르침을 받지 않을 수 있겠습니까.

1) 吾不屑之教誨 是亦教誨之而已矣 : ≪孟子≫ 〈告子 上〉에 나오는 구절로, 교육에는 여러 가지 방법이 있다는 것을 설명할 때 한 말이다.

盛編尙且借觀이며 **而先以此謝**하니 **皇恐**이라 **不宣**이라

巨作은 앞으로 살펴볼 예정이며 먼저 이 편지로 답해 올리니 황공합니다. 이만 줄입니다.

宋大家曾文定公文抄 卷4

序

01. 戰國策目錄序* ≪戰國策≫에 관한 목록서

* 嘉祐 5년(1060)부터 治平 2년(1065) 사이에 작자가 歐陽脩의 추천으로 인해 史館에 들어가 많은 옛 서적을 교감하였는데 ≪戰國策≫은 그 가운데 하나이다. 교감이 마무리되면 대부분 그 서적에 대한 目錄序를 작성하여 그 내용의 득실을 평론하였다. 여기서는 法은 변하는 시대상황에 따라 맞춰야지 언제나 똑같을 수는 없고, 道는 근본을 세우는 것이므로 언제나 동일하지 않으면 안 된다는 것을 주장하였다. ≪戰國策≫은 漢나라 劉向이 전국시대 변론가들이 자기를 거두어 써준 국가를 위해 개진한 책략을 수집하여 편집한 것인데, 후대에 일부 유실되어 불완전하던 것을 작자가 어느 士大夫 집에서 찾아내 복원하였다.

大旨與新序相近이라 有根本하고 有法度라

요지는 〈新序目錄序〉의 경우와 비슷하다. 근본이 있고 법도가 있다.

劉向所定戰國策三十三篇이로되 崇文總目[1]稱十一篇者闕이라하니 臣訪之士大夫家하여 始盡得其書하여 正其誤謬而疑其不可考者하니 然後에 戰國策三十三篇復完하니라 敍曰

劉向이 편집하여 확정한 ≪戰國策≫은 본디 33편이었는데 ≪崇文總目≫에 11편이 유실되었다고 되어 있다. 내가 어떤 士大夫 집에 가서 全書를 찾아낸 다음, 그 가운데 잘못된 부분을 바로잡고 고증할 수 없는 부분까지 모두 보존하였다. 이렇게 한 뒤에 ≪戰國策≫ 33편이 비로소 원상 복구되었다. 서문을 다음과 같이 쓴다.

1) 崇文總目 : 宋 仁宗이 景祐 元年(1034)에 翰林學士 張觀, 李淑, 宋祁 등에게 명하여 三館과 秘閣의 藏書 등을 교정하고 정리하여 書目을 편찬한 뒤에, 또

翰林學士 王堯臣, 聶冠卿, 郭稹, 呂公綽, 王洙, 歐陽脩 등이 이것을 다시 ≪開元群書四部錄≫의 체제를 본떠 60권으로 정리한 官撰 서목이다. 崇文院은 皇室 서고이기 때문에 ≪崇文總目≫이라 이름하였다.

向敍此書에 言周之先은 明敎化하고 修法度하니 所以大治요 及其後하여 謀詐用하여 而仁義之路塞하니 所以大亂이라하니 其說旣美矣나 卒以謂此書戰國之謀士度時君之所能行일새 不得不然이라하니 則可謂惑於流俗하여 而不篤於自信者也라

劉向이 이 책에 쓴 서문에 "周나라 시대의 前期에는 교화를 펴 밝히고 법제를 정돈하였으니 이래서 천하가 크게 다스려졌고, 後期로 와서는 음모와 거짓이 시행되어 仁義의 길이 막혔으니 이래서 천하기 크게 어지러워졌다." 하였는데, 이 말은 매우 좋다. 그러나 뒷부분에서 말하기를 "이 책은 전국시기의 謀士가 그 당시 군주가 능히 행할 만한 사정을 헤아려 구상한 계책을 기록한 것이므로 이렇게 하지 않을 수 없었던 것이다." 하였으니, 그는 세속의 왜곡된 풍조에 현혹되어 자기의 신념을 견지하지 못한 사람이었다.

夫孔孟之時는 去周之初 已數百歲라 其舊法已亡하고 舊俗已熄久矣로되 二子乃獨明先王之道하여 以謂不可改者라하니 豈將强天下之主以後世之不可爲哉리오 亦將因其所遇之時와 所遭之變하여 而爲當世之法하되 使不失乎先王之意而已니라 二帝三王之治는 其變固殊하고 其法固異나 而其爲國家天下之意와 本末先後는 未嘗不同也니 二子之道는 如是而已니라 蓋法者는 所以適變也니 不必盡同이요 道者는 所以立本也니 不可不一이라 此理之不易者也니라 故二子者守此하니 豈好爲異論哉아 能勿苟而已矣니 可謂不惑乎流俗하여 而篤於自信者也니라

孔子와 孟子의 시대는 周나라 초기와 시대적인 거리가 이미 수백 년이나 되므로 周나라 때의 옛 법제가 이미 존재하지 않고 옛 습속이 사라진 지 오래였다. 이들 두 사람은 그럼에도 불구하고 독자적으로 先王의 도를 앞장서서 밝혀 이것은 바꿀 수 없는 것이라고 인정하였으니, 이들이 천하의 군주에게 후세에 행할 수 없는 일을 억지로 권하였겠는가. 이들은 그저 자신들이 태어난 시대와 만난 변화를 기본적인 근거

로 삼아 당시의 법제를 제정하되 先王의 주요 취지를 잃지 않도록 한 것에 불과할 뿐이었다. 二帝와 三王이 천하를 다스릴 적에 그들이 임기응변한 것은 사실 같지 않고 그들의 법제도 사실 달랐다. 그러나 그들이 국가와 천하를 다스리는 주요 취지로써 무엇을 근본으로 삼고 무엇을 말단으로 삼으며, 먼저 무엇을 행하고 뒤에 무엇을 행한다는 기준은 동일하지 않은 경우가 없으니, 孔子와 孟子 두 사람이 주장한 것은 그저 이와 같은 것일 뿐이었다.

대체로 법이란 그것으로 변화에 적응하기 위한 것으로써 굳이 시대마다 완전히 같을 필요가 없고, 道란 그것으로 근본을 수립하기 위한 것으로써 언제나 동일하지 않으면 안 된다. 이것은 변동할 수 없는 도리이다. 이 때문에 이들 두 사람이 이와 같은 주장을 고수했던 것이니 어찌 異論을 제기하기를 좋아해서 그러하였겠는가. 다만 구차하게 편의를 따르지 않은 것에 지나지 않는다. 이들은 세속의 왜곡된 풍조에 현혹되지 않고 능히 자기의 신념을 견지한 사람이었다고 말할 수 있다.

戰國之遊士則不然하여 不知道之可信하고 而樂於說之易合하니 其設心注意는 偸爲一切之計而已라 故論詐之便而諱其敗하고 言戰之善而蔽其患하니 其相率而爲之者莫不有利焉而不勝其害也하고 有得焉而不勝其失也하니라 卒至蘇秦商鞅孫臏吳起李斯之徒가 以亡其身하고 而諸侯及秦用之者도 亦滅其國하니 其爲世之大禍明矣어늘 而俗猶莫之寤也하니라 惟先王之道는 因時適變하여 爲法不同하고 而考之無疵하고 用之無弊라 故古之聖賢이 未有以此而易彼也니라

전국 시기의 遊說家는 그렇지 않아서 도가 믿을 만하다는 것은 모르고 다만 자기의 설법이 쉽게 군주와 서로 합치되는 것에 고무되었으니, 그들이 관심을 갖고 주의를 기울인 일은 오로지 구차한 계책을 짜내는 데에 불과하였다. 이 때문에 상대를 속이는 편리성만 논할 뿐 패배할 수 있다는 점은 숨겼고, 전쟁의 좋은 점만 말할 뿐 그로 인한 재앙은 엄폐하였다. 이리하여 이들과 함께 그대로 실행한 자들은 우선 이익을 얻기는 하였으나 그 피해를 이루 감당하지 못하였고, 얻은 것이 있기는 하였으나 도리어 잃은 것들이 감당하지 못할 정도로 많았다.

결국에는 蘇秦·商鞅·孫臏·吳起·李斯 등의 무리가 이와 같은 방법으로 인해 목

숨을 잃었고, 이들을 임용한 제후들과 秦나라 또한 이로 인해 나라가 멸망하였으니, 이와 같은 遊說家가 세상의 큰 화가 된다는 점은 분명한데도 불구하고 세속 사람들은 오히려 깨닫지 못하고 있다. 다만 先王의 도는 시대상황에 순응하고 변화에 적응하여 동일하지 않은 법을 제정하고, 아울러 자세히 고찰해보아도 결점이 없고 시행하더라도 폐단이 없다. 이 때문에 고대의 성현이 遊說家의 학설로 先王의 도를 대체한 적이 없는 것이다.

或曰 邪說之害正이라 **宜放而絶之**니 **則此書之不泯**이 **其可乎**아하니 **對曰 君子之禁邪說也**는 **固將明其說於天下**하여 **使當世之人**으로 **皆知其說之不可從**이니 **然後以禁**이면 **則齊**하고 **使後世之人**으로 **皆知其說之不可爲**니 **然後以戒**면 **則明**라 **豈必滅其籍哉**아 **放而絶之**는 **莫善於是**라 **是以**로 **孟子之書**에 **有爲神農之言者**[1]와 **有爲墨子之言者**[2]하여 **皆著而非之**하니라 **至於此書之作**하여는 **則上繼春秋**[3]하고 **下至楚漢之起**[4]히 **二百四十五年之間**[5]에 **載其行事**하니 **固不可得而廢也**라하니라

어떤 사람이 말하기를 "邪說은 正道를 침해할 수 있으니 마땅히 추방하고 끊어버려야 한다. 그렇다면 이 책을 없애버리지 않는 것이 과연 옳은가." 하기에, 대답하기를 "군자가 邪說을 금지하려면 반드시 먼저 그 설을 천하에 분명하게 드러내어, 당시 사람들에게 모두 그와 같은 설은 믿고 따를 수 없다는 것을 알려주어야 한다. 그런 다음에 금지하면 〈사람들 마음이〉 통일될 것이다. 그리고 후세 사람들에게 모두 그와 같은 설은 따라 행할 수 없다는 것을 알려주어야 한다. 그런 다음에 경계하면 사람들이 의심이 없을 것이다. 그러니 어찌 반드시 그 서적을 없애버릴 것이 있겠는가. 邪說을 추방하고 끊어버리는 데에는 이렇게 하는 것보다 더 좋은 방법이 없다. 이 때문에 《孟子》 책 속에 神農의 설을 신봉하는 내용도 있고 墨子의 설을 신봉하는 내용도 있으니, 孟子가 이들이 주장하는 설을 모두 기재하고 아울러 논박하였던 것이다. 이 책의 내용을 살펴보면 위로는 《春秋》의 뒤를 잇고 아래로는 楚·漢의 전쟁이 일어난 기간까지 245년 동안에 벌어졌던 일을 기재한 것으로써 당연히 폐기해버릴 수는 없다." 하였다.

1) 有爲神農之言者 : 神農은 전설에 나오는 고대 三皇의 하나로 炎帝라고도 한다.

전하는 말에 의하면 그가 처음으로 쟁기를 만들어 백성들에게 농사짓는 법을 가르치고 또 온갖 풀의 藥性을 감별하여 사람들에게 병을 치료하는 법을 가르쳤다고 한다. 許行은 전국시대 楚나라 사람으로, 자기를 따르는 자들을 거느리고 滕나라에 와서 神農의 도라 하면서 비록 임금이라도 자기가 먹는 식량은 손수 농사를 지어 조달해야 한다는 설을 주장하였다. ≪孟子≫ 책 속에 許行의 그와 같은 관점을 드러내 밝힌 뒤에 그것이 잘못된 주장임을 논박하였다. ≪孟子 滕文公 上≫

2) 有爲墨子之言者 : 墨子의 이름은 翟이다. 춘추전국시대의 사상가로 본디 宋나라 사람인데 魯나라에 오랫동안 체류하였다 한다. 兼愛와 非攻을 주장하였으며 그가 만든 학파를 墨家라고 부른다. ≪孟子≫ 책 속에 墨家인 夷之가 부모의 장례를 박하게 치르는 것과 관련한 관점을 드러내 밝힌 뒤에 논박을 가하였다. ≪孟子 滕文公 上≫

3) 春秋 : 중국에서 가장 오래된 編年體 역사서로 공자가 편집하였다고 한다. 魯隱公 원년(B.C. 722)부터 魯 哀公 14년(B.C. 481)까지 242년의 역사를 기록하였다. 세상에서는 이 시기를 春秋時代라고 부르기도 한다.

4) 楚漢之起 : B.C. 206년 秦이 망한 뒤에 項羽가 自立하여 西楚霸王이 되고 劉邦을 漢王으로 봉하였다. 이들 쌍방이 이때부터 5년 동안 천하의 패권을 놓고 다투다가 최후에 項羽가 패배하여 자살하는 것으로 끝났다.

5) 二百四十五年之間 : 春秋가 끝난 때부터 楚·漢전쟁이 일어난 때까지 실제 햇수는 약 270여 년이다. 여기서는 대강 어림잡아 추산한 것이므로 차이가 있다.

此書有高誘[1)]注者二十一篇이로되 **或曰 二十二篇**이라하니라 **崇文總目存者八篇**이며 **今存者十篇**이라

이 책은 高誘가 주석을 단 것이 21편이 있는데, 32편이라고 말하는 자도 있다. ≪崇文總目≫에 기록된 것은 8편만 있고 현재 보존된 것은 10편이다.

1) 高誘 : 東漢 涿郡(지금의 河北 涿縣) 사람으로 ≪戰國策≫, ≪呂氏春秋≫, ≪淮南子≫ 등의 서적에 주석을 달았다. 그가 주석을 단 ≪戰國策≫에 대해 ≪隋書≫ 〈經籍志〉에는 21권이라 하고, ≪新唐書≫ 〈經籍志〉에는 32권이라 하였다.

王遵巖曰 此序는 與新序序相類나 而此篇은 爲英爽軼宕이라하니라

王遵巖이 말하였다.

"이 서문은 〈新序目錄序〉와 비슷하나 이 편은 호쾌하고 소탈하다."

02. 南齊書目錄序* ≪南齊書≫에 관한 목록서

* 작자가 ≪南齊書≫를 교감 정리한 뒤에 쓴 目錄序이다. 史家가 마땅히 갖춰야 할 明·道·智·文, 곧 총명·도리·지혜·문장 등 네 부분의 조건을 요구하였다. 작자는 이 하나의 표준으로부터 출발하여 ≪尙書≫ 이후 史家에 대해 평론을 가하였는데, ≪南齊書≫에 대해서는 부정적인 평가를 내렸다.

論史家得失處如掌이라

史家의 잘잘못에 관해 논하기를 마치 손바닥에 놓고 본 것처럼 분명히 하였다.

南齊書는 八紀와 十一志와 四十列傳으로 合五十九篇이니 梁蕭子顯撰하니라 始에 江淹已爲十志하고 沈約又爲齊紀어늘 而子顯自表武帝하여 別爲此書라 臣等因校正其訛謬하고 而序其篇目曰

≪南齊書≫는 8편의 〈本紀〉와 11편의 〈志〉와 40편의 〈列傳〉으로 모두 59편인데, 梁나라 蕭子顯이 편찬하였다. 처음에 江淹이 이미 10편의 〈志〉를 만들고 沈約이 또 〈齊紀〉를 만들었는데, 蕭子顯이 스스로 武帝에게 표문을 올려 따로 이 책을 만들었다. 우리는 이 책의 오류 부분을 교정하고 편목을 엮은 것에 관한 소감을 다음과 같이 서술한다.

將以是非得失과 興壞理亂之故로 而爲法戒면 則必得其所託이라 而後에 能傳於久리니 此史之所以作也니라 然而所託이 不得其人이면 則或失其意하고 或亂其實하고 或析理之不通하고 或設辭之不善이라 故雖有殊功韙德非常之跡이라도 將闇而不章하고 鬱而

不發하여 而檮杌[1]嵬瑣奸回凶慝之形이 可幸而掩也니라

是非得失과 治亂興亡의 까닭을 천명하여 법도와 귀감으로 삼기 위해서는 반드시 그 일을 충분히 맡을 만한 사람을 얻어야 한다. 그런 다음에 비로소 그것이 먼 후세까지 전해갈 수 있는 것이니, 이것이 곧 역사서를 편찬하는 목적이다. 그래서 그 일을 맡은 사람이 적임자가 아니면 본래의 의미를 상실하기도 하고 혹은 본래의 사실을 왜곡하기도 하며, 혹은 도리를 분석하는 것이 원활하지 못하기도 하고 혹은 문장을 구사하는 것이 좋지 못하기도 한다. 그러므로 특수한 업적과 아름다운 덕행과 일반적이지 않는 사적이 있더라도 엄폐되어 선양되지 않고 매몰되어 드러나지 않는 반면, 비열하고 옹졸하고 간사하고 흉악한 행위가 도리어 요행히 숨겨지는 것이다.

1) 檮杌 : 고대 전설에 나오는 해괴한 짐승 이름인데 일반적으로 악인을 비유하는 말로 쓰인다.

嘗試論之컨대 古之所謂良史者는 其明必足以周萬事之理하고 其道必足以適天下之用하고 其智必足以通難知之意하고 其文必足以發難顯之情이니 然後에 其任可得而稱也니라 何以知其然耶오 昔者에 唐虞有神明之性하고 有微妙之德하여 使由之者不能知하고 知之者不能名하여 以爲治天下之本하며 號令之所布와 法度之所設에 其言至約하고 其體至備하여 以爲治天下之具어늘 而爲二典[1]者 推而明之하니라 所記者는 豈獨其迹耶리오 幷與其深微之意而傳之하니라 小大精麤를 無不盡也하고 本末先後를 無不白也하여 使誦其說者로 如出乎其時하고 求其旨者로 如卽乎其人하니 是可不謂明足以周萬事之理하고 道足以適天下之用하고 智足以通難知之意하고 文足以發難顯之情者乎아 則方是時에 豈特任政者 皆天下之士哉리오 蓋執簡操筆而隨者도 亦皆聖人之徒也니라

나는 일찍이 다음과 같이 논한 적이 있다. 고대의 이른바 훌륭한 史家란, 그 총명은 반드시 족히 萬事의 이치를 두루 알고, 그가 결론으로 내놓은 도리는 반드시 족히 천하의 운용에 적응할 수 있고, 그의 지혜는 반드시 족히 보통 사람은 알기 어려운 의미를 이해하고, 그의 문상은 반드시 족히 보통 사람은 묘시하기 어려운 실태를 표

현할 수 있어야만 했으니, 그런 다음에 그가 비로소 직무를 감당할 수 있었다. 그가 직무를 감당했다는 것을 무엇으로 알 수 있는가?

옛날 堯·舜은 神明한 천성을 지니고 微妙한 덕행을 지녔기에 그들을 따르는 사람들이 그 속에 들어 있는 도리를 능히 알지 못하였고, 그 도리를 아는 사람은 또 능히 그것을 형용하지 못하였다. 그런데 그것을 가지고 천하를 다스리는 근본으로 삼았으며, 명령을 선포하고 법도를 설치할 적에 그 언어가 매우 간단하고 그 체제가 매우 완비되어 천하를 다스리는 도구로 삼을 만하였는데, 二典을 편찬한 사람이 그것을 부연하고 천명하였다. 二典에 기록된 내용은 그것이 어찌 그들의 사적에 관한 것일 뿐이겠는가. 깊고 오묘한 의미까지도 모두 후대에 전하였으니, 크고 작으며 정밀하고 거친 것들을 완전하게 드러내지 않은 것이 없고, 도리의 本末과 先後를 분명하게 기재하지 않은 것이 없다. 그리하여 그 내용을 읽는 자로 하여금 마치 그 시기로 돌아간 것 같게 하고, 그 의미를 구하는 자로 하여금 마치 그 작자 앞에 나아간 것 같은 느낌이 들게 하였다. 그러니 어찌 "그의 총명은 족히 만사의 이치를 두루 알고, 그가 결론으로 내놓은 도리는 족히 천하의 운용에 적응할 수 있고, 그의 지혜는 족히 보통 사람은 알기 어려운 의미를 이해하고, 그의 문장은 족히 보통 사람은 묘사하기 어려운 실태를 표현하였다."고 말할 수 없겠는가. 이로 볼 때 그 당시에는 어찌 정사를 맡은 자만 모두 천하의 인재였겠는가. 竹簡과 붓을 잡고 따르는 자들도 모두 성인의 무리였던 것이다.

1) 二典 : ≪尙書≫ 가운데 堯·舜의 사적을 기록한 〈堯典〉, 〈舜典〉을 가리킨다.

兩漢以來로 爲史者去之遠矣라 司馬遷從五帝三王旣沒數千載之後와 秦火之餘에 因散絶殘脫之經하고 以及傳記百家之說히 區區掇拾以集하여 著其善惡之迹과 興廢之端하니라 又創己意하여 以爲本紀世家[1]八書[2]列傳之文하니 斯亦可謂奇矣라 然而蔽害天下之聖法하여 是非顚倒而採摭謬亂者 亦豈少哉리오 是豈可不謂明不足以周萬事之理하고 道不足以適天下之用하고 智不足以通難知之意하고 文不足以發難顯之情者乎아

兩漢(西漢과 東漢 두 시대) 이후 역사서를 편찬한 사람은 이와 같은 표준과는 거리가 멀다. 司馬遷은 五帝·三王이 이미 지나가버린 수천 년 이후 秦始皇이 서적을 태워버린 시기에 이르러, 흩어지고 훼손되고 누락된 經典을 위시하여 각종 문헌에 기재된 것 및 諸子百家의 설을 근거로 삼아 부지런히 수집하여, 그 善惡의 자취와 흥망의 원인을 드러내 밝혔다. 또 자기 의사에 따라 새로운 체제를 창안하여 本紀·世家·八書·列傳 등의 형태를 완성하였으니, 이 또한 재주가 뛰어난 사람이라 할 수 있다.

그러나 그는 천하에 적용할 성인의 법도를 손상하여 是非를 전도하고, 자료를 수집할 때 잘못되고 혼란스러운 부분이 또한 어찌 적다고 하겠는가. 그러니 어찌 "그의 총명은 족히 만사의 이치를 두루 알지 못하고, 그가 결론으로 내놓은 도리는 족히 천하의 운용에 적응할 수 없고, 그의 지혜는 족히 보통 사람은 알기 어려운 의미를 이해하지 못하고, 그의 문장은 족히 보통 사람은 묘사하기 어려운 실태를 표현하지 못했다."고 말하지 않을 수 있겠는가.

1) 世家 : ≪史記≫ 속에 있는 제후의 世系와 활동을 기재한 傳記를 말한다.
2) 八書 : ≪史記≫ 속에 있는 〈禮書〉·〈樂書〉·〈律書〉·〈曆書〉·〈天官書〉·〈封禪書〉·〈河渠書〉·〈平準書〉 등 8편을 말한다.

夫自三代以後로 爲史者如遷之文은 亦不可不謂雋偉拔出之才와 非常之士也라 然顧以謂明不足以周萬事之理하고 道不足以適天下之用하고 智不足以通難知之意하고 文不足以發難顯之情者는 何哉오 蓋聖賢之高致를 遷固有不能純達其情而見之於後者矣라 故不得而與之也니라 遷之得失如此커든 況其他耶아 至於宋齊梁陳後魏後周之書[1]하여는 蓋無以議爲也라

三代 이후 史書를 편찬한 사람들 가운데 司馬遷의 문장 또한 위대하고 걸출한 재주를 지닌 비범한 선비의 작품이라 하지 않을 수 없다. 그런데도 불구하고 "그의 총명은 족히 만사의 이치를 두루 알지 못하고, 그가 결론으로 내놓은 도리는 족히 천하의 운용에 적응할 수 없고, 그의 지혜는 족히 보통 사람은 알기 어려운 의미를 이해하지 못하고, 그의 문장은 족히 보통 사람은 묘사하기 어려운 실태를 표현하지 못했다."고 말하는 이유는 무엇인가?

대체로 성현의 높은 품격과 이상에 대해 司馬遷은 분명 그 실체를 완전히 통달하여

드러내지 못했던 것이니, 이 때문에 그를 완전하다고 인정할 수 없는 것이다. 司馬遷의 허점이 이와 같은데 더구나 기타 인물들이야 말할 나위가 있겠는가. 宋·齊·梁·陳·後魏·後周의 史書는 평론할 가치도 없다.

1) 宋齊梁陳後魏後周之書 : 南北朝 시기 여섯 朝代의 역사를 기술한 史書를 가리킨다. ≪宋書≫는 梁나라 沈約, ≪南齊書≫는 梁나라 蕭子顯, ≪梁書≫와 ≪陳書≫는 唐나라 姚思廉, ≪魏書≫는 北齊의 魏收, ≪周書≫는 唐나라 令狐德棻 등이 편찬하였다.

子顯之於斯文에 喜自馳騁하여 其更改破析刻雕藻繢之變尤多하여 而其文益下하니 豈夫材固不可以强而有邪아 數世之史旣然이라 故其事迹曖昧하니 雖有隨世以就功名之君과 相與合謀之臣이라도 未有赫然得傾動天下之耳目하고 播天下之口者也며 而一時偸奪傾危悖理反義之人도 亦幸而不暴著於世하니 豈非所託이 不得其人故邪아 可不惜哉아

蕭子顯은 문장을 지을 때 자기 생각대로 거침없이 치달리기를 좋아하여, 그가 이전 사람의 문장형식을 바꾸고 깨뜨리면서 문양을 아로새기고 꾸민 변화가 누구보다 많아 그의 문장수준이 매우 낮으니, 재능이란 본디 노력으로는 구비할 수 없는 것이 아니겠는가. 여러 시대 역사가들의 수준이 이미 그렇기 때문에 그들이 기재한 事迹이 애매모호하다. 그래서 시대마다 功名을 이룬 군주와, 그리고 이들 군주와 함께 국사를 도모한 신하가 있더라도 크게 드러내 천하의 이목이 쏠리고 천하 사람의 입에 전파되게 하지 못했으며, 권력을 억지로 빼앗고 나라를 위험에 빠뜨리며 도리를 어기고 의리를 배반한 사람들 역시 요행히 세상에 드러나지 않았다. 그러니 어찌 史書를 편찬하는 임무를 맡은 사람이 적격자가 아니었기 때문이 아니겠는가. 어찌 안타깝지 않겠는가.

蓋史者는 所以明夫治天下之道也라 故爲之者도 亦必天下之材然後에 其任可得而稱也니 豈可忽哉리오 豈可忽哉리오

대체로 史書란 천하를 다스리는 도리를 밝히기 위한 것이다. 그러므로 史書를 편찬

하는 사람 또한 반드시 천하에 이름난 인재여야 한다. 그런 다음에 그에게 부과된 임무를 제대로 수행할 수 있을 것이니, 어찌 소홀히 볼 수 있겠는가, 어찌 소홀히 볼 수 있겠는가.

03. 梁書目錄序* ≪梁書≫에 관한 목록서

* 작자가 ≪梁書≫를 교정하고 아울러 목록을 정리한 뒤에 지은 서문이다. 梁나라 때 佛教에 경도된 폐단에 대해 논하였다. 佛家가 스스로 도를 깨달은 것은 내면의 마음에서 나온 것이라고 주장하는 것은 허망한 것이라고 논박하였다. 역사를 배우는 것은 한 시대의 잘잘못을 밝히기 위해서라는 기본적인 시각으로 불교 배척의 필요성을 설명하였다.

以內字論佛之旨는 頗非是라 蓋佛은 原非以吾儒之外하고 而彼自識其內也라 彼只見自家本來原無一物이라 故欲了當本性耳요 欲見本性이라 故將一切聲色臭味香法을 多爲丢去耳而非以徇內故也라

'內'자로 불가의 교리를 논한 것은 매우 옳지 않다. 대체로 불가는 본디, 우리 儒家의 도는 외면을 추구하고 그들은 스스로 그 내면을 알았다고 주장하는 것은 아니다. 그들은 다만 자기 몸에는 본디 아무것도 없다고 보았기 때문에 本性을 알려고 한 것일 뿐이고, 本性을 알려고 하였기 때문에 소리, 빛깔, 냄새, 맛, 향 등 모든 외부의 것들을 대부분 떨쳐버리자는 것일 뿐이지 내면만을 추구하자는 것은 아니다.

梁書六本紀와 五十列傳으로 合五十六篇이니 唐貞觀三年에 詔右散騎常侍姚思廉[1] 撰하니라 思廉者는 梁史官察之子니 推其父意하여 又頗采諸儒謝吳[2]等所記하여 以成此書라 臣等旣校正其文字하고 又集次爲目錄一篇하고 而敍之曰

≪梁書≫는 6편의 〈本紀〉와, 50편의 〈列傳〉으로 모두 56편인데, 唐 貞觀 3년(629)에 右散騎常侍 姚思廉이 편찬하였다. 姚思廉은 梁나라 史官 姚察의 아들로 그의 아버지 뜻을 추구하여, 또 기타 유생들과 謝吳가 편찬한 기록을 많이 채집하여 이

책을 완성한 것이다. 우리들은 이미 이 책의 문자를 교정한 다음, 또 이것을 모아 순차대로 배열하여 목록 1편을 만들고 다음과 같이 서술하였다.

1) 姚思廉 : 557~637. 唐 雍州 萬年(지금의 陝西 西安) 사람으로 이름은 簡인데 字로 행세하였다. 어릴 적에 아버지 姚察 밑에서 ≪漢書≫를 읽어 家學을 전수받았다. 아버지가 梁·陳의 史書를 편찬하다가 마무리하지 못하고 그에게 뒤를 이어 편찬할 것을 유언으로 당부하였는데, 唐 太宗 때 황제의 명을 받고 秘書監 魏徵과 梁·陳의 두 史書를 편찬하면서 그의 집에 보관해오던 옛 초고와 기타 서적을 채집하여 두 시대의 史書를 완성하였다.
2) 謝吳 : 吳는 '昊'로 쓰기도 한다. 南朝 梁代 사람이다. 梁 元帝 때 中書郎을 지냈으며, ≪梁書≫를 저술하였는데 이미 유실되었다.

自先王之道不明으로 百家竝起라 佛最晩出하여 爲中國之患하니 而在梁爲尤甚이라 故不得而不論也니라 蓋佛之徒는 自以謂吾之所得者內라하여늘 而世之論佛者皆外也라 故不可絀이라 雖然이나 彼惡覩聖人之內哉리오

옛 聖王의 道術이 희미하여 밝아지지 않은 뒤로 百家의 학술이 경쟁적으로 일어났다. 불교는 가장 늦게 출현하여 중국의 재해가 되었는데, 梁나라 때 그 정도가 더욱 심하였으므로 이 점을 논하지 않을 수 없다. 대체로 불교도들은 스스로 말하기를 "우리가 깨달은 것은 내면의 마음에서 얻은 것"이라고 하는데도, 불교를 논의하는 세상 사람들은 모두 그것은 외부의 표상으로부터 출발한 것이라고 하기 때문에 그들을 굴복시킬 수 없다. 비록 그렇다 하더라도 그들이 어찌 성인의 내면 마음을 볼 수 있겠는가.

書에 曰 思曰睿하고 睿作聖[1)]이라하니 蓋思者는 所以致其知也라 能致其知者는 察三才之道하고 辯萬物之理하여 小大精粗를 無不盡也니라 此之謂窮理요 知之至也라 知至矣면 則在我者之足貴와 在彼者之不足玩을 未有不能明之者也라 有知之之明而不能好之는 未可也라 故加之誠心以好之하고 有好之之心而不能樂之는 未可也라 故加之至意以樂之하니 能樂之則能安之矣니라 如是則萬物之自外至者 安能累我哉아 萬

物之所不能累라 故吾之所以盡其性也니 能盡其性이면 則誠矣라 誠者는 成也라 不惑也니 旣誠矣면 必充之하여 使可大焉하고 旣大矣면 必推之하여 使可化焉이라 能化矣면 則含智之民과 肖翹之物이 有待於我者 莫不由之以至其性하고 遂其宜하여 而吾之用與天地參矣니라

≪書經≫에 "思考는 통달하도록 해야 한다. 사고가 통달해지면 곧 성스러워진다." 하였다. 대체로 사고는 곧 지식을 구해 얻기 위한 것이다. 능히 지식을 구해 얻은 사람은 天·地·人 三才의 규율을 관찰하고 세상만물의 사리를 변별하여, 크거나 작거나 거칠거나 미세한 모든 이치를 완전히 이해하지 않는 것이 없다. 이것을 일러 窮理라고 하는 것이니 이는 구하여 아는 극치이다. 구하여 안 것이 극치에 도달하게 되면 내가 확보한 지식은 충분히 진귀한 것이 되고, 다른 곳에 있는 지식은 거들떠볼 만한 것이 못 된다는 것을 모르는 사람이 없을 것이다. 구하여 아는 능력은 지녔으면서도 그것을 좋아하는 감정을 갖지 못하면 안 되기 때문에 진심으로 좋아하는 단계가 요구되고, 구하여 아는 것을 좋아하는 마음은 있으면서도 그것을 즐거워하는 감정을 갖지 못하면 안 되기 때문에 마음을 다해 즐거워하는 단계가 요구되는 것이다. 능히 즐거움을 느낀다면 곧 마음이 편안해질 수 있다. 만일 이렇게 된다면 외면으로부터 오는 세상만물이 어찌 나에게 피해를 끼치겠는가.

세상만물이 나에게 피해를 끼치지 못하기 때문에 내가 자기의 본성에 순응할 수 있는 것이니, 능히 자기의 본성에 순응하게 되면 곧 誠에 도달하게 된다. 誠이란 곧 이루어진 것으로 다른 어떤 것에도 현혹되지 않는다. 이미 誠한 뒤에는 반드시 그 범위를 확충하여 크게 되도록 해야 할 것이고, 이미 범위가 커진 뒤에는 반드시 그것을 더 확대하여 인심과 풍속이 변화되게 할 수 있다. 인심과 풍속을 능히 변화시키면 위로 지혜를 지닌 백성에서부터 아래로 허공을 날아다니는 미세한 생물에 이르기까지, 나에게서 감화받기를 기다리는 것들이 이로 말미암아 자기의 본성을 보전하고 자기의 본분을 완수하지 않은 것들이 없어, 나의 작용이 천지와 함께 나란히 서서 셋이 될 것이다.

1) 思曰睿 睿作聖 : ≪書經≫ 〈周書 洪範〉에 나오는 말이다.

德如此其至也나 而應乎外者는 未嘗不與人同하니 此吾之道 所以爲天下之達道也라 故與之爲衣冠飮食과 冠昏喪祭之具하여 而由之以敎에 其爲君臣父子兄弟夫婦者 莫不一出乎人情하고 與之同其吉凶而防其憂患者 莫不一出乎人理라 故與之處而安且治之所集也며 危且亂之所去也라 與之處者 其具如此하고 使之化者 其德如彼하니 可不謂聖矣乎아 旣聖矣면 則無思也라 其至者 循理而已오 無爲也라 其動者 應物而已라 是以로 覆露乎萬物하고 鼓舞乎群衆하되 而未有能測之者也니 可不謂神矣乎아 神也者는 至妙而不息者也니 此聖人之內也라 聖人者는 道之極也니 佛之說은 其有以易此乎아 求其有以易此者하니 固其所以爲失也라

도덕은 이와 같이 성대한 것이지만 외면으로 드러난 것은 보통 사람과 같지 않은 것이 없으니, 이것이 곧 나의 도가 천하에 통행하는 도가 되는 이유이다. 그러므로 천하를 위해 의관·음식과 冠婚喪祭 등에 관한 방법을 설립하여, 모두 이것을 가지고 그들이 君臣·父子·兄弟·夫婦 등의 관계를 형성하되 하나같이 사람의 정서와 의리로부터 나오지 않은 것이 없게 하고, 그들이 길흉사를 함께하고 걱정과 환난을 방비할 적에도 하나같이 사람의 도리로부터 나오지 않은 것이 없게 한다. 그러므로 그들이 머물러 살아갈 적에 편안하고 안정된 요소가 함께 모여 있고 위험하고 혼란한 요소가 제거되어 있는 것이다. 그들이 머물러 살아갈 수 있도록 마련해준 장치가 이와 같고 그들이 풍속을 바꾸게 하는 덕이 그와 같으니, 성인이라고 말하지 않을 수 있겠는가.

이미 성인의 경지에 도달하면 어떤 의도적인 사고란 없고 오로지 이치를 따를 뿐이며, 어떤 의도적인 행위란 없고 행하는 것은 오로지 사물에 순응할 뿐이다. 이러므로 천지가 만물에게 은혜를 베풀고 백성이 즐겁게 살아가게 하되 자연에 일임하여 그 위대한 공을 측량할 수 없게 하니, 이것을 신묘한 경지에 도달했다고 말하지 않을 수 있겠는가. 신묘한 경지란 가장 오묘하고 또 정지하는 일이 없는 경지에 도달한 것이니, 이것이 곧 성인의 내면 마음이다. 성인이란 도의 극치이다. 불교의 설법에 과연 이것을 바꿀 만한 것이 있는가. 그런데 그들이 이것을 바꿀 부분을 찾으려다 보니 착오가 생기게 되었던 것이다.

夫得於內者는 未有不可行於外也니 有不可行於外者면 斯不得於內矣라 易에 曰 智周乎萬物而道濟乎天下라 故不過[1]라하니 此聖人所以兩得之也니라 智足以知一偏이나 而不足以盡萬事之理하고 道足以爲一方이나 而不足以適天下之用은 此百家之所以兩失之也니 佛之失이 其不以此乎아 則佛之徒 自以謂得諸內者는 亦可謂妄矣로다

내면의 마음으로부터 얻어진 것은 외면에 시행하지 못할 것이 없는 법이니, 외면에 시행하지 못할 것이 있다면 이는 내면의 마음에서 얻어진 것이 아니다. ≪易經≫에 "지혜는 만물에 두루 미치고 도덕은 천하를 구제한다. 그러므로 행하는 일이 착오가 없다." 하였으니, 이것은 성인이 내면과 외면이 다 완벽하다는 것이다. 지혜가 족히 어느 한쪽은 알지만 만사의 이치를 충분히 다 알지 못한다거나, 도술이 족히 한쪽 부분에는 적용할 수 있지만 천하 운용에 충분히 적용할 수 없는 경우가 있으니, 이것은 百家가 내면과 외면이 다 잘못되었다는 것이다. 불교의 잘못이 이런 것이 아니겠는가. 그렇다면 불교도가 스스로 도를 마음에서 얻었다고 말하는 것은 거짓이라고 할 수 있다.

1) 易曰……故不過 : ≪易經≫ 〈繫辭傳〉에 나오는 말이다.

夫學史者 將以明一代之得失也라 臣等故因梁之事하여 而爲著聖人之所以得과 及佛之所以失以傳之者는 使知君子之所以距佛者 非外而有志於內者하니 庶不以此而易彼也리라

역사를 배우는 것은 장차 한 시대의 잘잘못을 밝히기 위해서이다. 이 때문에 우리들이 梁代의 역사사실을 통해 성인은 완벽하게 되고 불교는 잘못되게 된 까닭을 드러내어 세상 사람들에게 알리는 것이다. 이렇게 하는 것은 사람들로 하여금 군자가 불교를 거절하는 이유가 그들의 교리가 일체의 외물을 부정하기 때문이라는 것을 알도록 하기 위한 것이다. 따라서 내면의 수양에 뜻을 둔 사람은 아마 성인의 도를 저들의 것과 바꾸지 않을 것이다.

唐荊川曰 通篇俱說聖人之內하여 而所以攻佛者는 不過數句라하니라

唐荊川이 말하였다.

"全篇이 다 성인의 내면 마음에 관해 설명하였다. 이 때문에 불교를 공격한 부분은 몇 구절에 지나지 않는다."

王遵巖曰 原道[1)]**文字**는 **雄健傑特**하여 **亘古無倫矣**라 **然說佛之失處**는 **不能如是其稱**하고 **吾道大旨**도 **亦不能如是精也**라하니라

王遵巖이 말하였다.

"〈原道〉의 문자는 웅장하고 걸출하여 고금에 필적할 만한 것이 없다. 그러나 불교의 잘못된 점을 설파한 점은 이처럼 정확하게 하지 못하였고, 우리 儒家의 도에 대한 요지도 이처럼 정밀하게 설명하지 못하였다."

1) 原道 : 唐나라 韓愈가 儒家의 도를 옹호하고 佛家의 교리를 논박한 글이다.

04. 陳書目錄序[*] ≪陳書≫에 관한 목록서

* 작자의 나이 54세 때인 嘉祐 8년(1063)에 쓴 글이다. ≪陳書≫가 이루어진 전말과 전해 내려온 과정 및 교감을 진행한 시기 등에 관해 자세히 언급하여 작자가 쓴 10여 편의 目錄序 가운데 목록 서문의 표준에 가장 부합된다.

文屬典刑하여 **不爲風波**나 **而自可賞脩**라

문장구성이 단순하여 변화가 없지만 나름대로 감상할 만하다.

陳書六本紀와 **三十列傳**이니 **凡三十六篇**이라 **唐散騎常侍姚思廉譔**이라

≪陳書≫는 6편의 〈本紀〉와, 30편의 〈列傳〉으로 모두 36편인데, 唐나라 散騎常侍 姚思廉이 편찬하였다.

始에 **思廉父察**은 **梁陳之史官也**이니 **錄二代之事**라가 **未就而陳亡**하니라 **隋文帝見察**하고 **甚重之**하여 **每就察訪梁陳故事**할새 **察因以所論載**로 **每一篇成**이면 **輒奏之**하고 **而文帝**

亦遣虞世基就察求其書러니 又未就而察死하니라 察之將死에 屬思廉以繼其業이라 唐興하여 武德五年에 高祖以自魏以來二百餘歲히 世統數更하여 史事放逸이라하여 乃詔論次하니 而思廉遂受詔爲陳書나 久之猶不就하니 貞觀三年에 遂詔論譔於秘書內省하여 十年正月壬子始上之하니라

처음에 姚思廉의 아버지 姚察은 梁나라와 陳나라의 史官으로, 이 두 시대의 사실을 기록하다가 작업이 마무리되기 전에 陳나라가 멸망하였다. 隋 文帝가 姚察을 만나보고 매우 중시하여 늘 그를 찾아가 梁·陳의 옛 일에 관해 물어보았다. 姚察이 이로 인해 서로 논했던 내용을 기록하여 한 편이 완성되면 곧 文帝에게 올렸으며, 文帝 또한 虞世基를 姚察에게 보내 찾아오게 하였는데, 이때에도 원고가 마무리되기 전에 姚察이 세상을 떠났다. 姚察이 죽을 임시에 姚思廉에게 자기의 작업을 계속할 것을 당부하였다.

唐나라가 일어난 이후 武德 5년(622)에 唐 高祖가, 魏나라가 멸망한 뒤로 200여 년 동안 世系가 자주 바뀌어 역사사실이 유실되었다는 이유로 명을 내려 史書를 편찬하도록 하였다. 姚思廉이 그 명을 받아 ≪陳書≫ 편찬에 착수하였으나 오랜 기간이 지나도록 완성되지 않자, 貞觀 3년(629)에 마침내 秘書內省에서 편찬할 것을 명하였고, 10년 정월 임자일에 완성된 것을 올렸다.

觀察等之爲此書하니 歷三世[1]하고 傳父子하여 更數十歲而後乃成하니 蓋其難如此라 然及其旣成하여는 與宋魏齊梁等書[2]로 世亦傳之者少라 故學者於其行事之迹에 亦罕得而詳之也하니라 其書亦以罕傳하니 則自秘府[3]所藏히 往往脫誤러라 嘉祐六年八月에 始詔校讐하여 使可鏤版하여 行之天下할새 而臣等言梁陳等書缺하니 獨館閣[4]所藏은 恐不足以定著니 願詔京師及州縣藏書之家하여 使悉上之라하여 先皇帝[5]爲下其事하여 至七年冬稍稍始集하니라 臣等以相校하여 至八年七月하여 陳書三十六篇者 始校定하니 可傳之學者라 其疑者亦不敢稍損益하고 特各疏于篇末하니라 其書舊無目하고 列傳名氏多闕謬하여 因別爲目錄一篇하여 使覽者 得詳焉하니라

姚察 등이 이 책을 편찬한 것을 살펴보면, 三世를 거치고 父子가 서로 물려가며 수

십 년을 경과한 뒤에 비로소 완성하였으니, 그 과정이 이와 같이 어려웠다. 그러나 그것이 완성된 뒤에는 宋·魏·齊·梁 등의 역사서와 함께 세상에 전해오는 것이 희소하기 때문에, 학문에 종사하는 자들이 그동안의 역사사실에 대해 자세히 아는 경우가 드물었다. 그 책 또한 세상에 전해오는 것이 희소하였으므로 秘府에 소장하고 있는 것까지도 가끔 오탈자가 있었다.

嘉祐 6년(1061) 8월에 비로소 황제께서 명을 내려 이 책을 교감한 뒤에 판각하여 천하에 유포하도록 하였다. 그리하여 신들이 건의하기를 "梁·陳 등의 史書는 결함이 있으니 館閣에 소장한 것을 定本으로 삼을 수 없을 것 같습니다. 도성과 지방 州縣 각처의 이 책을 소장하고 있는 집에 명하여 모두 올려보내게 하십시오." 하였다. 이로 인해 先皇帝께서 그렇게 하도록 명을 내려 7년 겨울에 이르러 비로소 조금씩 모여들기 시작하였다. 우리는 이것을 가지고 상호 대조 교감하여 8년 7월에 이르러 ≪陳書≫ 36편에 대한 교감을 마쳤으니, 이제 학문에 종사하는 자들에게 전해줄 수 있게 되었다. 의심되는 부분에 대해서는 감히 그것을 보태거나 빼는 등 수정을 가하지 못하고, 특별히 각 편의 끝에 의견을 조목별로 기록하였다. 이 책이 이전에는 목록이 없고 〈列傳〉에 성명이 누락되거나 잘못된 부분이 많았다. 이로 인해 따로 목록 1편을 편찬하여 이 책을 열람하는 사람으로 하여금 자세히 알 수 있도록 하였다.

1) 三世 : 陳·隋·唐 세 朝代를 가리킨다.
2) 宋魏齊梁等書 : 南朝 宋의 역사를 기재한 ≪宋書≫(南朝 梁의 沈約이 편찬), 北魏의 역사를 기재한 ≪魏書≫(北齊 魏收가 편찬), 北齊의 역사를 기재한 ≪齊書≫(뒤에 ≪北齊書≫라 이름하였으며, 唐 李百藥이 편찬), 南齊의 역사를 기재한 ≪齊書≫(뒤에 ≪南齊書≫라 이름하였으며, 南朝 梁의 蕭子顯이 편찬), 南朝 梁의 역사를 기재한 ≪梁書≫(唐 姚思廉이 편찬) 등의 서적을 가리킨다.
3) 秘府 : 황궁의 진귀한 도서를 수장한 곳을 말한다.
4) 館閣 : 北宋에서 唐나라 제도를 그대로 따라 昭文館·史館·集賢院 3館을 설치하고, 별도로 秘閣·龍圖閣·天章閣 등을 증설하여 도서를 정리하고 국사를 편수하는 등의 사무를 분장하도록 하였는데, 이것을 館閣이라 통칭한다.
5) 先皇帝 : 이미 죽은 앞시대의 황제라는 뜻이다. 여기서는 宋 仁宗을 가리는데 嘉祐 8년(1063) 3월에 죽었다.

夫陳之爲陳은 蓋偸爲一切之計하여 非有先王經紀禮義風俗之美와 制治之法可章示後世라 然而兼權尙計하여 明於任使하고 恭儉愛人은 則其始之所以興이요 惑於邪臣하고 溺於嬖妾하여 忘患縱欲은 則其終之所以亡이라 興亡之端이 莫非自己致者니라 至於有所因造하여 以爲號令[1)]威刑職官州郡之制하여는 雖其事已淺이나 然亦各施於一時하니 皆學者之所不可不考也라 而當時之士爭奪詐僞苟得偸合之徒를 尙不得不列以爲世戒커든 而況於壞亂之中과 倉皇之際에 士之安貧樂義하여 取舍去就에 不爲患禍勢利動其心者도 亦不絶於其間하니 若此人者는 可謂篤於善矣라 蓋古人之所思見而不可得일새 風雨[2)]之詩所謂作者也니 安可使之泯泯不少槪見於天下哉리오 則陳之史其可廢乎아

대체로 陳나라의 실체를 살펴보면, 그럭저럭 되는 대로 넘어가는 것을 일체의 방편으로 삼아서 후대에 드러내 보여줄 만한 옛 聖王과 같은 법도와 예의풍속의 미덕이며 통치의 법도가 없다. 하지만 권력을 합병하고 계책을 숭상하여 투명하게 관리를 임용하고 겸손하게 인재를 아끼고 사랑하였으니 이는 처음에 나라가 흥성하게 된 원인이고, 간신에게 현혹되고 애첩에게 빠져 우환을 망각하고 욕망을 절제하지 못했으니 이는 나중에 나라가 멸망하게 된 원인이다. 나라가 흥성하고 멸망한 단서는 모두 자기가 초래하였다.

과거의 것을 답습하거나 새롭게 만들어 號令·威刑·職官·州郡에 관한 제도를 이루어낸 부분에 있어서는 그 일들이 비록 오랫동안 이어가지는 못했지만 나름대로 한때에 시행되었으니, 이는 모두 학문에 종사하는 자가 상고해보지 않을 수 없다. 그리고 당시에 권력과 이익을 쟁탈하고 거짓을 자행하며 구차하게 부귀를 얻거나 권력자에게 영합한 무리들 또한 나열하여 세상 사람들의 경계거리로 삼지 않을 수 없다. 더구나 나라 정세가 무너지고 혼란하여 경황이 없을 때 지식인 가운데 가난한 처지에 안주하고 의리를 좋아하여 취사와 거취를 올바로 하고 환난과 재앙, 권세와 이익으로 인해 그 마음이 흔들리지 않은 자 또한 그 사이에 끊어지지 않았으니, 이와 같은 사람은 선행에 독실하였다고 말할 만하다. 이런 사람은 옛사람도 한번 만나보고 싶어도 쉽게 만나지 못했던 것이니, 이것이 〈風雨〉 시가 지어지게 된 이유이다. 그러니 어찌 이런 인물들의 사적을 묻어버려 대략이나마 세상에 드러내지 않을 수 있겠는가. 그렇

다면 陳나라의 역사를 과연 폐기해버릴 수 있겠는가.

1) 號令 : 發號施令의 준말로, 군주가 국정에 관한 명령을 반포한다는 뜻이다.
2) 風雨 : ≪詩經≫ 〈鄭風〉의 한 편명이다. "비바람에 어둡기 칠흑 같은 밤 닭울음소리가 그치지 않네. 이제 이미 군자를 만나봤으니 어이해 기쁘지 아니할쏘냐.〔風雨如晦 鷄鳴不已 旣見君子 云胡不喜〕"라는 구가 있는데, 비바람에 어두운 밤은 난세를 비유하고 닭울음소리가 이어지는 것은 의식이 있는 군자가 절개를 변치 않은 것을 비유한 것이다. 〈毛詩序〉에 "〈風雨〉는 군자를 생각하는 것이다. 난세에는 지조를 바꾸지 않는 군자를 만나보기를 생각하는 것이다." 하였다.

蓋此書成之旣難하고 **其後又久不顯**이라가 **及宋興已百年**에 **古文遺事靡不畢講**하여 **而始得盛行於天下**하여 **列於學者**하니 **其傳之之難又如此**라 **豈非遭遇固自有時也哉**아

이 책은 완성되는 과정이 이미 매우 어려웠고, 완성된 뒤에 또 오랫동안 세상에 그 존재가 드러나지 않았다. 그러다가 宋나라가 일어난 지 백 년이 지나 옛 문헌과 옛 사적을 빠짐없이 추심하는 때에 이르러서야 비로소 천하에 널리 유포되어 학문에 종사하는 자가 강독하는 서적 중에 끼이게 되었으니, 이 책이 유포되는 과정이 또 이처럼 어려웠다. 제때를 만나는 일은 사실 나름대로 그 시기가 있는 것이 아니겠는가.

05. 太祖皇帝總序* 〈太祖本紀〉에 관한 총서

* 작자의 나이 63세 때인 元豐 4년(1081) 7월에 宋 神宗이 작자를 史館修撰으로 제수하고, 太祖・太宗・眞宗・仁宗・英宗 등 五朝의 國史를 전담하여 편찬할 것을 명하였다. 太祖 趙匡胤(927~976)은 宋나라 開國 군주이므로 먼저 이 〈總序〉부터 작성하였다. 이 글은 五朝의 國史 가운데 〈太祖本紀〉의 서문으로, 이해 11월에 〈太祖本紀〉와 함께 神宗에게 올린 것이다. 서문의 개요는 太祖가 백성의 고통에 관심을 가졌고 敵國을 예우하였으며 契丹에 저항하는 등의 정치 공적과 개인의 재능이며 인품에 관해 논술하였다. 역사기록에 의하면 이 〈總序〉는 神宗의 마음에 들지 않아 결국 五朝史 편찬을 포기하였다고 한다. ≪元豐類藁≫ 卷10에 의하면 이 작품 앞에 이 〈總序〉를 작성하여 올리게 된 사유를 적은 狀啓의 성격인 〈進太祖皇帝總序狀〉이 있다. 처음에는 〈進太祖皇帝總序并

狀〉이라는 제목 아래 두 작품이 하나로 합쳐져 있었으나, 후대에 편집하면서 이것을 분리하였고 茅坤이 분리된 대본을 보고 뽑은 것이다. 여기서는 이것을 복원하여 번역하되 제목은 반영하지 않았다. 번역에서 본문에 보이는 '臣'의 처리는 〈進狀〉에서는 '신'이라 하고 경어를 썼으며, 〈總序〉에서는 편의상 '나'라고 하여 平語를 사용한 기타 유사한 작품에서의 사례를 그대로 따랐다.

曾子獨見이라 **其論宋太祖與漢高兩相折衷處 如截鐵**이라

曾子固의 독창적인 견해이다. 宋 太祖와 漢 高祖 두 사람의 유사한 부분을 논할 때 그 차이를 가려내는 것이 마치 쇠를 자르듯 분명하다.

右[1] 臣誤被聖恩하여 付以史事[2]러니 今月三日에 延和殿伏蒙面諭所以任屬臣者하니이다 臣愚不肖는 不知所處하여 是以蚤夜一心極慮하니 惟祖宗[3]積累功德은 非可形容커든 矧臣之鄙가 豈能擬議髣髴하리잇가 將無以使列聖巍巍之偉跡焜燿昭徹하여 布在方策[4]이라 此臣之所以惴惴也니이다

위는 〈太祖皇帝總序〉입니다. 신은 가당치도 않게 성상의 恩旨를 받아 國史를 편수하는 중책을 맡고 있는데, 이달 3일에 延和殿에서 또 직접 만나 신에게 國史 편수의 임무를 맡기신 이유를 일러주셨습니다. 신은 우매하고 무능하여 어찌해야 좋을지 모른 나머지 아침저녁으로 골똘히 연구하고 생각해보았습니다. 祖宗들께서 쌓으신 업적과 덕행은 어떻게 형용할 수 있는 정도가 아닌데, 더구나 신처럼 변변치 못한 사람이 어찌 비슷하게라도 설명해낼 수 있겠습니까. 아무래도 여러 황제들의 위대한 업적을 찬란하게 드러내어 역사서에 기재하지 못할 것만 같기에 신은 가슴을 조이며 불안해하는 것입니다.

1) 右 : 〈太祖皇帝總序〉를 가리킨다. 작자가 이 글을 황제에게 올릴 때 〈總序〉가 〈進狀〉의 앞에 있기 때문에 하는 말이다.
2) 付以史事 : 元豐 4년(1081) 7월 기유일에 神宗이 작자에게 史館修撰을 제수하고, 宋나라 五朝國史(다섯 조정의 국사)를 전담하여 편찬하게 한 일을 가리킨다. ≪宋史 神宗本紀 三≫
3) 祖宗 : 아래의 列聖과 같은 말로, 宋 太祖 이하 英宗까지 다섯 황제를 가리킨다.

4) 方策 : 方은 木板이고 策은 竹簡인데, 고대에는 여기에 글자를 기록하였다. 여기서는 역사서를 가리킨다.

竊惟前世原大推功엔 必始於受命之君하여 以明王迹之所自라 故商頌[1]所紀는 繇湯上至於契[2]하고 周詩生民淸廟[3]도 本於后稷文王[4]하니이다 宋興에 太祖開建鴻業하여 更立三才하여 爲帝者首하니 陛下所以命臣顯揚褒大之意는 固以謂太祖雄材大略은 千載以來特起之主로 國家所繇興이니 無前之烈을 宜明白暴見하여 以覺悟萬世하고 傳之無窮이니이다 臣竊考舊聞하고 伏念旬月하여 次輯太祖行事하되 揆其指意所出終始之際하여 論著于篇하고 敢繕寫上陳하니이다 臣內自省컨대 大懼智不足以窺測高遠하고 文不足以推闡精微하여 使先帝成功盛德을 晦昧不章하여 不能滿足陛下仁孝繼述之心하리니 仰負恩待를 無以自贖이니이다 伏惟陛下聰明睿智不世之姿는 非群臣所能望이라 如賜裁定하여 使臣獲受成法하여 更去紕繆하고 存其可采하여 繫於太祖本紀篇末하여 以爲國史書首하여 以稱明詔萬分之一하시면 臣不勝大願이니이다 惟陛下留意萬幸하소서 臣未敢請對하고 謹具狀하여 以所論著隨狀上進以聞하니이다 伏候勅旨하니이다[5]

삼가 생각건대, 이전 시대에 나라가 크게 흥성한 이유를 따져보거나 제왕이 업적을 세운 근원을 살펴보는 경우에는 반드시 天命을 받은 군주에서부터 시작하여 王業의 유래를 설명하였습니다. 이 때문에 〈商頌〉에 기술한 것은 湯에서부터 곧장 위로 契까지 소급해 올라갔으며, 周나라 시대의 樂歌인 〈生民〉과 〈淸廟〉 또한 后稷과 文王을 근본으로 삼았던 것입니다.

宋나라가 일어날 적에는 太祖께서 큰 업적을 세워 天·地·人 三才의 위치를 새롭게 확립함으로써 제왕들 가운데 으뜸가는 인물이 되었습니다. 폐하께서 신에게 드러내어 찬미하라고 명하신 본의는, 사실 太祖의 뛰어난 재능과 원대한 계략은 천 년 이래 가장 특출한 군주로서 국가가 그로 인해 일어났으니 과거에 없던 그 업적을 마땅히 명명백백하게 드러내어 자손만대에 이 점을 깨닫도록 하고, 아울러 무궁토록 전해 내려가며 칭송하게 하자는 것이었습니다. 신은 삼가 종전에 전해 들었던 내용들을 살펴보고 한 달 이상 구상을 한 끝에, 太祖의 일생 사적을 차례대로 편집하되 그와 같이 행동하게 된 의도와 전후의 관계를 연구하여 그것을 〈總序〉 속에 논술하였습니다.

그런 뒤에 감히 이것을 淨書하여 올립니다.

신은 내심 스스로 살펴볼 적에 크게 두려운 것은, 지혜가 충분히 太祖의 높고 원대한 계책을 측량하지 못하고, 문장도 太祖의 정밀하고 심오한 의중을 선양하지 못함으로 인해, 先帝王께서 성취하신 공과 거룩한 덕행이 엄폐되고 드러나지 않게 함으로써, 선왕의 유지를 계승하려는 폐하의 어질고 효성스러운 마음을 만족시켜 드리지 못한 점입니다. 皇上의 극진한 대우를 저버린 죄를 속죄할 길이 없습니다. 삼가 생각건대, 총명하고 지혜로워 한 세상에 얻기 어려운 폐하의 자질은 뭇 신하들이 따라갈 수 없습니다. 만일 이상한 부분을 수정해주시어 신으로 하여금 표준이 되는 법을 얻어 잘못된 곳은 고치고 채택할 만한 곳은 보류하여, 〈太祖本紀〉의 말미에 붙여 五朝國史의 첫 부분을 장식하게 함으로써 皇上께서 명하신 뜻의 만분의 일이라도 맞춰드릴 수 있도록 해주신다면 신은 더 이상 바랄 게 없습니다. 부디 폐하께서 유념해주시면 크나큰 행운이 되겠습니다. 신은 감히 皇上을 찾아뵙기를 청하지 못하고 삼가 이 書狀을 준비하여 저술한 序文과 함께 받들어 올립니다. 삼가 칙명을 기다리겠습니다.

1) 商頌 : ≪詩經≫ '頌'의 한 부분이다. 〈周頌〉·〈魚頌〉·〈商頌〉 세 부분이 있는데, 〈商頌〉에는 商나라 후예들이 조상에게 제사 지낼 때 사용한 樂歌가 실려 있다.

2) 繇湯上至於契 : 湯은 商왕조를 세운 사람으로, 天乙 혹은 成湯이라 부르기도 한다. 契은 商族의 시조인 帝嚳의 아들인데 그의 어머니 簡狄이 제비 알을 삼키고 그를 낳았다고 한다.

3) 生民淸廟 : 〈生民〉은 ≪詩經≫ 〈大雅〉의 편명으로 周나라 선조인 后稷을 칭송한 것이고, 〈淸廟〉는 ≪詩經≫ 〈周頌〉의 편명으로 文王에게 제사지낼 때 사용한 樂歌이다.

4) 后稷文王 : 后稷은 이름이 棄이며 舜의 農官으로 周나라 왕족의 선조이다. 文王은 성은 姬, 이름은 昌으로 殷나라 말기에 서부 제후들의 영수가 되어 西伯이라 불린다. 그의 아들 武王이 殷나라를 멸망시키고 周왕조를 세웠다.

5) 右臣誤被聖恩……伏候勅旨 : 첫 부분부터 여기까지 저본에는 없으나 ≪元豐類藁≫에 의거하여 보충하였다.

蓋唐之敝는 **自天寶已後**로 **紀綱寖壞**[1]하여 **不能自振**하여 **以至於失天下**하고 **五代興**

起하여 **五十餘年之間**에 **更八姓十有四君**[2)]하니 **危亡之變數矣**라 **其尤甚也**는 **契丹遂入中國**하여 **擅立名號**[3)]니라 **當是時**하여 **天地五行人事**[4)]**之理 反易繆亂**하여 **不同夷狄者無幾耳**라

唐나라가 쇠퇴한 것은 天寶(玄宗의 연호) 이후 국가의 법도가 점차 파괴된 것이 그 원인이었는데, 스스로 떨쳐 일어나지 못하고 마침내 천하를 잃어버리는 상황에 이르렀다. 五代가 일어나서는 50여 년 동안에 8개 성씨, 14명의 군주가 바뀌어 나라가 위태롭고 멸망하는 사변이 빈번하였다. 그중에 가장 심각했던 사례로는 契丹이 기회를 틈타 중국을 침입하여 자기들 멋대로 국호를 세운 일이었다. 이 시기는 참으로 天地五行의 이치와 인류사회의 윤리가 모두 뒤바뀌고 어지러워져 중국이 변방 이민족과 다른 부분이 얼마 없을 정도였다.

1) 天寶已後 紀綱寖壞 : 天寶 14년(755)에 일어난 安祿山의 난리 이후 唐나라가 급속도로 쇠퇴해진 것을 말한다.

2) 五代興起……更八姓十有四君 : 後梁・後唐・後晉・後漢・後周 등 5개 朝代가 53년이란 짧은 기간에 흥망을 반복하여 천하가 극도로 혼란스러웠다는 것을 말한다. 8성 14군은, 後梁은 太祖 朱溫・朱友珪・末帝 朱友貞이고, 後唐은 莊宗 李存勖・明宗 李嗣源・閔帝 李從厚・廢帝 李從珂(본성은 王)이고, 後晉은 高祖 石敬瑭・出帝 石重貴이고, 後漢은 高祖 劉知遠・隱帝 劉承祐이고, 後周는 太祖 郭威・世宗 柴榮・恭帝 柴宗訓이다.

3) 契丹遂入中國 擅立名號 : 五代 後唐 淸泰 3년(936) 5월에 後唐이 군대를 파견하여 晉陽(지금의 山西 太原)에서 반기를 든 石敬瑭을 포위 공격하자, 9월에 契丹 遼 太宗 耶律德光이 군대를 거느리고 남쪽으로 내려와 石敬瑭을 도와 唐兵을 안팎에서 협공하여 격퇴하였다. 11월에 耶律德光이 石敬瑭에게 '大晉皇帝'라는 칭호를 내려주고 그에게 복종하는 정권을 세워주자, 石敬瑭이 幽州와 雲州 16개 州를 契丹에게 떼어 넘겨주었다.

4) 天地五行人事 : 天地는 陰陽이다. 五行은 五常과 같은 말로 본디 金・木・水・火・土를 말하지만, 여기서는 군주가 마땅히 닦아야 할 다섯 가지 도리인 仁・義・禮・智・信을 가리킨다. 人事는 인류사회의 윤리를 가리킨다.

太祖爲天下所戴하여 踐尊位[1)]하여 以生民爲任이라 故勸農桑하고 薄賦斂하고 緩刑罰하여 除舊政之不便民者하되 詔令勉覈相屬하니 推其心컨대 無一日不在百姓也라 知方鎭之病民也라 故設通判之員[2)]하여 使斂以繩墨하고 憂吏之不良也라 故數使在位擧其所知하고 患吏或受賕하여 或不奉法也라 故罪至死徙하여 一無所貸하니 原其意컨대 蓋以謂遭世大衰에 不如是면 吏不知禁하여 不能救民於焚溺之中也라 征伐旣下諸國에 必先已逋欠하고 滌煩苛하고 賙乏絶하고 雪寃滯하고 惠農民하고 拔人材하며 申命郡邑하여 反復不倦하니라 或遇水旱이면 輒蔬食請禱하여 欲移災於己하니라 其於群臣에 有恩舊하고 有勞能이면 待之各盡其分하여 以位貴之하고 以財富之하며 有男使尙主하고 有女使嫁宗室[3)]하니 其予人之周也如此하니라 卽材可用이면 雖讐不廢하고 不可用이면 雖光顯矣나 不處以勢하며 其有罪엔 多縱貸之하여 或賜之使自媿하고 及至堅明約束하여 以整齊天下者하여는 亦使之不能踰也하니라

太祖는 천하 백성들의 추대를 받고서 황제 자리에 올라 백성을 구제하는 것을 자신의 책무로 삼았다. 이 때문에 농업과 양잠업을 고무 격려하고 각종 세금을 감소하며 형벌을 경감하는 등 구시대의 법 가운데 민생에 이롭지 않은 규정을 폐지한 뒤에, 이것을 격려하고 실태를 조사 확인하라는 명령이 끊이지 않고 하달되었다. 太祖의 마음씀씀이를 미루어 헤아려보면 어느 하루도 백성의 고통을 염려하지 않은 적이 없었다.

太祖는 지방장관들이 백성을 해롭게 한다는 것을 알았기 때문에 通判이란 직위를 설치하여 그로 하여금 법규를 가지고 그들을 제어하게 하였고, 또 관리들의 자질이 좋지 않을까 우려하였기 때문에 여러 차례 명을 내려 벼슬자리에 있는 관원에게 자기들이 알고 있는 인재를 천거하도록 하였다. 太祖는 또 관리가 뇌물을 받는다거나 혹은 법을 지키지나 않을까 우려하였기 때문에, 이와 같은 부류의 죄를 정할 때 정도가 심할 경우에는 사형에 처하기까지 하여 조금도 용서해주지 않았다. 太祖의 본심을 헤아려보면 그것은 아마도 사회가 큰 혼란을 만난 상황에서 그와 같이 조처를 하지 않는다면 관리들이 무엇이 범법인 줄을 몰라 불법을 자행함으로써 도탄에 허덕이는 백성을 구제할 수 없을 것이라고 생각했던 것이다. 여러 나라를 정벌한 뒤에는 반드시 맨 먼저 백성들이 안고 있던 해묵은 부세 채무를 면제해주고, 가혹한 법령을 폐기하고, 가난하여 살아갈 수 없는 사람을 도와주고, 억울한 죄와 적체된 사건을 바로잡아

해소하고, 농민에게 혜택을 주고, 인재를 선발하는 등 조치를 취하면서 각 고을 수령에게 이와 같은 일들을 잘 처리하도록 거듭거듭 명을 내리고 지칠 줄을 몰랐다. 혹시 홍수나 가뭄 등의 재해를 만나면 太祖는 그때마다 반찬이 없는 밥을 먹으며 신명에게 기도하여 그 재앙을 자기가 대신 받으려고 하였다.

太祖는 수하의 신료에 대해 친분이 오래되었거나 공로와 재능이 있는 자에 대해서는 그들에 대한 대우를 모두 흡족하게 해주었다. 예를 들면 직위로 그들을 존귀하게 해주기도 하고 재산으로 그들을 부유하게 해주기도 하며, 그들에게 아들이 있으면 공주와 짝을 맺게 하고 딸자식이 있으면 황족에게 시집가도록 해주었으니, 주위 사람에 대한 배려가 이처럼 빈틈이 없었다. 만일 어떤 사람의 재주가 임용할 만하면 그가 원수라도 폐기하지 않았고, 만일 재주가 임용할 수 없는 경우에는 그가 이미 명성이 있다 하더라도 권세 있는 자리에 앉히지 않았다. 그리고 신하들 중에 허물이 있는 자는 대부분 관대하게 처리하면서 어떤 경우에는 상을 주어 자괴감을 느끼도록 하였으며, 규율을 엄격하게 지켜 국가의 법 집행이 어떤 경우이든 공정하게 하고 관리들 자신들도 엄격하게 준수하여 한계를 넘어서지 못하게 하였다.

1) 太祖爲天下所戴 踐尊位：後周 顯德 6년(959)에 周 世宗이 병사하고, 7세인 그의 아들 恭帝가 즉위하였다. 이듬해 초에 北漢과 遼의 연합군이 침입하자, 後周의 禁軍 최고 수령으로 있던 殿前都點檢 趙匡胤이 적군을 방어하러 간다는 명분으로 대군을 거느리고 大梁(지금의 河南 開封)에서 출발하여 북쪽으로 올라갔다. 陳橋驛에 이르렀을 때 부하들이 황제의 상징인 黃袍를 趙匡胤에게 입히고서 주위를 에워싸고 만세를 부른 뒤에 회군하여 後周 정권을 빼앗고 宋나라를 세웠다. ≪續資治通鑑 卷1 建隆元年春正月乙巳≫

2) 知方鎭之病民也 故設通判之員：方鎭은 병권을 장악하고 한 지방을 지키는 군사장관인 節度使를 가리킨다. 宋나라 초기에 五代의 節度使 제도를 그대로 따라 운영하여, 節度使가 몇 개 고을의 군사행정을 장악함으로써 그로 인한 폐단이 많았다. 건국 4년째인 乾德 원년(967)에 湖南을 평정한 다음, 지방장관이 관할하던 각 군소 고을에 대한 행정권을 중앙으로 이관하는 조치를 취하였다. 곧 과거의 절도사는 새 왕조의 법령에 익숙하지 못하다는 이유를 들어 通判을 파견하여 그가 실권을 행사하도록 한 것이다.

3) 有男使尙主 有女使嫁宗室：宋 太祖 趙匡胤이 즉위한 이듬해에 後周 정권을 빼

앗는 것을 도왔던 禁軍 장수 石守信・王審琦・高懷德 등에게 그들의 자녀를 자기의 자녀와 혼인하도록 하여 황실과 불가분의 관계를 맺음으로써 배반할 수 없게 하고, 병권을 회수하여 권력을 제거한 뒤에 명예직에 가까운 지방의 節度使로 내보냈다. 그러나 여기서는 이와 같은 사실보다는 자기 자녀를 공신의 자녀들과 배필을 맺어주는 후덕한 호의를 베풀었다는 측면에서 말한 것이다.

强僭之國을 **皆接以恩禮**하여 **商賈往來不禁**하고 **有出境犯其令者**면 **迺爲之置市邊邑**하여 **使兩利**하고 **有所乏少**면 **常賑助之**하니라 **征伐所加**는 **必其罪暴著**하여 **師出未嘗不以義也**하고 **其君長已降**이어나 **及就俘執**은 **道路勞問迎致**하여 **使者相望**하니라 **旣至**에 **罪不數辱之**하고 **優假秩祿**하며 **及其宗親吏屬**하여는 **賜以田宅**하여 **使子孫世守**하고 **擁護保全**하여 **皆得以壽考終**하니라

땅을 무단으로 점거하고서 함부로 나라로 자처하는 국가들을 모두 관대하게 예우하였다. 상인들이 쌍방간에 서로 왕래하더라도 금지하지 않았고, 만일 국경을 벗어나 상대국의 법령을 어기는 일이 발생할 경우에는 곧 그들을 위해 변경 고을에 시장을 설치하여 쌍방의 상인이 다 편리하도록 하였으며, 땅을 점거하고 있는 나라에 어떤 부족한 물자가 있을 때도 항상 구제하고 도와주었다.

공격을 가할 때는 반드시 그 나라 군주의 죄악이 분명히 드러날 경우에 진행하였으므로 군사 출동은 정의에 따라서 하지 않은 적이 없었다. 만일 당사국의 군주가 이미 항복하였거나 포로로 잡혔을 경우에는 도로상에서 위문하고 도성으로 영접해왔는데, 그 과정에 조정에서 파견한 사자가 계속 줄을 이었다. 도성에 도착한 뒤에는 비록 죄가 있더라도 더 이상 모욕하지 않고 관대하게 관작과 녹을 주었으며, 또한 그들의 종친과 관속까지도 토지와 주택을 주어 그들의 자손이 대를 물려가며 유지하도록 하였다. 이처럼 이들 군주를 감싸주고 보살펴줌으로써 모두 천수를 누릴 수 있게 하였다.

自晉旣覆滅로 **契丹寖大**하여 **中國惴畏不敢當**이어늘 **太祖拔用材武**하여 **護西北邊**할새 **寵以非常之恩**[1]하여 **任屬專**하고 **聽信明**하니라 **常遣戍卒**에 **戒之**하여 **曰 我猶赦汝**나 **郭進**[2]**殺汝矣**리라하며 **有訟進者**면 **謂曰 進軍政嚴**하니 **此必犯進法**이리라하고 **送進使殺之**

하니라 關市租賦를 諸將得恣用하고 不問出入하니 以其故로 士附하여 鬪者盡力하고 諜者盡情하니라 邊臣可諉者는 皆十餘年不易其任이나 然位不過巡檢하고 使衆不過三五千人이라 蓋任專則勢便하고 位不極則士勵하고 兵少則用約하니 御將亦多術矣라 總其所長하여 能兼用之라 故能省費息民하여 振新集之衆하고 屈憑陵之虜也하니라

後晉이 멸망한 뒤에 契丹이 점점 강대해져 中原의 나라들이 모두 무서워 감히 저항하지 못하였다. 太祖는 武略이 있는 인재를 선발하여 서북 변방을 보호하였는데, 특별한 은전으로 그들을 우대하여 임무를 믿고 맡기고 그들의 의견을 잘 청취하였다. 언젠가 서북방으로 국경수비병을 파견하면서 그들에게 경고하기를 "너희들이 힘껏 임무를 수행하지 않는다면 나는 그래도 너희들을 용서해줄 수 있지만 郭進은 너희들을 죽일 것이다." 하였다. 그리고 郭進을 고발하는 자가 있으면 말하기를 "郭進은 군사행정을 매우 엄격하게 다루니 이자는 필시 郭進의 군법을 어겼을 것이다." 하고, 郭進에게 보내 그를 죽이게 하였다.

물자가 모여드는 곳에서 거두어들인 소작미와 조세는 장수들이 임의대로 사용하도록 하고 수입과 지출에 관한 내용을 묻지 않았다. 이런 이유로 인해 군사들이 심복하여 전투에 임하는 자는 있는 힘을 다하고, 적의 정보를 정탐하는 자는 성의를 다하였다. 변방 신하 중에 중책을 맡길 만한 자들은 모두 10여 년 동안이나 그 임무를 바꾸지 않았다. 그러나 그들의 지위는 巡檢使에 지나지 않았고, 통솔하는 병사는 3~5천 명을 넘지 않았다. 대체로 임용이 專一하면 직무를 수행하기가 용이하고, 벼슬 지위가 높지 않으면 장병이 더 노력하고, 병사의 숫자가 적으면 비용이 절약되는 법이니, 장병을 통솔하는 면에서도 계책이 많았던 것이다. 太祖는 그의 장점을 모두 동원하여 능히 그것을 필요한 곳에 빠짐없이 활용하였기 때문에, 군사비용을 줄여 민생을 안정시키면서 새로 소집한 군대의 위세를 일으켜 세우고 국경을 침범하는 오랑캐를 잡아 꺾었던 것이다.

1) 太祖拔用材武……寵以非常之恩 : 材武는 재능과 무용의 합칭이고, 西北邊은 서북방의 遼와 北漢 및 党項族과 접경 지역인 宋의 변경을 가리킨다. 宋 太祖가 재능과 무용을 겸비한 장수들을 서북 연변의 州郡으로 파견하여 그 지역을 적으로부터 보호하게 하면서, 汴京에 남아 있는 그들의 가족을 후하게 대해준 것

을 말한다.

2) 郭進 : 宋나라 초에 洛州防禦使 겸 西山巡檢이 되어 北漢을 방어하던 대장이다.

蓋太祖는 篤於孝友하여 有天下之行하고 聰明智勇하여 有天下之材하고 仁心愛人하여 有天下之志하고 包含徧覆하여 有天下之量이어늘 守之以勤儉恭愼과 虛心納諫하니라 鑑於粵蜀[1])하여 以奢侈爲戒하며 思天下之重하여 不復遊畋하니라 封拜諸子에 務自約損하여 不盡循故典하고 收納學士大夫하여 用之不求其備하며 或守難進之節이로되 亦不奪也하니라 晩喜讀書하여 勸諸將以學하여 曰 欲使之知治道也로라하니라 兼覆夷夏하여 從容以德하니라 江南平[2])에 覽捷書而泣하여 曰 師征不義나 而顧令吾民死兵하니 彼何負哉오하니라 秦州已入에 尙波于之地를 却而不受[3])하고 錢俶來朝에 復歸之越[4])하니라 契丹願聽盟約에 逡巡退抑하여 不自矜伐하니라 天下大勢 連數十城之鎭이러니 割其故地하여 以小其力[5])하고 易動難畜之兵을 斂置懷服하여 以消其難[6])하며 至於擧賢良하고 崇孝弟하고 綴禮樂하고 明考課하니라 雖宇內初輯이나 然庶政大體 彌綸備具하니 遺文故事는 施於後世라도 皆可爲法이라

太祖는 효도와 우애에 독실하여 천하에 높은 덕행이 있고, 총명하고 지혜롭고 용감하여 천하를 압도하는 재능이 있고, 어진 마음으로 백성을 사랑하여 천하를 다스릴 의지가 있고, 각 방면을 두루 감싸고 포용하여 한 가슴에 천하를 품을 만한 도량이 있었는데, 이런 것들을 부지런하고 검소하며 공순하고 신중한 품성과 마음을 비워 간하는 말을 받아들이는 자세로 지켜나갔다. 南漢과 後蜀의 교훈을 거울로 삼아 사치를 경계하였으며, 천하대사가 막중하다는 것을 고려하여 밖에 나가 사냥을 즐기는 따위는 더 이상 하지 않았다. 여러 아들에게 관작을 수여할 때는 애써 그 등급을 낮추어 이전의 제도를 그대로 따르지 않았고, 학문을 한 사대부를 거두어 쓰되 모든 면이 다 완벽하기를 요구하지 않았으며, 혹시 벼슬을 추구하지 않는 절개를 지키려고 할 때는 또한 억지로 그 의지를 바꾸려고 하지 않았다. 늘그막에 글읽기를 좋아하였는데 장수들에게도 글을 배울 것을 권하면서 말하기를 "그들도 나라를 다스리는 방법을 알았으면 해서이다." 하였다.

그리고 본국과 외국의 이익을 동시에 추구하여 은덕으로 다스렸다. 南唐이 평정된

뒤에 승전소식을 적은 글을 읽어보고 눈물을 흘리며 말하기를 "군대를 출동하여 바르지 못한 군주를 토벌하기는 했으나 우리 백성들을 전쟁으로 죽게 만들었으니, 저들이 무슨 죄가 있느냐." 하였다. 秦州가 이미 수복되자 尙波于가 본디 점유하고 있던 토지를 도로 그에게 넘겨주고 수용하지 않았으며, 錢俶이 항복하여 도성으로 와서 조알하자 다시 그에게 그의 고장인 越 지역으로 돌아가게 하였다. 그리고 契丹이 맹약을 받아들이겠다고 하자 공격을 멈추고 퇴각하여 武功을 과시하지 않았다. 각 지방의 세력이 강대해져 수십 성의 넓은 지역을 관할하자 그 옛 땅을 분할하여 그들의 힘을 축소하였고, 쉽게 소란을 일으켜 관리하기 어려운 군대를 거두어 한 자리에 두고 보살펴 순종하게 함으로써 혹시 발생할 수도 있는 재난을 해소하였다.

그리고 나아가 어질고 재능 있는 인재를 선발하고 효도와 우애를 숭상하며 예악제도를 제정해 편찬하고 관리의 행정 실적을 심사하는 방법을 만들었다. 이리하여 천하가 갓 통일되었으나 각종 정치의 큰 얼개가 두루 갖춰졌으니, 그 당시에 남긴 문헌과 제도는 후대에 적용하더라도 모두 기준으로 삼을 만하였다.

1) 鑑於粵蜀 : 粵은 五代 때 十國의 하나인 南漢(904~971)을 가리키고, 蜀은 後蜀(934~965)으로 역시 十國의 하나이다. 南漢의 太祖 劉龑은 극도로 사치하여 궁전을 모두 황금과 진주 보석으로 장식하였고, 그의 아들 劉晟이 즉위하여 그 역시 별궁 1천 칸을 짓고 진주 보석으로 장식하는 등 대대로 사치를 부리다가 宋나라에 의해 멸망하였다. 後蜀은 주색에 빠져 부패하기로 이름난 제2대 군주 孟昶이 온갖 사치를 부려 심지어 요강을 七寶로 장식하기까지 하였다. 宋나라에 의해 멸망하였는데, 宋 太祖가 그 요강을 보고 깨버리면서 "네놈이 七寶로 이것을 장식했는데 그렇다면 어떤 그릇에 음식을 담을 것이냐. 하는 짓이 이러하니 망하지 않을 수 있겠느냐." 하였다 한다. ≪宋朝事實類苑≫ ≪宋史 太祖本紀≫

2) 江南平 : 江南은 李煜이 군주로 있던 南唐의 정권을 가리킨다. 開寶 7년(974)에 宋나라 군대가 江陵으로부터 강을 따라 동쪽으로 내려가 南唐의 도성인 金陵을 포위하였고, 이듬해 겨울에 공격하여 멸망시켰다.

3) 秦州已入……却而不受 : 太祖 建隆 2년(961)에 西夏秦州(지금의 甘肅 天水) 수령 尙波于가 뗏목을 채벌하는 일로 宋나라와 마찰이 일어나, 渭北을 공격하여 뗏목을 빼앗고 벌목작업을 하는 군사들을 죽였다. 그러자 知秦州 高防이 이

들을 공격하여 몰아내고 47인을 포로로 잡아 조정에 바쳤는데, 太祖가 변방에 사단이 일어날 것을 우려하여 포로들을 돌려보내면서 비단과 銀帶까지 하사하고 빼앗았던 尙波于의 옛 땅을 돌려주었다. ≪宋史 高防列傳≫

4) 錢俶來朝 復歸之越 : 錢俶은 五代 吳越의 군주인 吳越 忠懿王(928~988)이다. 南唐이 멸망한 이듬해인 976년에 錢俶이 宋나라 조정에 들어와 조알하자, 신하들이 太祖에게 그를 구류하여 땅을 바치게 하자고 청하였으나, 동의하지 않고 놓아주어 자기 나라로 돌아가게 한 일을 가리킨다. ≪宋史紀事本末 吳越歸地≫

5) 天下大勢……以小其力 : 宋나라 초기에는 五代의 옛 제도를 그대로 답습하여 지방의 節度使가 주위의 많은 고을 관장하면서 막강한 권력을 행사하였는데, 乾德 원년(963)부터 그 행정권한을 하나씩 중앙 관할로 이관함으로써 그 권력을 약화시키다가, 太宗이 즉위한 이듬해에 그 작업을 완료하였다.

6) 易動難畜之兵……以消其難 : 도성의 禁軍을 확대한 일을 가리킨다. 宋 太祖가 後周의 禁軍을 접수하고, 또 지방군대에서 건장하고 용감한 병사를 선발하여 도성의 禁軍으로 편입하고 이들을 직접 검열하고 훈련시킴으로써 지방에서 군사적으로 중앙과 대항할 수 없도록 하였다. 그러나 이 군사들은 쉽게 소란을 일으키고 관리하기 어려웠는데, 점진적으로 녹봉을 늘리는 유화책을 시행한 결과 심복이 되게 하였다. ≪宋朝事實類苑≫

民於是時에 從死更生하여 室家相保하고 士農工賈 各還其職하며 鳥獸草木도 亦莫不遂하니라 前世舊臣으로 備將相하여 處腹心爪牙之任者 一旦回心하여 奉令北向[1]을 如素委質하니라 天下廣都通邑에 兼地千里하여 德懷二三之臣이 負衆自用하여 令之不從하고 召之不至者 尙數十이러니 皆束衽來庭하여 代易奔走를 如水湊下하니라 粤蜀吳楚甌閩[2]之君이 分天下爲八九하여 曰帝與王이라하고 傳子若孫하여 更數十歲者 編名外域하여 竝聚闕下하니 四海之內 混齊爲一하니라 海東之國高麗와 極南交趾[3]와 西戎吐蕃回紇과 北狄契丹이 皆請吏奉貢하여 天地所養通途之屬이 莫不內附하니 當是時하여 更立天下에 與民爲始하여 天地五行人事之理 亂而復正하니라 蓋太祖之於受命은 非如前世之君이 圖衆以智하고 圖柄以力하여 其處心積慮 非一夕一日에 在於取天下也니라 其在天者 歷數[4]요 在人者 群臣萬民二軍之士 不歸周하고 歸太祖[5]하되

未有知其所以然者하니 **所謂天也**라 **及其傳天下也**에 **舍子屬弟**[6)]하니 **是則太祖之受天下**는 **與舜受之堯**와 **禹受之舜**으로 **其揆一也**며 **其傳天下**는 **與堯傳之舜**과 **舜傳之禹**로 **其揆一也**라 **受天下及傳天下**는 **視天與人而已**니 **非其心未嘗有天下**면 **豈能如是哉**리오

백성들은 이 당시 죽음으로부터 다시 소생하여 가정을 보전하였고, 선비・농민・노동자・상인들이 각기 본연의 직업을 회복하였으며, 鳥獸와 草木까지도 저마다 안정을 찾지 않은 것이 없었다. 이전 시대 조정의 옛 신하로서 지난날 장수나 재상의 지위에 앉아 군주의 핵심 직무를 수행하던 자들이 하루아침에 마음을 돌려, 太祖의 명을 받들어 신하로 자처하는 것이 마치 본디부터 나라에 헌신하여 충성을 다하고 있는 것처럼 자연스러웠다. 그리고 천하의 큰 도회지나 교통이 원활한 주요 고을에 앉아 천 리의 땅을 점거하고 있으면서 반복무상한 자를 복종하게 할 만한 세력이 있는 신하로서, 수하의 많은 인구수를 믿고 거만하게 굴어 명을 내려도 복종하지 않고 불러도 조정으로 들어오지 않는 자가 수십 명이나 되었다. 그런데 이들이 모두 옷깃을 여미고 조정으로 들어와 주상을 대신해 뛰어다니며 임무를 수행하기를 마치 흐르는 물이 낮은 곳으로 쏠리는 것처럼 자연스러웠다.

南漢・後蜀・吳越・荊南・甌閩 등의 나라의 군주가 천하를 여덟아홉 덩어리로 분할하여 자칭 황제니, 왕이니 하면서 그것을 자식이며 손자에게 대물림하며, 세월이 수십 년이나 지난 자들이 이 당시에 모두 죄인과 포로의 명부에 편입되어 전부 궁궐 아래로 집합하였다. 이리하여 천하가 통일되어 한 나라가 되었다. 큰 바다 동쪽 국가인 高麗와 최남단의 交趾와 서부의 吐蕃・回紇과 북부의 契丹이 모두 조정에 관리를 파견하여 자기들을 관리해줄 것을 청구하고 공물을 바쳐 올리겠다고 자원하는 등, 천지가 기르고 있는 인류로서 통할 수 있는 길이 있는 지역은 복종하지 않은 곳이 없었다.

이 당시에 천하를 바꿔 세워 백성과 함께 다시 새로운 생활을 시작하자, 天地 五行에서부터 인류 사회의 윤리에 이르기까지 지난날 어지러웠던 것이 다시 올바로 정돈되었다. 太祖가 천명을 받아 천하를 소유한 것은, 이전 시대의 군주가 지모에 의지해 민중을 얻으려 도모하고 무력에 의지해 정권을 탈취하려 도모하여, 천하를 취할 계획을 하루 이틀이 아닌 오랜 세월 동안 품었던 경우와는 다르다. 太祖의 경우는 天道로 말하면 歷數가 결정한 것이고, 人事로 말하면 당시 조정의 뭇 신하와 만백성, 그리고

三軍의 군사들이 後周로 돌아가지 않고 太祖에게로 돌아왔는데도 왜 이렇게 되었는지 그 이유를 몰랐던 것이니, 이것은 곧 하늘의 뜻이었다.

또 太祖가 천하를 뒷사람에게 넘겨줄 적에는 아들을 놓아두고 아우에게 넘겨주었다. 하늘의 뜻에 따라 천하를 소유한 것은 舜이 堯에게서 물려받고 禹가 舜에게서 물려받았던 경우와 그 도리가 동일하고, 아우에게 천하를 넘겨준 것은 堯가 舜에게 넘겨주고 舜이 禹에게 넘겨준 경우와 그 도리가 또한 동일하다. 천하를 물려받거나 천하를 넘겨주는 것은 모두 하늘의 뜻과 인심에 따른 것일 뿐이니, 그 가슴속에 처음부터 천하를 위하는 생각이 있지 않았다면 어찌 이럴 수가 있겠는가.

1) 北向 : 천자는 남쪽을 향해 앉아 있고 신하는 북쪽을 향해 절을 한다는 말에서 나온 것으로, 임금에게 복종한다는 뜻이다.
2) 粤蜀吳楚甌閩 : 粤은 南漢, 蜀은 後蜀, 吳는 吳越國, 楚는 荊南이고, 甌와 閩은 五代十國 閩國의 옛 신하였던 陳洪進이 점거하고 있던 漳州와 泉州를 말한다.
3) 交趾 : 安南과 越南의 별칭이다.
4) 在天者 歷數 : 歷數는 제왕이 교체되는 순서를 가리킨다. 제왕이 자리를 서로 교체하여 이어가는 것은 天象이 운행하는 순서와 상응한다는 관점에서 말한 것이다.
5) 群臣萬民三軍之士……歸太祖 : '陳橋兵變'을 가리키는 것으로, 趙匡胤이 後周를 취해 宋나라를 세운 것을 말한다.
6) 及其傳天下也 舍子屬弟 : 太祖가 그의 어머니의 遺命을 받들어 아들을 놓아두고 아우 趙匡義에게 천자 자리를 물려준 일을 말한다. 太祖가 開寶 9년(976) 10월 20일 밤에 아우 趙匡義와 함께 새벽까지 술을 마신 뒤 잠자리에 들었다가, 49세의 나이로 갑자기 죽었으므로 아우에게 암살당했다는 설도 있다. ≪湘山野錄續錄 太宗卽位≫

世以爲太祖는 不世出之主라 與漢高祖同이라하니 蓋太祖爲人有大度하여 意豁如也하고 知人善任使 與漢高祖同은 固然也니라 太祖承自天寶以後로 更五代二百餘年極敝之天下하고 漢祖承全盛之秦이 二世之末에 天下始亂하여 所因之勢既殊라 太祖開建帝業하여 作則垂憲하여 後常可行이어늘 漢祖粗定海內而已니 不及一이요 太祖立折杖

法[1)]하여 脫民榜笞死禍하고 定著常刑하여 一本寬大어늘 漢祖雖約法三章이나 然肉刑三族之誅를 至孝文始去[2)]하니 不及二요 太祖功臣은 皆故等夷라 及位定에 上下相安하여 始終一意어늘 漢祖疑間諸將하여 夷滅其家하니 不及三이요 太祖削大弱强하여 藩臣遵職이어늘 漢祖封國過制하여 反者更起라가 累世乃定하니 不及四요 太祖征伐必克이어늘 漢祖數戰輒北하니 不及五요 太祖文武自出하여 群臣莫及어늘 漢祖非得三傑之助[3)]면 不得無失하니 不及六이요 開寶之初에 南海先下[4)]어늘 趙佗分越而帝하되 漢祖不能禁[5)]하니 不及七이요 太祖不用兵革하고 契丹自附[6)]어늘 漢祖折厄白登하여 身僅免禍[7)]하니 不及八이요 太祖後宮二百을 問願歸者하여 復去四之一이어늘 漢祖溷於衽席하여 女禍及宗[8)]하니 不及九요 太祖明於大計하여 以屬天下어늘 漢祖擇嗣不審하여 幾墜厥世하니 不及十也라 漢祖所不能及이 其大者如此하니라

세상 사람들이 太祖는 흔히 볼 수 없는 군주라는 점이 漢 高祖와 같다고 알고 있으니, 太祖가 큰 도량을 지녀 마음이 넓으며 사람을 알아보고 임용을 잘한 것이 漢 高祖와 같다는 것은 두말 할 것도 없다. 太祖는 天寶 이후 五代가 바뀌는 200여 년간 극도로 쇠퇴해진 천하를 승계하였고, 漢 高祖는 二世의 말기에 이르러서야 천하가 어지러워지기 시작했던 전성기의 秦나라를 승계하여 그 승계한 상황이 이미 서로 다르다.

그런데 太祖는 제왕의 대업을 창건하면서 법규도 함께 제정하여 남겨주어 후대에 항상 그대로 실행할 수 있게 하였지만, 漢 高祖는 천하를 초보적인 수준으로 평정했을 뿐이니, 이 점이 그가 太祖에게 미치지 못하는 것 가운데 첫 번째이다.

태조는 折杖法을 확립하여 백성으로 하여금 곤장을 맞아 죽는 화를 면하게 하고, 각종 형벌에 관한 법을 오로지 관대한 정신에 입각하여 제정하였다. 그런데 漢 高祖는 비록 約法三章을 반포하기는 했으나 肉刑과 三族을 연좌하는 형벌을 孝文帝 때에 이르러서야 제거하였으니, 이 점이 그가 太祖에게 미치지 못하는 것 가운데 두 번째이다.

太祖의 공신은 모두 과거의 동료였기에 太祖의 천자 지위가 정해지자 상하가 모두 안정되어 처음부터 끝까지 마음이 한결같았지만, 漢 高祖는 여러 장수를 의심하고 멀리하여 그들의 가족을 몰살시켰으니, 이 점이 그가 太祖에게 미치지 못하는 것 가운데 세 번째이다.

太祖는 세력이 강대한 州郡을 줄이고 약화시켜 각지에 소속된 신료들이 모두 맡은

바 직분을 준수하였지만, 漢 高祖는 제후국을 나누어 봉할 때 일정한 제도를 초과함으로써 군대를 일으켜 배반한 자가 계속 생기다가 몇 대를 경과한 뒤에야 평정되었으니, 이 점이 그가 太祖에게 미치지 못하는 것 가운데 네 번째이다.

太祖는 군대를 출동하여 정벌할 경우 반드시 승리하였지만, 漢 高祖는 여러 차례 전투를 벌이면서 걸핏하면 패배하였으니, 이 점이 그가 太祖에게 미치지 못하는 것 가운데 다섯 번째이다.

太祖는 계책과 武略이 모두 자기에게서 나와 뭇 신하 중에 그 누구도 그를 능가하는 자가 없었지만, 漢 高祖는 만일 〈張良・韓信・蕭何 등〉 세 인물의 도움을 받지 못하면 誤算이 없을 수 없었으니, 이 점이 그가 太祖에게 미치지 못하는 것 가운데 여섯 번째이다.

太祖는 開寶 초년에 南漢이 가장 먼저 항복하였지만, 漢 高祖는 趙佗가 南越 땅을 점거하고 황제로 자칭하는데도 제지하지 못했으니, 이 점이 그가 太祖에게 미치지 못하는 것 가운데 일곱 번째이다.

太祖는 군대를 출동하지 않고서도 契丹이 곧 스스로 귀순하였지만, 漢 高祖는 패배하여 白登에서 포위를 당해 곤경에 처해 있다가 가까스로 탈출하여 화를 면하였으니, 이 점이 그가 太祖에게 미치지 못하는 것 가운데 여덟 번째이다.

太祖는 후궁이 200명이었는데 자기 집으로 돌아가기를 희망하는 자를 물어 이 가운데서 또 4분의 1을 줄였지만, 漢 高祖는 여색에 깊이 빠져 母后가 황제의 직권을 대행하는 화가 劉氏 정권을 위태롭게 하는 상황에까지 미쳤으니, 이 점이 그가 太祖에게 미치지 못하는 것 가운데 아홉 번째이다.

太祖는 국가의 대계를 분명하게 살펴 천하를 다음 사람에게 안전하게 넘겨줬지만, 漢 高祖는 후계자를 가릴 적에 신중히 하지 못하여 하마터면 천하를 잃어버릴 뻔하였으니, 이 점이 그가 太祖에게 미치지 못하는 것 가운데 열 번째이다.

漢 高祖가 太祖에게 미치지 못하는 점이 큰 부분을 가지고 말할 때 이와 같은 것들이 있다.

1) 折杖法 : 刑律의 이름이다. 宋 太祖 建隆 4년(963)에 제정한 것으로 流刑・徒刑・杖刑・笞刑 등의 형벌규정을 바꿔 곤장을 때리는 횟수를 줄이는 등 그 강도를 크게 경감하였다.

2) 漢祖雖約法三章……至孝文始去：約法三章은 B.C. 206년에 劉邦이 秦나라 도읍인 咸陽을 점령한 뒤에 關中의 父老들에게 선포한 율령으로, '살인자는 사형에 처하고, 사람에게 상처를 입한 자와 도둑질을 한 자는 처벌한다.'고 한 것을 말한다. 그러나 이것은 한때 임시방편으로 제정한 것에 불과하고, 실제로는 이마에 먹물을 박아 넣고 코를 자르고 발꿈치를 자르고 去勢를 하는 등의 肉刑과 三族을 멸하는 연좌법 등 秦의 형벌을 그대로 적용하다가, 文帝 원년(B.C. 179) 12월에 이르러서야 연좌법을 취소하고, 12년(B.C. 168) 5월에 肉刑을 제거하였다. ≪史記 高祖本紀, 孝文帝紀≫

3) 三傑之助：三傑은 張良・韓信・蕭何를 가리킨다. 張良은 전략을 잘 짜고, 蕭何는 백성을 안정시키고 군량을 잘 조달하였으며, 韓信은 대군을 거느리고 공격을 잘하였다. 劉邦이 漢나라를 세우는 데에 이들의 도움이 결정적으로 기여하였다. ≪史記 高祖本紀≫

4) 開寶之初 南海先下：趙匡胤이 乾德 원년(963)에 南平을 멸망시키고, 이듬해에 蜀을 멸망시켰으나, 北漢은 두 번의 공격이 모두 실패하였다. 그래서 先南後北의 정략으로 開寶 3년(970)에 南漢을 공격하였고, 이듬해에 南漢이 멸망하였다. 南海는 南漢을 말한다.

5) 趙佗分越而帝 漢祖不能禁：秦나라가 멸망한 뒤에 趙佗가 廣州에서 자칭 南越武王이라 하고 항복하지 않자, 漢 高祖가 즉위하여 회유정책을 취해 그를 南越王으로 세웠다. ≪史記 南越列傳≫

6) 太祖不用兵革 契丹自附：宋 太祖 재위기간에는 契丹이 내부의 투쟁이 끊이지 않아 남쪽으로 宋나라를 침공할 마음이 없었다. 그러다가 宋나라 開寶 8년(975)에 遼와 宋이 서로 사신을 파견하여 평화가 유지되었다. 여기에서 契丹이 스스로 宋나라에 복종하였다는 말은 약간 과장된 것이다.

7) 漢祖折厄白登 身僅免禍：B.C. 200년에 漢 高祖가 匈奴 冒頓에 의해 白登(지금의 山西 大同 동부)에서 포위를 당해 7일 동안 곤경을 겪다가 陳平의 계략으로 겨우 빠져나왔다. ≪史記 韓王信傳≫

8) 漢祖溷於衽席 女禍及宗：溷於衽席은 잠자리가 문란하다는 말인데, 여기서는 漢 高祖가 그의 아내에 의해 일어날 재앙을 잘 대비하지 못했다는 뜻이다. 漢 高祖의 后妃 呂后가 아들 惠帝를 대신하여 수렴청정하다가, 惠帝가 죽은 뒤 8년 동안 황제가 되어 친정 子侄들을 王侯로 봉하여 呂氏 세력을 강화하는 한편,

친애하는 자를 발탁하고 공신을 배척함으로써 劉氏 왕실을 무력화시켰다. 그가 죽은 뒤에 呂祿, 呂産 등 친정 조카들이 반란을 일으키려다가 周勃 등에 의해 평정되었다.

是自三代以來撥亂之主 未有及太祖也라 三代盛矣나 然禹之孫太康失國[1)]하고 湯之孫太甲放廢[2)]하고 文武之後世三四傳하여 昭王不返於楚[3)]하며 繇漢以下變故之密을 蓋不可勝道也니라 太祖經始大基하여 流風餘澤이 所被者遠하여 五聖[4)]遵業하여 至今百有二十餘年이라 上下和樂하여 無變容動色之慮接於耳目하니 治安久長은 自三代以來所未有也라 維太祖創始傳後는 比迹堯舜하고 綱理天下는 軼於漢祖하며 太平之業이 施於無窮은 三代所不及이니 成功盛德이 其至矣哉라 蓋唐天寶十四年에 天下戶八百九十一萬이요 太祖元年에 戶九十六萬이라가 末年天下旣定에 戶三百九萬이요 今上元豐二年에 戶一千三百九十一萬이니 六聖之德澤이 覆露生養이 斯其所以盛也라 本原事實에 其所繇致此는 有自也哉로다

이는 三代 이후 난세를 다스린 군주들 가운데 그 누구도 太祖의 수준에 미치는 자가 없다는 것을 말한다. 三代가 매우 성대하였다고 할 수 있으나 禹의 손자 太康은 국가를 잃었고, 湯의 손자 太甲은 유배되었으며, 周나라 文王과 武王 이후 겨우 3, 4대를 내려가 昭王이 楚나라에서 돌아오지 못하고 죽었다. 漢나라 이후 사변이 빈번하게 일어난 일은 이루 다 말할 수 없을 정도이다.

그러나 太祖는 大業의 기초를 안정시켜 후대에 남긴 풍조와 덕택의 영향이 심원하여, 다섯 분의 성군이 유업을 계승하여 현재 120여 년에 이르렀다. 그동안 상하가 화목하고 즐거워하였으며 안색이 변할 정도로 걱정할 만한 어떤 일을 이목으로 접한 적이 없었으니, 이처럼 국가가 오랫동안 다스려지고 안정된 사례는 三代 이후 일찍이 없었다. 太祖가 대업을 창건하여 後人에게 넘겨준 것은 그 행적이 堯舜과 비슷하고, 천하를 다스린 것은 漢 高祖를 뛰어넘으며, 태평을 이룬 대업이 오랜 세월 전해오게 한 것은 三代 때도 이에 미치지 못하였으니, 太祖가 이룬 공과 거룩한 덕은 참으로 정점에 도달하였다고 할 수 있다.

唐나라 天寶 14년(755)에 전국의 가구 수는 891만 호였다. 그런데 太祖 원년

(960)에는 가구 수가 96만 호였다가 말년에 천하가 안정된 뒤에는 309만 호였고, 지금 皇上 元豐(宋 神宗의 연호) 2년(1079)에는 1,391만 호이다. 여섯 분 성군의 德化와 은택은 하늘이 천하를 덮고 만백성을 생육하는 것과 같으니, 이 점에서 얼마나 성대한가를 엿볼 수 있다. 이러한 사실의 내력을 추구해보면 이와 같은 정도까지 도달할 수 있었던 이유는 곧 그만한 근원이 있었기 때문이었다.

1) 太康失國 : 太康은 啓의 아들로, 夏나라 제3대 황제이다. 정사를 돌보지 않고 사냥을 일삼다가 東夷族 后羿에게 왕위를 빼앗겼다.
2) 太甲放廢 : 太甲은 太丁의 아들로, 商나라 제3대 황제이다. 즉위한 뒤에 정사를 돌보지 않고 湯王의 법도를 무너뜨리자, 재상 伊尹이 그를 湯王의 무덤이 있는 桐宮(지금의 河南 偃師 지역)으로 내쫓아 안치하였다. 3년 뒤에 잘못을 반성하자 다시 복위시켰다. ≪書經 商書 太甲 上≫
3) 昭王不返於楚 : 昭王은 文王의 4대손이자 武王의 3대손으로, 周나라 제4대 황제이다. B.C. 1011년에 六軍을 거느리고 남쪽 楚荊를 정벌하러 나갔다가 漢水에 빠져 죽었다. ≪春秋左氏傳 僖公 4年≫
4) 五聖 : 宋 太祖 이후 황제인 太宗·眞宗·仁宗·英宗·神宗을 가리킨다. 아래 六聖은 太祖를 포함한 것이다.

唐荊川曰 此等大文字는 **當看其布置處**라 **南豐有滄州上殿箚子**하니 **皆與此意同**이라 **幷可與歐公仁宗御集序參之**라하니라

唐荊川이 말하였다.

"이와 같은 유의 大文字는 마땅히 논리를 전개할 때 그 배치가 어떠한가를 보아야 한다. 南豐의 저술 중에 〈滄州上殿箚子〉가 있는데 모두 이 편에서의 경향과 같다. 歐公(歐陽脩)의 〈仁宗御集序〉와 함께 참고하면 좋을 것이다."

06. 新序目錄序* ≪新序≫에 관한 목록서

* 작자가 漢나라 劉向(B.C. 77~B.C. 6)이 편찬한 ≪新序≫ 1책과 目錄을 조사하여 오류를 바로잡은 뒤에 쓴 서문이다. 儒家의 표준 관점에서 출발하여 劉

向이라는 인물과 ≪新序≫의 장단점에 대해 평가하면서, 劉向과 같은 부류는 聖人의 가르침으로 사물을 판단하는 준칙을 삼을 줄 몰랐다고 비평하고, 아울러 이 책에 대해 독자들은 취사선택을 신중히 해야 한다는 뜻을 밝혔다. ≪新序≫는 전설 속의 舜·禹로부터 漢나라 초기 역사적인 인물들의 각종 사적을 기록한 책이다.

見極正大하고 **文有典刑**이라

식견은 극히 정대하고 문장은 전범이 있다.

劉向所集次新序三十篇과 **目錄一篇**은 **隋唐之世**에 **尙爲全書**러니 **今可見者**는 **十篇而已**라 **臣旣考正其文字**하고 **因爲其序論曰**

劉向이 수집하여 엮은 ≪新序≫ 30편과 〈目錄〉 1편은 隋·唐시대까지만 해도 온전하게 남아 있었는데, 지금 볼 수 있는 것은 10편뿐이다. 나는 그 문자를 조사하여 바로잡고 이어 다음과 같이 서문을 지어 논변한다.

古之治天下者는 **一道德**하고 **同風俗**이라 **蓋九州**[1]**之廣**과 **萬民之衆**과 **千歲之遠**에 **其敎已明**하고 **其習已成之後**에 **所守者一道**요 **所傳者一說而已**라 **故詩書之文**이 **歷世數十**하고 **作者非一**이로되 **而其言未嘗不相爲終始**하니 **化之如此其至也**라 **當是之時**하여 **異行者有誅**하고 **異言者有禁**하니 **防之又如此其備也**라 **故二帝三王之際**와 **及其中間嘗更衰亂**이나 **而餘澤未熄之時**에 **百家衆說**이 **未有能出於其間者也**라

옛날에 천하를 다스린 자는 사람들의 도덕을 통일하고 사회풍속을 동일하게 하였다. 이로 인해 九州의 넓은 천하와 만백성의 수많은 인구와 천 년의 장구한 세월 동안, 그 교화가 이미 명확해지고 그 풍속이 이미 형성된 뒤에는 견고하게 지키는 것은 하나의 도였고 후세에 전하는 것은 하나의 학설일 뿐이었다. 이 때문에 ≪詩經≫, ≪書經≫의 문자가 수십 대를 지나고 작자가 한 사람이 아니었지만 그 말이 서로 일맥상통하지 않은 적이 없었으니, 교화가 이처럼 지극하였다. 그리고 그 당시에는 이단 행위를 하는 자는 주벌을 당하고 이단의 설을 수장하는 자는 금지시켰으니, 이단을

방지하는 것이 또 이처럼 완비하였다. 그러므로 二帝三王 당시와 그 중간에 쇠란을 겪었지만 선왕의 남은 덕택이 아직 사라지지 않았을 때에는 諸子百家의 각종 학설이 그 사이에 출현할 수 없었다.

1) 九州 : 고대에 중국을 冀·兗·靑·徐·揚·荊·豫·梁·雍 등 아홉 개의 州로 나누었다는 데서 나온 것으로, 중국 천하를 가리킨다.

及周之末世하여 先王之敎化法度旣廢하고 餘澤旣熄에 世之治方術者 各得其一偏이라 故人奮其私智하고 家尙其私學者 蜂起於中國하니 皆明其所長而昧其短하고 矜其所得而諱其失이라 天下之士 各自爲方而不能相通하여 世之人이 不復知夫學之有統道之有歸也라 先王之遺 文雖在나 皆絀而不講이온 況至於秦爲世之所大禁哉리오

周나라 말엽에 이르러 선왕의 교화와 법도가 폐지되고 남은 덕택이 소멸되자, 세상에 학술을 연구하는 자들이 각기 그 한쪽 방면의 도리를 얻었다. 그러므로 사람마다 자기의 사적인 지혜를 드러내고 집집마다 자기의 학파를 숭상하는 일이 중국에 벌떼처럼 일어났는데 모두 그 장점에는 밝고 단점에는 어두웠으며, 그 잘하는 것은 과시하고 그 결점은 숨겼다. 그리하여 천하의 선비들이 각기 자기 영역만 표방하고 서로 통하지 못하여, 세상 사람들이 더 이상 학문은 전통이 있고 道는 근본이 있다는 것을 몰랐다. 선왕들이 후세에 남긴 글이 비록 남아 있었으나 모두 팽개치고 강구하지 않았는데, 더구나 秦나라 때 와서 선왕의 도가 당대에 엄격하게 금지된 상황에 처한 경우야 더 말할 나위가 있겠는가.

漢興에 六藝皆得於斷絶殘脫之餘하여 世復無明先王之道以一之者하니 諸儒苟見傳記百家之言이면 皆悅而嚮之라 故先王之道 爲衆說之所蔽하여 闇而不明하고 鬱而不發하여 而怪奇可喜之論이 各師異見하여 皆自名家者 誕漫於中國하여 一切不異於周之末世하니 其弊至於今尙在也라 自斯以來로 天下學者 知折衷於聖人하여 而能純於道德之美者는 揚雄氏而止耳라 如向之徒는 皆不免乎爲衆說之所蔽하여 而不知有所折衷者也라 孟子曰 待文王而興者는 凡民也니 豪傑之士는 雖無文王이라도 猶興[1]이라하니 漢之士 豈特無明先王之道以一之者哉리오 亦其出於是時者 豪傑之士少라 故不能

特起於流俗之中絶學之後也라

漢나라가 일어났을 때는 六藝(六經)를, 모두 원형이 파손되고 누락된 상황에서 수습하여 세상에 다시 선왕의 도를 밝혀 그것으로 통일시킬 자가 없었다. 그리하여 諸儒들이 혹시 세상에 전해오는 百家의 학설을 보면 모두 기뻐하여 그것을 추종하였다. 이 때문에 선왕의 도가 각종 학설에 가려져서 어두워 밝지 못하고 닫혀져 드러나지 못하는 상태에 놓이게 되었다. 그리하여 기괴하여 좋아할 만한 설로 저마다 이단의 견해를 추구하여 모두 스스로 一家를 이룬 자들이 온 나라에 만연하여 일체 周나라 말기의 상황과 다르지 않았으니, 그 폐단이 지금까지도 남아 있다.

그때 이후로 천하의 학자 중에 성인의 가르침으로 사물을 판단하는 준칙을 삼을 줄 알고, 아울러 순수하게 도덕의 아름다운 경지에 도달한 자는 오직 揚雄뿐이었다. 劉向과 같은 무리는 모두 잡다한 학설에 현혹됨을 면치 못하여 올바른 준칙을 취할 줄을 몰랐다.

孟子가 말씀하기를 "文王을 기다린 뒤에 분발하는 자는 평범한 사람이다. 걸출한 선비의 경우는 비록 文王이 출현하지 않더라도 분발한다." 하였다. 漢나라의 선비만 어찌 유독 선왕의 도를 밝혀 그것으로 통일시킬 자가 없었단 말인가. 그 이유는 그 당시에 나온 자들 중에 걸출한 선비가 적었으므로, 당시 수준이 낮은 사회풍조와 학문이 단절된 속에서 뛰어난 인재가 나오지 못했던 것이다.

1) 孟子曰……猶興 : ≪孟子≫ 〈盡心 上〉에 나오며, 그 원문은 "待文王而後 興者 凡民也 若夫豪傑之士 雖無文王 猶興"으로 되어 있다.

蓋向之序此書 於今爲最近古하니 **雖不能無失**이나 **然遠至舜禹**하고 **而次及於周秦以來**히 **古人之嘉言善行**이 **亦往往而在也**하니 **要在愼取之而已**라 **故臣旣惜其不可見者而校其可見者特詳焉**하니 **亦足以知臣之攻其失**이라 **豈好辯哉**리오 **臣之所不得已也**로이다

劉向이 편집한 이 책이 지금 시점에서 보면 가장 古代와 근접한 것이라 할 수 있다. 그래서 비록 결점이 없지는 않으나 멀리 舜·禹시대부터 周·秦 이후까지 옛사람의 嘉言과 善行이 또한 그 속에 이따금 남아 있으니, 요점은 그것을 신중히 취사선택하는 데 달려 있을 뿐이다. 그러므로 나는 그 볼 수 없는 것을 애석하게 여기는 한편,

그 볼 수 있는 것에 대해서는 특별히 상세하게 교정하였으니, 또한 내가 그 결점을 攻駁한 것을 알 수 있을 것이다. 이는 어찌 변론하기를 좋아해서이겠는가. 그렇게 하지 않을 수 없었기 때문이다.

王遵巖曰 南豐文字는 **於原本經訓處**에 **多用董仲舒劉向也**니라하니라

王遵巖이 말하였다.

"南豐의 문자는 經典의 뜻을 근본으로 한 곳에 董仲舒와 劉向의 설을 많이 채택하였다."

07. 列女傳目錄序* ≪列女傳≫에 관한 목록서

* 작자가 漢나라 劉向이 쓴 ≪列女傳≫을 교감하고 손질한 뒤에 쓴 서문이다. ≪列女傳≫이 전해 내려온 경로를 자세히 고증하고 아울러 "왕도정치는 반드시 家庭으로부터 시작된다."는 劉向의 관점을 드러내어 제왕이 몸소 실천하는 문제의 중요성을 강조하였다. ≪列女傳≫은 부녀자를 위해 傳을 세운 최초의 전문서로, 후세 사람이 편찬한 ≪列女傳≫과 구분하기 위해 ≪古列女傳≫으로 불린다. 劉向이 편찬한 여러 서적이 대부분 유실되거나 불완전한 상태인 것에 비해, 이 책만은 그런대로 완전한 편이라고 한다.

子固諸序 竝各自爲一段大議論하니 **非諸家所及**이요 **而此篇尤深入**하여 **近程朱之旨矣**라

子固의 여러 서문이 모두 각기 하나의 큰 논변으로서 諸家가 미칠 수 있는 수준이 아닌데, 이 편은 더욱 깊은 경지로 들어가 程子·朱子의 취지에 가깝다.

劉向所敍列女傳凡八篇이라 **事具漢書向列傳**이어늘 **而隋書及崇文總目**은 **皆稱向列女傳十五篇曹大家**[1]**注**라하니 **以頌義考之**컨대 **蓋大家所注**는 **離其七篇爲十四**하여 **與頌義**로 **凡十五篇**이요 **而益以陳嬰母及東漢以來凡十六事**하니 **非向書本然也**라 **蓋向**

舊書之亡이 **久矣**러니 **嘉祐中**에 **集賢校理蘇頌**이 **始以頌義爲篇次**하여 **復定其書爲八篇**하고 **與十五篇者**로 **竝藏於館閣**이로되 **而隋書以頌義爲劉歆**[2)]**作**하니 **與向列傳不合**이라 **今驗頌義之文**컨대 **蓋向之自敍**요 **又藝文志有向列女傳頌圖**하니 **明非歆作也**라 **自唐之亂**으로 **古書之在者 少矣**니 **而唐志錄列女傳凡十六家**하고 **至大家注十五篇者**하여는 **亦無錄**이나 **然其書今在**하니 **則古書之或有錄而亡**하고 **或無錄而在者 亦衆矣**니 **非可惜哉**아 **今校讐其八篇及十五篇者已定**하니 **可繕寫**라

劉向이 지은 ≪列女傳≫은 모두 8편이다. 이 사실이 ≪漢書≫ 〈劉向列傳〉에 갖춰져 있는데, ≪隋書≫와 ≪崇文總目≫에는 모두 '劉向 ≪列女傳≫ 15편, 曹大家 注'라고 하였다. 〈頌義〉를 가지고 살펴보면, 曹大家가 주석한 것은 7편을 분리해 14편으로 만든 것에 〈頌義〉까지 합쳐 모두 15편인데, 陳嬰의 어머니와 東漢 이후 16건의 일을 추가하였으니, 劉向의 책 본연의 모습이 아니다. 유향의 옛 책이 없어진 지가 오래였는데, 嘉祐(宋 仁宗의 연호) 연간에 集賢校理 蘇頌이 처음으로 〈頌義〉를 정리하여 다시 이 책을 8편으로 정하고 15편으로 된 것과 함께 館閣에 보관하였다.

그런데 ≪隋書≫에서는 〈頌義〉를 劉歆의 작품으로 여겼으니 〈劉向列傳〉의 내용과는 부합하지 않는다. 지금 〈頌義〉의 글로 살펴보면 劉向 본인이 쓴 것이고 또 ≪漢書≫ 〈藝文志〉에 劉向의 ≪列女傳頌圖≫가 있으니, 劉歆의 작품이 아닌 것이 분명하다. 唐나라의 난리 이후로 남아 있는 고서가 적은데, ≪唐書≫ 〈經籍志〉에 ≪列女傳≫이라는 이름으로 모두 16인의 저술이 기록되어 있고 曹大家가 주석한 15편에 대해서는 역시 기록이 없다. 그러나 이 책이 지금 있는 것으로 볼 때 고서 중에 혹 기록은 있는데 없어지거나 혹 기록은 없는데 존재하는 것이 또한 많으니, 안타까운 일이 아닌가. 지금 그 8편과 15편을 교정하여 이미 정본을 확정하였으니, 이제 淨書해도 될 것이다.

1) 曹大家 : 班昭(45~117?)로, 자는 惠班이다. ≪漢書≫의 편찬자 班固와 西域 경영에 활약한 무장 班超의 누이동생으로 박학다식하였는데, 班固가 ≪漢書≫를 완성하지 못하고 죽자, 和帝의 명을 받고 그 일을 계승하여 ≪漢書≫ 가운데 8편의 〈表〉와 〈天文志〉를 완성함으로써 ≪漢書≫ 편찬을 완결하였다. 曹世叔에게 출가하였으나 남편과는 일찌 사별하였는데, 和帝가 자주 궐내에 불러들

여 皇后와 貴人들에게 그를 스승으로 삼아 섬기게 하고 大家라고 불렀기 때문에 曹大家라고 한다. ≪後漢書 卷84 列女傳 曹世叔妻≫

2) 劉歆 : B.C. 53?~A.D. 23. 劉向의 아들로, 부자가 함께 六藝의 서적들을 7종으로 분류하여 ≪七略≫을 만들었다.

初에 **漢承秦之敝**하여 **風俗已大壞矣**요 **而成帝後宮趙衛**[1]**之屬**은 **尤自放**이라 **向以謂王政必自內始**라 **故列古女善惡所以致興亡者**하여 **以戒天子**하니 **此向述作之大意也**라 **其言太任之娠文王也**에 **目不視惡色**하고 **耳不聽淫聲**하고 **口不出敖言**이라하며 **又以謂古之人胎教者 皆如此**라하니 **夫能正其視聽言動者**는 **此大人之事而有道者之所畏也**어늘 **顧令天下之女子能之**하니 **何其盛也**아

처음에 漢나라가 낡은 秦나라를 이어받아 풍속이 이미 크게 무너졌었는데, 成帝의 후궁이었던 趙飛燕과 衛婕妤 등은 더욱 방종하였다. 劉向은 王政은 반드시 내조에서부터 시작된다고 여겼다. 그러므로 흥성과 멸망을 초래하였던 옛 여인들의 선과 악을 열거하여 천자를 경계하였으니, 이것이 劉向이 이 책을 저술하게 된 큰 뜻이다. 그가 "太任이 文王을 임신하였을 때 눈으로는 나쁜 색을 보지 않고 귀로는 음란한 소리를 듣지 않고 입으로는 오만한 말을 하지 않았다."고 말하고, 또 "옛사람의 태교가 모두 이와 같았다."고 하였다. 대체로 보고 듣고 말하고 행동하는 것을 이처럼 바르게 할 수 있는 것은 바로 大人의 일로써 도덕이 있는 이조차 제대로 하지 못할까 두려워하는 바인데, 도리어 천하의 여인들로 하여금 이것을 실천하도록 요구하였으니, 얼마나 대단한가.

1) 趙衛 : 趙는 趙飛燕이고 衛는 衛婕妤인데, 모두 成帝의 총애를 받았던 여인들이다. 趙飛燕의 본명은 趙宜主였으나 몸이 가볍고 늘씬하여 '나는 제비'라는 뜻인 '飛燕'이란 별명이 붙어 흔히 그대로 불리며 뒤에 孝成皇后가 되었다. 衛婕妤의 본명은 李平이다. 班婕妤의 추천으로 婕妤가 된 뒤에 그가 후궁이 된 내력이 漢 武帝 때의 衛皇后와 비슷하다 하여 衛氏 성을 하사받았다.

以臣所聞으로는 **蓋爲之師傅保姆之助**와 **詩書圖史之戒**와 **珩璜琚瑀之節**과 **威儀動作**

之度라 其教之者 雖有此具라도 然古之君子 未嘗不以身化也라 故家人之義는 歸於反身[1)]하고 二南之業은 本於文王[2)]하니 夫豈自外至哉리오 世皆知文王之所以興이 能得內助하고 而不知其所以然者하니 蓋本於文王之躬化라 故內則后妃有關雎[3)]之行하고 外則群臣有二南之美하여 與之相成하니라 其推而及遠엔 則商辛之昏俗[4)]과 江漢之小國[5)]과 兎罝之野人[6)]이 莫不好善而不自知하니 此所謂身修 故家國天下治者也라 後世自學問之士로 多徇於外物하여 而不安其守하니 其室家旣不見可法이라 故競於邪侈하니 豈獨無相成之道哉리오 士之苟於自恕하여 顧利冒恥하고 而不知反己者는 往往以家自累故也라 故曰 身不行道면 不行於妻子[7)]라하니 信哉인저 如此人者는 非素處顯也라 然이나 去二南之風이 亦已遠矣어든 況於南鄕天下之主哉리오 向之所述勸戒之意 可謂篤矣라

내가 들은 바로는, 옛사람은 여자를 위해 師傅와 保姆를 선택하여 그들을 돕기도 하고, ≪詩經≫과 ≪尙書≫ 및 그림과 역사서 속에 기재된 여자의 사적을 가지고 그들을 경계하기도 하고, 여러 가지 패옥을 허리춤에 차거나 머리에 장식하여 그들의 자세를 절제하기도 하고, 규정화된 동작과 의식으로 그들의 행동을 제한하기도 하였다. 여자를 가르칠 때 비록 이처럼 다양한 방법이 있긴 하였으나, 옛날의 군자는 모두 자기 몸이 본보기가 되는 방법으로 그녀들을 감화시키지 않은 적이 없었다. 그러므로 家人卦가 천명하는 큰 의의는 자신을 돌이켜보는 데로 귀결되고, 二南에서 노래한 그 치적은 文王에게 그 근본을 두었으니, 이것들이 어찌 자기 몸을 벗어난 외부로부터 얻어진 것이겠는가.

세상 사람들은 모두 文王의 업적이 흥성한 것은 后妃의 내조를 잘 얻었기 때문이라는 것만 알고 그렇게 된 소이연은 알지 못한다. 그 근본적인 원인은 곧 文王이 자기 몸으로 본보기를 삼아 감화시킨 데에 있었다. 이 때문에 안으로는 后妃가 〈關雎〉의 노래와 같은 품행이 있었고, 밖으로는 뭇 신하가 二南에서 칭송한 그와 같은 아름다운 덕이 있게 되어 안팎에서 서로 도와 이루어주었다. 이와 같은 감화가 확대되어 그 범위를 넓히자 商나라 紂임금 시기에 음탕했던 혼인의 풍속과 長江과 漢水 유역의 작은 나라와 그물을 쳐놓고 토끼를 잡는 들판 사람까지 모두 善을 좋아하면서 왜 그런지 스스로 알지 못하였으니, 이것이 ≪大學≫에서 이른바 "몸이 닦여지므로 집안과

국가와 천하가 다스려진다."는 것이다.

후세에는 학문을 하는 선비부터 대부분 자기 몸 이외의 것을 추구하여 자신이 지켜야 할 도덕규범을 도외시하였으므로, 그들의 가족이 이미 본받을 만한 본보기를 보지 못하였다. 이 때문에 서로 앞다투어 사악한 짓을 행하였던 것이니, 어찌 서로 도와 이루어주는 도만 없을 뿐이겠는가. 이와 같은 선비들은 편의에 따라 자신에게 관대하여 이익을 보면 염치를 돌아보지 않아 자기가 글을 읽은 선비임을 반성할 줄을 모르는데, 이는 대부분 가정을 자기의 부담으로 간주하여 멀리하기 때문이다. 그러므로 孟子가 "자기가 도에 따라 행동하지 않으면 도가 처자에게도 행해지지 않는다." 하였으니, 참으로 그러하다. 이러한 사람은 평소에 남들에게 드러나는 높은 지위에 있지 않아 〈겉치레를 중시하는 자가 아닌데도〉 개인의 내면의 덕을 노래한 二南에서의 교화와는 그 거리가 너무 멀다. 그런데 더구나 남쪽을 향해 앉아 있는 천하의 군주의 경우야 더 말할 나위가 있겠는가. 劉向이 서술하여 천자에 대해 권면하고 경계한 뜻은 매우 진지하다고 말할 만하다.

1) 家人之義 歸於反身 : 家人은 ≪周易≫ 64괘 가운데 하나이다. 家人卦의 上九爻辭에 "上九는 믿음을 지니고 위엄으로 대하면 마침내 길하리라.〔上九 有孚威如 終吉〕" 하였는데, 이것을 풀이한 象傳에 "위엄으로 대하면 길하다는 것은 자신을 돌이켜보는 것을 말한다.〔威如之吉 反身之謂也〕" 하였다.

2) 二南之業 本於文王 : 二南은 ≪詩經≫ 〈國風〉의 〈周南〉과 〈召南〉을 가리키는 것으로, 周公과 召公이 통치하는 구역의 노래이다. 業은 업적 또는 성과의 뜻으로, 이 두 구역이 잘 다스려지는 성과가 있게 된 것은 앞서 文王의 교화와 后妃의 덕이 그 기반이 되었다는 것이다.

3) 關雎 : ≪詩經≫ 〈周南〉의 첫 편의 편명으로, 后妃의 덕을 노래한 작품이다.

4) 商辛之昏俗 : 辛은 商나라 마지막 군주인 紂王의 이름이다. 昏俗은 혼인하는 풍속이라는 뜻인데, 그가 통치하던 시기에 혼인하는 풍속이 음란하였다고 한다. ≪詩經≫ 〈召南〉의 〈行露〉와 〈野有死麕〉 등은 천하가 周 文王의 교화에 감화되어 商辛 당시의 혼인풍속을 바꾼 것을 노래한 것이라 한다.

5) 江漢之小國 : 長江과 漢水 유역의 작은 나라라는 뜻이다. ≪詩經≫ 〈周南 漢廣〉 시를 말하는 것으로, 〈毛詩序〉에 "文王의 도가 남쪽 나라에까지 파급되어 아름다운 교화가 長江과 漢水 사이에 행해졌다." 하였다.

6) 兎罝之野人 : 그물을 펼쳐 토끼를 잡는 산야의 사람이라는 뜻이다. ≪詩經≫ 〈周南 兎罝〉 시를 말하는 것으로, 〈毛詩序〉에 "〈兎罝〉는 后妃의 덕을 노래한 것이다. 〈關雎〉의 교화가 행해지자 덕을 좋아하지 않는 이가 없어 현인이 많아졌다." 하였다. 그 의미는 后妃의 덕이 백성을 감화시켜 토끼를 잡는 사람까지도 겸손하고 덕을 좋아한다는 것이다.

7) 身不行道 不行於妻子 : ≪孟子≫ 〈盡心 下〉에 나오는 말이다.

然이나 向號博極群書로대 而此傳稱詩芣苢柏舟大車之類 與今序詩者之說로 尤乖異하니 蓋不可考라 至於式微之一篇하여는 又以謂二人之作[1]하니 豈其所取者博 故不能無失歟아 其曰象計謀殺舜과 及舜所以自脫者는 頗合於孟子이라 然此傳或有之而孟子所不道者는 蓋亦不足道也[2]라 凡後世諸儒之言經傳者 固多如此하니 覽者采其有補而擇其是非 可也라 故로 爲之序論以發其端云하노라

그러나 劉向은 여러 가지 책을 많이 읽었다고 알려졌는데, 이 ≪列女傳≫에서 ≪詩經≫의 〈芣苢〉·〈柏舟〉·〈大車〉 등 편에 대한 해설은 지금 ≪詩經≫을 해석한 자의 설명과 크게 어긋나니, 그 이유를 알 수 없다. 〈式微〉 한 편의 경우에는 또 두 사람의 합작이라고 하였으니, 어쩌면 자료를 고르는 범위가 넓었기 때문에 실수가 없을 수 없었던 것은 아닌가.

象이 舜을 죽이려고 계획한 것과 舜이 어떻게 자기가 빠져나왔는가에 관한 내용은 대부분 ≪孟子≫에 기재된 것과 부합한다. 그러나 ≪列女傳≫에는 기재되어 있고 ≪孟子≫에는 언급하지 않은 경우가 있는데, 이와 같은 것은 강론할 만한 가치가 없다. 후대에 경전을 설명하는 일부 儒者들에게 본디 이러한 경우가 많다. 독자는 그 시비를 구별하여 경전에 대해 도움이 되는 내용을 취하는 것이 좋을 것이다. 그러므로 이 서론을 써서 그 첫머리를 여는 바이다.

1) 此傳稱詩芣苢柏舟大車之類……又以謂二人之作 : 今序詩者之說은 '지금 남아 있는 ≪詩經≫을 풀이한 자의 설'이란 뜻으로, 西漢의 經學家 毛亨이 썼다고 하는 〈毛詩序〉를 가리킨다. 〈毛詩序〉는 각 시의 창작배경과 그 의미를 해설한 글이다. ≪詩經≫의 일부 작품에 대한 설명이 〈毛詩序〉와 ≪列女傳≫이 서로 다르다는 것이다. 〈芣苢〉에 대해 〈毛詩序〉에는 "〈芣苢〉는 后妃의 아름다운 덕을 찬

양한 노래이다. 천하가 평화로우면 부인이 자식을 두는 것을 즐거워한다." 하였는데, ≪列女傳≫ 〈貞順〉에는 "宋나라 사람의 딸이 蔡나라로 시집을 갔는데 남편에게 악질이 있었다. 그의 친가 어머니가 개가할 것을 권하였으나 그 말을 따르지 않고 〈芣苢〉를 지었다." 하였고, 〈柏舟〉에 대해 〈毛詩序〉에는 "〈柏舟〉는 어진 덕을 지녔으나 때를 만나지 못한 것을 한탄한 노래이다. 衛 頃公 때 어진 사람은 때를 만나지 못하고 소인이 군주의 곁에 있었다." 하였는데, ≪列女傳≫ 〈貞順〉에는 "衛 宣公의 夫人은 본디 齊侯의 딸인데 衛나라로 시집가 도성 문앞에 당도하자마자 신랑인 衛나라 임금이 죽어버렸다. 그의 保姆가 齊나라로 도로 돌아가자고 하였으나 듣지 않고 성 안으로 들어가 삼년상을 지켰다. 새 임금이 즉위하여 그를 아내로 삼고자 하고 형제들도 개가할 것을 권하였으나 끝내 받아들이지 않고 〈柏舟〉를 지었다." 하였다. 〈大車〉에 대해 〈毛詩序〉에는 "〈大車〉는 周나라 대부를 풍자한 시이다. 예의가 해이해져 남녀들이 간통하였기 때문에 옛날의 좋은 풍속을 개진하여 지금의 대부가 남녀에 관한 일을 잘 처리하지 못한 것을 풍자하였다." 하였는데, ≪列女傳≫ 〈貞順〉에는 "楚나라가 息나라를 정벌하여 息君과 그의 夫人을 사로잡았다. 楚王이 息君에게 문지기 노릇을 하게 하고 장차 息君의 夫人을 아내로 삼으려 하자, 夫人은 楚王이 궁궐을 나간 틈에 息君을 만나보고 〈大車〉를 지은 뒤에 자살하였다."고 하였다. 〈式微〉에 대해 〈毛詩序〉에는 "〈式微〉는 黎侯가 衛나라에 머물러 있자 그의 신하가 돌아갈 것을 권한 노래이다." 하였는데, ≪列女傳≫ 〈貞順〉에는 "이 시는 黎 莊公의 夫人이 그의 傅姆와 공동으로 창작한 것이다."라고 하였다.

2) 其曰象計謀殺舜……蓋亦不足道也 : 象은 舜의 이복 아우이다. ≪列女傳≫ 〈母儀〉에 의하면, 舜의 아버지가 象과 함께 舜을 죽일 생각으로 세 번 계책을 꾸몄다. 첫 번째는 舜에게 창고를 수리하라고 명하여 舜이 지붕 위로 올라가자 사다리를 치우고 불을 질렀고, 두 번째는 舜에게 우물을 파게 한 뒤에 위에서 우물 입구를 막아버렸는데, 舜이 두 번 모두 대책을 세워 빠져나왔다. 세 번째는 舜에게 술을 마시게 하여 그가 취했을 때 죽이려고 하였는데, 舜의 두 아내인 娥皇과 女英이 하루 종일 술을 마셔도 취하지 않는 약을 주어 화를 면하였다고 하였다. 앞의 두 가지 일은 ≪孟子≫ 〈萬章 上〉에도 기재되어 있다.

王遵巖曰 宋人敍古人集及古人所著書에 往往有此家數라 然이나 多以

考訂次第로 爲一篇之文而已니 不能如先生更有一段大議論以成其篇也라 如後敍鮑溶李白集[1)]은 亦不免用其體하니 蓋小集自不足以發大議論이요 又適當然耳라하니라

王遵巖이 말하였다.

"宋나라 사람이 옛사람의 문집과 옛사람이 저술한 책에 서문을 쓸 때에 이와 같은 기법을 많이 사용하였다. 그러나 대부분 그 차례를 고증하여 교정하는 것으로 한 편의 글을 작성할 뿐, 선생처럼 한 편의 큰 논변을 만들지는 못하였다. 다만 뒤에 보이는 ≪鮑溶集≫과 ≪李白集≫에 대해 쓴 서문의 경우는 다른 사람이 사용하는 그 체제를 따르는 것을 면치 못하였으니, 이는 분량이 적은 문집은 큰 논변을 제기할 만한 것이 못 되기 때문에 그저 그렇게 할 수밖에 없는 것이다."

1) 如後敍鮑溶李白集 : 〈鮑溶詩集目錄序〉와 〈李白詩集目錄序〉를 가리킨다. 〈李白詩集目錄序〉는 茅坤의 ≪唐宋八大家文抄≫ 〈宋大家曾文定公文抄 卷5〉의 두 번째에 있는 작품으로 본 역서의 뒤쪽에 보이고, 〈鮑溶詩集目錄序〉는 ≪元豐類藁≫ 권11에 있는데 ≪唐宋八大家文抄≫에는 채록되지 않았다.

08. 說苑目錄序* ≪說苑≫에 관한 목록서

* 이 글도 앞뒤의 것과 마찬가지로 작자가 史館의 서적을 정리할 때인 42세부터 49세 사이에 ≪說苑≫을 정리하고 쓴 서문이다. ≪說苑≫은 漢나라 劉向(B.C. 77~B.C. 6)의 저술 가운데 하나로, 先秦時代 문헌자료를 대량으로 채록하고 경전과 子史 속에 있는 역사고사와 우언 및 전설을 포괄하였다. 劉向은 西漢時代의 문장 중에 가장 품격이 높아 典重하다는 정평이 있는데, 宋나라 朱熹는 작자의 문장이 劉向과 비슷하다고 찬양하여 작자가 劉向의 문장을 배운 것으로 추측하였다. 작자는 이 글에서 ≪說苑≫에 대해 그 내용이 정밀하지 못하다는 것과, 劉向이 스스로 학문을 넓히고 심성을 수양하여 내면으로부터 나오는 자기의 말로 세상을 계도하지 않고 그저 잡다한 자료에만 의존한 것을 비평함으로써, 그의 문장을 좋아하면서도 단점을 아는 공정성을 잃지 않았다.

此篇精神融液處는 **不如新序戰國策諸篇**이라

이 편은 작자의 정신이 녹아든 점이 〈新序目錄序〉와 〈戰國策目錄序〉 등 기타 여러 편만 못하다.

劉向所著說苑二十篇을 **崇文總目云 今存者五篇**이요 **餘皆亡**이라한대 **臣從士大夫間得之者 十有三篇**이니 **與舊爲十有八篇**이라 **正其脫謬**하되 **疑者闕之**하고 **而敍其篇目**하여 **曰 向采傳記百家所載行事之迹**하여 **以爲此書奏之**는 **欲以爲法戒**라 **然其所取 往往又不當於理**라 **故不得而不論也**라

劉向이 저술한 ≪說苑≫ 20편을 ≪崇文總目≫에서는 "지금 남아 있는 것은 5편이고 나머지는 모두 散佚되었다."라고 하였는데, 내가 사대부들 사이에서 얻은 것이 13편이니 舊本과 합쳐 모두 18편이다. 그 빠지고 잘못된 것을 바로잡되 의심나는 것은 그대로 놓아두고 그 篇目에 다음과 같이 서문을 쓴다.

유향이 傳記와 百家書에 수록된 行事의 자취를 채집하여 이 책을 만들고 천자에게 올린 것은 勸善懲惡의 소재로 삼고자 해서이다. 그러나 그가 취한 것이 가끔 또 이치에 합당하지 않기 때문에 논하지 않을 수 없다.

夫學者之於道에 **非知其大略之難也**요 **知其精微之際 固難矣**라 **孔子之徒三千**에 **其顯者七十二人**이니 **皆高世之材也**라 **然獨稱顏氏之子 其殆庶幾乎**[1]라하고 **及回死**에 **又以謂無好學者**[2]라하며 **而回亦稱夫子曰 仰之彌高**하며 **鑽之彌堅**[3]이라하고 **子貢又以謂夫子之言性與天道**는 **不可得而聞也**[4]라하니 **則其精微之際固難知 久矣**라 **是以取舍不能無失於其間也**라 **故曰 學然後知不足**[5]이라하니 **豈虛言哉**아

배우는 자가 道에 대하여 그 대략을 아는 것이 어려운 것이 아니고, 그 깊고 미묘한 부분을 아는 것이 참으로 어렵다. 孔子의 門徒 3천 명 가운데 드러난 이가 72명이니 모두 세상에서 뛰어난 재주를 가진 이들이다. 그런데 孔子는 "顏氏의 아들은 거의 道에 가까울 것이다."라고 특별히 칭찬하였고, 顏回가 죽었을 때에도 "학문을 좋아하는 제자가 없다."고 하였으며, 顏回 역시 夫子를 일컬어 "우러러볼수록 더욱 높고 뚫을수

록 더욱 단단하다."고 하였고, 子貢은 또 "夫子께서 性과 天道를 말씀하시는 것은 들을 수가 없었다."고 말하였으니, 그 정밀하고 은미한 부분을 참으로 알기 어려운 지가 오래되었다. 이 때문에 道를 취사선택할 때 잘못이 없을 수가 없다. 그래서 "배운 뒤에야 부족함을 알 수 있다."고 하였으니, 이 말이 어찌 빈말이겠는가.

1) 顔氏之子 其殆庶幾乎 : ≪周易≫ 〈繫辭下傳〉에서 공자의 말로 나온다.
2) 無好學者 : ≪論語≫ 〈雍也〉에서 哀公이 제자 가운데 누가 학문을 좋아하냐고 질문하자, 공자가 顔回라는 이가 있었는데 지금은 죽어서 학문을 좋아하는 사람이 없다고 말한 부분이다.
3) 仰之彌高 鑽之彌堅 : ≪論語≫ 〈子罕〉에 보인다.
4) 夫子之言性與天道 不可得而聞也 : ≪論語≫ 〈公冶長〉에 보인다.
5) 學然後知不足 : ≪禮記≫ 〈學記〉에 "비록 좋은 음식이 있더라도 먹지 않으면 그 맛을 알 수 없고, 비록 지극한 도가 있더라도 배우지 않으면 그 훌륭함을 알 수 없다. 이 때문에 배운 뒤에야 부족함을 알고 가르친 뒤에야 곤궁함을 안다.〔雖有嘉肴 弗食不知其旨也 雖有至道 弗學不知其善也 是故學然後知不足 教然後知困〕"라는 말이 보인다.

向之學은 博矣요 其著書及建言은 尤欲有爲於世로되 忘其枉己而爲之者有矣니 何其徇物者多而自爲者少也오 蓋古之聖賢이 非不欲有爲也나 然而曰 求之有道하고 得之有命[1]이라하니라 故孔子所至之邦에 必聞其政한대 而子貢以謂非夫子之求之也[2]라하니 豈不求之有道哉아 子曰 道之將行也與도 命也며 道之將廢也與도 命也[3]라하니 豈不得之有命哉아 令向知出此하여 安於行止하여 以彼其志로 能擇其所學하여 以盡乎精微면 則其所至를 未可量也라 是以로 孔子稱古之學者爲己[4]라하고 孟子稱君子欲其自得之인댄 則取之左右에 逢其原[5]이라하니 豈汲汲於外哉아 向之得失如此하니 亦學者之戒也라

劉向의 학문은 넓고 그가 저술한 책과 건의한 말은 무엇보다도 세상에 큰 기여를 하고자 한 것이었지만, 자기의 의견이나 주장은 도외시하고 남이 하는 말을 하고 있다는 것을 잊고 있는 점이 있으니, 어찌면 그리도 다른 사람의 의견을 추종하는 것은

많고 자기의 말을 하는 것은 적단 말인가. 옛날의 성현들이 세상에 큰 기여를 하려고 하지 않은 것은 아니지만 "구하는 데에 道가 있고 얻는 데에 命이 있다."고 하였다. 그래서 孔子는 그가 찾아간 나라에서 반드시 그 나라의 정사에 참여하였는데, 子貢은 "夫子께서 요구하여 그런 것이 아니다."라고 하였으니, 어찌 구하는 데에 道가 있지 않겠는가. 孔子가 "道가 장차 행해지는 것도 命이며 道가 장차 폐해지는 것도 命이다."라고 하였으니, 어찌 얻는 데에 命이 있지 않겠는가.

만약 劉向이 이 길을 따라 행할 줄을 알아서 出處行止를 운명에 맡기고, 그의 그와 같은 큰 뜻으로 마땅히 배워야 할 것을 선택하여 깊고 미묘한 도리를 터득하였더라면, 그가 도달한 경지는 쉽게 헤아릴 수 없었을 것이다. 이 때문에 孔子는 "옛날의 배우는 자들은 자신부터 수양하였다."고 말하였고, 孟子는 "君子는 도를 스스로 깨달아 얻으려고 한다. 그렇게 되면 전후좌우 가까운 곳에서 취할 때 그 근원을 만난다."고 하였으니, 어찌 자기 이외의 외물에 치중할 것이 있겠는가. 劉向의 잘못이 이와 같으니 또한 배우는 자들이 경계해야 할 일이다.

1) 求之有道 得之有命 : 孟子가, 사람이 잃어버린 자기 본연의 선한 마음을 구하면 그 즉시 얻고 또 유익한데 이는 자기에게 본디 있는 것을 구하기 때문이라고 말한 다음, 세상의 부귀 권력은 그것을 구하는 길이 따로 있고 그것을 얻는 것도 운명에 달려 있는데, 이는 밖에 있는 것을 구하기 때문이라고 한 말에서 인용한 것이다. ≪孟子 盡心 上≫
2) 孔子所至之邦……非夫子之求之也 : 孔子는 각 나라에 도착하면 반드시 그 나라의 정사에 참여하였다. 이에 대해 子禽이 子貢에게, 孔子가 국정에 참여한 것은 그렇게 하겠다고 먼저 요구한 것인지, 아니면 상대가 자발적으로 孔子에게 정사를 고한 것인지에 관해 묻자, 子貢이 대답하기를 "夫子께서 구하시는 것은 어쩌면 다른 사람이 구하는 성질과는 다를 것이다."라고 하여, 孔子가 성인의 덕을 지녔기 때문에 군주들이 저절로 존경하여 그와 같이 한 것이라고 하였다. ≪論語 學而≫
3) 道之將行也與……命也 : 魯나라 公伯寮가 季孫氏에게 子路를 참소하였는데, 子服景伯이 이 일을 공자에게 말하자, 공자가 대답한 말이다. ≪論語 憲問≫
4) 古之學者爲己 : ≪論語≫ 〈憲問〉에 나오는 말이다.
5) 孟子……逢其原 : ≪孟子≫ 〈離婁 下〉에 나오는 말이다.

故見之敍論하여 令讀其書者로 知考而擇之也라 然向數困於讒하되 而不改其操하니 與夫患失之者로 異矣라 可謂有志者也로다

그러므로 敍論에서 이 문제를 드러내어 이 책을 읽는 자들이 제대로 살펴 선택할 줄 알게 하려고 하였다. 그러나 劉向은 여러 번 참소에 몰려 곤경에 처하였는데도 그 지조를 바꾸지 않아, 일단 부귀를 얻은 뒤에는 그것을 잃을까 근심하는 자들과는 다르니, 뜻이 있는 이라고 말할 만하다.

09. 徐幹中論目錄序* 徐幹의 ≪中論≫에 관한 목록서

* 史館에서 南北朝 7국의 역사서를 교감한 이후에 쓴 것으로 이때 작자의 나이는 47, 8세경이다. 徐幹(171~218)은 東漢末 三國初 北海 劇縣 사람으로 建安七子 가운데 한 사람이다. 訓詁章句에 치중한 東漢末의 古文經學을 반대하고 仁義를 수양하는 孔孟儒學의 心學을 중시하면서 내실이 결여된 명분은 허위라고 하여 名實相符를 주장하였다. 이는 작자의 학문 성향과 같아 이 글에서 크게 인정하였다. ≪中論≫은 儒家의 經義를 천명한 저술로, 상하 2권이며 권마다 10편으로 구성되어 있다. 상권에는 治學, 法象, 修本, 虛道, 貴驗, 貴言, 藝紀, 覆辨, 智行, 爵祿 등이, 하권에는 考僞, 譴交, 曆數, 論壽夭, 務本, 審大臣, 愼所從, 亡國, 賞罰, 民數 등이 수록되어 있다.

子固於建安七子[1]之中에 獨取徐幹하니 得之요 而序文도 亦屬典刑이라

子固가 建安七子 가운데 徐幹만을 취하였으니, 그 안목이 옳고 서문의 문장 또한 표준에 속한다.

1) 建安七子 : 漢 獻帝의 建安 연간(196~220)에 魏 武帝 曹操 父子를 중심으로 모인 7인의 문학 동호인들이다. 魯國의 孔融, 廣陵의 陳琳, 山陽의 王粲, 北海의 徐幹, 陳留의 阮瑀, 汝南의 應瑒, 東平의 劉楨 등 7명이다. 이들은 曹操가 권력을 잡고 다스렸던 鄴邑에 모여, 曹丕, 曹植 형제와 더불어 중국에서 가장 일찍 자각적인 문학집단을 형성하였다. 종래의 賦 대신 詩, 특히 五言詩를 문학의 주류로 삼아 뒤의 중국문학의 선구를 이룬 점, 민요라 할 수 있는 樂府體의 시를

지식인의 서정시로 완성한 점, 종래의 儒家的 취향을 벗어나 시문학에 강렬한 개성과 淸新한 격조를 부여한 점 등은 그 성과이며 특징으로 꼽힌다.

臣始見館閣及世所有徐幹中論二十篇하여 **以謂盡於此**러니 **及觀貞觀政要**[1]하여 **怪太宗稱嘗見幹中論復三年喪篇而今書此篇闕**이라 **因考之魏志**하여 **見文帝稱幹著中論二十餘篇**하고 **於是知館閣及世所有幹中論二十篇者 非全書也**라

내가 처음 館閣과 세간에 있는 徐幹의 ≪中論≫ 20편을 보고서 이것이 전부라고 생각했었다. 그러다가 ≪貞觀政要≫를 보게 되었을 때 太宗이 일찍이 徐幹의 ≪中論≫ 〈復三年喪〉편을 보았다고 하였는데, 지금 책에는 이 편이 없는 것을 이상하게 여겼다. 그래서 ≪三國志≫ 〈魏志〉를 훑어보다가 文帝가 徐幹이 ≪中論≫ 20여 편을 저술하였다고 한 말을 보고서야 館閣과 세간에 있는 徐幹의 ≪中論≫ 20편이라는 것이 완전한 책이 아님을 알았다.

1) 貞觀政要 : 唐나라 때 吳兢이 지은 저서이다. 貞觀 연간에 太宗이 魏徵, 房玄齡, 杜如晦 등의 대신들과 나눈 문답 및 그 詔令, 奏疏 등을 분류하여 기록하였다. 후대 통치자들에게 심대한 영향을 미쳤다.

幹은 **字偉長**이요 **北海人**이니 **生於漢魏之間**이라 **魏文帝稱幹懷文抱質**하고 **恬澹寡欲**하여 **有箕山之志**라하고 **而先賢行狀**[1]에도 **亦稱幹篤行體道**하고 **不耽世榮**이라 **魏太祖特旌命之**한대 **辭疾不就**하고 **後以爲上艾長**한대 **又以疾不行**이라하다

徐幹은 字가 偉長이고 北海 사람인데 漢나라와 魏나라 시대에 걸쳐 살았다. 魏 文帝는 "徐幹은 우아하면서도 질박하고 담박하고 욕심이 적어 세상을 피해 은거하려는 뜻이 있다."고 하였다. ≪先賢行狀≫에도 "徐幹은 행실을 독실하게 하고 道를 체득하였으며 세상의 영화를 즐기지 않았다. 魏 太祖가 특별히 표창하여 불렀으나 질병을 핑계대며 나아가지 않았고, 뒤에 上艾縣 수령으로 삼았으나 또 질병을 이유로 부임하지 않았다."라고 하였다.

1) 先賢行狀 : 魏晉時代 李氏가 편찬한 ≪海內先賢行狀≫의 약칭으로 3권이다. 漢나라와 三國時代 명사들의 행적이 수록된 것으로 보이는데, 지금은 남아 있지 않다.

蓋漢承周衰及秦滅學之餘하여 百氏雜家 與聖人之道竝傳하니 學者罕能獨觀於道德之要而不牽於俗儒之說라 至於治心養性去就語默之際하여는 能不悖於理者 固希矣어든 況至於魏之濁世哉아 幹獨能考六藝하여 推仲尼孟軻之旨하여 述而論之라 求其辭에 時若有小失者나 要其歸는 不合於道者少矣요 其所得於內者도 又能信而充之하여 逡巡濁世하여 有去就顯晦之大節이라

漢나라가 周나라는 쇠망하고 秦나라가 학문을 없애버린 뒤를 이어 諸子百家의 학설이 성인의 道와 함께 전해지니, 학자들 가운데 도덕의 핵심을 혼자 보고 俗儒의 설에 이끌리지 않는 이가 드물었다. 心性을 다스리고 기르며 나아가거나 물러나며 말하거나 침묵하는 부분에 능히 이치에 어긋나지 않는 이가 참으로 드물었으니, 더구나 魏나라의 혼탁한 세상에 있어서이겠는가. 그런데 徐幹은 홀로 六藝를 고찰하여 仲尼와 孟軻의 뜻을 추존하여 서술하고 논하였다. 그의 말을 보면 가끔 작은 실수가 있는 것 같지만 그 핵심을 추구해보면 道에 부합하지 않는 것이 적었고 내면에 터득한 것도 능히 진실하고 충실하여 혼탁한 세상에서 뒤로 물러남으로써 去就와 顯晦를 도리에 맞게 한 큰 절개가 있었다.

臣始讀其書察其意而賢之하고 因其書以求其爲人하여 又知其行之可賢也라 惜其有補於世어늘 而識之者少라 蓋迹其言行之所至하고 而以世俗好惡觀之면 彼惡足以知其意哉리오 顧臣之力이 豈足以重其書하여 使學者尊而信之리오 因校其脫謬하여 而序其大略하니 蓋所以致臣之意焉이라

내가 처음에 그의 글을 읽어 그의 뜻을 살펴보고서 내용이 좋다고 여겼으며, 그의 글을 통해 그의 인품을 따져보고는 더욱 그 행실이 훌륭하게 여길 만하다는 것을 알았다. 그래서 그가 세상을 교화하는 데에 보탬이 될 것인데도 아는 이가 적은 것이 아쉬웠다. 그의 말과 행실이 진행되는 노선을 따라가면서 세속 사람의 好惡로 살펴본다면 저들이 어떻게 그의 뜻을 충분히 알 수 있겠는가. 그러나 나의 역량이 어찌 그의 글에 무게를 실어 배우는 이들이 존중하여 믿도록 할 수 있겠는가. 그저 탈자와 오자를 교감하고 그 글의 개요를 서술하였으니, 이는 이 서문을 통해 나의 생각을 드러내기 위해서이다.

宋大家曾文定公文抄 卷5

序

01. 禮閣新儀目錄序* ≪禮閣新儀≫에 관한 목록서

* 이 작품은 禮에 관해 작자의 견해를 제시한 일종의 禮論이다. 禮란 그것이 만들어진 그 당대에 적용하기에 맞도록 만들어진 것이므로, 비록 先王이 만든 것이라 하더라도 시대가 변하고 풍속이 달라지면 또 그에 맞게 바뀔 것은 바뀌어야 한다는 變通觀을 제시하였다.

按曾子固所論經術及典禮之大處 往往非韓柳歐所及見者라

살펴보건대, 曾子固가 經術 및 典禮의 큰 것을 논한 부분은 종종 韓愈, 柳宗元, 歐陽脩도 미칠 수 없는 바가 있다.

禮閣新儀三十篇은 **韋公肅撰**이니 **記開元以後至元和**[1]**之變禮**라 **史館秘閣及臣書 皆三十篇**이요 **集賢院書 二十篇**이니 **以參相校讐**하면 **史館秘閣及臣書**는 **多復重**하여 **其篇少者八**이요 **集賢院書獨具**라 **然臣書**에 **有目錄一篇**하여 **以考其次序**하면 **蓋此書本三十篇**이니 **則集賢院書 雖具**나 **然其篇次亦亂**이라 **旣正其脫謬**하고 **因定著從目錄**하여 **而禮閣新儀三十篇復完**하니라

≪禮閣新儀≫ 30편은 韋公肅이 지은 것으로 開元 연간 이후로부터 元和 연간까지의 變禮를 기록한 것이다. 史館과 秘閣 및 내가 소장하고 있는 책은 모두 30편으로 되어 있고 集賢院에 소장되어 있는 책은 20편으로 되어 있는데, 이것들을 서로 참고하여 교열해보면 史館과 秘閣 및 내가 소장하고 있는 책은 중복이 많아 부족한 편이 8편이고 集賢院의 책만 내용이 다 갖추어져 있다. 그러나 나의 책에 목록 한 편이 있어 이것을 가지고 그 차례를 고증해보면 이 책은 본래 30편이다. 集賢院의 책이

그 편수는 비록 갖추어져 있으나 그 편차는 역시 어지럽게 되어 있었다. 그래서 그 빠지고 잘못된 것을 교정한 후 이어서 목록에 따라 편집해서 ≪禮閣新儀≫ 30편이 다시 완성되었다.

1) 開元以後至元和：開元은 唐 玄宗의 연호(713~741)이고, 元和는 唐 憲宗의 연호(806~820)이다.

夫禮者는 **其本在於養人之性**이요 **而其用在於言動視聽之間**이라 **使人之言動視聽**이 **一於禮**면 **則安有放其邪心而窮於外物哉**아 **不放其邪心**하고 **不窮於外物**이면 **則禍亂可息**하고 **而財用可充**하니 **其立意微**하고 **其爲法遠矣**라 **故設其器**하고 **制其物**하며 **爲其數**하고 **立其文**하여 **以待其有事者**는 **皆人之起居出入**과 **吉凶哀樂之具**니 **所謂其用在乎言動視聽之間者也**라

禮라는 것은 그 근본 목적이 사람의 품성을 기르는 데에 있고, 그 적용이 말하고 움직이고 보고 듣는 사이에 있다. 만일 사람이 말하고 움직이고 보고 듣는 것을 한결같이 禮에 맞게 한다면, 어찌 간사한 마음을 함부로 부려 외물에 대한 욕심을 끝까지 추구하는 일이 있겠는가. 간사한 마음을 함부로 부리지 않아 외물에 대한 욕심을 끝까지 추구하지 않는다면, 禍亂이 종식될 수 있을 것이며 財貨가 충족될 수 있을 것이니, 이렇듯 그 뜻이 심오하고 그 법이 원대하다. 그러므로 器物을 제정하고 예의절차를 세워서 일에 대비하는 것인 禮는 모두 사람의 起居·出入과 吉凶·哀樂의 도구이니, 앞서 말한 "그 적용이 말하고 움직이고 보고 듣는 사이에 있다."는 것이다.

然而古今之變不同하고 **而俗之便習亦異**하니 **則法制度數 其久而不能無弊者**는 **勢固然也**라 **故爲禮者 其始莫不宜於當世**나 **而其後多失而難遵**도 **亦其理然也**라 **失則必改制以求其當**이라 **故羲農以來**로 **至於三代**[1]히 **禮未嘗同也**니라

그러나 고금의 변화가 같지 않고 세속의 습속 또한 다르니, 그렇고 보면 法制, 度數가 오래되면 폐단이 없을 수 없는 것은 형세상 진실로 당연한 것이다. 그러므로 禮를 만든 것이 처음에는 모두 당시에 맞았으나 그 후에 맞지 않는 것이 많아져 그대로 따르기 어렵게 되는 것 역시 이치상 당연한 것이다. 맞지 않으면 반드시 법제를 고쳐

서 시의에 적합하게 해야 하므로 伏羲와 神農 이래로 三代에 이르기까지 禮가 일찍이 같았던 적이 없었던 것이다.

1) 三代 : 성군이 이상적인 정치를 편 夏, 殷, 周시대를 말한다.

後世去三代 蓋千有餘歲라 其所遭之變과 所習之便不同이 固已遠矣어늘 而議者不原聖人制作之方하여 乃謂設其器하고 制其物하며 爲其數하고 立其文하여 以待其有事하여 而爲其起居出入吉凶哀樂之具者를 當一一以追先王之迹이니 然後에 禮可得而興也라하니라 至其說之不可求하고 其制之不可考하여 或不宜於人하고 不合於用하여는 則寧至於漠然이언정 而不敢爲하여 使人之言動視聽之間으로 蕩然莫之爲節이요 至患夫爲罪者之不止하여는 則繁於爲法以禦之라 故法至於不勝其繁하고 而犯者亦至於不勝其衆하니 豈不惑哉아

후세와 三代 사이의 시간차가 천여 년이니, 그동안 겪은 변화와 익숙한 습속의 차이가 진실로 이미 크다. 그런데도 의논하는 자들은 성인이 禮를 만든 취지를 따져보지 않고서 마침내 "기물을 제정하고 예의절차를 세워서 일에 대비하여 起居・出入과 吉凶・哀樂의 도구로 삼는 것인 禮에는 일일이 先王의 遺法을 적용해야 하니 그렇게 한 뒤에야 禮가 일어날 수 있을 것이다."라고 한다. 그리하여 禮가 만들어진 그 이유를 알아낼 수 없고 그 제도를 상고할 수 없어, 혹 사람에게 맞지 않고 실용에 합당하지 않은 禮法에 있어서는 차라리 망연히 몰라 실행하지 못하는 데에 이를지언정, 감히 새로 제정하지는 않아서 사람들이 말하고 움직이고 보고 듣는 부분에 관한 예절을 만들지 못하게 한다. 그리고 禮法을 어기는 죄인이 그치지 않는 문제에 있어서는 법을 많이 만들어서 막으려 한다. 그러므로 법은 이루 감당하지 못할 정도로 복잡해지고, 법을 범하는 사람의 숫자 또한 이루 헤아릴 수 없을 정도로 많으니, 어찌 어리석은 일이 아니겠는가.

蓋上世聖人은 有爲耒耜者는 或不爲宮室하고 爲舟車者는 或不爲棺槨하니 豈其智不足爲哉아 以謂人之所未病者를 不必改也일새라 至於後聖하여는 有爲宮室者는 不以土處爲不可變也하고 爲棺槨者는 不以葛溝[1]爲不可易也하니 豈好爲相反哉아 以爲人

之所旣病者를 不可因也일새라 又至於後聖하여는 則有設兩觀[2]而更采椽之質하고 攻文梓[3]而易瓦棺之素하니 豈不能從儉哉아 以謂人情之所好를 能爲之節而不能變也라 由是觀之컨대 古今之變不同하고 而俗之便習亦異하니 則亦屢變其法以宜之니 何必一一以追先王之迹哉아 其要는 在於養民之性하고 防民之欲者라 本末先後를 能合乎先王之意而已니 此制作之方也라

상고시대 성인 가운데 쟁기와 보습은 만들었으나 宮室은 만들지 않고, 배와 수레는 만들었으나 棺槨은 만들지 않은 경우가 있으니, 이것이 어찌 지혜가 부족했기 때문이겠는가. 사람들이 문제 삼지 않는 것을 굳이 고칠 필요가 없다고 생각했기 때문이다. 후세 성인에 이르러서는 宮室을 만든 자는 굴속에서 사는 것을 바꿀 수 없다 하지 않고, 棺槨을 만든 자는 野葬하는 것을 바꿀 수 없다 하지 않은 경우가 있으니, 이것이 어찌 상반되게 하는 것을 좋아하기 때문이겠는가. 사람들이 이미 문제 삼고 있는 것을 인습하여 그대로 유지할 수 없다고 생각했기 때문이다.

또 후세 성인에 이르러서는 兩觀을 설치하여 떡갈나무 서까래의 질박함을 고치고 文梓를 만들어서 흙으로 만든 棺의 검소함과 바꾼 경우가 있으니, 이것이 어찌 검소함을 따르지 못해서이겠는가. 人情에 좋아하는 것은 절제할 수는 있지만 변화시킬 수는 없다고 여겼기 때문이다. 이를 통해 보건대, 고금의 변화가 같지 않고 세속의 습속 또한 다르니 그렇다면 법 또한 자주 바꾸어 거기에 맞추어야 하는 것이다. 어찌 굳이 일일이 先王의 遺法을 적용할 필요가 있겠는가. 그 요점은 백성의 性을 기르고 백성의 사욕을 막는 데에 있는지라 본말과 선후를 先王의 뜻에 맞게 할 뿐이니, 이것이 制作의 方道이다.

1) 蔂溝 : 蔂은 시체를 칡으로 싸는 것이고, 溝는 시체를 구덩이에 던져 넣는 것으로, 野葬하는 것을 가리킨다.
2) 兩觀 : 먼 곳의 경치를 구경하기 위해 궁궐 문밖 좌우에 건축한 누각이다.
3) 文梓 : 무늬를 새겨 넣은 가래나무로 만든 棺이다.

故瓦樽[1]之尙而薄酒之用과 大羹[2]之先而庶羞之飽에 一以爲貴本하고 一以爲親用하니 則知有聖人作而爲後世之禮者는 必貴俎豆而今之器用不廢也하고 先弁冕[3]

而今之衣服不禁也리니 其推之皆然然後에 其所改易更革이 不至乎拂天下之勢하고 駭天下之情하여 而固已合乎先王之意矣라 是以羲農以來로 至於三代히 禮未嘗同而制作之如此者 亦未嘗異也니라

그러므로 瓦樽을 숭상하면서 묽은 술을 쓰고 大羹을 먼저 올리고서 여러 음식을 배불리 먹여, 한편으로 근본을 귀하게 여기고 한편으로 실용을 중시하였다. 그래서 성인이 세상에 나와서 후세의 禮를 만들 적에는 반드시 俎・豆를 귀하게 여기되 지금의 기물을 폐지하지 않고, 弁・冕을 우선시하되 지금의 의복을 금지하지 않을 것을 알 수 있다. 이 점을 미루어 적용하기를 모두 이렇게 한 뒤에야 그 개혁하고 고친 것들이 천하의 형세와 어긋나고 천하의 人情을 놀라게 하는 데에 이르지 않아서 진실로 先王의 뜻에 맞게 된다. 이 때문에 伏羲와 神農 이래로 三代에 이르기까지 禮가 일찍이 같았던 적이 없었고, 상황에 따라 禮를 만들기를 이와 같이 한 것 또한 달랐던 적이 없었던 것이다.

1) 瓦樽 : 瓦樽은 '瓦尊'이라고도 하는데, '元尊', '玄尊'과 같은 뜻으로 제사 때에 술을 담는 제기이다.
2) 大羹 : 太羹.혹은 '泰羹' 이라고도 하는데, 고대의 제사 때에 올린 음식으로 간을 하지 않은 고깃국이다.
3) 弁冕 : 弁과 冕은 모두 상고시대에 남자가 쓰던 모자의 일종으로, 예복을 입을 때 착용했던 것이다. 常禮에는 弁을, 吉禮에는 冕을 썼다.

後世엔 不知其如此하여 而或至於不敢爲하고 或爲之者는 特出於其勢之不可得已라 故苟簡而不能備하고 希闊而不常行하며 又不過用之於上而未有加之於民者也라 故其禮本在於養人之性하고 而其用在於言動視聽之間者를 歷千餘歲토록 民未嘗得接於耳目하니 況於服習而安之者乎아 至其陷於罪戾하여는 則繁於爲法以禦之하니 其亦不仁也哉인저

후세엔 禮가 이와 같다는 것을 알지 못하여 혹 감히 새로 禮法을 제정하지 않는 상황에 이르기도 하며, 혹 새로 만드는 경우는 다만 형세상 부득이하여 그런 것일 뿐이다. 그러므로 구차하여 완비되지 못하고, 어쩌다 한 번 행할 뿐 보편적으로 행해지

지 못하는 것이다. 또 다만 위에서만 행해지는 것에 불과하여 백성에게는 시행되지 못하기 때문에, 그 근본 목적이 사람의 性을 기르는 데에 있고 그 적용이 말하고 움직이고 보고 듣는 사이에 있는 禮를 천여 년이 지나도록 백성들이 이목으로 접해보지 못하게 된 것이다. 그런데 더구나 익숙해져서 편안하게 여길 수 있겠는가. 그런데도 백성이 예법을 어겨 죄를 짓는 문제에 있어서는 법을 복잡하게 많이 만들어서 막으려 하니, 이는 역시 인자하지 못한 일이다.

此書所紀 雖其事已淺이나 **然凡世之記禮者 亦皆有所本**이요 **而一時之得失具焉**이라 **昔孔子於告朔**에 **愛其禮之存**[1]이어든 **況於一代之典籍哉**아 **故其書不得不貴**라 **因爲之定著**하여 **以俟夫論禮者考而擇焉**하노라

이 책에 기록되어 있는 것은 그 내용이 평범한 것이기는 하나, 무릇 세상에 禮를 기록하는 자가 모두 근거로 삼을 만한 소지도 있고 한때의 득실도 모두 갖추어져 있다. 옛날에 孔子가 告朔에 대하여 그 남아 있는 禮를 아꼈는데 하물며 한 시대의 전적에 있어서이겠는가. 그러므로 이 책을 귀하게 여기지 않을 수 없는 것이니, 이 때문에 이 책을 편집하여 禮를 논하는 자들이 살펴서 취하기를 기다린다.

1) 昔孔子於告朔 愛其禮之存 : 告朔은 告朔禮를 말하는 것으로, 周代에는 천자가 매년 겨울에 다음해 12개월의 正朔을 제후에게 반포하면, 제후는 받아서 祖廟에 간직하였다가 매달 초하루가 되면 양을 제물로 바치고 사당에 고하여 이를 시행하였는데, 이를 告朔禮라 한다. 孔子 때에는 周나라가 쇠하여 이러한 예를 더 이상 시행하지 않은 채 다만 양을 바치는 관습만이 남아 있었다. 子貢이 이렇듯 의미 없이 양을 희생하는 예를 폐지하는 것이 좋겠다고 하자, 이에 대해 孔子가 "賜야. 너는 그 양을 아끼느냐? 나는 그 예를 아끼노라."라고 대답하였다. 이는 양을 바치는 관습이 남아 있으면 훗날 告朔禮를 기억해내어 다시 실행할 수 있으므로 양을 바치는 것을 그만두지 않기를 바란 것이다. ≪論語 八佾≫

王遵巖曰 此類文皆一一有法하여 **無一字苟**하니 **觀文者 不可忽此**라하니라

王遵巖이 말하였다.

"이러한 종류의 글은 모두 하나하나 법도가 있어 한 글자도 구차한 것

이 없으니, 글을 감상하는 사람은 이 점을 소홀히 보아서는 안 된다."

唐荊川曰 此文一意翻作兩段說하니라

唐荊川이 말하였다.

"이 글은 하나의 뜻을 두 단락으로 만들어 설명한 것이다."

02. 李白詩集後序[*] ≪李白詩集≫에 쓴 후서

* 작자가 史館의 서적을 정리하던 때인 嘉祐 6년(1061)에 지은 것으로 이때 그의 나이는 43세였다. 正史에서 李白에 관한 기록과 李白의 詩風에 대한 평론이 잘못된 것을 논박한 것으로, 사실상 新·舊 ≪唐書≫의 長短是非를 논하였다.

不論着李白詩하고 **而獨詳白生平蹤跡**하니 **此其變調也**라 **然其結胎**는 **在臥廬山永王璘迫致**[1)]**之上**이라 **蓋如此**하여 **李白夜郎之流**와 **潯陽之獄**[2)]이 **可釋然無愧矣**리라

李白의 시를 평론하지 않고 다만 李白의 평생 종적을 상세히 기록하였으니 이것은 특별한 격식이다. 그러나 이와 같은 격식으로 쓰게 된 시발점은 廬山에 은둔해 있었다는 것과 永王 李璘이 그를 강제로 데려갔다고 한 것에 있었다. 작자가 이와 같이 설명함으로써 李白이 夜郎에 유배된 일과 潯陽에서 옥살이한 정황이 분명하게 밝혀져 부끄러울 것이 없게 되었다.

1) 臥廬山永王璘迫致 : ≪新唐書≫ 〈李白列傳〉에 "安祿山이 반역을 일으키자, 宿松과 匡廬山 일대를 돌아다니고 있었는데, 永王 李璘이 초빙하여 자기의 막료로 임용하였다."라고 한 내용을 말한다. 작자는 이 내용이 사실과 다르다고 하였다. 永王 李璘(?~757)은 唐 玄宗의 열여섯째 아들로 肅宗의 아우이다. ≪新唐書≫ 〈李白列傳〉에 실린 李白과 관련된 내용을 정리하면 다음과 같다. 天寶 14년(755)에 安祿山이 반란을 일으키자, 그 이듬해에 玄宗이 蜀으로 피난하면서 永王에게 山南東路, 嶺南, 黔中, 江南西路 등 4道의 節度使 및 采訪使와

江陵大都督을 맡도록 명하였다. 그는 江陵에서 군사 수만 명을 모집하고 江淮 지역에서 거둔 많은 조세를 확보함으로써 세력을 가졌다. 이때 肅宗이 靈武에서 즉위하여 그에게 蜀으로 돌아가도록 하였으나 따르지 않고 배반하여 水軍을 거느리고 동쪽으로 내려갔다가 이듬해에 관군과의 전투에서 패하여 죽었다. 李白이 반역에 연루되었다 하여 사형을 당할 처지에 놓였다가 大將軍 郭子儀의 헌신적인 노력으로 사형을 면하고 夜郎으로 유배되는 처벌을 받았다.

2) 潯陽之獄 : ≪新唐書≫ 〈李白列傳〉에 "李白이 夜郎으로 유배되어 가던 중 사면되어 潯陽으로 돌아왔다가 어떤 사건으로 인해 또 감옥에 수감되었는데, 東吳 지방의 군사 3천 명을 거느리고 그 지역을 지나가던 宋若思에 의해 풀려나 그의 참모가 되었다."라고 되어 있는데, 작자가 본문에서 이 또한 사실과 다르다고 하였다.

李白詩集二十卷 舊七百若干篇 今九百若干篇者는 知制誥常山宋敏求次道[1)]之所廣也라 次道旣以類廣白詩하고 自爲序로되 而未考次其作之先後라 余得其書하여 乃考其先後而次第之하니라

≪李白詩集≫ 20권은 舊本이 700여 편이었는데 현재는 900여 편이니, 이는 知制誥 常山 宋敏求 次道가 확충한 것이다. 次道가 종류에 따라 李白의 시를 확충하고서 스스로 序文을 지었으나 지은 시기의 선후는 고증하여 차례 매기지 않았기에 내가 그 책을 얻고서 마침내 선후를 고증하여 차례를 매겼다.

1) 次道 : 次道는 宋敏求의 字이다.

蓋白蜀郡人이니 初隱岷山이라 出居襄漢之間하고 南游江淮하며 至楚觀雲夢이라 雲夢許氏者는 高宗[1)]時宰相圉師之家也니 以女妻白하니 因留雲夢者三年이라 去之齊魯하고 居徂徠山竹溪라 入吳하여 至長安이러니 明皇[2)]聞其名하고 召見以爲翰林供奉이라 頃之에 不合去하니라 北抵趙魏燕晉하고 西抵岐邠하며 歷商於하여 至洛陽하니 游梁最久라 復之齊魯하여 南浮淮泗하고 再入吳하여 轉徙金陵하고 上秋浦潯陽이라 天寶十四載에 安祿山反하니 明年에 明皇在蜀하고 永王璘節度東南이라 白時臥廬山이어늘 璘迫致之라

璘軍敗丹陽하니 **白奔亡至宿松**이라가 **坐繫潯陽獄**이라 **宣撫大使崔渙**과 **與御史中丞宋若思 驗治白**하여 **以爲罪薄宜貰**러니 **而若思軍赴河南**하여 **遂釋白囚**하고 **使謀其軍事**하고 **上書肅宗**하여 **薦白材可用**이로되 **不報**하니 **是時白年五十有七矣**라 **乾元元年**에 **終以汚璘事**로 **長流夜郎**하여 **遂泛洞庭**하고 **上峽江**하여 **至巫山**하여 **以赦得釋**하고 **憩岳陽江夏**라 **久之**에 **復如潯陽**하고 **過金陵**하여 **徘徊於歷陽宣城二郡**이라 **其族人陽冰**이 **爲當塗令**하니 **白過之**라가 **以病卒**하니 **年六十有四**니 **是時寶應元年也**라 **其始終所更涉如此**하니 **此白之詩書所自敍可考者也**라

李白은 蜀郡 사람이니, 처음에 岷山에서 은거하였다. 蜀郡을 떠난 뒤에는 襄陽과 漢水 일대에서 거처하였고 남쪽으로 長江과 淮水 일대를 유람하였으며 楚 지방에 이르러 雲夢澤을 구경하였다. 雲夢縣의 許氏는 高宗 때의 재상 圉師의 집안인데 자신의 딸을 李白에게 시집보냈으니, 李白은 이 일로 인하여 雲夢에서 3년간 머물렀다. 雲夢을 떠나 齊, 魯 지방으로 갔으며 徂徠山 竹溪에 머물렀다. 吳 지방에 들어가 長安에 도착하였는데 明皇이 그의 명성을 듣고서 불러다가 翰林供奉으로 삼았다. 그러나 오래지 않아 뜻이 맞지 않으므로 떠나갔다. 북쪽으로 趙, 魏, 燕, 晉 지방에 갔고 서쪽으로 岐, 邠 지방에 갔으며, 商於를 경유하여 洛陽에 도착하였으니, 梁 지방에 있었던 기간이 가장 길었다. 다시 齊, 魯 지방으로 가서 남쪽으로 淮水, 泗水를 건넜고, 다시 吳 지방에 들어가 金陵으로 옮겨갔으며, 長江을 거슬러 올라가 위쪽으로 秋浦, 潯陽에 도착하였다.

天寶 14년(755)에 安祿山이 반란을 일으키니 이듬해 明皇은 蜀 지방에 있었고 永王 璘은 東南 지역에서 군대를 지휘하고 있었다. 李白은 이때에 廬山에 머물고 있었는데 璘이 그를 강제로 불러 오게 하였다. 璘의 군대가 丹陽에서 패하자 李白은 도망하여 宿松에 이르렀다가 이 일에 연좌되어 潯陽獄에 갇히게 되었다. 이때 宣撫大使 崔渙과 御史中丞 宋若思가 李白의 사건을 맡아 신중하게 따져보고는 그의 죄가 가벼워 사면해주어야 한다고 하였는데, 宋若思가 군대를 거느리고 河南으로 가던 중 마침내 李白을 석방하였다. 宋若思가 李白을 군대의 참모로 삼고 肅宗에게 상소하여 쓸 만한 인재라고 추천하였으나 답을 받지 못하였으니, 이때 李白의 나이 57세였다.

乾元 원년(758)에 끝내 璘의 일에 연루되어 멀리 夜郎으로 유배 가서 마침내 洞庭

湖를 건너 峽江을 거슬러 올라가 巫山에 도착하였다. 이때 대사면으로 인해 석방되어 岳陽, 江夏로 가서 머물렀다. 얼마 후에 다시 潯陽으로 가서 金陵을 경유하여 歷陽, 宣城 두 郡 사이를 왕래하였다. 그의 친족 陽冰이 當塗縣의 수령을 맡고 있었는데 李白이 그곳을 들렀다가 병으로 죽었으니 그의 나이 64세였으며 이때는 寶應 원년(762)이었다. 그가 일생 동안 겪은 일들이 이와 같으니, 이는 李白이 자신의 詩, 書에 쓴 내용들을 통해 상고할 수 있는 것들이다.

1) 高宗 : 高宗은 唐 高宗 李治이다.
2) 明皇 : 明皇은 唐 玄宗 李隆基이다.

范傳正이 爲白墓誌하여 稱白호되 偶乘扁舟하면 一日千里하고 或遇勝景하면 終年不移라하니 則見於白之自敍者 蓋亦其略也라 舊史에 稱白호되 山東人이요 爲翰林待詔라하고 又稱永王璘節度揚州에 白在宣城謁見하여 遂辟爲從事라하며 而新書에 又稱白호되 流夜郎하고 還潯陽이라가 坐事下獄이어늘 宋若思釋之者는 皆不合白之自敍하니 蓋史誤也라

范傳正이 李白의 墓誌를 지으면서 李白에 대하여 말하기를 "우연히 조각배 타면 하루에 천 리를 가고 혹 아름다운 경치를 만나면 1년이 지나도록 그 자리를 떠나지 않았다."라고 하였는데, 李白이 스스로 쓴 데에서 본 것이 역시 소략한 것이다. ≪舊唐書≫에서 李白에 대하여 말하기를 "山東 사람이며, 翰林待詔가 되었다."라고 하였고, 또 "永王 璘이 揚州에서 군대를 지휘하고 있을 적에 李白은 宣城에 머물고 있다가 알현하여 마침내 부름을 받아 從事官이 되었다."고 하였으며, ≪新唐書≫에서 또 李白에 대해서 말하기를 "夜郎으로 유배를 갔고 潯陽으로 돌아와 사건에 연좌되어 하옥되었는데 宋若思가 풀어주었다."라고 하였다. 그러나 이것들은 모두 李白이 스스로 서술한 것과 합치되지 않으니, 史官이 잘못 기재한 것이다.

白之詩는 連類引義하여 雖中於法度者寡나 然其辭閎肆雋偉하여 殆騷人所不及이요 近世所未有也라 舊史에 稱白호되 有逸才하고 志氣宏遠하여 飄然有超世之心이라하니 余以爲實錄이어늘 而新書不著其語라 故錄之하여 使覽者得詳焉하노라

李白의 詩는 유사한 사물과 의미를 인용하여 〈그가 의도하는 바를 표현하는 데에 있어서는〉 비록 법도에 맞는 것이 적지만, 그의 말은 자유분방하고 웅장하여 여느 시인이 미칠 수 있는 수준이 아닌데 근세에는 그와 같은 시인이 없었다. ≪舊唐書≫에 李白에 대하여 말하기를 "뛰어난 재주가 있고 志氣가 웅대하여 초연히 세상을 초탈하는 마음이 있었다."라고 하였다. 나는 이 말이 사실을 잘 표현한 기록이라고 여기는데 ≪新唐書≫에는 이 내용을 기재하지 않았으므로, 이 말을 기록하여 읽는 자들이 李白을 상세히 알 수 있게 하였다.

03. 范貫之奏議集序* ≪范貫之奏議集≫에 쓴 서문

* 貫之는 范師道(1005~1063)의 자이다. 宋 名臣 范仲淹의 從兄 아들로, 仁宗 만년 무렵에 이름난 諫官이다. 그가 죽은 뒤에 그의 아들이 그가 생전에 작성한 奏議를 수집하여 작자에게 그 서문을 지어줄 것을 요청하였다. 范師道는 조정에서 곧은 절개와 늠름한 기풍으로 남들이 감히 말하지 못하는 것을 거침없이 토로하였는데, 작자의 이 서문도 잡다한 수식어 대신 소박하고 진실한 어구를 사용하여 范師道의 꿋꿋한 정신과 부합시켰다.

須覽公所序奏議之忠直하되 **而能本朝廷所以容忠直處**니 **纔是法家**라

공이 奏議의 내용이 충직함을 서술하면서도 능히 조정이 그 충직을 수용한 것에다가 그 근본을 둔 점을 살펴보아야 한다. 이처럼 문장을 지어야 모범적인 大家이다.

尙書戶部郞中直龍圖閣范公貫之之奏議는 **凡若干篇**이니 **其子世京**이 **集爲十卷**하여 **而屬余序之**라

尙書戶部郞中 直龍圖閣 范公 貫之의 奏議는 모두 약간 편인데, 그의 아들 世京이 모아 10권을 만들고서 나에게 서문을 부탁하였다.

蓋自至和以後十餘年間에 **公嘗以言事任職**이라 **自天子大臣**으로 **至於群下**히 **自掖庭**으로

至於四方幽隱히 一有得失善惡關於政理하면 公無不極意反復하여 爲上力言하되 或矯拂情欲하고 或切劘計慮하며 或辨別忠佞하여 而處其進退라 章有一再하고 或至於十餘上하며 事有陰爭獨陳하고 或悉引諫官御史合議肆言이라 仁宗常虛心采納하여 爲之變命令하고 更廢擧하되 近或立從하고 遠或越月逾時하며 或至於其後하여 卒皆聽用이라

至和(宋 仁宗의 연호, 1054~1055) 연간 이후로 십여 년 동안 公은 言官의 직책을 맡았다. 천자와 대신으로부터 여러 아랫사람들에 이르기까지, 궁중신하로부터 사방의 은둔한 선비에 이르기까지, 그들의 得失과 善惡 중에 조금이라도 政事에 관계가 있는 것이 있으면 公은 마음을 다하여 반복해서 황제를 위해 進言하되, 혹은 情欲을 바로잡아 떨쳐버리도록 하고 혹은 계책을 보완하도록 하며 혹은 충직하고 간사한 무리를 변별해내어 그들의 진퇴를 처리하도록 하였다.

奏章을 올린 것은 한두 차례인 것부터 혹 십여 번에 이르는 것도 있으며, 論事한 것은 은밀히 홀로 간쟁한 경우부터 혹 모든 諫官과 御史를 이끌고 함께 의논하고 진언한 경우도 있었다. 그러면 仁宗은 항상 마음을 비우고 간언을 받아들여 명령을 고치고 등용 여부를 바꾸되, 빠를 때는 곧바로 따르고 느릴 때는 혹 한 달을 지나거나 한 철을 지나기도 하며 혹 일이 끝난 뒤가 되기도 하였지만 결국에는 進言을 모두 따랐다.

蓋當是時하여 仁宗在位歲久하여 熟於人事之情僞與群臣之能否하여 方以仁厚淸靜으로 休養元元이요 至於是非予奪하여는 則一歸之公議而不自用也라 其所引拔以言爲職者는 如公皆一時之選이요 而公與同時之士도 亦皆樂得其言하여 不曲從苟止라 故天下之情이 因得畢聞於上하고 而事之害理者 常不果行이요 至於奇衺恣睢를 有爲之者라도 亦輒敗悔라 故當此之時하여 常委事七八大臣에 而朝政無大缺失하고 群臣奉法遵職하여 海內乂安이라

당시에 仁宗은 재위한 지 오래되어 人事의 眞僞와 群臣의 賢否를 잘 알고 있었으므로 仁厚와 淸靜으로 백성의 생활을 안정시키고 있었으며, 是非를 가리고 予奪을 결정하는 문제에 있어서는 오로지 공론에 따라 처리하고 자신의 사견은 쓰지 않았다. 仁宗이 선발한 言官은 모두 公과 같은 훌륭한 인재였으며, 公과 당시의 言官들 또한 모두

進言할 수 있는 것을 기쁘게 생각하여 사사로이 굽히거나 구차히 멈추지 않았다. 그러므로 천하의 실정이 이들을 통해 모두 천자에게 알려졌고 常道에 어긋나는 일들이 전혀 실행되지 못하였으며, 간사하고 방자한 일을 행하는 자가 있어도 번번이 실패하고서 후회하였다. 그러므로 당시에는 항상 7, 8명의 大臣들에게 국정을 맡겨두어 조정엔 큰 문제가 없었고, 群臣은 법을 받들고 직무를 이행하여 천하가 안정되었다.

夫因人而不自用者는 **天也**니 **仁宗之所以其仁如天**하여 **至於享國四十餘年**하고 **能承太平之業者**는 **繇是而已**라 **後世**에 **得公之遺文**하여 **而論其世**하고 **見其上下之際相成如此**하면 **必將低回感慕**하여 **有不可及之嘆**이요 **然後知其時之難得**이리라 **則公言之不沒**이 **豈獨見其志**리오 **所以明先帝之盛德於無窮也**라

남을 따르고 자신의 사견을 쓰지 않는 것은 공정한 天理이니, 仁宗의 그 어진 덕은 하늘과 같아 40여 년간 나라를 소유하고 태평의 王業을 이어받을 수 있었던 것은 이 때문일 뿐이다. 후세에 公의 遺文을 얻어 그 당시 세상을 논하고 상하가 이와 같이 서로 돕고 이루어주었음을 본다면, 필시 깊이 감동하여 그때에 미쳐 태어나지 못했음을 탄식하게 될 것이요, 그런 후에 그런 시대는 얻기 어렵다는 것을 알게 될 것이다. 그러니 公의 말이 없어지지 않는 것이 어찌 다만 그의 뜻을 보이는 의미만 있겠는가. 先帝의 거룩한 덕을 무궁한 후세에까지 밝히는 일인 것이다.

公爲人溫良慈恕하여 **其從政寬易愛人**이라 **及在朝廷**하여는 **危言正色**하여 **人有所不能及也**라 **凡同時與公有言責者**는 **後多至大官**이어늘 **而公獨早卒**이라 **公**은 **諱師道**요 **其世次州里歷官行事**는 **有今資政殿學士趙公**忭이 **爲公之墓銘云**이라

公은 사람됨이 온화하고 진실하고 인자하고 너그러워서 政務를 볼 때에는 관대하고 소탈하였으며 백성을 사랑하였다. 그러나 조정에 있을 때에는 直言을 하고 正色을 하여 남들은 미칠 수 없는 점이 있었다. 동시대에 公과 함께 言官을 맡았던 자들은 뒤에 대부분 높은 관직에 이르렀는데 公만 홀로 일찍 죽고 말았다. 公은 이름이 師道이다. 그의 世次, 貫籍, 수행한 관직, 업적은 지금 資政殿學士로 있는 趙公 忭이 公의 묘갈명에 기록해놓았다.

王遵巖曰 沈着頓挫하고 光采自露요 且序人奏議에 發明直氣切諫하고 而能形容聖朝之氣象과 治世之精華하니 眞大家數手段이라 如蘇公序田錫奏議는 亦有此意나 然其文詞 過於俊爽而氣輕味促이라하니라

王遵巖이 말하였다.

"무게 있고 함축적이며 변화가 많아 광채가 절로 드러난다. 또 다른 사람의 奏議에 서문을 쓰면서 그의 곧은 기운과 간절한 간언을 드러내되 聖朝의 기상과 治世의 핵심을 형용해내었으니, 참으로 大家의 솜씨이다. 蘇公(蘇軾)이 쓴 〈田表聖奏議序〉도 이러한 뜻이 있으나 그 문장이 지나치게 호탕하여 기운이 가볍고 맛이 짧다."

04. 强幾聖文集序* ≪强幾聖文集≫에 쓴 서문

* 强幾聖은 錢塘 사람으로 이름은 至이다. 慶曆(宋 仁宗의 연호, 1041~1048) 때 進士에 급제하여 고을 수령을 네 번, 중앙관청의 하급관리를 세 번 역임한 뒤에 尙書祠部郎中을 지내고 더 이상 승진하지 못함으로써 일생을 어렵게 보냈다. 그러나 문장이 뛰어나 당시에 유명하였으며, 유학경전을 잘 알아야 문장이 깊이가 있고 순수하다는 생각을 지녀 작자와 그 견해를 함께함으로 인해 서로 가까운 벗이 되었다.

范希文與歐陽永叔은 爲深相知러니 坐希文貶이라 及希文經略西夏時하여 辟永叔爲掌書記한대 而永叔不從이라 其書曰 吾當與公同其退요 不當同其進也라하니 何等卓犖고 幾聖之文이 今不可見이나 然平生所自見者 竝屬魏公幕府하니 則子固之所不滿而風刺之者 已見其槪矣라 此其文之典刑處니 而王道思所批鑴云云[1]은 非是라

范希文(范仲淹)과 歐陽永叔(歐陽脩)은 서로 잘 아는 사이였는데 永叔이 希文의 일에 연루되어 폄직되었다. 希文이 西夏의 經略招討安撫使가 되어 永叔을 불러 掌書記로 삼으려 하였으나 永叔은 따르지 않았다. 그 편지에 "내가 公과 물러나는 것은 함께할 수 있지만 公과 나아가는 것은

함께할 수 없다."고 하였으니, 얼마나 훌륭한가. 그런데 幾聖의 문장을 지금 볼 수 없으나 내가 평소에 직접 접해본 것은 모두 그가 魏公(韓琦의 봉호)의 幕府로 재임할 때 쓴 글로써 歐陽永叔과 같은 기개가 없으니, 子固가 이 점을 불만스럽게 생각하여 풍자한 점에서 이미 그 대체적인 뜻을 볼 수 있다. 이것이 곧 子固의 문장이 모범이라 할 수 있는 점이니 王道思가 논평한 그 내용은 옳지 않다.

1) 王道思所批鑴云云 : 道思는 王愼中(1509~1559)의 자인데 그의 호는 遵巖이다. 批鑴는 비평 또는 평론한다는 뜻이다. 본 작품의 끝에 첨부한 그의 평론에 "이 서문은 주제를 세워 논리를 전개하지는 못했으나 상당히 호방한 기운이 있다. 經典의 틀을 벗어나 史官의 문체로 들어갔기 때문에 일정한 형식을 벗어난 것이다."라고 하여, 이 작품이 문장의 전범을 이탈한 것처럼 말하였는데, 茅坤이 그와 같은 평론은 옳지 않다고 한 것이다.

幾聖은 諱至요 姓强氏요 錢塘人이니 幾聖은 字也라 爲三司戶部判官尙書祠部郎中이라 旣沒에 其子浚明이 集其遺文하여 爲二十卷하고 屬予序라

幾聖은 이름이 至이고 성이 强氏이며 錢塘 사람이니, 幾聖은 그의 자이다. 三司戶部判官, 尙書祠部郎中을 지냈다. 그가 죽은 뒤에 그의 아들 浚明이 그의 遺文을 모아 20권을 만들고서 나에게 서문을 부탁하였다.

幾聖少貧하여 能自謀學하여 爲進士하니 材拔出其輩類하여 出輒收其科하고 其文詞大傳於時라 及爲吏하여도 未嘗不以其間益讀書爲文이라 尤工於詩하여 句出驚人하니 世皆推其能이라 然最爲相國韓魏公所知하니 魏公旣罷政事하고 鎭京兆라가 及徙鎭相魏[1]에 常引幾聖自助라 魏公喜爲詩하여 每合屬士大夫賓客與游하여 多賦詩以自見하니 其屬而和之者는 幾聖獨思致逸發하여 若不可追躡하니 魏公未嘗不嘆得之晩也라 其在幕府에 魏公每上奏天子以歲時慶賀候問과 及爲書記通四方之好에 幾聖爲屬藁草하니 必聲比字屬하여 曲當繩墨이라 然氣質渾渾하여 不見刻劃하니 遠近多稱誦之하니라 及爲他文若誌銘序記策問學士大夫하여는 則簡古典則하여 不少貶以就俗이라 其所長兼

人일새 以此魏公數薦之朝廷하여 以謂宜在館閣이나 然未及用이라 魏公旣薨之明年에 幾聖亦以疾卒하니라

幾聖은 젊은 시절 가난하였는데 스스로 학문을 할 것을 도모하여 進士가 되었으니, 재주가 동년들보다 뛰어나서 進士시험에 나가 곧바로 합격하였고 그의 글이 당시에 멀리 퍼졌다. 또한 관리가 되어서는 항상 짬을 이용하여 더욱 많이 책을 읽고 글을 지었다. 詩에 더욱 뛰어나서 그의 詩句가 사람들을 놀라게 하니 세상이 모두 그의 재능을 높이 샀다.

그러나 그중에서도 相國 韓魏公에게 가장 인정을 받았으니, 魏公은 재상으로서의 직무를 그만둔 후 京兆를 다스렸고, 相魏로 옮겨와 다스릴 적에는 항상 幾聖을 불러 자기를 보좌하도록 하였다. 魏公이 詩 짓는 것을 좋아하여 매양 사대부 빈객을 불러 모아 함께 놀면서 자주 詩를 지어 자신의 감정을 표현하곤 하였는데, 거기에 화답하는 자 중에는 오직 幾聖의 詩만이 意趣가 뛰어나서 거의 따라갈 수 없을 정도였으므로 魏公이 항상 그를 늦게 만난 것을 한탄하였다. 幾聖이 魏公의 幕府에 있을 적에 魏公은 천자에게 명절을 축하하고 안부를 묻는 표문을 올린다거나 사방의 친지들에게 書信을 보낼 때 幾聖에게 초고를 부탁하였는데, 幾聖의 글은 항상 聲調가 고르고 字句가 이어져 법도에 들어맞았다.

그러면서 그는 기질이 원만하여 모가 나지 않았으므로 먼 곳 가까운 곳 없이 모두 그를 칭송하였다. 墓誌銘, 序文, 記文과 學士大夫를 시험 보이는 策問 같은 종류의 글을 지을 적에도 간결하고 고아하여 법도에 맞게 하고 조금도 세속에 맞추려 하지 않았다. 그의 능력이 보통사람보다 월등하므로 이것을 가지고 魏公이 수차례 조정에 천거하여 "이 사람은 館閣에 있어야 한다."고 주장하였으나 등용되지 못하였다. 결국 魏公이 죽은 다음 해에 幾聖 또한 병으로 죽었다.

1) 相魏 : 相魏는 相州를 가리키는 것으로, 相州가 원래 漢魏郡이었다가 相州로 개칭되었기 때문에 相魏라고 부르는 것이다.

幾聖之遺文은 在魏公幕府者 最爲多라 故序亦反復見之하니 覽者可推而考之也라 其行治官世는 已著於誌幾聖之葬者라 故此不著하노라

幾聖의 遺文은 魏公의 幕府에 있을 때 지은 것이 가장 많았으므로 이 서문에서도 반복하여 설명하는 바이니, 그의 문집을 읽는 자들이 미루어 알 수 있을 것이다. 그의 행사와 치적, 관직과 世系에 관해서는 幾聖의 墓誌에 이미 기재되어 있으므로 여기에서는 적지 않는다.

王遵巖曰 此序雖不立意發論이나 **而頗有逸氣**하니 **蓋少出於經而入於史氏之體**라 **故亦有縱步**라 **若王氏兄弟之序**[1]는 **則繩趨窘武**하여 **蹜蹜乎如有循矣**니 **信乎**라 **周道如砥**는 **非君子**면 **莫之能履也**[2]라하니라

王遵巖이 말하였다.

"이 서문은 주제를 세워 논리를 전개하지는 못했으나 상당히 호방한 기운이 있다. 經典의 틀을 벗어나 史官의 문체로 들어갔기 때문에 일정한 형식을 벗어나 대범하게 쓴 것이다. 王氏 형제의 문집 서문과 같은 경우는 법도에 맞아 조심조심 정해진 길을 따라가는 것 같으니, 정말 숫돌처럼 편평한 큰 길은 군자가 아니면 밟을 수 없는 것이다."

1) 王氏兄弟之序 : 작자가 지은 〈王子直文集序〉와 〈王深父文集序〉를 말한다. 深父는 王回(1023~1065)의 자이고, 子直은 王回의 아우 王向의 자인데, 모두 작자의 벗이다.

2) 周道如砥……莫之能履也 : ≪詩經≫ 〈小雅 大東〉에 "큰길이 숫돌처럼 편평한데다 곧기 또한 화살대 다름없구나. 군자는 그 길 밟아 걸어가고요 백성들은 오로지 바라만 보네.〔周道如砥 其直如矢 君子所履 小人所視〕"라고 한 것을 인용한 것으로, 작자가 문장을 신중하게 지어 법도를 벗어나지 않았다는 뜻으로 사용하였다.

05. 王子直文集序* ≪王子直文集≫에 쓴 서문

* 子直 王向이 죽은 뒤에 그의 형 深父 王回의 부탁을 받고 이 글을 지었는데, 王回가 1065년에 죽은 것으로 볼 때 작자의 나이 46세 이전에 쓴 것으로 보인다. 侍御史 王平의 아들들인 이들은 潁州의 명사로 일찍이 王安石과 교제하였고, 뒤에 王安石이 작자에게 소개함으로써 서로 알게 되었다. 王向은 經學과 史

學에 밝았으나 불우한 인생을 살다가 40세 이전에 죽어 사후에도 쓸쓸하였다. 작자는 이 글에서 유사 이래 전개되어 온 儒學의 盛衰得失을 거침없이 논하고 이를 통해 문집이 출현하는 사회배경을 추론하는 한편, 王向이 보기 드물게 고귀한 인물임을 부각시켰다.

意見好라

견해가 좋다.

至治之極에 **敎化旣成**하여 **道德同而風俗一**이면 **言理者 雖異人殊世**나 **未嘗不同其指**라 **何則**고 **理當故無二也**니라 **是以詩書之文**이 **自唐虞以來**로 **至秦魯之際**[1)]히 **其相去千餘載**요 **其作者非一人**이며 **至於其間嘗更衰亂**이나 **然學者尙蒙餘澤**하고 **雖其文數萬**이나 **而其所發明**이 **更相表裏如一人之說**하여 **不知時世之遠**과 **作者之衆也**하니 **嗚呼**라 **上下之間**에 **漸磨陶冶**하여 **至於如此**하니 **豈非盛哉**아

훌륭한 정치가 극에 달하여 교화가 이미 이루어져서 도덕이 같아지고 풍속이 통일되면, 이치를 말함에 있어서 비록 사람이 다르고 시대가 다르더라도 항상 그 뜻이 같으니, 이는 어째서인가? 이치에 합당하기 때문에 둘이 없는 것이다. 이 때문에 ≪詩經≫, ≪書經≫의 문장이 唐虞 이후 周나라 때에 이르기까지 그 간격이 천여 년이고 작자 또한 한 사람이 아니며, 심지어 그 사이에 여러 차례 衰亂을 겪었는데도 學者들이 여전히 그 遺澤을 입고 있다. 그리고 비록 그 글들이 수만 편이나 되지만 그 천명한 뜻은 마치 한 사람의 설인 것처럼 표리가 같아서 시대가 유구하고 작자가 많다는 것을 의식할 수 없으니, 아 훌륭하다. 前代와 後代에서 갈고 닦아 이와 같은 경지에 도달하였으니, 어찌 성대한 일이 아니겠는가.

1) 秦魯之際 : 秦은 ≪書經≫ 〈周書 秦誓〉를 말하고, 魯는 ≪詩經≫ 〈魯頌〉을 말하는 것으로, 西周부터 東周의 襄王 시기까지를 말하는 것이다.

自三代敎養之法廢하고 **先王之澤熄**으로 **學者人人異見**하고 **而諸子各自爲家**하니 **豈其固相反哉**아 **不當於理**라 **故不能一也**라 **由漢以來**로 **益遠於治**라 **故學者 雖有魁奇拔**

出之材하여 而其文能馳騁上下하여 偉麗可喜者 甚衆이나 然是非取舍를 不當於聖人之意者 亦已多矣라 故其說未嘗一하여 而聖人之道 未嘗明也라 士之生於是時하여 其言能當於理者를 亦可謂難矣라 由是觀之컨대 則文章之得失이 豈不繫於治亂哉아

三代에 백성을 교화하고 기르던 법이 폐지되고 先王의 遺澤이 사라진 뒤로 학자들이 사람마다 견해를 달리하고 諸子들이 각각 스스로 학파를 만들었으니, 어쩌면 그리도 상반되는가? 이치에 합당하지 않기 때문에 하나로 같아지지 못하는 것이다. 漢나라 이래로 더욱 治世에서 멀어졌으므로 學者들이 비록 뛰어난 재주를 지녀 그 문장이 능히 고금을 종횡무진 주물러서 위대하고 아름다워 좋아할 만한 것이 매우 많았지만, 是非와 取捨를 聖人의 뜻에 합당하지 않게 하는 것 또한 매우 많았다. 그러므로 그 설이 일찍이 같지 않아서 聖人의 道가 일찍이 밝아지지 못한 것이다. 선비가 이러한 시대에 태어나 그 말을 이치에 맞게 하는 일은 역시 어렵다고 할 만하니, 이를 통해 보건대 문장의 得失이 어찌 시대의 治亂에 달려 있지 않겠는가.

長樂王向[1)]은 字子直이라 少已著文數萬言하여 與其兄弟[2)]로 俱名聞天下하니 可謂魁奇拔出之材而其文能馳騁上下하여 偉麗可喜者也라 讀其書하면 知其與漢以來名能文者로 俱列於作者之林하여 未知其孰先孰後요 考其意하면 不當於理 亦少矣라 然子直 晩自以爲不足하고 而悔其少作하여 更欲窮探力取하여 極聖人之指要하여 盛行則欲發而見之事業하고 窮居則欲推而托之於文章하니 將與詩書之作者竝하여 而又未知孰先孰後也라 然不幸蚤世라 故雖有難得之材와 獨立之志나 而不得及其成就하니 此吾徒與子直之兄回字深甫로 所以深恨於斯人也라

長樂 王向은 字가 子直이다. 젊었을 적에 이미 수만 자의 문장을 지어 그 형제들과 함께 천하에 이름을 날렸으니, '뛰어난 재주를 지녀 그 문장이 능히 고금을 종횡무진 주물러서 위대하고 아름다워 좋아할 만한 자'라고 할 수 있을 것이다. 그의 글을 읽어 보면, 漢나라 이래 이름난 문장가들과 함께 작자의 숲에 이름이 나란히 끼어들어 그 우열을 구분할 수 없다는 것을 알겠으며, 글의 뜻을 따져보면 이치에 합당하지 않은 것이 역시 적었다.

그러나 子直은 만년에 스스로 부족함을 느끼고 젊었을 때 문장을 지은 것을 후회하였다. 그리하여 다시 깊이 탐구하고 힘써 취해 聖人이 가르친 요지를 터득한 다음, 세상에 나가 활동하게 되면 그것을 드러내 사업에 반영하고 은거하면 그것을 확대하여 문장에 의탁하려 하였으니, 장차 《詩經》, 《書經》의 작자들과 어깨를 나란히 하여 또 그 우열을 구분할 수 없을 판이었다. 그러나 불행히도 일찍 죽었기 때문에 비록 보기 드문 재주와 굳건한 의지를 가지고 있었음에도 불구하고 뜻을 성취하지 못하였으니, 이것이 우리들이 子直의 兄인 王回 深甫와 함께 이 사람에 대하여 크게 한스러워하는 이유이다.

1) 長樂王向 : 長樂은 福建路 福州로 지금의 福建省 福州市인데, 王向의 조상이 살았던 고장이다.

2) 與其兄弟 : 형은 王回이고, 아우는 王冏이다.

子直官世行治는 深父已爲之銘이요 而書其數萬言者하여 屬予爲敍라 予觀子直之所自見者는 已足暴於世矣라 故特爲之序其志云하노라

子直의 관직과 世系, 행사와 치적은 深父가 이미 묘갈명에 기재하였고, 그가 또 수만 자를 써서 나에게 보내와 서문을 부탁하였다. 내가 보건대 子直이 스스로 자신의 가치를 드러낸 부분이 이미 세상에 충분히 알려졌으므로 특별히 그가 지녔던 뜻만을 서술하였다.

06. 王深父文集序* 《王深父文集》에 쓴 서문

* 작자의 나이 47세 때인 治平 2년(1065)에 쓴 글이다. 王回가 儒學이 쇠퇴한 때에 儒學을 부흥시키려고 노력한 것에 대해 크게 인정하면서, 그가 곤궁할 때나 영달할 때나 그 지조를 바꾸지 않은 품행을 칭찬하였다. 아울러 그가 불행하게도 젊은 나이에 세상을 떠나 그의 재주를 다 발휘하지 못한 것에 대해 매우 애석해하였다.

深父之文은 不可得而見이라 予按王荊公所爲墓銘與其相答書하니 大略

賢者也라

深父의 글은 현재 볼 수가 없다. 그러나 내가 王荊公이 지은 墓碣銘과 그에게 답한 편지를 보니 대체로 훌륭한 사람이었다.

深甫[1)]는 吾友也니 姓王氏요 諱回라 當先王之迹熄하여 六藝殘缺하고 道術衰微하여 天下學者 無所折衷이라 深甫於是에 奮然獨起하여 因先王之遺文以求其意하여 得之於心하고 行之於己하여 其動止語默을 必考於法度요 而窮達得喪으로 不易其志也라

深甫는 나의 벗이니, 姓은 王氏이고 諱는 回이다. 先王의 자취가 사라진 때를 당하여 六藝가 없어지고 道術이 쇠미해져 천하의 學者들이 바른 道를 취할 데가 없었다. 深甫가 이때에 분연히 홀로 일어나 先王의 遺文을 통해 그 뜻을 구하여 마음에 간직하고 몸에 행하여 그 행동과 말을 반드시 법도에 맞게 하였고 窮達과 得失을 가지고 자신의 뜻을 바꾸지 않았다.

1) 深甫 : 甫는 남자의 이름이나 字 밑에 붙이는 美稱으로 父와 통한다.

文集二十卷이니 其辭反覆辯達하여 有所開闡이나 其卒蓋將歸於簡也라 其破去百家傳注하고 推散缺不全之經하여 以明聖人之道於千載之後하니 所以振斯文於將墜하고 回學者於旣溺니 可謂道德之要言이요 非世之別集而已也라 後之潛心於聖人者 將必由是而有得이리니 則其於世敎에 豈小補之而已哉아

그의 문집이 20권인데, 그 말이 이리저리 반복되면서 말재주가 민첩하고 사리가 통달하여 미묘한 이치를 활짝 열어 밝히는 성향이 있으나 그 끝은 간결함으로 귀결된다. 그의 글은 경전에 대한 百家의 주석을 모두 간파하고, 산실되어 온전치 못한 경전을 복구하여 천 년의 뒤에서 聖人의 道를 밝혀내었다. 이 때문에 斯文이 장차 추락할 위기에서 일어나고 學者가 이미 매몰된 상태에서 돌아 나오게 하였으니, 그의 글은 도덕의 중요한 말이라 할 수 있을 것이요, 세상의 일반적인 문집에 불과한 것이 아니다. 후세에 聖人의 道를 탐구하는 사람이 있다면 필시 이 문집을 통해 얻는 것이 있을 것이니, 그렇다면 이 문집이 世敎에 있어 어찌 작은 도움이 되고 말 뿐이겠는가.

嗚呼라 深甫 其志方强하고 其德方進이어늘 而不幸死矣라 故其澤不加於天下하고 而其言止於此라 然觀其所可考者하면 豈非孟子所謂名世者[1]歟아 其文有片言半簡이면 非大義所存라도 皆附而不去者는 所以明深甫之於其細行도 皆可傳於世也라

아, 深甫가 의지가 막 꿋꿋해지고 덕이 막 진전되어 가던 중이었는데 불행히도 죽고 말았다. 그러므로 은택이 천하에 입혀지지 못하고 토로하는 말이 여기에 그치고 말았다. 그러나 그 고찰할 수 있는 遺文을 살펴보면 어찌 孟子가 말한 '세상에 이름난 자'가 아니겠는가. 그의 글은 大義가 담겨 있지 않은 한두 마디 말이라 하더라도 모두 그대로 놓아두고 삭제하지 않았으니, 이는 深甫의 작은 행위 하나까지도 모두 후세에 전할 만한 것임을 밝히기 위해서이다.

1) 孟子所謂名世者 : ≪孟子≫ 〈公孫丑 下〉에 "5백 년에 반드시 王者가 나오니, 그 사이에 반드시 세상에 유명한 자가 있다."라고 하였다.

深甫는 福州侯官縣人이니 今家於潁이라 嘗擧進士하여 中其科하고 爲亳州衛眞縣主簿라가 未一歲棄去하여 遂不復仕라 卒於治平二年之七月二十八日하니 年四十有三이라 天子嘗以某軍節度推官知陳州南頓縣事로 就其家命之나 而深甫旣卒矣라

深甫는 福州 侯官縣 사람으로 지금은 潁州에 집이 있다. 일찍이 進士시험에 응시하여 급제하고 亳州 衛眞縣主簿가 되었는데 1년이 못 되어 관직을 버리고 떠나가 마침내 다시는 벼슬하지 않았다. 治平 2년 7월 28일에 죽었으니, 이때 나이가 43세였다. 天子가 일찍이 某軍節度推官, 知陳州南頓縣事의 관직을 주기 위해 사신을 그의 집으로 보내 임명하려 하였으나 그때 深甫는 이미 죽고 난 뒤였다.

07. 王平甫文集序* ≪王平甫文集≫에 쓴 서문

* 元豐 원년(1078)에 쓴 글이다. 이때 작자의 나이는 60세였으며 知福州로 있었다. 이해 10월에 조정으로 불려 들어갔으나 다시 知明州로 나갔다. 平甫는 王安石의 아우인 王安國(1028~1074)의 자이다. 어릴 적에 총명하여 문장으로 이름이 났으며 효성이 지극하였다. 40세 때인 1068년에 韓絳 등이 그의 재주

와 행실을 천거하여 進士及第가 내려진 뒤에 西京國子監教授, 著作佐郎, 秘閣校理 등을 역임하였는데, 형 王安石과 정치견해가 맞지 않아 新法을 반대하였으며 실권자인 呂惠卿의 미움을 사 조정에서 쫓겨났다. 작자는 이 글에서 王安國의 재주와 학식, 詩文의 성취를 높이 평가하고 아울러 周, 秦 이후 인재를 얻기 어려웠던 정황을 다각도로 논한 뒤에 그가 세상에 쓰이지 못한 것에 대해 깊은 유감을 표하였다.

以詩文相感慨라

詩와 文으로 인해 감탄하였다.

王平甫既沒에 其家集其遺文爲百卷하여 屬予序라

王平甫가 죽은 뒤 그의 집안사람이 平甫의 遺文을 모아 100권을 만들고 나에게 서문을 부탁하였다.

平甫는 自少已傑然하여 以才高見於世라 爲文에 思若決河하고 語出驚人하여 一時爭傳誦之요 其學問尤敏而資之以不倦하여 至晚愈篤하고 博覽强記하여 於書無所不通하고 其明於是非得失之理爲尤詳이라 其文閎富典重하고 其詩博而深矣라

平甫는 어릴 때부터 이미 걸출하여 높은 재주로 세상에 알려졌다. 문장을 지을 적에 생각은 마치 강둑이 터진 듯 막힘이 없었고 말을 꺼내면 사람들을 놀라게 하여 한때의 사람들이 다투어 그의 글을 전하고 읽었으며, 무엇보다도 학문에 힘써 게을리하지 않았는데 만년에 이르러 더욱 독실히 하였다. 서적을 많이 보고 잘 기억하여 이해하지 못하는 글이 없었고, 是非와 得失의 이치를 밝히는 데에 있어서는 더욱 치밀하였다. 그의 文은 풍부하고 典重하였으며 그의 詩는 범위가 넓고 심오하였다.

自周衰로 先王之遺文既喪이라 漢興에 文學猶爲近古러니 及其衰하여 而陵夷盡矣라 至唐久之에 而能言之士始幾於漢이나 及其衰하여 而遂泯泯矣라 宋受命百有餘年에 天下文章復侔於漢唐之盛이라 蓋自周衰로 至今千有餘歲히 斯文[1)]濱於泯滅하니 能

自拔起以追於古者는 此三世而已요 各於其盛時에 士之能以特見於世者는 率常不過三數人하니 其世之不數와 其人之難得이 如此하니라

周나라가 쇠한 뒤로 先王의 遺文이 이미 산실되었다. 그러나 漢나라가 흥성하자 文學이 여전히 古人에 근접하였었는데 나라가 쇠함에 미쳐 완전히 쇠퇴하였고, 唐나라에 이르러 시간이 오래되자 논변을 잘하는 선비가 비로소 漢나라에 가까워지기 시작하였으나 나라가 쇠함에 미쳐 마침내 모두 민멸되었으며, 宋나라가 命을 받은 후 백여 년 만에 천하의 문장이 다시 漢, 唐의 융성하던 때와 같게 되었다. 周나라가 쇠한 뒤로 지금에 이르는 천여 년 동안 斯文이 거의 사라지게 되었는데, 스스로 일어나 옛것을 추구한 시대는 이 漢, 唐, 宋 세 시대일 뿐이었고, 이 세 시대의 융성하던 때에 특별히 뛰어나 세상에 알려진 선비는 항상 몇몇 사람에 지나지 않았으니, 그러한 시대가 자주 없고 그러한 사람을 얻기 어렵기가 이와 같다.

1) 斯文 : 禮樂制度를 말한다.

平甫之文은 能特見於世者也니 世皆謂平甫之詩宜爲樂歌하여 薦之郊廟며 其文宜爲典冊하여 施諸朝廷이라하되 而不得用於世라 然推其實하면 千歲之日이 不爲不多요 焦心思於翰墨之間者 不爲不衆이며 在富貴之位者 未嘗一日而無其人이어늘 彼皆湮沒而無傳하고 或播其醜於後어니와 平甫乃躬難得之資하고 負特見之能하여 自立於不朽하니 雖不得其志나 然其文之可貴는 人亦莫得而揜也라 則平甫之求於內 亦奚憾乎아 古今作者 或能文不必工於詩 하고 或長於詩不必有文이어늘 平甫獨兼得之라 其於詩尤自喜하여 其憂喜哀樂과 感激怨懟之情을 一於詩見之라 故詩尤多也라

平甫의 문장은 특별히 뛰어나 세상에 알려졌으니, 세상 사람들이 모두 "平甫의 詩歌는 마땅히 제사 때 사용하는 樂章으로 만들어 郊廟에 올려야 하고, 그의 문장은 마땅히 국가의 중요한 문서로 만들어 조정에서 사용하여야 한다."고 하였으나 당시에 쓰이지 못하였다. 그러나 사실을 따져보면 천 년의 세월이 길지 않은 것이 아니고, 문장에 마음을 쓴 사람이 적은 것이 아니며, 부귀한 지위에 있었던 사람이 단 하루도 없었던 적이 없었지만, 저들은 모두 매몰되어 전하지 않거나 혹 후세에 추악하다는 평가를

받았다. 그렇지만 平甫는 얻기 어려운 자질을 몸소 지니고 세상에 알려질 뛰어난 재능을 가지고서 영원히 소멸되지 않을 지위에 스스로 섰으니, 비록 그 뜻을 펼치지는 못하였으나 그의 문장의 귀한 가치는 사람들이 또한 엄폐해버릴 수 없다. 그러니 平甫가 추구한 내면의 아름다움에 어찌 유감이 있겠는가. 고금의 작자는 文에 능한 사람이 반드시 詩를 잘하는 것은 아니고 詩를 잘하는 사람이 반드시 文을 잘하지는 못하는데 平甫는 홀로 두 가지를 모두 잘하였다. 그 중에서도 詩를 더욱 좋아하여 喜怒哀樂과 감격, 원망의 감정을 한결같이 詩에 나타냈으므로 詩가 더욱 많은 것이다.

平甫居家孝友하고 **爲人質直簡易**하여 **遇人豁然推心腹**하여 **不爲毫髮髮**礙요 **與人交**에 **於恩意尤篤也**라 **其死之日**에 **天下識與不識**이 **皆聞而哀之**하니라 **其州里世次歷官行事**는 **將有待於識平甫之葬者**라 **故不著於此云**하니라

平甫는 집에 있을 때에는 효도하고 우애하였으며, 사람됨이 질박하고 솔직하고 소탈하여 사람을 만나면 거리낌 없이 마음을 열고 대하여 조금도 의심이나 벽을 두지 않았으며, 사람과 교제할 때에는 특별히 은혜를 중시하였다. 그가 죽던 날에 천하 사람들이 그와 면식이 있건 없건 관계없이 모두 그 소식을 듣고 애통해하였다. 그의 貫籍, 世次, 관직, 업적에 관해서는 平甫의 墓碣銘에 기록할 사람을 기다린다. 그러므로 여기에서는 드러내지 않는다.

> **唐荊川曰 文一滾說**하고 **不立間架**라하니라
>
> 唐荊川이 말하였다.
>
> "문장을 하나의 형식으로 거침없이 써 내려가고 일반적인 틀을 세우지 않았다."

08. 齊州雜詩序* 《齊州雜詩》에 쓴 서문

* 熙寧 6년(1073) 2월 기축일에 지은 글이다. 이때 작자의 나이는 55세였으며 知齊州로 있었다. 齊州를 맡아 다스리는 동안 이룩한 성과를 회고하면서 공무를 수행하는 여가에 시를 지어 정서를 즐기고 사물을 묘사하는 여유를 즐긴 것

을 서술하였다.

雖小言이나 自中律이라

비록 짧은 글이지만 절로 법도에 맞는다.

齊故爲文學之國[1)]이나 然亦以朋比夸詐見於習俗이라 今其地富饒하고 而介於河岱之間이라 故又多獄訟하고 而豪猾群黨이 亦往往喜相攻剽賊殺하니 於時號難治라

齊州는 본디 文學으로 이름난 지방이었으나 또한 편을 가르고 자만하고 속이는 풍속이 있었다. 지금 그 지역이 부유하고 黃河와 泰山의 경계에 위치하고 있으므로 또 訟事가 많고 교활한 무리들이 종종 서로 공격하고 살인하기를 좋아하니, 오늘날 다스리기 어려운 지방이라고 알려져 있다.

1) 齊故爲文學之國 : 齊는 齊州로 治所가 지금 山東 濟南에 있다. 그 지역이 전국시대 齊나라에 속하였으므로 齊州라 한 것인데, 그 당시 도성 臨淄의 學宮에 學者 수천 명을 모아놓고 학문을 강론하게 함으로써 학문의 중심지가 되었으므로 이렇게 말한 것이다.

余之疲駑 來爲是州에 除其姦强而振其弛壞하고 去其疾苦而撫其善良하니 未期囹圄多空하고 而枹鼓幾熄하며 歲又連熟하여 州以無事라 故得與其士大夫及四方之賓客으로 以其暇日에 時遊後園하니 或長軒嶢榭登覽之觀에 屬思千里하고 或芙蕖芰荷湖波渺然에 從舟上下라 雖病不飮酒나 而間爲小詩하여 以娛情寫物하니 亦拙者之適也라 通儒大人이 或與余有舊하여 欲取而視之면 亦不能隱이요 而靑鄆二學士 又從而和之면 士之喜文辭者 亦繼爲此作하니 總之凡若干篇이니 豈得以余文之陋로 而使夫宗工秀人雄放瑰絶可喜之辭를 不大傳于此邦也리오 故刻之石하고 而幷序之하여 使覽者得詳焉하니라

무능한 내가 와서 이 州를 다스릴 적에 간흉한 무리들을 제거하여 무너진 기강을 진작하고 백성을 괴롭히는 부담을 없애 선량한 백성을 鎭撫하니, 오래지 않아 감옥이

대부분 비게 되고 위험을 알리는 북소리가 거의 멎게 되었으며 농사가 또 연달아 풍년이 되어 이로 인해 齊州에 별탈이 없게 되었다. 그러므로 사대부 및 사방의 빈객과 함께 여가를 이용하여 때때로 後園에서 유람을 할 수 있었으니, 혹 높은 행랑과 높은 정자에 올라 사방을 바라볼 적에 천 리 밖을 연상하였고, 혹 연꽃이 피어 있고 물결 잔잔한 너른 호수에 배를 띄워 오르내렸다.

비록 신병으로 술은 마시지 못했으나 간간이 짧은 詩를 지어 회포를 풀어내고 사물을 묘사했으니, 이 또한 졸렬한 내가 즐기는 방식이었다. 큰 선비와 존귀한 사람이 혹 나와 친분이 있어서 이 詩를 가져다 보려고 하면 나는 또한 숨길 수 없었고, 青州, 鄆州 두 州의 學士가 또 따라서 화답하면 문장 짓기를 좋아하는 선비가 또 이어서 詩를 지으니, 이것들을 취합하자 약간 篇이 되었다. 그러니 내 어찌 나의 글이 볼품없다는 이유로 웅장하고 아름다워 좋아할 만한 宗匠과 秀才들의 작품을 이 고을에 널리 전하지 않을 수 있겠는가. 그러므로 이것을 石版에 새기고 아울러 서문을 써서 이 작품을 보는 사람이 자세히 음미할 수 있도록 하였다.

09. 先大夫集後序* 先大夫의 文集에 쓴 후서

* 先大夫는 작자의 죽은 조부 曾致堯(947~1012)를 가리킨다. 曾致堯가 죽은 뒤에 右諫議大夫에 추증되었으므로 그렇게 부른 것이다. 曾致堯는 太宗 太平興國 8년(983)에 進士에 급제한 뒤에 秘書丞을 시작으로 여러 관직을 거친 뒤에 太常博士가 되었으며, 眞宗 때 泰, 泉, 蘇, 揚, 鄂 등 5州 수령을 지내고 戶部郎中으로 벼슬을 마쳤다. 성품이 강인하고 솔직하였으며, 바른말 하기를 좋아하여 여러 번 章奏를 올렸는데 그 내용이 격렬하고 숨김이 없었다고 한다. 작자의 이 글은 그의 조부가 利害와 禍福에 흔들리지 않고 心力을 다해 임금에게 충성하고 백성을 사랑했던 행적을 기술하였는데, 조부의 사상과 품성에 대한 칭송 및 비극적인 운명에 대한 탄식이 객관적으로 서술하는 과정에 깔려 있다. 본문의 말미에 쓴 내용에 의해 작자의 나이 36세 때인 1054년에 쓴 글임을 알 수 있다.

子固闡揚先世所不得志處는 有大體하고 而文章措注處는 極渾雄하니 韓

歐與蘇 亦當俯首者라

子固가 先祖가 뜻을 얻지 못한 것을 천명한 부분은 대국적인 면이 있고, 문장을 구성한 부분은 매우 온후하면서도 웅건하니, 韓愈, 歐陽脩, 蘇軾도 마땅히 고개를 숙여야 할 것이다.

公所爲書 號僊鳧羽翼者三十卷이요 西陲要紀者十卷이요 淸邊前要五十卷이요 廣中台志八十卷이요 爲臣要紀三卷이요 四聲韻五卷이니 總一百七十八卷이니 皆刋行於世라 今類次詩賦書奏一百二十二篇하여 又自爲十卷하여 藏於家라

公이 지은 글은 ≪僊鳧羽翼≫이라고 불리는 것 30권, ≪西陲要紀≫ 10권, ≪淸邊前要≫ 50권, ≪廣中台志≫ 80권, ≪爲臣要紀≫ 3권, ≪四聲韻≫ 5권 등 모두 178권인데 모두 세상에 간행되었다. 지금 詩, 賦, 書, 奏 122편을 종류별로 편집하여 또 별도로 10권을 만들어 집에 보관하였다.

方五代之際[1)]에 儒學旣擯焉하니 後生小子 治術業於閭巷하여 文多淺近이라 是時에 公雖少나 所學 已皆知治亂得失興壞之理하고 其爲文 閎深雋美 하되 而長於諷諭하니 今類次樂府已下是也라

五代時代에는 儒學이 배척을 당하였으니 後生小子들이 항간에서 학문을 배우고 익혀 글이 대부분 천근하였다. 그런데 이때 公은 비록 어린 나이였으나 학문은 이미 모두 治亂, 得失, 興敗의 이치를 알았고, 짓는 문장은 내용이 넓고 깊으며 표현이 아름다웠는데 특히 풍자와 비유를 잘하였으니, 지금 樂府 이하에 분류하여 편집해놓은 것들이 여기에 해당하는 작품이다.

1) 五代之際 : 五代는 唐나라 말기의 後梁, 後唐, 後晉, 後漢, 後周 다섯 왕조를 가리키는 것으로, 907년부터 960년까지 총 54년의 기간을 말한다.

宋旣平天下에 公始出仕하니 當此之時하여 太祖太宗이 已綱紀大法矣라 公於是에 勇言當世之得失이라 其在朝廷에 疾當事者不忠이라 故凡言天下之要에 必本天子憂憐

百姓과 勞心萬事之意하여 而推大臣從官執事之人이 觀望懷奸하여 不稱天子屬任之心이라 故治久未洽하니라 至其難言하여는 則人有所不敢言者라 雖屢不合而出이라도 而所言益切하여 不以利害禍福으로 動其意也하니라

宋나라가 천하를 평정한 후 公이 처음 出仕하였는데, 이때 太祖와 太宗이 국가의 大法을 제정하니 公이 이에 당세의 得失에 대하여 용감하게 진언하였다. 公이 조정에 있을 적에 권력을 쥐고 있는 자들의 不忠함을 통탄하였기 때문에 무릇 천하를 다스리는 중요한 문제를 말할 때면, 반드시 천자는 백성을 걱정하고 만사에 노심초사하신다는 뜻을 밑바닥에 깔고서, 大臣, 侍從官, 執事들이 형세를 엿보고 간사한 마음을 품어 자신에게 직책을 맡긴 천자의 마음을 저버리기 때문에, 이상적인 정치가 세월이 오래되어도 흡족하지 못한 것이라고 추리해나갔다. 말하기 어려운 문제를 말함에 있어서는 남들은 감히 말하지 못하는 것을 서슴없이 꺼내는 용기가 있었다. 公은 비록 여러 차례 위정자와 뜻이 맞지 않아 외직으로 쫓겨났지만 그렇더라도 더욱 간절하게 진달하였고 利害와 禍福 때문에 자신의 뜻을 바꾸지 않았다.

始公尤見奇於太宗하여 自光祿寺丞越州監酒稅召見하여 以爲直史館하고 遂爲兩浙轉運使라 未久而眞宗卽位하니 益以材見知라 初試以知制誥하고 及西兵起하여 又以爲自陝以西經略判官이로되 而公嘗切論大臣하여 當時皆不悅라 故不果用이라 然眞宗終感其言이라 故爲泉州하고 未盡一歲에 拜蘇州하고 五日에 又爲揚州라 將復召之也나 而公於是時에 又上書하여 語斥大臣尤切이라 故卒以齟齬終하니라

처음에 公은 太宗에게 남달리 인정을 받아 光祿寺丞, 越州監酒稅를 맡고 있을 때부터 太宗이 불러 접견하여 直史館이 되고 마침내 兩浙轉運使가 되었다. 오래지 않아 眞宗이 즉위하였는데 재주를 더욱 인정받았다. 그리하여 처음에는 知制誥로 시험하였고, 西夏의 군대가 반기를 들고 일어났을 때는 또 陝西 서부의 經略判官으로 삼았는데, 公이 일찍이 大臣을 심하게 비판하여 당시 사람들이 모두 좋아하지 않았는지라 결국 임용되지 못하였다. 그러나 眞宗은 끝내 그의 말에 감동하였으므로 泉州를 맡겼고, 1년이 못 되어 蘇州를 다스리게 하고 5일 만에 또 揚州를 다스리게 하였다. 이후 다시 조정으로 불러 내직을 맡기려 하였으나 公이 이때에 또 상소하여 大臣을 더욱

심하게 비판하였으므로 결국 大臣들과 사이가 틀어진 채 죽고 말았다.

公之言이 其大者는 以自唐之衰로 民窮久矣라가 海內旣集에 天子方修法度어늘 而用事者 尙多煩碎하고 治財利之臣 又益急이라 公獨以謂宜遵簡易하고 罷筦榷하여 以與民休息하여 塞天下望이라하니라 祥符初에 四方爭言符應한대 天子因之하여 遂用事泰山하고 祠汾陰이요 而道家之說 亦滋甚하여 自京師로 至四方히 皆大治宮觀이라 公益諍하여 以謂天命不可專任하니 宜絀姦臣하고 修人事라하여 反覆至數百千言이라 嗚呼라 公之盡忠과 天子之受盡言에 何必古人이리오 此非傳之所謂主聖臣直者乎[1]아 何其盛也아 何其盛也아

公의 논의 중에 중요한 내용은 다음과 같다. 唐나라가 쇠한 뒤로 백성의 생활이 곤궁해진 것이 오래되었었는데, 지금 천하가 이미 안정되어 천자가 법도를 정비하려고 하는데도 권력을 지닌 자들은 오히려 자질구레한 세목을 많이 만들고 財政을 관장하는 신하들은 또 더욱 각박하게 세금을 거두어들였다. 이에 대해 公만이 "세금을 거두는 명목을 간단하게 하고 나라에서 專賣하는 법을 없애서 백성과 함께 편안함을 누림으로써 천하의 기대에 부응하여야 한다."고 주장하였다.

大中祥符(眞宗의 연호) 元年(1008)에 사방에서 다투어 祥瑞를 말하자 천자가 그로 인해 마침내 泰山에서 天祭를 지내고 汾陰에서 地祭를 지냈으며, 道家의 학설 또한 매우 성행하여 도성으로부터 온 사방에 이르기까지 모두가 道宮, 道觀을 대대적으로 정비하였다. 이에 公은 "天命은 한 사람에게만 맡겨지는 것이 아니니, 간신을 내치고 人事를 다스려야 한다."는 말로 더욱 더 간쟁하여 여러 번 반복해서 그 말이 수백, 수천 자에 이르렀다.

아, 公은 충성을 다하고 천자는 極言을 받아들였으니, 이런 일이 어찌 반드시 古人에게만 있겠는가. 이것이 傳에서 말한 "군주가 성스러운지라 신하가 직언을 한다."라는 것이 아니겠는가. 어쩌면 그리도 성대한가, 어쩌면 그리도 성대한가.

1) 此非傳之所謂主聖臣直者乎 : 여기에서 傳은 ≪漢書≫ 〈薛廣德傳〉을 말한다.

公在兩浙에 奏罷苛稅二百三十餘條하고 在京西에 又與三司爭論하여 免民租하고 釋

逋負之在民者라 蓋公之所試如此하니 所試者大면 其庶幾矣리라 公所嘗言甚衆이나 其在上前及書亡者는 蓋不得而集이라 其或從或否 而後常可思者 與歷官行事는 廬陵歐陽脩公已銘公之碑特詳焉하니 此故不論하고 論其不盡載者하니라

公이 兩浙에 있을 적에 가혹한 세금 230여 조목을 없애줄 것을 주달하여 혁파하였고, 西京에 있을 적에 또 三司와 쟁론하여 백성의 세금을 면제해주고 체납된 조세를 탕감해주었다. 公의 政事가 이와 같았으니, 만일 더 크게 등용되었더라면 천하가 잘 다스려질 수 있었을 것이다. 公이 일찍이 말한 바가 매우 많았으나 천자 앞에서 간한 내용과 문집에 수록되지 않은 글은 모을 수 없었다. 천자가 따랐건 따르지 않았건 상관없이 후세 사람들이 기억하고 새길 만한 간언과 관직이며 업적에 관해서는 이미 廬陵 歐陽脩 公이 公의 神道碑銘에 특별히 상세하게 기록하였으므로 여기에서는 논하지 않고 다 기록하지 않은 것만을 논하였다.

公卒以齟齬終하여 其功行이 或不得在史氏記요 藉令記之라도 當時好公者少하니 史其果可信歟아 後有君子欲推而考之인댄 讀公之碑與書와 及予小子之序其意者하여 具見其表裏하면 其於虛實之論을 可覈矣리라

公이 끝내 대신들과 사이가 틀어진 채로 죽어 그 功績과 行事가 혹 史官의 기록에서 빠진 것이 있을 것이고, 설령 기록되어 있더라도 당시에 公을 좋아한 자가 적었으니 사관의 말을 과연 믿을 수 있겠는가. 후세에 君子가 公에 관한 일을 추구하여 살펴보고자 한다면 公의 神道碑銘과 편지 및 小子인 내가 公의 뜻을 서술한 것을 읽고 그 표리를 갖추어 알게 되면 무엇이 진실이고 무엇이 거짓인지 밝혀낼 수 있을 것이다.

公卒에 乃贈諫議大夫라 姓曾氏요 諱某니 南豐人이라 序其書者는 公之孫鞏也라

公이 죽은 뒤에 마침내 조정에서 公을 諫議大夫로 추증하였다. 公의 姓은 曾氏이고 諱는 某이니, 南豐 사람이다. 이 책에 서문을 쓰는 자는 公의 손자 鞏이다.

王遵巖曰 先生之文이 如此篇之委曲感慨하고 而氣不迫晦者 亦不多

有라하니라

王遵巖이 말하였다.

"선생의 글 중에 이 글처럼 완곡하고 감동스러우며 기운이 짧거나 약하지 않은 것은 또한 많지 않다."

10. 相國寺維摩院聽琴序* 相國寺 維摩院에서 거문고 소리를 듣고 쓴 서문

* 治平 3년(1066)에 쓴 글로, 이때 작자는 48세였다. 相國寺는 汴京(지금의 河南省 開封市)에 있는 大相國寺이다. 본디 北齊의 大建國寺로 天保 6년(555) 처음 세웠으며, 중국 10대 명찰 가운데 하나이다. 僧房이 사방에 흩어져 있고 중앙의 마당과 동서 두 군데의 건물에 만 명을 수용할 정도로 규모가 크며, 매월 다섯 차례 일반인에게 개방하여 貨物을 매매하는 시장으로 제공하였다고 한다. 維摩院은 相國寺 경내에 있는 寺院으로, 기예를 연출하는 장소로 이용되는 곳이다. 작자가 이곳에서 한 차례 거문고를 연주하는 것을 들어보고 身心을 수양하는 공부를 주제로 이 문장을 지었다. ≪禮記≫ 〈文王世子〉에 "樂은 내면을 닦는 것이고 禮는 외면을 닦는 것이다."라고 한 말을 근거로 삼아, 樂으로 心性을 수양하고 禮로 言行을 수양해야 한다는 것을 설명하고, 六藝 중에 樂이 몸을 수양하는 작용에 대해 천명하였다.

參之歐陽公所贈楊寘琴說序에 不如遠甚이나 而其學問之旨는 亦似有得者하여 錄之라

歐陽公이 楊寘에게 준 〈琴說序〉와 비교하면 그 수준에는 크게 미치지 못하지만, 학문을 도야하는 방법을 설명한 뜻은 나름대로 올바로 인식한 점이 있는 것 같아 채록하였다.

古者學士之於六藝[1)]에 射能弧矢之事矣나 又當善其揖讓之節하고 御能車馬之事矣나 又當善其驅馳之節하며 書非能肆筆而已라 又當辨其體而皆通其意요 數非能布策而已라 又當知其用而各盡其法이며 而五禮之威儀[2)]는 至於三千하고 六樂之節文[3)]은

可謂微且多矣니 噫라 何其煩且勞如是아 然古之學者必能此하니 亦可謂難矣라

옛날 學士들이 六藝에 있어서, 射는 활을 쏘는 일에 능하기 위한 것이지만 또 마땅히 예절에 관한 법도 잘 익혀야 했고, 御는 車馬를 다루는 일에 능하기 위한 것이지만 또 마땅히 말을 빨리 모는 법도 잘 익혀야 했다. 그리고 書는 붓을 자유자재로 놀리기 위한 것일 뿐만 아니라 또 그 書體를 구분하고 글자 형성의 뜻을 모두 알아야 했고, 數는 산가지를 잘 놓기 위한 것일 뿐만 아니라 또 그 쓰임을 알고 그 법을 각각 다 알아야 했고, 五禮의 威儀는 삼천 가지나 되고 六樂의 節文은 세세하고 많다 할 만하다. 아, 어쩌면 그리도 번거롭고 수고롭게 하기를 이와 같이 하였단 말인가. 그러나 옛날 學者들은 반드시 이것들을 충분히 수행해냈으니 또한 따라가기가 어렵다고 할 만하다.

1) 六藝 : 周나라 시대 학교의 교육내용으로, 禮, 樂, 射, 御, 書, 數 등 6종의 과목을 말한다. ≪周禮≫ 〈地官 保氏〉에 "마침내 六藝를 가르치니, 첫째는 五禮이고, 둘째는 六樂이고, 셋째는 五射이고, 넷째는 五馭이고, 다섯째는 六書이고, 여섯째는 九數이다."라고 하였다.
2) 五禮之威儀 : 五禮는 제사를 지내는 예인 吉禮, 관례와 혼례에 관한 嘉禮, 빈객을 접대하는 예인 賓禮, 군대에서 행하는 예인 軍禮, 장사를 지내는 예인 凶禮를 가리킨다. 威儀는 예를 행할 때의 세세한 절차와 의식을 뜻한다.
3) 六樂之節文 : 六樂은 黃帝의 음악인 雲門, 堯의 음악인 咸池, 舜의 음악인 大韶, 禹의 음악인 大夏, 湯王의 음악인 大濩, 武王의 음악인 大武를 가리킨다. 節文은 중도에 지나친 것은 절제하고 미진한 부분은 수식하고 보완한다는 뜻이다.

然習其射御於禮하고 習其干戈於樂은 則少於學하고 長於朝하니 其於武備固修矣라 其於家有塾하고 於黨有庠하고 於鄕有序하고 於國有學[1]하고 於敎有師하며 於視聽言動有其容하고 於衣冠飮食有其度하며 几杖[2]有銘하고 盤盂[3]有戒하며 在輿有和鸞之聲하고 行步有佩玉之音하고 燕處有雅頌之樂[4]하여 而非其故면 琴瑟未嘗去於前也라 蓋其出入進退俯仰左右에 接於耳目하고 動於四體하여 達於其心者는 所以養之至如此其詳且密也라

그러나 射와 御를 禮에서 익히고 무예를 樂에서 익히는 일을 어려서는 학교에서 하고 장성해서는 조정에서 하였으니 군사훈련이 진실로 완전하게 진행되었다. 집안에는 私塾이 있고 黨에는 庠이 있고 鄕에는 序가 있고 나라에는 學이 있고 가르칠 때에는 스승이 있었다. 또 보고 듣고 말하고 움직이는 데에는 규범이 있고 衣冠과 음식에는 법도가 있으며, 安席과 지팡이에는 銘이 있고 대야와 바리에는 戒가 있었다. 그리고 수레를 타고 갈 때에는 和, 鸞을 울리고 걸어갈 때에는 佩玉을 울리고 평소에는 雅, 頌의 음악을 연주하여 변고가 있지 않으면 琴瑟이 앞에서 떠난 적이 없었다. 일상의 모든 행위에서 보고 듣고 실천하여 그 마음에까지 미쳐가게 하였으니, 자신을 수양함이 이처럼 상세하고 치밀했던 것이다.

1) 於家有塾……於國有學 : 塾, 庠, 序, 學은 모두 학교 명칭이다. 黨은 500호의 단위이고, 鄕은 1만 2,500호의 단위이며, 國은 도성을 말한다. ≪禮記 學記≫
2) 几杖 : 几案과 지팡이이다. 几案은 나이가 많은 사람이 자리에 앉았을 때 몸을 기대는 작은 탁자이다.
3) 盤盂 : 물이나 음식을 담는 그릇인데, 둥근 것을 盤이라 하고 각이 진 것을 盂라 한다.
4) 在輿有和鸞之聲……燕處有雅頌之樂 : ≪禮記≫ 〈經解〉의 내용이다. 和와 鸞은 모두 방울로, 和는 軾(수레에 서서 타고 가는 사람이 잡고 몸을 의지하기 위해 수레의 앞쪽에 가로로 걸친 나무임)에 매달고, 鸞은 봉황새 모양으로 만들어 말의 입이나 멍에에 매단다. 佩玉은 허리에 찬 옥이다. 雅와 頌은 ≪詩經≫의 내용이나 악곡의 종류를 분류하는 명칭으로, 雅는 궁중의 악곡이고, 頌은 종묘 제사의 악곡이다.

雖然이나 此尚爲有待於外者爾라 若夫三才[1]萬物之理와 性命[2]之際에 力學以求之하고 深思以索之하여 使知其要하고 識其微하며 齋戒以守之하여 以盡其才하고 成其德하여 至合於天地而後已者는 又當得之於心이니 夫豈非難哉아

비록 그러하나 이것은 오히려 외면에 의지하여 행하는 것들이다. 三才 만물의 이치와 性命의 부분에 관해 힘써 배워서 연구하고 깊이 생각하여 탐색함으로써 그 요점을 알고 그 깊은 뜻을 알게 하며, 마음을 가다듬어 지켜서 그 재주를 다 발휘하고 그 덕

을 완성시켜 天地와 합치된 뒤에야 그만두는 일 같은 것은 또 마땅히 마음으로 터득하여야 하는 것이다. 그러니 어찌 어려운 일이 아니겠는가.

1) 三才 : 天, 地, 人을 말한다. ≪周易≫ 〈說卦〉에 "하늘의 도를 세우는 것을 陰과 陽이라 하고, 땅의 도를 세우는 것을 柔와 剛이라 하고, 사람의 도를 세우는 것을 仁과 義라 한다. 三才를 겸하고 둘로 나누기 때문에 ≪周易≫은 여섯 획으로 괘를 이룬다." 하였다.
2) 性命 : 性은 사람이 태어날 때 하늘로부터 받은 仁, 義, 禮, 智, 信 등 五性이고, 命은 하늘이 사람에게 부여한 金, 木, 水, 火, 土 등 五行을 말한다.

噫라 古之學者 其役之於內外하여 以持其心養其性者 至於如此하니 此君子所以愛日而自强不息하여 以求至乎極也라 然其習之有素와 閑之有具如此하니 則求其放心하고 伐其邪氣하여 而成文武之材하고 就道德之實者를 可謂易矣라

아, 옛날의 學者가 내면과 외면에 힘써서 자신의 마음을 지키고 성품을 기른 것이 이와 같았으니, 이는 君子가 시간을 아껴 스스로 힘써 멈추지 않아서 지극한 경지에 오르려 한 까닭이다. 그러나 이와 같이 익히기를 평소에 꾸준히 하고 방자함을 방지하는 장치가 있었으니, 그렇다면 잃어버린 마음을 찾고 삿된 기운을 제거하여 文武의 재주를 이루고 道德의 내실을 성취하는 것이 쉽다고 할 수 있을 것이다.

孔子曰 興於詩하며 立於禮하며 成於樂[1]이라하니 蓋樂者는 所以感人之心而使之化라 故曰 成於樂이라하고 昔舜命夔典樂敎冑子曰 直而溫하고 寬而栗하며 剛而無虐하고 簡而無傲[2]라하니 則樂者는 非獨去邪라 又所以救其性之偏而納之中也라 故和鸞佩玉과 雅頌琴瑟之音이 非其故면 不去於前하니 豈虛也哉아

孔子가 말하기를 "詩에서 흥기하고 禮에서 立身하며 樂에서 완성한다." 하였으니, 樂이라는 것은 사람의 마음을 감동시켜 교화되게 하는 것이므로 "樂에서 완성한다." 고 한 것이다. 옛날에 舜이 夔를 典樂으로 임명하고 왕족, 귀족의 자제들을 가르치게 하며 말하기를 "강직하면서도 온화하고, 관대하면서도 엄하며, 강하되 사납지 않게 하고, 소탈하되 오만하지 않게 해야 한다."고 하였으니, 樂이라는 것은 다만 惡을 제

거하는 것일 뿐만 아니라 또 치우친 품성을 고쳐 中道에 들어가게 만드는 것이다. 그러므로 和, 鸞과 佩玉, 雅, 頌과 琴瑟의 음악이 변고가 없으면 앞에서 떠나지 않게 하는 것이니, 이것이 어찌 의미 없는 일이겠는가.

1) 興於詩……成於樂 : ≪論語≫ 〈泰伯〉에 나오는 말이다.

2) 直而溫……簡而無傲 : ≪書經≫ 〈虞書 舜典〉에 나오는 말이다.

今學士大夫之於持其身養其性에 凡有待於外者는 皆不能具하고 得之於內者는 又皆略其事하니 可謂簡且易矣라 然所以求其放心하고 伐其邪氣하여 而成文武之材하고 就道德之實者는 豈不難哉아 此予所以懼不至於君子而入於小人也라

요즘 學士 大夫는 몸을 닦고 심성을 기르는 일에 있어서 외면에 필요로 한 것들을 모두 갖추지 못하고, 내면에 얻어야 할 것들은 또 모두 그 일을 소략하게 하니, 간단하고도 쉽다 할 만하다. 그러나 잃어버린 마음을 찾고 삿된 기운을 제거하여 文武의 재주를 이루고 道德의 내실을 성취하는 일은 어찌 어렵지 않겠는가. 이것이 내가 君子가 되지 못하고 小人이 될까 두려워하는 이유이다.

夫有待於外者는 予既力不足이어니와 而於琴竊有志焉久矣라 然患其莫予授也라 治平三年夏에 得洪君於京師하여 始合同舍之士하여 聽其琴於相國寺之維摩院이라 洪君之於琴에 非特能其音이라 又能其意者也니 予將就學焉이라 故道予之所慕於古者하니 庶乎其有以自發也라 同舍之士는 丁寶臣元珍과 鄭穆閎中과 孫覺莘老와 林希子中이요 而予曾鞏子固也라 洪君은 名規요 字方叔이니 以文學吏事로 稱於世云이라

외면에 필요로 한 것은 내가 이미 힘이 부족하지만 거문고에 대해서만큼은 뜻을 둔 지 오래되었다. 그러나 나를 가르쳐줄 사람이 없음을 근심하고 있었다. 그러다가 治平 3년 여름, 도성에서 洪君을 만나 처음으로 같은 館舍에 머물고 있던 선비들과 함께 相國寺 維摩院에서 거문고 연주를 듣게 되었는데, 연주를 들어보니 洪君은 가락을 잘 탈 뿐만 아니라 그 뜻에도 조예가 깊은 사람이니, 내 장차 그에게 가 거문고를 배우려 한다. 그러므로 내가 옛날의 학문에 대해 흠모하는 내용을 말하는 것이니, 그런대로 내 스스로 분발할 수 있을 것이다. 같은 館舍에 있는 선비는 丁寶臣 元珍, 鄭

穆 閎中, 孫覺 莘老, 林希 子中이고, 나는 曾鞏 子固이다. 洪君은 이름이 規이고 字가 方叔이니, 文學에 뛰어나고 政事에 능하다고 세상에 이름난 사람이다.

11. 類要序* 《類要》에 쓴 서문

* 《類要》는 宋 仁宗 때 재상을 지낸 晏殊(991~1055)가 편집한 것이고, 이 서문은 晏殊 아들의 부탁에 따라 嘉祐 5년(1060)경에 쓴 것으로 보인다. 晏殊는 작자의 고향인 撫州 臨川 사람으로 자는 同叔, 시호는 元獻이다. 14세 때 江南按撫使 張知白에 의해 조정에 천거되어 進士 천여 명이 시험을 치르는 殿試에 참가하여 답을 쓰는 데 떨리는 기색이 없이 단번에 답안지를 완성하여 眞宗이 同進士出身의 자격을 부여하고 秘書省正字로 발탁하였다. 詞 작가로 유명하며 詩 작품이 1만 수이고 문집은 240권에 이른다.

其書之所纂이 本微淺하고 而公序之亦難爲措注라 故其旨不遠이라

이 책이 담고 있는 내용이 본디 천근하여 公이 序文을 쓸 때 또한 문장을 배치하기가 어려웠다. 그러므로 그 뜻이 깊지 않은 것이다.

晏元獻公은 出東南하니 起童子하여 入秘閣讀書하여 遂贊名하니 命入爲翰林學士라 眞宗特寵待之하여 每進見勞問하고 及所以任屬之者 群臣莫能及이라 皇太子就書學에 公以選入侍러니 太子即皇帝位하니 是爲仁宗이라 公遂管國樞要하여 任政事하여 位宰相이라 其在朝廷五十餘年에 常以文學謀議爲任하니 所爲賦頌銘碑制詔冊命書奏議論之文이 傳天下하고 尤長於詩하여 天下皆吟誦之라

晏元獻 公은 東南 지방 출신이다. 童子일 때 발탁되어 秘閣에 들어가 독서하였고, 마침내 관리명단에 이름을 올려 翰林學士에 임명되었다. 眞宗이 특별히 그를 총애하고 우대하여 進見할 적마다 위문하였고, 그에게 임무를 맡기는 것은 다른 신하들과 비할 바가 아니었다. 황태자가 書法을 배우기 시작할 때 公이 선발되어 入侍하였었는데, 태자가 황제에 즉위하니 그가 바로 仁宗이다. 그리하여 公이 마침내 국가의 중대사를 관장해서 政事를 맡아 재상의 자리에 올랐다. 公이 조정에 있던 50여 년 동안에

항상 文學과 謀議를 맡았는데, 그가 지은 賦, 頌, 銘, 碑, 制, 詔, 冊, 命, 書, 奏, 議, 論 등의 문장이 천하에 전파되었고, 특히 詩에 뛰어나서 천하 사람들이 모두 그의 詩를 읊었다.

當眞宗之世하여 天下無事하여 方輯福應하여 推功德하여 修封禪하고 及后土山川老子諸祠하여 以報禮上下라 左右前後之臣이 非工儒學하여 妙於語言하고 能討論古今하여 潤色太平之業者면 不能稱其位라 公於是時에 爲學者宗하니 天下慕其聲名이라 人見公應於外者之不窮하고 而不知公之得於內者何也라

眞宗 때에 천하가 별탈이 없음으로 인해 사방이 안정되어 祥瑞가 나타나자, 그 功德을 찬양하기 위해 封禪을 거행하고 아울러 土神, 山神, 河神과 老子의 여러 사당 등에 제사를 행하여 천지의 여러 신들에게 보답했다. 이때 주위의 신하들은 儒學을 전공하여 언어를 잘 구사하고, 古今을 토론하여 태평의 사업을 윤색할 수 있는 사람이 아니면 그 지위에 걸맞게 직무를 수행하지 못하였는데, 그때 公이 學者의 宗主가 되었으니 천하 사람들이 그의 명성을 흠모했다. 하지만 사람들은 公이 外的으로 대응하는 일이 무궁한 줄만 알고, 公이 내면에 얻은 것이 어느 정도인지는 알지 못하였다.

及得公所爲類要上中下秩總七十四篇凡若干門하니 皆公所手抄이라 迺知公於六藝太史百家[1]之言과 騷人墨客[2]之文章과 至於地志族譜佛老方伎[3]之衆說과 旁及九州之外蠻夷[4]荒忽詭變奇跡之序錄에 皆披尋紬繹하여 而於三才萬物變化情僞와 是非興壞之理와 顯隱細鉅之委曲을 莫不究盡라 公之得於內者 在此也니 公之所以光顯於世者有以哉인저

후에 公이 편집한 ≪類要≫ 上, 中, 下秩 총 74편 약간 門을 얻어 보았는데 이는 모두 公이 손수 抄錄한 것이었다. 그제야 비로소 公이 六藝, 太史, 百家의 말과 騷人, 墨客의 문장, 심지어 地志, 族譜, 佛老, 方伎 등의 衆說과 九州 밖 蠻夷의 황당하고 이상하며 기이한 일을 기록한 것들까지 모두 손수 찾고 상세히 연구해서 三才 만물이 변화하는 실정과, 是非・興敗의 이치와, 顯隱・鉅細의 곡절을 빠짐없이 섭렵하였음을 알게 되었다. 公이 내면에 얻은 것이 여기에 있었으니, 公이 세상에 찬연히 드러

난 것은 그럴 만한 이유가 있는 것이다.

1) 六藝太史百家 : 六藝는 여기서는 ≪詩經≫, ≪書經≫, ≪禮記≫, ≪樂記≫, ≪周易≫, ≪春秋≫를 말하고, 太史는 太史令 司馬遷이 ≪史記≫를 지었으므로 ≪史記≫ 등의 역사서를 말하고, 百家는 諸子百家로 諸子의 서적을 말한다.
2) 騷人墨客 : 시인과 문필객이란 뜻이다.
3) 地志族譜佛老方伎 : 地志는 지리지이고, 族譜는 각 성씨의 보첩이고, 佛老는 불교와 도교이고, 方伎는 고대의 醫術, 卜術, 占星術, 觀相術을 말한다.
4) 蠻夷 : 蠻은 남쪽 오랑캐이고 夷는 동쪽 오랑캐인데, 중국 변방의 소수 민족을 비하하는 호칭이다.

觀公之所自致者如此하면 **則知士不素學而處從官大臣之列**하여 **備文儒道德之任**에 **其能不餒且病乎**아 **此公之書 所以爲可傳也**라

公이 자득한 것이 이와 같음을 본다면, 평소에 학문하지 않은 선비가 侍從官, 大臣의 반열에 처하여 文儒와 道德의 임무를 맡았을 때 어찌 부족하고 근심하지 않을 수 없겠는가. 이것이 公의 책이 세상에 전해질 만한 까닭이다.

公之子知止는 **能守其家者也**라 **以書屬予序**하니 **予與公仕不竝時**나 **然皆臨川人**이라 **故爲之論次**하여 **以爲公書諸首**하노라

公의 아들 知止는 그 집안을 잘 지키는 자이다. 내게 편지를 보내어 서문을 부탁했는데, 내 비록 公과 같은 시기에 벼슬하지는 않았으나 公과 내가 모두 臨川 사람이므로 평론하여 公의 책 첫머리에 서문을 쓴다.

宋大家曾文定公文抄 卷6

序

01. 送傳向老令瑞安序[*] 瑞安縣令으로 부임하는 傳向老를 전송하는 서문

* 작자가 越州通判으로 있던 熙寧 2년(1069)에서 4년(1071) 사이에 쓴 것으로 추정된다. 이 무렵 작자의 나이는 40세를 넘었으며, 傳向老라는 인물에 대해서는 자세히 알 수 없다. 이 글에서는 傳向老가 옛 성인의 글을 배우고 도를 지켜 가난하고 미천해도 지조를 바꾸지 않는 인품을 찬양하면서 옛 성인의 도가 지금의 세태와는 맞지 않다는 점을 강조했는데, 이는 王安石의 新法을 두고 은근히 비판한 것이다.

僅百餘言이나 而構思措辭 種種入彀中하여 有簡而文淡而不厭者라

겨우 100여 자이지만 문장을 구상하고 어휘를 배치한 것은 모두 법도에 들어맞아 간결하면서도 세련되고 담백하면서도 물리지 않는 맛이 있다.

向老는 傅氏니 山陰人이라 與其兄元老로 讀書知道理하여 其所爲文辭 可喜라 太夫人春秋高하고 而其家故貧이나 然向老昆弟 尤自守하여 不苟取而妄交하며 太夫人亦忘其貧이러라 余得之山陰하여 愛其自處之重하고 而見其進而未止也하니 特心與之라

向老는 傅氏로 山陰 사람이다. 그의 형 元老와 함께 공부를 하여 도리를 알아 그가 짓는 문장은 찬양할 만하다. 그의 어머니는 연세가 많고 집안은 본디 가난했다. 그러나 向老 형제는 더욱 자신의 지조를 지켜서 이익을 탐하여 사람을 함부로 사귀지 않았으며, 그의 어머님도 가난한 집안 형편을 개의치 않았다. 나는 山陰에서 傅向老를 만나 신중한 그의 처신을 좋아했으며, 그가 끊임없이 진보하는 것을 보고 나니 더욱 마음속으로 그 사람을 인정하게 되었다.

向老用擧者 令溫之瑞安하여 **將奉其太夫人以往**할새 **予謂向老學古**하여 **其爲令**에 **當知所先後**나 **然古之道 蓋無所用於今**이리니 **則向老之所守**도 **亦難合矣**리라 **故爲之言**하니 **庶夫有知予爲不妄者**면 **能以此而易彼也**리라

向老가 다른 이의 추천을 받아 溫安의 瑞安縣令이 되어 자기 어머니를 모시고 부임하러 떠나려 할 때, 나는 이렇게 말한다. 向老는 옛 성인의 도를 배워 縣令이 되었을 때 당연히 무엇을 먼저 하고 나중에 할 것인지 알 것이다. 그러나 옛 성인의 도는 아마도 지금 아무런 쓸모가 없을 것이니, 그렇다면 向老가 지키는 신념도 지금의 세태와는 맞지 않을 것이다. 때문에 그에게 이 글을 지어 주니, 내가 부질없는 말을 하는 게 아니라는 것을 안다면 나의 이와 같은 충고로 그의 방식을 바꿀 것이라 기대한다.

02. 送丁琰序* 丁琰을 전송하는 서문

* 丁琰이라는 인물에 대해서는 자세히 알 수 없다. 이 글은 丁琰이 南城의 수령을 보좌하다가 淮陰의 수령으로 승진하여 부임할 적에 지은 것이다. 작품의 내용으로 미루어보아, 작자가 進士에 급제하기 전 臨川에 거주할 때 지어진 것으로 보이는데, 臨川이 南城과 가까웠으므로 작자가 丁琰에 대해 익히 알고 있었을 것으로 짐작된다. 이 작품에서는 당시 수령들의 무능함에 대해 언급한 후에 丁琰의 재능을 인정함으로써 그가 훌륭한 수령이 될 것이라 확신하고 있다.

篇中所見遠이나 **而其行文轉調處**는 **似不免樸遬紆蹇之病**이라 **故不英爽**이라 **子固本色**[1]**自在**어니와 **子固所爲本色不足處亦在**라

이 작품 속에 보이는 견해는 깊지만, 語句를 조직할 때 낡은 틀을 벗어나 새로운 격조로 들어가는 부분에 있어서는 투박하고 거칠어 유창하지 못한 병폐를 면치 못한 듯하다. 때문에 호쾌하고 시원스럽지 않다. 子固의 本色이 원래 있기는 하지만, 子固가 이룩한 本色이 미흡한 곳도 있다.

1) 本色 : 여기서는 詩文 文體에서 본래 지니고 있는 특징을 말한다.

守令之於民에 近且重을 易知矣라 予嘗論今之守令컨대 有道而聞四方者는 不過數人이니 此數人者는 非特任守令也라 過此數人하여는 有千里者相接이로되 而無一賢守요 有百里者相環이로되 而無一賢令이라 至天子大臣이 嘗患其然하여는 則任奉法之吏하고 嚴刺察之科하여 以繩治之에 諸郡守縣令이 以罪不任職하여 或黜或罷者 相繼於外라 於是에 下詔書하여 擇廷臣하여 使各擧所知以任守令하니 是天子大臣愛國與民而重守令之意 可謂無不至矣라 而詔雖下나 擧者卒不聞하고 惟令或以舊制擧[1)]로 不偕循歲月[2)]而授라 每擧者有姓名을 得而視之하고 推考其材行能堪其擧者에 卒亦未見焉이라 擧者旣然矣니 則以余之所見聞으로 陰計其人之孰可擧者에 卒亦未見焉이라 猶恐余之愚且賤이 聞與見焉者少하여 不足以知天下之材也하여는 則求夫賢而有名位聞與見之博者하여 而從之問其人之孰可擧者에 卒亦未見焉이나 豈天下之人固可誣하고 而天固不生材於今哉아

守令이 백성들에게 있어 가깝고도 중요하다는 사실은 알기 쉽다. 나는 오늘날의 수령들에 관해 일찍이 논해보았다. 이들 가운데 도덕이 몸에 배어 사방에 명성이 알려진 사람은 몇 사람에 지나지 않으니, 이 몇 사람은 그 능력이 수령직을 맡을 자격을 넘어선다. 이 몇 사람 외에 천 리 되는 지역을 맡은 자가 여기저기 깔려 있지만 누구 하나 어진 군수가 없으며, 백 리 되는 지역을 맡은 자가 꼬리를 물고 이어져 있지만 누구 하나 어진 현령이 없다. 천자와 대신들은 일찍이 이러한 현실에 대해 우려했다. 그리하여 법을 신봉하는 관리들을 임용하고 규찰하는 법을 엄격하게 적용하여 법률의 잣대로 그들을 치죄하자, 여러 군수와 현령들 가운데 죄 때문에 관직을 맡지 못하고 폐출되거나 파면된 이들이 지방에서 잇따라 나타나게 되었다. 이에 詔書를 내려 조정 대신을 골라 이들이 각자 자신이 알던 사람들을 천거하도록 하여 수령직을 맡게 했다.

이로 볼 때 천자와 대신들이 나라를 사랑하고 백성들과 함께하며 수령을 중시하는 뜻이 모두 다 지극하다 할 수 있을 것이다. 그러나 비록 詔書가 내려졌는데도 천거된 자가 있다는 말은 끝내 들리지 않았고, 오로지 현령만 간혹 기존의 制擧제도를 적용하고 재직한 연한과 이력에 따라 관직을 제수하지는 않는다. 매번 천거 대상자의 성명이 밝혀지면 그것을 보고 그의 재능과 행실이 천거를 받기에 충분한지를 따져보면

그런 자를 끝내 볼 수가 없다. 천거 대상자가 이미 그런 실정이기에 내가 보고 들을 사실을 근거로 그 사람들 중에 누가 천거할 만한 사람인지 속으로 헤아려보면 또한 끝내 그런 자를 볼 수가 없다. 우매하고 미천한 내가 문견이 적어 천하의 인재들을 충분히 알아보지 못할까 염려되기에, 현명하여 명망과 지위가 있고 문견의 범위가 넓은 자를 찾아가 지금 세상에 천거할 만한 자가 과연 누구이겠느냐고 물어보아도 끝내 그런 자를 볼 수가 없다. 그러나 어찌 천하 사람들을 무시할 수 있겠으며, 하늘이 과연 지금 세상에 인재를 내지 않았겠는가.

1) 制擧 : 唐나라 때 관리를 취하는 과거제도의 하나로, 황제가 직접 殿庭에서 시험을 보여 선발한다. 宋나라 때도 이 제도가 있었다. 制科라고도 한다.
2) 循歲月 : 재직한 연한과 이력에 따른다는 뜻이다. 歲月은 여기서는 연한과 이력을 말한다.

使天子大臣患天下之弊어든 則數更法以禦之하여 法日以愈密이로되 而弊日以愈多하리니 豈今之去古也遠하여 治天下卒無術哉아. 蓋古人之有庠有序에 有師友之游하며 有有司之論하고 而賞罰之始於鄉하여 屬於天下하니 爲敎之詳이 至此也라 士也有聖人之道면 則皆得行其敎하고 有可敎之質이면 則皆可爲材且良이라 故古之賢也多하니 賢之多면 則自公卿大夫로 至于牛羊倉廩賤官之選히 咸宜焉이니 獨千里百里之長哉아 其爲道 豈不約且明이며 其爲致天下之材 豈不多哉아 其豈有勞於求而不得人하며 密於法而不勝其弊 若今之患哉아

가령 천자와 대신들이 천하의 폐단을 우려하는 경우에는 자주 법을 바꾸어 폐단을 막을 것이고, 그렇게 되면 법이 나날이 더 엄밀해지고 폐단은 나날이 많아질 것이다. 지금은 古代와의 시간적 거리가 멀어 천하를 다스림에 있어 끝내 방법이 없단 말인가. 古代의 사람들은 庠과 序라는 학교를 설치하고 師友간의 교유가 있었으며, 有司의 담론이 있었고 고을에서 시작하여 천하에 이르기까지 상벌을 시행하였으니, 교육을 치밀하게 한 수준이 이 정도에 이르렀다.

선비가 聖人의 道를 마음에 두고 있으면 모두 그 가르침을 실천할 수 있었으며, 가르칠 만한 자질을 지닌 이가 있으면 모두 재주 있고 선량한 사람으로 만들 수 있었다.

때문에 古代에는 현능한 이들이 많았다. 현능한 이들이 많으면 公, 卿, 大夫로부터 가축이나 창고를 담당하는 말단 관리들을 선발하는 데 이르기까지 모두 직임에 합당하였으니, 유독 천 리 고을이나 백 리 고을을 맡은 지역의 우두머리만 그러했겠는가. 그 선발 방법이 어찌 간단하고도 분명하지 않았으며, 천하의 인재를 초치한 것이 어찌 많지 않았던가. 그리고 지금 걱정하고 있는 것처럼 인재를 찾는 데 노력하고서도 인재를 얻지 못하고, 법을 엄밀하게 만들고서도 그 폐단을 감당하지 못하는 경우가 있었던가.

今也庠序師友賞罰之法이 **非古也**라 **士也有聖人之道**하여 **欲推而敎於鄕於天下**면 **則無路焉**이라 **人愚也則愚矣**로되 **可敎而賢者**는 **卒誰敎之哉**아 **故今之賢也少**하니 **賢之少**면 **則自公卿大夫**로 **至于牛羊倉廩賤官之選**히 **常不足其人焉**이리니 **獨守令哉**아 **是以其求之無不至**요 **其法日以愈密**이로되 **而不足以爲治者**는 **其原蓋此之出也已**니 **噫**라 **奚重而不更也**오

지금 학교제도, 師友간의 교유방식, 賞罰을 시행하는 방식은 古代의 것이 아니다. 선비가 聖人의 道를 마음에 간직하고 이를 미루어 고을과 천하에서 가르치고자 한다면 그렇게 할 길이 없다. 사람이 본디 우매한 자는 우매할 수밖에 없겠지만, 가르쳐서 현능하게 될 수 있는 자들은 끝내 누가 가르치겠는가. 그렇기 때문에 지금 현능한 사람이 적으니, 현능한 사람이 적다면 公, 卿, 大夫로부터 가축이나 창고를 담당하는 말단 관리들을 선발하는 데 이르기까지 늘 적임자가 부족하게 될 것이니, 유독 수령뿐이겠는가. 이 때문에 적임자를 찾는 노력이 지극하지 않은 것도 아니고 공직자의 비리를 금하는 법이 나날이 엄밀해지는데도, 충분히 治世를 이룩하지 못한 것은 그 원인이 여기에서 발생한 것이다. 아, 무엇이 어려워 바꾸지 않는단 말인가.

姑蘇人丁君琰이 **佐南城**에 **南城之政平**하니 **予知其令**한대 **令曰 丁君之佐我**라하고 **又知其邑人**한대 **邑人無不樂道之者**라 **予旣患今之士**하고 **而常慕古之人**하여 **每觀良吏一傳**하여는 **則反覆愛之**러니 **如丁君之信於其邑**은 **予於旁近邑之所未見**이라 **故愛之特深**이라 **今爲令於淮陰**은 **上之人**이 **知其材而擧用之也**니 **於令也**에 **得人矣**라 **使丁君一**

推是心以往이면 **信於此**어니 **有不信於彼哉**아

姑蘇 사람 丁琰 君이 南城의 수령을 보좌할 적에 南城의 政事가 다스려졌다. 내가 南城의 수령을 아는데, 수령이 "丁君이 나를 보좌하고 있네." 하였고, 내가 또 그 고을 사람을 아는데, 고을 사람들이 너나없이 그를 칭찬하였다. 나는 지금의 선비들을 걱정하고 늘 옛사람을 흠모하였다. 그래서 역사서 속에서 良吏傳을 한 편씩 볼 때마다 거듭거듭 그들을 사랑하였다. 丁琰 君과 같이 자신이 일하는 고을에서 신임을 얻는 경우를 내가 인근의 고을에서 보지 못했던 바이므로 유독 그를 깊이 사랑하게 되었다. 지금 丁君이 淮陰縣令이 되었으니, 이는 윗사람이 그의 자질을 알아보고 등용한 것으로, 수령 중에 인재를 얻은 것이다. 만약 丁琰이 한결같이 그 마음을 미루어 나간다면, 南城에서도 신임을 받은 터에 淮陰에서인들 신임을 받지 않을 수 있겠는가.

求余文者 多矣로되 **拒而莫之與也**러니 **獨丁君之行也**에 **不求余文**이로되 **而余樂道其所常論者以送之**하여 **以示重丁君**하여 **且勉之**하고 **且勉天下之凡爲吏者也**하노라

내 문장을 요구하는 사람은 많지만, 나는 거절하고 지어준 일이 없었다. 다만, 丁君이 부임하러 떠날 때 그가 내 문장을 요구하지 않았으나 내가 기꺼이 늘 논하던 담론을 문장으로 지어 그를 전송하였다. 이를 통하여 丁君을 중시하는 나의 생각을 보여주고 그에게 분발하도록 독려하는 한편, 관리가 되는 천하의 모든 사람들에게도 분발하도록 독려하는 바이다.

唐荊川曰 南豐之文이 **大抵入事以後**에 **與前半議論**으로 **照應不甚謹嚴**이라하니라

唐荊川이 말하였다.

"南豐의 문장이 대체로 본론으로 들어간 다음에는 전반부의 議論과 호응하는 것이 그다지 신중하거나 엄밀하지 않다."

03. 送周屯田序* 周屯田을 전송하는 서문

* 작자가 尙書屯田員外郞 周中復(976~1052)이 고향으로 돌아갈 때 지어준 送序이다. 작성 시기는 작자의 나이 31세인 皇祐 원년(1049) 무렵으로 보인다. 仁宗 연간에는 임관 후 나이 70에 가까웠을 때 자신이 원치 않는데도 사직하는 경우가 종종 있었다. 가령 包拯(999~1062), 賈昌朝(998~1065) 등이 노년에 탄핵을 받은 것이 그 예이다. 周中復도 어쩔 수 없는 사정으로 벼슬을 그만두고 낙향했던 것으로 보인다. 작자는 이러한 그를 두고 변론하면서 노년을 편히 보낼 것을 바라고 있다.

議論似屬典刑이나 而文章烟波馳驟不足하니 讀昌黎所送楊少尹致仕序이면 天壤矣리라

論辨이 典範에 속한 듯하나 문장의 변화와 전개해나가는 힘이 미흡하니 韓愈의 〈送楊少尹致仕序〉를 읽어보면 큰 차이가 있다.

士大夫登朝廷이라가 年七十에 上書去其位라 天子官其一子而聽之어든 亦可謂榮矣로되 然而有若不釋然者하니라

사대부가 조정에서 벼슬을 하다가 나이 70세가 되면 글을 올려 자기 자리에서 물러난다. 그때 천자가 그 사대부의 아들 중 한 명에게 관직을 주면서 사직을 윤허하면 역시 영광이라 할 만하다. 그런데도 아쉬운 마음이 풀리지 않을 수 있다.

余爲之言曰 古之士大夫倦而歸者는 安車几杖[1)]하고 膳羞被服하며 百物之珍好를 自若이요 天子養以燕饗飮食鄕射[2)]之禮하되 自比子弟 袒韝[3)]鞠跽하여 以薦其物하며 諮其辭說을 不於庠序[4)]면 則於朝廷이요 時節之賜와 與縉紳之禮於其家者를 不以朝則以夕이라 上之聽其休는 爲不敢勤以事요 下之自老는 爲無爲而尊榮也라 今一日辭事返其廬하면 徒御散矣요 賓客去矣며 百物之順其欲者不足하고 人之群嬉屬好之交不與하며 約居而獨遊하여 散棄乎山墟林莽僻巷窮閭之間이라 如此면 其於長者薄也니

亦曷能使其不歉然於心邪아 **雖然**이나 **不及乎尊事**라도 **可以委蛇其身而益閒**이며 **不享乎珍好**라도 **可以窒煩除薄而益安**이라 **不去乎深山長谷**이라도 **豈不足以易其庠序之位**며 **不居其榮**이라도 **豈有患乎其辱哉**리오 **然則古之所以殷勤奉老者**는 **皆世之任事者所自爲**요 **於士之倦而歸者**에 **顧爲煩且勞也**니 **今之置古事者**는 **顧有司爲少耳**라 **士之老於其家者**는 **獨得其自肆也**니 **然則何爲動其意邪**아

나는 그러한 사람에게 다음과 같이 말한다. 옛날 벼슬살이에 진력이 나서 고향으로 돌아간 사대부는 安車를 타고 지팡이를 짚으며 좋은 衣食과 진귀한 물건을 원래 사용하던 것처럼 사용한다. 또한 천자는 燕饗 때 대접하는 음식과 鄕射禮 때 행하는 예로 봉양하였는데, 그것은 그들의 子弟들이 겉옷을 벗은 채 팔에 토시를 끼고 꿇어앉아 음식을 올리는 것처럼 하였다. 은퇴한 사대부에게 자문을 구하기를 庠序에서 하지 않으면 朝廷에서 하게 된다. 계절이나 절기마다 물품을 내려주는 것과 관리가 은퇴한 이의 집을 禮訪하는 일을 아침에 하지 않으면 저녁에 하게 된다. 천자가 그들의 은퇴를 허락하는 것은 감히 政務로 그들에게 수고를 끼치지 않기 위해서이고, 신하가 자신이 늙었다 하여 낙향을 청하는 것은 억지로 일을 하지 않는 자연의 섭리에 순응하기 위한 것으로써 이를 통해 존귀함과 영화로움을 누렸던 것이다.

지금 어느 날 하던 일을 그만두고 자신의 고향으로 돌아가면, 시종들은 흩어지고 賓客들도 떠나갈 것이며, 자기 뜻에 맞는 온갖 물건들도 부족하게 되고, 사람들과 무리 지어 놀고 친해질 수 있는 교유관계에 참여하지 못하게 된다. 뿐만 아니라, 가난하게 살고 혼자 노닐며 산언덕과 숲속, 외진 골목과 가난한 마을에 이와 같이 한가로이 버려져 있다. 이렇다면 이는 어른에게 박하게 대하는 것이니, 또한 어찌 은퇴한 이의 마음속에 허전한 생각이 들지 않겠는가. 비록 그렇기는 해도 존귀한 사무를 접촉하지 않더라도 반면에 느긋하게 심신을 쉬면서 더욱 자유로움을 누리고, 진귀하고 좋은 물건을 사용하지 않더라도 번뇌와 간섭을 받는 것에서 벗어나 더욱 편안히 지낼 수 있다. 그렇게 되면 深山幽谷을 떠나지 않더라도 어찌 庠序에서 누리는 존귀한 지위와 대등하지 않겠으며, 영화를 누리지 못하더라도 어찌 모욕을 당할 걱정이 있겠는가.

이렇게 보면 저 옛날에 노인을 정성스럽게 봉양했던 것은 모두 당시 이러한 일을 담당했던 사람들이 자발적으로 한 일이며, 벼슬살이에 진력이 나서 田園으로 돌아온

사대부의 입장에서는 도리어 번거로움과 수고로움만 조성했던 것이다. 현재 물러난 관원을 떠받들던 옛날의 제도를 폐기하고 사용하지 않는 것은 다만 그 일을 담당하는 인원이 너무 적기 때문이다. 자기 집에서 養老하며 지내는 사대부의 입장에서는 독자적으로 자유로운 즐거움을 누릴 수 있다. 그렇다면 도리어 무엇 때문에 마음이 불안하여 만족스럽지 않은 점이 있겠는가.

1) 安車几杖 : 安車는 편안하게 앉아 탈 수 있는 작은 馬車이다. 几는 방 안에 있을 때 몸을 기대는 작은 안석이고, 杖은 밖에서 걸어다닐 때 짚는 지팡이이다. 大夫가 70세가 되어 벼슬을 그만두고 물러나면 임금이 반드시 그에게 안석과 지팡이를 내려줌으로써 공경하고 보살피는 뜻을 표시하였다. ≪禮記 曲禮 上≫
2) 燕饗飮食鄕射 : 燕饗飮食은 ≪禮記≫ 〈王制〉에 "대체로 노인을 보살피는 것은 舜임금 때는 燕禮, 禹임금 때는 饗禮, 湯임금 때는 食禮로 하였으며, 周나라 때는 이들의 예를 겸하여 거행하였다."라고 한 데서 인용한 것이다. 鄕射는 활을 쏠 적에 행하는 예이다. 고을의 우두머리가 해마다 봄가을에 그 고장의 사대부를 불러 모아놓고 고을의 학교에서 활쏘기를 익히는 것을 말하기도 하고, 鄕老와 鄕大夫가 그 고을의 선비를 뽑아 조정으로 올린 뒤에 거행하는 예를 말하기도 한다.
3) 袒韝 : 袒은 예복인 겉옷을 벗고 소매가 짧은 속옷차림을 하는 것이고, 韝는 본디 활을 쏠 때 팔을 움직이기에 편하도록 왼팔의 소매를 잡아매는 가죽띠인데, 여기서는 어른에게 음식을 올리는 자제가 존경하는 의미로 예복을 벗고 움직이기에 편리한 차림을 한다는 뜻으로 사용한 것이다.
4) 庠序 : 庠과 序는 고대에 향리의 교육기관인 학교의 두 명칭인데, 지방의 노인을 봉양하는 장소로도 사용하였다.

余爲之言者는 **尙書屯田員外郞周君中復**이라 **周君**은 **與先人**으로 **俱天聖二年進士**요 **與余舊且好也**라 **旣爲之辨其不釋然者**하고 **又欲其有以處而樂也**라 **讀余言者**는 **可無異周君而病今之失矣**리라 **南豐曾鞏**은 **序**하노라

내가 이 말을 해주는 인물은 尙書屯田員外郞인 周君 中復이다. 周君은 내 선친과 함께 天聖 2년(1024)에 進士가 되었고, 나와는 오래전부터 알고 지낸데다 친한 사

이이다. 이 때문에 그를 위해 마음이 유쾌하지 않은 점을 분석하고, 또 그로 하여금 스스로 처신하고 스스로 즐거움을 얻을 수 있는 방법을 생각하도록 하였다. 나의 이 글을 읽는 사람은 周君을 이상하게 여기거나 아울러 현재 관리들의 잘못을 지적할 일이 없을 것이다. 南豐 曾鞏은 서문을 쓴다.

04. 送趙宏序* 趙宏을 전송하는 서문

* 작자 28세 때인 慶曆 6년(1046)에 쓴 送序이다. 慶曆 3년(1043)부터 荊楚 지방인 黃河, 長江 유역의 농민들이 瑤族인 蠻人과 연합하여 宋나라에 반기를 들고 저항하여 폭동이 잇달아 발생했다. 처음에는 조정에서 이들을 강경하게 진압하였으나, 나중에는 이들을 안무하는 회유책으로 선회했다. 한편, 농민폭동을 진압하는 데 참여했던 趙宏은 작자와 잘 알고 지내던 사이였다. 작자는 趙宏에게 무력 사용을 지양하고 백성들을 안무하는 정책을 시행하기를 당부하고 있다.

余嘗按南越할새 **南越州郡吏特得威名者**를 **撫而制之**하니 **無難者**요 **無已則鵰其酋足矣**라 **今之請兵大征者**는 **皆非也**라

내가 일찍이 南越을 按撫했을 때, 南越의 州郡吏로서 유별나게 위세와 명망을 얻은 자를 위무하고 통제하였더니 어려운 것이 없었다. 그렇게 하지 못한다면 그 우두머리만 쳐내는 것으로도 충분할 것이다. 지금 병력을 요청하여 대규모로 정벌을 감행하는 자들은 모두 틀렸다.

荊民與蠻合爲寇에 **潭旁數州被其害**하니 **天子宰相**이 **以潭重鎭**을 **守臣不勝任**이라하여 **爲改用人**하고 **又不勝**이어늘 **復改之**하니라 **守至上書乞益兵**하니 **詔與撫兵三百**히여 **殿直天水趙君希道**[1)]**實護以往**하니라

荊楚 지방의 백성들이 蠻人과 연합하여 반란을 일으키자, 潭州, 旁州 등 州 몇 곳이 그 피해를 입었다. 天子와 宰相은 요충지인 潭州를 태수가 그 직무를 감당하지 못한다고 하여 다른 사람으로 교체했고, 또 그 사람이 직무를 감당하지 못하자 다시 다

른 사람으로 교체하였다. 태수가 임지에 부임하여 글을 올려 병력을 증원해달라고 청원하자, 詔書를 내려 慰撫에 투입할 병사 300명을 보내주게 되었는데, 殿直으로 있던 天水 趙君 希道가 그 군대를 호위하여 가게 되었다.

1) 殿直天水趙君希道 : 殿直은 황제의 侍從官을 말하고, 天水는 秦州 속현으로 趙宏의 고향이며, 希道는 그의 자이다.

希道雅與余接하여 間過余道潭之事한대 余曰 潭山川甲兵如何며 食幾何며 賊衆寡强弱如何를 余不能知요 能知書耳라 書之載에 若潭事多矣라 或合數道之兵以數萬하여 絶山谷而進에 其勢非不衆且健也나 然而卒殲焉者多矣요 或單車獨行이나 然而以克者相踵焉이니 顧其義信何如耳라 致吾義信하면 雖單車獨行이라도 寇可以爲無事니 龔遂張綱祝良[1]之類是也요 義信不足以致之면 雖合數道之兵以數萬이라도 卒殲焉이라 適重寇耳니 況致平耶아 楊旻裴行立[2]之類是也니 則兵不能致平이라 致平者는 在太守身也明矣라 前之守者果能此면 天子宰相烏用易之리오 必易之는 爲前之守者不能此也니라 今往者復曰 乞益兵이라하니 何其與書之云者異耶오

希道가 평소에 나와 교제하였는데 기회를 틈타 나를 방문하여 潭州의 사건에 관해 이야기를 나누었다. 이때 나는 다음과 같이 말하였다. 潭州의 지리적 여건과 軍備 상황은 어떠하고, 식량 사정은 어떠하며, 도적들의 수효와 역량이 어느 정도인지 나는 알 수 없다. 책으로만 알 수 있을 뿐인데, 책에 기재된 내용에는 潭州에 관한 일이 많다.

몇 개 道의 병력을 수만으로 규합하여 골짜기를 막은 채 진격했을 때 그 형세로 보아 병력이 많고 세력이 강하지 않은 것은 아니지만, 그러나 결국 섬멸당하는 자들이 많은 경우가 있다. 반면에 수레 한 대로 혼자 부임해서도 승리를 거두는 자들도 한둘이 아니다. 이는 다만 난을 평정하러 간 사람들의 信義가 어떠하냐에 달렸을 뿐이다. 자신의 信義를 전달하기만 한다면 비록 수레 한 대로 혼자 부임한다 해도 반란군들이 아무 문제를 일으키지 않을 수 있으니, 龔遂, 張綱, 祝良 등이 그러한 사례이다. 信義를 충분히 전달하지 못하면 비록 몇 개 道의 병력을 수만으로 규합하더라도 결국 섬멸당하게 된다. 이렇게 되면 단지 반란군의 기세만 더할 뿐인데 더구나 반란

을 평정하는 임무를 완수할 수 있겠는가. 楊旻, 裴行立 등이 그러한 사례이다.

그렇다면 군대로는 반란을 평정하는 임무를 완수할 수 없다. 반란을 평정하는 임무를 완수하는 것은 태수 자신에게 달린 것이 분명하다. 前任 태수들이 정말로 이렇게 할 수 있었다면, 천자와 재상들이 왜 그들을 교체했겠는가. 기어이 그들을 교체한 이유는 前任 태수로 있던 자들이 이렇게 하지 못했기 때문이다. 지금 태수로 부임해 간 사람도 역시 조정에 병력을 증원해달라고 요청하였으니, 어쩌면 그렇게 책에서 말하는 상황과 다르단 말인가.

1) 龔遂張綱祝良：龔遂는 西漢 중기의 이름난 循吏(법을 지키고 도리를 따르는 관리)이다. 漢 宣帝 때 渤海郡 일대에 흉년이 들어 민란이 일어나 백성들이 칼을 차고 다니며 약탈을 자행하였다. 龔遂가 그 지역 太守로 부임하여 도적을 체포하지 말 것을 명하고, 백성들이 칼을 가져오면 송아지 한 마리를 살 돈을 주면서 "무엇하러 송아지를 차고 다니는가. 속히 그 칼을 송아지로 바꿔 생업에 종사하라."라고 한 결과 민심이 안정되었다. ≪漢書 循吏傳≫ 張綱은 東漢 順帝 때의 이름난 直臣이다. 廣陵의 張嬰이 수만 명의 민중을 모아 조정에 반항하면서 10년 동안이나 揚州와 徐州 일대에 출몰하였으나 조정에서 제압하지 못하였다. 張綱이 廣陵太守로 부임하여 군사 10여 명만 대동하고 張嬰의 진영을 찾아가 부드러운 말로 그들의 고통을 동정하고 사리로 일깨우자, 張嬰이 감격하여 눈물을 흘리고 그 이튿날 1만여 명을 거느리고 항복하였다. ≪後漢書 張綱傳≫ 祝良은 張綱과 같은 시대의 인물인데 順帝 때 日南郡 밖의 蠻人이 조정에 반항하자 九眞太守로 부임하여 단독으로 말 한 마리를 타고 蠻人들의 본거지로 들어가 利害의 사리로 일깨우자, 수만 명이 항복하여 그 지역이 다시 평온해졌다. ≪後漢書 南蠻西南夷列傳≫

2) 楊旻裴行立：모두 唐나라 때의 지방관이다. 唐 德宗 貞元 10년(794)에 廣州, 容州 이남과 邕州, 桂州 서부의 西原蠻이 조정에 반항하여 13개 고을이 그들의 수중에 들어가자, 唐州刺史 楊旻이 容管招討經略使가 되어 군대를 거느리고 진압에 나섰다가 크게 패배하였다. 그리고 元和 11년(816)에 西原蠻이 또 欽州, 橫州, 巖州를 공격하자, 裴行立이 桂管觀察使로 있으면서 군대를 동원하여 무고한 자를 많이 죽임으로써 인심을 더욱 악화시켰다. 이로 인해 그 이후 100년 가까이 반란이 끊임없이 일어나 唐나라의 멸망이 더 빨라지는 결과를 초래하였

다. ≪新唐書 西原蠻傳≫

予憂潭民之重困也와 寇之益張也하노라 往時에 潭吏與旁近郡斬力勝賊者와 暴骸者와 戮降者有之러니 今之往者는 將特不爲是而已耶아 抑猶不免乎爲是也아 天子宰相任之之意其然耶아 潭守近侍臣이요 使撫覘潭者는 郎吏御史博士[1]相望하니 爲我諗其賢者曰 今之言古書면 往往曰迂라하나 然書之事는 乃已試者也니 事已試而施諸治와 與時人之自用이 孰爲得失耶리오하라 愚言倘可以乎아 潭之患이 今雖細나 然大中咸通之間에 南方之憂嘗劇矣[2]러니 夫豈階於大哉아 爲近臣郎吏御史博士者獨得而不思也아 希道는 固喜事者라 因其行에 遂次第其語以送之하노라

나는 潭州 백성들이 거듭 곤경에 빠지고 반란군의 세력이 더욱 확장될까 두렵다. 이전에는 潭州의 관리와 인근 郡이 협력하여 반란군을 이긴 자도 있었고, 죽은 적의 시체를 전야에 버리거나 항복한 자를 죽인 자도 있었다. 지금 그곳으로 가는 사람은 앞으로 이러한 행위를 하지 않을지, 아니면 또 이러한 행위를 자행할지는 알 수 없다. 천자와 재상이 그를 임용한 뜻이 과연 그렇게 하라는 것이었던가.

潭州태수는 황제를 가까이 모시는 신하이고, 潭州를 위무하고 동태를 살펴보는 임무를 맡는 자는 郎吏, 御史, 博士들이 계속 뒤를 잇고 있다. 그대는 나를 대신하여 그들 가운데 현능한 자에게 당부하기를 "지금 옛 역사서의 내용을 언급하면 일반적으로 오활하다고 말하지만 역사서에 기재된 일들은 이미 시험을 해본 것들이다. 일을 이미 시험하여 정치에 적용해본 경우와 지금 사람들이 제멋대로 시행하는 것 가운데 어느 쪽이 더 낫겠는가."라고 하라. 내가 하는 말이 혹시 타당하지 않겠는가. 潭州의 우환이 지금은 비록 작다고 하나, 大中, 咸通 연간에 南方의 우환이 극심했던 적이 있었는데, 그 우환이 어찌 처음에 작았던 것이 그처럼 커진 것이 아니었던가. 近臣, 郎吏, 御史, 博士가 된 자들은 이 점을 어찌 깊이 생각하지 않을 수 있겠는가. 希道는 본디 일을 하는 것을 즐기는 사람이므로, 그가 떠나는 것을 계기로 삼아 마침내 그에 관한 말을 차례대로 정리하여 그를 전송한다.

1) 郎吏御史博士 : 郎吏는 尙書省 각 부의 郎中과 員外郎을 말하고, 御史는 御史大夫이며, 博士는 學官인데 宋나라 때 太學, 國子學, 武學, 宗學에 모두 博士를

두어 학생을 가르쳤다.

2) 大中咸通之間 南方之憂嘗劇矣 : 大中은 唐 宣宗의 연호(847~859)이고, 咸通은 唐 懿宗의 연호(860~873)인데, 전후의 기간은 모두 26년이다. 大中 때 安南經略使 李琢이 황소 한 마리 값을 소금 한 말로 쳐주는 虐政을 자행하는 것에 반발하여 南詔夷人들이 난을 일으켜 오랫동안 조정의 걱정거리가 되었다. 그리고 咸通 원년(860)에 浙東에서 또 仇甫가 반란을 일으켰는데, 이와 같은 일들이 黃巢의 반란이 일어나 唐나라가 큰 시련을 겪게 된 원인이 되었다. ≪新唐書 南詔傳下≫

05. 送江任序* 江任을 전송하는 서문

* 이 글은 작자가 豐城縣令으로 부임하러 가는 江任을 전송하려고 지었다. 江任은 建昌 사람으로, 景德 연간(1004~1007)에 과거에 급제했다. 작자는 이 글을 통해 江任이 백성의 부모라 할 수 있는 지방관으로서 백성들을 잘 다스려주기를 바라고 있다.

古來未有此調하니 出子固所自爲機軸이라

예로부터 이러한 격조를 지닌 문장이 없었다. 子固가 스스로 만든 법에서 나왔다.

均之爲吏로되 或中州[1)]之人이 用於荒邊側境山區海聚之間과 蠻夷異域之處하며 或燕荊越蜀[2)]海外萬里之人이 用於中州하여 以至四遐之鄕이 相易而往하여 其山行水涉沙莽之馳에 往往爲風霜氷雪瘴霧[3)]之毒之所侵加하며 蛟龍虺蜴虎豹之群之所抵觸하며 衝波急洑隤崖落石之所覆壓하나니 其進也에 莫不羸糧擧藥하며 選舟易馬하여도 力兵曹伍而後動하며 戒朝奔夜하여도 變更寒暑而後至라 至則宮廬器械衣服飮食之具와 土風氣候之宜와 與夫人民風謠語言習尙之務 其變難遵이요 而其情難得也니 則多愁居惕處에 歎息而思歸라가 及其久也하여는 所習已安이요 所蔽已解라 則歲月有期하여 可引而去矣니 故不得專一精思修治具하여 以宣布天子及下之仁하여 而爲後

世可守之法也라

똑같이 관리가 되지만, 中原 출신인 사람이 황량한 변경의 산악지대와 해변고을 및 오랑캐들이 사는 異域에서 벼슬하거나, 혹은 燕, 荊, 越, 蜀 지역이나 해외 만리 밖 출신인 사람이 中原에서 벼슬하기도 한다. 그런가 하면 사방 변경지역 출신인 사람이 서로 지역을 바꾸어 부임하기도 한다. 그들이 부임하느라 산을 넘고 물을 건너며 사막을 지나고 숲속을 달려 다니는 과정에 이따금 風霜과 氷雪, 瘴霧의 독을 무릅쓰고 蛟龍, 살무사, 도마뱀, 호랑이, 표범 떼의 습격에 노출되어 있으며, 거친 파도나 거센 물살, 무너지는 절벽이나 낙석에 깔릴 위험을 안고 있다. 그들이 부임할 때 누구나 식량과 약품을 챙기고서 선박을 가려 타고 말을 바꾸어 탄다 하더라도 힘깨나 쓰는 병사들을 편성한 뒤에 움직이고, 아침부터 저녁까지 빨리 움직여도 춥거나 덥던 계절이 바뀔 만큼 몇 달이 지나서야 임지로 부임하게 된다.

부임하고 나서도 주택, 집기류, 의복, 음식 등 도구와 風土 및 氣候 등 자연의 특성, 그리고 백성들의 노래, 언어, 풍속습관에 관한 것들에 있어 그 변화를 맞춰가기 어렵고 그 실정을 파악하기 어렵다. 그렇다 보니 많은 근심과 걱정 속에서 살면서 탄식하다가 고향으로 돌아갈 생각만 하게 된다. 그러다가 부임한 지가 오래되면 그 지역에서 익힌 관습에 적응이 되고 모르던 것도 알게 되지만, 임기가 다 차면 그 지역에서 벗어나 다른 곳으로 떠나야 한다. 그렇기 때문에 관리가 통치수단을 정비하는 데 전념함으로써 천자가 백성들에게 베푸는 어진 정치를 선양하여 후세 사람들이 지킬 수 있는 법을 만들지 못하게 된다.

1) 中州 : 中原과 같은 뜻으로, 黃河 중류 지역인 內地를 말한다.
2) 燕荊越蜀 : 燕은 지금의 河北 북부 지역이고, 荊은 지금의 湖北과 湖南 지역이고, 越은 지금의 江蘇와 浙江 지역이고, 蜀은 지금의 四川 동부와 雲南, 貴州 북부 지역으로 黃河 중류 지역을 벗어난 外地이다.
3) 瘴霧 : 중국 남부와 서남 지방의 습기와 열기로, 사람에게 질병을 유발하게 하는 안개기운을 말한다.

或九州之人이 各用於其土에 不在西封이면 在東境이라 士不必勤이요 舟車輿馬不必力이로되 而已傳其邑都하여 坐其堂奧라 道塗所次에 升降之倦과 衝冒之虞를 無有接

於其形하며 動於其慮라 至則耳目口鼻百體之所養이 如不出乎其家며 父兄六親故舊之人을 朝夕相見이 如不出乎其里며 山川之形과 土田市井風謠習俗辭說之變과 利害得失善惡之條貫을 非其童子之所聞이면 則其少長之所遊覽이요 非其自得이면 則其鄕之先生老者之所告也라 所居已安이요 所有事之宜 皆已習熟이니 如此能專慮致勤職事하여 以宣上恩하고 而修百姓之急이라 其施爲先後에 不待旁諮久察이요 而與奪損益之幾를 已斷於胸中矣니 豈累夫孤客遠寓之憂로 而以苟且決事哉리오

간혹 九州 사람이 저마다 자기 고향지역에 임용되었을 때 그곳이 서쪽 경내가 아니면 동쪽의 경내에 있다. 그래서 士卒들을 굳이 고생시킬 필요가 없고 선박이나 수레, 가마나 말을 구태여 부릴 필요도 없이, 금방 그가 다스릴 고을의 관청에 도착하여 그가 머무를 대청과 안방에 앉는다. 그래서 부임하러 가는 도중에 머물러 밤을 넘기거나 산을 오르내리느라 겪는 고생이라든가, 매서운 바람 찬 서리를 맞는 어려운 일들을 몸으로 직접 접하고 마음으로 느낄 일이 없다.

임지에 도착하면 자신의 온 몸으로 누리는 물질적 조건들이 마치 제 집안에서 누리는 것과 같으며, 부모형제, 친척, 친구들도 朝夕으로 만날 수 있는 여건이 자기 동네 안에서 만나는 것과 같다. 지리적인 형세와 田畓, 市井, 民謠, 習俗, 말투 등의 변화에서부터 利害得失이 얽힌 관계와 善惡이 판가름 나는 체계에 대해 어렸을 때 들은 것이 아니면 소년 시절이나 장성했을 때 돌아다니며 보았던 것이며, 스스로 알아낸 게 아니면 그 지역의 先生이나 노인들이 알려준 내용이다.

사는 곳이 벌써 편안한데다, 모든 일을 어떻게 처리하는 것이 옳다는 것을 전부 이미 잘 알고 있다. 이와 같이 오로지 맡은 임무에 전념하여 황제의 은혜를 선양하고, 백성들의 급선무를 처리하게 된다. 그가 정무를 실시할 때 무엇을 먼저하고 나중에 할 것인지 주변에 자문을 구하거나 오래 살펴볼 필요 없이 누구에게 상을 주고 누구에게 벌을 주며 조세수입을 늘리거나 줄이는 초보적인 방안을 이미 마음속으로 결단하게 된다. 그러니 어찌 타 지역에서 벼슬살이하려 온 외로운 사람이 먼 지역에서 더부살이하는 근심 속에서 아무렇게나 정사를 처결하는 경우와 같겠는가.

臨川江君任이 爲洪之豐城하니 此兩縣[1]者는 牛羊之牧相交하며 樹木果蔬五穀之壟

相入也니 所謂九州之人各用於其土者 孰近於此리오 旣已得其所處之樂이요 而厭聞飫聽其人民之事어늘 而江君이 又有聰明敏給之材와 廉潔之行하여 以行其政하리니 吾知其不去圖書講論之適과 賓客之好도 而所爲有餘矣라 蓋縣之治면 則民自得於大山深谷之中이요 而州以無爲於上이라 吾將見江西之幕府에 無南嚮而慮者矣리라 於其行에 遂書以送之하노라

臨川 사람 江君 任이 洪州의 豐城縣을 다스리게 되었다. 이 두 縣은 소와 양을 방목하는 지역이 겹치며, 樹木, 과일, 채소 및 五穀을 심은 토지가 맞물려 있다. 방금 말했던 九州의 사람들이 각각 자기의 고향지역에서 임용된 자 가운데 이보다 가까운 경우가 누가 또 있겠는가. 이미 살던 지역에서 누리는 즐거움을 얻었고 그 지역 백성들의 일에 대해 질리도록 들은 상태인데, 江君은 또 총명하고 민첩한 자질과 청렴하고 고결한 행실로 그 지역의 정무를 집행할 것이다.

나는 그가 도서를 읽고 학문을 강론하는 즐거움과 빈객들과 교제하는 흥취를 굳이 버리지 않고도 자신이 하는 업무는 충분히 해내리라 알고 있다. 대체로 縣이 잘 다스려지면 백성들은 큰 산이나 깊은 골짜기 안에 살면서도 스스로 만족하게 되고, 州는 그 위에서 별다른 조치를 취하지 않아도 모든 일이 저절로 잘된다. 나는 장차 江南 서부의 상부 관청이 남쪽 고을의 정사에 관해 근심할 일이 없을 것으로 안다. 그가 부임하러 떠날 때에 이 서문을 써서 그를 전송한다.

1) 此兩縣 : 江任의 고향인 臨川縣과 그가 수령으로 부임하는 豐城縣을 말한다.

唐荊川曰 此文作兩段이니 一段은 言用于異鄕之難爲治하고 一段은 言用于其土之易爲治라하니라

唐荊川이 말하였다.

"이 문장은 두 문단으로 되어 있다. 한 문단에서는 타향에서 임용될 때 任地를 다스리기 어렵다는 점을 말했고, 한 문단에서는 출신지역에서 임용될 때 任地를 다스리기가 쉽다는 점을 말했다."

06. 館閣送錢純老知婺州詩序* 館閣에서 知婺州로 부임하는 錢純老를 전송하는 詩의 서문

* 작자가 52세 때인 熙寧 3년(1070)에 쓴 글이다. 純老는 錢藻의 자인데 秘閣校理를 지냈다. 熙寧 3년 그가 知婺州로 부임하게 되자, 館閣에 재직하던 동료들이 그를 전송하며 贈詩를 써주었는데, 그가 부임 후 이 시들을 비석에 새기려고 하면서 당시 越州通判으로 있던 작자에게 서문을 써달라고 부탁했다. 작자는 이 서문에서 錢藻가 외지에 오래 머물지 않고 머지않아 조정으로 돌아올 것이라 기대하고 있다.

文之典刑이니 雍容雅頌이라

문장의 典範으로, 온화한 雅頌과도 같은 작품이다.

熙寧三年三月에 尙書司封員外郎秘閣校理錢君純老出爲婺州할새 三館[1]秘閣同舍之士相與飮餞于城東佛舍之觀音院하니 會者凡二十人이라 純老亦重僚友之好하고 而欲慰處者之思也라 乃爲詩二十言以示坐者하니 於是에 在席人이 各取其一言爲韻하고 賦詩以送之러니 純老至州에 將刻之石할새 而以書來曰 爲我序之하라하니라

熙寧 3년 3월 尙書省司封員外郎 秘閣校理 錢君 純老가 도성을 떠나 婺州를 다스리게 되었다. 그때 三館과 秘閣에서 함께 근무했던 인사들이 서로 함께 도성 동쪽에 있는 절 가운데 觀音院에서 술을 마시며 그를 전송하였는데, 모인 자들은 총 20명이었다. 純老도 동료들과의 우호를 중시하여 도성에 남아 있는 사람들의 마음을 다독여주려 했다. 그래서 20자로 된 五言絶句 한 수를 지어 좌중의 동료들에게 보여주었다. 이에 좌중에 있던 사람들도 저마다 純老가 지은 시에서 한 글자씩 취해 韻字로 삼고 贈詩를 지어 전송했다. 純老가 婺州에 부임하여 이 시들을 비석에 새기려고 하면서 나에게 편지를 보내 "나를 위해 서문을 써주시오." 하였다.

1) 三館 : 崇文館에 딸린 昭文館, 史館, 集賢院 등 세 관서를 말한다. 經, 史, 子, 集 四部을 관리하면서 문헌을 교정하고 편찬하는 등의 일을 맡고 있다.

蓋朝廷常引天下儒學之士하여 聚之館閣은 所以長養其材而待上之用이니 有出使於外者어든 則其僚必相告語하며 擇都城之中廣宇豐堂과 游觀之勝하여 約日皆會하고 飮酒賦詩하여 以敍去處之情하고 而致綢繆之意하나니 歷世寢久에 以爲故常이라 其從容道義之樂이 蓋他司所無요 而其賦詩之所稱引況諭 莫不道去者之義하고 祝其歸仕於王朝요 而欲其無久於外라 所以見士君子之風流習尙이 篤於相先이니 非世俗之所能及이며 又將待上之考信於此하여 而以其彙進이요 非空文而已也라

朝廷에서 늘 儒學을 공부한 天下의 人士들을 선발하여 館閣에 모으는 이유는 그들의 재능을 배양해두었다가 황제께서 임용할 때 대비하려는 것이다. 그들 가운데 외지로 벼슬살이하러 떠나는 이가 있으면, 그 사람의 동료들은 반드시 상호간에 이 사실을 알린다. 그리고는 도성 안의 큰 집과 유람할 만한 좋은 장소를 고르고 날을 잡아 함께 모인다. 이 자리에서 술을 마시고 贈詩를 지어 떠나는 이와 남는 이들 사이의 회포를 풀고 서로간의 끈끈한 정을 전달한다. 여러 세대를 거쳐 오랜 세월이 흐르는 동안 이러한 행위는 관습으로 굳어졌다. 여유롭게 道義로 교제하는 그 즐거움은 아마도 다른 관서에는 없는 관습일 것이다. 그리고 그들이 읊는 시에서 말하고 비유하는 내용은 하나같이 떠나는 사람의 고상한 인품을 칭찬하면서 이 사람이 조정으로 돌아와 벼슬하기를 축원하고 외지에서 오래 근무하지 않기를 바라는 내용이다. 이를 통해 士君子의 風流와 관습이 상호간에 예의를 차리는 것을 특별히 중시한다는 것을 볼 수 있으니, 이는 일반 세속 사람들이 따라갈 수 있는 수준이 아니다. 그리고 앞으로 황제가 이 작품을 통해 실제 정황을 고찰할 수 있는 자료를 제공함으로써, 이들 士君子들이 모두 승진하는 계기를 조성할 것이고 그저 헛된 문장으로 그치고 말지는 않을 것이다.

純老以明經進士制策[1)]入等하여 歷敎國子生하고 入館閣하여 爲編校書籍校理檢討라 其文章學問有過人者하니 宜在天子左右하여 與訪問하고 任獻納이로되 而顧請一州하여 欲自試於川窮山阻僻絶之地하니 其志節之高는 又非凡才所及이라 此賦詩者所以推其賢하며 惜其去가 殷勤反覆而不能已라 余故爲之하여 序其大旨하여 以發明士大夫之公論하고 而與同舍視之하여 使知純老之非久於外也라 十月日序하노라

純老는 明經, 進士, 制策을 통해 급제하여 國子監 生員을 가르친 뒤에 館閣에 들어가 서적을 편찬 교감하고, 秘閣의 校理와 史館의 檢討官을 지냈다. 남보다 월등한 문장과 학문 실력을 갖춘 그는 마땅히 천자의 곁에 있으면서 천자의 질문에 대답하는 데 참여하고 간언을 올리는 직임을 맡았어야 했다. 그런데도 州 하나를 다스리겠다고 자청하여 산천으로 막힌 僻地에서 스스로를 시험하고자 하니, 그의 높은 지조는 또 평범한 재주를 가진 이가 따라잡을 수준이 아니다. 이것이 贈詩를 지어준 자들이 純老의 賢能을 추앙하고 외지로 떠나는 것을 안타깝게 여기는 마음이 간절하여 끝내 떨쳐버리지 못하는 이유이다. 나는 이 때문에 그들을 대신하여 이 시들의 要旨를 서문으로 작성하여 士大夫의 公論을 천명하고 동시에 그를 동료나 다름없이 간주함으로써 그가 외지에서 오래 있지 않으리라는 것을 알게 하였다. 10월 아무 날에 서문을 쓴다.

1) 明經進士制策 : 明經은 유학 경전의 뜻을 물어 인재를 뽑고, 進士는 詩賦를 평가하여 뽑고, 制策은 황제가 문제를 내걸어 뽑는 과거시험이다. 그러나 宋나라 때는 이 세 과목을 進士시험에 통합하였으므로 여기서는 그저 進士시험을 뜻한다.

王遵巖曰 治朝盛世에 **文儒遭逢出入得意之氣象**이 **藹然篇中**하니 **觀者不但可以想見其人**이요 **而又可以知其時也**라하니라

王遵巖이 말하였다.

"태평성대에 文士가 때를 만나 조정에서 출입할 적에 유감이 없는 氣象이 이 작품 안에서 물씬 배어나고 있다. 이 문장을 보는 사람들은 그 사람됨을 상상할 수 있을 뿐만 아니라 그 시대가 어떠한지 알 수 있을 것이다."

07. 贈黎安二生序* 黎生과 安生 두 사람에게 주는 서문

* 작자가 49세 때인 治平 4년(1067)에 黎生과 安生 두 사람에게 써준 贈序이다. 黎生은 일찍이 歐陽脩와 아는 사이로 文風도 歐陽脩와 비슷한 사람이었으며, 安生에 대해서는 알려져 있는 바가 없다. 黎生이 江陵府 司法參軍으로 부임할

때 작자에게 서문을 부탁하여 쓰게 된 작품이다. 이 글에서는 재주를 품고 때를 만나지 못한 이의 심정을 토로하고 있다.

子固作文之旨 與其所自任處로 **幷已槪見**하니 **可謂文之中尺度者也**라

子固가 문장을 지은 취지가 그가 자부하는 경지와 함께 대체적으로 드러났으니, 문장 중에서도 규범에 맞는 작품이라 할 수 있다.

趙郡蘇軾은 **余之同年友也**[1]라 **自蜀以書至京師遺余**하여 **稱蜀之士**하되 **曰黎生安生者**라하더니 **旣而**오 **黎生攜其文數十萬言**하고 **安生攜其文亦數千言**이어늘 **辱以顧余**한대 **讀其文**하니 **誠閎壯雋偉**하며 **善反覆**[2]**馳騁**하여 **窮盡事理**하니 **而其材力之放縱**을 **若不可極者也**러라 **二生固可謂魁奇特起之士**요 **而蘇君固可謂善知人者也**라

趙郡의 蘇軾은 나와 같은 해에 급제한 벗이다. 그는 蜀 땅에서 京師에 있는 나에게 편지를 보내와 蜀 땅의 선비인 黎生과 安生이라는 사람을 칭찬했다. 이윽고 黎生이 그가 지은 글 수십만 자를, 그리고 安生은 그가 지은 글 수천 자를 휴대하고 나를 방문하였다. 내가 그 글들을 읽어보니 확실히 담긴 기상이 크고 웅장했으며, 抑揚反覆의 변화와 거침없이 치닫는 솜씨가 대단하여 事理를 유감없이 분석하였으니, 그와 같은 이들의 자유분방한 재주와 필력은 어떻게 평론하지 못할 정도였다. 이들 두 사람은 진정 뛰어나고 특출한 선비라 할 수 있으며, 蘇君도 진정 인재를 잘 알아보는 사람이라 할 수 있다.

1) 余之同年友也 : 同年은 같은 해에 進士시험에 급제한 것을 말한다. 작자와 蘇軾은 모두 嘉祐 2년(1057)에 進士에 급제하였다.
2) 反覆 : 동일한 어구를 거듭 사용하여 강렬한 느낌을 표현하는 修辭기법을 말한다.

頃之에 **黎生補江陵府司法參軍**하여 **將行**할새 **請余言以爲贈**이어늘 **余曰 余之知生**은 **旣得之於心矣**어늘 **迺將以言相求於外邪**아하니 **黎生曰 生與安生之學於斯文**을 **里之人 皆笑以爲迂闊**이라하니 **今求子之言**은 **蓋將解惑於里人**이라한대 **余聞之**하고 **自顧而**

笑려라

얼마 후 黎生이 江陵府의 司法參軍으로 補任되어 부임하려 할 때, 나에게 이별에 즈음하여 몇 마디 충고하는 말을 써달라고 요청하기에 나는 다음과 같이 말했다. "내가 그대에 대해 아는 것을 이미 마음속에 간직하고 있는데 구태여 언어를 통해 밖으로 표현하기를 바라는가." 그러자 黎生은 다음과 같이 말했다. "저와 安生이 儒學을 배우는 것을 두고 고향 마을 사람들은 모두들 비웃으며 오활하다고 여깁니다. 지금 당신의 한마디 말을 청하는 것은 장차 마을 사람들의 의혹을 풀어주려는 것입니다." 내가 그 말을 듣고는 스스로를 돌아보고 웃었다.

夫世之迂闊이 孰有甚於余乎아 知信乎古而不知合乎世하며 知志乎道而不知同乎俗이 此余所以困於今而不自知也라 世之迂闊이 孰有甚於余乎아 今生之迂는 特以文不近俗이니 迂之小者耳어늘 患爲笑於里之人하니 若余之迂는 大矣라 使生持吾言而歸면 且重得罪하리니 庸詎止於笑乎아 然則若余之於生에 將何言哉리오 謂余之迂爲善이어든 則其患若此요 謂爲不善이어든 則有以合乎世하여 必違乎古하며 有以同乎俗하여 必離乎道矣리라 生其無急於解里人之惑이면 則於是焉必能擇而取之리라 遂書以贈二生하고 幷示蘇君하노니 以爲何如也오

세상에서 오활하기로는 그 누가 나보다 심한 이가 있겠는가. 옛 성현의 가르침을 믿을 줄은 알아도 세상에 영합할 줄은 모르며, 道에 뜻을 둘 줄은 알아도 세속과 한통속이 될 줄은 모르니, 이것이 내가 지금 세상에 곤란을 당하면서도 스스로 그 이유를 모르는 이유이다. 세상에서 오활하기로는 그 누가 나보다 심한 이가 있겠는가. 지금 그대들이 오활한 것은 다만 문장이 時俗에 가깝지 않다는 이유 때문인데, 이는 오활한 것 가운데 사소한 경우인데도 마을 사람들에게 비웃음을 살까 걱정한다. 나처럼 오활한 것은 중대한 경우이니, 만약 내 말을 그대로 간직한 채 江陵府로 부임한다면 장차 크게 죄를 얻을 것이니, 어찌 비웃음을 당하는 정도로 그치겠는가. 그렇다면 나 같은 사람이 그대들에게 장차 무슨 말을 하겠는가.

나의 오활함이 좋은 것이라고 하자, 그렇다면 이것이 조성한 재난이 그와 같고, 나의 오활함이 좋지 않은 것이라고 하자, 그렇다면 세상과 영합하는 부분이 있어 반드

시 옛 성현의 가르침을 위배하고, 시속과 부합하는 부분이 있어 반드시 성현의 도를 위배할 것이다. 그대들은 마을 사람들의 의혹을 풀어주는 데에 급급해하지 않는다면, 틀림없이 이 두 가지 중에서 올바른 것을 가려 취할 수 있을 것이다. 마침내 이 글을 써서 두 사람에게 주고 아울러 蘇君도 한번 읽어보기를 바라는 바이니, 그는 어떻게 생각할지 모르겠다.

唐荊川曰 議論謹密이라하니라

唐荊川이 말하였다.

"논변이 신중하고 치밀하다."

08. 送蔡元振序[*] 蔡元振을 전송하는 서문

* 작자가 汀州의 從事로 부임하는 蔡元振에게 써준 贈序로, 蔡元振에 대해서는 자세하게 알 수 없으며 작성 시기도 미상이다. 이 글에서는 州守와 從事 간의 관계를 논하면서 從事는 州守에 부화뇌동할 것이 아니라, 필요할 때 협력해야 하는 사이임을 피력하고 있다.

才燄少宕이라 特其所見이 亦有可取라

재주 기운이 자유분방한 점이 부족하다. 다만 그 견해는 취할 만한 것도 있다.

古之州從事는 皆自辟士요 士亦擇所從하니 故賓主相得也라 如不得其志어든 去之可也어니와 今之州從事는 皆命於朝하니 非惟守不得擇士요 士亦不得擇所從하니 賓主豈盡相得哉아 如不得其志라도 未可以輒去也니라

옛날 州의 從事는 모두 州의 태수가 스스로 초빙한 선비이며, 선비 또한 함께 일할 만한 대상을 선택했기 때문에 손님과 주인 간에 사이가 서로 좋았다. 그래서 선비가 만일 자기 의견과 서로 맞지 않을 경우에는 떠나더라도 무방하였다. 그러나 지금 州의 從事는 모두 조정에서 임명을 받으므로 태수가 선비를 선택할 수 없을 뿐만 아니

라, 선비도 함께 일할 만한 대상을 선택할 수 없다. 그러니 손님과 주인 간에 사이가 모두 서로 맞을 수 있겠는가. 설령 자기 의견과 서로 맞지 않더라도 선비는 쉽게 떠날 수 없다.

故守之治에는 從事無爲可也나 守之不治에 從事擧其政은 亦勢然也라 議者不原其勢하고 以爲州之政當一出於守라하여 從事擧其政이면 則爲立異爲侵官이라하니 噫라 從事可否其州事는 職也니 不惟其同守之同이라 則舍己之是而求與之同이 可乎아 不可也니라 州爲不治矣어든 守不自任其責하며 己亦莫之任也 可乎아 不可也니 則擧其政이 其孰爲立異邪며 其孰爲侵官邪아 議者未之思也라 雖然이나 迹其所以然컨대 豈士之所喜然哉리오 故曰 亦勢然也라하니라

그렇기 때문에 태수가 잘 다스리면 從事는 별다른 일을 하지 않아도 되지만, 태수가 잘못 다스리면 從事가 그를 대신하여 정무를 행하는 것 역시 정황이 그렇게 만든 것이다. 의논하는 사람들은 이와 같은 정황은 따져보지 않고 州의 정무는 당연히 태수에 의해 처결되는 것이 옳다고 하여, 從事가 태수의 정무를 대행하면 異論을 세운다고 하거나 태수의 권한을 침범한다고 한다. 아, 從事가 자기 州의 일을 두고 可否를 논하는 것은 자신의 직분이니, 태수와 함께 일을 한다고 하여 무조건 동조하지 않는다.

그렇다면 옳다고 생각하는 자신의 소신을 버리고 태수에게 동조하려고 하는 것은 옳은 처사인가? 옳지 않은 처사이다. 州가 제대로 다스려지지 않을 때 태수가 스스로 자신의 책무를 감당하지 못하고 從事도 책임을 지지 않는 것은 옳은 처사인가? 옳지 않은 처사이다. 그렇다면 從事가 태수의 정무를 대행하는 것이 왜 다른 주장을 세우는 것이며, 왜 태수의 권한을 침범한 것이겠는가. 의논하는 사람들은 이 점을 생각하지 못한 것이다. 비록 그렇지만 이렇게 하게 된 그 원인을 추구해보면 어찌 선비가 좋아서 그렇게 한 것이겠는가. 그렇기 때문에 정황이 그렇게 만든 것이라고 말하는 것이다.

今四方之從事는 惟其守之同者多矣라 幸而材어든 從事𥍉其政之缺하여 不過室於歎

途於議而已니 **脫然莫以爲己事**라 **反是焉則激**이니 **激亦奚以爲也**오 **求能自任其責者**면 **少矣**리니 **爲從事乃爾**어든 **爲公卿大夫士於朝**하여 **不爾者其幾邪**리오

지금 사방에서 從事를 맡고 있는 자들은 오로지 태수에게 동조하는 자가 많다. 다행히 재능이 있는 從事라 하더라도 그 태수가 시행하는 정무의 결점을 보면 방 안에서 탄식하거나 길에서 논의하는 정도에 지나지 않아 태연하게 보고 자기 일로 생각하는 사람이 없다. 이와 반대의 경우는 태수와 충돌하여 마찰을 야기하니 마찰을 또한 어디에 쓰겠는가. 스스로 자신의 책무를 감당할 수 있는 자를 찾으려 들면 얼마 없을 것이다. 從事가 되어서도 오히려 그러한데, 조정에서 公, 卿, 大夫, 士가 되어서 그렇지 않은 자는 몇이나 되겠는가.

臨川蔡君이 **從事於汀**하여 **始試其爲政也**라 **汀誠爲州治也**어든 **蔡君**은 **可拱而坐也**요 **誠未治也**어든 **人皆觀君也**리니 **無激也**하며 **無同也**하여 **惟其義而已矣**는 **蔡君之任也**라 **其異日官于朝**어든 **一於是而已矣**도 **亦蔡君之任也**니 **可不懋歟**아 **其行也**에 **來求吾文**이라 **故序而送之**하노라

臨川 사람 蔡君이 汀州의 從事가 되어 비로소 자신의 정무 처리 능력을 시험하게 되었다. 汀州에서 만약 州를 잘 다스린다면 蔡君은 따로 애쓸 필요 없이 조용히 있어도 되겠지만, 만약 잘 다스리지 못한다면 사람들은 모두 蔡君을 지켜볼 것이다. 태수와 충돌하여 마찰을 빚지도 말고 부화뇌동하지도 말며 오로지 正道에 부합하도록 하는 것은 蔡君의 임무이다. 훗날 조정에서 벼슬을 할 때에도 오로지 이렇게 해야 하는 것 역시 蔡君의 임무이니, 노력하지 않을 수 있겠는가. 蔡君이 떠나려고 할 때 나를 찾아와 내 글을 청하기에 서문을 써서 그를 전송하였다.

唐荊川曰 此文入題以後로 **照應獨爲謹密**하여 **異于南豐諸文**이라하니라

唐荊川이 말하였다.

"이 문장은 첫 구절부터 문장 앞뒤의 대응이 매우 엄밀하여 南豐이 지은 여느 문장과는 다르다."

09. 敍盜* 도적들의 신상명세서에 쓴 서문

＊ 이 작품에서는 작자가 도적 30명이 저지른 절도사건을 심리하고 그들의 신상 정보 및 범행상황, 전과기록 등을 도표로 작성한 의도를 서술하였다. 이 작품을 쓴 시기는 구체적으로 알 수 없으나, 작자가 지방관으로 재직했을 때 지은 것으로 추정된다. 이 글을 통해 작자는 도적을 유형별로 분류하고 도적이 발생하는 사회적인 원인을 살핀 다음, 이들을 죄상에 따라 처벌을 달리해야 한다는 점을 피력했다.

前半篇은 按圖次盜情本末如畫하고 後半篇는 則又歸重於不忍刑之之意하니 此는 子固之文所以動合典刑也라 而子固之讞獄詳悉處도 亦可具見矣라

전반부는 도적들을 그린 도표에 따라 도적들이 저지른 죄상의 본말을 차례대로 열거하여 분명하기가 마치 그림과 같고, 후반부는 또 차마 백성들에게 형벌을 가하지 못하는 의미에 무게를 두었다. 이는 子固의 문장이 번번이 典範에 부합하는 이유이다. 그리고 子固의 獄事審理가 세심한 부분도 함께 알 수 있다.

盜三十人이 凡十五發에 繇孫儇而下로 盜吳慶船者와 殺人을 皆應斬[1]이요 盜朱縞船者와 贓重을 皆應絞[2]니 凡應死者十有八人이라 繇湯慶而下로 或贓輕이며 或竊盜며 或嘗自言이니 凡應徒[3]者十有二人이라 此는 有司之法也라

강도 30명이 총 15번 절도사건을 일으켰다. 孫儇 이하로 吳慶의 선박을 턴 자와 살인을 저지른 자는 모두 斬刑에 처해야 하며, 朱縞의 선박을 턴 자와 장물을 많이 취득한 자는 모두 絞刑에 처해야 하는데, 사형에 처해야 할 대상자가 총 18명이다. 湯慶 이하는 장물을 적게 취득하거나 절도죄만 저지른 경우, 또는 일찍이 자수했던 자들로, 徒刑에 처해야 할 대상자가 총 12명이다. 이는 관청의 형법에 비추어 처리한 것이다.

1) 斬 : 斬刑이다. 극악죄인에게 적용하는 중형으로, 목을 베는 형벌이다.

2) 絞 : 絞刑이다. 斬刑의 다음가는 중형으로, 밧줄을 목에 걸어 조여서 질식시켜 죽이는 형벌이다.

3) 徒 : 徒刑이다. 비교적 가벼운 벌로, 죄의 경중에 따라 일정기간 勞役에 복무하게 하는 형벌이다.

今圖之所見者는 其名氏稅等[1]械器와 與其發之日月과 所盜之家와 所取之財니 至於人各別其凡若干發은 皆旁行以見之라 人各別其凡若干發者는 又別之以朱하니 欲覽者之易曉也라 吳慶之船은 贓分爲三하여 與吳慶吳道之屬有親疏와 居有異同하고 至於孫僊湯慶之族屬과 以及十二人之所以得不死者는 皆別見於圖之上下하니 而獄之輕重이 詳矣라

지금 이 도표에 나타낸 것은 도적들의 성명, 범행에 사용한 도구와 사건 발생 일시, 털린 집, 취득한 재물에 대한 정보이다. 각 도적별 전과경력에 관해서는 모두 옆줄로 표시하되 그것을 또 朱墨으로 구분하였으니, 이 그림을 보는 사람이 쉽게 알아볼 수 있도록 하기 위한 것이다. 吳慶의 선박에서 털린 장물은 셋으로 나누어 親疏관계와 주거지의 차이에 따라 吳慶, 吳道의 친족들에게 지급했다. 孫僊, 湯慶의 족속과 12명이 死刑을 언도받지 않은 이유에 대해서는 모두 도표의 위아래에 따로 표시해두었으니, 죄상의 경중을 상세하게 알 수 있을 것이다.

1) 稅等 : ≪義門讀書記≫ 권41에 의하면 이 두 자는 오류인 듯하다 하였고, 문맥으로 보더라도 의미가 없으므로 번역에서 제외하였다.

其創作兵仗하여 合衆以轉劫數百里之間하고 至於賊殺良民하니 此情狀之尤可嫉者也라 方五六月之時에 水之害甚矣러니 田疇旣以蕩溺矣오 屋廬旣以漂流矣라 城郭之內에 糶官粟以賑民하되 而猶有不得食者라 窮鄕僻壤大川長谷之間에 自中家以上으로 日昃持錢이라도 無告糴之所어든 況於蹠所素困之人乎아 方且結草葦以自託於壞堤毁垾之上에 士有饑餓之迫이요 無樂生之情하여 其屢發而爲盜하니 亦情狀之可哀者也라

그들이 흉기를 제작하고 무리들을 규합하여 수백 리 내 곳곳에서 약탈을 일삼았으

며 심지어 양민을 해치고 살해하였으니, 이것이 특히나 분노를 자아내는 정황이다. 5, 6월에는 수해가 극심하여 전답이 물에 잠기고 가옥들이 물에 휩쓸려가 성 안에서는 官穀을 풀어 백성들을 진휼하였으나, 그럼에도 끼니를 해결하지 못하는 자들이 있었다. 큰 하천이나 깊은 골짜기에 자리잡은 궁벽한 시골마을에서는 중산층 이상도 해가 저물면 돈을 갖고도 곡식을 살 곳이 없는 터에, 하물며 가진 게 없어 평소 곤란을 겪던 사람이야 말할 것이 있겠는가. 게다가 무너진 둑이나 언덕 위에 갈대풀을 엮어 몸을 의탁할 때, 사람들은 굶주림이 절박하고 삶을 즐기려는 마음이 없었다. 그래서 그들이 누차 일어나 도적이 되었으니, 이 또한 가련한 실상이다.

康誥에 **曰 殺越人于貨**하여 **暋不畏死**를 **凡民罔不憝**[1]라하고 **孟子以謂不待敎而誅者也**[2]라하니 **是則殺人之盜**란 **不待敎而誅**라 **皆百王之所同**이나 **而未有知其所始者也**라 **然而孔子曰 天下有道**면 **盜其先變乎**[3]인저하니 **此**는 **謂養之既足**이요 **導之既明**이면 **則爲盜者 知恥而自新**하리니 **則非殺人之盜**란 **有待敎而誅**는 **此亦百王之所同**이나 **而未有知其所始者也**라 **不待敎而誅者**는 **天下之所不得容也**요 **待敎而誅者**는 **俟之之道既盡矣**라야 **然後可以責之備也**니 **苟爲養之既有不足**이요 **導之既有不明**이면 **俟之之道既有不盡矣**라 **故凶年人食不足**하여 **而有起爲盜賊者**니 **天子嘗密下寬大之令**하여 **許降其罪**나 **而此非有司之法也**라 **至殺人與贓重者**하여는 **亦不降**은 **有司之法存焉**일새니 **亦康誥之意也**라 **余當閱是獄**이라 **故具列其本之情狀以覽觀焉**하여 **以明余之於是盡心矣**하노라

〈康誥〉편에 이르기를 "재물 때문에 사람을 죽이고 약탈하면서도 뻔뻔스럽게 죽음을 겁내지 않는 이들은 백성들이 누구나 혐오한다." 하였으며, 孟子께서도 이런 자들을 두고 "가르칠 것도 없이 죽여야 할 자들이다." 하였으니, 이 말씀은 살인을 저지른 도적의 경우 가르칠 필요도 없이 죽여야 한다는 것이다. 이는 모든 군주가 동의하는 점이지만, 이 주장이 언제 비롯되었는지 아는 사람은 없다. 그러나 孔子께서 말씀하기를 "天下에 道가 있다면 도적들이 아마도 가장 먼저 개과천선할 것이다." 하였다. 이는 백성들을 충분히 먹고 살게 해주고 밝은 길로 인도한다면 도적질을 일삼던 자들은 수치심을 알고 스스로 새로워질 것이라는 말이다. 그렇다면 살인을 저지르지 않은

도적은 가르치는 과정을 거친 뒤에 죽여야 한다는 것으로써 이 역시 모든 군주가 동의하는 점이지만, 이 주장이 언제 비롯되었는지 아는 사람은 없다.

가르칠 필요도 없이 죽여야 할 자는 천하에서 포용할 수 없는 자들이지만, 가르치는 과정을 거친 뒤에도 〈교화되지 않아〉 죽여야 하는 자에 대해서는 그들을 처우하는 도리를 다하고 나서야 그들에게 완벽하게 교화되기를 요구할 수 있다. 만약 그들을 충분히 먹고 살게 해주지 못하고 밝은 길로 인도하지도 못한다면, 그들을 처우하는 도리에 벌써 미진한 점이 있게 된다. 때문에 흉년에는 사람들이 식량이 부족하여 도적이 되는 자가 있으므로, 천자께서 일찍이 그들을 관대하게 처분하라는 내용의 詔令을 은밀하게 내려 그들의 죄를 감면하도록 허락하였다. 하지만 이는 그에 관한 부문의 법령이 아니다. 살인을 저지른 자와 장물을 많이 취득한 자의 경우, 그들의 형량을 감면해주지 않은 것은 그에 관한 부문의 법률이 또한 존재하니, 이 또한 〈康誥〉편에서 말한 뜻이다.

내가 마침 이 獄事를 심리했기 때문에 이 사건의 본말과 정황을 모두 열거하여 사람들이 살펴볼 수 있도록 함으로써 내가 이 사건에 심혈을 기울였음을 밝힌다.

1) 康誥曰……凡民罔不憝 : ≪書經≫ 〈周書 康誥〉에는 "殺越人于貨 暋不畏死 罔弗憝"로 되어 있고, ≪孟子≫ 〈萬章 下〉에는 "殺越人于貨 閔不畏死 凡民罔不譈"로 되어 있다.
2) 不待教而誅者也 : ≪孟子≫ 〈萬章 下〉에 보인다.
3) 天下有道 盜其先變乎 : ≪荀子≫ 〈正論〉에 보인다.

10. 序越州鑑湖圖* 越州鑑湖圖에 쓴 서문

* 작자가 51세 때인 熙寧 2년(1069)에 越州通判으로 있으면서 鑑湖의 水利 현황을 조사하고, 호수의 全景을 담은 그림을 다시 그릴 때 쓴 글이다. 앞부분에서는 鑑湖의 지리적 환경을 묘사하고, 중간에서는 이제까지 鑑湖 일대에 불법으로 전지를 만든 실태를 지적했던 관리들에 대해 언급했다. 그리고 끝부분에서는 호수를 복구하거나 준설할 필요가 없다는 주장을 반박하는 것으로 마무리했다.

通篇點次鑑湖 如天官家之次三垣[1]五星[2]二十八緯[3]와 以及飛流疾

伏히 無不擘劃如掌나 而又恐後之勢家 或請爲田而廢也라 於是에 又詳爲辨覈參駁하니 曾公之文이 固雄이로되 而其經世之略을 亦槪見矣라

全篇에서 鑑湖에 대해 평론하고 제반 사항을 순차적으로 서술한 것이, 마치 천문학자가 三垣, 五星, 二十八緯와 流星의 빠르기와 잠복 현상에 이르기까지 모두 자기 손 안에서 조리 있게 배치한 것과 같다. 그리고 또 후대의 권세가가 혹여 호수를 田畓으로 개간하겠다고 청하여 호수를 메마르게 할까 우려했다. 그래서 또 상세하게 그 문제에 대해서도 따지고 반박하였다. 曾鞏의 문장이 본디 웅건하지만, 세상을 경영하는 지략도 대체적으로 살펴볼 수 있다.

1) 三垣 : 太微垣, 紫微垣, 天市垣의 合稱이다.
2) 五星 : 東方歲星(木星), 南方熒惑(火星), 中央鎭星(土星), 西方太白(金星), 北方辰星(水星)을 말한다.
3) 二十八緯 : 緯는 星의 뜻으로, 二十八宿를 말한다.

鑑湖는 一曰南湖라 南幷山하고 北屬州城漕渠하며 東西距江[1]이라 漢順帝永和五年에 會稽太守馬臻之所爲也니 至今九百七十有五年矣[2]라 其周는 三百五十有八里니 凡水之出於東南者皆委之하니라 州之東에는 自城至于東江히 其北隄石楗은 二요 陰溝[3]는 十有九라 通民田이요 田之南은 屬漕渠하니 北東西屬江者를 皆漑之라 州東六十里에 自東城으로 至于東江히 其南隄陰溝 十有四니 通民田하고 田之北抵漕渠하며 南幷山하고 西幷隄하니 東屬江者 皆漑之하니라 州之西三十里는 曰柯山斗門이니 通民田이요 田之東은 幷城하고 南幷隄하며 北濱漕渠하니 西屬江者皆漑之하니라 總之컨대 漑山陰會稽兩縣十四鄕之田九千頃이라 非湖能漑田九千頃而已니 蓋田之至江者 盡於九千頃也라 其東은 曰曹娥斗門[4]과 曰蒿口斗門이니 水之循南隄而東者는 由之以入于東江하며 其西는 曰廣陵斗門과 曰新逕斗門이니 水之循北隄而西者는 由之以入于西江하며 其北은 曰朱儲斗門이니 去湖最遠이라 蓋因三江[5]之上과 兩山[6]之間에 疏爲二門하여 而以時視田中之水하여 小溢則縱其一하고 大溢則盡縱之하여 使入于三江之口하나니 所謂湖高於田丈餘하고 田又高海丈餘하여 水少則泄湖漑田하고 水多則泄田中水入海라

故無荒廢之田과 水旱之歲者也라 繇漢以來로 幾千載에 其利未嘗廢也러라

鑑湖는 일명 南湖라고도 한다. 남쪽으로는 산을 끼고 있고, 북쪽으로는 州城의 운하와 연결되어 있으며, 동서로는 강에 도달한다. 漢나라 順帝 永和 5년(140)에 會稽太守 馬臻이 만든 호수로, 현재에 이르기까지 975년이 되었다. 호수의 둘레는 358里로, 越州 동남쪽에서 흘러나오는 물은 모두 이곳으로 모인다. 越州 동쪽에는 城에서부터 동쪽 강에 이르기까지 그 북쪽 둑에 돌로 된 물마개가 2개소이며, 陰溝가 19줄기이다. 이들은 백성들의 농지와 통해 있으며, 농지의 남쪽은 운하와 연결되어 있다. 북쪽, 동쪽, 서쪽으로 강과 연결된 농지들은 모두 鑑湖의 물을 끌어댄다. 越州 동쪽으로 60里 되는 곳은 東城에서부터 동강에 이르기까지 그 남쪽 둑에는 陰溝가 14줄기이다. 이들은 백성들의 농지와 통해 있는데, 농지의 북쪽은 운하에 다다른다. 남쪽으로는 산을 끼고 있고, 서쪽으로는 둑에 접해 있는데, 동쪽으로 강과 연결된 농지들은 모두 鑑湖의 물을 끌어댄다. 越州 서쪽으로 30里 되는 곳은 柯山斗門이라 하는데, 백성들의 농지와 통해 있다. 그리고 농지의 동쪽은 城에 접해 있고, 남쪽은 둑에 접해 있으며, 북쪽은 운하와 가까이 있다. 서쪽으로 강과 연결된 농지들은 모두 鑑湖의 물을 끌어댄다. 결론적으로 말하자면, 山陰縣과 會稽縣 두 縣에 속한 14개 고을의 농지 9천 頃에 鑑湖의 물을 끌어대는 것이다. 하지만 실제로는 鑑湖의 물로 농지 9천 頃에만 물을 대는 것은 아니니, 城에서부터 여러 강변까지의 농지가 총 9천 頃이라는 말일 뿐이다.

그 동쪽에는 曹娥斗門과 蒿口斗門이 있는데, 남쪽 둑을 따라 동쪽으로 흘러가는 물은 이 두 군데를 통해 동쪽 강으로 흘러든다. 그 서쪽에는 廣陵斗門과 新逕斗門이 있는데, 북쪽 둑을 따라 서쪽으로 흘러가는 물은 이 두 군데를 통해 서쪽 강으로 흘러든다. 그 북쪽에는 朱儲斗門이 있는데, 鑑湖와 거리가 가장 멀다. 이것은 세 강변과 두 산 사이에서 물길을 준설하고 두 閘門을 만들어 수시로 농지에 담겨 있는 물의 수위를 살펴보고 물이 조금 넘치면 閘門 한 곳을 열고, 크게 넘치면 閘門을 모두 열어 그 물을 세 강어귀로 흘려보낸다. 이것이 이른바 "鑑湖의 수위는 농지보다 1丈 남짓 높고 농지는 또 해수면보다 1丈 남짓 높아 수량이 적으면 鑑湖의 물을 방류하여 농지에 물을 대고, 수량이 많으면 농지 안에 찬 물을 바다로 흘려보내기 때문에 황폐해진 농지와 홍수, 가뭄으로 피해를 입은 해가 없다."는 것이다. 그래서 漢나라 이후

수천 년이 되도록, 鑑湖의 덕을 보지 못한 적이 없었다.

1) 東西距江 : 동쪽으로는 曹娥江, 서쪽으로는 錢淸江과 이어져 있다. 이 두 강을 뒷부분에서 각각 東江, 西江으로 불렀다.
2) 至今九百七十有五年矣 : 이 글을 쓴 시점에서 계산하면 930년이 된다고 해야 맞다. 작자의 계산에 착오가 있는 듯하다.
3) 陰溝 : 땅속으로 난 물길을 말한다.
4) 斗門 : 제방에 설치한 것으로, 갑자기 불어난 홍수를 흘려보내는 閘門을 말한다.
5) 三江 : 曹娥江, 錢淸江, 浙江을 말한다.
6) 兩山 : 會稽山, 柯山을 말한다.

宋興에 民始有盜湖爲田者러니 祥符之間에는 二十七戶요 慶曆之間二戶爲田四頃이러라 當是時하여 三司轉運司[1] 猶下書切責州縣하고 使復田爲湖러라 然自此吏益慢法하여 而奸民浸起러니 至於治平之間하여는 盜湖爲田者 凡八千餘戶요 爲田七百餘頃하여 而湖廢幾盡矣라 其僅存者 東爲漕渠 自州至于東城六十里요 南通若耶溪하여 自樵風涇至于桐塢히 十里皆水라 廣不能十餘丈이니 每歲少雨어든 田未病而湖蓋已先涸矣라

宋나라가 건국되자 鑑湖를 불법으로 매립하여 자신의 농지로 만든 백성들이 나타나기 시작했다. 大中祥符 연간(1008~1016)에는 27戶였던 것이, 慶曆 연간(1041~1048)에는 2戶가 더 늘어나 이들이 농지로 점유한 면적이 4頃이나 되었다. 이때에는 三司와 轉運司가 공문을 보내 越州와 해당 縣의 관원들을 엄중하게 문책하고 점유했던 농지들을 다시 호수로 복원했다. 그러나 이후로는 관리들이 더욱 법을 제대로 집행하지 않아, 간사한 백성들이 더욱 기승을 부렸다. 治平 연간(1064~1067)에는 鑑湖를 불법으로 매립하여 자신의 농지로 점유한 자들이 총 8천여 戶, 점유한 농지가 7백여 頃에 달해서 鑑湖가 거의 남아나지 않게 되었다. 鑑湖에 겨우 남아 있는 형태라고는 동쪽으로 운하가 越州로부터 東城까지 60里가 되며, 남쪽으로는 若耶溪와 통해 있어 樵風涇에서 桐塢에 이르는 10里까지가 전부 물이지만 너비는 10여 丈도 못된다. 매년 강우량이라도 줄면 농지는 旱害를 당하지 않지만 鑑湖의 물은 먼저 말라

버린다.

1) 三司轉運司 : 三司는 鹽鐵, 度支, 戶部의 업무를 관장하던 기관이다. 轉運司는 轉運使司의 준말로 轉運使가 머무는 官署 명칭이다. 轉運司는 三司에 소속된 1개 路(행정단위)의 長官으로, 해당 路의 재정, 부세 및 산하 각 州의 官吏를 감찰하는 일을 관장했다.

自此以來로 人爭爲計說하니 蔣堂[1]則謂宜有罰以禁侵耕하고 有賞以開告者라하니라 杜杞[2]則謂盜湖爲田者는 利在縱湖水하니 一雨則放聲以動州縣하여 而斗門輒發이라 故爲之立石則水하되 一在五雲橋하여 水深八尺有五寸이니 會稽主之하고 一在跨湖橋하여 水深四尺有五寸이니 山陰主之하고 而斗門之鑰은 使皆納于州라가 水溢則遣官視則하고 而謹其閉縱이라하니라 又以謂宜益理隄防斗門하되 其敢田者란 拔其苗하고 責其力以復湖니 而重其罰은 猶以爲未也라하고 又以謂宜加兩縣之長以提擧[3]之名하여 課其督察而爲之殿最[4]라하니라 吳奎[5]則謂每歲農隙에 當僦人濬湖하여 積其泥塗以爲丘阜하되 使縣主役하고 而州與轉運使와 提點刑獄[6]이 督攝賞罰之라하니라 張次山[7]則謂湖廢하여 僅有存者도 難卒復이니 宜益廣漕路及他便利處하여 使可漕及注民田里하고 置石柱以識之하며 柱之內에는 禁敢田者라하니라 刁約[8]則謂宜斥湖三之一하여 與民爲田하고 而益隄使高一丈이니 則湖可不開오도 而其利自復라하니라 范師道施元長[9]則謂重侵耕之禁으로도 猶不能使民無犯이어든 而斥湖與民인댄 則侵者孰禦오 又以湖水較之컨대 高於城中之水 或三尺有六寸이며 或二尺有六寸이어늘 而益隄壅水使高면 則水之敗城郭廬舍는 可必也라하니라 張伯玉[10]則謂日役五千人濬湖하여 使至五尺인댄 當十五歲畢이요 至三尺인댄 當九歲畢이나 然恐工起之日에 浮議外搖하고 役夫內潰어든 則雖有智者라도 猶不能必其成이니 若日役五千人하여 益隄使高八尺인댄 當一歲畢이요 其竹木之[11]費 凡[12]九十二萬有三千이요 計越之戶二十萬有六千이니 賦之而復其租하면 其勢易足이니 如此則利可坐收요 而人不煩弊라하니라 陳宗言趙誠[13]復以水勢高下難之하고 又以謂宜從吳奎之議하여 以歲月復湖라한대 當是時하여 都水[14]善其言하고 又以謂宜增賞罰之令이라하니라

이후로 사람들이 이 문제를 두고 분분하게 계책을 내놓았다.

蔣堂은 형벌을 두어 侵耕을 막고 상을 내려 신고자를 독려해야 한다고 주장하였다.

杜杞는 다음과 같이 주장하였다. 鑑湖를 불법으로 매립하여 자신의 농지로 만든 자는, 자신들의 이익이 鑑湖의 물을 어떻게 방류하느냐에 달려 있다. 그래서 비가 한번 오려고 하면 백성들이 목소리를 내어 越州와 縣에 압력을 넣어서 닫았던 閘門을 그때마다 열게 한다. 그 때문에 鑑湖에 돌로 된 水標를 세워 수량을 측정한다. 水標 하나는 五雲橋에 두는데, 수심이 8尺 5寸으로 會稽縣에서 주관한다. 다른 水標 하나는 跨湖橋에 두는데, 수심이 4尺 5寸으로 山陰縣에서 주관한다. 그리고 닫았던 閘門의 열쇠는 모두 州에 보관하게 했다가, 물이 범람하면 관리를 파견하여 水標의 측정을 살펴서 閘門의 開閉 여부를 신중히 결정하도록 해야 한다.

杜杞는 또 다음과 같이 주장하였다. 堤防과 閘門을 한층 더 정비하되 감히 侵耕을 저지르는 자는 그 땅에 심은 모들을 뽑아내고 그들의 노동력을 징발하여 鑑湖를 복원해야 하니, 그 처벌을 엄중하게 하는 것은 오히려 부당하다. 또 다음과 같이 주장하였다. 會稽縣, 山陰縣 두 縣의 우두머리에게 提擧라는 직함을 부여하여 鑑湖를 감독하는 임무를 부과하고 치적의 성과를 보아 등급을 매겨야 한다.

吳奎는 다음과 같이 주장하였다. 매년 농한기에 사람들을 모아 鑑湖를 준설하여 거기에서 나오는 진흙을 쌓아 언덕을 만든다. 이 工役을 두 縣에서 주관하도록 하고, 州와 轉運使, 提點刑獄이 감독하고 상벌을 시행하도록 해야 한다.

張次山은 다음과 같이 주장하였다. 鑑湖가 파괴되어 겨우 남은 부분도 끝내 복원하기 어렵다. 그러니 漕運에 사용하는 水路와 그 밖에 편하고 이익이 되는 곳을 넓혀 漕運은 물론 백성들의 농지에 물을 댈 수 있도록 하고, 돌기둥을 세워 그 수량을 표시하도록 하며, 돌기둥이 세워진 곳 안에서는 감히 侵耕하는 자들을 엄금해야 한다.

刁約은 다음과 같이 주장하였다. 鑑湖의 3분의 1을 떼어내 백성에게 넘겨줘 농지를 일구도록 하고 둑의 높이를 1丈 더 증축해야 한다. 그렇게 한다면 鑑湖를 더 넓히지 않고도 농지에 물을 대어 얻는 이익은 저절로 회복될 것이다.

范師道와 施元長은 다음과 같이 주장하였다. 侵耕의 금법을 엄중하게 시행해도 오히려 백성들이 법을 범하지 못하도록 하지 못하는 상황에서, 鑑湖를 개간하여 백성들에게 지급한다면 侵耕하는 자들을 뉘라서 막을 것인가. 또 鑑湖의 물을 놓고 따져보면, 성 안의 水位보다 높을 때에는 3척 6촌, 혹은 2척 6촌까지 높아지는데, 둑을 높게 증축하여 물을 막았다가는 물이 성곽이나 집채들을 무너뜨릴 것이 분명하다.

張伯玉은 다음과 같이 주장하였다. 날마다 5천 명을 파견하여 鑑湖를 준설하되, 5자 깊이를 더 파들어간다면 15년이 걸려야 마칠 수 있고, 3자 깊이를 더 파들어간다면 9년이 걸려야 마칠 수 있다. 그러나 工役이 시작되는 날 멋모르고 따지는 이들이 밖에서 동요를 일으키고, 賦役에 종사하는 인부들이 안에서 혼란을 일으킨다면 제아무리 지혜로운 사람이 있더라도 오히려 그 완성을 단정할 수 없다. 만약 날마다 5천 명을 파견하여 둑의 높이가 8척이 되도록 둑을 증축한다면 1년 만에 마칠 수 있다. 그 공사에 들어가는 대나무와 목재의 비용이 총 92만 3,000文이다. 越州의 戶數를 계산하면 20만 6,000戶인데, 그들에게 이 비용을 부과하는 대신 그들의 土地稅를 면제해준다면, 事勢로 보아 비용을 마련하기 쉽다. 이렇게만 된다면 이익을 앉아서 거둘 수 있고 사람들이 피해를 겪지 않아도 된다.

陳宗言과 趙誠은 다시 水勢의 높이를 근거로 그 주장을 비난했다. 또 吳奎의 주장을 따라 期日을 두고 鑑湖를 복원해야 한다고 주장하였다. 이때 都水監에서는 그들의 주장을 좋은 의견으로 보았고, 또 상벌의 강도를 더 강화하자고 하였다.

1) 蔣堂 : 자는 希魯이며 常州 宜興 사람이다. 越州 수령으로 있을 적에 鑑湖를 농지로 점유한 자에 호족들이 많다는 것을 알고 조정에 주청하여 복구하였다.

2) 杜杞 : 자는 偉長이며 常州 無錫 사람이다. 兩浙轉運使를 지낸 적이 있다.

3) 提擧 : 宋나라 때 설치한 관직명으로, 특종 사무를 주관한다. 여기서는 '提擧水利'를 가리킨다.

4) 殿最 : 저본에 '殿賞'으로 된 것을 明나라 正統本 ≪曾鞏集≫을 근거로 수정하였다. '殿最'란 治積의 성과를 두고 등급을 매기는 것을 말하는데, 上級을 '最', 下級을 '殿'이라 한다.

5) 吳奎 : 자는 長文이며 濰州 北海 사람이다. 密州 수령으로 있다가 兩浙提點이 되었다.

6) 提點刑獄 : 提點刑獄公事의 준말로, 더 줄여 提刑官이라고도 한다. 提點刑獄司의 우두머리로 조정에서 각 路로 3년에 1번씩 파견, 교체했다. 해당 路의 형사사건, 사형판결 등을 담당했으며, 관리에 대한 규찰도 맡았다.

7) 張次山 : 누구인지 알 수 없다.

8) 刁約 : 자는 景純이며 丹徒 사람이다. 嘉祐 4년(1059)에 兩浙轉運使가 되었다.
9) 范師道施元長 : 范師道는 자가 貫之이며 蘇州 長洲 사람이다. 鹽鐵判官이 되었다가 兩浙轉運使로 바뀠다. 施元長은 宣城 사람이며 兩浙提點을 지냈다.
10) 張伯玉 : 자는 公達이며 建安 사람인데 仁宗 때 御史를 지냈다.
11) 之 : 저본에 '凡'으로 된 것을 ≪元豐類藁≫를 근거로 수정하였다.
12) 凡 : 저본에 없던 것을 ≪元豐類藁≫를 근거로 보충하였다.
13) 陳宗言趙誠 : 陳宗言은 누구인지 알 수 없다. 趙誠은 자가 希中이며 晉江 사람이다.
14) 都水 : 都水監의 준말로, 각지의 水路, 나루, 橋梁, 堤防, 河川 浚渫 및 疏通 등을 관장했다.

其爲說이 如此하니 可謂博矣오 朝廷未嘗不聽用而著之於法이라 故罰有自錢三百至於千이요 又至於五萬이며 刑有杖百至於徒二年하니 其文이 可謂密矣로되 然而田者不止而日愈多하며 湖不加濬而日愈廢하니 其故는 何哉오 法令不行하고 而苟且之俗이 勝也일새니라

그들이 이와 같이 의견을 내었으니, 다방면으로 제시했다고 할 수 있다. 그리고 조정에서는 이들의 의견을 따라 시행하지 않은 적이 없었으며, 이들의 의견을 법으로 명문화했다. 그 때문에 鑑湖를 侵耕한 처벌로는 벌금이 3百 文에서 千 文에 이르렀으며, 심지어 5萬 文까지도 부과하였다. 형벌로는 杖刑 백 대에서 徒刑 2년에 처하는 형량이 있었으니, 그 법조문은 엄밀하다고 할 수 있다. 그러나 侵耕을 저지르는 자는 끊이지 않고 날마다 더 많아지고 鑑湖는 더 준설하지 않아 날로 사라져가니, 그 까닭은 무엇인가? 법령이 제대로 시행되지 않고, 고식적으로 넘어가는 관습이 우세하기 때문이다.

昔謝靈運 從宋文帝 求會稽回踵湖爲田한대 太守孟顗不聽[1]하고 又求休崲湖[2]爲田한대 顗又不聽이어늘 靈運至以語詆之하니 則利於請湖爲田이 越之風俗에 舊矣라 然南湖繇漢歷吳晉以來로 接于唐하고 又接于錢鏐父子[3]之有此州히 其利未嘗廢者니 彼或以區區之地當天下하며 或以數州爲鎭하며 或以一國自王하여 內有供養祿廩之須하고

外有貢輸問饋之奉하니 **非得晏然而已也**라 **故强水土之政以力本利農**이 **亦皆有數**로되 **而錢鏐之法最詳**하여 **至今尙多傳於人者**하니 **則其利之不廢**는 **有以也**라

옛날에 謝靈運이 南朝 宋 文帝에게 會稽의 回踵湖를 농지로 개간하자고 청했으나, 太守인 孟顗는 그 주장을 따르지 않았다. 謝靈運은 또 休崲湖를 농지로 개간하자고 요청했으나, 孟顗가 또 그 주장을 따르지 않았다. 그러자 謝靈運은 심지어 나쁜 말로 그를 헐뜯기까지 했다. 그렇다면 호수를 농지로 개간하는 것이 이롭다는 사실은 越州의 風俗에서 오래된 것이다.

그러나 南湖(鑑湖)는 漢나라 때부터 吳나라, 晉나라를 거쳐 唐나라에 이르고, 또 錢鏐 父子가 越州를 차지했던 시기에 이르기까지 그 혜택을 보지 못한 적이 없었다. 저들은 좁은 땅을 기반으로 천하에 대항하기도 하고, 州 몇 군데를 기반으로 藩鎭을 삼기도 했으며, 이 지역을 기반으로 하나의 나라를 세워 스스로 왕이 되기도 했다. 그리하여 안으로는 관리들에게 녹봉으로 지급하는 데 드는 필수품을 확보하고, 밖으로는 외교적인 비용을 충당하는 데 필요한 물자들을 소유하였으니, 안정된 터전으로서의 기능만 누리고 마는 곳이 아니었다. 때문에 水土에 대한 법령을 강화하여 농업을 권장하는 데에도 모두 나름대로 방법이 있었다. 그 가운데 錢鏐가 만든 법령이 가장 상세하여 지금에 이르기까지 사람들에게 전해진 법령이 아직도 많다. 그렇다면 鑑湖의 물로 농지에 물을 댐으로써 얻는 이익을 폐기하지 않는 데에는 그만한 까닭이 있다고 할 것이다.

1) 謝靈運……太守孟顗不聽 : 謝靈運은 南朝 宋나라 때의 이름난 시인으로, 조상의 고향은 陳郡 陽夏였는데 宋나라가 근거지를 남쪽으로 옮긴 뒤에는 대대로 會稽에 거주하였다. 謝玄의 손자로 그의 관작을 이어받아 康樂公이 되었으므로 황제에게 호수를 농지로 만들자는 의견을 제시할 만한 권한이 있었다. 宋 文帝는 南朝 宋의 황제 劉義隆이다. 謝靈運이 호수를 농지로 전환하자고 요구하자, 州郡으로 하여금 그대로 이행하도록 하였다. 回踵湖는 지금의 紹興市 동쪽에 있는 호수로, 일명 回湧湖라고도 한다. 孟顗는 자가 彦重이며 아우 孟昶과 함께 풍채가 아름다워 雙珠라고 불렸다. 會稽太守로 재직 중에 죽었는데, 謝靈運과 평소에 사적인 유감이 있어 그의 요청을 받아들이지 않았다 한다. ≪宋書 謝靈運傳≫

2) 休崲湖 : 곧 上妃湖로, 지금의 上虞縣 서북쪽에 있다.

3) 錢鏐父子 : 錢鏐는 臨安 사람으로, 唐나라 말기에 杭州刺史와 鎭海軍節度使를 역임하였다. 兩浙 일대를 모두 점거하였다가 907년에 吳越國王이 되어 재위하는 동안 水利를 크게 일으켰다. 그의 아들 錢元瓘과 손자 錢俶이 왕위를 계승한 뒤에도 모두 水利 건설을 중시하였다. ≪舊五代史 錢鏐傳≫

近世則不然하여 天下爲一이로되 而安於承平之故로 在位者는 重擧事而樂因循하고 而請湖爲田者는 其言語氣力往往足以動人이라 至於修水土之利하여는 則又費財動衆하여 從古所難이니 故鄭國之役[1]을 以謂足以疲秦이라하고 而西門豹之治鄴渠[2]에 人亦以爲煩苦러니 其故如此하니 則吾之吏 孰肯任難當之怨하고 來易至之責하여 以待未然之功乎아 故說雖博而未嘗行하며 法雖密而未嘗擧하니 田者之所以日多와 湖之所以日廢 繇是而已라 故以爲法令不行이요 而苟且之俗勝者 豈非然哉아

近世에는 그렇지 않아, 천하가 통일되어 태평을 누리고 있기 때문에 관료들이 사업을 벌이는 것을 어렵게 여기고 예전의 방식을 답습하기를 좋아하였다. 그리고 호수를 농지로 개간하자고 청하는 이들의 말과 기세는 종종 충분히 사람들에게 영향력을 미칠 정도였다. 水土의 혜택을 누리기 위해 工役을 일으키는 경우, 또 재화를 소비하고 백성들을 동원하는 것이어서 예로부터 어렵다고 생각하는 일이었다. 때문에 鄭國渠를 만드는 工役을 두고 충분히 秦나라의 국력을 소진하게 할 만하다고 여겼으며, 西門豹가 鄴 땅의 水路를 정비할 때 백성들도 그 공역을 괴롭고 고된 일로 여겼다. 그 사연이 이러하니, 우리 관리들 가운데 어느 누가 감당하기 어려운 원망을 짊어지고 쉽게 야기되는 책망을 초래하여 아직 보이지 않는 미래의 공을 기다리려고 하겠는가. 그렇기 때문에 주장은 다방면으로 제시되었으나 제대로 실행된 적이 없으며, 법령이 엄밀하기는 하지만 제대로 거행되지 못했으니, 侵耕하는 자들이 날마다 늘어나고 鑑湖가 점점 폐기되어 가는 까닭이 이 때문일 뿐이다. 그러니 법령이 제대로 시행되지 않고 그렁저렁 넘어가는 관습이 우세하다고 하는 것이 어찌 당연하지 않겠는가.

1) 鄭國之役 : 鄭國은 전국시대 韓나라의 水工이다. 秦王 政의 원년(B.C. 246)에 秦나라로 들어와 秦王에게 건의하여 涇水의 물줄기를 나누어 동쪽으로 三原, 富平, 蒲城를 경유하여 洛水로 들어가는 운하를 만들었다. 운하가 완성되자 4

만여 頃의 농지에 물을 대어 關中이 기름진 평야로 바뀌었다. 다만, 반대하는 자들이 鄭國을 韓나라의 간첩으로 알고 운하를 파는 목적이 秦나라의 국력을 소모하기 위한 것이라고 주장하였다. 鄭國은 결국 이로 인해 처형되었다. 이 운하를 역사에서는 鄭國渠라고 부른다. ≪史記 河渠書≫

2) 西門豹之治鄴渠：西門豹는 전국시대 魏나라의 대신이다. 魏 文侯 때 鄴縣(지금의 河北 臨漳 서남 鄴鎭)縣令이 되어 백성을 동원하여 12개소의 운하를 파고 漳河水를 끌어다가 농지에 물을 댐으로써 魏나라의 河內 지역이 부유해졌다. ≪史記 滑稽列傳≫

夫千歲之湖의 廢興利害를 較然易見이나 然自慶曆以來로 三十餘年에 遭吏治之因循하여 至於旣廢로되 而世猶莫寤其所以然이어든 況於事之隱微難得而考者에 繇苟簡之故로 而弛壞於冥冥之中하니 又可知其所以然乎리오

천년의 세월을 이어온 저 鑑湖의 盛衰에 대한 전말과 利害를 뚜렷이 쉽게 알 수 있게 되었다. 그러나 慶曆 연간 이래로 30여 년 동안 官治하에서 기존의 행태를 인습하는 작태 때문에 鑑湖가 이미 폐기되는 상황에 이르렀는데도 세상 사람들은 도리어 그 원인을 깨닫는 사람이 없다. 더구나 겉으로 드러나지 않아 파악하기 힘든 정무를 졸속으로 처리함으로 인해 정무가 암암리에 손상되는 것에 대해 또 어찌 그 까닭을 알 수 있겠는가.

今謂湖不必復者는 曰 湖田之入이 旣饒矣라하니 此는 游談之士爲利於侵耕者言之也니라 夫湖未盡廢면 則湖下之田旱하니 此方今之害而衆人之所覩也라 使湖盡廢면 則湖[1]之爲田도 亦旱矣리니 此將來之害而衆人所未覩者라 故曰 此游談之士爲利於侵耕者言之요 而非實知利害者也라하노라 謂湖不必濬者는 曰 益隄壅水而已라하니 此好辯之士爲樂聞苟簡者言之也니라 夫以地勢較之컨대 壅水使高어든 必敗城郭하나니 此議者之所已言也요 以地勢較之컨대 濬湖使下라야 然後不失其舊요 不失其舊라야 然後不失其宜하나니 此議者之所未言也라 又山陰之石은 則爲四尺有五寸이요 會稽之石은 則幾倍之어늘 壅水使高어든 則會稽得尺에 山陰得半은 地之窪隆不幷인세니 則益隄未

爲有補也라 故曰 此好辯之士爲樂聞苟簡者言之요 而又非實知利害者也라하노라

지금 鑑湖를 굳이 복원할 필요가 없다고 주장하는 자는 鑑湖를 개간한 농지에서 나오는 수입이 이미 풍족하다고 말하니, 이는 근거 없이 입으로만 떠드는 자가 侵耕 행위를 통해 이익을 얻는 자를 위해 하는 말이다. 저 鑑湖가 다 마르기 전인데도 鑑湖 아래에 있는 농지들은 메말라가고 있으니, 이는 현재 직면한 재앙으로써 여러 사람들이 목도하고 있는 현상이다. 만약 鑑湖가 전부 말라버리면 鑑湖를 개간한 농지들도 메마를 것이다. 이는 장래에 닥칠 재앙으로써 여러 사람들이 미처 목도하지 못한 현상이다. 때문에 鑑湖를 복원할 필요가 없다는 주장은 근거 없이 입으로만 떠드는 자가 侵耕 행위를 통해 이익을 얻는 자를 위해 하는 말로, 利害를 실제로 아는 사람이 아니라고 말한 것이다.

鑑湖를 굳이 준설할 필요가 없다고 주장하는 자는 둑을 증축하여 물을 막으면 그만이라고 말하니, 이는 괴변을 늘어놓길 좋아하는 자가 어물어물 넘긴다는 말을 듣는 것을 좋아하는 자를 위해 하는 말이다. 地勢를 가지고 비교했을 때, 鑑湖의 물을 막아 水位를 높이면 반드시 성곽을 무너뜨리게 되니, 이는 논의하는 사람들이 이미 언급한 바이다. 地勢를 가지고 비교했을 때, 鑑湖를 준설하여 水位를 낮춘 뒤에야 옛 면모를 상실하지 않게 되고, 옛 면모를 상실하지 않은 뒤에야 그 타당성을 잃지 않으니, 이는 논의하는 사람들이 미처 언급하지 않은 바이다. 또 山陰에 세운 돌 水標는 4尺 5寸이고, 會稽에 세운 돌 水標는 거의 배나 된다. 이런 상태에서 호수의 물을 막아 수위를 높이면 會稽 쪽의 수위가 1尺이 되면 山陰 쪽의 수위는 그 절반이 된다. 이는 호수 바닥의 高低가 일정하지 않기 때문이니, 그렇다면 둑을 증축한다고 해서 도움이 되는 것은 아니다. 그러므로 둑을 증축하자는 주장은 궤변을 늘어놓길 좋아하는 자가 어물어물 넘긴다는 말을 듣는 것을 좋아하는 자를 위해 하는 말로, 또 利害를 실제로 아는 사람이 아니라고 말한 것이다.

1) 湖 : 저본에 '湖下'로 된 것을 ≪元豐類藁≫를 근거로 수정하였다.

二者를 旣不可用하여 而欲禁侵耕開告者면 則有賞罰之法矣요 欲謹水之畜泄인댄 則有閉縱之法矣며 欲痛絶敢田者면 則拔其苗하고 責其力以復湖 而重其罰에 又有法

矣라 或欲任其責於州縣與運使提點刑獄하며 或欲以每歲農隙濬湖하며 或欲禁田石柱之內者도 又皆有法矣라 欲知濬湖之淺深과 用工若干과 爲日幾何인댄 欲知增堤竹木之費幾何와 使之安出인댄 欲知濬湖之泥塗積之何所인댄 又已計之矣요 欲知工起之日에 或浮議外搖하며 役夫內潰어든 則不可以必其成인댄 又已論之矣라 誠能收衆說而考其可否하고 用其可者而以在我者潤澤之하여 令言必行이요 法必擧이면 則何功之不可成이며 何利之不可復哉아

앞서 제시한 두 가지 주장을 이미 시행할 수 없는 상태에서, 侵耕 행위를 금지하고 신고자를 독려하고자 한다면 상벌을 시행하는 방법이 있다. 그리고 호수의 물을 막거나 방류하는 것을 신중히 처리하고자 한다면 閘門의 開閉를 관리하는 방법이 있으며, 겁 없이 侵耕 행위를 저지르는 자를 엄금하고자 한다면 그 땅에 심은 모들을 뽑아내고 그들의 노동력을 징발하여 鑑湖를 복원함으로써 그 처벌을 엄중하게 하는 법이 또 있다.

어떤 사람은 그 책임을 州, 縣과 轉運使, 提點刑獄에게 맡겨야 한다고 주장하며, 어떤 사람은 매년 농한기에 鑑湖를 준설해야 한다고 주장한다. 또 어떤 사람은 돌 水標가 세워진 곳 안에서는 侵耕 행위를 저지르는 자를 금지해야 한다고 주장하는데, 이 문제에 대해서는 또 모두 그에 따른 법이 있다.

鑑湖를 얼마나 깊게 준설할 것인지 賦役에 종사하는 인부들을 얼마나 동원하고 며칠이 소요되는지 알고 싶다면, 둑을 증축하고 대나무와 목재를 대는 비용이 얼마인지 이 비용을 어디에서 마련할 것인지 알고 싶다면, 鑑湖를 준설하는 과정에서 나온 진흙들을 어디에 쌓아둘 것인지 알고 싶다면, 이 문제에 대해서는 또 이미 계산이 되어 있다.

공사를 시작하는 날 혹 멋모르고 따지는 이들이 밖에서 동요를 일으키고, 賦役에 종사하는 인부들이 안에서 혼란을 일으켜 공사의 성공을 단정할 수 없는지 알고 싶다면, 이 문제에 대해서도 이미 논의가 되어 있다.

진정으로 여러 가지 주장을 수렴하여 그 가능성 여부를 타진해보고, 쓸 만한 주장을 채용하여 거기에 자신의 의견을 첨가하여 완벽을 기함으로써 말이 반드시 행해지고 법이 반드시 실행되도록 한다면 무슨 공인들 이룰 수 없겠으며, 무슨 혜택인들 다

시 누릴 수 없겠는가.

鞏初蒙恩通判此州할새 問湖之廢興於人하고 求有能言利害之實者러니 及到官하여 然後問圖於兩縣하고 問書於州與河渠司[1)]라 至於參覈之而圖成하며 熟究之而書具하여 然後利害之實明이라 故爲論次하여 庶夫計議者有考焉하노라 熙寧二年冬에 臥龍齋라

나는 처음에 皇恩을 입어 越州의 通判이 되었을 때, 다른 사람에게 鑑湖의 盛衰에 대한 전말을 묻고 利害의 실상을 말할 수 있는 사람을 수소문했다. 到任한 후에는 山陰縣과 會稽縣 두 縣에서 鑑湖에 관한 지도를 알아보았고, 州와 河渠司에서 鑑湖에 관한 문헌을 알아보았다. 그리하여 이것을 서로 참고하고 고증한 끝에 鑑湖의 새 지도가 완성되고, 자세히 연구한 끝에 鑑湖에 관한 문헌이 마련되었다. 그런 뒤에야 利害의 실상이 분명해졌다. 그렇기 때문에 이들을 論定하고 編次하여 鑑湖의 水利政策을 立案하는 사람들이 참고할 수 있기를 바란다. 熙寧 2년(1069) 겨울에 臥龍齋에서 쓰다.

1) 河渠司 : 都水監을 가리킨다. 河渠司는 三司河渠司로도 불린다. 北宋 皇祐 3년(1051)에 설치되었다가 嘉祐 3년(1058)에 폐지되고 그 대신 都水監을 두었는데, 작자가 이 글을 쓸 때는 이미 都水監으로 바뀐 뒤이다.

11. 送李材叔知柳州序* 知柳州로 부임하는 李材叔을 전송하는 서문

* 材叔은 李獻卿의 자이다. 작자의 벗으로 추정될 뿐, 더 이상 자세한 내용은 알 수 없다. 柳州는 옛날에는 南越에 속하였고, 지금은 廣西에 속한 지역이다. 작자는 南越 지역이 장기간 낙후하게 된 원인이 역대 그 지역의 관리가 심력을 쏟아 다스리지 않은 데에 있지, 그 지역 자체에 무슨 문제가 있는 것은 아니라고 하면서 李獻卿에게 그 지역 백성을 위해 힘을 다할 것을 당부하였다. 민생과 수령의 역할에 대한 관심을 토로한 작품이다.

立意似淺이나 然亦本人情而爲之者니 錄之以爲厭遊南粤者之勸하노라

작품의 주제를 확립한 점에 있어서는 수준이 낮은 것 같지만, 그래도

역시 人情에 근본을 두고 쓴 문장이다. 이 문장을 採錄하여 南粤(南越) 지역으로 부임하는 것을 꺼리는 자에 대해 격려할 거리로 삼는다.

談者謂南越偏且遠하여 其風氣與中州異라 故官者 皆不欲久居하니 往往車船未行하여 輒以屈指計歸日하고 又咸小其官하여 以爲不足事라 其逆自爲慮如此하니 故其至皆傾搖解弛하여 無憂且勤之心하나니 其習俗從古而爾라 不然이면 何自越與中國通已千餘年토록 而名能撫循其民者 不過數人邪오 故越與閩蜀始俱爲夷라가 閩蜀皆已變이어늘 而越獨尙陋어니 豈其俗不可更與아 蓋吏者 莫致其治敎之意也일새니 噫라 亦其民之不幸也已로다

담론하는 사람들은 다음과 같이 말한다. 南越은 구석진데다 먼 곳에 위치해 있어 그곳의 풍토와 기후는 중원과 다르다. 그 때문에 벼슬하는 사람들은 모두 그 지역에 오래 머물고 싶어 하지 않는다. 그곳은 이따금 수레나 선박으로도 길을 떠날 수 없어 늘 손꼽아 돌아갈 날만 헤아린다. 또 모두들 南越 땅의 관직을 하찮게 여겨 일할 만한 가치가 없다고 본다.

그들이 미리 이와 같이 생각하기 때문에 南越에 부임하면 모두들 불안을 느끼고 해이해져서 백성을 걱정하고 직무에 힘쓰는 마음이 없다. 이와 같은 습속이 예로부터 그러했다. 그렇지 않았다면, 무슨 까닭으로 南越이 中國과 통한 지 이미 천여 년이 되었는데도 그 지방의 백성들을 잘 돌보았다고 이름난 자가 몇 사람에 지나지 않겠는가. 그렇기 때문에 처음에 南越과 閩 땅, 蜀 땅이 다 같은 오랑캐였다가 閩 땅과 蜀 땅은 다 이미 변화되었지만 南越만은 아직도 고루한 상태로 있다. 이는 어찌 南越의 풍속은 바꿀 수 없기 때문이겠는가, 그 이유는 그 지역의 관리로 있는 자가 정치와 교화를 펴는 취지를 제대로 실현하지 못하였기 때문이다. 아, 이 또한 南越 땅 백성들의 불행이다.

彼不知繇京師而之越하니 水陸之道는 皆安行이라 非若閩溪峽江蜀棧之不測이니 則均之吏於遠이어늘 此非獨優歟아 其風氣를 吾所諳之니 與中州亦不甚異라 起居不違其節이면 未嘗有疾이니 苟違節이면 雖中州라도 寧能不生疾邪리오 其物産之美는 果有

荔子龍眼焦柑橄欖이요 花有素馨山丹含笑之屬이며 食有海之百物과 累歲之酒醋하니 皆絶於天下라 人少鬪訟하고 喜嬉樂이어늘 吏者 唯其無久居之心이라 故謂之不可라하니 如其有久居之心이면 奚不可邪리오

저들은 도성에서 南越로 가는 길을 잘 모르고 있는데, 수로든 육로든 가는 길은 모두 평탄하여 閩 땅의 계곡이나 三峽의 강, 蜀 땅의 棧道처럼 매우 험난한 지역과는 다르다. 똑같이 먼 지역에서 벼슬살이를 하는데, 이 南越 지역은 유독 더 나은 것이 아닌가. 그 지역의 풍토와 기후를 내가 아는데, 중원과도 큰 차이가 없다. 일상생활에서 규칙을 어기지 않는다면 질병이 발생할 일이 없다. 만약 규칙을 어겨가며 생활한다면, 비록 中原이라 하더라도 어찌 질병이 발생하지 않을 수 있겠는가.

그 지역의 우수한 특산품 가운데 과일로는 荔子(여지), 龍眼肉, 焦(바나나), 柑(귤), 橄欖(올리브)이 있고, 꽃으로는 素馨花(재스민), 山丹花(홍백합), 含笑花와 같은 것이 있으며, 음식으로는 각종 해산물과 여러 해 묵은 술, 식초가 모두 천하에 뛰어난 물품들이다. 사람들은 싸우는 일이 적고 유희와 오락을 좋아한다. 그런데도 벼슬하는 사람들만 이 지역에 오래 머물 마음이 없기 때문에 이 지역에서 근무할 수 없다고 한다. 만약 그들이 이 지역에 오래 머물 마음을 먹는다면 어찌 이 지역에서 근무할 수 없겠는가.

古之人은 爲一鄕一縣에도 其德義惠愛 尙足以薰蒸漸澤이어든 今大者는 專一州하니 豈當小其官而不事邪리오 令其得吾說而思之하면 人咸有久居之心이요 又不小其官하리니 爲越人하여 滌其陋俗而毆於治어든 居閩蜀上하여 無不幸之歎하고 其事出千餘年之表하리니 則其美之巨細可知也라 然非其材之穎然邁於衆人者不能也니 官於南者多矣로되 予知其材之穎然邁於衆人하여 能行吾說者는 李材叔而已니라

옛사람은 일개 鄕, 일개 縣의 수령이 되었더라도 그들의 도덕 인의와 백성을 사랑하는 마음이 오히려 충분히 백성을 감화시켰다. 그런데 지금 벼슬이 큰 경우는 한 州를 도맡아 군림하는데 어찌 자기의 관직을 하찮게 여기고서 심력을 다해 백성을 다스리지 않을 수 있겠는가.

만약 그들이 내가 지금 하는 말을 듣고 잘 생각해본다면 사람들은 모두 이 지역에

서 오래 머물 마음을 먹게 될 것이며, 또 자기의 관직을 하찮게 여기지 않을 것이다. 南越 사람들을 위하여 고루한 풍속을 척결하고 治績을 이룩한다면 閩 땅, 蜀 땅보다 우월한 위치를 차지하여 불행하다는 탄식이 없게 될 것이다. 그리하여 이와 같은 치적은 유구한 역사에서 크게 드러날 것이니, 그 좋은 점이 어느 정도인가를 짐작할 수 있다. 그러나 이러한 일은 그 재능이 뛰어나 뭇 사람보다도 월등한 자가 아니면 불가능하다. 南方에서 벼슬살이를 하는 사람은 많지만, 내가 알기로 그 재능이 뛰어나 뭇 사람보다 월등하여 나의 말을 실천할 수 있는 자는 李材叔 한 사람에 지나지 않는다.

材叔은 **又與其兄公翊**으로 **仕同年**하여 **同用薦者爲縣**하며 **入秘書省**하여 **爲著作佐郎**이러니 **今材叔爲柳州**하며 **公翊爲象州 皆同時**요 **材又相若也**니 **則二州交相致其政**하리니 **其施之速勢之便**을 **可勝道也夫**아 **其越人之幸也夫**며 **其可賀也夫**인저

材叔은 또 그의 형 公翊과 함께 같은 해에 급제하여 관리가 되었으며, 똑같이 다른 이의 추천을 받아 縣을 다스린 적이 있었다. 그리고 秘書省에 들어가 著作佐郎을 지냈다. 지금 材叔이 柳州知州가 되고 公翊은 象州知州가 되어 모두 같은 시기이며, 두 사람의 재능도 서로 비슷하다. 그렇다면 柳州와 象州에서 서로간에 자기 지역 政事에 최선을 다할 것이니, 그 정무처리가 신속하고 수령으로서 조건이 적합한 것을 이루 다 형언할 수 있겠는가. 南越 백성들에 있어 다행한 일이며, 축하할 만한 일이다.

宋大家曾文定公文抄 卷7

記

01. 筠州學記* 筠州의 州學에 쓴 기문

* 작자가 史館에서 근무하던 治平 3년(1066, 48세)에 쓴 記文이다. 筠州의 治所는 지금의 江西省 高安縣으로, 그해 8월에 州學을 설립했다. 이 글에서는 漢代 이래로 학자들이 先王의 道에 대해 몰랐으며, 큰 인재가 나오려면 학교에서 이를 잘 교육해야 한다고 갈파하고 있다. 비록 작자가 經學 자체에 세운 업적은 없지만, 그의 문장이 經學에 근본을 두고 있다는 점을 알 수 있다.

不如宜黃記所見之深이나 而其行文亦屬作者之旨라

〈宜黃縣學記〉에 나타난 깊은 소견보다는 못하지만, 문자를 조직하여 意思를 서술한 것은 작자가 평소에 지닌 취지에 부합된다.

周衰에 先王之迹熄이라 至漢하여 六藝出於秦火之餘하고 士學於百家之後하여 言道德者는 矜高遠而遺世用이요 語政理者는 務卑近而非師古라 刑名兵家之術은 則狃於暴詐요 惟知經者爲善矣로되 又爭爲章句訓詁之學하여 以其私見으로 妄臆穿鑿爲說이라 故先王之道不明하고 而學者靡然溺於所習하니 當是時하여 能明先王之道者는 揚雄而已로되 而雄之書를 世未知好也라 然士之出於其時者는 皆勇於自立하고 無苟簡之心하여 其取與進退去就 必度於禮義러니 及其已衰에는 而搢紳之徒 抗志於强暴之間하여 至於廢錮殺戮이로되 而其操愈厲者 相望於先後하니 故雖有不軌之臣[1]이라도 猶低徊沒世하여 不敢遂其篡奪하니라

周나라가 쇠퇴하자 先王이 제정한 典章制度가 사라져버렸다. 漢나라 때에 이르러 六經이 진시황이 서적을 불태워버린 속에서 발굴되어 나왔고, 학자들은 諸子百家를

익히던 끝에 비로소 六經을 접촉하였다. 道德을 담론하는 道家는 고상한 철학만 힘쓸 뿐 현실에 필요한 학문은 고려하지 않았으며, 정치를 연구하는 사람들은 당장 눈앞에 보이는 사소한 일에만 힘쓸 뿐 옛 선왕의 도를 본받지 않았다. 그런가 하면 刑名을 강구하는 法家와 권모술수를 강구하는 兵家는 또 폭력과 속임수를 부리는 데에만 익숙하였다. 오로지 六經을 아는 사람만이 가장 나은 편이었으나, 이들은 또 너나 할 것 없이 章句, 訓詁學을 일삼아 자신의 私見으로 억측하고 천착하여 一說을 만드는 데에 여념이 없었다. 그렇기 때문에 先王이 제정한 전장제도는 빛을 보지 못하였고, 학문을 하는 사람들은 하나같이 舊習에서 헤어나오지 못했다.

이러한 시대에 先王의 道를 밝힐 수 있었던 사람은 揚雄뿐이었으나, 세상 사람들은 揚雄의 저서를 선호할 줄 몰랐다. 그러나 그 시대에 출현한 학자들은 모두 독자적인 문호를 정립하는 데에 용감하여 구차하게 영합하거나 방자한 마음이 없었다. 그들이 자신의 進退去就를 결정할 때에는 반드시 禮義를 기준으로 삼았다. 漢나라가 이미 쇠약해진 뒤에도 일련의 사대부들은 강포한 자에게 완강하게 맞서고 굽히지 않아, 禁錮에 처해지거나 죽임을 당하더라도 그들의 절개는 더욱 단단하여 앞선 자가 넘어지면 다음 사람이 그 뒤를 이어가며 자연스레 절의를 따랐다. 때문에 비록 법을 따르지 않고 逆心을 품은 奸臣이 있었지만 망설이다가 세상을 떠났고, 감히 자신이 황제의 자리를 찬탈하려는 야욕을 실현하지는 못했던 것이다.

1) 不軌之臣 : 반역을 꾀하는 신하라는 뜻인데, 여기에서는 曹操를 말한 듯하다. 그는 자신이 섬기던 漢나라의 황제를 겁박하고 제후를 호령하는 등 권력을 부렸으나, 죽을 때까지 감히 황제를 폐위하고 자신이 등극하지는 못했다.

自此至於魏晉以來히 其風俗之弊와 人材之乏久矣라 以迄於今히 士乃有特起於千載之外하여 明先王之道하여 以寤後之學者라 世雖不能皆知其意나 而往往好之라 故習其說者는 論道德之旨하여 而知應務之非近하며 議政理之體하여 而知法古之非迂라 不亂於百家하며 不蔽於傳疏하여 其所知者若此하니 此漢之士所不能及이라 然能尊而守之者는 則未必衆也라 故樂易敦朴之俗微하고 而詭欺薄惡之習勝이라 其於貧富貴賤之地에는 則養廉遠恥之意少하고 而偸合苟得之行多하니 此俗化之美 所以未及於漢也리

漢末부터 魏晉 이후까지 그 기간 동안 風俗이 퇴폐하고 人材가 부족한 지 오래되었다. 현대에 이르러 글을 읽은 사람 중에 비로소 儒學의 도가 끊어진 천 년 후에 특출한 자들이 등장하여 先王의 道를 천명하여 후배 학자들을 일깨웠다. 세상 사람들은 비록 그들의 깊은 뜻을 다 이해하지는 못했지만, 대부분 그들의 의견을 좋아하였다. 이 때문에 그들의 학설을 익힌 사람들은 道德의 의미를 강론하여 時務를 다루는 것이 천근한 게 아니라는 사실을 알게 되었고, 政治의 요체를 의논하여 옛 先王의 道를 본받는 것이 오활한 게 아니라는 사실을 알게 되었다. 그래서 諸子百家의 학설에 미혹되지 않고 訓詁學에 가려지지 않았다. 그들이 아는 것이 이와 같이 분명하였으니, 이는 漢代의 학자가 미칠 수 없는 수준이었다.

그러나 이와 같은 원칙을 따라 지키는 자가 반드시 많은 것은 아니었다. 때문에 즐겁고 평이하며 돈후하고 질박한 습속은 쇠퇴하고, 술수를 부리고 기만하며 야박하고 악렬한 습속이 우세해졌다. 공명과 부귀를 누리는 입장에 있는 자들은 청렴결백을 견지하거나 치욕을 멀리하려는 의지가 줄어들고, 구차하게 영합하거나 정당하지 않게 이익을 탐하는 행위가 늘어났다. 이는 사회의 도덕규범이 아름답기가 漢代의 수준에 미치지 못하는 이유이다.

夫所聞或淺이로되 而其義甚高와 與所知有餘로되 而其守不足者는 其故何哉오 繇漢之士는 察擧[1)]於鄕閭라 故不得不篤於自修니 至於漸磨之久하여는 則果於義者는 非强而能也니라 今之士는 選用於文章이라 故不得不篤於所學이니 至於循習之深하여는 則得於心者는 亦不自知其至也라 由是觀之컨대 則上所好면 下必有甚者焉이 豈非信歟아 令漢與今에 有敎化開導之方하며 有庠序養成之法이어든 則士於學行에 豈有彼此之偏과 先後之過乎리오 夫大學之道는 將欲誠意正心修身하여 以治其國家天下로되 而必本於先致其知하니 則知者는 固善之端이로되 而人之所難至也라 以今之士로 於人所難至者에 旣幾矣라 則上之施化 莫易於斯時하니 顧所以導之如何爾니라

先王의 道에 대해 들은 것은 보잘것없어도 그 의리가 매우 높은 경우가 있고, 아는 것은 많아도 그 지조가 부족한 경우가 있는데, 그 까닭은 무엇인가? 漢代의 인재는 향리에서 察擧의 방법을 거쳐 선발되기 때문에 자기의 도덕을 수양하는 데에 노력하지 않을 수 없었다. 心性을 도야하고 연마하는 기간이 오래되면 義를 위해 단호하게 몸을 바치는데, 이는 억지로 노력하여 그렇게 한 것이 아니다. 그리고 오늘날 글을 읽은 선비는 문장으로 인재를 선발하기 때문에 지식을 배우는 데에 전념하지 않을 수 없다. 지식을 익히고 배운 정도가 깊은 수준에 도달하면 마음으로 환히 터득하게 되는데, 이는 자신도 그 높은 경지를 짐작하지 못한다. 이를 통해서 살펴보건대, 윗사람이 선호하는 것이 있으면 아랫사람 중에는 반드시 더 심하게 선호하는 자가 있다는 말이 어찌 맞지 않겠는가. 가령 漢代와 현대에 교화를 통해 사람들을 계도하는 방법과 학교를 설립하여 인재를 육성하는 제도가 제대로 되어 있다면, 인재들이 학문과 행실에 있어서 어떻게 어느 하나에 편중되는 현상과 어느 쪽을 우선시하거나 소홀히 하는 잘못이 있겠는가.

≪대학≫에서 가르치는 도리는 誠意, 正心, 修身의 과정을 거쳐 그 국가와 천하를 잘 다스리려는 것이며, 이는 반드시 먼저 자신의 지식을 극도로 넓히는 데에 근본을 둔다. 이렇게 보면 지식이라는 것은 본디 善의 시발점이면서 사람들이 높은 수준에 도달하기 어려운 대상이다. 오늘날 글을 읽은 자는 사람들이 도달하기 어려운 것에 대해서는 이미 거의 성취하였다. 그렇다면 위에서 도덕으로 교화를 시행하는 것이 이때보다 쉬운 때는 없으니, 다만 그들을 어떤 방법으로 계도하느냐 하는 문제만 남았다.

1) 察擧 : 漢代에 관원을 선발하던 제도로, 각 지방관이 해당 지역의 인재를 선별하여 등급별로 조정에 보고하면, 여기에 따라 관직을 주었다.

筠爲州는 **在大江之西**하여 **其地僻絶**이라 **當慶曆之初**하여 **詔天下立學**하되 **而筠獨不能應詔**하니 **州之士以爲病**이러니 **至治平三年**하여는 **蓋二十有三年矣**라 **始告于知州事尙書都官郎中董君儀**하니 **董君乃與通判州事國子博士鄭君**蒨으로 **相州之東南**하고 **得亢爽之地**하여 **築宮於其上**하니라 **齋祭之室**과 **誦講之堂**과 **休息之廬**로 **至於**庖湢**庫廐**히 **各以序爲**라 **經始於其春**하여 **而落成於八月之望**하고 **旣而來學者 常數十百人**이러니 **二君**이 **乃以書走京師**하여 **請記於予**하니라

筠州는 長江 서쪽에 위치해 있어 이 지방은 매우 후미진 곳이다. 慶曆(仁宗의 연호) 초년에 전국 각지에 학교를 세우라는 詔令이 내려졌으나, 筠州만은 그 詔令의 규

정대로 집행하지 못하여 筠州의 선비들이 이를 문제점으로 여겼다. 그렇게 지금 治平(英宗의 연호) 3년(1066)까지 왔는데 그동안 23년이 흘러갔다. 筠州 선비들이 이제 비로소 知州事 尙書都官郎中 董君 儀에게 이 사실을 고하자, 董君이 마침내 通判州事 國子博士 鄭君 蒨과 함께 筠州의 동남쪽에 부지를 물색하던 끝에 높고 앞이 탁 트인 땅을 찾아 그 위에 學宮을 건축하였다. 재계하고 제사를 지내는 방, 글을 읽고 강론하는 집, 휴식을 취하고 잠을 자는 집에서부터 주방, 욕실, 車庫, 馬舍에 이르기까지 각각 차례차례 만들었다. 공사를 그해 봄부터 시작하여 8월 15일에 준공하였다. 이윽고 학교로 와서 배우는 사람들이 늘 수십, 수백 명에 이르렀다. 董君과 鄭君이 도성으로 편지를 보내어 나에게 記文을 써달라고 부탁했다.

予謂二君之於政이 **可謂知所務矣**로다 **使筠之士**로 **相與升降乎其中**하여 **講先王之遺文**하여 **以致其知**하여 **其賢者**는 **超然自信而獨立**하고 **其中材**는 **勉焉以待上之敎化**하리니 **則是宮之作**이 **非獨使夫來者玩思於空言**하여 **以干世取祿而已**라 **故爲之著予之所聞者以爲記**하고 **而使歸刻焉**하노라

내 생각에, 董君과 鄭君은 政事에 있어 무슨 일을 해야 하는지 안다고 할 수 있다. 筠州의 선비들로 하여금 서로 함께 筠州의 學宮에 다니면서 先王이 남긴 經典을 강독하여 자신의 지식을 극도로 넓히게 함으로써, 뛰어난 선비는 월등하게 자신감을 갖고 독자적인 체계를 세우게 하고, 중등의 자질을 가진 자는 노력하여 윗사람의 교육과 감화를 받게 하였다. 그렇다면 筠州의 學宮을 세운 것은, 여기로 찾아오는 학생이 책 속의 기재된 공허한 담론만 연구하여 이것을 이용해 세속에 영합하고 爵祿이나 취하고 말지는 않게 할 것이다. 이 때문에 내가 들은 일련의 정황으로 이 記文을 지어주어 가지고 돌아가서 비석에 새기게 하는 바이다.

02. 宜黃縣學記* 宜黃縣의 縣學에 쓴 기문

* 작자 31세 때인 皇祐 원년(1049)에 쓴 記文이다. 宜黃縣은 지금의 江西省 中東部에 있었던 작은 縣으로, 皇祐 원년에 縣令 李詳이 縣에 있던 社稷壇 오른쪽에 학교를 설립했다. 작자는 먼저 상고 때 학교를 설치하여 그곳에서 가르쳤던

내용과 방법을 소개하면서, 학교에서의 교육목적은 학생의 사상의식과 행동양식이 모두 도덕규범에 부합될 수 있게 하자는 데에 있다고 설명하였다. 이어서 상고의 학교제도가 무너짐으로 인해 야기된 엄중한 결과를 간단히 서술한 뒤에, 宋代의 지방 학교제도가 부실하여 학생들이 제대로 된 교육을 받지 못하는 상황에서 宜黃縣令 李詳이 많은 사람들의 지지와 호응 속에 독자적으로 학교를 세운 것을 찬양하였다. 끝으로 宜黃縣學이 인재를 많이 배출하고 풍속을 아름답게 변화시키는 성과를 거둘 것을 희망하였다.

子固記學에 所論學之制與其所以成就人材處는 非深於經術者不能이니 韓歐三蘇所不及處니라

子固가 學校에 記를 쓰면서 學校의 제도를 논한 것과 인재를 완성시키는 방법을 기록한 부분은 經學을 깊이 아는 사람이 아니면 쓸 수 없다. 이는 韓愈, 歐陽脩, 三蘇(蘇洵, 蘇軾, 蘇轍)도 미치지 못했던 경지이다.

古之人은 自家至於天子之國히 皆有學[1)]하며 自幼至於長히 未嘗去於學之中하니 學有詩書六藝[2)]와 弦歌洗爵[3)]과 俯仰之容과 升降之節하여 以習其心體耳目手足之擧措하며 又有祭祀鄕射養老之禮[4)]하여 以習其恭讓하고 進材論獄出兵授捷之法하여 以習其從事라 師友以解其惑하며 勸懲以勉其進하여 戒其不率하니 其所以爲具如此로되 而其大要는 則務使人人學其性이요 不獨防其邪僻放肆也라 雖有剛柔緩急之異라도 皆可以進之於中하고 而無過不及하여 使其識之明氣之充於其心하니 則用之於進退語默之際에 而無不得其宜하며 臨之以禍福死生之故에 而無足動其意者라 爲天下之士하여 而所以養其身之備如此하니 則又使知天地事物之變과 古今治亂之理하여 至於損益廢置先後終始之要히 無所不知하니 其在堂戶之上하여는 而四海九州之業과 萬世之策皆得하고 及出而履天下之任하고 列百官之中하여는 則隨所施爲에 無不可者하니 何則고 其素所學問然也일새니라

상고 때 사람들은 각자의 집안에서부터 천자가 있는 國都까지 모두 학교가 있었으

며, 어릴 적부터 어른이 될 때까지 학교를 떠난 적이 없었다. 학교에는 ≪詩經≫, ≪書經≫, 六藝와 弦歌, 洗爵 등을 익히는 과목과 허리를 굽히고 들어 올리는 몸가짐이며, 섬돌을 올라가고 내려가는 예절 등을 배우는 교과과정이 있어, 학생들의 마음, 몸, 귀, 눈, 손, 발의 거동을 익히도록 하였다. 또 祭祀, 鄕射, 養老에 관한 禮가 있어서 학생들이 여기에서 공손하고 양보하는 마음가짐을 익히도록 하고, 인재선발, 刑事재판, 전쟁수행, 전리품 전달 등을 위한 방법이 있어 학생들이 이를 수행하는 방법을 익히게 되었다. 스승과 벗을 통하여 학생들의 의혹을 해소하고, 권면과 징계를 통해 학생들의 진보를 격려하면서 학생들이 그와 같은 가르침을 준수하지 않는 것을 감독하였다.

학교에서 갖춘 체계가 이와 같지만, 그 주요 목적은 학습을 통해 마음이 비뚤어지고 건방지게 되는 사태를 막을 뿐만 아니라, 개개인이 선량한 본성을 회복하는 데에 힘쓰도록 하는 것이다. 비록 사람마다 타고난 기질이 강경하거나 유약하거나 느긋하거나 성급한 차이가 있더라도 모두 수양을 통해 적절한 수준에 도달하고 그것을 넘어서거나 미치지 못하는 일이 없도록 하여, 그들의 생각과 인식이 명확하고 내면의 정신이 충만해지게 하였다. 그리하여 進退와 動靜의 과정에 그것을 적용했을 때 적절히 처신하여 적합하지 않은 부분이 없고, 禍福과 生死가 갈리는 중요한 시점에 부닥쳐도 그들의 견고한 의지를 흔들 수 없었다.

천하의 훌륭한 선비를 이루어내기 위해 학교에서 그들의 신심을 배양하는 조치가 이미 이처럼 완비되었고, 그런 다음에는 또 그들에게 천지 사이에 존재하는 각종 사물의 변화와 고금에 걸친 治亂盛衰의 이치를 파악하고 더 나아가 제도의 증감과 존폐, 일을 처리하는 과정의 선후와 시종 등 정치행정의 요령에 대해서도 모르는 것이 없게 된다. 그들은 한가로이 집안에 앉아 있더라도 四海九州의 큰 일과 천년만대를 위한 계책을 다 알고 있다. 그들이 밖에 나가 천하를 다스리는 중책을 짊어지고 조정 백관의 반열에 오르게 되면, 마음이 내키는 대로 재능을 발휘하여 감당해내지 못하는 일이 없게 된다. 이것은 어째서인가? 이는 그들이 평소에 부지런히 배우고 물었던 결과이다.

1) 自家至於天子之國 皆有學 : ≪禮記≫ 〈學記〉에 "상고 때 교육은 家에는 塾이 있고, 黨에는 庠이 있고, 遂에는 序가 있고, 國에는 學이 있었다."라고 한 데서

인용하였다. 黨은 500家의 단위이고, 遂는 2,500家의 단위이고, 國은 천자가 있는 도성이며, 塾, 庠, 序, 學은 모두 각급 학교의 명칭이다.

2) 六藝 : 여기서는 禮, 樂, 射, 御, 書, 數 등 6종의 기초과정을 가리킨다.

3) 弦歌洗爵 : 弦歌는 性情을 함양하기 위해 거문고 등 현악기 가락에 맞추어 詩를 읊는다는 뜻이고, 洗爵은 鄕射禮나 鄕飮酒禮를 행할 때 빈객에게 술을 권하기에 앞서 술잔을 깨끗이 씻는다는 뜻인데, 여기서는 그것에 관한 기법과 형식을 말한다.

4) 祭祀鄕射養老之禮 : 祭祀는 천지의 신에게 제사하는 것을 가리킨다. 鄕射는 두 가지가 있는데, 하나는 鄕大夫가 인재를 뽑아 조정에 올린 뒤에 鄕老와 鄕人들과 함께 행하던 射禮이고, 하나는 州長이 봄가을로 주민을 모아놓고 州學에서 베풀던 射禮이다. 養老는 나이가 많고 덕 있는 자에게 수시로 음식을 대접하고 좋은 계책을 구하는 것을 말한다. 이 모두 周代에 행하던 예이다.

蓋凡人之起居飮食動作之小事로 至於修身爲國家天下之大體히 皆自學出하여 而無斯須去於敎也라 其動於視聽四支者를 必使其洽於內하고 其謹於初者를 必使其要於終하여 馴之以自然하고 而待之以積久하나니 噫라 何其至也오 故其俗之成이면 則刑罰措하고 其材之成이면 則三公百官이 得其士하며 其爲法之永이면 則中材可以守하고 其入人之深이면 則雖更衰世而不亂하리니 爲敎之極至此면 鼓舞天下하여 而人不知其從之하리니 豈用力也哉리오

대체로 사람의 기거동작과 식생활 등 사소한 일에서부터, 자신을 수양하고 국가와 천하를 다스리는 큰 도리에 이르기까지, 모두 학습을 통해 나오는 것으로 잠시라도 학교교육을 벗어날 수가 없다. 이목과 수족으로 표현해내는 각종 동작까지도 반드시 내면의 생각과 일치하여 표리가 여일하도록 하고, 어떤 일을 접했을 때 처음에 신중했던 태도를 끝까지 유지하도록 하면서 객관적인 규율로 훈련하고 아울러 그 성취를 오랜 시간을 두고 기다려야 한다.

아, 이와 같은 고려가 얼마나 주도면밀한가. 그러므로 아름다운 풍속이 형성되게 되면 형벌이 폐기되어 쓰이지 않고, 우수한 인재가 배양되어 나오게 되면 三公과 百官에 앉힐 적합한 인재를 얻을 것이며, 이러한 구조가 영원토록 법칙으로 자리를 잡

게 되면 중등의 자질을 지닌 사람도 그 법을 지켜낼 수 있고, 교육의 작용이 사람들의 마음속에 깊이 자리잡게 되면 비록 쇠퇴한 시대를 겪는다 하더라도 반역이나 혼란을 일으키는 일이 나타나지 않을 것이다. 교육을 시행하는 지표가 이 수준에 이른다면 천하가 크게 고무되어 사람들이 자신도 모르게 그 방향을 따를 것이니, 어찌 억지로 힘을 쓸 필요가 있겠는가.

及三代衰하여는 **聖人之制作盡壞**하니 **千餘年之間**에 **學有存者**도 **亦非古法**이라 **人之體性之擧動**은 **唯其所自肆**하고 **而臨政治人之方**을 **固不素講**하니 **士有聰明朴茂之質**이라도 **而無敎養之漸**이면 **則其材之不成**은 **固然**이니라 **蓋以不學未成之材**로 **而爲天下之吏**하고 **又承衰弊之後**하여 **而治不敎之民**이니 **嗚呼**라 **仁政之所以不行**과 **盜賊刑罰之所以積**이 **其不以此也歟**아

夏, 商, 周 三代가 쇠망한 뒤로 聖人이 제정한 각종 제도가 전부 무너져버렸다. 천여 년 사이에 존재했었던 학교도 고대의 방법대로 교육한 것은 아니었다. 사람들의 성격과 행동도 오로지 방종하게만 되어갔으며, 정사를 처리하고 백성을 다스리는 방법도 애초부터 평소에 강구하지 않아, 학생이 총명하고 순박하며 우수한 자질을 지녔더라도 단계적으로 가르치고 배양하는 장치가 없었으니, 인재가 성취되지 않은 것은 당연하였다. 학습의 과정을 거치지 않아 재목이 이뤄지지 않은 사람을 천하를 관리하는 관리로 삼았고, 또 사회풍속이 무너진 뒤에 가르침을 받지 못한 백성을 다스렸으니, 아, 仁政이 시행되지 못하고 도적과 형벌이 날이 갈수록 많아지는 이유가 어찌 이것 때문이 아니겠는가.

宋興幾百年矣어늘 **慶曆三年**에 **天子圖當世之務**하여 **而以學爲先**하니 **於是**에 **天下之學乃得立**이로되 **而方此之時**하여 **撫州之宜黃**은 **猶不能有學**일새 **士之學者 皆相率而寓於州**하여 **以群聚講習**이라가 **其明年**에 **天下之學復廢**에 **士亦皆散去**하고 **而春秋釋奠**[1] **之事**는 **以著於令**하니 **則常以廟祀孔氏**나 **廟廢不復理**러라

宋나라가 건국된 지 거의 백 년이 되었다. 慶曆 3년(1043)에 천자가 當代의 급선무를 생각하던 차에 학교 설립을 최우선으로 여겼다. 이에 천하의 학교들이 비로소

세워질 수 있었으나 이 당시에 撫州의 宜黃縣만은 학교가 없었다. 그래서 학문을 탐구하는 선비들은 모두 함께 撫州에 있는 학교에 기거하면서 무리를 지어 학문을 강습하였다. 그 이듬해에 천하의 허다한 학교들이 다시 廢校되어 선비들도 모두 뿔뿔이 흩어져 떠나갔다. 그리고 봄가을로 행하는 釋奠의 경우에는 법령으로 명시되어 있으므로 항상 사당에서 孔子의 제사를 모시기는 했으나, 사당이 낡아져도 더 이상 수리는 하지 않고 있었다.

1) 春秋釋奠 : 釋奠은 학교에서 술과 음식을 준비하여 先聖 先師에게 제사를 지내는 의식으로 봄에는 2월, 가을에는 8월에 행하는데 모두 그달의 두 번째 丁日에 행한다. 宋나라 초기에는 孔子, 孟子, 十哲, 七十二賢과 先儒 二十一人의 초상을 東, 西 행랑채 벽에 그려놓고 釋奠祭를 지냈다고 한다. 先聖 先師는 본디 聖賢과 만인의 사표가 될 만한 인물을 말하는데, 여기서는 孔子와 顔子을 가리킨다.

皇祐元年에 **會令李君詳至**하여 **始議立學**하고 **而縣之士某某與其徒**는 **皆自以謂得發憤於此**하여 **莫不相勵而趨爲之**하니 **故其材不賦而羨**이요 **匠不發而多**러니 **其成也**에 **積屋之區若干**이요 **而門序正位**와 **講藝之堂**과 **棲士之舍皆足**하고 **積器之數若干**이요 **而祀飮寢食之用皆具**하며 **其像孔氏而下**로 **從祭之士皆備**하며 **其書經史百氏翰林子墨**[1] **之文章**도 **無外求者**라 **其相基會作之本末**이 **總爲日若干而已**니 **何其周且速也**오

皇祐 원년(1056)에 마침 縣令 李君 詳이 부임하여 비로소 학교 설립을 의논하였다. 그러자 縣의 선비 아무 아무와 그의 벗들이 모두 저마다 이 縣에서 학문에 분발할 수 있게 되었다고 생각하고서는 모두들 고무되어 학교 설립을 앞다투어 추진하였다. 그렇기 때문에 학교 설립에 드는 材木을 애써 배당하지 않아도 넉넉했으며, 匠人을 징발하지 않아도 많이 찾아왔다.

학교가 준공된 뒤에 그 규모를 살펴보니 다음과 같았다. 건물이 들어선 면적은 약간의 넓이인데, 그 안에 대문, 좌우 행랑채, 正殿과 강당 및 학생 기숙사가 전부 갖추어졌다. 그리고 여러 집기들 약간의 수량과 제사와 침식 때 필요한 용품들도 구비되었다. 孔子 이하 배향된 인물들의 초상화도 모두 갖춰졌으며, 가르치고 배울 서적은

經史 百家에서부터 각종 문학작품에 이르기까지 모두 외부에서 구할 필요가 없을 정도이다.

처음에 학교를 세울 부지를 살펴보고 匠人들을 모아 학교를 설립하기까지의 전 과정이 모두 단시간 내에 이루어졌으니, 어쩌면 그리도 면밀하면서도 신속한가.

1) 翰林子墨：西漢 揚雄이 지은 〈長楊賦〉에, 가공인물인 翰林主人과 子墨客卿 두 사람을 가탁하여 풍자하는 뜻을 붙인 데서 인용한 것으로, 詩賦 등 문학작품을 가리킨다.

當四方學廢之初에 **有司之議 固以謂學者人情之所不樂**이라하더니 **及觀此學之作**이 **在其廢學數年之後**하며 **唯其令之一唱**에 **而四境之內 響應而圖之**를 **如恐不及**하니 **則夫言人之情不樂於學者 其果然也歟**아

전국 각 지역의 학교가 폐교되었던 그 당시에 교육을 주관하는 관리의 의견은 사람들이 학교를 개설하는 것을 좋아하지 않는다는 생각을 견지하였다. 그런데 학교들을 폐교시킨 지 불과 몇 년 뒤에 宜黃縣의 학교가 설립되었으며, 오로지 현령이 한 번 제창하자 온 縣의 사방에서 호응하여 적극적으로 공사를 추진하였으니, 사람들이 학교 개설을 좋아하지 않는다는 논법이 과연 맞다고 볼 수 있겠는가.

宜黃之學者 固多良士러니 **而李君之爲令**에 **威行愛立**하여 **訟清事擧**하고 **其政又良也**라 **夫及良令之時**하여 **而順其慕學發憤之俗**하여 **作爲宮室教肄之所**하고 **以至圖書器用之須**히 **莫不皆有**하여 **以養其良材之士**하니 **雖古之去今遠矣**로되 **然聖人之典籍皆在**하여 **其言可考**며 **其法可求**니 **使其相與學而明之**라 **禮樂節文之詳**은 **固有所不得爲者**어니와 **若夫正心修身**하여 **爲國家天下之大務**는 **則在其進之而已**니 **使一人之行修**로 **移之於一家**하며 **一家之行修**로 **移之於鄉隣族黨**하면 **則一縣之風俗成**하며 **人材出矣**리라 **教化之行**과 **道德之歸**는 **非遠人也**니 **可不勉歟**아 **縣之士來請曰 願有記**라하여 **故記之**하노라 **十二月某日也**라

宜黃縣의 학생들 중에는 사실 우수한 인재가 많았는데, 李君이 縣令으로 부임하여

위엄이 서고 사랑이 베풀어져 송사가 투명하게 이루어지고 일처리는 잘되어 縣令으로서의 政事가 또한 훌륭하였다. 그래서 훌륭한 현령이 재임하는 때를 놓치지 않고 학문을 숭상하고 학문에 분발하는 풍속에 순응하여 강습할 건물을 지었으며, 도서와 집기류 등 필요한 물품들에 이르기까지 모두 구비해놓고 훌륭한 자질을 가진 선비들을 양성하게 되었다. 비록 古代는 지금과 멀리 떨어져 있지만, 聖人의 典籍들이 모두 남아 있어 그분들의 말씀을 살펴볼 수 있고 그분들이 만들어놓은 법을 탐구할 수 있으므로 그것을 함께 어울려 배우고 講明할 수 있다. 古代의 禮儀와 음악의 양식과 규범에 관한 자세한 정황은 사실 어떻게 구현해볼 도리가 없다. 그러나 마음을 바로하고 身心을 도야하여 국가와 천하를 다스리는 큰 일에 있어서는 자기가 노력하여 추구하는 데에 달려 있을 뿐이다.

만약 한 사람의 품행이 수양되어 그것을 한 집안에 파급시키고, 한 집안의 품행이 수양되어 그것을 이웃과 종족에게 파급시킨다면, 縣 전체에 미풍양속이 형성되고 인재가 배출될 것이다. 정치교화의 시행과 도덕성의 회복은 사람들과의 거리가 동떨어진 게 아니다. 그러니 어찌 노력하지 않을 수 있겠는가. 宜黃縣의 인사가 나를 찾아와 記文 한 편이 있었으면 좋겠다고 부탁하기에 이 記文을 쓴다. 이때는 12월 아무 날이다.

03. 瀛州興造記* 瀛州의 건설공사에 관한 기문

* 작자 50세 때인 熙寧 원년(1068)에 쓴 글이다. 瀛州(지금의 河北省 河間縣)에 큰 지진이 난 후, 李肅之라는 사람이 知瀛州事가 되어 재난 구조와 복구 작업에 몸담은 일련의 과정을 서술하였다. 李肅之의 자는 公議로, 仁厚하다는 명성이 있었다. 이 글에서는 그의 善政을 찬미하는 뜻을 담았다. 興造는 건설과 같은 말로, 공사를 하고 구조물을 세운다는 뜻이다.

刀尺不踰라

법도를 벗어나지 않았다.

熙寧元年七月甲申에 河北地大震하여 壞城郭屋室한대 瀛州爲甚이러니 是日再震하여 民訛言大水且至라하니 驚欲出走라 諫議大夫李公肅之 爲高陽關路都總管安撫使知瀛州事하여 使人分出慰曉하니 訛言乃止러라 是日에 大雨하여 公私暴露와 倉儲庫積을 無所覆冒러니 公開示便宜하여 使有攸處라 遂行倉庫하여 經營蓋障한대 雨止에 粟以石數之하니 至一百三十萬이요 兵器他物稱是하여 無壞者러라 初變作에 公命援兵警備하여 訖于旣息토록 人無爭偸하여 里巷安輯이러라

熙寧 원년 7월 갑신일에 河北에 큰 지진이 발생하여 성곽과 가옥들이 무너졌는데, 瀛州의 피해가 가장 심각하였다. 이날 지진이 다시 발생하자, 백성들 사이에 앞으로 홍수가 들이닥칠 것이라는 유언비어가 나돌아 그들이 놀란 나머지 살던 지역을 이탈하여 도망가려 하였다. 諫議大夫 李公 肅之가 高陽關路都總管安撫使 知瀛州事가 되어, 각 지역으로 사람들을 보내 백성들을 위로하고 이해시키자, 유언비어가 마침내 종적을 감추었다.

이날 큰 비가 와서 바깥에 노출되어 있는 관청과 민간의 곡물과 창고에 쌓아둔 물건들을 감싸 덮을 수가 없었다. 李公은 관리들에게 그 임무를 알려주며 각자 최선을 다해 조치하게 함으로써 마침내 각처의 창고에 지붕을 덮고 터진 곳을 막았다. 비가 그친 뒤에 곡식을 섬 단위로 세어보았더니 130만 석이나 되었고, 兵器 등 다른 물건들도 곡식과 같이 잘 간수하여 축난 것이 없었다. 변고가 막 발생했을 때, 李公은 병사들을 출동시켜 경계를 서도록 명했다. 그리하여 변고가 끝날 때까지 사람들이 서로 다투거나 물건을 훔쳐가는 일이 발생하지 않아 고을이 안정되었다.

維北邊은 自通使契丹으로 城壁樓櫓禦守之具 寢弛不治하여 習以爲故한대 公因災變之後하여 以興壞起廢爲己任하고 知民之不可重困也라 迺請於朝하여 力取於旁路之羨卒하고 費取於備河之餘材하며 又以錢千萬市木於眞定이라 旣集에 迺築新城方十五里어늘 高廣堅壯하여 率加於舊요 其上에 爲敵樓戰屋이 凡四千六百間이라 先時에 州之正門이 弊在狹陋러니 及是하여는 始斥而大之하고 其餘凡圮壞之屋을 莫不繕理하여 復其故常이라 周而覽之하니 聽斷有所하고 燕休有次하며 食有高廩하고 貨有深藏하며

賓屬士吏가 各有寧宇하고 又以其餘力으로 爲南北甬道[1)]若干里하되 人去汚淖하여 即于夷塗라 自七月庚子始事로 至十月己未落成히 其用人之力이 積若干萬若干千若干百工이요 其竹葦木瓦之用이 積若干萬若干千若干百이라 蓋遭變之初에 財匱民流하여 此邦之人이 以謂役鉅用艱이라도 不累數稔이면 城壘室屋을 未可以復也라하더니 至於始作踰時하여 功以告具하니 蓋公經理勸督하되 內盡其心하고 外盡其力하니 故能易壞爲成을 如是之敏이라 事聞에 有詔嘉獎하다

북쪽 변경에서는 契丹과 사신이 오고 간 뒤로부터, 성벽과 망루 등 방어시설들이 차츰 훼손된 채 제대로 관리되지 않아, 여기에 익숙한 나머지 오래된 일로 여겼다. 李公은 재변이 발생한 뒤를 계기로 파괴된 시설을 복구하는 것을 자신의 책무로 삼고 백성들이 거듭 곤욕을 겪어서는 안 된다는 점을 알고 있었다.

그리하여 마침내 조정에 요구하여 주변 路에서 남는 士卒들을 극력 모집하고, 黃河의 치수공사에 사용하고 남은 재료들을 비용을 들여가며 모았다. 또 천만 錢을 들여 眞定에서 나무를 구입했다. 목재들을 다 모으고 나서는 마침내 사방 15리가 되는 새로운 성을 쌓았는데, 높고 넓고 견고하고 커서 대체로 예전의 규모보다 확장되었다. 그 위에 방어용 구조물을 총 4,600칸으로 지었다. 이전에는 瀛州의 正門이 퇴락하여 비좁은 채로 방치되어 있었는데, 이때에 와서야 비로소 그 문을 크게 지었다. 그 외에 무너진 모든 가옥들을 모두 수선하여 원상태로 복구하였다.

두루 살펴본 결과, 수령이 정무를 처결할 처소와 평소에 휴식을 취할 자리가 있었으며, 식량을 많이 쌓아둘 곳간과 재물을 깊이 보관할 창고를 확보했고, 빈객과 관리들이 각기 편하게 머무를 집을 보유하게 되었다. 또 그 여력으로 남북으로 통하는 甬道 몇 里를 만들었는데, 사람들을 동원하여 진흙탕을 제거하고 평탄한 길로 바꾸었다. 7월 경자일에 공사를 시작하여 10월 기미일에 준공하기까지 투입한 인력이 총 몇만 몇천 몇백 工에 달하고, 사용한 대나무, 갈대, 목재, 기와가 총 몇만 몇천 몇백에 달한다.

갓 변고를 당했을 때에는 재화가 동이 나고 백성들은 뿔뿔이 흩어져 이 지역 사람들은, 노동력과 비용을 많이 들여도 몇 년을 투자하지 않으면 城壘와 가옥들을 복원할 수 없을 것이라 여겼으나 공사를 시작한 지 3개월이 지나 복원이 완료되었다. 이

는 李公이 복원사업을 경영하고 독려하면서 안으로는 심혈을 기울이고 밖으로는 역량을 총동원하였기 때문에, 파괴된 시설들을 완성된 상태로 복구하기를 이와 같이 신속하게 할 수 있었다. 이 일이 조정에 알려지자, 詔書를 내려 칭찬하고 격려하였다.

1) 甬道 : 길 양옆으로 벽이 세워진 車道나 人道를 말한다.

昔鄭火災에늘 子産救災補敗에 得宜當理하니 史實書之[1]하고 衛有狄人之難이어늘 文公治其城市宮室에 合於時制하니 詩人歌之[2]하더라 今瀛地震之所摧敗는 與鄭之火災衛之寇難無異어늘 公禦備構築하되 不失其方하니 亦猶古也라 故瀛之士大夫 皆欲刻石著公之功한대 而予之從父兄이 適與軍政하여 在公幕府러니 迺以書來하여 屬予記之한대 予不得辭라 故爲之記하여 尙俾來世知公之嘗勤於是邦也하노라

옛날 鄭나라에 화재가 발생하자, 子産이 재난을 구제하고 파괴된 시설들을 수리하는 데 있어 적절하면서도 이치에 합당하게 처리하자 史官이 마침내 그 사실을 史書에 기록하였고, 衛나라가 오랑캐의 침략을 받자 文公이 훼손된 성곽, 저자, 궁실을 복구할 때 계절과 제도에 맞추어 하자, 詩人이 그 사실을 노래하였다.

지금 瀛州가 지진으로 황폐해진 상황은 鄭나라의 화재, 衛나라의 외적침입의 경우와 다를 게 없고, 李公이 외적을 방비하고 시설을 건립하는 데 있어 적절한 방법을 택한 것 역시 古代의 경우와 같다. 그렇기 때문에 瀛州의 士大夫들이 모두 公의 공적을 비석에 새겨 현양하고자 했다. 나의 從兄이 마침 軍政에 참여하느라 公의 幕府에 있었는데 나에게 편지를 보내와 記文을 써달라고 부탁하였다. 나는 사양할 수 없었으므로 記文을 써서 후세 사람들이 李公께서 이 지역에 노고가 있었다는 점을 알도록 하였다.

1) 昔鄭火災……史實書之 : B.C. 524년 鄭나라에 화재가 발생하자, 子産이 화재를 진압하고 도적질을 엄금하는 조치를 취했다. 화재 후에는 백성들의 부세를 경감하고 시설들을 복구하는 데 힘썼다. ≪春秋左氏傳 昭公 18年≫

2) 衛有狄人之難……詩人歌之 : 여기에서 노래한 시는 ≪詩經≫ 〈鄘風 定之方中〉을 말한다. 衛 文公이 楚丘로 천도하여 城市를 만들고 宮室을 영건할 때 계절에 맞게 사람들을 동원하고 제도에 맞게 짓자, 이를 찬미한 시이다.

04. 繁昌縣興造記* 繁昌縣의 건설공사에 관한 기문

* 작자 29세 때인 慶曆 7년(1047) 10월 이후에 쓴 글이다. 繁昌縣의 각종 건설공사가 완료된 뒤에 縣令 夏希道의 요청을 받은 王安石의 부탁으로 그 공정의 전말을 기록하였다. 아울러 안일하여 개혁할 줄 몰랐던 전임 縣令들의 행위를 비평하고, 과감하게 개혁하여 이익을 창출하고 폐단을 제거한 夏希道의 정신을 찬양하였다. 繁昌縣은 지금의 安徽省에 있었던 현이다.

亦有幅尺라

이 문장 또한 법도가 있다.

太宗二年에 取宣之三縣[1)]爲太平州한대 而繁昌在籍中이라 繁昌者는 故南陵地러니 唐昭宗始以爲縣이라 縣百四十餘年에 無城垣而濱大江하여 常編竹爲障以自固요 歲輒更之에 用材與力을 一取於民이라 出入無門關하고 賓至無舍館하며 今治所雖有屋이나 而庳逼破露하여 至聽訟於廡下하고 案牘簿書는 棲列無所하여 往往散亂不可省하니 而獄訟賦役失其平이라 歷七代[2)]토록 爲令者 不知幾人하고 恬不知改革하여 日入於壞하니 故世指繁昌爲陋縣이라하여 而仕者不肯來하며 行旅者不肯遊하여 政事愈以疵하고 市區愈以索寞하니 爲鄕老吏民者 羞且憾之러라

太宗 2年(977)에 宣州의 3개 縣을 太平州로 만들었고 繁昌縣이 그 안에 들어 있다. 繁昌은 옛날 南陵 땅이었는데 唐 昭宗이 최초로 이곳을 縣으로 삼았다. 繁昌縣은 140여 년 동안 성채가 없이 큰 강에 접해 있어 늘 대나무를 엮어 보루를 구축하여 자체적으로 강물이 범람하는 것을 대비하였고, 해마다 시설들을 다시 만들면서 그 자재와 노동력을 오로지 백성들로부터 징발하였다. 그러는 동안 이 지역을 드나들 때 제대로 된 關門이 없었고, 外地 사람이 繁昌縣에 와도 이렇다 할 館舍가 없었다. 현재의 治所에도 건물은 있지만, 비좁고 파손되어 송사를 처마 밑에서 처리할 정도였다. 그리고 각종 공문서와 기록물도 제대로 보관할 곳이 없어 거의 살펴볼 수 없을 정도로 어지럽게 흩어지고 정리되지 않아 송사를 판결하고 부역을 징수할 때 그 업무를 제대로 수행하지 못하였다.

7代를 거치는 동안 무수한 전임 縣令들이 무사안일에 젖어 문제점을 개혁할 줄 몰라 날로 무너지는 지경에 빠져들었다. 그렇기 때문에 세상 사람들은 繁昌縣을 형편없는 縣으로 지목하여 벼슬하는 사람들도 이 지역으로 부임하기를 꺼려하며 여행하는 사람들도 유람 오는 것을 꺼렸다. 그로 인하여 이 지역의 政事는 갈수록 병들고 저자거리도 갈수록 삭막해져 가므로 이 고을의 노인, 관리, 백성 된 자들은 이러한 현실을 수치스럽고 유감스럽게 여겼다.

1) 三縣 : 繁昌縣, 當塗縣, 蕪湖縣을 가리킨다. 이들은 원래 宣州 북부에 있었다.

2) 七代 : 唐나라, 五代, 宋나라를 가리킨다.

事之窮必變이라 **故今有能令出**하여 **因民之所欲爲**하여 **悉破去竹障**하고 **而垣其故基**하며 **爲門以通道往來**하고 **而屋以取固**라 **卽門之東北**하여 **構亭瞰江**하여 **以納四方之賓客**하고 **旣又自大其治所**하여 **爲重門步廊**하고 **門之上爲樓**하여 **斂勅書置其中**하고 **廊之兩旁**에 **爲群吏之舍**와 **視事之廳**과 **便坐之齋**하며 **寢廬庖湢**을 **各以序爲**하고 **廳之東西隅**에 **凡案牘簿書**를 **室而藏之**하니 **於是乎在**라 **自門至於寢廬**히 **總爲屋凡若干區**요 **自計材至於用工**히 **總爲日凡二千三百九十六日而落成焉**하니라 **夏希道太初**는 **此令之姓名字也**며 **慶曆七年十月二十三日**은 **此成之年月日也**라

일이 극단에 이르면 반드시 변화가 생긴다. 때문에 지금 능력이 있는 縣令이 나타나 백성들의 바람에 따라 대나무 보루를 모두 철거하고, 그 원래 자리에는 담을 쌓고 성문을 세워 왕래하는 도로를 만들었으며, 가옥들 또한 견고하게 지었다. 성문의 동북쪽에는 강을 굽어볼 수 있는 정자를 지어 사방의 외지 사람들을 맞이하도록 하였다.

그 뒤에 또 繁昌縣의 治所를 확대하고 겹문과 행랑채를 짓고, 문 위에는 누각을 지어 勅書를 모아 그 안에 보관하였다. 그리고 행랑채의 양옆에는 관리들이 머물 館舍와 업무를 볼 大廳, 편히 앉아 쉴 건물을 지었으며, 숙소, 주방, 욕실도 각각 차례대로 지었다. 대청의 동서쪽 모퉁이에는 방을 마련하여 모든 공문서와 기록물을 수장함으로써 관아의 서류가 보존될 수 있게 되었다. 문에서부터 숙소까지 약간의 구역에 건물들을 새로 지었다. 건축 자재를 준비한 시기부터 노동력을 투입한 시기까지 총

2,396일이 걸린 뒤에 준공되었다. 夏希道 太初는 縣令의 姓名과 字이며, 慶曆 7년 10월 23일은 준공된 연월일이다.

始繁昌爲縣에 **止三千戶**로되 **九十年間**에 **四聖**[1]**之德澤**으로 **覆露生養**하여 **今幾至萬家**요 **田利之入**이 **倍他壤有餘**하며 **魚蝦竹葦柿栗之貨 足以自資**하여 **而無貧民**이요 **其江山又天下之勝處 可樂也**라 **今復得能令**하여 **爲樹立如此**하여 **使得無歲費而有巨防**하고 **賓至不惟得以休**라 **而耳目尙得以爲之觀**이라 **令居不惟得以安**이라 **而民吏之出入仰望者 益知尊且畏之**하니라 **獄訟賦役之書悉完**하니 **則是非倚而可定也**라 **予知縣之去陋名**하고 **而仕者爭欲來**하며 **行旅者爭欲遊**하여 **昔之疵者**를 **日已減去**하고 **而索寞者**를 **日以富蕃**하여 **稱其縣之名**이 **其必自此始**라

처음에 繁昌이 縣이 되었을 때 3천 戶뿐이었으나, 90년 동안 네 군주의 德治와 은택으로 백성들이 늘어나 현재는 거의 1만 家에 달하며, 농지로 얻는 수익도 다른 지역에 비해 배가 넘으며, 물고기, 새우, 대나무, 갈대, 감, 밤과 같은 물품은 충분히 자급자족할 수 있어 가난한 백성이 없다. 그리고 이곳의 자연경관은 또 천하의 명승지로 유람하며 즐길 만하다. 지금 게다가 능력 있는 縣令을 만나 이와 같은 규모를 건설함으로써 해마다 더 이상 비용을 지출하지 않고 강물이 범람하지 않도록 완전하게 방비하며, 외지 사람이 찾아왔을 때 편히 쉴 수 있는 곳이 있을 뿐만 아니라 눈과 귀를 즐길 수 있는 경치를 제공하게 되었다.

縣令은 이 지역에서 편안하게 지낼 수 있을 뿐만 아니라, 관아에 출입하고 우러러보는 백성과 관리들이 더욱 존경하고 두려워할 줄 알게 될 것이다. 그리고 송사를 판결하고 부역을 부과하는 문서가 완비되어 있으니 是非는 이를 통해 가릴 수 있다. 나는 앞으로, 繁昌縣이 형편없다는 오명을 씻어 벼슬하는 사람들은 앞다투어 부임하려하고 여행하는 사람들은 앞다투어 유람하려고 함으로써, 예전의 흠결은 날로 줄어들고 삭막하던 재정도 날마다 부유하고 번창해져서 繁昌縣이라는 이름에 걸맞게 되는 일이 반드시 이때부터 시작될 것임을 안다.

1) 四聖 : 宋 太祖, 太宗, 眞宗, 仁宗 등 네 군주를 가리킨다.

夏令用薦者爲是縣하여 至二十七日한대 而計材以至於落成히 不惟興利除弊可法也라 而其變因循하며 就功效 獨何其果且速歟오 昔孟子譏子産하사대 惠而不知爲政[1)]이라하니 於戱라 如夏令者는 庶幾所謂知政者歟인저 於是過子産矣로다

夏令이 추천을 받고 이 縣의 縣令으로 부임한 지 27일이 지나자 그때부터 개혁에 착수하였다. 건축자재를 준비하던 때부터 준공할 때까지 수익을 늘리고 폐단을 없앤 치적은 모범적일 뿐만 아니라, 구습을 개혁하고 성과를 이룩한 것이 어쩌면 그렇게 과감하고 신속하단 말인가. 아, 옛날에 孟子께서는 子産이 백성들에게 은혜는 베풀었지만 정사를 할 줄 모른다고 비판하였다. 아, 夏令과 같은 사람은 거의 이른바 정사를 하는 大體를 아는 사람이라 하겠다. 그러므로 그는 子産보다도 훌륭하다.

1) 孟子譏子産 惠而不知爲政 : 子産이 鄭나라의 국정을 관장할 때, 자신이 타던 수레로 사람들을 태워 溱水와 洧水를 건너게 해주자, 孟子가 이를 두고 사람들을 하나하나 수레에 태워 건너게 할 수 있겠느냐며 비판했다. ≪孟子 離婁 下≫

凡縣之得令爲難이요 幸而得能令이라도 而興事尤難이요 幸而事興이라도 而得後人不廢壞之又難也라 今繁昌民이 旣幸得其所難得이요 而令又幸無不便己者하여 得卒興其所尤難하니 皆可喜無憾也라 惟其欲後人不廢壞之는 未可必也일새 故屬予記하니 其不特以著其成이라 其亦有以警也라

縣이란 능력 있는 縣令을 만나는 것이 어렵고, 다행히 능력 있는 현령을 만났더라도 건설하는 공사는 착수하기가 더욱 어렵다. 또 다행히 공사를 마쳤더라도 뒷사람들이 이를 무너뜨리지 않는 것은 또 어렵다. 지금 繁昌의 백성들은 다행하게도 이미 얻기 어려운 능력 있는 縣令을 얻은데다가, 縣令이 정사를 행하는 것도 다행히 자기 의도대로 하지 못할 장애물이 없어 마침내 특히나 이루기 어려운 건설을 수행하였으니, 이 모두 기뻐할 만하고 유감스러울 일이 없다고 하겠다. 다만 뒷사람들이 이 성과물을 무너뜨리지 않기를 바라는 일은 보장할 수 없기에 나에게 記文을 부탁하였으니, 그 목적은 이 건설사업의 성공을 드러낼 뿐만 아니라, 뒷사람도 경계하자는 것이었다.

05. 洪州新建縣廳壁記* 洪州 新建縣 縣廳의 壁에 쓴 기문

* 작자 40세 때인 嘉祐 3년(1058)에 쓴 記文이다. 洪州는 지금의 南昌市이며, 新建縣은 洪州의 屬縣이었다. 당시 지방 관료사회의 폐단을 분석하고 縣을 다스리는 정사가 어렵다는 것을 설명하였다.

覽此文이면 則知爲縣者所甚難이라

이 글을 보면 縣을 다스리는 자가 매우 어려워하는 일이 무엇인지 알게 된다.

爲後世之吏하여 得行其志者少矣니 此仕之所以難也로되 而縣爲最甚하니 何哉오 凡縣之政無小大히 令主簿皆獨任하되 而民事委曲에 當有所操縱緩急하여 不能一斷以法하나니 擧法而繩之면 則其罪固易求也요 凡有所爲에 問可不可於州하되 執一而違之면 則其勢固易撓也라 其罪易求하며 其勢易撓라 故爲之者有以得於州라야 然後其濟可幾也니 不幸其一錙銖與之咈이면 則大者求其罪요 小者撓其勢니 將不遺其力矣리라 吏之不能自安을 豈足道哉리오 縣有不與其擾者乎아 方是時也하여 而天下之能忘其勢而好惡不妄者鮮矣요 能忘人之勢而强力不苟者亦鮮矣리라 州負其强以取威하고 縣憂其弱以求免하니 其習已久요 其俗已成之後에 而守正循理以求其得於州하여도 其亦不可以必也니 則仕於此者 欲行其志인들 豈非難也哉아 君子者는 雖無所處而不安이나 然其於自處也에 未嘗不擇이니 仕而得擇其自處하면 則縣之事에 有不敢任者라도 豈可謂過也哉리오

후세의 관리가 되어서 능히 자신의 포부를 실현할 수 있는 사람은 적을 것이니, 이는 벼슬살이가 어려운 부분이다. 그런데 縣에서 벼슬살이하는 것이 가장 어려운 까닭은 무엇인가? 縣의 정무는 크고 작은 일 할 것 없이 縣令과 主簿가 모두 전담하지만, 백성들에게 일어나는 일은 가지각색이어서 관대하게 처리할 것인지 엄격하게 처리할 것인지 조처하는 요령이 있어야지, 일률적으로 법으로 裁斷해서는 안 된다. 법에 따라 규제하기로 든다면, 縣令의 잘못은 정말로 적발하기 쉽다. 그리고 처리해야 할 일

이 생기면 州에 그 可否를 묻기 마련인데, 어느 한 가지만 고집하여 州의 지시를 어긴다면, 縣令의 권세는 그야말로 꺾이기 쉽다.

縣令의 잘못은 적발하기 쉽고 縣令의 권세는 꺾이기 쉬우므로, 縣을 다스리는 자는 州로부터 신임을 얻을 수 있어야만 그 성공을 바랄 수 있다. 불행하게도 州의 입장과 사소하게 어긋나기라도 한다면, 크게는 州에서 縣令의 잘못을 적발하게 되고 작게는 縣令의 권세를 꺾어서 앞으로 縣令은 자기의 힘이 남아나지 않을 것이다. 그러니 관리가 스스로 편안해하지 못하는 심정을 어찌 이루 다 말할 수 있겠는가.

縣 가운데 외부세력의 방해를 받지 않는 곳이 과연 있는가. 이러한 때에 자신의 권세를 잊고 好惡의 감정을 함부로 가하지 않는 사람은 천하에 드물 것이며, 남의 권세를 의식하지 않고 매우 분발하여 구차하게 처신하지 않는 사람도 드물 것이다. 州는 자신의 강성함을 믿어 위엄을 갖는 반면, 縣에서는 자신의 약함을 걱정하여 죄를 면하려고만 한다. 이러한 습관이 이미 오래되어 이미 그와 같은 분위기가 조성된 뒤에는 바른 도리를 준수하여 州로부터 인정을 받으려고 해도 꼭 그러리라는 보장이 없다. 그렇다면 縣에서 벼슬을 하는 사람이 자신의 의지를 실천하려고 해도 어찌 어려운 일이 아니겠는가.

군자는 어떤 환경에 처해 있더라도 편안하게 처신하지만, 자신이 어떤 환경에 처할 것인가에 대해서는 선택하지 않은 적이 없다. 벼슬을 할 때 자신이 처할 환경을 제대로 선택한다면, 縣의 직무 가운데 담당할 엄두가 나지 않는 것이 있다 하더라도 어찌 선택이 잘못되었다고 말할 수 있겠는가.

洪州新建은 **自太平興國六年**으로 **分南昌爲縣**하고 **至嘉祐三年**하여는 **凡若干年**에 **爲令者 凡三十有九人**이로되 **而秘書省著作佐郎黃巽公權**이 **來爲其令**하여 **抑豪縱**하고 **惠下窮**하며 **守正循理**하여 **而得濟其志者也**라 **公權**도 **亦喜其職之行**하여 **因考次凡爲令者名氏**하여 **將伐石以書**하여 **而列置于壁間**이라 **故予爲之載其行治**하고 **而因著其爲縣之難**하여 **使來者得覽焉**하노라

洪州의 新建縣은 太平興國 6년(981)부터 南昌에서 떨어져 나와 독립적인 縣이 되었다. 嘉祐 3년(1058)에 이르러 그동안 縣令을 맡았던 사람들이 총 39人이었다. 그

런데 秘書省著作佐郞 黃巽 公權은 新建縣縣令으로 부임하여 발호하는 자들을 억누르고 궁핍한 백성들에게 은혜를 베풀며 바른 도리를 준수하여, 자신의 의지를 실현한 사람이었다. 公權도 縣令의 직무를 수행하는 일을 즐거워하던 차에 역대로 新建縣의 현령을 지냈던 모든 사람들의 성씨를 조사하고 차례대로 정리하였다. 그리고는 장차 石材를 캐어 와 이들을 비석에 새기고 縣廳의 벽 사이에 진열하려고 하였다. 그래서 내가 黃巽의 치적을 기재하고 이참에 縣을 다스리는 어려움을 밝혀 뒷사람으로 하여금 살펴볼 수 있도록 하였다.

06. 齊州二堂記* 齊州에 있는 두 堂에 쓴 기문

* 작자 55세 때인 熙寧 6년(1073)에 齊州의 歷山堂과 濼源堂 두 건물을 두고 쓴 記文이다. 齊州는 지금의 山東省 濟南이다. 작자는 熙寧 5년 1월에 知齊州로 부임한 후 그 지역에 客館이 없는 것을 아쉬워하던 차에, 이전의 관원이 사용하던 폐가를 활용하여 건물 두 채를 만들어 客館으로 삼았다. 이 글에서는 이 두 당의 이름을 命名한 계기를 밝히는 동시에 역사지리적인 고증도 함께 다루고 있다.

辨証的確하여 得太守體라

변증이 정확하여 태수로서의 기본 도리를 지녔다.

齊濱濼水[1)]하니 而初無使客之館이러니 使客至어든 則常發民調材木하여 爲舍以寓하고 去則撤之하니 旣費且陋일새 乃爲徙官之廢屋하여 爲二堂於濼水之上以舍客하고 因考其山川而名之하니라

齊州는 濼水가에 자리잡은 곳으로, 본디 使者나 빈객을 접대할 館舍가 없었다. 使者나 빈객이 齊州로 오면 언제나 백성들을 징발하고 材木을 조달하여 임시 館舍를 지어 머무르게 하고, 그들이 떠나면 곧 철거하였다. 이러한 방식으로는 비용이 많이 들고 관사를 지어보아야 형편없었기에, 마침내 이전 관리가 사용하던 폐가를 정리하여 濼水가에 건물 두 채를 지어 빈객을 접대하도록 하였다. 그리고 이를 계기로 주변

의 山川을 고증하여 두 건물의 이름을 짓게 되었다.

1) 濼水 : 물 이름이다. 濟南市 서남쪽에서 발원하여 동쪽으로 흘러 小淸河가 되고, 다시 북쪽으로 흘러 濟水로 들어간다. 근원의 주변에 舜의 두 妃 娥皇과 女英의 사당이 있기 때문에 속칭 娥姜水라고 한다.

蓋史記五帝紀에 謂舜耕歷山하시고 漁雷澤하시며 陶河濱하시고 作什器於壽丘하시며 就時於負夏라한대 鄭康成釋호대 歷山在河東하고 雷澤在濟陰하고 負夏衛地라하고 皇甫謐釋호대 壽丘在魯東門之北하고 河濱濟陰이요 定陶西南陶丘亭是也라하니라 以予考之컨대 耕稼陶漁는 皆舜之初니 宜同時인대 則其地不宜相遠이니 二家所釋雷澤河濱壽丘負夏는 皆在魯衛之間하여 地相望이니 則歷山不宜獨在河東也리라 孟子又謂舜東夷之人이라하니 則陶漁在濟陰하고 作什器在魯東門하고 就時在衛하고 耕歷山在齊하니 皆東方之地라 合於孟子하니라 按圖記컨대 皆謂禹貢所稱雷首山은 在河東한대 嬀水出焉하고 而此山有九號하니 歷山其一號也라 予觀虞書及五帝紀하니 蓋舜娶堯之二女하여 迺居嬀汭는 則耕歷山으로 蓋不同時요 而地亦當異어늘 世之好事者 迺因嬀水出於雷首하여 遷就附益하고 謂歷山爲雷首之別號라하니 不考其實矣니라 由是言之컨대 則圖記皆謂齊之南山爲歷山이요 舜所耕處라 故其城名歷城이 爲信然也로다 今濼上之北堂의 其南則歷山也니 故名之曰 歷山之堂이라하니라

≪史記≫ 〈五帝本紀〉에는 다음과 같은 말이 있다. "舜이 歷山에서 농사를 지으시고 雷澤에서 고기를 잡으셨으며, 河濱에서 질그릇을 구우시고 壽丘에서 什器들을 만드셨으며, 負夏에서 때를 기다리셨다." 이 말을 두고 鄭康成(鄭玄)은 풀이하기를 "歷山은 河東郡에 있었고 雷澤은 濟陰郡에 있었으며, 負夏는 衛나라에 위치해 있었다." 하고, 皇甫謐은 풀이하기를 "壽丘는 魯나라 都城 東門의 북쪽에 있었고, 河濱은 濟陰郡 定陶縣 서남쪽에 있는 陶丘亭을 가리킨다."고 하였다.

내가 살펴보건대, 농사짓고 질그릇을 구우며 고기 잡는 일은 모두 舜임금이 초년에 했던 일로, 당연히 같은 시기에 했던 일일 것이다. 그렇다면 그 활동무대들이 서로 멀리 떨어져 있을 리가 없다. 두 학자가 풀이했던 雷澤, 河濱, 壽丘, 負夏는 모두 魯

나라와 衛나라 일대에 있어 地帶가 서로 인접했을 것이다. 그렇다면 歷山만 유독 河東郡에 있었다는 것이 말이 안 된다. ≪孟子≫에 또 이르기를 "舜은 東夷 사람이다." 하였다. 그렇다면 질그릇을 굽고 고기를 잡았던 곳은 濟陰郡에 있었고, 什器들을 만들던 곳은 魯나라 都城 東門에 있었고, 때를 기다리던 곳은 衛나라에 있었고, 농사를 짓던 歷山은 齊나라에 있었으니, 이들은 모두 동쪽 지방에 있는 지역으로서 ≪孟子≫에 나온 말과 일치한다. ≪齊州圖≫와 ≪齊州記≫를 살펴보면, 모두 "≪書經≫ 〈夏書 禹貢〉에서 언급된 雷首山은 河東郡에 있는데 嬀水가 이 산에서 發源하며, 雷首山에는 아홉 가지 명칭이 있는데 歷山이 그 중 하나이다." 하였다.

내가 ≪書經≫ 〈虞書〉와 ≪史記≫ 〈五帝本紀〉를 보니, 아마도 舜임금이 堯임금의 두 딸에게 장가를 들어 嬀水가에 살았던 때는 歷山에서 농사를 짓던 때와 시기가 다르고 지역도 당연히 다를 것이다. 세상의 好事家들이 마침내 嬀水가 雷首山에서 發源한다는 사실을 가지고 점점 부회하여 歷山이 雷首山의 별칭이라고 하였으니, 그 실체를 살피지 않은 것이다. 이를 통하여 말하자면, ≪齊州圖≫와 ≪齊州記≫에서 모두 齊나라의 남쪽에 있는 산이 歷山이며, 舜임금이 농사를 지었던 곳이기 때문에 여기에 있는 城을 歷城으로 命名했다는 말은 신빙성이 있다. 현재 濼水가에 지은 북쪽 건물의 남쪽이 歷山이다. 그렇기 때문에 그 북쪽 건물을 歷山堂이라 이름하였다.

按圖컨대 泰山之北與齊之東南諸谷之水 西北匯于黑水之灣하고 又西北匯于柏崖之灣하여 而至于渴馬之崖하니 蓋水之來也衆이로되 其北折而西也에 悍疾尤甚이라 及至於崖下하여는 則泊然而止하고 而自崖以北으로 至于歷城之西히 蓋五十里요 而有泉湧出하니 高或至數尺이어늘 其旁之人名之曰 趵突之泉이라하니라 齊人皆謂嘗有棄糠於黑水之灣者하여 而見之於此라하니 蓋泉自渴馬之崖로 潛流地中이라가 而至此復出也라 趵突之泉冬溫하여 泉旁之蔬甲이 經冬常榮하니 故又謂之溫泉이라하니라 其注而北은 則謂之濼水니 達于淸河하여 以入于海하니 舟之通于濟者는 皆於是乎出也라 齊多甘泉하여 冠于天下어늘 其顯名者以十數요 而色味皆同이라 以予驗之컨대 蓋皆濼水之旁出者也라 濼水嘗見於春秋하니 魯桓公十有八年에 公及齊侯會于濼이라하여늘 杜預釋호대 在歷城西北하고 入濟水라하니라 濟自王莽時로 不能被河南이요 而濼水之所入者淸河也니 預

蓋失之라 **今濼上之南堂**의 **其西南則濼水之所出也**니 **故名之曰 濼源之堂**이라하니라

≪齊州圖≫에 따르면, 泰山의 북쪽과 齊州의 동남쪽에 있는 여러 골짜기에서 흘러나오는 물이 서북쪽으로 흘러 黑水灣으로 모이고, 거기서 또 서북쪽으로 흘러 柏厓灣에 모여 渴馬厓까지 흘러간다고 한다. 이처럼 물이 흘러 들어오는 경로가 많은데도 이 물줄기들이 북쪽으로 방향을 틀어 서쪽으로 흘러가면 유난히 거세게 흐른다. 이렇게 물줄기가 渴馬厓에 도달하면 잔잔하게 흘러 요동치지 않는데, 渴馬厓 북쪽으로부터 歷城 서쪽에 이르기까지 대략 50里이다. 그리고 그곳에 높이가 몇 자나 솟구쳐 오르는 샘이 있는데, 그 주변에 사는 주민들이 그 샘을 趵突泉으로 命名했다. 齊나라 사람들은 모두, 어떤 사람이 黑水灣에 지게미를 버렸는데 그것이 이 샘에서 나타났다고 말한다. 趵突泉은 渴馬厓에서부터 눈에 띄지 않게 지하로 흐르다가 이 지점에서 다시 솟아나오는 것이다. 趵突泉이 겨울에는 따뜻하여 샘 주변의 채소들은 겨울을 나고도 늘 무성하기 때문에 또 溫泉이라고도 부른다. 이 물이 흘러 북으로 流入되는 물줄기를 濼水라 하는데, 淸河에 이르러 바다로 흘러 들어간다. 濟水로 통하는 선박들은 모두 여기에서 나온다.

齊州에는 물맛이 단 샘물이 많아 천하에 으뜸이다. 그 가운데 유명한 곳은 수십 군데나 되는데, 물의 빛깔과 맛이 모두 똑같다. 내가 조사해보건대, 이들은 모두 濼水 옆에서 솟아나온 물이다. 濼水는 일찍이 ≪春秋≫에 보이는데, 여기에 따르면 魯나라 桓公 18년(B.C. 694)에 桓公이 齊侯와 濼水에서 회합을 가졌다고 한다. 이를 두고 杜預는 "濼水가 歷城 서북쪽에 있고 濟水로 흘러 들어간다."고 주석했다. 그러나 濟水는 王莽의 新나라 때 이후로 黃河 남쪽으로 흐르지 않았고 濼水가 흘러 들어가는 물줄기는 淸河이니, 杜預는 아마도 잘못 본 듯하다. 현재 濼水가에 지은 남쪽 건물의 서남쪽이 濼水의 발원지이다. 그렇기 때문에 그 남쪽 건물을 濼源堂이라 이름하였다.

夫理使客之館而辨其山川者는 **皆太守之事也**라 **故爲之識**하여 **使此邦之人尙有考**하니라 **熙寧六年二月己丑記**하노라

使者나 빈객이 유숙하는 館舍를 짓고 그 주변의 山川을 고증하는 것은 모두 태수의 일이다. 때문에 그에 관한 내용을 기록하여 이 지방 사람들로 하여금 참고할 곳이 있

도록 하였다. 熙寧 6년 2월 기축일에 기록하다.

07. 廣德湖記* 廣德湖에 관한 기문

* 작자 51세 때인 熙寧 2년(1069)에 越州通判으로 있으면서 鄞縣縣令 張峋의 부탁을 받고 쓴 記文이다. 廣德湖는 越州와 인접한 明州에 있던 호수인데, 지금은 메워지고 현존하지 않는다. 본 작품에서는 廣德湖에 대한 지리정보와 수리사업의 연혁 및 경과를 소개하고 있다.

本末纖悉하여 得記事法이로되 纔是有用文字니 不如鑑湖圖序更妙하다

本末이 빈틈없이 갖추어져 일을 기록하는 방법에 맞으나, 實用文에 지나지 않으니, 〈序越州鑑湖圖〉가 더 절묘한 것만 못하다.

鄞縣張侯圖其縣之廣德湖하고 而以書幷古刻石之文遺予曰 願有紀하노라하니라 蓋湖之大五十里요 而在鄞之西十二里라 其源出於四明山하고 而引其北爲漕渠[1)]하며 泄其東北入江이라 凡鄞之鄉十有四요 其東七鄉之田은 錢湖漑之하고 其西七鄉之田에 水注之者는 則此湖也라 舟之通越者皆繇此湖요 而湖之産에 有鳧雁魚鱉茭蒲葭菼葵蓴蓮芡之饒라 其舊名은 曰鸎脰湖니 而今名은 大曆八年令儲仙舟之所更也라 貞元元年에 刺史任侗이 又治而大之하고 大中元年에 民或上書請廢湖爲田하여 任事者左右之어늘 爲出御史李後素驗視한대 後素不爲撓民以得罪하니 而湖卒不廢하니라 刺史李敬方與後素 皆賦詩刻石以見其事한대 其說以謂當是時湖成三百年矣라하니 則湖之興이 其在梁齊之際歟인저

鄞縣의 張侯가 자기 縣의 廣德湖를 그림으로 그리고, 편지와 옛날 비석에 새겨져 있던 글을 나에게 보내주며 記文을 써달라고 하였다. 廣德湖의 크기는 50里로, 鄞縣 서쪽 12里 되는 지점에 있다. 廣德湖의 水源은 四明山에서 나오며, 그 북쪽 물을 끌어 漕渠를 만들고 그 동북쪽 물을 끌어 長江으로 流入하도록 했다. 鄞縣의 鄕은 총 14곳으로, 그 중 동쪽 7개 鄕에 있는 농지는 錢湖의 물로 관개를 하며, 나머지 서쪽

7개 鄕에 있는 농지에 물을 대는 곳이 바로 이 廣德湖이다. 선박으로 越州에 가는 경로는 모두 이 廣德湖를 경유하며, 廣德湖의 특산물로는 물오리, 기러기, 물고기, 자라, 줄풀, 부들, 갈대, 물억새, 아욱, 순채, 연, 쇠귀나물이 풍부하다.

廣德湖의 옛 이름은 鶯脰湖라 하는데, 현재의 명칭은 大曆 8년(773) 鄞縣 縣令 儲仙舟가 바꾼 것이다. 貞元 원년(785)에는 刺史 任侗이 또 廣德湖를 정비하여 크게 만들었다. 大中 원년(847)에는 백성들 중 어떤 이가 글을 올려 廣德湖를 메워 농지로 만들자고 요청하여 요로에 있는 자가 그 주장에 가세하였다. 이 때문에 御史大夫 李後素를 파견하여 廣德湖를 살펴보도록 하였는데, 李後素는 농지로 만들자는 백성의 의견에 흔들리지 않은 일로 죄를 얻었으나 이로 인해 廣德湖가 결국 메워지지 않게 되었다. 刺史 李敬方과 李後素는 모두 詩를 짓고 비석에 글을 새겨 그 일을 세상에 알렸다. 그 말에 따르면 당시에 廣德湖가 조성된 지 300년이 되었다 하였으니, 廣德湖가 만들어진 것은 아마도 南朝 梁나라나 齊나라 때인 듯하다.

1) 漕渠 : 양곡을 운반할 수 있는 수로를 말한다.

宋興하여 淳化二年에 民始與州縣彊吏盜湖爲田하여 久不能正이라가 至道二年에 知州事丘崇元이 躬按治之하여 而湖始復하니라 轉運使言其事하여 詔禁民敢田者하고 至其後하여는 遂著之於一州勅하니라 咸平中에 賜官吏職田[1]하여 取湖之西山足之地百頃爲之한대 旣而務益取湖以自廣이러라 天禧二年에 知州事李夷庚이 始正湖界하여 起隄十有八里以限之라 湖之濱有地하니 曰林村砂末과 曰高橋臘臺요 而其中有山하니 曰白鶴과 曰望春이라 自太平興國以來로 民冒取之한대 夷庚又命禁絶하여 而湖始復하니라 天聖景祐之間에 民復相率請湖爲田한대 州從事張大有 案行止之하고 而知州事李照又言其事하여 報知至道詔書하고 照以刻之石하니 自此言請湖爲田者始息이요 而康定某年에 縣主簿曾公望이 又益治湖하니라

宋나라가 건국되고 淳化 2년(991)에 민간인이 처음으로 세력이 있는 州縣의 관리와 한통속이 되어 廣德湖를 불법으로 매립하고 농지로 만들어 오랫동안 시정되지 못했다. 그러다가 至道 2년(997)에 知州事인 丘崇元이 직접 그 소행을 조사하고 관련자들을 治罪한 끝에 호수가 비로소 복원되었다. 轉運使가 그 일을 조정에 보고하자,

詔書를 내려 민간인이 감히 농지로 사용하는 행위를 금지하도록 했다. 그 후에는 결국 이 禁令을 州 전체에 적용하도록 詔勅으로 명시하였다.

咸平 연간(998~1003)에 관리들에게 職分田을 내려 廣德湖 서쪽 산기슭 100頃 땅을 가져다 그 職分田으로 삼도록 하였는데, 얼마 후 廣德湖를 더 매립하여 자신의 전지를 확대하는 행위에 진력하게 되었다. 天禧 2년(1018)에 知州事 李夷庚이 최초로 廣德湖의 경계를 바로잡아 제방으로부터 18里까지를 호수의 구역으로 한정하였다. 호숫가에는 林村砂末과 高橋臘臺라는 땅이 있고, 그 가운데 白鶴山과 望春山이라는 산이 있다. 太平興國 연간(976~983) 이래로 백성들이 불법을 무릅쓰고 농지로 사용하자, 李夷庚이 또 금지할 것을 명하여 廣德湖가 비로소 복원되었다.

天聖 연간(1023~1031)과 景祐 연간(1034~1038)에 백성들이 다시 잇달아 호수를 농지로 개간하자고 요청했는데, 州從事인 張大有가 廣德湖를 순행하고서 그 요청을 저지시켰다. 그리고 知州事 李照가 또 그 일을 조정에 보고하자, 조정에서는 至道 2년에 내렸던 詔書 내용을 통보했다. 그래서 李照가 이 내용을 비석에 새기자 이때부터 호수를 농지로 개간하자고 요청하는 발언을 하는 사람들이 비로소 잠잠하게 되었다. 康定 연간(1040~1041) 어느 해에 鄞縣 主簿 曾公望이 또 廣德湖를 추가로 수리했다.

1) 職田 : 職分田을 가리키는 말로, 관료의 職品에 따라 봉록으로 지급하는 公田이다.

至張侯之爲鄞하여는 則湖久不治하여 西七鄕之農以旱告한대 張侯爲出營度하니 民田湖旁者皆喜하고 願致其力이라 張侯計工賦材하고 擇民之爲人信服有知計者하여 使督役而自主之하고 一不以屬吏어늘 人以不擾하고 而咸勸趨하더라 於是에 築環湖之隄하니 凡九千一百三十四丈이요 其廣一丈八尺이요 而其高는 八尺이니 廣倍於舊하고 而高倍於舊三之二이라 鄞人累石堙水한대 闕其間而扃以木하여 視水之小大而閉縱之하니 謂之碶라 於是에 又爲之益舊하여 總爲碶九요 爲埭二十라

張侯가 鄞縣을 다스릴 때에는 廣德湖가 오랫동안 관리되지 않아, 서쪽 7개 鄕의 농사가 가뭄에 시달린다는 보고가 올라왔다. 張侯가 이를 다게하기 위해 공사계획을

발표하자, 廣德湖 주변에서 농사짓던 백성들은 모두 환호하며 자신들의 힘도 보태기를 희망하였다. 張侯가 노동력을 산출하고 목재를 모은 뒤에 사람들이 신복하고 지혜가 있는 백성을 골라 공역을 감독하도록 하였다. 그리고 자신이 직접 이 사업을 주관하여 어느 것 하나 부하 관리에게 맡기지 않았으므로, 사람들은 동요하지 않고 모두들 고무되어 工役場으로 달려갔다.

그리하여 廣德湖를 둘러싼 제방을 건축하였는데 길이는 총 9,134丈이며 그 너비는 1丈 8尺, 그 높이는 2尺이었다. 너비는 이전보다 두 배나 되었고, 높이도 예전보다 두 배가 되는 곳이 전체의 3분의 2였다. 鄞縣 사람들이 돌을 쌓아 물을 막은 상태에서 그 사이를 비워 나무로 빗장을 만들어 水量의 정도를 관측하여 빗장을 개폐하도록 하였는데, 이를 碶(閘門)이라 한다. 이때에 또 그 수를 늘려 碶 9개, 보 20개를 만들었다.

隄之上에 **植榆柳**하니 **益舊總爲三萬一百**이라 **又因其餘材**로 **爲二亭於隄上以休**하고 **而與望春白鶴之山相直**하여 **因以其山名**이라 **山之上爲廟**하니 **一以祠神之主此湖者**요 **一以祠吏之有功於此湖者**라 **以熙寧元年十一月始役**하여 **而以明年二月卒事**하니 **其用民之力**이 **八萬二千七百九十有二工**이요 **而其材出於工之餘**라 **旣成**에 **而田不病旱**하고 **舟不病涸**하며 **魚雁茭葦果蔬水產之良**이 **皆復其舊**하고 **而其餘及於比縣旁州**하니 **張侯於是可謂有勞矣**라

제방 위에는 느릅나무와 버드나무를 심었는데, 이전보다 수를 늘려 총 3만 100그루였다. 또 공사에 쓰고 남은 목재를 활용하여 제방 위에 정자 두 채를 지어 휴식공간으로 만들고, 望春山과 白鶴山과 서로 마주보게끔 하여 산의 이름으로 정자의 이름을 지었다. 두 산 위에 사당을 세웠는데, 하나는 廣德湖를 주관하는 신에게 제를 올리는 곳이고, 다른 하나는 廣德湖에 공을 세운 관리들에게 제를 올리는 곳이다. 熙寧 원년(1068) 11월에 공역을 시작하여 이듬해 2월에 완료하였다. 이 공역에 투입된 백성들의 노동력은 8만 2,792명이며, 목재는 노동력을 징발하지 않은 家口에서 징발하였다.

공역이 완성되자 농지를 일구는 사람들은 가뭄을 걱정하지 않게 되었고, 선박을 운

행하는 사람들은 호수가 마를까 근심하지 않게 되었다. 그리고 품질 좋은 물고기, 기러기, 줄풀, 갈대, 과일, 채소와 수산물이 모두 예전과 같이 회복되었으며 수요를 충족하고 남은 여분이 이웃 縣과 주변 州까지 돌아갔으니, 이로 볼 때 張侯가 공로를 세웠다고 할 만하다.

是年에 **予通判越州事**한대 **越之南湖 久廢不治**하니 **蓋出於吏之因循**하여 **而至於不知所以爲力**하니 **予方患之**라 **觀廣德之興**컨대 **以數百年**에 **危於廢者數矣**언마는 **繇屢有人**이라 **故益以治**하니라 **蓋大曆之間**에 **溉田四百頃**이요 **大中八百頃**이요 **而今二千頃矣**니 **則人之存亡**과 **政之廢擧 爲民之幸不幸**이니 **其豈細也歟**리오 **故爲之書**하여 **尙俾來者知毋廢前人之功**하여 **以永爲此邦之利**하고 **而又將與越之人圖其廢也**하노라 **張侯名峋**이요 **字子堅**이니 **以材聞**하여 **去而爲提擧兩浙路常平廣惠倉**하고 **兼管勾農田差役水利事**하니 **方且用於時云**이니라

이해에 내가 越州通判이 되었는데 越州의 南湖가 오랫동안 버려져 관리되지 않고 있었다. 이는 관리들이 타성에 젖어 힘을 발휘할 방법을 모르는 지경에 이르렀기 때문이니, 나는 한창 그 상황을 근심하고 있었다. 그런데 廣德湖의 공역을 살펴보면 수백 년 동안 마를 뻔했던 위기에 처한 적이 한두 번이 아니었다. 그러나 여러 차례 인재가 나왔기 때문에 더욱 잘 관리될 수 있었다.

大曆 연간(766~779)에는 농지 4백 頃에 물을 대고, 大中 연간(847~859)에는 8백 頃, 현재에는 2천 頃에 물을 대게 되었다. 그렇다면 인재가 있느냐 없느냐와 政事가 잘 실행되느냐 마느냐에 백성들이 행복해지느냐 불행해지느냐가 결정되니, 어찌 작은 일이겠는가. 때문에 이 문장을 지어 뒷사람으로 하여금 前人의 공로를 수포로 돌아가게 하지 말고 영원히 이 고을의 이익이 되도록 하며, 또 앞으로 越州 사람들과 함께 거의 말라가는 호수를 어떻게 살릴지 도모하려고 한다.

張侯의 이름은 峋이고, 字는 子堅이다. 재능이 있다고 알려져 鄞縣에서 떠나 提擧兩浙路常平廣惠倉 겸 管勾農田差役水利事가 되었는데, 이제 또 朝廷에서 重用될 것이라고 한다.

08. 襄州宜城縣長渠記* 襄州 宜城縣의 長渠에 관한 기문

* 작자 57세 때인 熙寧 8년(1075) 8월에 쓴 記文이다. 長渠는 긴 도랑을 말한다. 작자는 2년 전 知襄州가 되었는데, 이 작품을 쓴 해까지 襄州에 잇달아 가뭄이 들었다. 그때 長渠를 끼고 있던 농지만 피해가 없던 것을 목도하고는, 작자는 長渠의 중요성을 주목하게 된다. 그리고 襄州로 부임했을 당시 長渠의 복구를 담당했던 전임 宜城縣令 孫永으로부터 長渠를 복구하게 된 내력을 들었던 작자는 부임 후 長渠에 관한 연혁 및 현황 등을 조사하여 이 문장을 썼다. 이 작품에서는 또 水利가 백성들에게 얼마나 중요한 것인지도 밝히고 있다.

千年鄢水의 本末如掌이요 而通篇措注 一一有法이라

천 년에 걸친 鄢水의 역사가 손바닥 안처럼 환히 보인다. 그리고 全篇에 걸쳐 배치 하나하나에 法이 있다.

荊及康狼은 楚之西山也라 水出二山之間하여 東南而流라 春秋之世曰鄢水니 左丘明傳魯桓公十有三年에 楚屈瑕伐羅하고 及鄢하여 亂次以濟是也라 其後曰夷水니 水經所謂漢水又南過宜城縣東이요 夷水注之[1)]是也라 又其後曰蠻水니 酈道元所謂夷水避桓溫父名하여 改曰蠻水是也라 秦昭王三十八年에 使白起將하여 攻楚한대 去鄢百里에 立堨하고 壅是水爲渠하여 以灌鄢이어늘 鄢은 楚都也로되 遂拔之하니 秦既得鄢에 以爲縣하니라 漢惠帝三年에 改曰宜城이라 宋孝武帝永初元年에 築宜城之大隄爲城하니 今縣治가 是也요 而更謂鄢曰故城이라 鄢入秦하고 而白起所爲渠因不廢하여 引鄢水以灌田한대 田皆爲沃壤하니 今長渠是也라

荊山과 康狼山은 楚 지역 서쪽에 있는 산인데, 두 산 사이에서 한 물줄기가 발원하여 동남쪽으로 흘러간다. 春秋時代에는 鄢水라 하였는데, ≪春秋左氏傳≫ 魯 桓公 13년(B.C. 699) 기사의 "楚國의 屈瑕가 羅國을 공격하였다. 鄢水에 이르러 군대의 대오를 흐트러뜨린 채 물을 건넜다."는 부분에 등장하는 鄢水가 여기이다. 그 후에는 夷水로 불렀는데, ≪水經注≫에서 이른바 "漢水가 또 남쪽으로 흘러 宜城縣 동쪽을 지나며, 夷水가 漢水로 흘러든다."는 부분의 夷水가 여기이다. 또 그 뒤에는 蠻水로

불렀는데, 酈道元이 이른바 "桓溫의 아버지 이름을 避諱하여 夷水를 蠻水로 개칭했다."는 부분에 등장하는 蠻水가 여기이다.

秦 昭王 38년(B.C. 269)에 白起를 시켜 군대를 이끌고 楚나라를 공격하도록 했다. 백기는 鄢에서 100里 되는 지점에 보를 세워 이 물줄기를 막고 도랑을 만들어 鄢 땅에 水沒作戰을 개시했다. 鄢은 楚나라의 수도인데도 마침내 함락시켰다. 秦나라가 鄢을 손에 넣고 나서는 縣으로 삼았고, 漢 惠帝 3년(B.C. 192)에는 宜城으로 개칭했다.

南朝 宋 武帝 永初 원년(420)에 宜城에 있던 큰 제방을 성곽으로 수축하였으니, 현재 縣治가 이곳이다. 그리고 다시 鄢을 故城이라 불렀다. 鄢 땅이 秦나라에 편입되고 나서 白起가 만들었던 도랑은 여전히 철거되지 않아, 鄢水의 물을 끌어 농지로 물을 대어왔다. 그래서 농지들이 모두 비옥해졌으니, 현재의 長渠가 이곳이다.

1) 漢水又南過宜城縣東 夷水注之 : ≪水經注≫ 권28의 내용을 인용한 것이다. '夷水注之'는 본문에 "夷水가 房陵縣에서 발원하여 동쪽으로 흘러 들어간다.〔夷水出自房陵 東流注之〕"라고 된 것을 작자가 임의로 생략한 것이다.

長渠至宋至和二年하여는 久隳不治하여 而田數苦旱하고 川飮者無所取라 令孫永曼叔[1] 率民田渠下者하여 理渠之壞塞하고 而去其淺隘하여 遂完故堨하여 使水還渠中이라 自二月丙午始作하여 至三月癸未而畢하니 田之受渠水者 皆復其舊라 曼叔又與民爲約束하되 時其蓄泄하고 而止其侵爭하니 民皆以爲宜也러라

長渠는 宋나라 至和 2年(1055)에 이르기까지 오랫동안 허물어진 채 관리되지 않아 농지들이 자주 가뭄에 시달렸으며, 도랑에서 食水를 얻으려는 사람도 얻을 물이 없었다. 縣令 孫永 曼叔이 도랑 아래에서 농지를 일구는 백성들을 이끌고 무너지고 막혀 있던 도랑을 수리하여 수심이 얕고 좁은 곳을 제거함으로써 마침내 옛 보를 온전히 복원하여 물이 도랑 안으로 다시 유입하도록 했다. 2월 병오일부터 시작하여 3월 계미일에 끝마쳤는데, 도랑의 물을 받게 된 농지들이 모두 원래의 모습을 회복했다. 曼叔이 또 백성들과 함께 규칙을 만들어 제때에 물을 저장하고 방류함으로써 灌漑에 따른 침탈과 분쟁을 금지하자, 백성들이 모두 합당하게 여겼다.

1) 孫永曼叔 : 曼叔은 孫永(1019~1086)의 자이다. 襄陽尉와 宜城縣令 등을 역임하고 進密直學士, 知開封府를 거쳐 吏部尙書까지 지냈다. 宋 神宗 때 靑苗法, 助役法 등 新法이 백성의 부담을 가중시킨다는 이유로 반대하였고, 哲宗 때는 工部尙書가 되어 保馬法, 保甲法, 免役法을 혁파하고 이전 법을 환원할 것을 요구하기도 하는 등 민생을 살리는 데에 주력하였다.

蓋鄢水之出西山하여 初棄於無用이라가 及白起資以禍楚하여 而後世顧賴其利하니 酈道元以謂溉田三千餘頃[1]이라하니라 至今千有餘年에 而曼叔又擧衆力而復之하여 使幷渠之民으로 足食而甘飮하고 其餘粟散於四方이라 蓋水出於西山諸谷者其源廣하고 而流於東南者其勢下하여 至今千有餘年에 而山川高下之形勢無改하니 故曼叔得因其故迹하여 興於旣廢라 使水之源流와 與地之高下 一有易於古런들 則曼叔雖力이나 亦莫能復也리라

鄢水가 서쪽 산에서 흘러나와 처음에는 사람들이 사용하지 않아 방치되어 있었다. 그러다가 白起가 이 물줄기를 이용하여 楚나라에 타격을 가했으나 후세에는 이로 인해 도리어 鄢水의 혜택을 입게 되었다. 이를 두고 酈道元은 "3,000여 頃에 달하는 농지에 물을 댄다." 하였다. 그 이후 천여 년이 지난 오늘날에 이르러 曼叔이 또 여러 사람들의 노동력을 동원하여 長渠를 복원시켰다. 그래서 도랑 주변에 사는 백성들은 양식을 풍족하게 먹고 食水를 확보하며 잉여 곡물을 사방 지역에 나눠주게 되었다. 서쪽 산 여러 계곡에서 흘러나온 물줄기는 그 水源이 넓고, 동남쪽으로 물이 흘러가는 곳은 그 지세가 낮다. 천여 년이 지난 오늘날까지도 山川의 높고 낮은 形勢에는 변화가 없었다. 때문에 曼叔이 그 옛 자취를 따라 이미 폐기된 長渠를 복구할 수 있었다. 만약 물줄기의 원류와 지대의 높낮이에 조금이라도 옛날의 모습에서 바뀐 데가 있었다면, 曼叔이 아무리 공력을 들인다 하더라도 복원하지 못했을 것이다.

1) 酈道元以謂溉田三千餘頃 : 酈道元은 北魏의 인물로, ≪水經注≫의 작자이다. 그가 鄢水를 설명하는 과정에 "漢南郡太守 王寵이 木里溝를 파 鄢水를 끌어와서 농지 700頃에 물을 대었고, 白起가 판 도랑으로는 3,000여 경에 물을 대었다."고 하였는데, 이것을 말한다. ≪水經注≫

夫水莫大於四瀆[1)]이로되 而河蓋數徙하여 失禹之故道하고 至於濟水하여는 又王莽時而絶하니 況於衆流之細는 其通塞 豈得如常이리오 而後世欲行水漑田者는 往往務躡古人之遺迹하고 不考夫山川形勢古今之同異라 故用力多而收功少하나니 是亦其不思也歟인저

물줄기는 四瀆보다 큰 것이 없으나, 黃河는 여러 차례 위치가 바뀌어 禹임금이 治水했던 옛 물길은 찾아볼 수 없다. 濟水의 경우, 또 王莽 때에 물줄기가 끊어졌으니, 하물며 자잘한 여러 물줄기들이 흘렀다가 끊긴 상태가 어찌 일정할 수 있겠는가. 그러나 후세에 治水사업을 통해 농지에 灌漑를 하려는 사람들은 간혹 옛사람들이 남긴 흔적을 쫓아가기에만 바빠, 山川의 形勢가 古今에 걸쳐 어떤 차이가 있는지는 살피지 않았다. 그 때문에 들인 공력은 많지만 거둔 효과는 적으니, 이 또한 깊이 생각하지 않았기 때문일 것이다.

1) 四瀆 : 독립적으로 흘러 바다로 들어가는 네 줄기의 큰 강으로, 長江, 黃河, 淮水, 濟水를 말한다. 唐代에 이르러 방위에 따라 長江을 南瀆, 黃河를 西瀆, 淮水를 東瀆, 濟水를 北瀆이라 하였다.

初에 曼叔之復此渠에 白其事於知襄州事張瓌唐公[1)]한대 公聽之不疑하고 沮止者不用이라 故曼叔能以有成하니 則渠之復은 自夫二人者也라 方二人者之有爲에 蓋將任其職이요 非有求於世也라 及其後言渠堨者蜂出이나 然其心이 蓋或有求라 故多詭而少實하고 獨長渠之利較然하니 而二人者之志 愈明也라

과거에 曼叔이 長渠를 복원할 적에 그 일을 知襄州事인 張瓌 唐公에게 보고했다. 張公은 그 보고를 듣고서 의심하지 않고 복원공사를 저지하는 자들의 의견을 따르지 않았기 때문에 曼叔이 성공을 거둘 수 있었다. 그러한즉 長渠가 복원된 것은 저 두 사람 덕분이다. 두 사람이 이 큰 사업을 할 때에는 자신의 직분을 다하려 했을 뿐, 세상에 따로 명예를 바라는 게 있지 않았다. 그 이후에 도랑과 보를 만들자고 말하는 사람들이 벌떼처럼 일어났다. 그러나 그들의 마음은 간혹 따로 바라는 게 있었기 때문에 허위가 많아 내실이 적었고 오로지 長渠로 인한 이익이 크게 드러났으니, 두 사람의 本意가 더욱 명확해졌다.

1) 張瓌唐公 : 唐公은 張瓌(1004~1073)의 자이다. 宋 仁宗 天聖 2년(1024)에 進士에 급제하고 兩浙轉運使와 潁州, 揚州 등 지방관을 역임하고 英宗 때 左諫議大夫와 翰林侍學士 등을 지냈는데, 바른말을 거침없이 함으로써 권력자의 비위를 거슬러 여러 차례 좌천되었으나 후회하지 않았다 한다.

熙寧六年에 余爲襄州하여 過京師할새 曼叔時爲開封이어늘 訪余於東門하여 爲余道長渠之事하고 而諉余以考其約束之廢擧라 予至而問焉한대 民이 皆以謂賢君之約束이라하고 相與守之하여 傳數十年을 如其初也러니 予爲之定著令하여 上司農하니라 八年에 曼叔去開封하여 爲汝陰할새 始以書告之하니 而是秋大旱이로되 獨長渠之田無害也러라 夫宜知其山川與民之利害者는 皆爲州者之任이니 故予不得不書以告後之人하고 而又使之知夫作之所以始也하노라 曼叔은 今爲尙書兵部郎中龍圖閣直學士하니라 八月丁丑曾鞏記하노라

熙寧 6년(1073)에 나는 知襄州가 되어 京師에 들렀다. 그때 曼叔은 당시 知開封으로 있었는데, 開封城 東門에서 나를 방문하여 나에게 長渠에 관한 일을 말해주었다. 그러면서 나에게 자신이 만들었던 규칙이 그대로 잘 실현되고 있는지 살펴보아 달라고 부탁했다. 내가 襄州로 부임해서 長渠의 운영현황을 탐문한 결과, 백성들은 모두 어진 수령의 규칙으로 여겨 서로가 그 규칙을 준수하여 수십 년에 걸쳐 처음과 같이 그대로 전해 내려오고 있었다. 내가 그 규칙을 명백한 법령으로 규정하여 司農寺에 보고했다.

熙寧 8년(1075)에 曼叔이 開封을 떠나 汝陰을 다스리게 되자, 나는 비로소 이 사실을 편지로 써서 그에게 알려주었다. 그리고 이해 가을에 큰 가뭄이 들었으나, 유독 長渠에서 물을 대는 농지들은 피해가 없었다. 자기가 다스리는 고을의 지리적 특성과 이에 따른 백성들의 이해관계를 당연히 알고 있어야 하는 것은 모두 州를 다스리는 자의 책임이다. 그러므로 내가 부득불 이 글을 써서 후세 사람들에게 저간의 경위를 일러주고, 또 長渠를 改築한 공역을 시작하게 된 이유를 알린다. 曼叔은 지금 尙書兵部郎中 龍圖閣直學士가 되었다. 8월 정축일에 曾鞏은 記文을 쓴다.

王遵巖曰 二堂及此記 皆絶佳하니라

王遵巖이 말하였다.

"〈齊州二堂記〉와 이 〈襄州宜城縣長渠記〉가 모두 매우 훌륭하다."

宋大家曾文定公文抄 卷8

記

01. 徐孺子祠堂記* 徐孺子의 祠堂에 쓴 기문

* 작자 59세 때인 熙寧 10년(1077)에 徐穉(97~168)의 祠堂을 짓고 나서 쓴 記文이다. 이해는 작자가 知洪州로 부임한 지 2년째가 되는 때이다. 이 작품에서는 後漢 때 일어났던 黨錮의 禍와 그 당시 徐穉의 거취를 서술하고, 徐穉의 사당을 짓게 된 경위를 밝히고 있다.

推漢之以亡爲存하여 歸功於孺子輩하되 論有本末이라

漢나라가 망해가던 國勢를 보존하게 된 원인을 推論하면서 그 공을 孺子의 무리에게 돌렸다. 논변이 본말을 갖추었다.

漢元興以後로 政出宦者하니 小人挾其威福하여 相煽爲惡하고 中材顧望하여 不知所爲라 漢旣失其操柄에 紀綱大壞나 然在位公卿大夫 多豪傑特起之士하여 相與發憤同心하여 直道正言하고 分別是非白黑하여 不少屈其意하니 至於不容하여는 而織羅鉤黨之獄起하되 其執彌堅하고 而其行彌勵하니 志雖不就而忠有餘라 故及其旣歿에 而漢亦以亡하니 當是之時하여 天下聞其風慕其義者 人人感慨奮激하여 至於解印綬하고 棄家族하며 骨肉相勉하여 赴死而不避하니 百餘年間에 擅彊大覬非望者相屬이로되 皆逡巡而不敢發하니 漢能以亡爲存은 蓋其力也라

漢나라 元興 연간(105) 이후로 조정의 정책과 법령이 환관의 손에서 나왔는데, 소인배가 그 권세를 이용하여 함부로 상벌을 행하고 서로 선동하여 악행을 자행하였다. 이때 중등의 재능을 지닌 자들은 관망만 할 뿐 어찌할 줄 몰랐다. 漢나라는 통치능력을 상실하고 나서 기강이 크게 무너졌다. 그러나 관직에 있던 公卿大夫 가운데 호걸

스럽고 특출한 수많은 志士들이 많았다. 이들이 함께 떨쳐 일어나 한마음이 되어 올바른 도리를 견지하고 바른말을 하며 시비와 흑백을 분별하여, 조금도 자신들의 뜻을 굽히지 않았다. 그 결과 소인배의 비위를 거스르는 지경에 이르자, 그들이 죄명을 날조하여 수백 명이 처형되거나 유배되거나 구금을 당한 黨錮의 禍가 발생했다. 그러나 志士들의 집념은 더욱 굳건했으며 그 행동은 더욱 고무되었다. 그들의 포부는 비록 실현되지 못했지만, 그들의 忠情은 차고 넘쳤다. 때문에 그 志士들이 다 죽고 나서야 漢나라도 이를 계기로 멸망하게 되었다.

이러한 시대에 천하에서 志士들의 氣風을 듣고 그들의 절의를 사모한 자들은 누구나 감개하고 격분한 나머지, 심지어는 관직을 내놓고 가족도 돌보지 않은 채 골육간에 서로 분발하여 뻔히 죽음을 당할 일을 하면서도 피하지 않았다. 백여 년 동안 강대한 권력을 멋대로 휘두르면서 분수를 벗어난 목적을 달성하려고 기도한 자들이 잇달아 나타났지만, 모두 머뭇거리면서 결행할 엄두를 내지 못했다. 漢나라가 위태로운 가운데 계속 존재할 수 있었던 것은 분명히 그들의 역량 때문이었다.

孺子於時에 豫章太守陳蕃과 太尉黃瓊이 辟皆不就하고 擧有道하여 拜太原太守하고 安車備禮하여 召皆不至하니 蓋忘己以爲人과 與獨善於隱約은 其操雖殊나 其志於仁一也라 在位士大夫 抗其節於亂世하여 不以死生動其心은 異於懷祿之臣遠矣나 然而不屑去者는 義在於濟物故也니라 孺子 嘗謂郭林宗曰 大木將顚에 非一繩所維니 何爲棲棲不皇寧處오하니 此其意亦非自足於丘壑이요 遺世而不顧者也라 孔子稱顔回하사대 用之則行하고 捨之則藏을 惟我與爾有是夫인저하시고 孟子亦稱孔子하사대 可以進則進하며 可以止則止하시니 乃所願則學孔子로라하시고 而易於君子小人消長進退에 擇所宜處하여 未嘗不惟其時則見하며 其不可而止하니 此孺子之所以未能以此而易彼也라

孺子는 이 당시에 豫章太守 陳蕃과 太尉 黃瓊이 그에게 벼슬을 주겠다고 초빙하였으나 모두 사양하고 응하지 않았다. 그리고 그를 도를 지닌 선비라는 명목으로 조정에 천거하여 그가 집에 머물러 있는 상황에서 太原太守에 제수하고 安車와 후한 예물을 갖추어 초빙하였으나 그는 모두 거절하고 부임하지 않았다. 자신의 존재를 잊고

남을 위해 헌신하는 사람과 孺子처럼 은거하여 곤궁한 처지에서 자신의 순결을 지키고 혼탁한 세속과 합류하지 않는 사람은, 그 처세하는 태도는 비록 다르지만 뜻을 세워 仁의 도리를 실천하는 목표는 동일하다. 관직에 있는 士大夫가 亂世에 자신의 고상한 절조를 견지하여 생사로 인해 그들의 신념을 바꾸지 않는 것은, 오로지 공명과 利祿을 탐하는 관료와는 크게 다르다. 세상이 어지러운데도 불구하고 그들이 벼슬을 버리고 떠나기를 원하지 않는 까닭은 세상과 백성을 구제하는 것을 자기의 책임으로 삼고 있기 때문이다.

孺子가 일찍이 郭林宗에게 "큰 나무가 쓰러지려 할 때에는 밧줄 하나로 버텨낼 수 있는 상태가 아닙니다. 그런데 어찌하여 분주하게 지내면서 단 며칠이라도 편한 날을 보내지 못합니까?" 하였다. 이로 볼 때 孺子는 또한 산림에 은거하는 것에 만족하고 인간세상을 초탈하여 돌아보지 않는 사람은 아니었다. 孔子께서 顔回를 칭찬하기를 "나를 임용해주면 나가서 벼슬하고 나를 써주지 않으면 물러나 은거하는 것은 오직 나와 너만이 이렇게 할 수 있다." 하였고, 孟子께서도 孔子를 칭송하기를 "벼슬할 만한 상황이면 벼슬하시고 물러나 은거할 만한 상황이면 물러나 은거하셨다. 내가 원하는 것은 孔子를 배우는 것이다." 하였다. 그리고 ≪易經≫에서 君子의 도와 小人의 도가 소멸되고 신장하는 것에 따라 나아가고 물러나는 문제에 관해 말한 것은 사람들에게 시기와 상황을 고려하여 적절하게 대처하도록 한 것으로써, 시기와 상황이 양호하면 세상에 나가고 시기와 상황이 좋지 않으면 물러나 피하는 것을 인정하지 않은 적이 없다. 이것이 곧 孺子가 黨錮諸賢이 취한 원칙으로 자기의 처세태도를 바꾸지 못한 이유이다.

孺子姓徐요 名穉니 孺子其字也요 豫章南昌人이라 按圖記[1)]컨대 章水北逕南昌城西하고 歷白社하니 其西有孺子墓라 又北歷南塘하니 其東爲東湖요 湖南小洲上에 有孺子宅하니 號孺子臺라 吳嘉禾中에 太守徐熙於孺子墓隧種松하고 太守謝景[2)]於墓側立碑라 晉永安中에 太守夏侯嵩[3)]於碑旁立思賢亭하여 世世修治하고 至拓跋魏[4)]時하여는 謂之聘君亭이라하니라 今亭尙存하나 而湖南小洲는 世不知其嘗爲孺子宅이며 又嘗爲臺也라 予爲太守之明年에 始卽其處하여 結茅爲堂하고 圖孺子像하여 祠以中牢[5)]하고 率州之

賓屬拜焉이라 漢至今且千歲에 富貴堙滅者를 不可稱數언마는 孺子不出閭巷이로되 獨稱思至今하니 則世之欲以智力取勝者는 非惑歟아 孺子墓失其地나 而臺幸可考而知하니 祠之는 所以示邦人以尙德이라 故幷采其出處之意爲記焉하노라

孺子의 姓은 徐氏이고 이름은 穉이며 孺子는 그의 字인데, 豫章 南昌 사람이다. ≪圖記≫에 다음과 같은 내용이 보인다.

"章水는 북쪽으로 南昌城 서쪽을 경유하고 白社를 지나간다. 그 서쪽에는 孺子의 무덤이 있다. 또 북쪽으로는 南塘을 지나간다. 그 동쪽은 東湖인데, 東湖 남쪽 작은 모래섬 위에 孺子가 살던 집이 있어 孺子臺라고 부른다. 吳나라 嘉禾 연간(232~238)에 太守 徐熙가 孺子의 묘역에 소나무를 심고, 太守 謝景이 무덤가에 비석을 세웠다. 그리고 晉나라 永安 연간(304)에 太守 夏侯嵩이 비석 옆에 思賢亭을 세웠고 그 이후 대대로 수리해왔다. 拓跋氏의 北魏 때에는 思賢亭을 聘君亭이라 했다."

현재 정자가 아직도 남아 있으나, 東湖 남쪽 작은 모래섬의 경우에는 세상 사람들이 그곳이 孺子가 살던 집이었다는 것을 모르고 孺子臺였다는 것도 모른다. 내가 태수로 부임한 이듬해에 처음으로 그곳에 가서 띠풀을 엮어 사당을 짓고 孺子의 초상을 그리고는 中牢로 제사를 지내면서 洪州의 빈객들을 거느리고 가서 절을 올렸다.

漢나라 때부터 현재에 이르기까지 거의 천 년이 된다. 그동안 부귀를 누리고 사라져간 사람들을 이루 다 헤아릴 수 없다. 孺子는 자기 마을을 벗어나지 않았는데도 유독 오늘날에 이르기까지 칭송과 사모를 받는다. 그렇다면 세상 사람 중에 지혜와 용력으로 승리를 얻는 사람은 어리석은 자가 아니겠는가. 孺子의 묘지는 이미 그 위치를 알 수 없으나, 孺子臺는 다행스럽게도 고찰하여 알 수 있다. 孺子의 사당을 세운 것은 이 지역 사람들에게 덕을 숭상하도록 가르치기 위해서이다. 때문에 내가 孺子의 出處觀을 같이 採錄하여 이 記文을 짓는다.

1) 圖記 : 인용한 글이 北魏 酈道元이 편찬한 ≪水經注≫의 내용인 것으로 보면, 작자가 본 ≪水經注≫에는 그림도 함께 있었던 것으로 보인다.
2) 謝景 : 자는 叔發로, 三國 때 南陽 宛縣 사람이다. 吳나라 孫權의 아들 孫登이 태자로 있을 때 賓客이 되었으며 豫章太守를 지낼 적에 치적이 있었다.
3) 夏侯嵩 : 晉 梁郡 사람이며 豫章太守를 지냈다

4) 拓跋魏 : 곧 北魏를 말한다. 北魏는 鮮卑族인 拓跋氏가 세웠기 때문에 그렇게 부른다.
5) 中牢 : 祭禮를 행할 때 제물로 쓰는 희생으로, 돼지와 양 두 종류를 말한다. 少牢와 같다.

唐荊川曰 此篇三段이니 第一段은 敍黨錮諸賢及孺子事하고 第二段은 比論二事하고 第三段은 敍作亭이라하니라

唐荊川이 말하였다.
"이 작품은 세 단락으로 되어 있다. 첫 번째 단락에서는 黨錮의 화를 당했던 여러 賢人과 孺子에 얽힌 이야기를 서술하고, 두 번째 단락에서는 벼슬하고 은거하는 두 가지 문제를 비교 논의하였으며, 세 번째 단락에서는 亭子를 짓게 된 경위를 서술하였다."

02. 閬州張侯廟記* 閬州의 張侯廟에 쓴 기문

* 작자 41세 때인 嘉祐 4년(1059)에 쓴 記文이다. 당시 閬州에서 재직하고 있던 벗 李獻卿의 부탁에 의한 것이다. 閬州에는 삼국시대 蜀漢의 장수 張飛의 묘와 사당이 있었는데, 그곳 사람들은 역대에 걸쳐 제사를 지내왔다. 특히 가뭄이 들어 기우제를 지낼 때마다 늘 효험을 봐온 터에 최근 몇 년간 풍년이 들자 閬州 사람들이 張飛의 사당을 대대적으로 重修했다. 이 작품에서 작자는 이전 사람들이 귀신을 섬기는 행위를 논평하고 張飛를 찬양한 뒤, 이 글을 지은 경위에 대해 간략히 서술하였다.

覽前大半篇컨대 曾公似薄張侯하여 有不必祀之意하니 其所按經典以相折衷處 雖有本領이나 而予之意는 竊以張侯 方其與關壽亭佐昭烈하여 百戰以立帝業於蜀하니 祭法所謂以勞定國則祀之者也라 恐須按此言爲正이니 姑錄而存之하여 以見子固自是一家言處하노라

이 작품의 전반부를 보면, 曾公이 張侯(張飛)를 평가절하하여 굳이

제사를 지내지 않아도 된다는 생각을 가졌던 것 같다. 그가 經典을 근거로 折衷한 부분은 비록 일리가 있으나, 내 생각에는 張侯가 壽亭侯 關羽와 함께 昭烈皇帝 劉備를 보좌하여 숱한 전투를 치른 끝에 蜀 땅에서 帝業을 완수하도록 하였으니, 〈祭法〉에 이른바 "공로로 나라를 안정시킨 인물에게는 제사를 지낸다."는 것에 해당한다. 아마도 이 말을 근거로 삼아 正論으로 보아야 할 듯싶다. 우선 이 작품을 기록하여 남겨둠으로써 子固가 본래 독자적인 주장을 세운 부분을 보여주는 바이다.

事常蔽於其智之不周요 而辨常過於所惑하나니 智足以周於事요 而辨至於不惑은 則理之微妙를 皆足以盡之라 今夫推策灼龜와 審於夢寐는 其爲事至淺이로되 世常尊而用之하여 未之有改也요 坊墉道路馬蠶猫虎之靈은 其爲類至細로되 世常嚴而事之하여 未之有廢也요 水旱之災와 日月之變과 與夫兵師疾癘昆蟲鼠豕之害는 凡一慝之作에 世常有祈有報[1)]하여 未之有止也라 金縢之書[2)]와 雲漢之詩[3)]는 其意可謂至요 而其辭可謂盡矣라 夫精神之極은 其叩之無端이요 其測之甚難이로되 而尊而信之를 如此其備者는 皆聖人之法이니 何也오 彼有接於物者는 存乎自然하여 世旣不得而無하니 則聖人固不得而廢之는 亦理之自然也라 聖人者는 豈用其聰明哉리오 善因於理之自然而已니라 其智足以周於事요 而其辨足以不惑은 則理之微妙를 皆足以盡之也라 故古之有爲於天下者는 盡己之智而聽於人하며 盡人之智而聽於神하여 未有能廢其一也라 書曰 朕志先定이어늘 詢謀僉同하며 鬼神其依하여 龜筮協從[4)]이라하니 所謂盡己之智而聽於人하며 盡人之智而聽於神也라 繇是觀之컨대 則荀卿之言에 以謂雩筮救日을 小人以爲神[5)]者는 以疾夫世之不盡在乎己者而聽於人하고 不盡在乎人者而聽於神이니 其可也라 謂神之爲理者信然이면 則過矣니 蔽生於其智之不周요 而過生於其所惑也라

事情이란 늘 지혜가 두루 미치지 못하는 데에서 어두워지고, 사물에 대한 분별력은 늘 의혹을 갖는 데에서 과오를 저지르게 된다. 지혜가 일에 두루 미칠 수 있고, 분별력이 의혹하지 않는 데에 이른다면, 미묘한 이치를 모두 다 파악할 수 있다. 오늘날 蓍草점을 치고 거북점을 치며 해몽을 통해 길흉을 알아보는 것은 그 일이 매우 천근

하지만, 세상에서는 늘 숭상하여 그 방식을 따라하였고 바꾼 적이 없다. 성벽, 도로, 말, 누에, 고양이, 호랑이의 영혼은 매우 미미한 종류이지만, 세상에서는 늘 어려워하여 그것들을 섬겼고 그만둔 적이 없다. 홍수나 가뭄과 같은 재앙, 태양과 달에 일어나는 변화와 전쟁, 질병, 곤충, 쥐, 멧돼지 등의 피해 중에 어떤 이변이 한번 발생하면, 세상에서는 늘 기도하고 제사를 지냈으며 그와 같은 행위를 그만둔 적이 없었다. 〈金縢〉에 있는 글과 〈雲漢〉시에 보이는 내용은 그 뜻이 지극하다 할 만하고 그 표현도 곡진하다고 할 수 있을 것이다. 精神의 極致에 대해서는 물어보아도 단서가 없고 추측해보아도 매우 어려운데도 불구하고 尊崇하여 믿기를 이처럼 완전하게 하는 것은 모두 聖人의 法이니, 어째서인가?

저 사물에 접하는 것들은 자연 속에 존재하여 세상에서 없을 수 없으니, 聖人이 진정 그것들을 무시해버릴 수 없는 것 또한 자연스러운 이치이다. 聖人이 어찌 자신의 총명을 짜낸 것이겠는가. 자연스러운 이치를 잘 따른 것일 뿐이다. 자신의 지혜가 일에 두루 미치고 자신의 분별력이 의혹하지 않을 수 있다면, 미묘한 이치를 모두 다 파악할 수 있다. 때문에 옛날 天下에 위대한 업적을 남긴 이는 자신의 지혜를 다 발휘하고도 사람들의 의견을 경청했으며, 사람들의 지혜를 다 경청하고도 神의 의견을 경청하였으니, 그 가운데 어느 것 하나도 그만두어도 되었던 적이 없었다. ≪書經≫에 이르기를 "내 뜻이 우선 정해지자 여러 사람들에게 자문을 하여 상의한 결과 모두 같았으며, 귀신이 그 뜻에 따라 거북점과 蓍草점도 맞추어 따라준다." 하였으니, 이른바 자신의 지혜를 다하고서도 사람들의 의견을 경청하며, 사람들의 지혜를 전부 경청하고 나서도 神의 의견을 경청하는 것이다.

이것으로 본다면, 荀卿의 말에 "기우제를 지내거나 蓍草점을 치거나 救日을 하는 행위를 두고 백성들은 신령스럽게 여긴다." 하였는데, 이는 세상 사람들이 자신에게 내재된 능력은 다하지 않고 사람들의 의견만 따른다거나, 사람들에게 내재된 능력은 다하지 않고 神의 의견을 따르는 것을 미워한 것으로써 옳은 말이다. 神의 이치가 정말 그런 것이라고 생각한다면 그것은 잘못된 것이다. 사정에 어두워지는 것은 자신의 지혜가 두루 미치지 못하는 데에서 발생하고, 사물을 분별하는 데에 있어서의 과오는 자신이 의혹을 갖는 데에서 발생한다.

1) 報 : 신령이 보우한 은덕에 보답하고자 거행하는 제사이다.

2) 金縢之書：周나라가 商나라를 멸망시킨 뒤에 武王이 병이 나자, 周公이 先王들의 신령께 武王 대신 자기가 죽게 해달라고 축원하고 그 내용을 적은 글을 궤에 넣고 쇠붙이를 이용하여 봉하였는데, 그 궤에 넣은 축문을 말한다. 〈金縢〉은 ≪書經≫ 〈周書〉의 한 편명이기도 하다.

3) 雲漢之詩：〈雲漢〉은 ≪詩經≫ 〈大雅〉의 한 편명이다. 周나라 宣王 때 가뭄이 들자, 왕이 제사를 지내며 하늘에 하소연하는 모습을 두고 大夫 仍叔이 찬미한 작품이라고 한다.

4) 朕志先定……龜筮協從：≪書經≫ 〈虞書 大禹謨〉에 나오는 말이다.

5) 雩筮救日 小人以爲神：≪荀子≫ 〈天論〉편에 "기우제를 지내면 비가 오는 것은 무슨 이유인가? 아무 이유도 없다. 기우제를 지내지 않아도 비가 오는 것과 마찬가지이다. 일식과 월식이 발생하면 이를 구제하기 위한 제사를 지내고, 가뭄이 들 때 기우제를 지내며, 거북점, 蓍草점을 친 뒤에 큰 일을 결정하는 것은 그러한 행위를 통해 바라는 것을 얻을 수 있어서가 아니라, 수식행위일 뿐이다. 그렇기 때문에 君子는 수식행위로 보지만 백성들은 신령스러운 일로 본다. 수식행위로 본다면 길하지만, 신령스러운 일로 본다면 흉하다."라는 내용을 바탕으로 쓴 말이다. 救日은 日蝕이 발생했을 때, 신에게 이 사태를 구제해주기 바라며 제사를 지내는 것을 말한다.

閬州於蜀爲巴西郡이라 蜀車騎將軍領司隸校尉西鄕張侯는 名飛字益德이니 嘗守是州하니라 州之東有張侯之冢하니 至今千有餘年히 而廟祀不廢하며 每歲大旱에 禱雨輒應이러니 嘉祐中에 比數歲連熟하니 閬人以謂張侯之賜也라하여 乃相與率錢治其廟舍하여 大而新之하니라 侯以智勇爲將하여 號萬人敵이라 當蜀之初에 與魏將張郃으로 相距於此라가 能破郃軍하여 以安此土하니 可謂功施於人矣라 其歿也에 又能澤而賜之하니 則其食於閬人不得而廢也 豈非宜哉리오 知州事尙書職方員外郞李君獻卿字材叔이 以書來曰 爲我書之하라하니 材叔은 好古君子也라 乃爲之書하여 而以予之所聞于古者告之하노라

閬州는 蜀漢 때 巴西郡이었다. 蜀의 車騎將軍 領司隸校尉 西鄕侯 張侯의 이름은 飛이고 자는 益德으로, 일찍이 巴西太守를 역임하였다. 閬州 동쪽에 張侯의 무덤이 있는데,

오늘날에 이르기까지 천여 년 동안 사당제사가 끊이지 않고 있다. 그리고 매년 큰 가뭄이 들 때마다 기우제를 지내면 그때마다 반응이 있었다. 嘉祐 연간(1056~1063) 근 수년에 걸쳐 잇달아 풍년이 들자, 閬州 사람들은 張侯의 선물로 여겼다. 그리하여 서로들 비용을 모아 張侯를 기리는 사당을 손질하여 건물을 확대하고 새롭게 만들었다.

張侯는 지혜와 勇力으로 장수가 되어 萬人을 대적할 인물로 불렸다. 蜀漢 초기에 魏나라 장수 張郃과 여기에서 대치하고 있다가 張郃의 군대를 격파하여 이 땅을 안정시켰으니, 사람들에게 공을 베풀었다고 할 만하다. 그가 죽은 뒤에 또 백성들에게 은택을 베풀고 선물을 주었으니, 그렇다면 閬州 사람들에게 제삿밥을 먹는 것이 어찌 당연하지 않겠는가. 知州事 尙書職方員外郎 李君 獻卿 字 材叔이 편지를 보내와 "나를 위해 記文을 써주시오." 하였다. 材叔은 古代의 문화를 좋아하는 군자이다. 그래서 이 문장을 지어 내가 고대의 문화에 대해 아는 내용을 알려준다.

03. 撫州顔魯公祠堂記* 撫州의 顔魯公祠堂에 쓴 기문

* 작자 38세 때인 至和 3년(1056)에 쓴 記文이다. 이때는 작자가 벼슬하기 이전으로, 撫州 臨川에 살고 있었다. 그리고 이 글을 부탁한 聶厚載와 林慥는 당시에 각각 撫州의 知州와 通判으로 재직하고 있었다. 이들은 唐나라 大曆 3년(768)에 撫州刺史로 부임했던 顔眞卿의 충절을 흠모해왔다. 이 작품에서는 顔眞卿의 생애와 업적, 장렬한 최후를 서술하고 그를 칭송하였으며, 뒷부분에서는 顔眞卿의 사당을 세운 경위를 밝혔다.

魯公之臨大節而不可奪處 凡四五요 而曾公之文도 亦足以劃一而點綴之하니 令人讀之而泫然涕洟를 不能自已하니라

顔魯公이 생사존망의 긴급한 때에 임해서도 뜻을 굽히지 않은 적이 총 네댓 번이었다. 그리고 曾公의 이 문장도 일필휘지로 엮어내려가 顔魯公을 충분히 부각시킴으로써 독자로 하여금 이 문장을 읽고 절로 그만둘 수 없을 정도로 눈물을 자아내게 한다.

贈司徒魯郡顔公의 諱眞卿이니 事唐爲太子太師라 與其從父兄杲卿으로 皆有大節以死하여 至今雖小夫婦人라도 皆知公之爲烈也라 初에 公이 以忤楊國忠으로 斥爲平原太守어늘 策安祿山必反하고 爲之備하다가 祿山旣擧兵에 與常山太守杲卿으로 伐其後하니 賊之不能直闚潼關은 以公與杲卿撓其勢也라 在肅宗時하여는 數正言이어늘 宰相不悅하여 斥去之하고 又爲御史唐旻所搆하여 連輒斥하고 李輔國遷太上皇居西宮이어늘 公首率百官하여 請問起居하니 又輒斥하고 代宗時에 與元載爭論是非라가 載欲有所壅蔽어늘 公極論之하니 又輒斥하고 楊炎盧杞旣相德宗에 益惡公所爲하여 連斥之하되 猶不滿意라가 李希烈陷汝州에 杞卽以公使希烈이어늘 希烈初慚其言하여 後卒縊公以死하니 是時公年七十有七矣러라

贈司徒 魯郡公 顔公의 諱는 眞卿이니 唐나라 때 太子太師를 지냈다. 그의 從兄 顔杲卿과 함께 모두 큰 절의를 견지한 채 죽어 오늘날에 이르기까지 평범한 백성이라 하더라도 모두들 顔公의 장렬한 사적을 알고 있다. 당초에 顔公이 楊國忠의 심기를 거스른 이유로 平原太守로 貶斥을 당했는데, 公은 安祿山이 반드시 반란을 일으킬 것을 예측하고 그에 대비하였다. 安祿山이 擧兵하자 常山太守 顔杲卿과 함께 그의 배후를 공격하였으니, 叛賊들이 곧바로 潼關을 넘보지 못했던 것은 公과 顔杲卿이 叛賊들의 기세를 꺾었기 때문이다. 肅宗 때에는 자주 바른말을 하자, 재상이 싫어하여 공을 배척하였고, 또 御史 唐旻의 모함에 빠져 잇달아 폄척을 당했다. 그리고 李輔國이 太上皇을 이주시켜 西宮에 거처하도록 하자, 公이 앞장서서 백관들을 거느리고 太上皇의 문안을 여쭈었으므로 또 곧 폄척을 당했다. 代宗 때에는 元載와 시비거리를 놓고 논쟁하다가 元載가 조정백관과 황제의 사이를 떼어놓으려 하자, 公이 극력 그 일을 논하는 바람에 또 곧 폄척을 당했다. 그리고 楊炎, 盧杞가 德宗 때 재상이 되고 나서는 公이 하는 일을 더욱 싫어하여 잇달아 公을 폄척하고서도 오히려 만족해하지 않다가, 李希烈이 汝州를 함락시킬 때 盧杞가 즉시 公을 李希烈에게 사신으로 보냈다. 李希烈이 처음에는 公이 하는 말을 듣고 부끄러워하다가 최후에는 도리어 公을 목매어 죽이니, 이때 公의 나이가 77세였다.

天寶之際에 久不見兵이라가 祿山旣反에 天下莫不震動이어늘 公獨以區區平原으로 遂

折其鋒하여 四方聞之에 爭奮而起하니 唐卒以振者는 公爲之倡也라 當公之開土門에 同日歸公者 十七郡이요 得兵二十餘萬이니 繇此觀之컨대 苟順且誠이면 天下從之矣라 自此至公歿히 垂三十年이라 小人繼續任政하니 天下日入於弊하여 大盜繼起하여 天子輒出避之하고 唐之在朝臣은 多畏怯觀望이어늘 能居其間하니 一忤於世하여 失所而不自悔者寡矣요 至於再三忤於世하여 失所而不自悔者는 蓋未有也요 若至於起且仆하여 以至於七八이요 遂死而不自悔者는 則天下一人而已니 若公是也라 公之學問文章이 往往雜於神仙浮屠之說하여 不皆合於理로되 及其奮然自立하여 能至於此者는 蓋天性然也라 故公之能處其死로되 不足以觀公之大하니 何則고 及至於勢窮하여는 義有不得不死하니 雖中人可勉焉이어든 況公之自信也歟아 維歷忤大奸하여 顚跌撼頓이 至於七八이로되 而終始不以死生禍福으로 爲秋毫顧慮는 非篤於道者면 不能如此니 此足以觀公之大也니라

天寶 연간에 오랫동안 戰亂을 경험해보지 못하다가 安祿山이 반란을 일으키자 천하에 그 어느 누구도 혼비백산하지 않는 이가 없었다. 그런데 公만은 좁은 平原 땅을 기반으로 삼아 마침내 叛賊들의 銳鋒을 꺾자, 사방에서 그 소식을 듣고서는 너나 할 것 없이 분발하여 떨쳐 일어났다. 唐나라가 마침내 부흥할 수 있었던 것은 公이 倡導한 일이다. 公이 土門에 주둔하던 반적들을 물리치자, 그날로 公에게 귀의한 자들이 17개 郡에 달하고 병사 20여만 명을 얻었다. 이것으로 보면, 만약 이치에 맞고 진실한 마음을 가지면 천하가 따르는 것이다.

그 이후 公이 세상을 떠날 때까지 거의 30년의 세월 동안 소인이 계속 국정을 맡는 바람에 天下는 날로 피폐해져서 큰 도적들이 계속 봉기하였다. 그러자 천자는 걸핏하면 수도를 빠져나가 난리를 피했고 조정에 있던 唐나라 신하들은 대부분 겁에 질려 관망만 하고 있었다. 그러한 시대를 살면서 한 번 時流를 거슬러 자신의 기반을 잃고도 스스로 후회하지 않을 사람은 적을 것이요, 두세 차례 時流를 거슬러 자신의 기반을 잃고도 스스로 후회하지 않을 사람은 아마도 아직까지 없었을 것이다. 만약 쓰러졌다가 일어나기를 일고여덟 차례가 되고 마침내 목숨을 잃고서도 스스로 후회하지 않을 사람은 천하에 한 명뿐이니, 公이 곧 그 사람이다.

公의 학문과 문장은 이따금 神仙과 佛家의 설이 섞여 있어 모두가 이치에 부합하는

것은 아니지만, 公이 奮然히 스스로 떨쳐 일어나 이러한 경지에 이를 수 있었던 것은 天性이 그렇게 만든 것이다. 때문에 公이 죽음을 맞이할 수 있었지만, 그것만으로는 公의 위대함을 볼 수 없으니, 어째서인가? 事勢가 궁해질 때에는 의리상 죽지 않을 수 없으므로 비록 보통사람이라 하더라도 이 정도는 쉽게 될 수 있는데, 하물며 공과 같이 스스로 신념을 가지고 죽은 경우야 말할 것이 있겠는가. 다만, 여러 차례 큰 간신들의 비위를 거슬러 좌절을 맛본 것이 일고여덟 차례에 이르렀으나, 시종일관 死生이나 禍福을 조금도 개의치 않았던 경지는 道에 독실한 사람이 아니면 이와 같이 장렬한 행동은 할 수 없었을 것이니, 여기에서 公의 위대함을 볼 수 있다.

夫世之治亂不同에 **而士之去就亦異**하니 **若伯夷之清**과 **伊尹之任**과 **孔子之時**[1]는 **彼各有義**어늘 **夫既自比於古之任者矣**요 **乃欲睢顧回隱**하여 **以市於世**면 **其可乎**아 **故孔子惡鄙夫不可以事君**이라하고 **而多殺身以成仁者**[2]하니 **若公非孔子所謂仁者歟**아

세상이 治世인지 亂世인지의 차이에 따라 지식인의 거취도 달라지니, 伯夷는 聖人 중에 淸高한 절개를 지키는 사람이고, 伊尹은 聖人 중에 천하를 자기 책임으로 자임하는 사람이고, 孔子는 聖人 중에 시세상황에 따라 처신하는 사람인데, 그들은 저마다 자기의 도리가 있다. 이미 자기를, 古代에 천하를 자기 책임으로 자임한 사람에 견주고 있으면서 도리어 앞뒤를 재고 회피하는 짓을 일삼으며 세속과 영합한다면 되겠는가. 때문에 孔子께서 비열한 자는 임금을 섬길 수 없다며 미워하고 자신을 희생하여 仁을 완성한 자는 찬미하였으니, 公과 같은 사람은 孔子께서 말한 仁을 완성한 자가 아니겠는가.

1) 伯夷之淸……孔子之時 : ≪孟子≫ 〈萬章 下〉에 "伯夷는 聖人 중에 淸高한 사람이고, 伊尹은 聖人 중에 책임감이 있는 사람이고, 柳下惠는 聖人 중에 관대함을 따르는 사람이고, 孔子는 성인 중에 시기상황을 중시하는 사람이다."라고 한 데서 인용한 것이다.

2) 孔子惡鄙夫不可以事君 而多殺身以成仁者 : ≪論語≫ 〈陽貨〉에 "비열한 자는 어찌 그와 함께 임금을 섬길 수 있겠는가." 하였고, ≪論語≫ 〈衛靈公〉에 "뜻 있는 선비와 어진 사람은 삶기를 구하여 仁을 해치는 일이 없고 자기 몸을 죽여 仁을 이루는 일이 있다." 하였는데, 이 두 구절을 인용한 것이다.

今天子至和三年에 尙書都官郎中知撫州聶君厚載와 尙書屯田員外郎通判撫州林君慥는 相與慕公之烈이러니 以公之嘗爲此邦也라하여 遂爲堂而祠之라 旣成에 二君過予之家而告之曰 願有述하노라하니라 夫公之赫赫不可盡者는 固不繫於祠之有無어니와 蓋人之嚮往之不足者는 非祠則無以致其至也라 聞其烈에 足以感人이어든 況拜其祠而親炙之者歟아 今州縣之政은 非法令所及者면 世不復議어늘 二君獨能追公之節하고 尊而祠之하여 以風示當世하니 爲法令之所不及이니 是可謂有志者也로다

지금의 天子 至和 3년(1056)에 尙書都官郎中 知撫州 聶君 厚載와 尙書屯田員外郎 通判撫州 林君 慥가 함께 公의 장렬한 행동을 흠모하던 중 公이 일찍이 이 지역을 다스린 적이 있었다는 이유로 마침내 사당을 짓고 그를 제사 지냈다. 사당이 완성된 뒤에 聶君과 林君이 내 집을 방문하여 "사당을 지은 경위를 서술한 글을 지어주시기 바랍니다." 하였다.

혁혁하여 소멸될 수 없는 公의 공적은 사실 사당의 有無와 무관한 것이지만, 흠모하는 마음이 충만한 사람은 사당이 아니면 그 간절한 충정을 드러낼 수가 없다. 公의 장렬한 행동을 듣는 것만으로도 사람들에게 충분히 감동을 줄 수 있는 터에, 하물며 公을 모신 사당에 참배하여 직접 신령과 접촉하는 체험을 하는 것이야 말할 것이 있겠는가. 지금 州縣에서 하는 政事는 法令으로 명시된 것이 아니면 세상 사람들이 더 이상 논의하려 하지 않는데, 聶君과 林君은 유독 公의 절의를 추모하고 그를 존경한 나머지 사당을 세워 제사를 지냄으로써 당세의 사람들을 감화시켰다. 法令에도 명시되지 않은 일을 행하였으니, 이는 뜻 있는 선비라고 말할 만하다.

唐荊川曰 此文三段이니 第一段敍요 第二段議論이요 第三段敍立祠之事라 敍事議論處 皆以捍賊忤奸分作兩項이라가 而混成一片하되 絶無痕跡하니 此是可法處라하고 又曰 歐陽公於王彦章之忠則略之하되 而獨言其善出奇하고 曾子固於顔魯公之捍賊則略之하되 而獨言忤奸而不悔하니 此是文之微顯闡幽處라하니라

唐荊川이 말하였다.

"이 문장은 세 단락으로 이루어져 있다. 첫 번째 단락은 사실을 서술

한 것이고, 두 번째 단락은 논변이고, 세 번째 단락은 사당을 세운 일을 서술한 것이다. 사실을 서술하고 논변을 전개한 부분에서 모두 顔魯公이 叛賊들에게 맞서고 간신의 심기를 거슬렀던 일을 별개의 항목으로 나누어 다루다가 하나로 합쳤는데도 전혀 가공을 한 흔적이 없으니, 이것이 본받을 만한 부분이다."

또 말하였다.

"歐陽脩는 王彦章의 충성에 대해서는 대강 기술하고 그가 기지를 잘 발휘했다는 점을 특별히 언급하였으며, 曾子固는 顔魯公이 叛賊에게 맞섰던 사실에 대해서는 대강 기술하고 간신의 심기를 거스르면서도 후회하지 않았다는 점을 특별히 언급하였다. 이것이 곧 문장에서 세상 사람들이 잘 아는 점은 대강 넘어가고 잘 모르는 점은 드러내 밝히는 부분이다."

04. 尹公亭記* 尹公亭에 쓴 기문

* 작자 50세 때인 熙寧 원년(1068)에 쓴 記文이다. 여기서 尹公은 尹洙(1001~1047)를 가리킨다. 그는 古文運動의 선구자로 작자가 존경하던 사람이며, 이 작품을 쓴 시점은 尹洙가 사망한 지 21년이 되던 해였다. 그리고 尹公亭은 尹洙가 隨州로 좌천되었을 때 지은 정자로, 후에 사람들이 이 정자를 다시 수리하면서 붙인 이름이다. 이 작품에서는 군자와 일반 사람들이 지향하는 것을 비교하며 논평한 다음, 尹洙가 정자를 지은 경위를 밝혔으며, 마지막에서는 尹公亭을 보수하고 글을 부탁한 李禹卿을 尹洙와 함께 칭송하는 내용으로 마무리했다.

蘊思鑄辭 動中經緯라

생각을 온축하고 표현을 구사하는 것이 법도에 들어맞는다.

君子之於己에 自得而已矣요 非有待於外也나 然而曰 疾沒世而名不稱焉[1)]者는 所以與人同其行也요 人之於君子에 潛心而已矣요 非有待於外也나 然而有表其閭名其鄉하여 欲其風聲氣烈暴於世之耳目而無窮者는 所以與人同其好也라 內有以得諸

己하며 外有以與人同其好 此所以爲先王之道요 而異乎百家之說也니라

君子가 자신의 덕을 수양함에 있어서는 스스로 만족할 뿐, 따로 밖에서 바라는 게 있는 것은 아니다. 그러나 "군자는 자신이 죽은 이후에도 그의 이름이 사람들의 입에 오르지 못하는 것을 싫어한다."고 한 孔子의 말씀은 다른 사람과 그의 행동을 함께하기 위해서이다. 그리고 사람들이 덕이 있는 君子에 대해서는 마음속으로 흠모할 뿐, 따로 밖에서 바라는 게 있는 것은 아니다. 그러나 君子가 살았던 마을을 표창하고 그 고장을 세상에 알려 군자의 명예와 氣節을 세간의 이목에 드러내어 먼 후대까지 사라지지 않게 하려는 것은 다른 사람과 그 좋아하는 마음을 함께 느끼기 위해서이다. 안으로는 자신에게 만족할 수 있고, 밖으로는 좋아하는 마음을 다른 사람과 함께 느끼는 이것이야말로 先王의 道로써 諸家의 說과 차별성을 띠는 이유이다.

1) 疾沒世而名不稱焉 : ≪論語≫ 〈衛靈公〉에 나오는 말이다.

隨爲州는 去京師遠하여 其地僻絶이라 慶曆之間에 起居舍人直龍圖閣河南尹公洙 以不爲在勢者所容謫是州하여 居於城東五里開元佛寺之金燈院이라 尹公은 有行義文學하고 長於辨論하여 一時與之游者가 皆世之聞人이니 而人人自以爲不能及이라 於是時에 尹公之名震天下요 而其所學은 蓋不以貧富貴賤死生動其心이라 故其居於隨할새 日以考圖書通古今爲事하고 而不知其官之爲謫也러라 嘗於其居之北阜竹柏之間에 結茅爲亭하여 以茇而嬉라가 歲餘乃去러라 旣去而人不忍廢壞하여 輒理之하고 因名之曰尹公之亭이라하니 州從事謝景平刻石記其事하니라 至治平四年하여는 司農少卿贊皇李公禹卿이 爲是州할새 始因其故基하여 增庳益狹하되 斬材以易之하고 陶瓦以覆之라 旣成而寬深亢爽하여 環隨之山이 皆在几席이라 又以其舊亭으로 峙之於北하니 於是에 隨人皆喜慰其思하고 而又獲游觀之美라 其冬에 李公以圖走京師하여 屬予記之하니라

隨州는 京師와의 거리가 멀어 그 땅이 후미지고 떨어져 있는 곳이다. 慶曆 연간(1041~1048)에 起居捨人 直龍圖閣 河南 사람 尹公 洙가 권세가에게 미움을 받아 이 州로 좌천되어 隨州城 동쪽 5리 지점에 있는 開元佛寺의 金燈院에서 기거하게 되었다. 尹公은 훌륭한 품행과 학식을 갖추고 논변에 뛰어나 동시대에 그와 교유한 사

람들은 모두 세상에 잘 알려진 人士들이었으며, 사람들마다 스스로 尹公에게 못 미친다고 여겼다. 이때에 尹公의 이름이 천하를 진동시켰다. 그리고 그의 학문 경지는 富貴나 貧賤, 死生 때문에 마음에 동요를 일으키지 않는 수준이다. 때문에 尹公이 隨州에 기거했을 때 날마다 서적을 열람하고 고금의 역사를 알아보는 것으로 일삼으며, 隨州에서 맡은 관직이 좌천된 것은 개의치 않았다. 일찍이 그가 거처하고 있는 곳에서 북쪽으로 대나무와 잣나무가 심어진 언덕에 띠풀을 엮어 亭子를 지어놓고 그곳에서 쉬며 놀다가 1년여 뒤에 마침내 그 지역을 떠났다.

尹公이 떠난 뒤, 사람들은 차마 이 정자를 방치할 수 없어 번번이 수리를 하고, 이것을 계기로 이 정자를 尹公亭이라 명명했다. 그리고 州從事 謝景平이 비석을 새겨 그 일을 기록했다. 治平 4년(1067) 司農少卿인 贊皇 사람 李公 禹卿이 이 隨州를 다스릴 때, 비로소 그가 머물던 옛 터에 비좁던 규모를 증축하고 좁았던 공간을 확장하면서 목재를 베어 원래의 것을 교체하고 기와를 구워 지붕을 얹었다. 중건공사가 끝나자 너비는 넓어졌고 높이도 시원하게 높아져서 隨州를 둘러싼 산이 모두 정자의 几席에서 다 눈에 들어오게 되었다. 또 예전의 尹公亭을 북쪽으로 놓고 마주보게 하자, 이에 隨州 사람들이 모두 尹公을 흠모하는 마음이 위안이 되었고 또 아름다운 유람거리를 확보하게 되었다. 그해 겨울에 李公이 圖面을 京師로 보내와 나에게 記文을 써달라고 부탁하였다.

蓋尹公之行見於事와 言見於書者는 固已赫然動人이어늘 而李公於是에 又侈而大之者는 豈獨慰隨人之思於一時하고 而與之共其樂哉리오 亦將使夫荒遐僻絶之境으로 至於後人見聞之所不及而傳其名覽其跡者 莫不低回俯仰하리라 想尹公之風聲氣烈컨대 至於愈遠而彌新하리니 是可謂與人同其好也라 則李公之傳於世 亦豈有已乎아 故予爲之書하노니 時는 熙寧元年正月日也라

尹公의 행실이 일로 드러난 것과 말이 글로 드러난 것은 본디 이미 성대하게 사람들을 감동시키고 있다. 그런데 李公이 이때에 또 그 유적을 잘 꾸며 확대하였으니, 이는 어찌 한때 흠모하는 隨州 사람들의 마음만 위로하여 그들과 그 즐거움을 함께한 것일 뿐이겠는가. 더 나아가 장차 멀리 떨어져 있는 지역을, 見聞이 닿지 않는 먼 후

대 사람에게까지 그 이름을 전하고 그 유적을 관람하게 함으로써 누구나 고개 숙여 추억하고 흠모하도록 하려는 것이다. 아마도 尹公의 명성과 氣節이 시대가 멀어질수록 더욱 새로워지게 될 것이니, 이는 다른 사람과 그 좋아하는 마음을 함께한 것이라고 말할 수 있을 것이다. 그렇다면 李公의 이름이 후세에 전해가는 것 역시 어찌 한량이 있겠는가. 때문에 내가 이 문장을 쓰니, 때는 熙寧 원년 정월 어느 날이다.

05. 墨池記* 墨池에 쓴 기문

* 작자의 나이 29세 때인 慶曆 8년(1048) 9월 12일에 쓴 기문이다. 작자가 고향 臨川에 있으면서 撫州 학교의 교수인 王盛의 청에 응해 지은 것이다. 墨池는 臨川城 동쪽의 新城가에 있는 못으로 晉나라 서예의 대가인 王羲之(307~365)가 書法을 익히던 곳이다. 서법을 학습하는 측면으로부터 도덕을 수행하는 부분으로까지 확대하여 언급함으로써 학문에 힘쓰는 의미를 심화시켰다.

看他小小題而結搆却遠而正이라

주제가 사소한 것임에도 불구하고 문장을 구성하는 규모가 심원하고 엄정한 것을 엿볼 수 있다.

臨川之城東에 有地隱然而高하고 以臨于溪하니 曰新城이요 新城之上에 有池窪然而方以長하니 曰王羲之之墨池者라하니 荀伯子[1)]臨川記云也라 羲之嘗慕張芝[2)]하야 臨池學書할새 池水盡黑하니 此爲其故跡이라하니 豈信然邪아

臨川城 동쪽에 완만하게 높이 솟아 시내를 굽어보는 지역이 있으니 이를 新城이라고 부르며, 新城가에는 우묵하게 패여 있는 장방형의 못이 있는데 이곳은 王羲之의 墨池라고 한다. 이것은 荀伯子의 ≪臨川記≫에서 언급한 내용이다. 王羲之는 일찍이 張芝를 흠모하여 못가에서 글씨를 익혀 못물이 모두 먹물로 변했다고 하는데 이곳이 바로 그 유적이라는 것이 과연 정말이란 말인가?

1) 荀伯子 : 南朝 宋 潁陰 사람으로 臨川內史로 재직 중에 ≪臨川記≫ 6권을 저술하였다.

2) 張芝 : ?~192. 後漢의 서예가로 草書에 뛰어나 草聖이라고 불린다. 속세를 피하여 오로지 書道를 벗 삼았으며, 못가에서 글씨를 쓰면서 벼루를 씻어 못물이 모두 검게 변했다는 고사가 전한다.

方羲之之不可强以仕하고 而嘗極東方하고 出滄海하여 以娛其意於山水之間하니 豈有徜徉肆恣라가 而又嘗自休於此邪아 羲之之書晩乃善하니 則其所能은 蓋亦以精力自致者요 非天成也라 然後世未有能及者하니 豈其學不如彼邪아 則學固豈可以少哉아 況欲深造道德者邪아

어느 누구도 王羲之더러 세상에 나가 벼슬하라고 억지로 권하지 못할 당시에, 그는 일찍이 동방의 명승지를 유람하고 배를 타고 큰 바다까지 나가는 등 산수 사이에서 흥취를 즐겼는데, 혹시 마음 내키는 대로 자유로이 유람하던 가운데 또 언젠가 이곳에서 휴식을 취했던 것은 아닐까? 王羲之의 서법은 晩年에 들어서야 뛰어난 경지에 도달하였으니, 그렇다면 그의 이와 같은 재능은 또한 필생의 정력을 들여 얻어낸 것이지 저절로 이루어진 것이 아니다. 그러나 후세에 어느 한 사람도 그 경지를 따라잡을 수 있는 사람이 없었으니 이것은 어찌 글씨를 익히는 노력을 王羲之처럼 들이지 않아서가 아니겠는가. 그러니 부지런히 배우고 노력하는 정신을 소홀히 할 수 있겠는가. 더군다나 도덕을 수양하는 부분에서 높은 경지에 도달하기를 바라는 사람이야 더 말할 나위가 있겠는가.

墨池之上에 今爲州學舍라 敎授王君盛이 恐其不章[1]也하여 書晉王右軍墨池之六字於楹間以揭之하고 又告於鞏曰 願有記라하니라 惟王君之心이 豈愛人之善하여 雖一能不以廢하고 而因以及乎其跡邪아 其亦欲推其事以勉其學者邪아 夫人之有一能이로대 而使後人尙之如此하니 況仁人莊士之遺風餘思 被於來世者는 如何哉아

墨池가에는 지금 撫州의 학교가 있다. 교수 王盛이 墨池의 유적이 세상에 드러나지 않을까 염려한 나머지 '晉王右軍墨池' 여섯 글자를 써서 堂 앞 두 기둥 사이에 내걸고 또 나에게 기문이 있었으면 좋겠다고 말하였다. 생각건대 王君의 마음이 어찌 남의 장점을 끔찍이 아껴서 비록 하나의 재능이라도 폐기해버리지 못하고 더 나아가 그

유적에까지 미친 것이 아니겠는가. 그리고 또 그 고사를 미루어 배우는 자들을 권면하게 하고자 하는 것이 아니겠는가. 대체로 어떤 사람이 하나의 재능을 지녔더라도 후대 사람들로 하여금 이처럼 추앙하게 하는데, 하물며 품덕이 높고 행위가 단정한 사람이 남긴 좋은 기풍과 좋은 사상이 후세에 영향을 끼쳤을 경우 과연 얼마만큼 존경을 받겠는가.

1) 章 : 彰자와 같다. 밝게 드러난다는 의미이다.

06. 飮歸亭記* 飮歸亭에 쓴 기문

* 飮歸亭은 작자의 고향인 臨川 주변의 金溪縣에 위치한 정자이다. 작품의 저작 시기는 정확히 알 수 없으나 작자가 고향에 있을 적에 지은 것으로 추정할 때, 進士에 급제하여 고향을 떠난 嘉祐 2년(1057) 이전의 작품으로 보인다.

渾雄中에 幷見典刑이라

혼후하고 씩씩한 가운데 아울러 법도가 있는 것을 엿볼 수 있다.

金溪尉汪君名遘라 爲尉之三月에 斥其四垣爲射亭하고 旣成에 敎士於其間而名之曰飮歸之亭이라하니라 以書走臨川하여 請記於予하니 請數反不止라 予之言何足取리오 汪君徒深望予也라 旣不得辭하여 乃記之曰

金溪縣尉 汪君은 이름이 遘이다. 縣尉로 부임한 3개월에 사방의 담을 없애고 활터에 정자를 지었는데, 완성된 후에 그곳에서 선비들에게 활쏘기를 가르치고 이름을 飮歸亭이라 지었다. 臨川에 있는 나에게 서한을 보내 기문을 부탁했는데 여러 번 거절했는데도 부탁이 계속되었다. 내 말이 어찌 취할 것이 있겠는가. 汪君이 공연히 나에게 간절히 바란 것일 뿐이다. 이윽고 사양하지 못해 마침내 기문을 지었다.

射之用事已遠이라 其先之以禮樂以辨德은 記之所謂賓燕鄕飮大射之射[1] 是也요 其貴力而尙技以立武는 記之所謂四時敎士貫革之射[2] 是也라 古者海內洽和면 則先

禮射나 而弓矢以立武도 亦不廢於有司라 及三代衰王政缺하여 禮樂之事相屬而盡壞하고 揖讓之射滋亦熄이라 至其後[3]에 天下嘗集하고 國家嘗閒暇矣라 先王之禮의 其節文皆在하여 其行之不難이라 然自秦漢以來千有餘歲에 衰微絀塞하여 空見於六藝[4]之文하여 而莫有從事者하니 由世之苟簡者勝也라 爭奪興而戰禽攻取之黨奮하면 則强弓疾矢巧技之出하여 不得而廢는 其不以勢哉아

활이 만들어져 사용된 것은 아주 오래되었다. 예악이 제정되기 이전에 활쏘기로 덕을 변별한 것은 ≪禮記≫의 이른바, 賓射, 燕射, 鄕射, 大射의 '射禮'가 이것이요, 힘을 중시하고 기술을 숭상해 무예를 성취하는 것은 ≪禮記≫의 이른바, 계절마다 군사들에게 가죽을 뚫어 힘을 겨루는 활쏘기를 가르친다는 것이 이것이다.

옛날에 천하가 평화로우면 禮射를 우선시하되 활쏘기를 통해 무예 성취를 담당하는 有司도 없애지 않았다. 三代가 쇠하고 왕도정치가 사라짐에 이르러 禮樂이 서로 연이어 모두 무너졌고 射禮 또한 차츰 소멸되었다. 후세에 이르러 천하가 태평하고 국가가 안정되었는데 先王이 행했던 禮가 그 절차와 의식이 고스란히 남아 있어 시행하는 것이 어렵지 않다. 그러나 秦·漢 이래로 천여 년 동안 활쏘기 행사를 전혀 하지 않아 六藝의 문헌에만 나와 있을 뿐 실제로 행하는 자는 없었으니, 이는 세상에 禮를 소홀히 하는 자들이 우세하였기 때문이다. 쟁탈전이 일어나 적을 사로잡고 남의 땅을 빼앗는 무리가 판을 치면 강한 활과 빠른 화살, 숙련된 기술이 출현하여 활을 쏘는 일이 폐지되지 않았으니 그것은 어쩔 수 없는 상황 때문이 아니었겠는가.

1) 賓燕鄕飮大射之射 : 賓射, 燕射, 鄕射, 大射 등 네 종류의 射禮를 말한다. 賓射는 제후가 천자에게 조알을 하거나 혹은 제후끼리 서로 만났을 때 행하고, 燕射는 천자가 제후 및 대신들과 연회를 베풀 적에 행하고, 鄕射는 경대부가 선비를 천거한 뒤에 행하고, 大射는 郊祭와 종묘에 제사 지내기 전에 제사에 참여할 대상자를 뽑을 때 행한다. ≪禮記 射義·燕義·聘義≫

2) 四時敎士貫革之射 : 四時는 춘하추동 사계절을 말하고, 貫革은 가죽으로 된 군사의 투구를 활로 쏘아 맞히는 일종의 활쏘기 연습이다. 周 武王이 천하를 평정하기 이전에 군사들에게 그렇게 하도록 했다는 데서 이 말이 나왔다. ≪禮記≫에 이 내용이 없는 것으로 볼 때 작자가 근거를 잘못 인용한 것으로 보인다.

3) 至其後 : 後는 후세라는 뜻인데 여기서는 宋나라를 가리킨다.

4) 六藝：≪詩經≫, ≪書經≫, ≪禮記≫, ≪樂記≫, ≪周易≫, ≪春秋≫ 등 六經을 가리킨다.

今尉之敎[1]射는 不比乎禮樂而貴乎技力이라 其衆雖小나 然其旗旄鐲鼓五兵[2]之器를 便習之利와 與夫行止步趨遲速之節이 皆宜有法하니 則其所敎亦非獨射也라 其幸而在乎無事之時엔 則得以自休守境而塡衛百姓하고 其不幸殺越剽攻하여 駭驚閭巷하여 而竝逐於大山長谷之間이면 則將犯晨夜에 蒙霧露하여 陷阸馳危하여 不避矢石之患과 湯火之難하리니 出入千里하여 而與之有事면 則士其可以不素敎哉아 今亭之作은 所以敎士니 汪君又謂古者師還에 必飮하고 至於廟하여 以紀軍實하니 今廟廢不設이라도 亦欲士勝而歸則飮之於此하여 遂以名其亭하니 汪君之志與其識이 可謂協矣로다

지금 縣尉가 활쏘기를 가르치는 것은 禮樂을 익히기 위해서가 아니라 그 기술과 힘을 배양하기 위해서이다. 거기에 참여하는 무리는 비록 적으나 군중에서 사용하는 깃발, 쇠방울, 북 및 다섯 가지 무기의 기능을 익히기가 용이하고, 행군의 속도를 적절히 조절하는 등의 일이 모두 적절하여 규범이 있으니, 그 가르침은 또 다만 활을 쏘는 기술만이 아니다. 다행히 전쟁 등 특별한 일이 없는 때는 휴식을 취하면서 경내를 지켜 백성을 보호하고, 불행히 살인과 침범, 위협과 공격이 있어 민간 마을을 놀라게 하면서 떼를 지어 큰 산과 긴 골짜기 등지에 출몰하게 되면, 이른 새벽이건 깊은 밤이건 안개·이슬을 무릅쓰고 힘겹고 위험한 상황에서 화살과 투석의 역경과 끓는 물과 불길의 어려움을 피하지 않을 것이니, 천 리를 드나들며 적들과 함께 교전하려면 군사들을 평소에 가르치지 않을 수 있겠는가.

지금 정자를 지은 것은 군사를 가르치기 위해서이니, 汪君의 의도는 또 '옛날에 군대가 개선하면 반드시 주연을 베풀고 종묘에 이르러 잔여 무기와 전리품을 점검했는데, 지금 종묘에서 행하는 그와 같은 의식이 폐해져 시행되지 않는다 하더라도 군사가 이겨 돌아오면 여기에서 술을 마시게 해야겠다.'고 하여 마침내 飮歸로 그 정자를 명명했으니 汪君의 뜻과 현판 이름이 부합된다고 할 만하다.

1) 敎：저본에 '校'로 되어 있는 것을 ≪曾鞏集≫에 따라 고쳤다.

2) 旗旄鐲鼓五兵：旗旄는 깃발, 鐲은 군사가 행군할 때 사용하는 종 모양의 방울,

鼓는 진격할 때 울리는 북이고, 五兵은 자루가 긴 창, 짧은 창, 활, 검, 도끼 등 다섯 가지 무기를 말하는데 시대에 따라 종류가 다르다.

或謂汪君儒生이요 **尉**는 **文吏**이니 **以禮義禁盜**면 **宜可止**어늘 **顧乃習鬪而喜勝**이 **其是歟**아하니 **夫治固不可以不兼文武**나 **而施澤於堂廡之上**하여 **服冕搢笏**하여 **使士民化**하고 **奸宄息者**는 **固亦在彼而不在此也**라 **然而天下之事能大者**는 **固可以兼小**하니 **未有小不治而能大也**라 **故汪君之汲汲於斯**로대 **不忽乎任小**하니 **而非所謂有志者耶**아

혹자는 말하기를 "汪君은 유생이고 尉는 문관이니 예의로 도적을 금지하면 당연히 사라질 터인데 도리어 싸우는 기술을 익혀 이기기를 좋아하는 것이 과연 옳은가."라 하였다. 대체로 백성을 다스리는 것은 본디 문무를 겸비하지 않을 수 없으나, 廟堂 위에서 어려운 백성들에게 은택을 베풀어 관복 차림에 홀을 띠에 꽂고서 士民을 교화시키고 악한 무리들이 사라지게 하는 것은 진실로 또한 文治에 있지 武治에 있지 않다. 그러나 천하의 일에 대해 큰 것을 잘하는 자는 진실로 작은 것도 잘할 수 있으니, 작은 일을 다스리지 못하면서 큰 일을 다스릴 수 있는 자는 없다. 그러므로 汪君은 文治에 급급해하면서도 작은 임무를 소홀히 하지 않았으니 이른바 뜻이 있는 자가 아니겠는가.

07. 廣德軍重修鼓角樓記* 廣德軍에 있는 重修한 鼓角樓에 쓴 기문

* 작자의 나이 49세 때인 宋 神宗 熙寧 원년(1068)에 지은 기문이다. 廣德軍은 오늘날의 安徽 廣德이다. 軍은 宋代의 행정구역명으로 州, 府, 監에 상당한다. 鼓角樓는 廣德軍의 성곽 위의 누대로 북을 치거나 號角을 불어서 주변의 백성과 군대에 시간을 알리고 명령과 신호를 보내기 위한 용도였다. 태수 錢輔와 후임자인 朱壽昌에 의해 중수되어 그 노고를 기리는 것이 이 기문의 목적이다.

幅尺自好라

문장 구성이 나름대로 좋다.

熙寧元年冬에 廣德軍作新門하고 鼓角樓成하다 太守合文武賓屬以落[1)]之하고 旣而以書走京師하여 屬鞏曰 爲我記之하라하니 鞏辭不能하여 書反覆至五六辭不獲일새 乃爲其文曰

熙寧 원년 겨울 廣德軍 성곽에 새로운 문을 만들고 그 위에 鼓角樓를 완성하였다. 태수가 문무 빈객들을 모아놓고 낙성식을 거행하였다. 그러고서 편지를 도성으로 부쳐서 나에게 자신을 위해 기문을 지어달다고 부탁하였다. 나는 사양했지만 받아들여지지 않아 편지를 대여섯 차례 주고받으며 계속 사양하였으나 뜻대로 되지 않았다. 마침내 그 문장을 다음과 같이 지었다.

1) 落 : 落成祭禮를 말한다.

蓋廣德은 居吳之西疆故鄣之墟하니 境大壤沃하여 食貨富穰하고 人力有餘나 而獄訟赴訴와 財貢輸入을 以縣附宣하여 道路回阻하니 衆不便利 歷世久之라 太宗皇帝在位四年에 乃按地圖하여 因縣立軍하여 使得奏事專決하니 體如大邦이라 自是以來로 田里辨爭과 歲時稅調를 始不勤遠하여 人用宜之라 而門閎隘庳하고 樓觀弗飾하여 於以納天子之命하여 出令行化하고 朝夕吏民이 交通四方하며 覽示賓客에 弊在簡陋하여 不中度程이라

대개 廣德 지역은 春秋時代 吳나라의 서쪽 국경으로 옛 秦왕조 鄣郡 지역에 위치하고 있다. 관할지역이 크고 땅이 비옥하여 식량과 재화가 풍부하고 인구수가 많다. 그럼에도 불구하고 송사를 상소하거나 세금을 바치는 일들에, 縣을 宣州로 소속시킴으로 인해 도로가 구불거리고 험난하여 백성들이 불편한 지가 오래되었다. 太宗皇帝 재위 4년(979)에 마침내 지도를 놓고 살펴 원래의 縣에 軍을 설립하여 큰 제후국의 체제처럼 조정에 국사를 아뢰고 정사를 독자적으로 처리할 수 있게 하였다. 이로부터 이후에 시골 사람들이 시시비비를 가리거나 해마다 세금을 올릴 적에 비로소 먼 길을 가는 노고를 겪지 않아 사람들이 편안하게 여기게 되었다. 그런데 성곽의 문이 좁고 낮은데다 누각을 수리하지 않아 이곳에서 천자의 명을 받아들여 그것을 반포하고 교화를 행하거나 아침저녁으로 관리와 백성들이 사방으로 왕래할 때, 그리고 빈객들에

게 보여주기에 너무나 간소하고 누추하여 법도에 들어맞지 않았다.

治平四年에 尙書兵部員外郞知制誥錢公輔 守是邦하여 始因豐年하여 聚材積土하여 將改而新之러니 會尙書駕部郞中朱公壽昌이 來繼其任하여 明年政成하여 封內無事하니 乃擇能吏하여 揆時庀徒하여 以畚以築하고 以繩以削하여 門阿是經하고 觀闕是營하니 不督不期로대 役者自勸이라 自冬十月甲子始事하여 至十二月甲子卒功하니라 崇墉崛興하고 複宇相瞰하니 壯不及僭하고 麗不及奢라 憲度政理 於是出納하고 士吏賓客이 於是馳走라 尊施一邦이 不失宜稱이라 至於伐鼓鳴角하여는 以警昏昕하고 下漏數刻하여 以節晝夜하니 則又新是四器[1] 列而棲之로다 邦人士女 易其聽觀을 莫不悅喜하여 推美誦勤이라

治平(宋 英宗) 4년(1067)에 尙書兵部員外郞 知制誥 錢公 輔가 이 지방 수령으로 부임하여 때마침 그해에 풍년이 들었기에 비로소 재목을 모으고 흙을 쌓아 장차 고쳐서 새롭게 하려 하였다. 그런데 때마침 尙書駕部郞中 朱公 壽昌이 그 후임으로 오게 되었다. 이듬해에 정사가 안정되고 관할지역에 별다른 일이 없자 마침내 유능한 관리를 택해 농한기를 헤아려 인부를 부려서 삼태기로 흙을 퍼 성을 쌓고 먹줄로 마름질하여 목재를 깎아서 창문과 대들보를 준비하고 누각을 지었는데, 감독하지 않고 기한을 두지 않았는데도 일꾼들이 스스로 분발하였다. 겨울 10월 갑자일에 일을 시작하여 12월 갑자일에 공사를 마쳤다.

높은 담이 솟아 일어나고 겹처마는 서로 굽어보는데 장엄하되 참람함에 이르지 않고 아름답되 사치함에 이르지 않았다. 제도와 정사가 이곳을 통해 나가고 들어오며 관리와 빈객들이 이곳을 통해 달려 다님으로써 이 한 고을이 안정되어 모양새를 갖추게 되었다. 북을 치고 號角을 울려 황혼과 새벽을 알리고, 물시계의 물로 시간을 계산하여 밤낮을 구분하는 일에 있어서는 또 이것에 관한 네 가지 기물을 새롭게 만들어 제자리에 배치하였다. 그리하여 이 지역의 남녀노소가 눈과 귀가 새로워짐에 모두들 즐거워하며 이 일을 칭송하였다.

1) 四器 : 鼓, 角, 漏壺, 計刻器를 지칭한다.

夫禮有必隆하여 不得而殺하고 政有必擧하여 不得而廢라 二公於是에 兼而得之하니 宜刻金石以書美實하고 使是邦之人으로 百世之下에도 於二公之德을 尙有考也라

무릇 예는 반드시 성대히 갖춰야 하지 그 규모를 줄여서는 안 되고, 정사는 반드시 치적을 이뤄야 하지 도외시해서는 안 되는 법이다. 두 公(錢公, 朱公)은 이 점에 대하여 다 제대로 갖추었으니 마땅히 그 전말을 金石에 새겨 아름다운 업적을 기록함으로써, 이 지역 사람들로 하여금 백세 뒤에도 두 公의 덕을 상고할 수 있게 해야 할 것이다.

08. 歸老橋記* 歸老橋에 쓴 기문

* 武陵知州 柳氏가 후일 관직에서 물러나 노년을 보낼 장소에 다리를 만들고, 작자에게 편지를 보내와 기문을 지어줄 것을 부탁하였다. 본문 대부분이 상대의 편지 내용을 재구성하는 형식으로 이루어졌는데 이와 같은 형식은 歐陽脩의 ≪南陽縣君謝氏墓誌銘≫과 유사하다.

文有古者詩人風刺之義하여 錄之라

문장에 옛 시인의 풍자하는 뜻이 깃들어 있으므로 뽑아 기록하였다.

武陵[1]柳侯 圖其靑陵之居하고 屬予而敍하여 以書曰 武陵之西北에 有湖屬于梁山者하니 白馬湖[2]也요 梁山之西南에 有田屬于湖上者하니 吾之先人靑陵之田也라 吾築廬於是而將老焉이라 靑陵之西二百步에 有泉出於兩厓之間而東注于湖者하니 曰采陵之澗이라 吾爲橋於其上하고 而爲屋以覆之하니 武陵之往來有事於吾廬者 與吾異日得老而歸하고 皆出於此也리라 故題之曰歸老之橋라하니라 維吾先人遺吾此土者하니 宅有桑麻하고 田有秔稌하며 而渚有蒲蓮이라 弋于高而追鳧雁之下上하고 緡于深而逐鱣鮪之潛泳하니 此[3]吾所以衣食其力하여 而無愧於心也라 息有喬木之繁陰하고 藉有豐草之幽香하며 登山而凌雲하여 覽天地之奇變하고 弄泉而乘月하여 遺氛埃之溷濁하니 此吾所以處其怠倦하여 而樂於自遂也라 吾少而安焉하고 及壯而從事于四方하여 累

乎萬物之自外至者로대 未嘗不思休于此也라 今又獲位于朝하여 而榮於寵祿이나 以爲觀遊于此하여 而吾亦將老矣리니 得無志於歸哉아하니라

武陵의 柳侯가 장차 青陵에 자리 잡아 살 계획을 하고서 나에게 편지를 보내 기문을 지어줄 것을 부탁하였는데, 그 편지 내용은 다음과 같다.

"武陵의 서북쪽에 梁山과 접해 있는 호수가 있으니 白馬湖이고, 梁山의 서남쪽에 호숫가에 접해 있는 농토가 있으니 나의 先人(돌아가신 아버지)의 青陵에 있는 농토입니다. 내가 이곳에 집을 짓고 장차 노년을 보내려 합니다. 青陵의 서쪽으로 2백 보 떨어진 곳에 두 산비탈 사이에서 샘물이 솟아 동쪽 호수로 흐르는 계곡이 있는데 采陵계곡이라고 합니다. 내가 그 위에 다리를 만들고 또 지붕을 만들어 그 다리를 덮었으니 후일에 나의 집에 볼 일이 있어 왕래하는 武陵 사람들은 내가 늙어서 귀향한 것을 칭찬하면서 모두 이 다리를 지나갈 것입니다. 그러므로 이름을 歸老橋라 지었습니다.

나의 先人께서 나에게 이 토지를 남기셨는데 집 주변에는 뽕나무와 삼이 심어져 있고, 농지에는 메벼와 찰벼가 자라고 있으며, 물가에는 부들과 연이 깔려 있습니다. 높이 주살질하여 위아래로 나는 오리와 기러기를 쫓고, 깊이 낚시질하여 물속에서 헤엄치는 잉어와 붕어를 뒤쫓으니, 이것이 내가 자력으로 입고 먹어 마음에 부끄러움이 없는 이유입니다. 휴식을 취할 때는 높은 나무의 무성한 그늘이 있고 자리를 깔고 앉은 곳에는 무성한 풀의 그윽한 향기가 있으며, 산에 올라 구름 위에서 천지의 기이한 변화를 둘러보고 샘물에 손을 담그고 달빛 아래 거닐어 세상의 혼탁한 기운을 떨쳐버리니, 이것이 내가 한가로이 지내며 유유자적 즐거운 까닭입니다. 내가 어린 시절 여기에서 평안하였고, 장성함에 이르러서는 사방으로 떠돌아다녀 외적인 萬事에 매어 있으면서도 일찍이 여기에서 휴식할 생각을 하지 않은 적이 없었습니다. 지금 또 조정에서 벼슬자리를 얻어 총애와 녹봉으로 영화를 누리고 있으나, 여기에서 관상하고 노닐며 내가 장차 노년을 보내려 하니 돌아가고픈 뜻이 과연 없을 수 있겠습니까."

1) 武陵 : 北宋 鼎州의 屬縣으로 지금의 湖南 常德市를 말한다.

2) 白馬湖 : 지금 湖南 常德市에서 서쪽으로 7리 떨어진 곳에 있다. 白鰷湖라고도 불린다.

3) 此 : 저본에 없는 것을 ≪曾鞏集≫에 근거하여 보충하였다.

又曰 世之老於官者는 或不樂於歸하고 幸而有樂之者라도 無以爲歸라 今吾有是以成吾樂也하니 其爲我記之하여 使吾後人之有考하여 以承吾志也하라하니라

또 다음과 같이 말하였다.

"세상에 관직생활로 늙은 자들은 간혹 귀향하는 것을 좋아하지 않고, 다행히 좋아하는 자가 있더라도 돌아가 의지할 만한 田莊이 없습니다. 지금 나는 이것이 있어 나의 즐거움을 실현했으니, 바라건대 나를 위해 기문을 써서 내 후손으로 하여금 살펴볼 만한 자료가 있게 하여 내 뜻을 받들게 해주십시오."

余以謂先王之養老者備矣라 士大夫之致其位者를 曰不敢煩以政이라하니 蓋尊之也요 而士亦皆明於進退之節하여 無留祿之人[1]하니 可謂兩得之也라 後世養老之具旣不備하고 士大夫之老於位者는 或擯而去之也나 然士猶有冒而不知止者하니 可謂兩失之也라 今柳侯年六十이요 齒髮未衰하여 方爲天子致其材力하여 以惠澤元元之時니 雖欲遺章綬之榮하고 從湖山之樂이나 余知未能遂其好也라 然其志於退也如此하니 聞其風者는 亦可以興起矣리라 乃爲之記하노라

나는 생각해보건대, 노인을 보살피는 옛 성군들의 제도가 구비되어 사대부가 나이가 들어 그 관직을 그만둘 경우에는 "감히 정사로 번거롭게 해줄 수 없다."고 말하였으니 대체로 그를 존중한 것이고, 선비 또한 모두 관직에 나아가고 물러나는 법도에 밝아 녹봉에 연연해하는 사람이 없었으니 양쪽이 모두 제대로 한 것이라고 할 수 있다. 그런데 후세에는 노인을 보살피는 제도가 이미 구비되지 않아서 사대부 중 나이 들어 관직에 있는 자를 간혹 물리쳐 쫓아내고, 그런데도 선비 중에는 오히려 명령을 위반하고 그만둘 줄 모르는 자가 있으니 양쪽 모두 잘못한 것이라 할 수 있다.

지금 柳侯는 나이가 60으로 치아와 머리카락이 쇠하지 않아 바야흐로 천자를 위해 그 재능을 다하여 백성들에게 은택을 베풀 시기이다. 비록 관복 차림에 인장을 차는 영화를 버리고 山水에서의 낙을 좇고자 하더라도 나는 그가 좋아하는 뜻을 이루지 못할 것으로 안다. 그러나 그 물러나겠다고 각오한 뜻이 이와 같으니 그 기풍을 들은

자들은 또한 분발할 수 있을 것이다. 이에 기문을 쓰노라.

1) 留祿之人 : 나이가 70이 되었는데도 관직을 내놓고 물러나 쉬지 않는 사람을 가리킨다.

09. 越州趙公救菑記* 越州 趙公의 구황정책에 관한 기문

* 작자의 나이 60세 때인 宋 神宗 元豐 2년(1079)에 지은 기문이다. 작자가 越州를 지나갈 적에 趙抃(1008~1084)이 越州의 수령으로 재직하고 있었는데, 그가 시행했던 구황정책을 듣고서 그 전체 과정을 기술하고 公의 뛰어난 치적과 청렴을 서술하였다. 趙公의 구황방법은 후대에 모범이 될 만하다는 것이 본문의 주제이다.

趙公之救菑는 絲理髮櫛無一遺漏하고 而曾公之記其事도 亦絲理髮櫛而無一不入於機杼及其髻總이라 救菑者熟讀此文이면 則於地方之流亡에 如掌股間矣리라

趙公의 구황정책은 실오라기를 사리고 머리카락을 빗질하여 한 올도 빠지거나 새어나감이 없고, 曾公이 그 일을 기록한 글도 실오라기를 사리고 머리카락을 빗질하여 한 올도 베틀의 북과 상투고에 들어가지 않음이 없다. 재난을 구제하는 자가 이 글을 익숙하게 읽는다면 지방의 유랑민을 구제하는 일이 손발을 움직이듯 쉬울 것이다.

熙寧八年夏에 吳越[1]大旱이라 九月에 資政殿大學士右諫議大夫知越州趙公[2]이 前民之未饑에 爲書問屬縣하니 菑所被者幾鄉이며 民能自食者有幾며 當廩於官者幾人이며 溝防構築可僦民使治之者幾所며 庫錢倉粟可發者幾何며 富人可募出粟者幾家며 僧道士食之羨粟書於籍者其幾具存을 使各書以對而謹其備하니라

熙寧 8년(1075) 여름 吳越 지역에 큰 가뭄이 들었다. 9월에 資政殿大學士 右諫議大夫 知越州 趙公이 백성들이 굶주리기 이전에 문서를 작성하여 屬縣에 묻기를 다음과 같이 하였다.

기근이 든 마을이 몇 군데이며, 백성들 중 식량을 자급할 수 있는 자가 얼마나 있으며, 마땅히 관부 창고에서 식량을 공급해줘야 될 사람이 얼마이며, 백성을 고용하여 도랑에 제방 쌓기를 할 만한 곳이 몇 군데나 있으며, 나눠줄 만한 창고의 돈과 곡물이 얼마나 있으며, 곡물을 기부할 만한 부자는 몇 가구이며, 승려와 도사들이 먹을 식량 외에 장부에 기록되어 있는 비축분이 얼마나 남아 있는지에 대해 각 항목을 글로 써서 대답하되 실수 없도록 하라고 하였다.

1) 吳越 : 春秋時代의 吳國과 越國 지역으로 지금의 江蘇 남부와 浙江 북부 일대이다.
2) 趙公 : 趙公은 趙抃으로 衢州 西安(현재 浙江 衢縣) 사람이다.

州縣吏錄民之孤老疾弱하여 不能自食者二萬一千九百餘人以告하다 故事에 歲廩窮人當給粟三千石而止로대 公은 斂富人所輸及僧道士食之羨者하여 得粟四萬八千餘石하여 佐其費하고 使自十月朔에 人受粟日一升하고 幼小半之하니라 憂其衆相蹂也하여 使受粟者男女異日하여 而人受二日之食하고 憂其且流亡也하여 於城市郊野爲給粟之所凡五十有七하고 使各以便受之하되 而告以去其家者勿給하니라 計官爲不足用也하여 取吏之不在職而寓於境者하여 給其食而任以事라 不能自食者를 有是具也하니라 能自食者는 爲之告富人하여 無得閉糴하고 又爲之出官粟하여 得五萬二千餘石하여 平其價予民이라 爲糶粟之所凡十有八하여 使糴者自便하니 如受粟이라 又僦民完城四千一百丈하니 爲工三萬八千이라 計其傭與錢하고 又與粟再倍之라 民取息錢者는 告富人縱予之而待熟하여 官爲責其償이라 棄男女者는 使人得收養之하니라

州縣의 관리들이 백성들 중 고아, 노인, 병약하여 식량을 자급할 수 없는 자 2만 1,900여 명을 기록하여 보고하였다. 옛 규례에 한 해 관부의 곡창을 열어 곤궁한 사람들에게 지급하는 곡식은 3천 석을 넘지 않았는데, 公은 부자들이 상납한 곡식과 승려, 도사들의 비축식량을 거두어 얻은 4만 8천여 석으로 그 비용을 보조하고, 10월 초하루부터 어른은 하루에 곡식 한 되를, 어린아이는 그 반을 받도록 하였다. 公은 사람들이 서로 짓밟으며 다투는 것을 우려해서 곡식을 받는 남녀가 찾아오는 날을 다르게 하여 한 사람이 이틀분의 식량을 받도록 했고, 장차 집 떠나 유랑하지나 않을

까 걱정하여 성 안과 교외의 들녘에 식량 제공처 57개소를 만들고 각각 편한 곳에서 받게 하되, 자기 집을 떠난 자에게는 지급하지 말도록 告示하였다. 부릴 만한 관리가 부족할 것을 헤아려 實職에 있지 않은 관리 중 경내에 거주하는 자들을 모아서 먹을 것을 주고 사무를 맡겼다. 식량을 자급할 수 없는 자들에게 이런 조처가 베풀어진 것이다.

식량을 사 먹을 능력이 있는 자들을 위해 부자들에게 경고하여 곡식판매를 거부함이 없도록 하고, 또 그들을 위해 관부의 곡식을 내어 5만 2천여 석을 낮은 가격으로 백성에게 공급하였다. 곡식 판매처 18개소를 만들어 곡식을 제공받는 자들처럼 사는 자들도 편하도록 하였다. 또 백성을 고용해 4천 1백 丈의 城을 쌓았는데 인부가 3만 8천 명에 이르렀다. 작업 일수를 헤아려 돈을 지급해주고 또 곡물을 일반인의 배로 주었다. 백성들이 만일 곡식을 빌리려고 할 경우에는 부자들에게 고하여 마음 놓고 빌려주도록 하고, 가을에 추수한 뒤에 관청에서 책임지고 빌려간 자들이 갚도록 유도하였다. 버려진 남녀 아이들은 사람들에게 거두어 기르도록 하였다.

明年春에 大疫하니 爲病坊하여 處疾病之無歸者하니 募僧二人하여 屬以視醫藥飮食하고 令無失所時라 凡死者는 使在處隨收瘗之하다

이듬해 봄에 역병이 크게 돌자 환자를 접수하는 장소를 설치하여 병이 들었어도 돌아갈 집이 없는 자들을 수용하게 하였는데, 승려 두 사람을 초청하여 그들의 치료와 음식을 맡아보게 함으로써 치료할 시기를 놓치는 일이 없게 하였다. 죽은 자들은 모두 시신이 있는 곳에서 즉시 거두어 매장하게 하였다.

法廩窮人은 盡三月當止로대 是歲盡五月而止라 事有非便文者면 公一以自任하여 不以煩其屬이라 有上請者면 或便宜多輒行이라 公於此時에 蚤夜憊心力不少懈하여 事鉅細必躬親하며 給病者藥食에 多出私錢이라 民不幸罹旱疫이나 得免於轉死하고 雖死라도 得無失斂埋하니 皆公力也라

법에 따라 곤궁한 사람을 구제하는 것은 3개월을 넘어가지 않았으나 이해에는 5개월까지 지속하였다. 어떤 일이 규정에 부합되지 않는 경우가 있을 때는 公이 전적으

로 그 책임을 지고 부하관리에게 연루시키지 않았다. 마땅히 상급관청에 보고한 뒤에 진행해야 하는 일도 공무를 집행하기에 편하고 백성의 사정에 적합할 경우, 회신을 기다리지 않고 즉시 시행하였다. 공은 이 기간 동안 밤낮을 가리지 않고 심력을 다해 조금도 게을리 하지 않아 크고 작은 일을 막론하고 반드시 직접 처리하였으며, 환자를 구제하는 약품과 식량 등 비용은 私財를 많이 지출하였다. 백성들이 불행히도 이와 같은 旱災와 역병을 만났으나 이리저리 떠돌다 죽는 상황을 면하였고, 비록 죽더라도 시신을 거두어 장사 지내주는 일이 없는 상황에까지 이르게 하지 않았으니 이는 모두 공의 역량이었다.

是時旱疫被於吳越하여 **民饑饉疾癘**하여 **死者殆半**이니 **菑未有鉅於此也**라 **天子東向憂勞**하니 **州縣推布上恩**하고 **人人盡其力**이로대 **公所拊循**은 **民尤以爲得其依歸**라 **所以經營綏輯先後始終之際**에 **委曲纖悉**이 **無不備者**라 **其施雖在越**이나 **其仁足以示天下**요 **其事雖行于一時**이나 **其法足以傳後世**라 **蓋菑沴之行**은 **治世不能使之無**나 **而能爲之備**라 **民病而後圖之**와 **與夫先事而爲計者**는 **則有間矣**요 **不習而有爲**와 **與夫素得之者**는 **則有間矣**라 **予故采於越**로 **得公所推行**하여 **樂爲之識其詳**하니라 **豈獨以慰越人之思**리오 **將使吏之有志於民者**로 **不幸而遇歲之菑**에 **推公之所已試**하여 **其科條可不待頃而具**면 **則公之澤豈小且近乎**아

이때 吳越 지역에 가뭄이 들고 역병이 돌아 백성들이 기근과 질병에 죽는 자가 태반이었으니 재해가 이보다 컸던 적이 없었다. 천자께서 동쪽의 吳越 지역을 걱정하시자 州縣의 관리들이 황제의 은덕을 받들어 백성들에게 베풀고 저마다의 역량을 다하였는데, 公이 다스리는 지역의 백성들은 다른 지역의 백성들보다 더 보살핌을 받았다고 여겼다. 이는 구황정책으로 백성을 안정시킬 때 처음부터 끝까지 완벽하게 하여 미진한 점이 없었기 때문이다. 그 구황정책은 越州에서 시행되었으나 그 仁愛는 천하에 보일 만하였고, 그 일은 비록 한 시기에 시행됐으나 그 법은 후세에 전할 만하였다.

대체로 자연재해의 유행은 태평성대에도 면할 수 없으나 능히 대비할 수는 있다. 백성들이 병든 뒤에 해결책을 도모하는 것과 일이 일어나기 전에 대책을 세우는 것에는 차이가 있고, 익히는 과정을 거치지 않고 우연히 무슨 일을 하는 사람과 평소에

의식을 갖고 경험을 쌓은 사람은 차이가 있다.

내가 越州에 들렀을 때 공이 시행한 구제조치의 정황을 알고 즐거운 나머지 그를 위해 자세한 내용을 기록하였다. 이 글은 공을 흠모하는 越州 백성들의 생각을 위로해줄 뿐이겠는가. 백성을 위해 좋은 일을 해야겠다고 마음먹은 관리로 하여금 불행히 재앙을 만났을 때 공이 시행했던 방법을 행하여 그에 관한 조목을 허둥지둥 준비하지 않을 수 있게 할 것이니, 이로 보면 공의 은택이 어찌 작고 천근하다 하겠는가.

公元豐二年에 **以大學士加太子少保致仕**[1)]하여 **家于衢**[2)]하다 **其直道正行在於朝廷**과 **豈弟之實在於身者**를 **此不著**라 **著其荒政可師者**하여 **以爲越州趙公救菑記云**하노라

公은 元豐 2년(1079)에 大學士로 太子少保에 제수되어 致仕하여 衢縣의 자택에서 안거하였다. 그가 조정에 있을 때에 원칙을 견지한 올바른 사적과 그 몸에 드러난 너그럽고 후덕한 품덕에 관해서는 여기서 일일이 다 기술하지 않는다. 그의 구황정책 가운데 후대 사람이 본받을 만한 정책과 조치만을 기록하여 이 〈越州趙公救菑記〉를 쓴 것이다.

1) 以大學士加太子少保致仕 : 宋의 제도에 관직이 僕射나 樞密使에 이르지 않고서 致仕하면 관직의 고하에 따라 太子 少師, 少傅, 少保에 제수되었다.

2) 衢 : 지금의 浙江 衢縣을 말한다.

宋大家曾文定公文抄 卷9

記・傳

01. 淸心亭記* 淸心亭에 쓴 기문

* 작자의 나이 42세 때인 嘉祐 6년(1061)에 지은 기문이다. 정자의 이름인 淸心을 주제로 삼아 군자가 마음을 비워 자만하지 않고 욕심을 줄여 부질없는 것을 구하지 않는 까닭을 서술한 후, 淸心亭을 지은 이유도 정치를 위한 자기 수양을 위한 것이었음을 말하였다. 작자의 유교적 논리와 정치관이 잘 나타난다.

此記與醒心亭記는 **所謂說理之文**이니 **子固於諸家尤擅所長**이라

이 기문과 〈醒心亭記〉는 이른바 도리를 설명하는 글이니 子固가 다른 문장가와 견주어볼 때 독보적이라 할 수 있다.

嘉祐六年에 **尙書虞部員外郎梅君**이 **爲徐之蕭縣**[1]하여 **改作其治所之東亭**하여 **以爲燕息之所**하고 **而名之曰淸心之亭**이라하니라 **是歲秋冬**에 **來請記於京師**하니 **屬余有亡妹**[2]**殤女**[3]**之悲**하여 **不果爲**하고 **明年春**에 **又來請**하니 **屬予有悼亡**[4]**之悲**하여 **又不果爲**러니 **而其請猶不止**하여 **至冬乃爲之記曰**

嘉祐 6년에 尙書虞部員外郎 梅君이 徐州 蕭縣의 수령이 되어서 관아 동쪽의 정자를 개수하여 편안히 휴식하는 장소로 만들고 이름을 淸心亭이라 하였다. 그해의 가을과 겨울에 도성에 있는 나에게 기문을 부탁해왔는데 그때 마침 내게 누이와 딸을 잃은 슬픔이 있어 결국 짓지 못했고, 다음 해 봄에 다시 청해왔는데 그때도 마침 나에게 아내를 잃은 슬픔이 있어 또 끝내 짓지 못하였다. 그런데도 그 부탁이 계속되어 겨울에 이르러 마침내 기문을 지었다.

1) 爲徐之蕭縣 : 徐州는 현재 江蘇省 徐州이다. 여기에서 말하는 徐州의 蕭縣도 강

소성에 속했으나 지금은 安徽省 북단에 속한다.

2) 妹 : 여기에서 妹는 증공의 여덟째 누이 曾德耀로 字는 淑明이고, 1061년 9월에 병으로 도성에서 죽었다. 이는 증공의 〈曾氏女墓誌銘〉에서 확인된다.

3) 女 : 증공의 딸 慶老를 말하며, 1061년 11월에 죽었다. 이는 〈二女墓誌〉에서 확인된다.

4) 悼亡 : 증공의 아내 晁氏가 죽은 것을 말한다. 晁氏는 1062년 3월에 도성에서 죽었다. 이는 〈亡妻宜興縣君文柔晁氏墓誌銘〉에서 확인된다.

夫人之所以神明其德하여 **與天地同其變化者**는 **夫豈遠哉**아 **生於心而已矣**라 **若夫極天下之知**하고 **以窮天下之理**하여 **於夫性之在我者**를 **能盡之**하고 **命之在彼者**를 **安之**면 **則萬物自外至者 安能累我哉**리오 **此君子之所以虛其心也**라 **萬物不能累我矣**로대 **而應乎萬物**하여 **與民同其吉凶者**도 **亦未嘗廢也**니 **於是有法誡之設**과 **邪僻之防**하니 **此君子之所以齊其心也**라 **虛其心者**는 **極乎精微**하여 **所以入神也**요 **齊其心者**는 **由乎中庸**하여 **所以致用也**니 **然則君子之欲修其身治其國家天下者**를 **可知矣**라

대체로 사람이 그 덕을 신묘하고 밝게 수양하여 천지와 그 변화를 함께하는 것이 어찌 멀리 있겠는가. 마음에서 생기는 것일 뿐이다. 천하의 지식을 극대화하고 천하의 이치를 모두 궁구하여, 나에게 있는 천성을 잘 간직하고, 내가 어찌할 수 없는 운명을 편안히 여긴다면, 밖으로부터 이르는 만물이 어찌 나에게 부담을 줄 수 있겠는가. 이것이 군자가 그 마음을 비우는 까닭이다. 만물이 이미 나에게 부담을 줄 수 없는 경지가 되었다 하더라도 만물에 호응하여 백성과 길흉을 함께하는 것 또한 그만둘 수 없다. 그러므로 법과 경계를 제정하고 간사함과 편벽됨을 막는 일이 있게 되니 이것이 군자가 그 마음을 다스리는 까닭이다.

그 마음을 비우는 것은 정밀한 이치를 깊이 궁구하여 신묘한 경지에 들어가는 것이요, 그 마음을 다스리는 것은 중용의 도를 따라 실용을 다하는 것이다. 이것으로 본다면 군자가 자기 자신을 수양하고 그 국가와 천하를 다스리고자 할 때 어떻게 해야 할지를 알 것이다.

今梅君之爲是亭에 **曰 不敢以爲遊觀之美**요 **蓋所以推本爲治之意**하고 **而且將淸心**

於此라하니 其所存者 亦可謂能知其要矣라 乃爲之記하여 而道予之所聞者焉이라 十一月五日에 南豐曾鞏記하노라

지금 梅君이 이 정자를 지을 적의 의도는 놀고 구경할 만한 좋은 경관을 위해서가 아니고, 백성을 다스리는 근본적인 의미를 추구하고 아울러 이곳에서 마음을 깨끗하게 하자는 것이었으니, 그 소견이 또한 요점을 잘 알았다고 이를 만하다. 이에 기문을 써서 내가 들은 바를 말하였다. 11월 5일에 南豐 曾鞏은 기문을 짓노라.

唐荊川이 曰 程朱以前에 此等議論亦少라

唐荊川이 말하였다.

"程子와 朱子 이전에는 이 같은 의논이 또한 적었다."

02. 醒心亭記* 醒心亭에 쓴 기문

* 작자의 나이 28세 때인 宋 仁宗 慶曆 7년(1047) 8월 15일에 쓴 기문이다. 당시 좌천되어 滁州 수령으로 있던 歐陽脩가 醒心亭을 짓고 작자에게 그 기문을 지어달라고 한 요청에 따라 지었다. 작자가 본문 속에서 歐陽脩가 醒心으로 명명한 의도가 사람들로 하여금 태평성대에 젖어 있지 말고 항상 정신이 깨어 있어야 한다는 뜻이었음을 추리해 설명하였다.

未盡子固之長이나 然亦有典刑處라

子固의 장점을 다 드러내지는 못했으나 또한 모범으로 삼을 만한 부분이 있다.

滁州之西南泉水之涯에 歐陽公作州之二年에 構亭曰豐樂이라하여 自爲記以見其名之意하고 旣又直豐樂之東幾百步에 得山之高하여 構亭曰醒心이라하고 使鞏記之하니라

歐陽公이 滁州知州로 부임한 다음 해에 滁州의 서남쪽 幽谷泉 물가에 정자를 지어 豐樂亭이라 명명하고서 스스로 記文을 지어 그 이름의 뜻을 나타내었고, 얼마 후에

또 豐樂亭의 동쪽으로 백 보 정도 떨어진 지점의 높은 산 위에 정자를 지어 醒心亭이라 명명하고서 나에게 기문을 짓게 하였다.

凡公與州賓客者遊焉이면 則必即豐樂以飮하고 或醉且勞矣면 則必即醒心而望하니 以見夫群山之相環과 雲煙之相滋와 曠野之無窮과 草樹衆而泉石嘉로 使目新乎其所覩하고 耳新乎其所聞이면 則其心灑然而醒하여 更欲久而忘歸也라 故로 即其所以然而爲名하니 取韓子退之北湖之詩[1]云하노라 噫라 其可謂善取樂於山泉之間하고 而名之以見其實이 又善者矣라

대체로 公이 州의 빈객들과 노니는 경우에는 반드시 豐樂亭으로 나아가 술을 마시고 취하여 피곤할 때면 반드시 醒心亭으로 나아가 관망하니, 이때 뭇 산들은 빙 둘러 있고 구름 안개는 피어나고 너른 들판은 끝이 없고 초목은 무성하고 수석은 아름다운 것을 바라보면, 눈이 보는 것에 새로워지고 귀가 듣는 것에 새로워진다. 그러면 그 마음이 씻은 듯이 깨어나 더욱 오래 있고 싶어져서 돌아가는 것을 잊어버린다. 그러므로 정자의 그와 같은 기능과 역할에 따라 이름을 지었는데 韓退之의 시 〈北湖〉에서 취한 것이다. 아, 산수 사이에서 제대로 즐거움을 누리고 있고 이름이 그 실재를 나타내는 것도 잘 되었다고 하겠다.

1) 韓子退之北湖之詩 : 退之는 唐나라 韓愈의 호이다. 韓愈의 〈虢州三堂二十一詠〉의 제7수 〈北湖〉에 "듣자하니 호수에 노는 배들이 언제나 여기 와서 돌아간다네. 마음 깨이는 곳으로 기억했다가 술 취해 몽롱하면 찾아오리라.〔聞說游湖棹 尋常到此回 應留醒心處 準擬醉時來〕"라고 한 것을 가리킨다.

雖然이나 公之樂을 吾能言之하니 吾君은 優游而無爲於上하고 吾民은 給足而無憾於下하며 天下學者는 皆爲才且良하고 夷狄鳥獸草木之生者는 皆得其宜 公樂也라 一山之隅와 一泉之旁이 豈公樂哉리오 乃公所以寄意於此也라 若公之賢은 韓子歿數百年而始有之로대 今同遊之賓客은 尙未知公之難遇也하니 後百千年에 有慕公之爲人하고 而覽公之迹하여 思欲見之로대 有不可及之嘆하리니 然後知公之難遇也리라 則凡同遊於此者는 其可不喜且幸歟아 而鞏也는 又得以文詞託名於公文之次하니 其又不喜且

幸歟아

비록 그렇다 해도 公의 진정한 즐거움을 내 능히 말할 수 있다. 우리 군주께서는 느긋하여 위에서 인위적으로 다스리는 일이 없고 우리 백성들은 풍족하여 아래에서 유감이 없으며, 천하의 학자들은 모두 재능과 덕을 겸비하고 오랑캐와 금수와 초목 등의 생명은 모두 각자의 편안한 삶을 영위하는 것이 곧 公의 즐거움이다. 일개 산모퉁이와 일개 물가가 어찌 公의 즐거움이 되겠는가. 다만 公이 여기에 뜻을 부친 것일 뿐이다.

公처럼 뛰어난 인물은 韓子가 죽은 뒤 수백 년 만에 비로소 나타났는데 지금 함께 어울리는 빈객들은 오히려 公이 만나기 어려운 인물임을 알지 못 한다. 수백 수천 년 뒤에 공의 사람됨을 흠모하고 公의 자취를 둘러보며 한 번 만나보고 싶어도 뜻대로 되지 않는 한탄이 있은 뒤에야 公을 만나기 어렵다는 것을 알 것이다. 이로 보면 이곳에서 함께 어울리는 사람들은 어찌 기쁘고도 다행한 일이 아닐 수 있겠으며, 나는 또 이 문장으로 公의 글 다음에 이름을 붙이게 되었으니, 또한 기쁘고도 다행한 일이 아니겠는가.

03. 擬峴臺記* 擬峴臺에 쓴 기문

* 작자 39세 때인 宋 仁宗 嘉祐 2년(1057)에 지은 것이다. 이때 撫州知州 裴材가 撫州城 동쪽 鹽步嶺에 누대를 만들고 擬峴臺라 이름한 뒤에 작자에게 그 記文을 지어줄 것을 부탁하였다. 작자는 이 글에서 擬峴臺라 이름하게 된 이유와 자기가 이 문장을 짓게 된 까닭을 설명한 다음, 擬峴臺의 자연풍광과 撫州의 민속 인정을 서술하고, 관리의 공무집행이 깨끗하고 백성이 안정을 누리기를 바라는 자기의 정치관을 토로하였다. 작자가 18세 때 南豐에서 撫州로 거주지를 옮겨와 살았기 때문에 이 지역의 풍광에 익숙하여 생동감 있게 그려내었다.

此記大略本柳宗元訾家洲歐陽公醉翁亭等記來라

이 기문의 체제는 대체적으로 柳宗元의 ≪訾家洲≫와 歐陽公(歐陽脩)의 ≪醉翁亭≫ 등의 기문에 그 근간을 두고 있다.

尙書司門員外郞晉國[1]**裴君**이 **治撫之二年**에 **因城之東隅**에 **作臺以遊**하고 **而命之曰 擬峴臺**라하니 **謂其山谿之形**이 **擬乎峴山**[2]**也**라 **數與其屬與州之寄客者遊其間**하고 **獨求記於予**라

尙書司門員外郞 晉國 裴君이 撫州를 다스린 지 2년에 성에 인접한 동쪽 끝에 누대를 쌓아 유락하는 장소를 마련하고 그곳을 擬峴臺라 이름하였으니, 이는 그곳의 산과 계곡의 형상이 襄陽의 峴山과 비슷함을 의미한 것이다. 그는 자주 그 부하관료와 撫州에 머무르고 있는 빈객들과 그곳에서 어울려 놀면서 특별히 나에게 이 누대를 위해 기문을 지어줄 것을 청하였다.

1) 晉國 : 지금의 山西 지방인 晉陽을 가리키는데, 裴氏의 世居地이다.

2) 峴山 : 峴首山이라고도 부르는데, 지금의 湖北 襄陽市 남쪽 漢水가에 있다. 西晉 羊祜가 襄陽태수로 있을 적에 峴山에 올라 술을 마시고 시를 지으며 인생살이는 덧없이 가버린다는 비애를 토로한 고사가 유명하다.

初에 **州之東**이 **其城因大丘**하고 **其隍因大谿**하며 **其隅因客土以出谿上**하고 **其外連山高陵**과 **野林荒墟 遠近高下**로 **壯大閎廓**하여 **怪奇可喜之觀**이 **環撫之東南者**를 **可坐而見也**라 **然而雨隳潦毁**하여 **蓋藏棄委於榛藂茀草之間**하여 **未有即而愛之者也**라 **君得之而喜**하고 **增甓與土**하여 **易其破缺**하고 **去榛與草**하여 **發其亢爽**하며 **繚以橫檻**하고 **覆以高甍**하여 **因而爲臺**하고 **以脫埃氛**하여 **絶煩囂**하고 **出雲氣而臨風雨**라

처음에는 고을의 동쪽이 성곽은 큰 언덕과 이어지고 성곽을 보호하는 해자는 큰 강과 닿아 있으며, 성곽 모서리 부분은 다른 곳에서 운반해 온 흙더미를 쌓아올려 강가에 높이 솟아 있었다. 그리하여 성 밖에 撫州의 동남쪽을 에워싸면서 면면히 이어진 산맥과 드높은 구릉, 田野의 숲과 황폐한 土山들이 멀거나 가까운 곳, 혹은 높거나 낮은 곳에서 장대하고 광활하여 흥미를 유발할 만한 기기묘묘한 경관을 그 성곽 위에 앉아서 바라볼 수 있었다. 그러나 그 성이 장마와 홍수에 허물어져 잡목과 잡초 사이에 매몰되고 버려짐으로써 더 이상 그곳을 찾아가거나 즐기는 자가 없었다. 裴君은 그곳을 발견하고 기뻐하여 벽돌과 흙을 쌓아 무너진 곳을 수리하고 우거진 잡목과 잡초를 제거해서 높고 훤한 그 地勢를 드러내며, 사방으로는 난간을 두르고 위에는

높은 용마루를 덮어서 마침내 하나의 높은 누대를 만들었다. 그리하여 속세의 기분을 벗어나 번잡하고 시끄러운 세상을 멀리하고 하늘 위로 높이 올라가 맑은 바람과 보슬비를 마주 대할 수 있게 되었다.

然後谿之平沙漫流와 **微風遠響**과 **與夫浪波洶湧**이 **破山拔木之奔放**으로 **至於高桅𦪇艨**와 **沙禽水獸 下上而浮沈者**는 **皆出乎履舃之下**요 **山之蒼顔秀壁**과 **巓崖拔出**에 **挾光景而薄星辰**으로 **至於平岡長陸**에 **虎豹踞而龍蛇走**와 **與夫荒蹊聚落**과 **樹陰晻曖**에 **遊人行旅 隱見而斷續者**는 **皆出乎袵席之內**라 **若夫雲煙開斂**과 **日光出沒**과 **四時朝暮**와 **雨暘明晦**는 **變化不同**하니 **則雖覽之不厭**하고 **而雖有智者**라도 **亦不能窮其狀也**라 **或飮者淋漓**하고 **歌者激烈**하며 **或靚觀微步**하고 **旁皇徙倚**하니 **則得於耳目與得之於心者 雖所寓之樂有殊**나 **而亦各適其適也**라

그런 뒤에 강 양쪽 물가의 평편한 모래톱과 천천히 흘러가는 강물, 골짜기의 산들바람과 먼 산에서 울리는 메아리, 그리고 물결이 세차게 치솟아 올라 산을 허물고 나무를 뽑으면서 거침없이 치닫는 격류에서부터, 강물 위에 돛대를 높이 올리고 빠르게 노를 저어가는 선박과 강기슭의 물새와 물속에서 자맥질하는 각종 동물들에 이르기까지 모두 발 밑에서 출현한다. 그리고 산빛은 푸르고 절벽은 수려한데 가파른 비탈과 높은 재가 대지 위에 높이 솟아 日月을 겨드랑이에 끼고 무수한 별에 닿아 있는 것에서부터, 완만한 산줄기와 길게 이어진 평원에 호랑이와 표범이 걸터앉아 있고 용과 뱀이 출몰하는 광경이며, 궁벽한 산길과 마을이며 어슴푸레 어두운 숲에서 숨었다 나타났다 하며 끊임없이 오가는 유람객과 길손들의 모습이 모두 모두 침상 안에 드러난다. 그리고 운무와 노을이 금방 걷혔다가 금방 깔리고 햇빛이 수시로 나왔다가 들어가곤 하는 광경이며, 춘하추동 사철에 아침부터 저녁까지 어떤 때는 비가 내리고 어떤 때는 해가 뜨며 어떤 때는 쾌청하고 어떤 때는 어둡고 하는 등의 이와 같은 천변만화의 광경은 아무리 백 번을 보아도 물리지 않고 비록 뛰어난 지혜를 지닌 자가 있더라도 그 광경을 모두 묘사할 수 없다. 혹 술을 마시는 사람은 그 흥취가 달콤하고 노래를 부르는 사람은 그 정감이 격앙된다. 그리고 어떤 사람은 조용히 감상하여 느긋하게 산보하면서 그 자리를 맴돌며 떠날 줄을 모른다. 그렇다면 그들이 경관을

귀로 듣거나 눈으로 보아 감상하기도 하고 혹은 마음속으로 체득하기도 한 것에 따라 그로 인한 흥취는 비록 각기 다르다 하더라도 모두 저마다 자기에게 적합한 즐거움을 찾은 것이다.

撫非通道라 **故貴人蓄賈之遊不至**하고 **多良田**이라 **故水旱螟螣之菑少**하며 **其民樂於耕桑以自足**이라 **故牛馬之牧於山谷者不收**하고 **五穀之積於郊野者不垣**이나 **而晏然不知枹鼓之警**과 **發召之役也**라 **君旣因其土俗**하여 **而治簡靜**이라 **故得以休其暇日**하여 **而寓其樂於此**라 **州人士女 樂其安且治**어늘 **而又得遊觀之美**하여 **亦將同其樂也**라 **故予爲之記**[1]하노라

撫州는 교통의 요지가 아니므로 高官・巨商들이 이곳에 와서 유람하지 않고, 이곳은 또 좋은 논이 많으므로 홍수나 가뭄, 해충으로 인한 피해가 적다. 그리고 이곳의 백성들은 농사짓고 길쌈하는 것을 좋아하여 의식이 풍족하다. 그러므로 산골짜기에 소와 말을 방목하고 우리에다 가두지 않고, 들판에 오곡을 쌓아두고 담을 두르지 않아도 태연하게 지내면서 어떤 도적으로 인한 경보나 노역에 징발되는 일을 모른다.

裴君이 이미 그 지방의 풍속에 순응하여 정사를 다스리기를 간소하고 조용히 하였다. 그러므로 한가한 시간이 있어 휴식을 취할 수 있었으며 이곳에다 그의 즐거움을 부친 것이다. 撫州의 남녀노소가 안정된 생활을 누리는 것을 즐거워하던 중에 또 유람을 즐길 만한 아름다운 경관을 얻었으니, 이에 裴君이 또 백성들과 그 즐거움까지도 함께할 수 있게 되었다. 그러므로 내가 그를 위하여 이 記文을 쓴다.

1) 故予爲之記 : ≪元豐類藁≫에는 이 문장의 끝에 "그 누대가 완성된 연월일은 嘉祐 2년 9월 9일이었다.〔其成之年月日 嘉祐二年之九月九日也〕"라는 내용이 더 있다.

王遵巖曰 繁絃急管은 **促節會音**하여 **喧動嘈雜**하니 **若不知其宮商之所存**이나 **而度數齊**면 **自皦如**하여 **使聽者激竦**하고 **加以懽悅**하나니 **此文之謂矣**라하니라

王遵巖이 말하였다.

"박자가 빠르고 웅장한 관현악은 음절이 짧고 높낮은 음이 한꺼번에 모여 있어 시끄럽고 복잡하게 울리므로 음조의 높낮이를 모를 것처럼 들리기 마련이다. 그러나 규칙이 일정하면 음조가 저절로 분명해져서 그 음악을 듣는 자로 하여금 감격하게 하고 더 나아가 마음을 즐겁게 해 주는데, 이 문장이 그렇다고 말할 수 있다."

04. 道山亭記* 道山亭에 쓴 기문

* 작자가 明州(지금의 浙江 寧波)知州로 재임하던 元豐 2년(1079)에 전 福州知州 程師孟의 요청에 따라 지은 작품이다. 작자는 이때 61세였다. 程師孟이 福州知州로 재임하던 중에 그 지방이 험난하고 열악한 곳인데도 불구하고 성곽을 수축하고 학교도 중건한 치적을 찬양한 뒤에 경치 좋은 자리에 道山亭을 건립하여 物欲을 멀리하는 道家思想을 추구한 뜻을 서술하였다.

曾子固本色이라

曾子固의 본디 색깔이 드러난다.

閩故隷周者也[1]니 至秦開其地하여 列於中國[2]하여 始幷爲閩中郡이라 自粤之太末[3]로 與吳之豫章이 爲其通路니 其路在閩者 陸出則阨於兩山之間하고 山相屬無間斷하여 累數驛이라야 迺一得平地하니 小爲縣하고 大爲州나 然其四顧亦山也라 其途或逆坂如緣絙하고 或垂崖如一髮하며 或側徑鉤出於不測之谿上이 皆石芒峭發하여 擇然後可投步라 負戴者雖其土人이라도 猶側足然後能進이요 非其土人이면 罕不躓也라 其谿行은 則水皆自高瀉下하고 石錯出其間하여 如林立하고 如士騎滿野하여 千里下上를 不見首尾라 水行其隙間이 或衡縮蟉糅하고 或逆走旁射어늘 其狀若蚓結하고 若蟲鏤하며 其旋若輪하고 其激若矢라 舟泝沿者 投便利라가 失毫分하면 輒破溺하니 雖其土長川居之人이라도 非生而習水事者면 不敢以舟楫自任也라 其水陸之險如此하니라 漢嘗處其衆江淮之間而虛其地하니 蓋以其陿多阻니 豈虛也哉리오

閩 지역이 옛날에는 周나라에 예속된 곳이었는데, 秦나라 때에 이르러 이 지역을 개척하여 華夏가 관할하는 범위에 편입하고 비로소 여러 고을을 합쳐 閩中郡으로 삼았다. 粤 지역의 太末과 吳 지역의 豫章이 閩 지역으로 출입하는 두 갈래의 통로이다.

閩 지역에 뻗어 있는 통로 중에 육로로 갈 경우에는 두 산 사이에 끼어 있는 작은 길을 거쳐가야 하는데, 산이 계속 이어져 끊어진 곳이 없다가 여러 개의 역참을 지나서야 비로소 한 곳의 평지를 만나니, 작은 평지는 縣이고 큰 평지는 州이다. 그러나 그 사방을 둘러보면 또한 모두 산이다. 그 도로가 어떤 곳은 기울어진 비탈길이 마치 동아줄을 걸쳐놓은 것 같고, 어떤 곳은 벼랑에 드리워져 있는 모양이 마치 한 가닥 머리털을 잡아매놓은 것 같기도 하며, 어떤 곳은 그 깊이를 측량할 수 없는 시냇물 위에서 오솔길을 더듬어 찾아내야 하는 경우도 있다. 어디로 가든 모두 칼날처럼 날카롭게 솟아나온 바위가 깔려 있으므로 발 디딜 곳을 잘 골라 디뎌야만 걸음을 뗄 수 있다. 물건을 등에 지거나 머리에 이었을 때는 비록 그 현지에서 나고 자란 사람이라도 오히려 발을 조심조심 디뎌본 뒤에 갈 수 있으니, 현지에서 나고 자란 사람이 아니면 넘어지지 않는 경우가 드물다.

수로로 갈 경우에는 그 계곡물이 모두 높은 곳에서 쏟아져 내리고, 바위가 계곡물 사이에 어지럽게 삐져나와 있는 모습이 마치 숲나무가 빽빽하게 서 있는 것 같다. 수많은 바위는 마치 들판에 가득한 兵馬가 천 리까지 깔려 있어 처음과 끝을 볼 수 없는 것과도 같다. 물이 바위의 빈틈 사이로 지나가는데, 혹 부딪쳐 멈추었다가 휘돌고 혹 소용돌이치다가 옆으로 흐르기도 한다. 그 형상은 지렁이가 몸을 서리는 것 같고 벌레가 무엇을 갉아먹은 모양 같기도 하며, 그 돌아 흐르는 것은 수레바퀴 같고 그 급히 흐르는 것은 날아가는 화살 같기도 하다. 역류하여 올라오거나 흐름을 따라 내려가는 배가 만일 편히 가기 위해 모험을 부리다가 조금이라도 실수하게 되면 곧 배가 부서지고 사람이 물에 빠지게 되니, 비록 본 고장에서 장성하여 물 위에서 생활한 사람이라도 어릴 적부터 물 위에서 하는 작업을 익숙하게 익히지 않았다면 감히 노를 잡고 스스로 움직이지를 못한다. 이 지역의 수로와 육로의 교통상황은 이처럼 험난하다. 漢나라가 일찍이 이 지역의 백성을 長江과 淮河 일대로 이주시켜 이 지역을 비운 적이 있었는데, 이는 이곳의 협곡에 험난한 곳이 많았기 때문이다. 그러나 어찌 빠짐없이 모두 비울 수 있었겠는가.

1) 閩故隸周者也 : 周代에 지금의 福建과 浙江 남부에 거주하던 閩人을 일곱 부족으로 나누어 七閩이라 불렀다. 이로 인해 후세에 福建을 閩이라 하였다.
2) 中國 : 中國 華夏族이 상고 때 黃河 유역에 도읍을 세웠는데, 그곳이 천하의 중앙이라 하여 자칭 中國이라 하고 中國을 둘러싼 기타 지역을 四方이라 불렀다.
3) 粤之太末 : 粤은 越과 같고 지금의 浙江 일대에 있었다. 太末은 옛 縣의 이름으로, 秦漢 때 會稽郡에 소속되어 있었다.

福州治候官[1)]하고 **於閩爲土中**이니 **所謂閩中也**라 **其地於閩爲最平以廣**하여 **四出之山皆遠**하고 **而長江**[2)]**在其南**하고 **大海在其東**이라 **其城之內外皆涂**어늘 **旁有溝**하고 **溝通潮汐**[3)]하여 **舟載者晝夜屬于門庭**이라 **麓多桀木**하고 **而匠多良能**하여 **人以屋室鉅麗相矜**하니 **雖下貧**이라도 **必豐其居**하고 **而佛老子之徒**는 **其宮又特盛**이라 **城之中三山**은 **西曰閩山**이요 **東曰九僊山**이요 **北曰粤王山**이니 **三山者鼎趾立**이라 **其附山**에 **蓋佛老子之宮以數十百**이니 **其瓌詭殊絶之狀**이 **蓋已盡人力**이라

福州의 관청은 候官에 있는데 閩 지방의 중심이 되는 곳으로 이른바 閩中이다. 이 지방은 閩 지역에서 가장 평탄하고 광활하여 사방에 솟은 산은 모두 멀리 떨어져 있는데, 길게 뻗은 閩江이 남쪽에 있고 큰 바다가 동쪽에 있다. 그곳의 성은 안팎에 모두 도로가 있고 도로가에는 도랑이 있으며 도랑은 강과 바다로 통하여 손님과 짐을 실은 배들이 밤낮으로 문 앞에 모여든다. 산기슭에는 거목이 많고 장인은 좋은 솜씨를 지닌 자들이 많아 사람들이 자기 집을 크고 화려하게 지어 서로 과시한다. 비록 가난한 사람이라도 반드시 자기 집을 크고 넓게 꾸미는데, 佛家와 道家의 무리는 그들의 宮이 또 특히 많다. 성 안에 있는 세 산은 서쪽은 閩山이라 하고 동쪽은 九僊山이라 하고 북쪽은 粤王山이라 하는데, 세 산이 솥발처럼 서 있다. 그 산을 의지하여 세운 佛家와 道家의 사찰과 道觀이 많아 수십 군데 이상 백 군데나 되는데, 그 기이하고 특별한 형상은 인력으로 해낼 수 있는 능력을 다 발휘한 것이다.

1) 候官 : 옛 縣 이름이다. 宋代에는 福建路에 소속되었고 지금의 福州이다.
2) 長江 : 여기서는 閩江을 가리키는데 建江이라 부르기도 한다. 길이는 약 1,300리이다.

3) 潮汐 : 潮水汐水의 준말로, 밀물과 썰물을 말한다. 강물과 바닷물이 주기적으로 불어났다 빠졌다 하는 현상이다. 여기서는 바다와 맞닿은 강의 하류를 뜻한다.

光祿卿直昭文館程公爲是州할새 得閩山嶔崟之際하여 爲亭於其處하니 其山川之勝과 城邑之大와 宮室之榮이 不下簟席而盡於四矚이라 程公以謂在江海之上에 爲登覽之觀이 可比於道家所謂蓬萊方丈瀛洲[1]之山이라 故名之曰道山之亭이라하니라 閩以險且遠이라 故仕者常憚往이어늘 程公能因其地之善하여 以寓其耳目之樂하니 非獨忘其遠且險이요 又將抗其思於埃壒之外하니 其志壯哉로다

光祿卿 直昭文館 程公이 이 고을을 다스릴 적에 閩山의 높은 곳을 선정하여 그곳에 정자를 세우니, 그 산천의 아름다움과 城邑의 거대함과 궁실의 번화로움을 앉은 자리에서 내려오지 않더라도 눈을 들어 사방을 바라보는 가운데 모두 눈 안으로 거두어들일 수 있었다. 程公은 '江海가에다가 올라가서 유람할 정자를 세우고 보니 주위에 보이는 세 산이 道家에서 말하는 蓬萊山・方丈山・瀛洲山에 견줄 만하다.'라고 생각하였기 때문에 '道山之亭'이라 이름하였다. 閩 지역은 도로가 험난하고 멀어서 벼슬하는 자들이 항상 그곳에 가기를 꺼린다. 그런데 程公은 능히 그 지방의 좋은 특성을 살려 거기에다 이목의 즐거움을 부쳤으니, 그 지역이 멀고 험난하다는 것을 잊었을 뿐만 아니라, 또 그의 생각을 속세의 밖에다가 높이 두었으니 그 뜻이 장대하다.

1) 蓬萊方丈瀛洲 : 전설에서 해상에 있다는 三神山이다. 三壺라고도 한다.

程公於是州以治行聞하니 旣新其城하고 又新其學하며 而其餘功又及於此라 蓋其歲滿에 就更廣州하여 拜諫議大夫하고 又拜給事中集賢殿修撰이러니 今爲越州라 字公闢이요 名師孟云이라

程公은 이 고을에서 치적이 있었다는 명성이 있다. 그 성을 새로 수축하고 또 그 학사를 새로 건립하였는데, 그 여력이 또 이 일에까지 미쳤다. 임기가 다해 廣州知州로 전보되었다가 諫議大夫에 임명되고 또 給事中 集賢殿修撰에 임명되었으며, 지금은 越州知州로 있다. 그의 자는 公闢이고 이름은 師孟이다.

05. 學舍記* 學舍에 쓴 기문

* 작자가 그의 고향집에서 쉬며 글을 읽을 당시인 宋 仁宗 至和 원년(1054)에 쓴 작품으로, 이때 나이는 36세였다. 學舍는 그의 집 곁에 지은 글방이다. 작자는 가정형편이 매우 열악한 가운데 그동안 두 차례 도성에 들어가 進士試에 응시하였다가 모두 낙방하였고, 조정의 부름을 받고 도성으로 들어가던 아버지를 수행하던 중 아버지가 병이 나서 죽자 친지들의 도움을 받아 고향으로 운구하여 장례를 치렀으며, 그 뒤에 형이 죽자 나이 많은 어머니를 위시하여 4명의 아우와 9명의 여동생에 대한 생계를 혼자 도맡아 해결해나갔다. 이처럼 어려운 가운데서도 學舍를 짓고 그곳에서 苦學을 통해 고금의 유수한 명인들과 동등한 수준이 되어야겠다는 큰 뜻을 실현하기 위해 부단히 노력하였다. 이 작품은 그동안 겪었던 역경의 과정을 서술하고 열악한 환경 속에서도 학문에 열정을 쏟는 정신을 표현한 일종의 자서전 성격의 글이다.

予幼則從先生受書나 然是時에 方樂與家人童子嬉戲上下하여 未知好也라 十六七時에 闚六經之言與古今文章有過人者하여 知好之하니 則於是銳意欲與之竝이나 而是時에 家事亦滋出이라

나는 어릴 적에 선생에게 글을 배웠지만 이때 한창 가족의 어린아이들과 함께 소꿉장난도 하고 여기저기 뛰어다니면서 노느라 글 읽는 것을 좋아할 줄 몰랐다. 16, 7세 때에 六經에 들어 있는 말과 고금 작가들의 문장을 보고 그 안에 일반 사람을 초월하는 부분이 있다는 것을 발견하고 비로소 그것들을 좋아할 줄 알게 되었다. 그리하여 나는 이와 같은 문장을 쓴 사람들과 어깨를 나란히 해야겠다고 결심하였다. 그러나 이 당시에 맡아서 해야 할 家事 또한 많아졌다.

自斯以來로 西北則行陳蔡譙苦睢汴淮泗하여 出于京師요 東方則絶江舟漕河之渠하여 踰五湖[1]하고 竝封禺會稽之山하여 出于東海上이요 南方則載大江하여 臨夏口而望洞庭하고 轉彭蠡하며 上庾嶺하고 繇眞陽之瀧하여 至南海上하니 此予之所涉世而奔走也라

이때부터 서북쪽으로 갈 때는 陳州·蔡州·譙縣·苦縣 일대와 睢水·汴水·淮

河・泗河 유역을 경유하여 도성인 汴京에까지 도달하였고, 동쪽으로 갈 때는 長江을 건너 배로 운하의 수로를 지나 五湖를 넘고 封山・禺山・會稽山 등의 산을 지나 동해의 해변까지 도달하였으며, 남쪽으로 長江에 몸을 싣고 夏口에 도달하여 洞庭湖를 바라보고 彭蠡湖로 길을 꺾은 뒤에 大庾嶺을 오르고 眞陽縣에서 瀧水의 흐름을 따라 내려가 남해에 도달하였다. 이것은 내가 세상사를 경험하고 생계를 위해 바쁘게 돌아다닌 역정이다.

1) 五湖 : 호수 이름으로, 太湖를 가리킨다.

蛟魚洶湧湍石之川과 **巓崖莽林貙虺之聚**와 **與夫雨暘寒燠風波霧毒不測之危**는 **此予之所單遊遠寓而冒犯以勤也**라 **衣食藥物**과 **廬舍器用**과 **箕筥碎細之間**은 **此予之所經營以養也**라 **天傾地壞**하여 **殊州獨哭**하고 **數千里之遠**을 **抱喪而南**하여 **積時之勞**하여 **乃畢大事**하니 **此予之所遘禍而憂艱也**라

상어가 출몰하고 물살이 거세게 치솟으며 급류에 바위가 구르는 하천을 건너고, 깎아지른 산비탈에 잡초와 수목이 우거져 맹수와 독사들이 우글거리는 곳을 지나가기도 하고, 또 비가 내리다가 맑았다가 추웠다가 따뜻했다 하는 변덕스러운 날씨 속에 풍파가 갑자기 일어나거나 독한 안개가 잔뜩 끼는 등 예측할 수 없는 위험을 경험하기도 하였다. 이것은 내가 집을 떠나 혈혈단신으로 멀리 돌아다니면서 겪은 고초이다. 의복・음식・약품과 집・가구에서부터 〈곡식의 티끌을 골라내는〉 키와 〈밥을 담는〉 광주리 등 자질구레한 것들은 곧 내 힘으로 마련하여 가족을 부양했던 물건들이다. 아버지가 돌아가셨을 때 나 혼자 타향에서 통곡하고 수천 리 밖에서 영구를 모시고 남쪽으로 돌아와 장시간의 노고와 고통을 겪은 뒤에 비로소 大事를 마쳤으니, 이것은 내가 큰 화를 만나 어려움에 처했던 정황이다.

太夫人[1]**所志**와 **與夫弟婚妹嫁**와 **四時之祠**와 **屬人外親之問**과 **王事之輸**는 **此予之所皇皇而不足也**라 **予於是力疲意耗**하고 **而又多疾**하니 **言之所序**는 **蓋其一二之指也**라 **得其閒時**하여 **挾書以學**호대 **於凡爲身治人**과 **世用之損益**에 **考觀講解有不能至者**라 **故不得專力盡思**하고 **琢彫文章**하여 **以載私心難見之情**하고 **而追古今之作者爲並**하여

以足予之所好慕하니 **此予之所自視而嗟也**라

모친께서 바라시는 일과 아우와 누이들의 혼인, 춘추 사계절의 제사, 친족 및 외척 간의 안부, 나라 세금을 납부하는 일 등을 실현하는 것은 내가 한 해 내내 바쁘게 서두르더라도 완수하지 못할 형편이다. 나는 이로 인해 기진맥진하였고 또 몸이 허약하여 병이 많았다.

이상 기술한 내용은 수많은 일 가운데 한두 가지 대략적인 정황일 뿐이다. 다만 잠시 한가로운 때가 있으면 책을 끼고 공부를 하고 있지만, 자신을 수양하고 남을 다스리는 도리와 세상의 변화에 응용할 수완에 관해서는 살펴보고 이해하지 못하는 부분이 적지 않다. 그러므로 정력을 집중하고 사색을 기울여 문장을 다듬어서 내 마음속의 표현하기 어려운 감정을 담아내고 아울러 고금의 작가를 힘껏 추격하여 그들과 어깨를 나란히 함으로써 그들을 사랑하고 좋아하는 내 마음을 충족시키지를 못한다. 이것이 곧 내가 나 자신을 돌아볼 때 부족하여 탄식하는 이유이다.

1) 太夫人 : 어머니를 말한다. 아버지가 죽은 뒤 어머니를 부를 때는 '太'자를 붙인다. 작자의 생모 吳氏는 일찍 죽었으므로 여기서는 계모인 朱氏를 가리킨다.

今天子至和之初에 **予之侵擾多事故益甚**하니 **予之力無以爲**하여 **乃休於家**하고 **而即其旁之草舍以學**이라 **或疾其卑**하고 **或議其隘者**한대 **予顧而笑曰 是予之宜也**라 **予之勞心困形**하여 **以役於事者**는 **有以爲之矣**요 **予之卑巷窮廬**에 **冗衣礱飯**과 **芑莧之羹**으로 **隱約而安者**는 **固予之所以遂其志而有待也**라 **予之疾則有之**하여 **可以進於道者**를 **學之有不至**하며 **至於文章**하여는 **平生所好慕**나 **爲之有不暇也**라 **若夫土堅木好高大之觀**은 **固世之聰明豪雋**하여 **挾長而有恃者所得爲**니 **若予之拙**이 **豈能易而志彼哉**리오하고 **遂歷道其少長出處**와 **與夫好慕之心**하여 **以爲學舍記**하니라

지금 天子가 至和로 연호를 바꾼 첫해를 만났는데 내가 방해를 받는 일이 많아 의외의 문제들이 더욱 심각해졌다. 내 힘으로는 어떻게 할 수가 없어 마침내 집에서 쉬며 근처 초가에 가서 글을 읽었다. 어떤 이는 이 초가집이 너무 낮은 것을 흠잡고, 어떤 이는 그곳이 협소한 것을 말하기도 한다. 나는 그들을 돌아보고 웃으며, "이곳은 나에게 매우 적합하다. 내가 심신을 괴롭히며 잡무를 위해 분주했던 것은 나름대

로 그만한 역할을 할 수 있었기 때문이다. 지금 내가 누추한 골목의 초라한 집에서 낡은 옷차림에 거친 밥과 쓴 나물국을 먹으며 빈궁하면서도 편안한 것은 진실로 내가 뜻을 이루기 위해 때를 기다리는 것이다. 나는 몸이 허약하여 신병이 있으므로 성현의 도에 나아가는 이치를 배우지만 아직 일정한 수준에는 도달하지 못하였고, 문장을 짓는 일에 있어서는 내가 평소에 좋아하는 바이지만 그에 관해 공부할 겨를이 없었다. 단단한 흙과 좋은 목재로 지은 높고 큰 누대는, 본디 세상의 저 총명하고 준수한 호걸로서 자기의 좋은 입지조건을 의지하여 믿을 데가 있는 자들이나 만들 수 있는 것이다. 나처럼 무능한 자가 어찌 분수에 맞추어 살아가는 개성을 바꿔 저들이 하는 행위를 추구할 수 있겠는가."라고 하였다. 마침내 어렸을 때부터 성장해서까지의 진퇴거취에 관한 이력과 문장을 짓기를 좋아하는 심정을 낱낱이 서술하여 이 한 편의 〈學舍記〉를 쓴다.

王遵巖曰 此亦是先生獨出一體니 在韓歐未有라 然大意亦自醉翁亭眞州東園二篇體中變出이나 又自不同也라하니라

王遵巖이 말하였다.

"이 또한 선생만의 독특한 한 문체로써 韓愈나 歐陽脩에게는 없다. 그러나 큰 뜻은 또한 〈醉翁亭記〉와 〈眞州東園記〉 두 편의 문체로부터 변화되어 나온 것인데도 또 나름대로 다르다."

06. 南軒記* 南軒에 쓴 기문

* 위의 〈學舍記〉와 같은 시기에 지은 작품이다. 南軒은 작자가 자기 집 부근에 독서할 목적으로 지은 學舍의 堂號이다. 본 작품에서는 작자 자신의 개성과 포부 및 취향을 자세히 서술하고, 자기가 글을 읽는 내용과 목적을 소개한 다음, 고집스럽게 옛날의 문화에만 집착하는 오활한 儒者가 아니고 현실에 관심을 갖고 지식을 광범위하게 섭렵하는 활달한 선비임을 표현하였다.

子固所自爲學이니 具見篇中矣라

子固가 스스로 학문을 하는 이유가 작품 속에 자세히 나와 있다.

得隣之茀地蕃之하여 樹竹木灌蔬於其間하고 結茅以自休하니 囂然而樂이라 世固有處廊廟之貴하고 抗萬乘之富로대 吾不願易也라

근처에 풀이 우거진 땅을 얻어 울타리로 에워싼 뒤에 그 사이에 대나무와 灌木·채소 등을 심고 초가집을 한 채를 지어 휴식을 취하니 한가롭고 즐겁다. 세상에 진실로 조정의 존귀한 지위에 앉아 있고 황제의 부유한 재력과 서로 겨룰 만한 사람들이 있기는 하지만 나는 지금의 내 처지와 바꾸기를 원치 않는다.

人之性不同하니 於是知伏閒隱隩 吾性所最宜라 驅之就煩은 非其器所長이온 況使之爭於勢利愛惡毁譽之間邪아 然吾親之養無以修하고 吾之昆弟飯菽藿羹之無以繼하여 吾之役於物하여 或田於食하고 或野於宿하여 不得常此處也하니 其能無歃然於心邪아 少而思한대 凡吾之拂性苦形而役於物者 有以爲之矣라

사람의 개성은 같지 않다. 그래서 나는 궁벽한 곳에서 한가롭게 은거하는 것이 내 개성에 가장 맞는다는 것을 알았다. 이러한 나를 내몰아 번잡한 일에 종사하게 하는 것은 나의 장점이 아닌데, 하물며 권세와 이득, 사랑과 증오, 비난과 칭찬의 사이에서 다투게 할 수 있겠는가. 그러나 나는 어머니의 봉양을 해결할 수 없고 형제들의 먹을거리를 이을 수가 없어서, 외물에 사역을 당하여 밭에서 밥을 먹기도 하고 혹은 들판에서 잠을 자기도 하느라 항상 이곳에서 지낼 수 없으니, 어찌 마음이 초조하고 불안하지 않을 수 있겠는가. 그러나 시간이 지나 생각해보니, 내가 본성을 어기고 육신을 괴롭혀가면서 외물에 사역이 된 데에는 그만한 이유가 있었다.

士固有所勸하고 有所肆하니 識其皆受之於天而順之이면 則吾亦無處而非其樂이니 獨何必休於是邪아 顧吾之所好者遠하여 無與處於是也라 然而六藝百家史氏[1]之籍과 箋疏[2]之書와 與夫論美刺非 感微託遠 山鑱冢刻[3] 浮誇詭異之文章과 下至兵權曆法星官藥工山農野圃方言地記[4]佛老所傳히 吾悉得於此하니 皆伏羲[5]已來로 下更

秦漢至今히 聖人賢者魁傑之材 殫歲月하고 憊精思하여 日夜各推所長하여 分辨萬事之說이라 其於天地萬物小大之際와 修身理人과 國家天下治亂安危存亡之致에 無不畢載라 處與吾俱 可當所謂益者之友[6]非邪아

선비는 본디 부지런히 노역을 할 수도 있고, 주어진 환경에 구속을 받지 않고 호방하게 행동할 수도 있다. 만일 구속을 받지 않는 품성을 하늘로부터 부여받은 것을 알고 하늘의 뜻에 순응한다면, 나 또한 어떤 경우에 처하더라도 즐겁지 않은 일이 없을 것이니, 어찌 반드시 이곳에서 쉬고만 있겠는가. 돌아보건대 내가 좋아하는 곳은 먼 지방이므로 이곳에만 거주하는 것은 찬동하지 않는다.

그러나 六經 · 제자백가 및 역사서와 儒家經典의 주석서와, 선을 칭찬하고 악을 꼬집은 글, 내면의 정서를 감동시키고 深遠한 의미가 내재되어 있는 글, 산간의 절벽이나 묘비에 새겨진 글, 과장되고 괴이한 글 등 여러 형식의 글에서부터 병법 · 역법 · 천문 · 음악 · 임업 · 농업 · 원예 · 방언 · 지리 · 불교 · 도교서에 이르기까지 나는 모두 이곳에서 얻는다. 이는 모두 伏羲 이래로 秦 · 漢을 지나 지금까지 聖人 · 賢者와 위대한 인재들이 세월을 다 바치고 정력을 쏟아서 밤낮으로 각자의 장점을 발휘하여 세상의 온갖 일을 분변해놓은 글이다. 그 속에는 천지만물의 크고 작은 일들의 관계와 자기를 수양하고 남을 다스리는 도리에서부터 국가와 천하의 치란과 안위, 생존과 멸망의 원인에 이르기까지 완전하게 기재하지 않은 것이 없다. 이러한 서적과 내가 함께 있으니 이른바 '유익한 벗'에 해당되지 않겠는가.

1) 六藝百家史氏 : 六藝는 본디 학생을 교육하는 6종의 과목인 禮 · 樂 · 射 · 御 · 書 · 數를 말하나 여기서는 ≪禮記≫ · ≪樂記≫ · ≪書經≫ · ≪詩經≫ · ≪周易≫ · ≪春秋≫ 등 6部의 儒家經典을 가리킨다. 百家는 諸子百家의 준말로 戰國時代 학술상의 각종 파벌이고, 史氏는 史學家를 가리킨다.

2) 箋疏 : 箋은 儒家經典에 대한 주석서이고, 疏는 주석에 대한 해석서를 말한다.

3) 山鑱冢刻 : 山鑱은 산간의 절벽에 새긴 글이고, 冢刻은 무덤가 비석에 새긴 글로 묘비문 따위를 가리킨다.

4) 兵權曆法星官藥工山農野圃方言地記 : 兵權은 군대를 지휘 통제하는 권력이란 뜻인데 여기서 병법과 계략에 관해 서술한 兵書이고, 曆法은 천체가 운행하는 현상을 추산하여 歲時를 정하는 방법인데 여기서는 그에 관한 曆書이고, 星官

은 별자리의 움직임을 관측하고 기록하는 관원인데 여기서는 천문 星像 부문의 서적이고, 藥工은 악기를 연주하는 예술인인데 여기서는 음악에 관한 서적을 가리킨다. 山農은 임업과 농업에 관한 저술이고, 野圃는 채소나 오이 등을 심어 가꾸는 들녘의 밭인데 여기서는 그에 관한 저술을 가리킨다. 方言은 지방언어를 기록한 저술이고, 地記는 지리에 관한 저술이다.

5) 伏羲 : 중국 고대 전설에 나오는 三皇五帝의 첫 번째 황제로, 그가 맨 처음 八卦를 그었으며 백성에게 물고기를 잡고 가축을 기르는 법을 가르쳤다고 한다.

6) 益者之友 : 《論語》〈季氏〉에 "유익한 벗이 세 가지가 있고, 해로운 벗이 세 가지가 있으니, 벗이 정직하고 신실하고 문견이 많으면 유익한 것이다."라고 한 데서 인용한 것으로, 작자가 소장하고 있는 각종 서적을 그에 비유한 것이다.

吾窺聖人旨意所出은 以去疑解蔽하고 賢人智者所稱事引類는 始終之槪以自廣하여 養吾心以忠하고 約守而恕行之라 其過也改하고 趨之以勇하여 而至之以不止하니 此吾之所以求於內者라

내가 살펴보건대, 聖人이 저술 속에서 자신의 의도를 드러낸 목적은 사람들의 의혹을 풀어주기 위해서이고, 賢人과 지혜로운 자가 그들의 저술 속에서 이리저리 유사한 사실을 인용하여 설명한 목적은 처음부터 끝까지 사람들이 스스로 식견을 넓힐 수 있게 해주자는 것이었다. 그리하여 忠으로써 자기의 마음을 수양하고, 자신의 품행은 철저히 단속하되 남에게는 너그럽게 대하며, 과실이 있으면 고치고 용감하게 善으로 나아가 목표에 도달할 때까지 멈추지 않도록 하자는 것이었다. 이것은 곧 내가 내 자신에 대한 요구이기도 하였다.

得其時則行이니 守深山長谷而不出者는 非也요 不得其時則止니 僕僕然求行其道者도 亦非也라 吾之不足於義어늘 或愛而譽之者는 過也요 吾之足於義어늘 或惡而毁之者도 亦過也니 彼何與於我哉아 此吾之所任乎天與人者라 然則吾之所學者雖博이라도 而所守者可謂簡이요 所言雖近而易知라도 而所任者可謂重也라

때를 만나면 세상에 나가 도를 행해야 하니 깊은 산골을 지키고 나가지 않는 것은

잘못이고, 때를 얻지 못하면 멈춰야 하니 허둥대면서 그 도를 행하기를 구하는 것도 잘못이다. 내가 道義에 부족한 점이 있는데도 어떤 사람이 나를 좋아하여 찬양한다면 이는 잘못이고, 내가 道義에 결함이 없는데도 어떤 사람이 나를 미워하여 비방한다면 이 또한 잘못이니, 저들이 나에게 무슨 관계가 있겠는가. 이것이 곧 내가 자연의 운명을 따르면서 세상 사람들의 행위에 대해서는 무시해버리는 이유이다. 그렇다면 내가 배운 것은 그 범위가 비록 넓지만 지키는 도리는 간결하다 할 만하고, 말하는 것은 비록 평이하여 알기 쉽지만 거기에 담긴 의미는 중대하다고 할 만하다.

書之南軒之壁間하고 蚤夜覽觀焉하여 以自進也하니라

南軒의 벽 중간에 이 글을 써놓고 밤낮으로 살펴봄으로써 나 자신을 촉진시키고자 한다.

王遵巖曰 學舍南軒二記와 與筠州宜黃兩學記는 皆謂之大文字矣라하니라

王遵巖이 말하였다.

"〈學舍記〉·〈南軒記〉 두 記文과 〈筠州學記〉·〈宜黃縣學記〉 두 學記는 모두 大文字라고 할 만하다."

07. 鵝湖院佛殿記* 鵝湖院의 佛殿에 쓴 기문

* 鵝湖院 佛殿이 낙성된 뒤에 승려 紹元의 요청에 따라 지은 記文이다. 다만, 佛殿을 건축할 때 대량의 인력과 물력을 소비한 사실에 대해 불교도들이 세상에 더부살이로 살아가는 생활과 국가와 백성의 재물을 소비하는 행태를 엄중하게 지적함으로써, 그가 불교를 배척하는 이유가 국가의 경제와 민간의 생활에 대한 관심에 의한 것이지, 이단을 배격하는 전통적인 儒家의 견해로 인한 것만은 아님을 반영하였다. 저술한 시기는 알 수 없다.

公爲記佛殿이나 而却本佛殿之所以獨得이 劫民與國之財以自侈하니 亦是不肯放倒自家面目處라

공이 佛殿에 記文을 썼지만 佛殿이 만들어지게 된 것은 백성과 국가의 재물을 빼앗아 스스로 사치를 한 것이라는 데에 주안점을 두었으니, 역시 자기 본연의 면모를 무너뜨리려 하지 않은 부분이다.

慶曆某年某月日[1]에 **信州鉛山縣**[2]**鵝湖院佛殿成**하여 **僧紹元來請記**할새 **遂爲之記曰**

慶曆(宋 仁宗의 연호, 1041~1048) 모년 모월 모일에 信州 鉛山縣 鵝湖院의 佛殿이 완공되어, 승려 紹元이 나에게 와서 記文을 지어줄 것을 청하기에 마침내 그를 위하여 다음과 같이 쓴다.

1) 慶曆某年某月日 : 이 記文을 쓴 시제를 밝힌 것으로, 아래 '遂爲之記' 앞 부분에 있어야 할 것을 편의상 그 위치를 바꾼 것이다.
2) 信州鉛山縣 : 信州는 지금의 江西 貴溪 이동과 懷玉山 이남 일대이고, 鉛山縣은 지금의 江西 동북부이다.

自西方[1]**用兵**으로 **天子宰相與士大夫**는 **勞於議謀**하고 **材武之士**는 **勞於力**하며 **農工商之民**은 **勞於賦斂**이요 **而天子嘗減乘輿掖庭**[2]**諸費**하고 **大臣亦往往辭賜錢**하며 **士大夫或暴露其身**하고 **材武之士**는 **或秉義而死**하며 **農工商之民**은 **或失其業**이라

서쪽 지역에서 전쟁을 시작한 뒤로 天子・宰相과 士大夫들은 계책을 세우느라 수고하고, 재능과 武勇을 지닌 무사들은 그들의 온 힘을 다하느라 수고하며, 농업・공업・상업에 종사하는 백성들은 세금을 내느라 수고한다. 그리고 천자는 일찍이 자신이 타는 수레와 후궁을 운영하는 데에 들어가는 여러 비용을 줄였고, 大臣 또한 늘 天子가 하사하는 돈을 사양하며, 士大夫는 혹 〈국사를 위해 도로 위에서 동분서주하며〉 비바람과 추위 더위에 시달리는 자도 있고, 재능과 무용을 지닌 무사들은 혹 절의를 지키다가 죽는 자도 있으며, 농업・공업・상업에 종사하는 백성들은 혹 그들이 의지해 살아가는 가업을 잃는 자도 있다.

1) 西方 : 西夏를 가리킨다. 본 명칭은 大夏로, 党項族이 세운 나라이다. 宋 仁宗 景祐 5년(1038)에 李元昊가 황제가 되어 지금의 寧夏 銀川인 興慶府에 도읍을

두었고 지금의 寧夏·陝北과 甘肅 서북부 지역을 관할하였다. 宋나라와 여러 차례 전쟁이 일어났다.

2) 乘輿掖庭 : 乘輿는 제왕이 타는 수레이고, 掖庭은 황궁의 곁에 있는 방으로 후궁들이 거처하는 곳이다.

惟學佛之人은 不勞於謀議하고 不用其力하며 不出賦斂하고 食與寢自如也라 資其宮之侈 非國則民力焉이어늘 而天下皆以爲當然하니 予不知其何以然也라 今是殿之費는 十萬不已요 必百萬也며 百萬不已요 必千萬也며 或累累而千萬之不可知也라 其費如是廣이어늘 欲勿記其日時면 其得邪아 而請予文者 又紹元也라 故云耳하니라

오직 부처를 배우는 사람들은 계책을 세우느라 수고하지 않고 지닌 힘을 제공하지 않으며 세금을 내지 않으면서도 편안하게 먹고 자는 것이 변함이 없다. 그들의 건물을 확장하는 데에 들어가는 자금은 국가의 지원이 아니면 백성들의 人力인데 천하 사람들은 모두 그것을 당연하게 생각하니, 나는 무엇 때문에 그런지 모르겠다. 지금 이 鵝湖院 佛殿을 짓는 데에 들어간 비용은 십만 금에 그치지 않고 필시 백만 금일 수도 있을 것이고, 백만 금에 그치지 않고 필시 천만 금일 수도 있을 것이며, 어쩌면 더 많아 천만 금 이상일지도 모른다. 이 비용이 이와 같이 많은데 그 건축한 일시를 기록하지 않고 그만두려고 하면 되겠는가.

나에게 記文을 지어달라고 부탁한 사람은 紹元이었다. 그의 요청이 있었기 때문에 쓴 것이다.

08. 仙都觀三門記* 仙都觀의 三門에 쓴 기문

* 작자 28세 때인 慶曆 6년(1046)에 쓴 작품이다. 仙都觀은 지금의 江西 南城縣 서남쪽 麻姑山 위에 있다. 산 정상에 옛 壇이 있는데 전설에 의하면 麻姑가 이곳에서 도를 얻어 신선이 되었다 하여 '第二十八洞天'이 되었다 한다. 麻姑山은 풍경이 좋기로 이름난 명산으로, 작자가 일찍이 이곳을 유람하며 지은 〈遊麻姑山九首〉라는 시가 있다. 三門은 王城에만 있는 법인데도 道敎徒가 참람하게 국가의 제도를 무시하고 그와 같은 시설물을 지은 것에 대해 날카롭게 지적하였다

曾公凡爲佛老氏輩題文은 必爲自家門第라

曾公이 일반적으로 불교와 도교를 신봉하는 무리들을 위해 지은 문장은 반드시 자신이 추구하는 儒學의 입장에서 썼다.

門之作은 取備豫[1]而已라 然天子諸侯大夫 各有制度하여 加于度則譏之하니 見于易禮記春秋라 其旁三門하고 門三塗는 惟王城爲然이어늘 老子之敎行天下할새 其宮視天子或過焉하니 其門亦三之라 其備豫之意는 蓋本於易이나 其加于度는 則知禮者所不能損하고 知春秋者所太息而已니 甚矣라 其法之蕃昌也여

문을 만드는 것은 강도의 침입에 미리 대비하자는 것일 뿐이다. 그러나 天子・諸侯・大夫가 각기 그 신분에 맞는 제도가 있어서 제도보다 넘어서면 비난을 받으니, 그 내용이 ≪周易≫・≪禮記≫・≪春秋≫에 보인다. 城의 사방에 세 개씩 문을 만들고 문마다 세 갈래의 길을 만드는 것은 오직 王城만 그렇게 할 수 있다. 그런데 老子의 가르침이 천하에 만연하게 되자, 道觀이 天子에 비해 혹 지나치기도 하여 그 문을 또한 세 개로 만들었다. 강도의 침입에 미리 대비하는 뜻은 ≪周易≫에 그 근본을 두고 있지만, 제도보다 넘어서는 것은 ≪禮記≫를 아는 자는 그것을 인정할 수 없고 ≪春秋≫를 아는 자는 크게 탄식할 뿐이니, 지나치다, 그들의 법이 번창함이여.

1) 備豫 : ≪周易≫ 〈繫辭 下〉에 “문을 겹으로 만들고 딱다기를 쳐서 강도의 침입에 대비하는 것은 豫卦에서 그 뜻을 취한 것이다.”라고 하였고, 또 ≪春秋左氏傳≫ 成公 9年에 “예기치 않은 변고에 미리 대비하는 것은 잘하는 일 중에서도 큰 것이다.”라고 하였다.

建昌軍南城縣麻姑山仙都觀은 世傳麻姑於此仙去라 故立祠在焉이라 距城六七里에 由絶嶺而上하여 至其處하니 地反平寬衍沃하여 可宮可田이요 其穫之多 與他壤倍요 水旱之所不能災라 予嘗視而歎曰 豈天遺此以安且食其衆하고 使世之衎衎施施趨之者不已歟아 不然이면 安有是邪아하니 則其法之蕃昌을 人力固如之何哉오

建昌軍 南城縣 麻姑山 仙都觀은 세상에서 전해오는 말에, 麻姑가 이곳에서 신선이 되었다고 하는 곳으로 그를 위해 세운 옛 사당이 있다. 城에서 6, 7리 떨어진 곳에서

높은 재를 따라 올라가 그곳에 당도하니, 지대가 도리어 넓고 비옥해서 집을 지을 만하고 농사도 지을 만했는데, 그곳에서 수확하는 곡물이 다른 토양에 비해 곱절이고 가뭄이나 장마의 피해도 없었다. 내가 한번 둘러보고 탄식하기를 "어찌 하늘이 이곳을 세상에 내놓아 道家의 무리에게 편안하게 지내고 또 잘 먹고살게 하였으며, 세상에 아무런 걱정도 없이 여유롭게 사는 자들로 하여금 끊임없이 이곳으로 달려오게 하였단 말인가. 이와 같은 장소가 없었다면 어찌 이런 일이 있겠는가." 하였다. 그들의 법이 이처럼 번창하니 인력으로 과연 어떻게 제어할 수 있겠는가.

其田入旣饒하니 **則其宮從而侈也宜**라 **慶曆六年**에 **觀主道士凌齊曄相其室無不修而門獨庳曰 是不足以稱吾法與吾力**이라하고 **遂大之**라 **旣成**에 **託予記**어늘 **予與齊曄**으로 **里人也**니 **不能辭**라 **噫**라 **爲里人而與之記**는 **人之情也**요 **以禮春秋之義告之**는 **天下之公也**라 **不以人之情易天下之公**하니 **齊曄之取予文**에 **豈不得所欲也夫**며 **豈以予言爲厲己也夫**아

그 농지의 수입이 풍족하니 道觀도 따라서 호화롭게 꾸미는 것은 당연하다. 慶曆 6년에 道觀主 道士 凌齊曄이 그 건물은 모두 수리가 잘되었는데 오직 문만 비좁고 낮은 것을 보고 말하기를 "이것은 우리 도교의 법도와 힘에 걸맞지 않다." 하고, 마침내 크게 만들었다. 문이 완성되자 나에게 記文을 부탁했는데, 나는 齊曄과 동향인이라 사양할 수가 없었다. 아, 동향인으로서 記文을 주는 것은 인지상정이요, ≪禮記≫와 ≪春秋≫의 뜻으로써 고해주는 것은 그것이 천하의 공인된 말이기 때문이다. 인지상정으로 천하의 공인된 말을 바꿀 수는 없다. 齊曄이 내 글을 가져다가 볼 적에 어찌 듣고 싶었던 말을 얻지 못했다고 하지 않겠으며, 또 어찌 내 말이 자기를 해롭게 한 것으로 생각지 않겠는가.

09. 分寧縣雲峰院記* 分寧縣의 雲峰院에 쓴 기문

* 작자 25세 때인 慶曆 3년(1043) 9월 28일에 쓴 작품이다. 分寧縣은 지금의 江西 修水縣으로 宋代에는 洪州에 소속된 지역이다. 작자가 지은 7편의 寺觀記 가운데 그 시기가 가장 앞선 것이다. 分寧縣의 백성들이 생업에 매진하여 잘살면서

도 의리를 경시하고 이익을 위해 다투기를 좋아하는 습속과, 雲峰院의 승려 道常이 사물에 대한 욕심이 없이 고행을 견지하는 태도를 서로 비교하고, 道常을 찬양하여 고을 사람들을 격려함으로써 그 지방의 습속을 개선하고자 하였다.

於雲峰院無涉이나 而意甚奇라

내용은 雲峰院과 관계가 없지만 뜻이 매우 기발하다.

分寧人勤生而嗇施하고 薄義而喜爭하니 其土俗然也라 自府來抵其縣五百里니 在山谷窮處라 其人修農桑之務하여 率數口之家에 留一人守舍行饁하고 其外盡在田이라 田高下磽腴에 隨所宜雜植五穀하여 無廢壤하고 女婦蠶杼하여 無懈人이라 茶鹽蜜紙竹箭材葦之貨를 無有纖鉅히 治咸盡其身力하니 其勤如此라 富者兼田千畝하고 廩實藏錢하며 至累歲不發이라 然視捐一錢을 可以易死하여 寧死無所捐하니 其於施何如也오 其間利害不能以稊米하여 父子兄弟夫婦 相去若奕碁然이라 於其親固然하니 於義厚薄可知也라 長少族坐里閭하여 相講語以法律하고 意嚮小戾면 則相告訐하고 結黨詐張하며 事關節[1] 以動視聽이라 甚者畫刻金木爲章印하여 摹文書以給吏라가 立縣庭下로대 變僞一日千出하고 雖笞扑徒死交迹이라도 不以屬心하니 其喜爭訟을 豈比他州縣哉리오 民雖勤而習如是하여 漸涵入骨髓라 故賢令長佐吏比肩이나 常病其未易治敎使移也라

分寧縣 사람들은 생업에 부지런하고 남에게 베푸는 데 인색하며, 인정과 의리를 경시하고 다투기를 좋아하니 그곳의 습속이 본디 그렇다. 洪州 治所에서 縣까지의 거리는 5백 리로 산골짜기 궁벽한 곳에 있다. 그 사람들은 농사일과 蠶業에 종사하는데 일반적으로 식구가 5, 6명 정도 되는 가정에서 한 사람은 남아 집을 지키면서 밭에서 작업하는 사람에게 점심을 나르고 나머지 사람은 모두 밭에 나가 있다. 농지 형세의 高下와 토질이 척박하고 기름진 정도에 따라 거기에 적합한 오곡을 섞어 심어 버려진 땅이 없고 부녀자는 누에 치고 베를 짜 게으른 사람이 없다. 녹차·소금·꿀·종이·화살·갈대 등의 재물을 많고 적은 것을 가리지 않고 모두 자기의 역량을 다해 생산하니, 그들은 이처럼 부지런하다.

부유한 자는 농지를 천 畝까지 소유하고 창고 속에 돈을 가득 저장해두고 심지어 여러 해가 지나도 창고를 열지 않는다. 그러나 그들은 돈 한 푼 쓰는 것을 죽음과 맞바꿀 정도로 아까워하여 차라리 죽을지언정 베푸는 일이 없으니, 남에 대한 그들의 마음상태가 과연 어떠한가. 그들 상호간의 이해관계는 좁쌀 하나까지 따질 정도여서 아비와 자식, 형과 아우, 남편과 아내가 상호간에 매정하기가 마치 장기나 바둑을 둘 때와 같다. 그들의 친족에 대해서도 이러하니 정분과 의리의 厚薄에 대해 미루어 알 만하다.

나이가 많고 적은 한 가족이 마을에 모여 앉아 서로 주고받는 대화도 법률에 관한 것들이다. 자기의 의견과 조금이라도 어긋나면 서로 남의 숨은 비위사실을 고발하고 작당하여 속이며, 남몰래 뇌물을 뿌려 주위 사람들의 이목을 현혹시킨다. 심한 경우는 금속이나 나무에 새겨 가짜 도장을 만들어 공문서를 위조해 관리를 속이다가 관아에 섰는데도 하루에도 거짓말을 수없이 반복한다. 비록 곤장을 치고 귀양을 보내고 사형에 처하는 형벌이 가해지더라도 잘못을 인정하지 않는다. 그러니 그들이 소송을 좋아하는 정도가 어찌 다른 고을과 비교될 수 있겠는가. 백성은 근면하지만 습속이 이러하여 점차 그들의 골수에까지 깊이 스며들었다. 그러므로 유능한 수령과 그를 보좌하는 관리들이 즐비하더라도 이 지방의 백성을 다스리고 교화시켜 그 습속을 바꾸는 일이 쉽지 않음을 항상 고심하였다.

1) 關節 : 암암리에 뇌물을 줘 관리의 일을 결탁하는 것을 가리킨다.

雲峰院在縣極西界요 無籍圖라 不知自何時立이라 景德三年에 邑僧道常이 治其院而侈之하니 門閎靚深하고 殿寢言言하며 棲客之廬와 齋庖庫庾 序列兩旁하고 浮圖所用鐃鼓魚螺鐘磬之編과 百器備完이라 吾聞道常氣質偉然하여 雖索其學하여 其歸未能當於義나 然治生事不廢하여 其勤亦稱其土俗하며 至有餘하여는 輒斥散之하여 不爲黍累計惜하고 樂淡泊無累하니 則又若能勝其嗇施喜爭之心하여 可言也라 或曰 使其人不汨溺其所學하여 其歸一當於義면 則傑然眎邑人者는 必道常乎인저하니 此予未敢必也라 慶曆三年九月에 與其徒謀曰 吾排蓬藋治是院할새 不自意成就如此라 今老矣에 恐泯泯無聲畀來人하니 相與圖文字하고 買石刻之하여 使永永與是院俱傳이 可不可也오하니 咸曰 然하다하고 推其徒子思來請記하여 遂來하니라 予不讓하여 爲申其可言者

寵嘉之하여 使刻示邑人하니 其有激也리라

雲峰院은 分寧縣의 가장 서쪽 경계에 있는데, 그에 관련된 문헌이 없어서 어느 때 세워졌는지 모른다. 景德(宋 眞宗의 연호) 3년(1006)에 이 고을 승려 道常이 雲峰院을 수리하고 확장했는데, 크고 작은 문들은 정숙하고 건물들은 높고 크다. 빈객을 접대하는 집과 재실・주방・창고가 양쪽에 줄지어 있고, 승려들이 사용하는 징・북・목탁・법라・편종・편경 등의 악기와 온갖 기물이 모두 완비되어 있다.

내 듣건대, 道常은 기질이 비범하여 비록 佛學을 탐구하여 그의 기본 사고가 禮義와 부합되지는 못하지만, 생계를 꾸려가는 일을 폐하지 않아 그 근면함이 또한 그 지방의 습속과 걸맞았다. 재물이 여유가 있으면 곧 주변 사람들에게 나누어주고 자질구레하게 따지거나 아까워하지 않았으며 담박한 것을 좋아하여 세속의 일에 얽매이지 않는다고 하니, 그렇다면 또 남을 위해 베푸는 데에 인색하고 다투기를 좋아하는 그 지방의 습성을 벗어난 것 같아 언급할 만하였다. 어떤 사람은 "만약 그 사람이 佛學에 빠지지 않아 그 기본 사고가 오로지 禮義와 부합된다면, 걸출한 자질로 그 고을 사람들을 인도할 자는 반드시 道常일 것이다."라고 말하는데, 이것은 내가 감히 단정할 수가 없다.

慶曆 3년 9월에, 道常이 그의 제자들과 상의하기를 "내가 잡초를 제거하고 이 절을 만들 적에 이렇게까지 성취되리라고 생각지 못했다. 지금 나는 늙었다. 앞으로 모든 것이 다 사라진 이후 후세 사람들에게 들려줄 말이 없어질까 염려되니, 너희들과 함께 이에 관한 문자를 받아올 것을 도모하여 그것을 비석을 사 새겨서 영구히 이 사원과 함께 전해가게 하는 것이 어떻겠는가?" 하자, 모두 좋다고 하였다. 그리하여 그의 제자 子思를 보내 記文을 청하기로 하여 마침내 그가 찾아왔다. 나는 사양하지 못하여 道常에 대해 칭찬할 만한 점을 서술하고 그것을 찬양하여 비석에 새겨 이 고을 사람들에게 보이게 하였으니, 그들이 격려되어 분발하는 일이 있을 것이다.

10. 萊園院佛殿記* 萊園院의 佛殿에 쓴 기문

* 작자 30세 때인 慶曆 8년(1048) 4월에 쓴 작품이다. 撫州의 萊園院 佛殿을 신축하게 된 과정을 기술하는 기회를 통해 불교가 흥성하게 된 원인을 살펴보고, 아울러 불교도들이 어려운 역경 속에서 분발하고 의지를 굳게 지켜 태만하

지 않는 정신과 儒者의 경우를 비교함으로써, 이를 통해 儒學을 다시 일으키고 싶은 의도를 드러내었다.

此篇無它結構요 只是不爲佛殿所困窘이 便是高處라

이 작품은 별다른 결합이나 배치는 없고 다만 佛殿에 휘둘리지 않은 것이 훌륭한 점이다.

慶曆八年四月에 撫州萊園僧可栖 得州之人高慶王明饒傑相與率民錢爲殿於其院하여 成하고 以佛之像置其中하여 而來乞予文以爲記하니라

慶曆 8년 4월에 撫州 萊園의 승려 可栖가 撫州 사람인 高慶・王明・饒傑과 함께 백성들이 시주한 돈을 모아 萊園院에 佛殿을 짓고 佛殿이 완성되자 佛像을 그 중앙에 안치한 다음 나에게 와서 기문을 지어줄 것을 청하였다.

初에 萊園有籍於尙書[1)]하여 有地於城南五里나 而草木生之하고 牛羊踐之하여 求屋室居人焉에 無有也라 可栖至則喜曰 是天下之廢地也라 人不爭하니 吾得之以老는 斯足矣라하고 遂以醫取資於人하여 而即其處하여 立寢廬講堂重門齋庖之房과 棲客之舍하고 而合其徒하여 入而居之라 獨殿之役最大하여 自度其力不能爲하고 乃使慶明傑持簿하여 乞民間하고 有得輒記之하니 微細無不受하여 浸漸積累하여 期月而用以足하고 役以旣라 自可栖之來居至於此 蓋十年矣라

처음에 萊園은 尙書에 사찰 이름이 등재되어 있고 그 장소가 城 남쪽 5리 지점에 있었으나 초목이 자라고 소와 양이 밟고 돌아다녀 거주하는 사람이 없었다. 可栖가 그곳에 와서 기뻐하며 말하기를 "이곳은 천하에 버려진 땅이라 사람들이 와서 다투지 않으니 내가 늙을 곳은 이곳이면 족하다." 하였다. 그러고는 마침내 의술로써 사람들에게 자금을 취하여 그곳에 침실・강당・겹문・재실・주방과 빈객이 머무를 집을 만들고 그의 제자들과 그곳으로 들어가 거주하였다.

다만 佛殿을 건립하는 공정은 무엇보다 큰 일이므로 可栖는 자기의 능력으로는 이루어낼 수 없다는 것을 스스로 헤아리고, 마침내 高慶・王明・饒傑에게 장부를 가지고

민간에 나가서 도와줄 것을 청하여 받은 돈이 있으면 빠짐없이 기록하게 하였다. 그리하여 적은 돈도 모두 받은 결과 점차 누적되어 한 달 만에 비용이 충분하였고 공사가 무난하게 마무리되었다. 可栖가 이곳에 와서 거주한 지가 지금 10년이 되었다.

1) 尙書 : 尙書省 禮部 산하에 있는 祠部의 별칭으로, 전국 각 州의 寺刹과 道觀의 이름을 등재한 문서를 관장한 관청이다.

吾觀佛之徒는 **凡有所興作**에 **其人皆用力也勤**하고 **刻意也專**하여 **不肯苟成**하고 **不求速效**라 **故善以小致大**하고 **以難致易**하여 **而其所爲 無一不如其志者**하니 **豈獨其說足以動人哉**리오 **其中亦有智然也**라 **若可棲之披攘經營**과 **攟摭纖悉**이 **忘十年之久**하고 **以及其志之成**하니 **其所以自致者 豈不近是哉**아 **噫**라 **佛之法 固方重於天下**로되 **而其學者又善殖之如此**어늘 **至於世儒**하여는 **習聖人之道**하여 **旣自以爲至矣**라가 **及其任天下之事**하여는 **則未嘗有勤行之意**와 **堅持之操**라 **少長相與語曰 苟一時之利耳**라 **安能必世百年**하여 **爲敎化之漸**하여 **而待遲久之功哉**리오하여 **相薰以此**라 **故歷千餘載**토록 **雖有賢者作**이라도 **未可以得志於其間也**니라

내가 보건대, 불교를 신봉하는 사람들은 일반적으로 무슨 일을 할 때 모두 힘을 들이기를 부지런히 하고 고심하기를 전일하게 하면서 거칠게 일을 마무리하려 하지 않고 빠른 효과를 바라지도 않는다. 그러므로 작은 것을 크게 이루고, 어려운 것을 쉽게 만들기를 잘하여 그들이 하는 일이 의도한 대로 되지 않은 것이 없으니, 이는 어찌 그들의 설교가 족히 사람을 움직일 만하여 그런 것일 뿐이겠는가. 그 속에 또 지혜가 있어 그런 것이다. 예컨대 可栖가 황폐한 땅을 다듬어 佛殿을 지을 계획을 세우고 거기에 소요되는 경비를 민간에서 한 푼 두 푼 정성껏 모아 10년이란 세월을 지루하게 여기지 않고 마침내 그 뜻을 이루었으니, 그가 스스로 노력하여 목적을 달성한 것이 어찌 지혜가 있기 때문이 아니겠는가.

아, 불교의 학설이 사실 한창 천하에 중시되고 있다고는 하나 부처를 배우는 자가 또 이와 같이 경영을 잘하고 있다. 그런데 儒者의 경우는 聖人의 도리를 학습하여 으뜸이라고 자부하다가, 천하의 일을 맡게 되면 부지런히 실천하는 의지와 굳게 지키는 지조가 전혀 없다. 젊은이와 늙은이를 막론하고 서로 말하기를 "진실로 한때의 이익을

창출해내면 그뿐이다. 어찌 평생 동안 쉬지 않고 교화를 베풀어 먼 후일에 성과가 있기를 기다릴 수 있겠는가." 하여, 서로간에 이와 같이 영향을 끼친다. 그러므로 천여 년 동안 비록 뛰어난 인물이 나왔더라도 그 사이에서 뜻을 얻을 수 없었던 것이다.

由是觀之컨대 反不及佛之學者遠矣라 則彼之所以盛은 不由此之所自守者衰歟아 與之記는 不獨以著其能이라 亦媿吾道之不行也已니라

이로 보건대 儒者가 도리어 부처를 배우는 자들에게 크게 미치지 못한다. 그렇다면 불교가 흥성한 이유는 儒者들이 스스로 聖人의 도리를 지키는 의지가 약하기 때문에 생긴 결과가 아니겠는가. 그들에게 記文을 지어준 것은 그들의 재능을 드러낼 뿐만 아니라, 또한 우리 儒者의 道가 세상에 행해지지 않는 것을 부끄러워하자는 것이다.

11. 洪渥傳* 洪渥에 관한 전기

* 문장의 내용으로 보아 洪渥은 작자와 비슷한 나이의 인물이며 만년에 쓴 것으로 추정된다. 洪渥의 평생 사적을 서술하는 과정을 통해 정직하고 선량한 보통 사람의 모습을 그려내고, 따라서 고금의 호걸들에 대한 傳記들이 현실을 벗어난 경향임을 비평하였다.

有深思하고 有法度라

깊은 생각이 있고, 법도가 있다.

洪渥은 撫州臨川人이라 爲人和平하여 與人游에 初不甚歡이나 久而有味라 家貧하고 以進士從鄕擧[1)]하니 有能賦名이라 初進於有司한대 連輒黜하고 久之乃得官이어늘 官不自馳騁하여 又久不進하고 卒監黃州麻城[2)]之茶場以死라 死不能歸葬[3)]하고 亦不能返其孥하니 里中人聞渥死에 無賢愚皆恨失之하니라

洪渥은 撫州 臨川 사람이다. 사람됨이 온화하고 관대하여 사람들과 교유할 적에 처음에는 사람들이 많이 좋아하지 않았지만 오래되면 정감이 있었다. 가정환경이 가난

하였고 進士로 鄕擧가 되었는데, 賦를 잘 짓는다는 이름이 났다. 그가 처음에 官府에 추천되었을 때 연이어 번번이 떨어지다가 오래되어서야 관직을 얻었다. 그러나 벼슬하면서 스스로 세력가에게 뛰어다니지 않았기 때문에 또 오래도록 승진하지도 못하고 끝내 黃州 麻城의 茶場을 감독하다가 임지에서 죽었다. 죽어서도 고향에 옮겨 장사 지내지 못하고 또한 그 처자식도 고향으로 돌아가지 못하였다. 그의 고향마을 사람들이 洪渥이 죽었다는 소식을 듣고 현능한 자나 우매한 자를 막론하고 모두 그를 잃은 것을 안타까워하였다.

1) 鄕擧 : 州縣의 지방관리가 추천한다는 뜻으로, 鄕貢·鄕薦과 같다. 각 州의 判官이 그 고을의 學士 및 예전에 明經·秀才·俊士·進士가 된 자와 鄕里에서 뛰어나다고 이름난 자를 시험을 보여, 합격하면 州의 長官이 覆試하고 거기에서 합격한 자를 해마다 10월에 지방의 토산물과 함께 禮部로 올려보냈다.
2) 黃州麻城 : 黃州의 관청 소재지는 黃岡으로 지금의 湖北이며, 麻城은 黃州의 屬縣으로 지금의 湖北 麻城縣 동쪽이다.
3) 歸葬 : 사람이 객지에서 죽은 뒤에 시체를 고향에 옮겨 매장하는 것을 말한다.

予少與渥相識이나 而不深知其爲人이라 渥死에 迺聞有兄年七十餘하니 渥得官時에 兄已老하여 不可與俱行이라 渥至官하여 量口用俸하고 掇其餘以歸하여 買田百畝하여 居其兄하고 復去而之官하니 則心安焉이라하니라 渥旣死에 兄無子하여 數使人至麻城撫其孥하고 欲返之而居以其田이나 其孥蓋弱하여 力不能自致하고 其兄益已老矣라 無可奈何에 則念輒悲之하고 其經營之猶不已하여 忘其老也하니 渥兄弟如此無愧矣라 渥平居若不可任以事나 及至赴人之急이면 早夜不少懈하니 其與人眞有恩者也라

내가 젊을 때에 洪渥과 서로 알았지만 그 사람됨은 깊이 알지 못했다. 洪渥이 죽은 뒤에야 들으니, 형이 70여 세인데 洪渥이 관직을 얻었을 때 형은 이미 연로해서 함께 갈 수 없었다. 그래서 洪渥은 임지에 부임하여 그의 가족 숫자를 헤아려 祿俸을 적절하게 쓰고, 그 나머지를 가지고 고향에 돌아가 땅 백 畝를 사서 형에게 주고 다시 관청으로 가니, 그런 뒤에 비로소 마음이 편안하였다고 한다.

洪渥이 죽은 뒤에 형은 자식이 없어서 자주 사람을 麻城으로 보내 그의 처자식을

보살피고, 고향에 돌아오게 해서 그의 농지를 기반으로 삼아 살아가게 하려고 하였다. 그러나 처자식이 아직 어려 스스로 농사를 지어 살아갈 힘이 없었고, 형은 더욱 늙어서 어떻게 할 수가 없었다. 어찌할 도리가 없어 그저 자나 깨나 슬퍼하는 가운데 그들을 위해 도모하기를 멈추지 않으면서 자기 몸이 늙어가는 것조차 잊었으니, 洪渥 형제가 이와 같이 서로에게 부끄러운 점이 없었다. 洪渥은 평소에 무슨 일을 맡길 수 없을 것 같았지만 사람들의 급한 일을 도와줄 때는 밤낮으로 조금도 게을리 하지 않았으니, 사람들에게 참으로 은혜로운 면이 있었다.

予觀古今豪傑士傳에 **論人行義 不列於史者**는 **往往務摭奇以動俗**하고 **亦或事高而不可爲繼**하며 **或伸一人之善而誣天下以不及**하니 **雖歸之輔教警世**라도 **然考之中庸或過矣**[1)]라 **如渥所存**은 **蓋人人所易到**라 **故載之云**하니라

내 보건대 古今의 영웅호걸들의 傳記에서 인물의 품행을 논한 글 중 역사서에 들어 있지 않은 경우에는, 이따금 애써 기이한 것을 찾아 세속 사람들을 감동시키거나, 혹은 수준이 너무 높아 보통 사람은 따를 수 없는 내용을 늘어놓기도 하고, 혹은 한 사람의 선행을 과장하여 그에 미치지 못할 것이라고 천하 사람들을 속인다. 이는 비록 교화를 돕고 세상을 경계하는 것에 속하는 것이긴 해도 ≪中庸≫의 가르침으로 살펴보면 혹 지나치다. 洪渥의 사적과 같은 경우는 사람마다 누구나 쉽게 도달할 수 있는 일이므로 그 내용을 기록한 것이다.

1) 考之中庸或過矣 : ≪中庸≫ 13章에 "道가 사람에게 멀리 있지 않으니, 사람이 道를 하면서 사람을 멀리한다면 道라 할 수 없다."라 하였고, 朱子 註에 "道는 本性을 따르는 것일 뿐이므로 사실 衆人들도 능히 알고 능히 행할 수 있는 것이다. 그러므로 사람에게 멀리 있지 않으니, 만일 道를 행하는 자가 그 卑近함을 싫어하여 이는 족히 할 것이 못 된다 하고 도리어 高遠하여 행하기 어려운 일을 힘쓴다면 道를 하는 것이 아니다."라고 하였는데, 이에 비춰볼 때 일반인이 도저히 따라갈 수 없는 특별한 행동은 권장할 만한 것이 못 된다는 뜻으로 한 말이다.

宋大家曾文定公文抄 卷10

論·議·雜著

01. 唐論* 唐나라에 관한 논설

* 제목의 의미는 唐 왕조의 역사를 논한 일종의 史論이라 할 수 있으나 사실은 唐 太宗의 업적에 집중되었다. 唐 太宗은 여타 군주와는 달리 천하를 다스릴 포부와 재능을 지녔고, 또 천하를 잘 다스린 治績이 있었다는 것을 서술하였다. 한편 唐 太宗이 堯, 舜, 禹, 湯 등 옛 성군들과 어깨를 나란히 하지 못한 이유는 그 법도와 예악과 교육제도가 완비되지 못하고 세력을 확장하기 위해 전쟁에 치중하였기 때문이라고 하였다.

文格似弱이나 而其議則正當이라

문장의 품격이 약한 듯하나 그 논변은 정당하다.

成康[1)]歿而民生不見先王之治하여 日入於亂이라가 以至於秦하여는 盡除前聖數千載之法하니 天下旣攻秦而亡之하고 以歸於漢이라 漢之爲漢에 更二十四君하고 東西再有天下하여 垂四百年이라 然大抵多用秦法하고 其改更秦事에도 亦多附己意하니 非放先王之法而有天下之志也라 有天下之志者는 文帝而已라 然而天下之材不足이라 故仁聞雖美矣라도 而當世之法度 亦不能放於三代라 漢之亡에 而强者遂分天下之地어늘 晉與隋雖能合天下於一이나 然而合之未久而已亡하니 其爲不足議也라

成王과 康王이 죽자 백성들이 先王의 다스림을 받지 못하여 날이 갈수록 혼란에 빠지다가 秦에 이르러서는 이전의 성군들이 수천 년간 시행한 법을 모두 없애버리니, 천하 사람들이 秦을 공격하여 패망시키고 漢에 歸依하였다. 漢나라는 24명의 君主가 대를 이어갔고 東漢과 西漢이 거듭 천하를 소유하여 4백 년 가까이 이어졌다. 그러나

대체로 秦나라의 법을 많이 적용하였고 秦나라의 政事를 고칠 적에도 자의적인 뜻을 많이 덧붙였으니, 先王의 法을 본받고 천하를 잘 다스리려는 뜻을 가진 것이 아니었다. 천하를 잘 다스리려는 뜻을 가진 자는 文帝뿐이었다. 하지만 천하를 잘 다스릴 재능이 부족하였기 때문에 비록 인자하다는 칭송이 대단하였지만 그 당시의 법도가 또한 三代와는 견줄 수 없었다. 漢나라가 망하자 강한 자들이 마침내 천하의 땅을 나누었는데, 晉나라와 隋나라가 비록 능히 천하를 통일하였으나 통일한 지 오래지 않아 패망하였으니 그들이 한 일은 논할 만한 것이 못 된다.

1) 成康 : 西周 제2대 및 제3대의 군주인 成王 姬誦과 康王 姬釗를 가리킨다. 周公이 武王을 도와 周나라의 예악제도를 제정한 뒤에, 그것을 成王과 康王시대에 계속 추진하여 국가가 크게 다스려졌기 때문에 후대에 이를 成康之治로 불렀다.

代隋者唐이니 更十八君하여 垂三百年이어늘 而其治莫盛於太宗之爲君也라 詘己從諫하며 仁心愛人하니 可謂有天下之志라 以租庸任民하고 以府衛任兵하며 以職事任官하고 以材能任職하며 以興義任俗하고 以尊本任衆이라 賦役有定制하며 兵農有定業하며 官無虛名하며 職無廢事라 人習於善行하고 離於末作하니 使之操於上者면 要而不煩하고 取於下者면 寡而易供이라 民有農之實에 而兵之備存하며 有兵之名에 而農之利在라 事之分有歸하니 而祿之出不浮하며 材之品不遺하니 而治之體相承이라 其廉恥日以篤하고 其田野日以闢하여 以其法修則安且治하며 廢則危且亂하니 可謂有天下之材라 行之數歲에 粟米之賤이 斗至數錢하니 居者有餘蓄하고 行者有餘資하여 人人自厚하여 幾致刑措하니 可謂有治天下之效라 夫有天下之志요 有天下之材요 又有治天下之效나 然而不得與先王竝者는 法度之行이 擬之先王未備也하며 禮樂之具와 田疇之制와 庠序之敎 擬之先王未備也일새니라 躬親行陣之間하여 戰必勝하고 攻必克하여 天下莫不以爲武로되 而非先王之所尙也요 四夷萬里古所未及以政者 莫不服從하여 天下莫不以爲盛로되 而非先王之所務也라 太宗之爲政於天下者 得失如此라

隋나라를 대체한 것은 唐나라이니 18명의 군주가 이어가서 3백 년 가까이 이어졌는데 그 치적이 太宗이 군주로 있을 때보다 성대한 적이 없었다. 그는 자기를 굽히고

諫言을 따르며 인자한 마음으로 사람들을 사랑하였으니, 천하를 잘 다스리려는 뜻을 지녔다고 할 만하다.

租庸調로써 백성에게 세금을 거두고, 府兵制로써 군대를 편제하였으며, 직무를 적절한 관리에게 맡기고 재능을 기준으로 관직을 맡겼으며, 도덕을 진작시키는 것으로써 세속을 다스렸으며, 농업을 중시하는 것으로써 백성을 다스렸다. 賦役은 일정한 제도가 있었고 군사와 농민은 일정한 생업이 있었으며, 관리는 부실하게 임용하는 일이 없고 직무는 유기되는 일이 없었다. 사람들이 선행에 익숙해지고 末業인 상공업을 멀리하니 윗자리를 맡은 사람은 그 직무가 간단하여 복잡하지 않도록 하고, 아래 백성으로부터 징수하는 것은 적어서 백성들이 바치기 용이하게 하였다. 백성들이 실제로는 농사에 치중하면서도 군사장비를 유지하였으며, 士兵이라는 이름을 지니고 있으면서도 농사에 치중한 것으로 인한 이익이 있었다. 각종 직무를 맡아 수행하는 사람이 있어 국록이 부실하게 지출되는 일이 없으며, 재능이 각기 다른 인재를 폐기하지 않아 先王이 나라를 다스리는 체계가 유기적으로 서로 이어졌다. 예의염치가 날로 두터워지고 田野가 날로 개간되어 그 법이 행해지면 나라가 편안하고 다스려졌으며 폐해지면 위태롭고 혼란스러웠으니, 천하를 잘 다스릴 재능을 지녔다고 할 만하다.

그와 같은 법을 시행한 지 몇 년 만에 곡물이 지천으로 많아져서 한 말 값이 몇 돈까지 내려갔으니, 한곳에 머물러 사는 사람은 넉넉히 쌓아둔 곡물이 있고 여행하는 사람은 충분한 돈이 있어 사람들이 스스로 언행을 신중히 하여 거의 형벌을 쓸 일이 없게 되니, 천하를 잘 다스린 성과가 있었다고 할 만하다.

무릇 천하를 잘 다스리려는 뜻을 지니고 천하를 잘 다스릴 재능을 지녔으며 또 천하를 잘 다스린 성과가 있었다. 그런데도 先王과 더불어 어깨를 나란히 하지 못한 것은 法度의 시행이 先王에 비해 갖추어지지 못했으며 예악의 시행과 농토의 제도와 학교의 교육이 先王에 비해 갖추어지지 못했기 때문이었다. 몸소 전쟁에 참여하여 싸우면 반드시 이기고 공격하면 반드시 무찔러 천하 사람들이 모두 용맹하다고 여겼으나 이는 先王이 지향하던 바가 아니었고, 사방 만 리 밖의 오랑캐로서 옛날에는 다스림이 미치지 못했던 자들이 복종하지 않는 자가 없어서 천하 사람들이 모두 성대하다고 여겼으나 이는 先王이 힘쓰던 바가 아니었다. 太宗이 천하를 다스린 것이 그 득실이 이와 같았다.

由唐虞之治五百餘年而有湯之治하고 由湯之治五百餘年而有文武之治하고 由文武之治千有餘年而始有太宗之爲君이어늘 有天下之志요 有天下之材요 又有治天下之效나 然而又以其未備也하여 不得與先王竝而稱極治之時라 是則人生於文武之前者率五百餘年而一遇治世하고 生於文武之後者 千有餘年而未遇極治之時也하니 非獨民之生於是時者之不幸也라 士之生於文武之前者 如舜禹之於唐과 八元八凱[1]之於舜과 伊尹之於湯과 太公之於文武하여 率五百餘年而一遇하고 生於文武之後千有餘年은 雖孔子之聖과 孟軻之賢而不遇하고 雖太宗之爲君而未可以必得志於其時也하니 是亦士民之生於是時者之不幸也라 故述其是非得失之迹하니 非獨爲人君者可以考焉이요 士之有志於道而欲仕於上者 可以鑑矣리라

堯임금과 舜임금의 治世로부터 5백여 년이 지나 湯王의 治世가 있었고, 湯王의 治世 이후 5백여 년이 지나 文王과 武王의 治世가 있었고, 文王과 武王의 治世로부터 천여 년이 지나 비로소 太宗이 君主가 되어 천하를 잘 다스리려는 뜻을 지니고 천하를 잘 다스릴 재능을 지니고 또 천하를 잘 다스린 성과가 있었다. 그러나 또한 제도 등이 갖추어지지 못했기에 先王과 어깨를 나란히 하여 이상적인 정치가 이루어진 시기라고 말할 수 없다.

이로 보면 文王과 武王의 이전에 태어난 사람은 대체로 5백여 년이 지나 한 번 治世를 만나고 文王과 武王의 이후에 태어난 사람은 천여 년이 지나도 治世를 만나지 못하였으니, 단지 이 治世가 아닌 때에 태어난 백성들만 불행한 것이 아니다. 文王과 武王의 이전에 태어난 선비들은, 堯임금 시대의 舜과 禹, 舜임금시대의 八元과 八凱, 湯王시대의 伊尹, 文王과 武王시대의 太公과 같은 경우들은 대체로 5백여 년이 지나 한 번 만났을 뿐이며, 文王과 武王 이후 천여 년 사이에 태어난 사람은 비록 孔子 같은 聖人과 孟子 같은 賢人이더라도 만나지 못하였고, 비록 太宗 같은 군주가 재위한 때라도 반드시 그 당시에 뜻을 얻지는 못하였으니, 이는 또한 이때 태어난 선비와 백성들의 불행이었다. 그러므로 그 시비와 득실의 자취를 서술하였으니 군주 된 자가 살펴볼 만한 자료가 될 뿐이 아니라, 道에 뜻을 두고 윗자리에서 벼슬하고자 하는 선비도 이를 거울로 삼을 수 있을 것이다.

1) 八元八凱 : 八元은 高辛氏의 여덟 아들로 伯奮, 仲堪, 叔獻, 季仲, 伯虎, 仲熊,

叔豹, 季貍 등을 말하고, 八愷는 高陽氏의 여덟 아들로 蒼舒, 隤敳, 檮戭, 大臨, 龍降, 庭堅, 仲容, 叔達 등을 말하는데, 이들의 후손이 모두 재능이 뛰어나 舜이 등용했다고 한다. 八元, 八凱가 바로 舜임금의 신하라는 설도 있는데 여기서는 이 설을 따른 것이다. ≪史記 五帝本紀≫

02. 講官議* 講官에 관한 의견

* 작자가 史館에 재직하던 때인 50세 무렵의 작품으로 보인다. 熙寧 원년(1068) 4월에 王安石이 知江寧府로 있다가 도성으로 들어가 翰林學士 겸 侍講이 되어 呂公著와 함께 講官이 世子를 가르칠 때에 앉아서 가르치는 특전을 주자고 청하였다. 이에 대해 禮官인 韓維, 刁約, 胡宗愈, 程頤 등은 찬성하고 劉攽, 龔鼎臣, 蘇頌, 周孟陽, 王汾 등은 반대하였는데 작자 또한 반대 입장을 취하였다. 본문은 이와 같은 자신의 의견을 서술한 것이다. 議는 문체의 일종으로, 어떤 일의 상황을 평론하고 도리를 설명한다거나 의견을 진술할 경우에 사용한다.

嚴緊而峻이라 必因當時伊川爭坐講이라 故有此議라

빈틈없이 치밀하여 준엄하다. 필시 당시에 伊川(程頤)이 앉아서 강하는 것을 고집하였기 때문에 이 議를 지은 것이다.

孔子之語敎人曰 不憤悱어든 不啓發호되 擧一隅에 不以三隅反이어든 則不告也[1)]니라 하시며 孟子之語敎人曰 有答問者[2)]라하시며 荀子之語敎人曰 不問而告謂之傲요 問一而告二謂之囋이니 傲는 非也요 囋도 非也라 君子如嚮[3)]이라하니라 故禮에 無往敎而有待問이라하니 則師之道는 有問而告之者爾라 世之挾書而講者 終日言而非有問之者也라도 徧不自知其强聒而欲以師自任하니 何其妄也오

孔子께서 사람을 가르쳐 말씀하기를 "통하려고 노력하고 애태워하지 않으면 열어주고 말해주지 않되, 한 모서리를 들어주었는데 이것을 가지고 남은 세 모서리를 반증하지 못하면 일러주지 않아야 한다."라고 하였으며, 孟子께서 사람을 가르쳐 말씀하기를 "물음에 답하는 경우가 있다."라고 하였으며, 荀子가 사람을 가르쳐 말씀하기

를 "묻지 않았는데 일러주는 것을 오만하다고 하며, 하나를 물었는데 둘을 일러주는 것을 시끄럽게 지껄인다고 하니, 오만한 것은 잘못이요, 시끄럽게 지껄이는 것도 잘못이다. 군자는 메아리와 같다."라고 하였다. 그러므로 ≪禮記≫에 말하기를 "가서 가르치는 경우는 없고 묻기를 기다리는 경우는 있다."고 하였으니, 스승의 도는 물으면 일러주는 것일 뿐이다. 세간에 책을 끼고 다니며 강하는 사람들은 묻는 자가 없는데 종일 떠들어대고도 도리어 자기가 장광설을 늘어놓고 있다는 것을 스스로 알지 못하고 스승으로 자임하려 하니, 어찌 그리 망령스러운가.

1) 不憤悱……則不告也 : ≪論語≫ 〈述而〉에 "마음속으로 통하려고 노력하지 않으면 열어주지 않으며, 애태워하지 않으면 말해주지 않되, 한 귀퉁이를 들어주었는데 이것을 가지고 남은 세 귀퉁이를 反證하지 못하면 다시 더 일러주지 않아야 한다.〔不憤不啓 不悱不發 擧一隅不以三隅反 則不復也〕"를 말한 것이다.
2) 有答問者 : ≪孟子≫ 〈盡心 上〉에 "군자가 가르치는 것이 다섯 가지이니, 단비가 변화시키듯이 하는 경우가 있으며, 덕을 이루게 한 경우가 있으며, 재질을 통달하게 한 경우가 있으며, 물음에 답한 경우가 있으며, 사사로이 선으로 다스린 경우도 있으니, 이 다섯 가지는 군자가 가르치는 것이다.〔孟子曰 君子之所以敎者五 有如時雨化之者 有成德者 有達財者 有答問者 有私淑艾者 此五者君子之所以敎也〕"에서 인용한 것이다.
3) 不問而告謂之傲……君子如響 : ≪荀子≫ 〈勸學〉篇에 보인다.

古之敎世子之法은 太傅는 審父子君臣之道以示之하며 少傅는 奉世子以觀太傅之德行而審喩之하니 則示之以道者는 以審喩之爲淺이라 故不爲也어늘 況於師者에 何爲也哉리오 正己而使觀之者化爾라 故得其行者 或不得其所以行하고 得其言者 或不得其所以言也하여 仰之而彌高하고 鑽之而彌堅[1]하니 德如是然後에 師之道盡이라 故天子不得而召也며 諸侯不得而友也어늘 又況得而臣之乎아 此는 伊尹太公子思孟子之徒所以忘人之勢요 而唐虞三代大有爲之君所以忘其勢也라

옛날 世子를 가르치는 법도는, 太傅는 父子와 君臣의 도리를 자세히 밝혀 가르쳐주며 少傅는 世子를 받들어 太傅의 덕행을 보게 하여 자세히 깨우쳐주니, 道를 가르쳐주는 자는 자세히 깨우쳐주는 것을 하찮게 여기므로 하지 않는데 하물며 少師가 어찌

깨우쳐주는 일을 하겠는가? 자기를 바루어 〈자기의 덕행을〉 보는 사람으로 하여금 변화하게 할 뿐이다. 그러므로 행동을 본 사람은 간혹 그렇게 행동하는 까닭을 알지 못하고 말을 들은 사람은 간혹 그렇게 말하는 까닭을 알지 못하여, 우러러볼수록 더욱 높고 뚫을수록 더욱 견고하니 덕이 이와 같은 다음에 스승의 道가 다해진다. 그러므로 天子도 부를 수 없으며 諸侯도 벗 삼을 수 없는데 게다가 하물며 신하로 삼을 수 있겠는가? 이는 伊尹과 太公, 子思와 孟子의 무리가 남의 세력을 잊을 수 있었던 까닭이요, 堯舜과 三代와 같이 크게 훌륭한 일을 한 君主가 자신의 세력을 잊을 수 있었던 까닭이다.

1) 仰之而彌高 鑽之而彌堅 : ≪論語≫ 〈子罕〉에 나오는 말이다.

世之挾書而講於禁中者는 官以侍爲名하니 則其任故可知矣어늘 迺自以謂吾師道也는 宜坐而講이라하여 以爲請於上하니 其爲說曰 必如是然後에 合於古之所謂坐而論道者也라하니라 夫坐而論道를 謂之三公이요 作而行之를 謂之卿大夫[1]라하니 語其任之無爲與有爲요 非以是爲尊師之道也라 且禮於朝에 王及群臣皆立에 無獨坐者하며 於燕皆坐에 無獨立者라 故坐未嘗以爲尊師之禮也라 昔晉平公之於亥唐에 坐云則坐[2]하고 曾子之侍仲尼에 子曰 參復坐[3]하시니 則坐云者는 蓋師之所以命學者요 未果有師道也어늘 顧僕僕然以坐自請者也하니 則世之爲此者는 非妄歟아 故爲此議以解其惑하노라

세간에 책을 가지고 다니며 宮中에서 강론하는 자는 모신다[侍]는 것을 벼슬 이름으로 삼으니 그 職任을 그 때문에 알 수 있는데, 도리어 스스로 생각하기를 스승의 道는 마땅히 앉아서 강론하는 것이라 하여 이로써 上에게 청하니, 그 하는 말에 이르기를 "반드시 이렇게 한 다음에 옛날의 이른바 '앉아서 道를 논한다.'는 것에 부합됩니다."라고 한다. 무릇 "앉아서 道를 논하는 것은 三公을 말하고, 일어나서 정무를 행하는 것은 卿大夫를 말한다." 하였으니, 그 職任이 애써 노력함이 있고 없음을 말한 것이지 이를 스승을 높이는 방법으로 여긴 것이 아니다. 또한 조정에서의 禮法에 따르면 왕과 여러 신하들이 모두 서 있는데 혼자 앉아 있어서는 안 되며, 사석에서 모두 앉아 있는데 혼자 서 있어서는 안 된다. 이 때문에 앉아 있는 것을 일찍이 스승을

높이는 禮로 여긴 적이 없었다. 옛날 晉나라 平公은 亥唐에 대해 그가 앉으라고 하면 앉았고, 曾子는 孔子를 모실 적에 孔子께서 "參아, 다시 앉거라."라고 하셨으니, 앉으라는 것은 스승이 배우는 자에게 명한 것이지 정말로 스승의 도리가 있었던 것이 아닌데도 두려워하며 앉아 있기를 자청하니, 세간에 이렇게 하는 자는 망령스럽지 않은가. 그러므로 이 議를 지어 그 의혹을 푼다.

1) 坐而論道……謂之卿大夫 : ≪周禮≫ 〈冬官 考工記〉에 나오는 말이다.
2) 晉平公之於亥唐 坐云則坐 : ≪孟子≫ 〈萬章 下〉에 나오는 말이다.
3) 曾子之侍仲尼 子曰參復坐 : ≪孝經≫ 經一章에서, 孔子가 曾子에게 "孝란 덕의 근본으로써 교화가 이로 인해 생기는 것이다."라고 말한 뒤에 "다시 앉아라. 내가 너에게 말해주겠다. 신체와 머리털이며 살은 부모로부터 받은 것으로써 감히 손상시켜서는 안 된다." 하였는데, 여기에서 인용한 것이다.

王遵巖曰 此文은 根據經訓하여 以爲掊擊之地하며 而措詞嚴健하며 復存委曲하니 是는 絶好文字라하니라

王遵巖이 말하였다.

"이 글은 經書의 풀이에 근거하여 이를 공격의 바탕으로 삼았으며, 語句를 배치함이 엄하고 굳세며 다시 자세한 곡절을 두었으니 이는 매우 훌륭한 글이다."

03. 公族議* 公族에 관한 의견

* 작자의 나이 50세 때인 熙寧 2년(1069) 11월 이전에 지은 것으로 추정된다. 이때 王安石이 재상으로 있으면서 宗室에게 내리는 月料와 관직을 삭감하는 조례를 제정하였는데 여러 가지 이유를 들어 그 부당함을 제기하였다.

亦合經典라

이 문장 또한 經典의 내용과 부합된다.

天子之適子는 繼世以爲天子하고 其別子는 皆爲諸侯하며 諸侯之適子는 繼世以爲諸侯하고 其別子는 各爲其國之卿大夫하여 皆有采地하며 別子之適子는 繼世以食其采地하여 其族人이 百世宗之하니 此之謂大宗이라 其別子는 亦各仕於其國爲卿大夫하여 其適子兄弟 宗之五世而止하니 此之謂小宗이라 蓋天子之適子는 繼世以爲天子하고 其別子는 皆[1]爲諸侯하며 諸侯之適子는 繼世以爲諸侯하고 其別子는 各爲其國之卿大夫하여 世世食采地하여 皆傳於無窮하니 夫豈有服盡[2]而絶其祿位하여 衣食嫁娶를 使之自謀者乎리오

천자의 嫡長子는 대를 이어 천자가 되고 그 支子는 모두 제후가 되며, 제후의 嫡長子는 대를 이어 제후가 되고 그 支子는 각각 그 나라의 卿大夫가 되어 모두 采地(군주로부터 받은 영토)를 가지며, 支子의 嫡長子는 대를 이어 그 采地의 조세를 받는데, 대대로 이어지는 嫡長子를 그 族人들이 백 대에 걸쳐 종가로 높이니 이를 大宗이라 한다. 제후의 支子는 또한 저마다 그 나라에 벼슬하여 卿大夫가 되어 각 대마다 그 嫡長子의 형제가 5대를 종가로 높이니 이를 小宗이라 한다. 대체로 천자의 嫡長子는 대를 이어 천자가 되고 그 支子는 대대로 제후가 되며, 제후의 嫡長子는 대를 이어 제후가 되고 그 支子는 저마다 그 나라의 卿大夫가 되어 대대로 采地의 조세를 받아서 모두 끝없이 물려주니, 어찌 服이 다했다고 해서 그 녹봉과 작위를 끊어버려 입고 먹고 시집 장가 보내는 일을 그들로 하여금 스스로 도모하도록 하겠는가.

1) 皆 : 저본에 '世'자로 되어 있는 것을 문맥에 따라 바꾸었다.
2) 服盡 : 5대조가 같은 사람의 喪事에는 간단하게 袒免(문) 차림으로 애도를 표시함으로써 同姓의 관계가 멀어진 것을 뜻하는데, 그 범위를 벗어나면 친족관계가 없어져 服이 다했다고 말한다.

非特如此也라 昔周公兼制天下하여 立七十一國에 姬姓居五十五[1]人이니 蓋兄弟之國者十有五人이요 姬姓之國者四十人이라 其可見者는 則管蔡郕霍魯衛毛聃郜雍曹滕畢原酆郇邘晉應韓凡蔣邢茅胙祭之屬이 是也라 其稱兄弟之國者 十有五人이니 則周之近屬이며 其稱姬姓之國者 四十人이니 則周之同姓而已라 其爵命之하여 使傳國至於無窮하니 夫豈以服爲斷乎아 至於宗廟之數하여는 天子七이요 諸侯五라 而祭法은

虞夏商周禘郊祖宗하여 遠或至於數十世之上이라도 亦皆未嘗以服爲斷也니 其推而上之하여 報本於祖宗하여 至不可爲數하고 推而下之하여 廣骨肉之恩하여 至於無窮이라 蓋其積厚者는 其流澤遠하고 有天下之功者는 受天下之報하니 其理勢次序固然也어늘 是豈可拘於常見하여 議於錙銖之內乎아 故服盡而戚單者는 所以節人之常情하여 而爲大宗小宗之數하니 安可以論帝者之功德하여 而爲廣親親之法乎리오

이뿐만이 아니다. 옛날에 주공이 천하의 일까지 동시에 관장하여 71개국을 세웠을 때에 姬씨 성을 가진 자가 55인이었는데, 형제의 나라는 15인이었고 姬씨 성을 가진 나라는 40인이었다. 그중에 확인할 수 있는 이들로는 管, 蔡, 郕, 霍, 魯, 衛, 毛, 聃, 郜, 雍, 曹, 滕, 畢, 原, 酆, 郇, 邗, 晉, 應, 韓, 凡, 蔣, 邢, 茅, 胙, 祭 등이 이들이다. 형제의 나라로 불리는 것이 15인이니 곧 周나라 왕실의 가까운 친족들이며, 姬씨 성의 나라로 불리는 것이 40인이니 곧 周나라 왕실과 성이 같은 사람들뿐이었다. 작위를 내려주어 나라를 대물림하여 영원한 후대에까지 내려가게 하였으니, 어찌 服이 다했다고 해서 은택을 끊어버렸겠는가.

종묘의 수효로 보자면 천자가 일곱이며 제후가 다섯이었다. 제사 지내는 법은 虞나라, 夏나라, 商나라, 周나라 때부터 시조와 天神에게 제사를 지내왔는데, 조상에게는 멀리 혹 수십 대 위까지 올라갔으니, 또한 모두 服이 다했다는 이유로 은택을 끊어버린 적이 없었다. 고마운 마음을 확대해 올라가 조상의 은혜에 보답하여 수십 세대까지 올라가고, 고마운 마음을 확대해 내려가 혈육의 은혜를 넓혀 영원한 후대에까지 내려가게 하였다.

대개 쌓은 덕이 두터운 자는 그 미쳐가는 은택이 멀고 천하를 다스린 공이 있는 자는 천하로부터 보답을 받으니, 그 이치상 결과가 사실 그런 것인데 어찌 일반적인 견해에 얽매여 좁은 범위 안에서 논할 수 있겠는가. 그러므로 服이 다해서 친족의 정이 희박해진 자에 대해서는 인지상정에 맞추어서 大宗이니 小宗이니 하는 예법을 만든 것이니, 그와 같은 일반적인 정서로 어찌 황제의 공덕을 논하여 친족을 친애하는 법을 넓힐 수 있겠는가.

1) 五 : 저본에 '三'자로 되어 있는 것을 ≪元豐類藁≫에 따라 바꾸었다.

昔武王克商할새 未及下車而封黃帝唐虞之後하며 下車而封夏商之後[1)]라 其在異代尙特顯之에 其急如此어늘 況受重於祖宗하여 推原功德之所自出하니 其可以天下之大而儉於骨肉之恩하여 以不滿足海內之望乎리오

옛날 武王이 商나라를 무찌를 적에 수레에서 내리기도 전에 黃帝와 唐虞의 후손을 지방의 군주로 봉하였으며, 수레에서 내리자마자 夏나라와 商나라의 후손을 봉해주었다. 시대가 다른데도 오히려 그 후손들을 특별히 드러내는 데 이처럼 급하게 서둘렀는데, 하물며 조상으로부터 막중한 천하를 물려받아 공덕을 물려주신 조상에게 그 은혜를 갚는다고 하면서 어찌 크나큰 천하를 가지고 혈육에게 베푸는 은혜를 박하게 하여 천하 사람들의 기대를 만족시키지 않을 수 있겠는가.

1) 武王克商……下車而封夏商之後 : ≪禮記≫ 〈樂記〉에 나오는 말이다.

孟子曰 仁人之於兄弟也에 親愛之而已矣니 親之인댄 欲其貴也요 愛之인댄 欲其富也[1)]라하니 先王이 推是心하여 以及於同姓之間이라 故有土分之하고 有民分之하고 有寶玉分之하고 有寶器分之라 成王康王之言曰 吾無專享文武之功[2)]이라하니 是皆無所不盡其厚요 未有從夫略者也라 蓋詩裳裳者華에 刺時棄賢者之類하고 絶功臣之世하며 而傳欒郤胥原狐續慶伯은 陪臣之族耳니 其降在皀隷하니 叔向도 亦以爲晉國之憂어늘 況於帝者之功德은 與天地等일새 而可使七八世之子孫으로 夷於閭巷之凡民乎리오

맹자께서 말하기를 "인자한 사람은 형제에 대하여 그를 오로지 친근히 대하고 사랑할 뿐이니, 친근히 한다면 그가 귀하게 되기를 바랄 것이요, 사랑한다면 그가 부유해지기를 바랄 것이다."라고 하였으니, 先王이 이 마음을 미루어 나가 성이 같은 친족에게 은혜가 미쳤다. 그러므로 땅이 있으면 나누어주고 백성이 있으면 나누어주고 귀중한 옥이 있으면 나누어주고 귀중한 물건이 있으면 나누어주었던 것이다. 成王과 康王 등이 말하기를 "나는 文王과 武王의 공덕을 홀로 누리지 않는다."라고 하였으니, 이것은 모두 혈육에 대한 은혜를 후하게 하고 소략하게 하지 않은 것이다. 대개 ≪詩經≫ 〈裳裳者華〉에서 당시에 賢者의 무리를 버리고 功臣의 世祿을 끊은 것을 풍자하였으며, ≪春秋左氏傳≫에 의하면 欒, 郤, 胥, 原, 狐, 續, 慶, 伯은 대신의 친족인데

도 이들을 노예의 신분으로 낮추자 叔向이 또한 晉나라의 걱정거리로 여겼다. 더구나 제왕의 공덕은 天地와 같은 것인데 7, 8대의 자손들을 민간의 평범한 백성들과 대등하게 대할 수 있겠는가.

1) 孟子曰……欲其富也 : ≪孟子≫〈萬章 上〉에 "仁人은 아우에 대해서 노여움을 감추지 아니하며, 원망을 묵혀두지 아니하고, 그를 친애할 뿐이다. 그를 친근히 한다면 그가 귀하게 되기를 바랄 것이요, 그를 사랑한다면 그가 부유해지기를 바랄 것이다.〔仁人之於弟也 不藏怒焉 不宿怨焉 親愛之而已矣 親之欲其貴也 愛之欲其富也〕"라고 한 것을 이른다.

2) 吾無專享文武之功 : ≪春秋左氏傳≫ 昭公 26年에 나오는 말이다.

後世公族은 無封國采地之制나 而有列於朝하며 有賜於府하니 是亦親而貴之愛而富之之意也라 其名書於宗籍者 繁衍盛大하니 實國家慶이라 有司雖費나 非多於天下之國七十有一하야 而姬姓獨居者五十五人이니 其亦求中以節之而已矣어늘 顧令袒免(문)[1]以外毋與官하여 衣食嫁娶를 使之自謀하니 是亦不考於古矣라 何其野於禮也오 以世莫能辨이라 故作公族議하여 使好學者得詳焉하노라

후대의 公族은 封國과 采地의 제도는 없으나 조정에서 벼슬하며 관청에서 賞賜를 받으니, 이 또한 친근히 하면 그를 존귀하게 하고 사랑하면 그를 부유하게 한다는 뜻이다. 그 이름이 왕실의 족보에 오른 사람들이 많으니 참으로 국가의 경사이다. 有司가 비록 관장하는 일이 많지만 천하의 나라 71개 중에 姬씨 성만 가진 자가 55인에 이르렀던 경우보다는 많지 않으니, 그 또한 中道를 추구하여 적절히 조절하면 될 것이다. 그런데 袒免 이외의 종실에게는 관직을 주지 않아 입고 먹고 시집 장가 보내는 일을 스스로 도모하게 하니, 이 또한 옛날에는 볼 수 없었던 일이다. 어쩌면 그리도 禮法에 어둡단 말인가. 세상 사람들 중에 이 일을 논변한 사람이 없기 때문에 公族議를 지어 배우기 좋아하는 자들로 하여금 알 수 있게 하노라.

1) 袒免(문) : 五服 이외의 먼 친족을 말한다. 이를테면 고조의 친형제, 증조의 당형제, 조부의 재종형제, 아버지의 삼종형제, 자기의 사종형제 등이다.

04. 爲人後議[*] 大宗의 後嗣가 되는 것에 관한 의견

* 작자의 나이 47세 때인 英宗 治平 2년(1065)에 史館에서 봉직하던 중 지은 것으로, 그 당시에는 공개되지 않았다. 仁宗이 아들이 없어 嘉祐 7년(1062)에 그의 형 濮安懿王 趙允讓의 아들인 趙曙를 태자로 삼았고 이듬해에 趙曙가 즉위하였는데, 이 사람이 英宗이다. 治平 원년에 여러 宗室에게 封號를 더 추가해주는 조치를 취할 때 中書省의 韓琦, 曾公亮, 歐陽脩 등이, 濮王은 皇上의 생부모이므로 기타 왕들과 동등하게 할 수 없다고 하여 특전을 적용하자고 주청하자, 英宗은 喪期를 마친 뒤에 논의하자고 하며 그 논의를 묻어두었다. 治平 2년 4월에 상복을 벗고 이 문제를 논의할 것을 명하였는데, 天章閣待制 司馬光과 翰林學士 王珪 및 兩制(翰林學士와 中書舍人)의 禮官들은 "大宗의 후사가 된 자는 支子이므로 감히 私親을 돌아볼 수 없으니 濮王을 皇伯으로 불러야 한다." 하고, 中書省에서는 封贈은 명분에 맞아야한다고 하여 "濮王과 皇上은 부자간인데 冊文에 쓸 때 무슨 관계라고 해야겠느냐. 皇考로 불러야 한다."라고 하여 서로의 주장이 첨예하게 대립하였다. 그 뒤에 치열한 논쟁을 거친 끝에 皇太后 曹氏의 재가를 받아 결국 皇考로 결정되었는데, 이 사건을 역사에서는 '濮議'라고 부른다. 작자는 ≪儀禮≫ 등 경전과 기타 문헌을 근거로 濮王의 호칭을 '황제의 죽은 아버지'가 아닌 '거룩하신 죽은 아버지'라는 뜻으로 '皇考'라고 하는 것이 옳다는 논리를 전개하였다.

引據最嚴密이라 蓋以濮園[1)]之後라 故有此議라

인용과 고증이 매우 치밀하다. 英宗이 濮園의 아들이었기 때문에 이와 같은 논변이 나온 것이다.

1) 濮園 : 濮王의 무덤이란 뜻이지만, 여기서는 濮王과 같다.

禮에 大宗[1)]無子면 則族人以支子爲之後하며 爲之後者는 爲所後服斬衰三年하고 而降其父母期라하니 禮之所以如此者는 何也오 以謂人之所知者近이면 則知親愛其父母而已나 所知者遠이면 則知有嚴父之義하고 知有嚴父之義면 則知尊祖하고 知尊祖면 則知大宗者上以繼祖하고 下以收族하여 不可以絶[2)]이라 故有以支子爲之後者니라 爲

之後者는 以受重於斯人이라 故不得不以尊服服之니라 以尊服服之而不爲之降己親之服이면 則猶恐未足以明所後者之重也니 以尊服服之하고 又爲之降己親之服이니라 然後以謂可以明所後者之重하여 而繼祖之道盡이니 此聖人制禮之意也니라

예법에 의하면, 大宗이 아들이 없으면 친족이 자기 支子를 그의 후사가 되게 하고, 후사가 宗子를 위해 斬衰 3년을 입고 생부모에 대해서는 단계를 낮추어 期年服을 입게 되어 있는데, 예법이 이와 같은 이유는 무엇인가?

사람의 식견이 얕으면 그의 부모를 친애할 줄 아는 정도에서 그치지만, 식견이 깊으면 부모를 존경하는 도리가 있다는 것을 알고, 부모를 존경하는 도리가 있다는 것을 알면 조상을 존경할 줄 알며, 조상을 존경할 줄 알면 大宗의 책무가 위로는 조상의 적통을 잇고 아래로는 친족들을 수합하는 것으로 그 계통을 끊어버릴 수 없다는 것을 안다. 그러므로 자기 支子를 그 후사로 삼게 해주는 일이 있는 것이다. 후사로 들어간 자는 宗子로부터 중책을 이어받았기 때문에 그를 위해 높은 상복을 입지 않으면 안 된다. 宗子를 위해 높은 상복을 입으면서 생부모에 대한 상복을 낮추지 않는다면 宗子의 존귀함을 드러낼 수 없을까 염려되므로, 높은 상복을 입어주고 또 그를 위해 생부모의 상복은 낮추는 것이다. 이렇게 한 뒤에 비로소 宗子의 존귀함이 드러나고 조상의 뒤를 잇는 도리가 완전하다고 말할 수 있으니, 이것이 곧 성인이 이와 같은 예를 만든 뜻이다.

1) 大宗 : 적통을 이은 맏아들을 가리킨다.
2) 大宗者上以繼祖……不可以絶 : 收族은 친족들의 상하 존비와 친소 원근의 관계를 바로세워 동일한 혈족의 支族을 단결시키고 수합한다는 뜻이다. ≪儀禮≫ 〈喪服〉에 보이는데 '上以繼祖'는 작자가 추가한 것이다.

夫所謂收族者는 記稱與族人合食에 序以昭穆하고 別以禮義之類라 是特諸侯別子[1]之大宗이로되 而嚴之如此커든 況如禮所稱天子及其始祖之所自出[2]者는 此天子之大宗이라 是爲天地宗廟百神祭祀之主며 族人萬世之所依歸니 而可以不明其至尊至重哉아 故前世人主有以支子繼立而崇其本親하여 加以號位하고 立廟奉祀者는 皆見非於古今[3]하니 誠由所知者近하여 不能割棄私愛하여 節之以禮라 故失所以奉承正統하고

尊無二上之意也라 **若於所後者以尊服服之**하고 **又爲之降己親之服**하여 **而退於己親**하고 **號位不敢以非禮有加也**하고 **廟祀不敢以非禮有奉也**면 **則爲至恩大義**하여 **固已備矣**어늘 **而或謂又當易其父母之名**하여 **從所後者爲屬**이라하니 **是未知考於禮也**니라 **禮**에 **爲人後者**는 **爲所後者之祖父母 父母 妻 妻之父母 昆弟 昆弟之子若子**[4)]**者**는 **此其服爲所後者而非其爲己也**니라 **爲其父母期**요 **爲其昆弟大功**이요 **爲其姊妹適人者小功**은 **皆降本服一等者**니 **此其服爲己而非爲所後者也**니라 **使於其父母**에 **服則爲己**하고 **名爲所後者**면 **是則名與實相違**하고 **服與恩相戾矣**라 **聖人制禮**는 **不如是之舛也**니라

이른바 '친족을 수합한다.'는 의미는 禮書에, 친족과 종묘 안에 모여 음식을 먹으면서 아버지 항렬과 자식 항렬의 昭穆 위치를 배열하고 서로간의 가장 합리적인 예절을 제정하는 등의 일이라고 말하였다. 이는 다만 제후 別子의 大宗에 관한 것인데도 그 책무를 엄격하게 부여하기를 이처럼 하였는데, 더구나 禮書에 말한 "천자는 그 시조를 탄생시킨 천신에게까지 제사를 지낸다."라고 말한 천자의 大宗의 경우야 더 말할 나위가 있겠는가. 이 사람은 천지와 종묘 등 온갖 신에게 제사를 지내는 주인이며 친족들이 자손만대토록 의지할 근본이니 그 지극히 높고 귀한 존재라는 것을 드러내 밝히지 않을 수 있겠는가.

그렇기 때문에 이전 세상의 군주 중에 支子로 들어와 천자가 되어서는 그의 생부모를 높여 작위와 칭호를 올려주고 사당을 세워 제사를 받드는 경우가 있었지만 이들은 모두 고금의 식자들로부터 비판을 받았다. 군주가 생부모를 높인 이유는 식견이 얕아 사적으로 사랑하는 정을 떨쳐버리고 예법으로 절제하지 못하였기 때문에 자신이 正統을 계승하고 국가에는 두 군주가 없다는 뜻을 도외시한 것이다. 만약 宗子에 대해 높은 상복을 입어주고 또 그를 위해 생부모의 상복을 낮추어 생부모를 뒷자리로 물리면서, 감히 예를 어겨 명칭과 작위를 올려주지 않고 감히 예를 어겨 사당 제사를 받들지 않는다면, 지극한 은혜에 보답하고 큰 의리를 행하는 면에서 사실 이미 유감이 없다고 할 것이다.

그런데도 어떤 이는 또, 마땅히 그 부모 명칭을 바꿔 자기를 후사로 세운 宗子의 입장에 따라 생부모를 친족으로 불러야 한다고 말하는데, 이는 禮書의 내용을 살펴보지 못해서이다. 禮書에 의하면 "宗子의 후사가 된 支子는 宗子의 조부, 부모 및 아내

에 대해서나, 宗子의 아내의 아버지, 어머니 및 형제에 대해서나, 그리고 더 나아가 宗子 아내의 형제의 아들에 대해서 마땅히 입어야 할 상복은 모두 宗子의 친아들이 입는 상복과 동일하다."고 하였는데, 이는 宗子를 기준으로 입는 것이지 자기를 기준으로 입는 것은 아니다. 그의 생부모를 위해 期年服을 입고 그의 형제를 위해 大功服을 입고 그의 시집간 자매를 위해 小功服을 입는 것은 모두 본래의 상복에서 한 단계를 낮춘 것으로, 이는 자기를 기준으로 하여 입는 것이지 宗子를 기준으로 하여 입는 것은 아니다. 가령 그의 생부모에 대해 상복은 자기를 기준으로 하여 3년복을 입고 이름은 宗子를 부모로 부른다면, 이는 명분과 사실이 서로 어긋나고 상복과 은정이 서로 맞지 않는 것이니, 성인이 만든 예가 이처럼 잘못될 리가 없다.

1) 別子 : 다른 아들이란 뜻으로, 천자나 제후의 嫡長子 이외의 아들인 庶子의 별칭이다.
2) 天子及其始祖之所自出 : ≪儀禮≫ 〈喪服〉에 나오는 말이다.
3) 前世人主……皆見非於古今 : 漢 宣帝가 支子의 신분으로 昭帝의 후사로 들어와 그의 생부모를 추존하여 '皇考'라 하고 도성에 사당을 세웠으며, 漢 哀帝가 元帝의 庶孫이자 定陶恭王의 아들로 成帝의 후사가 되어 그의 생부모를 높여 '共皇'이라 하였는데, 그 이후 이를 모방한 사례가 이어졌다. 哀帝 때 王莽과 平晏 등 140인이 이의 부당함을 논하였고, 魏 明帝 때와 '濮議' 때에도 翰林院과 中書省 관리들의 논란이 끊이지 않았다. ≪文忠集 濮議≫ ≪續資通鑑長編≫
4) 爲人後者……昆弟之子若子 : ≪儀禮≫ 〈喪服〉에 나오는 말이다.

且自古爲人後者는 不必皆親昆弟之子요 族人之同宗者 皆可爲之하니 則有以大功小功昆弟之子而爲之者矣며 有以緦麻袒免無服昆弟之子而爲之者矣니라 若當從所後者爲屬이면 則亦當從所後者爲服이니 從所後者爲服이면 則於其父母에 有宜爲大功爲小功爲緦麻爲袒免爲無服者矣로되 而聖人制禮에 皆爲其父母期하여 使足以明所後者重而已요 非遂以謂當變其親也니 親非變則名固不得而易矣라

그리고 예로부터 宗子의 후사가 된 자는 반드시 모두 형제의 아들만 그렇게 된 것은 아니고 친족 중에 조상이 같은 자는 모두 가능하였으니, 大功과 小功 형제의 아들이나 혹은 緦麻와 袒免, 더 나아가 服이 없는 형제의 아들로 후사가 된 경우도 있다.

만약 마땅히 宗子를 기준으로 하여 생부모를 종족으로 간주해야 한다면 그에 따라 마땅히 宗子를 기준으로 하여 상복을 입어야 한다. 宗子를 기준으로 하여 상복을 입는다면 후사는 그의 생부모에 대해 宗子와의 촌수에 따라 마땅히 大功服을 입거나 小功服을 입거나 緦麻服을 입거나 袒免을 하거나 혹은 아예 상복이 없거나 할 것이다. 그런데 성인이 만든 예법은 누구나 모두 그의 생부모를 위해 期年服을 입도록 정함으로써 義父인 宗子의 존귀함을 충분히 드러내게 하였고 그의 생부모의 위상을 마땅히 바꾸어야 한다고 하지 않았다. 생부모의 위상을 바꾸지 않는다면 부모 명칭도 사실 바꿀 수 없는 것이다.

戴德王肅喪記曰 爲人後者는 **爲其父母降一等**하여 **服齊衰期**하며 **其服之節**로 **居倚廬言語飮食**을 **與父在爲母同**하며 **其異者**는 **不祥不禫**[1]하여 **雖除服**이라도 **心喪三年**이라하니 **故至於今著於服令**하여 **未之有改也**라 **豈有制服之重如此**하여 **而其名遂可以絶乎**리오 **又崔凱喪服駁曰 本親有自然之恩**하여 **降一等**하니 **則足以明所後者爲重**이요 **無緣迺絶之矣**라 **夫未嘗以謂可以絶其親**이어늘 **而輒謂可以絶其名**이라하니 **是亦惑矣**라하니라

戴德과 王肅의 〈喪記〉에 "大宗의 후사가 된 자는 그의 생부모를 위해 상복을 한 단계 낮추어 齊衰 期年服을 입으며, 그 服을 입는 예법으로 여막에 거처하거나 언어와 음식에 관한 것들을 아버지가 계실 때 어머니의 상복을 입는 경우와 동일하게 한다. 다만 다른 점은 祥祭와 禫祭를 지내지 않아 비록 상복을 벗었더라도 마음속으로 3년복을 입어야 한다." 하였다. 그러므로 오늘날까지 상복이 법으로 명시되어 이것을 바꾼 적이 없다. 그러나 어찌 상복에 관한 법이 이처럼 엄격하다고 하여 그 부모라는 명칭까지 끊을 수가 있겠는가.

또 崔凱의 〈喪服駁〉에 "本親은 기본적으로 자연의 은정이 있으니 상복을 한 단계 낮춘다면 충분히 의부인 宗子의 존귀함을 드러낼 수 있고 本親의 천륜관계를 끊어버릴 이유가 없을 것이다. 어디에서도 부모와의 관계를 끊을 수 있다고 말한 적이 없는데 그만 그 부모라는 명칭을 끊을 수 있다고 하니 이 또한 생각이 잘못된 것이다." 하였다.

1) 不祥不禫 : 祥은 부모가 죽은 뒤 만 13개월 만에 지내는 小祥祭, 혹은 25개월

만에 지내는 大祥祭이고, 禫은 小祥祭 혹은 大祥祭를 치른 다음 달 하순에 상복을 벗는다는 의미로 지내는 禫祭를 말한다. 여기서는 大宗의 후사로 들어간 자가 그의 생부모에 대한 상복을 斬衰 3년이 아닌 齊衰 1년을 입되 마음으로는 3년복을 입는다는 뜻에서 小祥祭와 禫祭를 지내지 않는다는 것이다.

且支子所以後大宗者는 爲推其嚴父之心以尊祖也라 顧以尊祖之故而不父其父면 豈本其恩之所由生이며 而先王敎天下之意哉아 又禮에 適子不可爲人後者는 以其傳重[1]也요 支子可以爲人後者는 以非傳重也라 使傳重者後己宗하고 非傳重者後大宗하니 其意可謂卽乎人心而使之兩義俱安也니라 今若使爲人後者以降其父母之服一等하고 而遂變革其名하여 不以爲父母면 則非使之兩義俱安이라 而不卽乎人心이 莫大乎如是也니라 夫人道之於大宗에 至尊至重하여 不可以絶하니 尊尊也요 人子之於父母에도 亦至尊至重하여 不可以絶하니 親親也라 尊尊親親은 其義一也니 未有可廢其一者라 故爲人之後者는 爲降其父母之服이 禮則有之矣요 爲之絶其父母之名은 則禮未之有也니라

그리고 支子가 大宗의 후계를 잇는 것은 그의 생부모를 존경하는 마음을 넓혀 조상을 높이기 위해서이다. 그런데 조상을 높인다는 이유로 그의 아버지를 아버지로 여기지 않는다면, 어찌 그 자신이 태어나게 된 은혜를 돌아보는 것이겠으며 先王이 천하를 가르친 뜻이겠는가. 또 禮書에 "適子는 大宗의 후사가 될 수 없다."고 한 것은 그에게 자신의 중책을 전수하기 때문이고, "支子는 大宗의 후사가 될 수 있다."고 한 것은 그에게 중책을 전수하지 않기 때문이다. 중책을 전수해줄 자를 자기의 宗子로 삼고 중책을 전수하지 않을 자를 大宗의 宗子로 삼았으니, 그 뜻은 사람의 마음에 부합하여 이 두 가지 의리가 모두 타당하게 처리되었다고 말할 수 있다. 그런데 지금 만약 大宗의 후사가 된 자에게 그 생부모의 服을 한 단계 낮추도록 해놓고 또 나아가 그 이름까지 바꾸어 부모로 부르지 못하게 한다면, 이는 이 두 가지 의리가 모두 알맞지 않게 한 것으로써 사람의 마음에 부합하지 않은 것이 이보다 더 큰 것은 없을 것이다.

대체로 大宗은 사람의 도리로 볼 때 매우 높고 중하여 끊어버릴 수가 없으니 이는

존귀한 大宗을 존귀하게 여기는 것이고, 부모는 자식에게 있어서 또한 지극히 높고 중하여 끊어버릴 수가 없으니 이는 친한 부모를 친하게 여기는 것이다. 존귀한 大宗을 존귀하게 여기는 것과 친한 부모를 친하게 여기는 것은 그 의리가 같으니 어느 한쪽을 폐해버릴 수 없다. 그러므로 大宗의 후사가 된 자는 그 부모의 상복을 낮추는 것은 예법에 있지만 大宗의 후사가 되었다 하여 그 부모라는 명칭을 끊어버리는 일은 예법에 없는 것이다.

1) 傳重 : 본디 직계 조상의 상례와 제례 및 종묘를 받드는 중책을 조부가 직계 嫡孫에게 전수한다는 뜻인데, 여기서는 그와 같은 중책을 嫡子에게 전수한다는 의미로 쓴 것이다.

或以謂欲絶其名者는 蓋惡其爲二하여 而欲使之爲一이니 所以使爲人後者之道盡也라하되 夫迹其實이면 則有謂之所後하고 有謂之所生하며 制其服이면 則有爲己而非爲所後者하고 有爲所後而非爲己者하니 皆知不可以惡其爲二하여 而强使之爲一也니라 至於名者하여는 蓋生於實也니 迺不知其不可以惡其爲二하고 而欲强使之爲一이면 是亦過矣니라 藉使其名可以强使之爲一이라도 而迹其實之非一하고 制其服之非一者는 終不可以易이니 則惡在乎欲絶其名也리오 故古之聖人이 知不可以惡其爲二而强使之爲一이로되 而能使其屬之疎者를 相與爲重하고 親之厚者를 相與爲輕하니 則以禮義而已矣라 何則고 使爲人後者를 於其所後에 非己親也로되 而爲之服斬衰三年하고 爲其祭主하니 是以義引之也요 於其所生에 實己親也로되 而降服齊衰期하여 不得與其祭하니 是以禮厭之也니라 以義引之면 則屬之疎者相與爲重하고 以禮厭之면 則親之厚者相與爲輕하여 而爲人後之道盡矣라 然則欲爲人後之道盡者는 在以禮義明其內요 而不在於惡其爲二而强易其名於外也라 故禮喪服齊衰不杖期章曰 爲人後者爲其父母報라하니 此見於經爲人後者於其本親稱父母之明文也니라

어떤 이는 "그의 부모라는 명칭을 끊어버리려는 이유는 그 명칭이 둘이 되는 것을 꺼려 하나로 만들려는 것이다. 그래야 大宗의 후사가 된 자의 도리에 유감이 없게 된다."라고 한다. 그러나 그 실제를 살펴보면 義父라고 칭하는 경우가 있고 生父라고

칭하는 경우가 있다. 또 그 상복을 입을 적에는 의부가 아닌 생부를 위하여 입는 상복이 있으며 생부가 아닌 의부를 위하여 입는 상복이 있으니, 모두 그 명칭이 둘이 되는 것을 꺼려서 억지로 하나로 만들 수는 없음을 알 수 있다. 명분이란 대체로 사실로부터 생기는 법인데 부모가 둘이라는 그 사실을 도외시할 수 없다는 것을 모르고 억지로 하나로 만들려고 한다면 이 또한 잘못이다.

가령 그 명칭을 억지로 하나로 만든다 하더라도 그 실제를 살펴보면 부모가 하나가 아니고 그 상복을 입는 기준이 하나가 아닌 현실은 절대로 바꿀 수 없으니, 부모라는 명칭을 끊어버리려고 한 이유가 어디에 있는가. 그러므로 옛 성인이 부모가 둘이 되는 것을 꺼려 억지로 하나가 되게 할 수 없다는 것을 알면서도 능히 촌수가 먼 의부쪽의 겨레를 서로 가까운 관계가 되게 하고 정분이 두터운 至親을 서로 적당히 멀어지게 하였으니, 이것은 예법과 의리를 따른 것일 뿐이다.

그렇다면 어떻게 한 것인가? 후사가 된 자로 하여금 의부인 宗子에 대해서는 자기 생부가 아니지만 그를 위해 斬衰 3년을 입고 그 祭主가 되게 하였으니 이는 의리로써 끌어올린 것이고, 그 부모에 대해서는 실제 자기의 至親이지만 단계를 낮추어 齊衰 1년을 입고 그 제사에 참여할 수 없게 하였으니 이는 예법으로 내리누른 것이다. 도리로써 끌어올리면 촌수가 먼 겨레가 서로 가까운 관계가 되고 예법으로 내리누르면 정분이 두터운 至親이 서로 적당히 멀어지게 되어 大宗의 후사가 된 도리에 유감이 없을 것이다. 그렇다면 大宗의 후사가 된 도리에 유감이 없게 하는 방법은 예법과 의리로써 내면의 실제를 밝히는 데에 있지, 부모라는 명칭이 둘이 되는 것을 꺼려 외면의 명칭을 바꾸는 데에 있지 않다. 그러므로 ≪儀禮≫ 〈喪服〉 齊衰不杖期章에 "宗子의 후사가 된 支子가 자기 부모를 위해 1년복을 입고, 支子의 부모가 그에 대해 또한 1년복을 입어 서로 갚아준다." 하였으니 이것이 경전에 보이는, 大宗의 후사가 된 자가 그의 본친에 대해 부모라고 호칭하는 규정이다.

漢蔡義以謂宣帝親謚宜曰悼라하고 **魏相以爲宜稱尊號曰皇考**라하고 **立廟**[1]라하니 **後世議者 皆以其稱皇立廟爲非**하고 **至於稱親稱考**하여는 **則未嘗有以爲非者也**라 **其後魏明帝尤惡爲人後者厚其本親**이라 **故非漢宣加悼考以皇號**하고 **又謂後嗣有由諸侯入繼正統者**는 **皆不得謂考爲皇**하고 **稱妣爲后**라하니 **蓋亦但禁其猥加非正之號**요 **而**

未嘗廢其考妣之稱라 此見於前世議論爲人後者於其本親稱考妣之明文也니라 又晉王坦之喪服議曰 罔極之重은 非制敎之所裁요 昔日之名은 非一朝之所去이니 此出後之身所以有服本親也라하고 又曰 情不可奪이요 名不可廢이나 崇本敍恩일새 所以爲降이라하니 則知爲人後者未有去其所出父母之名라 此古今之常理라 故坦之引以爲制服之證하니 此又見於前世議論爲人後者於其本親稱父母之明文也니라

漢나라 蔡義는 "宣帝 부친의 시호는 '悼'라고 해야 한다." 하고, 魏相은 "존호를 '皇考'라 하고 사당을 세워야 한다."고 하였다. 그런데 후세에 논의하는 자들은 모두 그 '皇'이라 칭하고 사당을 세운 것은 잘못이라고 하였지, '親'이라 칭하고 '考'라고 칭한 것에 대해서는 비평한 적이 없다. 그 뒤에 魏나라 明帝는 大宗의 후사로 들어간 자가 그의 부모를 후하게 예우하는 것을 매우 못마땅하게 여겼다. 그래서 漢 宣帝가 그의 생부인 悼考에게 '皇'이란 칭호를 올려준 것을 비평하였고, 또 "후사 중에 제후의 신분으로 들어와 정통을 계승한 자는 모두 그의 죽은 아버지를 '皇'이라 하고 죽은 어머니를 '后'라고 할 수 없다." 하였다. 그러나 이는 또한 참람되게 바르지 않은 칭호를 올리는 것을 금한 것일 뿐, 그 '考妣'라는 칭호를 폐한 적은 없었다. 이것이 앞 시대의 의론들에 보이는, 大宗의 후사가 된 자가 그 본친에 대하여 考妣라고 칭하는 분명한 구절이다.

또 晉나라 王坦之의 〈喪服議〉에 "부모의 무한한 은덕은 군주의 명이나 제도로 적당히 조정할 일이 아니고 지난날 불렀던 부모라는 이름은 하루아침에 버릴 수 있는 것이 아니니, 이 때문에 大宗의 후사로 나간 자가 부모를 위해 상복을 입어주는 것이다." 하였고, 또 "부모에 대한 정은 빼앗을 수 없고 부모라는 이름은 없앨 수 없으니 本親을 높이고 부모의 은혜를 펴기 위해 부모에 대한 상복의 등급을 한 단계 낮춰 입는 것이다." 하였다. 이를 통해 볼 때 大宗의 후사가 된 자가 그를 낳아준 부모에 대해 그 이름을 버린 일이 없다는 것을 알 수 있으니, 이는 고금의 보편적인 이치이다. 그래서 王坦之가 인용하여 상복을 제정하는 증거로 삼았으니, 이것이 또 앞 시대의 의론들에 보이는, 大宗의 후사가 된 자가 그 본친에 대하여 부모라고 칭하는 분명한 구절이다.

1) 漢蔡義……立廟 : 蔡義(?~B.C. 71)는 漢 昭帝 때 大將軍 霍光의 막료로 있다

가 御史大夫를 거쳐 丞相이 되었다. 宣帝(B.C. 92~B.C. 49)는 武帝의 증손으로, 戾太子의 손자이자 史皇孫의 아들이다. 戾太子를 위시한 가족이 巫蠱사건으로 몰살될 때 요행히 살아남아 민간에서 성장하였다. 霍光에 의해 18세 때 昭帝의 뒤를 이어 황제로 옹립된 뒤에 생부인 史皇孫을 어떻게 부를 것인가에 대해 조정 대신들의 의견을 청취하였다. 이때 蔡義가, 생부의 시호는 마땅히 悼라 하고 생모는 悼后라고 해야 하며 무덤은 여러 侯王의 園과 대등하게 해야 한다고 건의하였으며, 그 뒤 8년이 지나 승상 魏相이 "예법에 '아버지가 士이고 아들이 천자이면 제사를 천자의 예로 지낸다.' 하였으니, 悼王에게 마땅히 尊號를 올려 皇考라 하고 사당을 세워야 한다." 하여 그대로 시행되었다. ≪漢書 武五子傳≫

是則爲人後者之親이 見於經하고 見於前世議論하여 謂之父母하고 謂之考妣者니 其大義如此하고 明文如此라 至見於他書及史官之記하여도 亦謂之父母하고 謂之考妣하고 謂之私考妣하고 謂之本親하고 謂之親者를 則不可一二數로되 而以爲世父叔父者는 則不特禮未之有라 載籍已來固未之有也어늘 今欲使從所後者爲屬하여 而革變其父母之名이면 此非常異義也요 不從經文與前世數千載之議論도 亦非常異義也어늘 而無所考據하고 以持其說이면 將何以示天下乎아 且中國之所以爲貴者는 以有父子之道하고 又有六經與前世數千載之議論以治之故也어늘 今忽欲棄之而伸其無所考據之說하니 豈非誤哉아

이는 大宗의 후사가 된 자가 그의 부모에 대해 어떻게 할 것인지에 관해, 경전에 보이고 또 이전 세상에서 의논한 내용에 보이는 것으로써 생존시에는 부모라 하고 죽은 뒤에는 考妣라 한 사례이니, 그 大義가 이와 같고 규정이 이와 같다. 그리고 다른 글과 史官의 기록에 보이는 것에서도 父母, 考妣, 私考妣, 本親, 親이라고 한 것들을 낱낱이 다 거론할 수 없을 정도이다. 世父, 叔父라고 한 것은 禮書에 그런 내용이 없을 뿐만 아니라, 유사 이래 본디 그런 말은 없었다. 그런데 지금 의부인 宗子를 따라 족속으로 삼아 그 부모의 이름을 바꾼다면 이는 예법을 어기는 것이며, 경전의 내용과 이전 세상에서 수천 년 동안 이어온 의논을 따르지 않는 것으로 또한 예법을 어기는 것이다. 그런데 고증을 한 것도 없이 그와 같은 설을 견지한다면 장차 어떻게

천하 사람들에게 그 말이 정당하다는 것을 보여줄 수 있겠는가. 그리고 중국이 존귀한 이유는 부자간의 도리가 있고 또 六經과 수천 년 동안 의논해가며 나라를 다스렸던 근본이 있기 때문인데, 지금 갑자기 이것을 버리고 고증할 근거도 없는 설을 늘어놓으려 하니 어찌 잘못이 아니겠는가.

或謂爲人後者 於其本親稱父母면 **則爲兩統二父**니 **其可乎**아하되 **夫兩統二父者**는 **謂加考以皇號**하고 **立廟奉祀**라 **是不一於正統**하고 **懷貳於所後**니 **所以著其非**요 **而非謂不變革其父母之名也**니라 **然則加考以皇號**는 **與禮及古之稱皇考者有異乎**아 **曰皇考一名**이나 **而爲說有三**하니 **禮**에 **曰考廟**요 **曰王考廟**요 **曰皇考廟**요 **曰顯考廟**요 **曰祖考廟**[1)]라하니 **是則以皇考爲曾祖之廟號也**라 **魏相謂漢宣帝父宜稱尊號曰皇考**는 **旣非禮之曾祖之稱**이라 **又有尊號之文**하니 **故魏明帝非其加悼考以皇號**하고 **至於光武**하여도 **亦於南頓君**[2)]**稱皇考廟**라하니 **義出於此**라 **是以加皇號爲事考之尊稱也**니라 **屈原稱朕皇考曰伯庸**이라하고 **又晉司馬機爲燕王告禰廟文**에 **稱敢昭告於皇考淸惠亭侯**라하니 **是又達於群下**하여 **以皇考爲父歿之通稱也**니라 **以爲曾祖之廟號者**는 **於古用之**하고 **以爲事考之尊稱者**는 **於漢用之**하고 **以爲父歿之通稱者**는 **至今用之**라

어떤 자는 "大宗의 후사가 된 자가 本親에게 부모라고 일컫는다면 계통과 부친이 둘인 것이니, 이것이 옳겠는가?" 라고 한다. 계통과 부친이 둘이라는 것은 '考' 위에 황제라는 뜻으로 '皇'이란 호칭을 올리고 사당을 세워 제사를 받들어 모시는 것을 말하니, 이는 정통에 전일하지 않고 大宗에게 두 마음을 품는 것이다. 이 때문에 그것이 잘못되었다고 드러낸 것이지, 친부모의 명칭을 바꾸지 않음을 말한 것이 아니다. 그렇다면 先考에게 皇이란 호칭을 더하는 것과 禮書에서나 옛날에 皇考라고 일컬었던 것이 다른 점이 있는가?

皇考라는 하나의 명칭에는 세 가지 해설이 있다. 禮書에 " '考廟'라 하고 '王考廟'라 하고 '皇考廟'라 하고 '顯考廟'라 하고 '祖考廟'라 한다." 하였으니, 이것은 皇考를 증조의 廟號로 삼은 것이다. 魏相이 "漢 宣帝의 아버지는 존호를 皇考라고 일컬어야 한다." 한 것은 禮書에서 말한 증조의 호칭이 아니며, 또 호칭을 높여준다는 글이 있었다. 그러므로 魏 明帝가 悼考에게 皇이란 호칭을 더한 것을 비평했었는데, 光武帝의 경우에

도 南頓君에게 皇考廟라고 일컬었으니, 명분이 여기에서 나온 것이었다. 이것은 皇이란 호칭을 더하는 것을 先考를 섬기는 존칭으로 삼은 것이다. 屈原은 "나의 皇考는 伯庸이다." 하였고, 또 晉나라 司馬機는 燕王이 되어 아버지의 사당에 고하는 글에 "감히 皇考 淸惠亭侯께 분명히 고합니다." 하였으니, 이는 일반 사람에게 확산되어 皇考를 돌아가신 아버지의 통칭으로 삼은 것이다. 曾祖의 廟號로 삼는 것은 옛날에 사용한 것이고, 先考를 섬기는 존칭으로 삼는 것은 漢나라 때에 사용한 것이며, 돌아가신 아버지의 통칭으로 삼는 것은 지금 사용하는 것이다.

1) 曰考廟……曰祖考廟 : ≪禮記≫ 〈祭法〉에 나오는 말이다.

2) 南頓君 : 宣帝의 아들로 이름은 欽이며, 光武帝의 생부이다.

然則稱之亦有可有不可者乎아 曰 以加皇號爲事考之尊稱者를 施於爲人後之義면 是干正統이니 此求之於禮而不可者也요 達於群下하여 以皇考爲父歿之通稱者를 施於爲人後之義면 非干正統이니 此求之於禮而可者也라 然則以爲父歿之通稱者는 其不可如何오 曰 若漢哀帝之親은 稱尊號曰恭皇이라하고 安帝之親은 稱尊號曰孝德皇이라하니 是又求之於禮而不可者也라 且禮에 父爲士요 子爲天子어든 祭以天子하고 其尸는 服以士服이라하여 子無爵父之義하니 尊父母也라 前世失禮之君이 崇本親以位號者는 豈獨失爲人後奉祀正統尊無二上之意哉아 是以子爵父하고 以卑命尊이니 亦非所以尊厚其親也니라 前世崇飾非正之號者 其失如此어늘 而後世又謂宜如期親故事增官廣國者[1]는 亦可謂皆不合於禮矣로다

그렇다면 皇考라 일컫는 데에 옳은 것이 있고, 옳지 않은 것이 있는가? 황제가 皇이란 호칭을 더하여 先考를 섬기는 존칭으로 삼는 것은 大宗의 후사가 되는 도리에 적용할 때 정통을 위배하니, 이것은 禮書를 가지고 따져볼 때 옳지 않은 것이다. 일반 사람에게 적용하여 皇考를 돌아가신 아버지의 통칭으로 삼는 것은 大宗의 후사가 되는 도리에 적용할 때 정통을 위배하는 것이 아니니, 이것은 禮書를 가지고 따져볼 때 옳은 것이다.

그렇다면 일각에서 皇考를 돌아가신 아버지의 통칭으로 삼는 것은 옳지 않다고 주장하는 것은 어째서인가. 漢 哀帝의 本親은 존호를 '恭皇'이라 일컬었고, 安帝의 本親

은 존호를 '孝德皇'이라고 일컬었으니, 이는 또 禮書를 가지고 따져볼 때 옳지 않은 것이다. 또 禮書에는 "아버지가 士이고 아들이 천자이면 천자의 예로 제사 지내되, 尸童의 복장은 士의 복장으로 한다." 하였으니, 아들이 아버지에게 벼슬을 내리는 이치가 없는 것은 부모를 높이기 위한 것이다.

앞 세대에서 예를 잘못 사용한 군주가 位號로 본친을 높인 것은, 어찌 大宗의 후사가 되어 정통의 제사를 받들고 국가에는 두 군주가 없다는 뜻만 어긴 것이겠는가. 이것은 자식이 아버지에게 벼슬을 주고 아랫사람이 윗사람에게 명하는 것이니, 또한 本親을 높이고 후하게 대우하는 방법이 아니다. 앞 세대에서 바르지 않은 호칭으로 높이고 꾸며준 잘못이 이와 같은데, 후세에 또 이르기를 "期服 존속에 대해 처리했던 전례처럼 관작과 나라로 높여줘야 한다." 하니, 또한 모두 禮書에 부합하지 않는다고 할 만하다.

1) 後世又謂宜如期親故事增官廣國者 : 期親은 1년 상복을 입는 관계인 친족을 말하는데, 여기서는 伯父와 叔父 등의 존속을 가리킨다. 治平 2년(1065)에 英宗이 禮官과 待制 이상의 관료들에게 그의 생부인 濮安懿王에 대한 호칭을 어떻게 할 것인가에 관해 논의할 것을 명하였다. 이때 翰林學士 王珪 등이 "부모는 둘이 없는 법인데 폐하는 이미 大宗의 후사가 되었으니, 先王의 조정에서 期服의 존속에게 나라를 봉하고 관작을 내려주었던 전례에 따라 높은 관작과 큰 나라로 높여드리되, 譙國, 襄國, 仙遊 등 세 모친은 모두 太夫人으로 봉해드리는 것이 고금의 전례로 볼 때 옳습니다." 하였다. 그 뒤에 다시 英宗이 濮安懿王을 부를 호칭을 분명히 말하라고 하자, 王珪 등이 伯父라고 해야 한다고 대답하였다. ≪宋史 宗室 濮安懿王傳≫

夫考者는 父歿之稱이나 然施於禮者는 有朝廷典冊[1]之文하고 有宗廟祝祭之辭而已라 若不加位號면 則無典冊之文하고 不立廟奉祀면 則無祝祭之辭니 則雖正其名이라도 豈有施於事者리오 顧言之不可不順而已라 此前世未嘗以爲可疑者하니 以禮甚明也니라 今世議者紛紛하여 至於曠日累時하되 不知所決者는 蓋由不考於禮하고 而率其私見也라 故采於經하여 列其旨意하니 庶得以商確焉이라

考라는 것은 돌아가신 아버지에 대한 호칭이지만 禮에 적용하는 곳은 조정 典冊의

문장과 종묘제사의 祝辭가 있을 뿐이다. 位號를 올리지 않으면 典冊의 문장이 없고, 사당을 세워 제사를 받들지 않으면 제사의 祝辭가 없다. 그렇다면 비록 그 호칭을 바르게 하더라도 어찌 실제 일에 그 호칭을 적용하는 일이 있겠는가. 다만 말을 순리대로 하지 않을 수 없을 뿐이다. 이에 대해 앞 세대에서 의심스럽게 여긴 적이 없었던 것은 禮書에 매우 밝았기 때문이었는데, 지금 세상은 논란하는 자들이 분분하여 시간이 지나도 결론을 낼 줄을 모르니, 이는 禮書를 살펴보지 않고 개인의 생각을 주장하기 때문이다. 그러므로 경전에서 채집하여 그 의미를 자세히 설명하였으니, 무엇이 옳은지 헤아릴 수 있을 것이다.

1) 典冊 : 冊은 冊命의 준말이다. 帝王이 존속에게 시호를 올리거나 후계자를 세울 때 혹은 后妃 및 여러 왕과 대신에게 관작을 봉할 적에 그와 같은 조처를 취하는 명령을 말한다.

05. 救災議* 구황정책에 관한 의견

* 작자가 史館에서 檢討官으로 재직하던 熙寧 원년(1068) 가을에 쓴 것으로 보인다. 앞서 한 해 전에 河北 지방이 오랫동안 가물어 난민이 먹을거리를 찾아 도성으로 유입되었고, 熙寧 원년 6월에는 河北의 恩州와 冀州 지역의 河水가 터져 瀛州로 흘러들었으며, 7월에는 河北에서 지진이 여러 번 발생하여 땅에서 물이 솟구치고 성곽과 주택이 무너졌다. 이로 인해 많은 사망자와 이재민이 발생하여 민생이 극도로 어려운 상황에 처하게 되었다. 이 당시 작자의 堂兄 한 사람이 재해가 심각한 瀛州에서 지방행정에 참여하고 있었으므로 작자가 그를 통해 그 상황을 자세히 알 수 있었다. 재해가 발생했을 때 국가에서 이재민에게 식량을 배급해주는 의례적인 시책을 반대하고, 그 대신 독립하여 살아가도록 도와주는 새로운 방법을 제시하였다. 작자의 정치행정에 대한 탁월한 식견과 노련한 수완이 반영된 대표적인 작품이다. ≪宋史 五行志≫ ≪元豐類藁 瀛州興造記≫

子固大議는 **其剖析利害處最分明**이라

子固의 웅대한 논변은 利害를 분석한 부분이 매우 분명하다.

河北地震水災에 隳城郭하고 壞廬舍하여 百姓暴露乏食하니 主上憂憫하여 下緩刑之令하고 遣拊循之使하니 恩甚厚也라 然百姓患於暴露하니 非錢不可以立屋廬요 患於乏食하니 非粟不可以飽니 二者는 不易之理也라 非得此二者면 雖主上憂勞於上하고 使者旁午於下라도 無以救其患하고 塞其求也리라

河北 지방에 지진과 수재가 나서 성곽이 무너지고 가옥이 파괴되어 백성들이 한데서 지내고 먹을 것이 없게 되자, 主上께서 근심하시어 형벌을 완화하라는 명령을 내리시고 安撫使를 파견하시니 성은이 망극하다. 그러나 백성들이 한데서 지내는 것을 근심하는데 돈이 아니면 집을 지을 수 없고, 당장 먹을 것이 없는 것을 걱정하는데 곡식이 아니면 배부를 수 없다. 이 두 가지는 불변의 이치이다. 이 두 가지를 해결하지 못하면 비록 主上께서 위에서 노심초사하고 使者들이 아래에서 빈번하게 파견되더라도 재난을 구제하고 그 요구를 충족시킬 방법이 없는 것이다.

有司建言하여 請發倉廩與之粟하되 壯者人日二升이요 幼者人日一升하소서하니 主上不旋日而許之하니 賜之可謂大矣라 然有司之所言은 特常行之法이요 非審計終始하여 見於衆人之所未見也라 今河北地震水災는 所毀敗者甚衆하니 可謂非常之變也라 遭非常之變者는 亦必有非常之恩이니 然後可以振之라 今百姓暴露乏食하여 已廢其業矣니 使之相率日待二升之廩於上이면 則其勢必不暇乎他爲라 是農不復得修其畎畝하고 商不復得治其貨賄하고 工不復得利其器用하고 閒民不復得轉移執事하여 一切棄百事하고 而專意於待升合之食以偸爲性命之計하리니 是直以餓殍之養養之而已요 非深思遠慮爲百姓長計也니라 以中戶計之컨대 戶爲十人에 壯者六人은 月當受粟三石六斗하고 幼者四人은 月當受粟一石二斗니 率一戶 月當受粟五石이니 難可以久行也라 不久行이면 則百姓何以贍其後리오 久行之면 則被水之地 旣無秋成之望하니 非至來歲麥熟이면 賑之未可以罷라 自今至於來歲麥熟히 凡十月이니 一戶當受粟五十石이라 今被災者十餘州니 州以二萬戶計之면 中戶以上及非災害所被하여 不仰食縣官者에 去其半이면 則仰食縣官者는 爲十萬戶라 食之不遍이면 則爲施不均하여 而民猶有無告者也라 食之徧이면 則當用粟五百萬石而足이니 何以辦此리오 又非深思遠

慮爲公家長計也라 至於給授之際하여는 有淹速하고 有均否하고 有眞僞하며 有會集之擾하고 有辨察之煩하리니 厝置一差면 皆足致弊라 又群而處之에 氣久蒸薄하여 必生疾癘하리니 此皆必至之害也라 且此不過能使之得旦暮之食耳요 其於屋廬構築之費엔 將安取哉아 屋廬構築之費를 旣無所取하고 而就食於州縣하여 必相率而去其故居하리니 雖有頹牆壞屋之尙可完者와 故材舊瓦之尙可因者와 什器衆物之尙可賴者라도 必棄之而不暇顧하며 甚則殺馬牛而去者有之하고 伐桑棗而去者有之하리니 其害又可謂甚也라

담당 관리가 건의하여, 창고를 열어서 어른에게는 날마다 1인당 2升을, 아이에게는 날마다 1인당 1升의 곡식을 지급하기를 청하였다. 그러자 主上께서 당일로 윤허하셨으니 성은이 망극하다고 하겠다. 그러나 담당 관리의 건의는 통상적인 조처일 뿐, 전반적인 상황을 살피고 따져서 보통 사람들이 미처 생각하지 못한 것을 통찰한 것은 아니다.

지금 河北 지방이 지진과 수재로 파괴된 상황이 매우 심각하니 비상한 변고라고 할 만하다. 비상한 변고를 당했을 때는 또한 반드시 비상한 지원이 있은 뒤에야 구제할 수 있는 것이다. 지금 백성들이 한데서 지내고 먹을 것이 없어서 생업을 팽개쳤는데, 그들로 하여금 서로 거느리고 와서 날마다 관청에서 지급하는 2升의 양식을 타가게 한다면 그 형세가 반드시 다른 일을 할 여력이 없을 것이니, 이렇게 하는 것은 바로 농부들은 더 이상 자신의 전답을 돌보지 않고, 상인들은 더 이상 자신의 상업활동을 하지 않고, 기술자들은 더 이상 제품을 만드는 데에 몰두하지 않으며, 일정한 생업이 없는 백성들은 더 이상 도처에서 노동력을 제공하여 임금을 받는 용역을 하지 않게 되어서, 일체 모든 일을 팽개치고 쥐꼬리만 한 배급을 타서 구차하게 호구지책으로 연명하는 데 집착할 것이니, 이것은 다만 기아에 허덕이는 난민을 구호하는 임시방편일 뿐, 먼 훗날까지 내다보며 백성을 위해 세운 장구한 대책이 아니다.

식구가 많지도 적지도 않은 중등의 호구를 기준으로 계산해볼 때, 1戶가 10명인 식구 중에 어른은 6명이고 어린이는 4명이라고 치면, 어른은 매달 3石 6斗의 곡식을 지급받아야 생계가 가능하고, 어린이는 매달 1石 2斗의 식량을 받아야 살 수 있으니, 1戶가 매달 지급받는 식량은 도합 5石이나 되어서, 항구적으로 시행하기 어렵다. 항

구적으로 시행하기 어렵다면 백성들이 무슨 수로 뒷일을 감당할 수 있겠는가. 오래 시행한다면 수해를 입은 지역이 이미 가을걷이의 가망이 없으니, 내년 보리 익을 시기 이전까지는 구호활동을 접을 수 없다. 지금부터 내년 보리 익을 때까지는 모두 10개월이나 남았으니, 1戶가 지급받아야 할 곡식의 양은 50石이다. 지금 재해를 입은 지역이 10여 州이니, 州마다 2만 戶로 계산하면, 수입이 중등 이상인 인가 및 재해를 입지 않아 관청의 지원을 받지 않고도 생계를 유지할 수 있는 호구를 반으로 계산하여 이 숫자를 빼면 관청의 지원을 받아 생계를 유지할 호구 수가 10만 戶나 된다. 그러니 식량을 두루 지급하지 않으면 균등하게 배분되지 않아 오히려 하소연할 데가 없는 불쌍한 백성이 있을 것이다. 그렇다고 하여 식량을 두루 지급하려면 500만 石의 곡식을 쓴 뒤에야 해결할 수 있으니, 이것을 어떻게 마련할 수 있겠는가. 이것은 먼 훗날까지 내다보며 백성을 위해 세운 장구한 대책이 아니다.

식량을 지급하는 때에도 빠르고 느린 차이가 있고 공평성이 문제가 되고 진위의 문제가 발생하며, 수많은 이재민이 모이다 보면 혼란이 야기되고 살피고 변별하는 번거로움이 있을 것이니, 조치가 한번 착오가 발생하면 모두 충분히 폐단을 초래할 수 있다. 또 집단생활을 하다 보면 혼탁하고 오염된 공기에 장기간 노출되어 반드시 전염병에 걸리게 될 것이니 이는 모두 반드시 닥쳐올 피해이다. 그리고 이것은 그들로 하여금 단기간의 식량을 얻게 하는 데 불과할 뿐이니, 주택을 지을 비용을 장차 어디에서 확보하겠는가. 주택을 지을 비용을 구할 데가 없는데다 州와 縣의 관청에 나아가 배급을 타기 위해 반드시 서로 거느리고 와서 그 옛 거주지를 떠나게 되면 비록 무너진 담장과 파괴된 건물 중에 그나마 수리할 수 있는 것과 재활용할 수 있는 건축 자재와 기와, 그리고 아직 쓸 수 있는 집기와 물건들이 있더라도 반드시 버려두고 수습할 겨를이 없을 것이며, 심한 경우에는 소와 말을 잡고 뽕나무와 대추나무를 베어 처분하고 떠나는 자도 생길 것이니, 그 피해가 더욱 심하다고 이를 만하다.

今秋氣已半에 霜露方始어늘 而民露處하여 不知所蔽하니 蓋流亡者 亦已衆矣라 如是不可止면 則將空近塞之地리라 空近塞之地하여 失戰鬪之民은 此衆士大夫之所慮而不可謂無患者也며 空近塞之地하여 失耕桑之民은 此衆士大夫所未慮而患之尤甚者也라 何則고 失戰鬪之民이면 異時有警에 邊戍不可以不增爾요 失耕桑之民이면 異時

無事에 邊糴不可以不貴矣리니 二者皆可不深念歟아 萬一或出於無聊之計하여 有窺倉庫하여 盜一囊之粟一束之帛者 彼知已負有司之禁이면 則必鳥駭鼠竄하여 竊弄鋤梃於草茅之中하여 以扞游徼之吏하여 强者既囂而動이면 則弱者必隨而聚矣리라 不幸或連一二城之地하여 有枹鼓之警이면 國家胡能晏然而已乎리오 況夫外有夷狄之可慮하고 內有郊社之將行[1]하니 安得不防之於未然하고 銷之於未萌也리오

지금 가을이 벌써 반이 지나가 서리가 내리기 시작하는데 백성들이 한데서 지내면서 어떻게 몸을 덮어야 할지 모르고 있으니 아마 떠도는 이들이 이미 많을 것이다. 이런 식으로 진행이 된다면 변방 가까운 지역이 비게 될 것이다. 변방 가까운 지역을 비워 전쟁을 수행하는 백성들을 잃는 것은 많은 사대부들이 우려하는 점으로 걱정거리가 아니라고 할 수는 없고, 변방 가까운 지역을 비워 농사짓는 백성들을 잃는 것은 많은 사대부들이 아직 우려하고 있지 않는 점으로 더욱더 걱정되는 일이다. 이것은 어째서인가?

전쟁을 수행하는 백성들을 잃으면 훗날 전쟁이 날 때 변방의 주둔군을 증원하지 않을 수 없고, 농사짓는 백성들을 잃으면 훗날 전쟁이 없을 때 변방으로 보내는 군량이 귀하지 않을 수 없을 것이니, 이 두 경우 모두 깊이 염려하지 않을 수 있겠는가. 만약 어떤 이가 궁한 처지에 꾀를 내어 창고를 엿보고서 쌀 한 자루, 비단 한 묶음을 도둑질하고는 자신이 이미 관가의 금령을 어겼다는 것을 안다면 반드시 새처럼 놀라고 쥐처럼 달아나 山野에서 호미자루와 몽둥이를 휘두르며 고을 관리에게 저항할 것인데, 그 중에 강한 자가 외치면서 움직이면 약한 자들은 반드시 따라 모일 것이다. 그러다가 불행히 그들이 혹 한두 성을 점거하여 난리가 일어나게 된다면 국가가 어떻게 편안하게만 있을 수 있겠는가. 게다가 밖으로 걱정스러운 오랑캐의 문제가 있고 안으로 거행해야 할 郊社의 제례가 있으니, 어찌 사태가 아직 일어나기 전에 방비하고 화란이 아직 싹트기 전에 제거하지 않을 수 있겠는가.

1) 郊社之將行 : 郊는 동지에 도성 남쪽 교외에서 하늘의 신에게 지내는 제사이고, 社는 하지에 도성 북쪽 교외에서 땅의 신에게 지내는 제사이다. 모두 천자가 三公, 九卿, 大夫 등을 거느리고 행차하여 직접 행하는 국가의 큰 의식이다. 이 글은 하지 이후에 쓴 것이므로 앞으로 거행할 郊祭에 의미를 두고 한 말이다.

然則爲今之策은 下方紙之詔하여 賜之以錢五十萬貫하고 貸之以粟一百萬石이면 而事足矣니 何則고 令被災之州 爲十萬戶에 如一戶得粟十石하고 得錢五千[1)]이면 下戶常產之貲 平日未有及此者也라 彼得錢以完其居하고 得粟以給其食이면 則農得修其畎畝하고 商得治其貨賄하고 工得利其器用하고 閒民得轉移執事하여 一切得復其業하여 而不失其常生之計리니 與專意以待二升之廩於上하여 而勢不暇乎他爲로 豈不遠哉아 此可謂深思遠慮하여 爲百姓長計者也라 由有司之說이면 則用十月之費하여 爲粟五百萬石이요 由今之說이면 則用兩月之費하여 爲粟一百萬石이라 況貸之於今而收之於後면 足以賑其艱乏하되 而終無損於儲峙之實이요 所實費者는 錢五鉅萬貫而已니 此可謂深思遠慮하여 爲公家長計者也라 又無給授之弊와 疾癘之憂하여 民不必去其故居니 苟有頹牆壞屋之尙可完者와 故材舊瓦之尙可因者와 什器衆物之尙可賴者면 皆得而不失어어든 況於全牛馬하고 保桑棗에 其利又可謂甚也리오 雖寒氣方始라도 而無暴露之患이니 民安居足食이면 則有樂生自重之心하고 各復其業이면 則勢不暇乎他爲니 雖驅之不去하고 誘之不爲盜矣리라

그렇다면 지금 행해야 할 시책은 한 장의 조서를 내려 돈 50만 관을 풀고 곡식 100만 석을 빌려주면 충분할 것이니 이것은 어째서인가? 가령 재난을 당한 州가 10만 호라고 했을 때 만약 1호가 곡식 10석을 받고 돈 5관을 받으면 가난한 가구가 통상적으로 보유한 재산이 평소 여기에 미치는 경우는 없다. 저들이 이 돈을 받아 자신의 거처를 수리하고 이 곡식을 받아 식량으로 충당한다면, 농부들은 전답을 돌볼 수 있게 되고, 상인들은 상업활동을 할 수 있게 되고, 기술자들은 제품을 만드는 데에 몰두할 수 있게 되고, 閒民들은 도처에서 노동력을 제공하고 임금을 받는 용역을 할 수 있게 된다. 그리하여 모든 이들이 자신의 생업을 회복하여 생계를 잃어버리지 않을 것이니, 위에서 주는 2升의 구휼미를 기다리는 데만 뜻이 가 있어 다른 일에 신경을 쓸 형편이 못 되는 경우와 어찌 현격한 차이가 나지 않겠는가. 이것이 바로 먼 훗날까지 내다보며 백성을 위해 장구한 대책을 세운 것이라고 할 수 있다.

담당 관리의 주장을 따른다면 10개월의 비용이 들어 곡식 500만 석이 되고, 지금 나의 주장을 따른다면 2개월의 비용이 들어 곡식 100만 석이 된다. 게다가 지금 빌

려주었다가 나중에 거두면 충분히 백성들의 곤궁함을 진휼할 수 있으면서도 결국 국가 비축분의 손실이 없을 것이고 실제로 드는 비용은 돈 50만 관일 뿐이니, 이것이 바로 먼 훗날까지 내다보며 국가를 위해 장구한 대책을 세운 것이라고 할 수 있다. 또 식량을 배급할 때의 폐단과 전염병이 도는 걱정이 없어 백성들이 굳이 자신이 살던 집을 떠날 필요가 없으니 만약 그나마 수리할 수 있는 무너진 담장과 쓰러진 건물, 그대로 활용할 수 있는 자재와 기와, 아직 쓸 수 있는 집기와 물건들이 있다면 모두 버리지 않아도 된다. 더구나 소와 말을 그대로 두고 뽕나무와 대추나무를 보존할 수 있으니 그 이익 역시 크다고 할 수 있다. 비록 추위가 시작되더라도 한데서 지낼 걱정이 없게 될 것이다. 백성들은 거처가 안정되고 식량이 충분하면 삶을 즐거워하고 행동을 신중하게 하는 마음이 생기게 되고, 각자 자신의 생업을 회복하면 형세상 다른 일에 신경 쓸 겨를이 없게 될 것이니, 비록 몰아내더라도 떠나지 않고 유인하더라도 도적이 되지 않을 것이다.

1) 錢五千 : 文勢로 볼 때 千자는 貫자의 잘못으로 보이므로 번역에서 반영하였다.

夫饑歲에 聚餓殍之民하여 而與之升合之食은 無益於救災補敗之數니 此常行之弊法也라 今破去常行之弊法하여 以錢與粟一舉而賑之면 足以救其患復其業이니 河北之民이 聞詔令之出이면 必皆喜上之足賴하여 而自安於畎畝之中하고 負錢與粟而歸하여 與其父母妻子脫於流亡轉死之禍리니 則戴上之施而懷欲報之心이 豈有已哉리오 天下之民이 聞國家厝置如此恩澤之厚면 其孰不震動感激하여 悅主上之義於無窮乎아 如是而人和不可致하고 天意不可悅者는 未之有也라 人和洽於下하고 天意悅於上이요 然後에 玉輅徐動하여 就陽而郊하고 荒夷殊陬 奉幣來享하여 疆內安輯하고 里無囂聲이면 豈不適變於可爲之時하고 消患於無形之內乎아 此所謂審計終始하여 見於衆人之所未見也라 不早出此하여 或至於一有枹鼓之警이면 則雖欲爲之라도 將不及矣리라

흉년에 굶주린 백성들을 모아다 놓고 겨우 한 되, 한 홉의 식량을 주는 것은 재난을 구호하고 실정을 바로잡는 데 유익함이 없는 계책이니 이는 일반적으로 행해지던 잘못된 관행이다. 지금 의례적으로 행하던 낡은 법을 혁파하고 돈과 곡식으로 한꺼번에 구휼한다면 충분히 재난을 구제하고 본업을 회복하게 할 수 있을 것이다. 河北의 백

성들이 詔令이 내려진 것을 듣고는 틀림없이 모두 주상을 의지할 만하다고 기뻐하여 스스로 전답 사이에 안주할 것이고, 돈과 곡식을 짊어지고 돌아와 사방으로 떠돌다가 구렁텅이에 쓰러져 죽는 화를 부모 처자와 함께 벗어나게 될 것이다. 이렇게 되면 주상이 베푼 은혜에 감격하여 그것에 보답하려는 마음이 어찌 사라지겠는가. 천하의 백성들이 국가의 조처가 이처럼 은택을 후하게 내렸다는 소식을 들으면 누군들 흥분하고 감격하여 주상의 의로움을 무궁토록 기뻐하지 않겠는가. 이와 같이 하고서도 사람들의 단결을 이루지 못하고 하늘의 뜻을 기쁘게 하지 못하는 경우는 없었다.

아래에서 사람들의 단결이 원만하고 위에서 하늘의 뜻이 기뻐한 뒤에 왕의 수레가 천천히 거둥하여 남쪽으로 가 郊祭를 지내고 변방의 오랑캐가 폐백을 받들고 와 바치어 나라 안이 편안하고 향리에 시끄러운 소리가 없다면, 이것이 어찌 무언가를 해낼 만한 때에 변화하고 사단이 일어나기 전에 근심을 없애는 일이 아니겠는가. 이것이 이른바 전반적인 상황을 살피고 따져서 보통 사람들이 미처 생각하지 못한 것을 통찰한 것이다. 일찍 이러한 조치를 취하지 않고 있다가 혹시 한 번이라도 난리가 일어나게 된다면 이 조치를 시행하고 싶더라도 이미 어떻게 해볼 수 없을 것이다.

或謂方今錢粟이 **恐不足以辦此**라하니 **夫王者之富**는 **藏之於民**하여 **有餘則取**하고 **不足則與**니 **此理之不易者也**라 **故**로 **曰 百姓足**이면 **君孰與不足**이며 **百姓不足**이면 **君孰與足**[1]이리오하니 **蓋百姓富實而國獨貧**이어나 **與百姓餓殍而上獨能保其富者**는 **自古及今**히 **未之有也**라 **故**로 **又曰 不患貧而患不安**[2]이라하니 **此古今之至戒也**라 **是故**로 **古者二十七年耕**에 **有九年之畜**이면 **足以備水旱之災**하니 **然後謂之王政之成**이라 **唐水湯旱而民無捐瘠者**는 **以是故也**라 **今國家倉庫之積**은 **固不獨爲公家之費而已**요 **凡以爲民也**니 **雖倉無餘粟**하고 **庫無餘財**라도 **至於救災補敗**하여는 **尙不可以緩已**커든 **況今倉庫之積**이 **尙可以用**하니 **獨安可以過憂將來之不足**하여 **而立視夫民之死乎**리오 **古人有言曰 剪爪宜及膚**하고 **割髮宜及體**[3]라하니 **先王之於救災**에 **髮膚尙無所愛**커든 **況外物乎**아

혹자는 "현재의 돈과 곡식이 이것을 마련하기에 부족할까 염려된다."라고 한다. 王者의 富는 백성에게 저장하여 백성이 여유가 있으면 취하고 부족하면 내주는 것이니,

이는 변하지 않는 이치이다. 그러므로 "백성이 풍족하면 군주가 누구와 더불어 부족하겠으며, 백성이 부족하면 군주가 누구와 더불어 풍족하겠는가." 하였으니, 백성은 부유한데 국가만 궁핍하고 백성은 굶어죽는데 주상만 富를 보전하는 경우는 예부터 지금까지 있지 않았다. 그러므로 또 "백성이 가난함을 근심하지 않고 백성이 편안하지 못함을 근심한다." 하였으니, 이것은 고금의 지당한 경계이다. 그러므로 옛날에 27년을 농사지으면 9년 먹을 식량을 비축하여 홍수와 가뭄의 재해에 대비할 수 있게 하였으니, 그런 뒤에야 王政이 이루어졌다고 하였다. 堯임금 때에는 수해가 있었고 湯임금 때에는 가뭄이 들었으나 굶어죽은 백성이 없었던 것은 이 때문이었다.

지금 국가의 창고에 저장된 것은 진실로 公家의 소비를 위한 것일 뿐 아니라 백성을 위한 것이다. 비록 창고에 남은 곡식이 없고 남은 재화가 없더라도 재난을 구제하고 망가진 것을 보수하는 데 있어서는 오히려 소홀히 할 수가 없는데, 더구나 지금 창고에 쌓인 것은 오히려 사용할 수 있는 정도가 된다. 어찌 장래에 부족할 것을 지나치게 염려하여 백성들이 죽는 것을 서서 지켜만 볼 수 있겠는가. 옛사람이 "손톱을 깎을 때에는 깊이 살까지 깎고 머리를 깎을 때에는 깊이 피부까지 깎아야 한다." 하였으니 선왕이 재난을 구제할 때에 피부와 살점도 아까워하지 않았는데, 더구나 外物을 아까워하겠는가.

1) 百姓足……君孰與足 : ≪論語≫ 〈顔淵〉에 보인다.

2) 不患貧而患不安 : ≪論語≫ 〈季氏〉에 보인다.

3) 剪爪宜及膚 割髮宜及體 : 三國 魏의 應璩(190~252)가 廣川縣令 岑文瑜에게 보낸 편지에 '割髮宜及膚 剪爪宜侵肌'라고 하였는데, 몇 글자를 고치고 순서도 바꿔 인용한 것이다. 殷湯이 夏桀을 정벌한 뒤에 5년 동안 가뭄이 들자, 桑林에서 머리를 자르고 손톱을 깎아 그것을 희생으로 삼아서 하늘에 비를 내려주기를 기도하자 마침내 큰비가 내렸다는 전설이 있다. 應璩가 말한 이 두 구절의 뜻은 殷湯보다 덕이 부족한 자가 하늘에 복을 내려주기를 기도할 때는 마땅히 殷湯이 했던 경우보다 더 정성을 드려야 하늘을 감동시킬 수 있을 것이라는 것인데, 작자는 應璩의 이 말을 殷湯이 했던 고사로 확대해석하였다. ≪文選 與廣川長岑文瑜書≫

且今河北州軍[1]이 凡三十七에 災害所被는 十餘州軍而已요 他州之田은 秋稼足望이라 今有司於糴粟常價에 斗增一二十錢이면 非獨足以利農이요 其於增糴一百萬石易矣라 斗增一二十錢은 吾權一時之事하여 有以爲之耳라 以實錢給其常價하고 以茶荈香藥之類로 佐其虛估면 不過捐茶荈香藥之類爲錢數鉅萬貫而其費已足이니 茶荈香藥之類와 與百姓之命이 孰爲可惜고 不待議而可知者也라 夫費錢五鉅萬貫하고 又捐茶荈香藥之類하여 爲錢數鉅萬貫하되 而足以救一時之患이니 爲天下之計에 利害輕重은 又非難明者也라 顧吾之有司 能越拘攣之見하고 破常行之法與否而已라 此時事之急也라 故述斯議焉하노라

또 지금 河北의 州, 軍이 모두 37개인데, 재해를 입은 곳은 10여 州, 軍일 뿐이고 다른 州의 전답에서는 추수를 기대할 수 있다. 지금 담당 관리가 쌀을 사들이는 평소의 가격에 1斗마다 1, 2십 錢을 보탠다면 농가에 이익이 될 뿐 아니라 백만 석을 더 사들이는 것도 쉬울 것이다. 1斗마다 1, 2십 錢을 보태는 것은 우리가 한때의 일을 잘 조절하여 그렇게 할 수가 있다. 현금으로 평소의 가격만큼을 지급하고 차와 향료 등으로 남은 금액을 보충하면, 차와 향료 등을 소비해 수만 관의 돈을 만든 것에 불과한데도 그 비용이 이미 충분하다. 차, 향료 등과 백성의 목숨 중에 어느 것이 더 아까운가. 이는 따져보지 않아도 알 수 있는 것이다. 50만 관의 돈을 지출하고, 또 차와 향료 등을 소비해 수만 관의 돈을 만들면 한때의 재난을 구제할 수 있으니, 천하를 위한 계책을 행함에 있어서 그 利害의 경중은 또 알기 어려운 것이 아니다. 다만 우리 담당 관리가 고착화된 견해를 뛰어넘고 통상적으로 행하던 법을 깨뜨릴 수 있는가의 여부에 달려 있을 뿐이다. 이는 時事의 급선무이므로 이 의견을 서술한 것이다.

1) 軍 : 北宋 때 路에 예속된 지방 행정구역의 하나로, 府, 州와 동급이다.

06. 書魏鄭公傳後* 〈魏鄭公傳〉 뒤에 쓰다

* 魏鄭公은 唐 太宗 때의 명재상 魏徵(580~643)으로, 鄭公은 그의 봉호이다. 그가 太宗을 섬기는 동안 크고 작은 국사에 관해 200여 차례를 간하였고 太宗

도 대부분 받아들임으로써 이른바 貞觀之治를 이룩하여 군신관계의 모범이 되었다. 그러나 太宗은 魏徵이 그동안 간쟁한 사실을 史官에게 넘겼을 때 절대적인 군주의 권위에 도전하는 것으로 간주하여 매우 불쾌한 감정을 드러내기도 하였다. 작자가 이 점에 착안하여 후세의 군주들이 신하들이 간했던 내용을 역사서에서 삭제하고 기록을 남기지 않은 것에 대해 그 잘못을 비판하면서, 군주와 신하는 마땅히 大公至正한 도로 준칙을 삼아야 한다는 논리를 전개하였다.

借魏鄭公하여 **以諷世之焚藁者之非**하니 **而議論甚圓暢可誦**이라

魏鄭公의 사실을 빌어 세상에 역사사실을 기록한 원고를 불태우는 일이 잘못임을 비판하였는데, 논변이 매우 통창하여 읽을 만하다.

予觀太宗常屈已하여 **以從群臣之議**하니 **而魏鄭公之徒 喜遭其時**하고 **感知己之遇**하여 **事之大小**를 **無不諫諍**하니 **雖其忠誠自至**나 **亦得君以然也**라 **則思唐之所以治**와 **太宗之所以稱賢主**와 **而前世之君不及者**는 **其淵源**이 **皆出於此也**니 **能知其有此者**는 **以其書存也**니라 **及觀鄭公**이 **以諫諍事付史官**할새 **而太宗怒之**하여 **薄其恩禮**[1]하여 **失終始之義**하여는 **則未嘗不反覆嗟惜**하여 **恨其不思**하고 **而益知鄭公之賢焉**이라

내가 보건대, 太宗이 항상 자기 뜻을 굽혀 여러 신하들의 의견을 따르자, 魏鄭公의 무리가 그 시대를 만난 것을 기뻐하고 알아주는 사람을 만난 것을 감사히 여겨서 크고 작은 일마다 모두 간쟁하였으니, 비록 그들의 충성이 본디 지극하기도 하였지만 역시 제대로 된 군주를 만나서 그렇게 할 수 있었던 것이다. 생각건대 唐나라가 잘 다스려지고 太宗이 어진 군주로 칭송되어 전대의 군주들이 그에 미치지 못했던 이유는 그 근원이 모두 여기에서 나왔으니, 이러한 사실이 있었음을 알 수 있는 것은 그에 관한 기록이 존재하기 때문이다. 鄭公이 그가 간쟁했던 일을 史官에게 넘겼을 때 太宗이 노하여 그에게 恩禮를 박하게 함으로써, 의리가 시종여일하지 못한 것을 보면서 나는 거듭 탄식하고 안타까워하며 그가 깊이 생각하지 않은 것을 한스럽게 여기지 않은 적이 없었고 鄭公이 어질다는 것을 더욱 잘 알 수 있었다.

1) 薄其恩禮 : 魏徵이 太宗에게 간쟁할 때 주고받았던 대화를 史官인 褚遂良에게

보여주었다. 太宗이 그 사실을 알고 매우 불쾌하게 생각하여 衡山公主를 魏徵의 맏아들 魏叔玉에 시집보내려 했던 계획을 취소하는 등 예우가 소홀해졌다. ≪新唐書 魏徵列傳≫

夫君之使臣과 與臣之事君者何오 大公至正之道而已矣라 大公至正之道는 非滅人言以掩己過요 取小亮以私其君이니 此其不可者也라 又有甚不可者하니 夫以諫諍爲當掩이라 是는 以諫諍爲非美也이니 則後世誰復當諫諍乎리오 況前代之君은 有納諫之美어늘 而後世不見하니 則非惟失一時之公이요 又將使後世之君으로 謂前代無諫諍之事라 是는 啓其怠且忌矣라 太宗末年에 群下旣知此意而不言하여 漸不知天下之得失하고 至於遼東之敗하야 而始恨鄭公不在世[1]하니 未嘗知其悔之萌芽 出於此也라

군주가 신하를 부리고 신하가 군주를 섬기는 것은 어떻게 하여야 하는가? 공명정대한 도를 따르면 그뿐이다. 공명정대한 도는 남의 말을 무시하여 자기의 잘못을 감추거나 소소한 작은 겸양을 취해 군주에게 아부하는 것이 아니니, 이것은 매우 옳지 않은 일이다. 이보다 더 옳지 않은 일이 있으니, 간쟁을 당연히 숨겨야 할 것으로 생각하는 것이다. 이는 간쟁을 좋지 않게 여기는 것이니 그렇다면 후세에 누가 다시 간쟁하겠는가. 게다가 전대의 군주가 간쟁을 받아들이는 미덕이 있었던 것을 후세의 군주는 알지 못하니, 이는 다만 한 시대의 공정함을 그르치는 것일 뿐만 아니라 또한 장차 후세의 군주로 하여금 전대에는 간쟁하는 일이 없었다고 생각하게 하는 것으로, 그 게으름과 시기심을 열어주는 것이다. 太宗 말년에 여러 신하들이 이러한 뜻을 알고도 말하지 않아서 군주가 점차 천하의 득실을 알지 못하게 되고 遼東의 패배에 이르러서야 비로소 鄭公이 세상에 없는 것을 한탄하였는데, 그 회한의 싹이 여기에서 나왔다는 것은 몰랐다.

1) 至於遼東之敗 而始恨鄭公不在世 : 貞觀 19년(645) 6월에 唐 太宗이 고구려를 침공하기 위해 직접 군대를 거느리고 遼東까지 왔으나 安市城(지금의 遼東 海城縣 남쪽)의 저항으로 9월까지 머물러 있던 중 군사와 말들이 태반이 죽고 군량도 바닥나 결국 실패하고 돌아갔다. 이때 크게 후회하며 말하기를 "魏徵이 만약 살아 있다면 내가 이곳으로 오게 하지는 않았을 것이다."라 하고, 사람을 보

내 魏徵의 묘소에 제사를 지내주고 그의 처자식을 불러 위문하고 예물을 하사하였다. ≪新唐書 魏徵傳≫

夫伊尹周公은 何如人也오 伊尹周公之諫切其君者는 其言至深하고 而其事至迫하니 存之於書하여 未嘗掩焉이라 至今稱太甲成王爲賢君하고 而伊尹周公爲良相者는 以其書可見也니 令當時削而棄之하여 成區區之小讓이면 則後世何所據依而諫하며 又何以知其賢且良與아 桀紂幽厲始皇之亡엔 則其臣之諫詞 無見焉하니 非其史之遺요 乃天下不敢言而然也니라 則諫諍之無傳은 乃此數君之所以益暴其惡於後世而已矣라

伊尹과 周公은 어떤 사람인가? 伊尹과 周公이 그 군주에게 간절히 간쟁한 것은 그 말이 매우 심각하고 그 일이 매우 급박하였는데 그것을 기록으로 남겨서 감춘 적이 없었다. 지금까지도 太甲과 成王을 어진 군주로 칭송하고 伊尹과 周公을 훌륭한 재상으로 여기는 것은 그 기록을 볼 수 있기 때문이다. 가령 당시에 그 기록을 삭제해서 없애버려 섬기는 군주에 대한 소소한 작은 겸양만을 보전했더라면 후세 사람들이 무엇에 근거하여 간쟁하겠으며, 또한 무슨 수로 그들이 어질고 훌륭했다는 것을 알겠는가. 桀王, 紂王, 幽王, 厲王, 秦始皇이 망할 무렵에는 그 신하들의 간언이 보이지 않으니, 이는 역사기록에서 빠뜨린 것이 아니라 곧 천하 사람들이 감히 말하지 못해서 그렇게 된 것이다. 그러한즉 간쟁한 사실이 전하지 않는 것은 곧 이 몇몇 군주들이 후세에 자신들의 악함을 더욱 드러내게 된 까닭일 뿐이다.

或曰 春秋之法은 爲尊親賢者諱하니 與此戾矣라하니 夫春秋之所以諱者는 惡也니 納諫諍이 豈惡乎리오 然則焚藁者는 非歟아하니 曰 焚藁者는 誰歟오 非伊尹周公爲之也요 近世取區區之小亮者爲之耳니 其事又未是也라 何則고 以焚其藁로 爲掩君之過하여 而使後世傳之하니 則是는 使後世不見藁之是非하여 而必其過常在於君하고 美常在於己也라 豈愛其君之謂歟아 孔光之去其藁之所言[1)]에 其在正邪를 未可知也하니 而焚之而惑後世 庸詎知非謀己之奸計乎리오 或曰 造辟而言하고 詭辭而出하니 異乎此라하니 曰此는 非聖人之所曾言也라 今萬一有是理라도 亦謂君臣之間議論之際에 不欲漏其言於一時之人耳니 豈杜其告萬世也리오

혹자는 "춘추필법은 尊者, 親者, 賢者에 대해서는 숨겨주는 바가 있으니, 이것과는 어긋난다."라고 말하지만, 춘추필법에 숨겨주는 것은 惡이니, 간쟁을 받아들이는 것이 어찌 惡이겠는가. "그렇다면 상소문 초고를 불태우는 것은 잘못인가?"라고 말하는데, 초고를 불태우는 자는 누구인가? 伊尹과 周公이 그렇게 한 것은 아니고 근세에 소소한 작은 겸양을 취하는 자가 그렇게 한 것일 뿐이니, 그 일은 더욱 옳지 않다. 어째서인가? 그 초고를 태움으로써 군주의 과실을 감춘 채 그대로 후세에 전하게 하니, 이는 후세 사람들로 하여금 초고의 잘잘못을 보지 못하게 함으로써 그 과실은 언제나 군주에게 있으며 미덕은 언제나 자기에게 있게끔 하였다. 이것이 어찌 그 군주를 사랑하는 것이라고 하겠는가. 孔光이 그 초고에 적힌 내용을 없애버림으로써 그의 잘잘못을 알 수 없게 되었으니, 초고를 불태워버려 후세 사람들을 미혹시킨 것이 어찌 일신의 안녕을 도모한 간교한 계책이 아니었다는 것을 알겠는가.

혹자가 "군주를 알현하면 말씀드리고, 나와서는 다른 사람들에게 사실을 고하지 않는다고 하는데, 이 경우와는 다르다."라고 말하지만, 이것은 성인께서 하신 말씀이 아니다. 지금 만일 이러한 이치가 있다 하더라도 또한 군신간에 의논하는 사이에 당대 사람들에게 그 말을 누설하려 하지 않음을 말한 것일 뿐이지, 어찌 만세에 일러주는 길까지 막자는 것이겠는가.

1) 孔光之去其藁之所言 : 孔光(B.C. 65~A.D. 5)은 孔子의 14대손이다. 漢 哀帝 때 승상을 지냈는데 국사를 논하는 상소문을 올린 뒤에 신하로서 군주의 허물을 드러내면 안 된다고 하여 그 초고를 삭제하거나 수정하였다. 이처럼 군주의 의중을 배려한 방식으로 18년간 요직을 보전하였다. ≪漢書 孔光列傳≫

噫라 以誠信待己而事其君하여 而不欺乎萬世者는 鄭公也니 益知其賢云이라 豈非然哉아 豈非然哉아

아, 진실한 몸가짐으로 그 군주를 섬겨 만세를 속이지 않는 이는 鄭公이니, 그가 어질다는 것을 더욱 잘 알겠다. 어찌 그렇지 않은가, 어찌 그렇지 않은가.

07. 蘇明允哀辭* 蘇明允에 대한 애사

* 明允은 蘇軾과 蘇轍의 아버지인 蘇洵(1009~1066)의 字이다. 세상에 이름을 날린 문장가로 唐宋八大家의 한 사람이다. 哀辭는 흔히 韻字를 붙여 짓는 문체의 이름으로 본디 요절한 사람을 애도하는 글이지만 후대에는 수명의 장단에 관계없이 사용하였으며, 돌에 새겨서 무덤 앞에 세우는 일종의 墓表이다. 작자와 蘇軾은 모두 歐陽脩의 문하생이고 같은 해에 進士試에 급제한 인연으로 인해 상호 관계가 밀접하였다. 앞부분의 서문에서 蘇洵의 평소 경력과 인품에 관해서는 간단히 서술하고 문학적인 성취를 깊이 있게 평가하였다. 작자는 이때 47세로 史館에서 봉직하고 있었다.

敍明允生平이 亦儘有生色可觀이라

明允의 생애를 서술한 내용이 또한 매우 생동감 있어 볼 만하다.

明允은 姓은 蘇氏요 諱는 洵이니 眉州眉山人也라 始擧進士하고 又擧茂才異等이어늘 皆不中[1)]하니라 歸焚其所爲文하고 閉戶讀書하니 居五六年에 所有旣富矣하니 乃始復爲文이라 蓋少或百字요 多或千言이니 其指事析理와 引物託諭 侈能盡之約하고 遠能見之近하며 大能使之微하고 小能使之著하며 煩能不亂하며 肆能不流라 其雄壯俊偉 若決江河而下也요 其輝光明白이 若引星辰而上也라 其略如是하니 以余之所言으로 於余之所不言을 可推而知也라 明允은 每於其窮達得喪과 憂歎哀樂에 念有所屬이면 必發之於此하며 於古今治亂興壞와 是非可否之際에 意有所擇이면 亦必發之於此하며 於應接酬酢萬事之變者에 雖錯出於外라도 而用心於內者는 未嘗不在此也라

明允은 성은 蘇氏이고 이름은 洵이니 眉州 眉山 사람이다. 처음에 進士科에 응시하고 또다시 茂才異等科에 응시하였으나 모두 합격하지 못하였다. 고향으로 돌아와 그동안 자신이 지은 글을 태워버린 뒤에 문을 닫고 책을 읽었다. 이렇게 5, 6년을 지내다가 학문이 풍부해진 뒤에 비로소 다시 글을 지었는데, 이 글들은 짧은 것은 혹 백자가 되고 긴 것은 혹 천 마디나 되었다. 사물의 이치를 분석하거나 어떤 사물을 빌어 드러내고픈 생각을 가탁한 것을 살펴보면, 풍부한 내용을 능히 간결한 문자로 표

현하고 심원한 도리를 능히 쉬운 문자로 전달하고, 큰 일을 능히 미세하게 만들고 작은 일을 능히 드러나게 하였으며, 내용이 번잡하더라도 능히 어지럽지 않게 하고 기세가 자유분방하더라도 능히 일정한 범위를 벗어나지 않게 하였다. 그 웅장하고 준수하고 위대한 기운은 마치 제방이 터진 강물이 세차게 흘러내려 가는 것 같고, 그 빛나고 밝은 논리는 마치 별들이 밤하늘에 떠오르는 것 같았다. 그 정황이 대략 이와 같으니, 내가 언급한 이 말을 통해 내가 말하지 않은 것을 미루어 알 수 있을 것이다.

明允은 매양 자신의 궁달과 득실, 근심스럽거나 즐거운 일을 만났을 때 생각이 촉발된 것이 있으면 반드시 문장 속에 드러내었고, 고금의 치란과 흥망, 시비와 가부 등의 사례에 대해 내심 평가를 내리는 일이 있으면 또한 반드시 문장 속에 드러내었으며, 천만 가지로 변하는 세상사에 대응하는 것에 있어서는 그것을 외면으로 표현하는 모양이야 복잡하더라도 속으로 철저히 검토하는 과정을 거쳐 이것을 문장 속에 반영하지 않은 것이 없었다.

1) 始擧進士……皆不中 : 茂才異等은 宋 仁宗 天聖 7년(1029)에 설치한 貢擧科目 가운데 하나이다. 蘇洵은 29세 때인 景祐 4년(1037)에 進士에 응시하였으나 합격하지 못하고, 38세 때인 慶曆 6년(1046)에 茂才異等科에 응시하였으나 또 합격하지 못하였다.

嘉祐初에 **始與其二子軾轍**로 **復去蜀**하여 **游京師**[1]할새 **今參知政事歐陽公脩 爲翰林學士**어늘 **得其文而異之**하여 **以獻於上**이러니 **旣而歐陽公**이 **爲禮部**에 **又得其二子之文**하여 **擢之高等**이라 **於是**에 **三人之文章**이 **盛傳於世**하니 **得而讀之者 皆爲之驚**하여 **或歎不可及**하며 **或慕而效之**하여 **自京師**로 **至於海隅障**徼히 **學士大夫 莫不人知其名**하여 **家有其書**라 **旣而明允召試舍人院**한대 **不至**하니 **特用爲秘書省校書郎**하니라 **頃之**에 **以爲霸州文安縣主簿**하여 **編纂太常禮書**하고 **而軾轍**이 **又以賢良方正策入等**하니 **於是**에 **三人者尤見於當時**하여 **而其名益重於天下**하니라

嘉祐 초에 비로소 그의 두 아들 蘇軾, 蘇轍과 함께 다시 蜀을 떠나 도성으로 왔다. 이때 지금의 參知政事인 歐陽脩가 翰林學士로 있었는데 明允의 글을 읽고는 뛰어나다고 여겨 皇上에게 올렸다. 얼마 후에 歐陽公이 禮部의 考試를 주관하면서 또 그의

두 아들의 문장을 읽고 그들을 높은 등수로 발탁하였다. 이에 이들 부자 세 사람의 문장이 세상에 성대하게 전해지니, 그것을 읽은 자들이 모두 경탄하여 어떤 이는 그 미칠 수 없는 경지에 감탄하고 어떤 이는 그를 경모하고 본받아서, 도성에서부터 해변과 변방에 이르기까지 學士大夫가 모두 이들의 이름을 알았고 집집마다 이들의 글을 소장하였다. 얼마 후에 明允이 부름을 받아 舍人院 考試에 응시할 기회가 있었지만 응하지 않자, 그를 특별히 秘書省校書郎으로 등용하였다. 얼마 지나지 않아 霸州 文安縣의 主簿가 되어 太常寺 禮書를 편찬하였고, 蘇軾과 蘇轍이 또 賢良方正科의 策問에 응시하여 합격 등수에 들었다. 그리하여 이들 세 사람이 당시에 더욱 알려져 그 명성이 더욱 드러났다.

1) 嘉祐初……游京師 : 嘉祐는 宋 仁宗의 연호이다. 과거시험에 여러 번 낙방하여 실의에 차 있던 蘇洵이, 두 아들이 시험에 응시하도록 하기 위해 嘉祐 원년(1056) 3월에 이들과 함께 고향인 蜀(지금의 四川)을 떠나 도성으로 들어간 일을 말한다. 이때 蘇軾의 나이는 21세이고 蘇轍은 18세였다.

治平三年春에 明允上其禮書호되 未報하고 四月戊申에 以疾卒하니 享年五十有八이라 自天子輔臣으로 至閭巷之士히 皆聞而哀之하니라

治平 3년(1066) 봄에 明允이 그가 편찬한 禮書를 皇上께 올렸으나 답을 얻지 못하였고, 4월 戊申日에 병으로 죽으니 향년 58세였다. 천자 측근의 대신들로부터 시골의 선비들에 이르기까지 그가 세상을 떠났다는 소식을 듣고 모두가 슬퍼하였다.

明允所爲文集이 有二十卷行於世라 所集太常因革禮者一百卷이요 更定謚法三卷은 藏於有司요 又爲易傳이나 未成이라 讀其書者는 則其人之所存을 可知也리라 明允爲人聰明辨智하고 遇人氣和而色溫하며 而好爲策謀하되 務一出己見하여 不肯躡故迹하니라 頗喜言兵하여 慨然有志於功名者也니라

明允이 저술한 문집이 20권 있는데 세상에 유포되었다. 그리고 그가 편집한 ≪太常因革禮≫라는 책은 1백 권이며, 개정한 ≪謚法≫은 官府에 보관하고 있으며, 또 ≪易傳≫을 편찬하였으나 완성되지 못했다. 그의 글을 읽은 사람은 곧 그의 학문수준

을 알 수 있을 것이다.

明允은 사람됨이 총명하고 지혜로웠으며 남을 대할 때 기운이 온화하고 낯빛이 따뜻하였다. 그리고 계책을 강구하기를 좋아하여 오로지 자기만의 독창적인 견해를 애써 내놓고 옛사람의 낡은 자취를 따르려 하지 않았다. 軍事에 대해 논변하기를 몹시 좋아하였으니 그는 심지가 강개 격앙하고 功名에 뜻을 둔 사람이었다.

二子에 **軾爲殿中丞直史館**하고 **轍爲大名府推官**이라 **其年**에 **以明允之喪**으로 **歸葬於蜀地**하고 **旣請歐陽公爲其銘**하고 **又請予爲辭以哀之**하여 **曰 銘將納之於壙中**이요 **而辭將刻之於冢上也**라하니 **余辭不得已**하여 **乃爲其文**하니라 **曰**

두 아들 중에 軾은 殿中丞과 直史館이 되고, 轍은 大名府의 推官이 되었다. 그해에 明允의 죽음으로 인해 蜀으로 돌아가 장사를 지낸 뒤에 歐陽公에게 銘을 써줄 것을 부탁하고 또 나에게 辭를 지어 애도해줄 것을 부탁하면서, "銘은 무덤 속에 넣을 것이고 辭는 돌에 새겨 무덤 위에 세울 예정이다." 하였다. 나는 사양하였지만 뜻대로 되지 않아 마침내 그 글을 다음과 같이 짓는다.

嗟明允兮邦之良으로 **氣甚夷兮志則彊**이라 **閱今古兮辨興亡**하고 **驚一世兮擅文章**이라 **御六馬兮馳無疆**[1)]하고 **決大河兮嚙扶桑**[2)]하며 **粲星斗兮射精光**하니 **衆伏玩兮雕肺腸**이라 **自京師兮洎幽荒**히 **矧二子兮與翶翔**가 **唱律呂兮和宮商**[3)]하여 **羽峨峨兮勢方颺**이러니 **孰云命兮變不常**하여 **奄忽逝兮汴之陽**[4)]이리오 **維自著兮暐煌煌**하여 **在後人兮慶彌長**하니 **嗟明允兮庸何傷**이리오

아, 明允이여 나라에서 뛰어난 인물로
기품은 온화하고 의지는 꿋꿋하였네
고금의 문헌 섭렵하여 흥망의 원인 가려내고
독보적인 문장으로 한 세상을 놀라게 했네
여섯 필 용마 몰아 끝없이 치닫고
큰 강물 터져 흘러 扶桑까지 밀려가듯
밤하늘 별 되어 찬란한 빛 쏘아대니

폐장 찌른 문장에 뭇사람이 감복하여
도성에서 변방까지 하나같이 칭송했고
게다가 두 아들과 한가로이 소요하며
律呂로 선창하고 宮商으로 화답하였네
두 나래 높이 들고 힘차게 날으려더니
그 누가 알았으랴 운명이란 무상하여
汴水의 북쪽에서 갑자기 떠날 줄을
하지만 스스로 찬란한 빛 드러내어
후인에게 남겨서 그 복이 무한하니
아, 明允이여 슬퍼할 게 뭐 있으랴

1) 御六馬兮馳無疆：六馬는 황제가 탄 수레를 끄는 여섯 마리의 말, 혹은 天神이 탄 수레를 끄는 여섯 마리의 용을 말한다. 그러나 여기서는 여러 마리의 준마가 힘차게 수레를 끌고 달린다는 뜻만을 취하여 문장을 종횡무진 자유자재로 구사하는 것을 형용한 것이다.

2) 決大河兮嚙扶桑：扶桑은 전설 속에 나오는 나무의 이름으로, 해가 그 밑에서 떠오른다고 하여 동쪽의 먼 끝을 뜻한다. 여기서는 문장의 기세가 워낙 강해 마치 큰 제방이 터진 강물이 거세게 거침없이 흘러 동해의 먼 곳까지 들이닥치는 것과 같다는 뜻으로 한 말이다.

3) 唱律呂兮和宮商：律呂는 고대에 樂律을 바로잡던 기구이다. 竹管, 혹은 金屬管으로 만드는데 모두 12개이다. 管의 지름은 같고, 길이의 장단으로 음의 높낮이를 확정한다. 낮은 음의 管부터 세어 홀수 여섯 개를 陽律이라 하고, 짝수 여섯 개를 陰呂라 한다. 宮商은 宮商角徵羽 5음 가운데 宮音과 商音을 가리킨다. 이들이 모두 음악의 和音을 이룬다는 뜻을 취하여 蘇洵이 그의 두 아들과 호흡을 잘 맞추는 것을 말한다.

4) 汴之陽：汴水의 북쪽, 곧 宋나라의 도성인 汴京을 말한다.

附 錄

＊ 이 부록은 '韓國 古文獻 所載 曾鞏 關聯資料'와 '韓・中・日 曾鞏 研究圖書 및 論文 目錄'으로 구성되어 있으며, 이는 관계 자료의 검색에 의한 것으로, 연구자들이 학술적으로 참고할 수 있도록 편집자가 첨부한 자료임.

1. 韓國 古文獻 所載의 曾鞏 關聯資料

(1) 韓國文集叢刊

姜錫圭, 〈西谷柳友來訪袖示一絶步韻奉謝〉, ≪聱齖齋集≫ 卷2
權　擘, 〈靈城府院君申公挽章〉, ≪習齋集≫ 卷1
權五福, 〈關東錄〉, ≪睡軒集≫ 卷1
奇宇萬, 〈春坡居士回甲詩軸序〉, ≪松沙先生文集≫ 卷15
金　構, 〈因臺啓諫疏賑廳事及徐相疏北城事辭職疏〉, ≪觀復齋遺稿≫ 卷7
金德承, 〈天槎大觀〉, ≪少痊公文集≫ 卷2
金尙憲, 〈哭月汀先生 四首〉, ≪淸陰先生集≫ 卷5
金允植, 〈沁湖亭記〉, ≪雲養集≫ 卷10
———, 〈八家涉筆下〉, ≪雲養集≫ 卷15
金馹孫, 〈題權睡軒關東錄後〉, ≪濯纓先生文集≫ 卷1
金正喜, 〈書牘 三十三〉, ≪阮堂先生全集≫ 卷3
———, 〈題默庵稿〉, ≪阮堂先生全集≫ 卷6
———, 〈雜識〉, ≪阮堂先生全集≫ 卷8
金　澍, 〈高陽世稾序〉, ≪寓庵先生遺集≫ 卷5
金柱臣, 〈散言〉, ≪壽谷集≫ 卷10
金鎭圭, 〈毘瑟山湧泉寺古蹟記〉, ≪竹泉集≫ 卷6
金昌協, 〈雜識 外篇〉, ≪農巖集≫ 卷34
金昌翕, 〈日錄 庚子 二月〉, ≪三淵集≫ 卷34
———, 〈漫錄〉, ≪三淵集≫ 卷36

南公轍, 〈禮曹參判兼同知經筵事弘文館提學五衛都摠府副摠管李公神道碑銘〉, ≪金陵集≫ 卷15
南秉哲, 〈書大藏一覽後〉, ≪圭齋遺藁≫ 卷5
南秀文, 〈泰安郡客舍新創記〉, ≪東文選≫ 卷81
南有容, 〈昌寧縣龍興寺碑銘〉, ≪雷淵集≫ 卷19
朴 瀰, 〈谿谷先生集序〉, ≪谿谷集≫
朴永元, 〈純宗大王殯殿進香文〉, ≪梧墅集≫ 冊8
朴胤源, 〈答兪汝成〉, ≪近齋集≫ 卷10
朴弼周, 〈辭承政院同副承旨疏〉, ≪黎湖先生文集≫ 卷4
白文寶, 〈懶翁語錄序〉, ≪淡庵先生逸集≫ 卷2
徐居正, 〈題姜景愚畫屛 希顔〉, ≪ 四佳詩集≫ 卷2
———, 〈黃州客館重新記〉, ≪四佳文集≫ 卷2
徐宗泰, 〈書後 錢牧齋集〉, ≪晩靜堂集≫ 第11
徐瀅修, 〈大學序〉, ≪明皐全集≫ 卷17
———, 〈晩悟〉, ≪明皐全集≫ 卷1
成三問, 〈詠海棠〉, ≪東文選≫ 卷19
成海應, 〈說苑高麗本說〉, ≪研經齋全集續集≫ 冊11
———, 〈讀書式〉, ≪研經齋全集續集≫ 冊12
———, 〈讀蔡氏洪範傳〉, ≪研經齋全集續集≫ 冊14
———, 〈題曾南豐南齊書目錄序後〉, ≪研經齋全集續集≫ 冊17
———, 〈二十三史約例〉, ≪研經齋全集外集≫ 卷24
成 俔, 〈與楙功書〉, ≪虛白堂文集≫ 卷12
宋相琦, 〈南遷錄〉, ≪玉吾齋集≫ 卷17
宋時烈, ≪宋子大全隨箚≫ 卷4
申 緯, 〈崔仁田和余詩冢韻又爲五七言各一篇見惠竝次韻通錄以贈〉, ≪警修堂全藁≫ 冊6
———, 〈北禪院續藁 讀宋十家詩各題一絶〉, ≪警修堂全藁≫ 冊18
———, 〈養硯山房藁三〉, ≪警修堂全藁≫ 冊19
申維翰, 〈自敍〉, ≪青泉先生續集≫ 卷2
安鼎福, 〈八家百選序〉, ≪順菴先生文集≫ 卷18
吳載純, 〈上雷淵南公〉, ≪醇庵集≫ 卷4
吳熙常, 〈上豐墅李公〉, ≪老洲集≫ 卷5

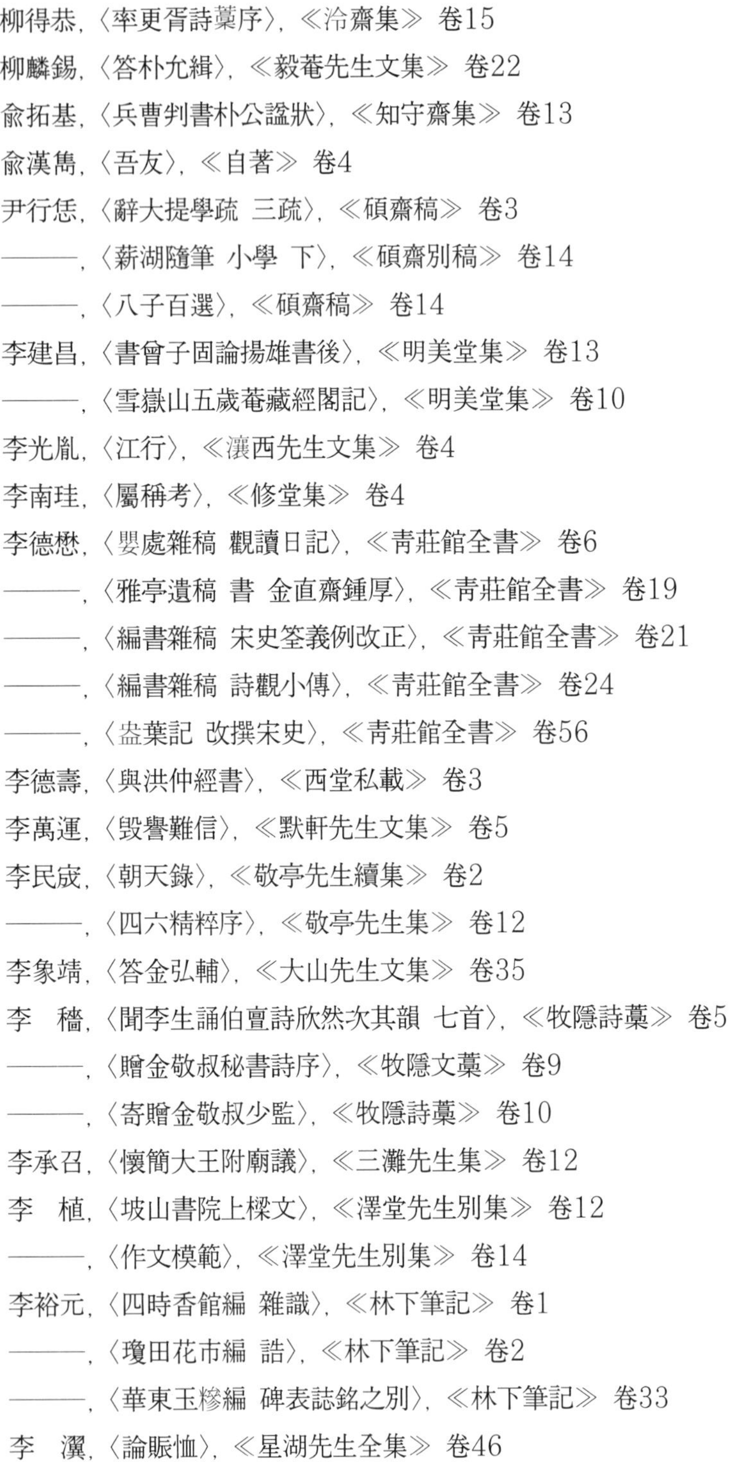

柳得恭,〈率更胥詩藁序〉,≪泠齋集≫ 卷15
柳麟錫,〈答朴允緝〉,≪毅菴先生文集≫ 卷22
兪拓基,〈兵曹判書朴公諡狀〉,≪知守齋集≫ 卷13
兪漢雋,〈吾友〉,≪自著≫ 卷4
尹行恁,〈辭大提學疏 三疏〉,≪碩齋稿≫ 卷3
———,〈薪湖隨筆 小學 下〉,≪碩齋別稿≫ 卷14
———,〈八子百選〉,≪碩齋稿≫ 卷14
李建昌,〈書曾子固論揚雄書後〉,≪明美堂集≫ 卷13
———,〈雪嶽山五歲菴藏經閣記〉,≪明美堂集≫ 卷10
李光胤,〈江行〉,≪瀼西先生文集≫ 卷4
李南珪,〈屬稱考〉,≪修堂集≫ 卷4
李德懋,〈嬰處雜稿 觀讀日記〉,≪青莊館全書≫ 卷6
———,〈雅亭遺稿 書 金直齋鍾厚〉,≪青莊館全書≫ 卷19
———,〈編書雜稿 宋史筌義例改正〉,≪青莊館全書≫ 卷21
———,〈編書雜稿 詩觀小傳〉,≪青莊館全書≫ 卷24
———,〈盎葉記 改撰宋史〉,≪青莊館全書≫ 卷56
李德壽,〈與洪仲經書〉,≪西堂私載≫ 卷3
李萬運,〈毁譽難信〉,≪默軒先生文集≫ 卷5
李民宬,〈朝天錄〉,≪敬亭先生續集≫ 卷2
———,〈四六精粹序〉,≪敬亭先生集≫ 卷12
李象靖,〈答金弘輔〉,≪大山先生文集≫ 卷35
李　穡,〈聞李生誦伯亶詩欣然次其韻 七首〉,≪牧隱詩藁≫ 卷5
———,〈贈金敬叔秘書詩序〉,≪牧隱文藁≫ 卷9
———,〈寄贈金敬叔少監〉,≪牧隱詩藁≫ 卷10
李承召,〈懷簡大王附廟議〉,≪三灘先生集≫ 卷12
李　植,〈坡山書院上樑文〉,≪澤堂先生別集≫ 卷12
———,〈作文模範〉,≪澤堂先生別集≫ 卷14
李裕元,〈四時香館編 雜識〉,≪林下筆記≫ 卷1
———,〈瓊田花市編 誥〉,≪林下筆記≫ 卷2
———,〈華東玉糝編 碑表誌銘之別〉,≪林下筆記≫ 卷33
李　瀷,〈論賑恤〉,≪星湖先生全集≫ 卷46

李 栽, 〈答子寅煥〉, ≪密菴先生文集≫ 卷9
———, 〈錦水記聞〉, ≪密菴先生文集≫ 卷11
李 楨, 〈上退溪先生〉, ≪龜巖先生文集≫ 卷1
———, 〈頤庵記〉, ≪龜巖先生文集續集≫ 卷1
李宗準, 〈遺山樂府詩跋〉, ≪慵齋先生遺稿≫
李之濂, 〈荒政提要〉, ≪恥菴集≫ 卷7
李天輔, 〈與李仲五德哉大卿歆伯玉宅次曾南豐韻〉, ≪晉菴集≫ 卷1
李夏坤, 〈與趙季禹書〉, ≪頭陀草≫ 冊12
———, 〈刪補古文集成序〉, ≪頭陀草≫ 冊16
———, 〈送李令來初仁復赴任安東序〉, ≪頭陀草≫ 冊17
李學逵, 〈因樹屋集 答〉, ≪洛下生集≫ 冊10
李海昌, 〈四月二十三日始雨喜甚吟咏因成一篇奉呈淸心樓主人〉, ≪松坡集≫ 卷7
李獻慶, 〈祭任參議珽文〉, ≪艮翁先生文集≫ 卷14
李 滉, 〈答李剛而問目〉, ≪退溪先生文集≫ 卷21
任聖周, 〈書筵講義〉, ≪鹿門先生文集≫ 卷8
———, 〈雜著 經義 尙書〉, ≪鹿門先生文集≫ 卷15
林 泳, 〈晦谷集跋〉, ≪滄溪先生集≫ 卷6
林昌澤, 〈養親論〉, ≪崧岳集≫ 卷3
———, 〈李白論〉, ≪崧岳集≫ 卷4
張 維, 〈詩能窮人辯 課作〉, ≪谿谷先生集≫ 卷3
———, 〈宋名賢之享壽〉, ≪谿谷先生漫筆≫ 卷1
———, 〈曾子固王介甫司馬公見稱文章大家〉, ≪谿谷先生漫筆≫ 卷1
———, ≪谿谷先生漫筆≫ 卷1
田 愚, 〈與宋東玉〉, ≪艮齋先生文集≫ 前編卷2
丁範祖, 〈文兆三選序〉, ≪海左先生文集≫ 卷20
丁若鏞, ≪與猶堂全書≫ 第一集 ≪小學珠串≫ 〈八之類二十條 八家〉
———, ≪與猶堂全書≫ 第三集 ≪喪禮外編≫ 卷4 〈國朝典禮考一 仁祖〉
———, ≪與猶堂全書≫ 第三集 ≪喪禮四箋≫ 卷11 〈喪期別五 出後二〉
———, ≪與猶堂全書≫ 第五集 ≪牧民心書≫ 卷1 〈赴任六條〉
———, ≪與猶堂全書≫ 第五集 ≪牧民心書≫ 卷7 〈禮典六條〉
———, ≪與猶堂全書≫ 第五集 ≪牧民心書≫ 卷11 〈工典六條〉

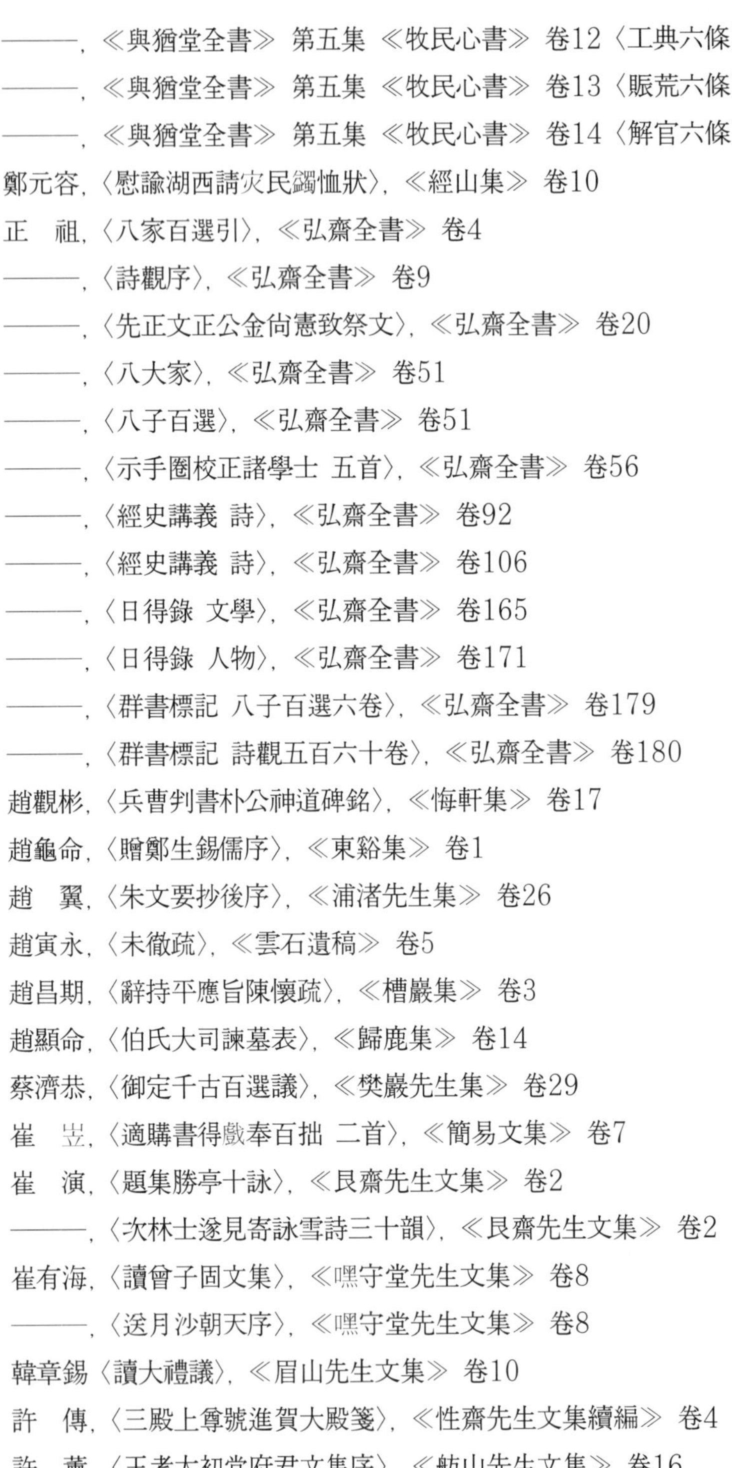

———, ≪與猶堂全書≫ 第五集 ≪牧民心書≫ 卷12〈工典六條〉
———, ≪與猶堂全書≫ 第五集 ≪牧民心書≫ 卷13〈賑荒六條〉
———, ≪與猶堂全書≫ 第五集 ≪牧民心書≫ 卷14〈解官六條〉
鄭元容,〈慰諭湖西請灾民蠲恤狀〉, ≪經山集≫ 卷10
正　祖,〈八家百選引〉, ≪弘齋全書≫ 卷4
———,〈詩觀序〉, ≪弘齋全書≫ 卷9
———,〈先正文正公金尙憲致祭文〉, ≪弘齋全書≫ 卷20
———,〈八大家〉, ≪弘齋全書≫ 卷51
———,〈八子百選〉, ≪弘齋全書≫ 卷51
———,〈示手圈校正諸學士 五首〉, ≪弘齋全書≫ 卷56
———,〈經史講義 詩〉, ≪弘齋全書≫ 卷92
———,〈經史講義 詩〉, ≪弘齋全書≫ 卷106
———,〈日得錄 文學〉, ≪弘齋全書≫ 卷165
———,〈日得錄 人物〉, ≪弘齋全書≫ 卷171
———,〈群書標記 八子百選六卷〉, ≪弘齋全書≫ 卷179
———,〈群書標記 詩觀五百六十卷〉, ≪弘齋全書≫ 卷180
趙觀彬,〈兵曹判書朴公神道碑銘〉, ≪悔軒集≫ 卷17
趙龜命,〈贈鄭生錫儒序〉, ≪東谿集≫ 卷1
趙　翼,〈朱文要抄後序〉, ≪浦渚先生集≫ 卷26
趙寅永,〈未徹疏〉, ≪雲石遺稿≫ 卷5
趙昌期,〈辭持平應旨陳懷疏〉, ≪槽巖集≫ 卷3
趙顯命,〈伯氏大司諫墓表〉, ≪歸鹿集≫ 卷14
蔡濟恭,〈御定千古百選議〉, ≪樊巖先生集≫ 卷29
崔　岦,〈適購書得戲奉百拙 二首〉, ≪簡易文集≫ 卷7
崔　演,〈題集勝亭十詠〉, ≪艮齋先生文集≫ 卷2
———,〈次林士遂見寄詠雪詩三十韻〉, ≪艮齋先生文集≫ 卷2
崔有海,〈讀曾子固文集〉, ≪嘿守堂先生文集≫ 卷8
———,〈送月沙朝天序〉, ≪嘿守堂先生文集≫ 卷8
韓章錫〈讀大禮議〉, ≪眉山先生文集≫ 卷10
許　傳,〈三殿上尊號進賀大殿箋〉, ≪性齋先生文集續編≫ 卷4
許　薰,〈王考太初堂府君文集序〉, ≪舫山先生文集≫ 卷16

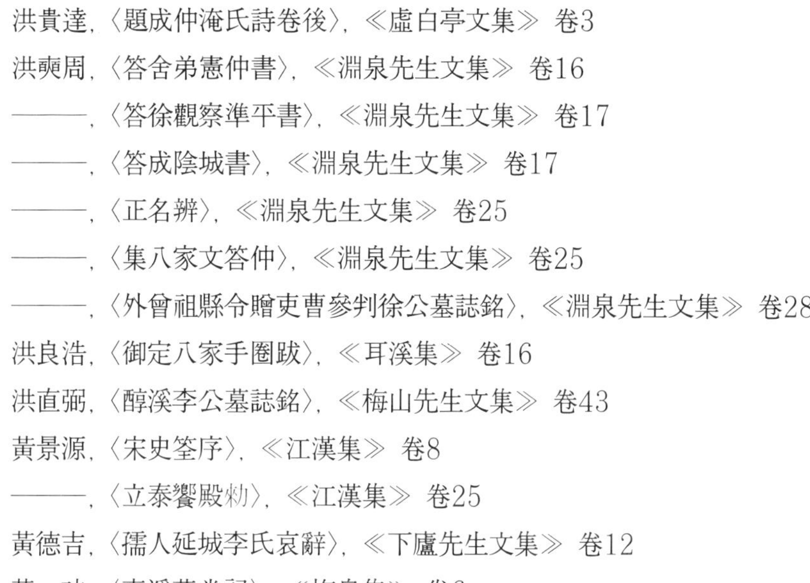

洪貴達, 〈題成仲淹氏詩卷後〉, ≪虛白亭文集≫ 卷3
洪奭周, 〈答舍弟憲仲書〉, ≪淵泉先生文集≫ 卷16
———, 〈答徐觀察準平書〉, ≪淵泉先生文集≫ 卷17
———, 〈答成陰城書〉, ≪淵泉先生文集≫ 卷17
———, 〈正名辨〉, ≪淵泉先生文集≫ 卷25
———, 〈集八家文答仲〉, ≪淵泉先生文集≫ 卷25
———, 〈外曾祖縣令贈吏曹參判徐公墓誌銘〉, ≪淵泉先生文集≫ 卷28
洪良浩, 〈御定八家手圈跋〉, ≪耳溪集≫ 卷16
洪直弼, 〈醇溪李公墓誌銘〉, ≪梅山先生文集≫ 卷43
黃景源, 〈宋史筌序〉, ≪江漢集≫ 卷8
———, 〈立泰饗殿籾〉, ≪江漢集≫ 卷25
黃德吉, 〈孺人延城李氏哀辭〉, ≪下廬先生文集≫ 卷12
黃　玹, 〈東溪草堂記〉, ≪梅泉集≫ 卷6

(2) 朝鮮王朝實錄

≪文宗實錄≫ 文宗 1년 8월 30일
≪成宗實錄≫ 成宗 6년 9월 19일
≪肅宗實錄≫ 肅宗 17년 1월 25일
≪肅宗實錄≫ 肅宗 29년 4월 1일
≪肅宗實錄≫ 肅宗 30년 8월 5일
≪正祖實錄≫ 正祖 4년 10월 10일
≪正祖實錄≫ 正祖 5년 6월 13일

(3) 叢書類 등 기타

≪新增東國輿地勝覽≫ 卷19, 〈忠淸道 泰安郡〉
≪新增東國輿地勝覽≫ 卷41, 〈黃海道 黃州牧〉
李睟光, 〈文章部二 詩評〉, ≪芝峯類說≫ 卷9
———, 〈禽蟲部 鱗介〉, ≪芝峯類說≫ 卷20
李　瀷, ≪星湖僿說≫ 제6권 〈萬物門 木氷〉
———, ≪星湖僿說≫ 제15권 〈人事門 公是公非〉

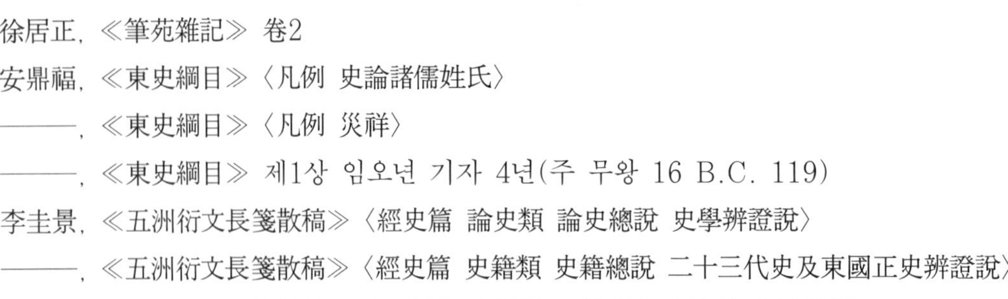

徐居正, ≪筆苑雜記≫ 卷2
安鼎福, ≪東史綱目≫〈凡例 史論諸儒姓氏〉
———, ≪東史綱目≫〈凡例 災祥〉
———, ≪東史綱目≫ 제1상 임오년 기자 4년(주 무왕 16 B.C. 119)
李圭景, ≪五洲衍文長箋散稿≫〈經史篇 論史類 論史總說 史學辨證說〉
———, ≪五洲衍文長箋散稿≫〈經史篇 史籍類 史籍總說 二十三代史及東國正史辨證說〉
———, ≪五洲衍文長箋散稿≫〈人事篇 論學類 心性理氣 迂怪潔癖辨證說〉

2. 韓·中·日의 曾鞏 硏究圖書 및 論文 目錄

(1) 韓國

郭魯鳳, 〈曾鞏 散文理論과 特徵〉≪중국학연구 9≫, 중국학연구회, 1994.
金松柱, ≪曾鞏 記文 硏究≫, 고려대학교 대학원 석사학위 논문, 2010.
김용표, 〈曾鞏 記敍文을 통해 본 그 실용주의 정신〉≪중국학연구 6≫, 중국학연구회, 1991.
金鍾燮, ≪曾鞏散文硏究≫, 서울대학교 대학원 석사학위논문, 1990.
白光俊, 〈墓碑文을 통해 본 曾鞏의 글쓰기- 문체에 대한 관점의 형성배경과 그 의의를 중심으로〉≪중국문학 33≫, 한국중국어문학회, 2000.
柳瑩杓, 〈曾鞏의 〈與王介甫第二書〉의 창작 동기 고찰〉≪중국문제연구≫, 경성대학교 인문과학연구소, 1998.
______, 〈曾鞏과 王安石의 교유〉≪중국문학 38≫, 한국중국어문학회, 2002.

(2) 中國

江西省文學藝術硏究所編, ≪曾鞏硏究論文文集≫, 江西人民出版社, 1986.
江西省哲學社會科學學會聯合會 等編, ≪曾鞏紀念集≫, 출판지 및 출간일 불명, 대만 중앙연구원 소장.
金容杓, ≪曾鞏散文硏究≫, 國立臺灣大學博論, 1994.
廖素卿, ≪曾鞏散文硏究≫, 東海大學碩論, 1986.
王琦珍, ≪曾鞏評傳≫, 江西高校出版社, 1990.
曾文樑, ≪曾鞏硏究≫, 臺灣輔仁大學碩論, 1983.

夏漢寧, ≪曾鞏≫, 中華書局, 1993.

(3) 日本

東 英壽,〈曾鞏の散文文體の特色-歐陽脩散文との類似點〉≪宋代詩文研究會會誌≫ 14, 宋代詩文研究會, 2007.

麓 保孝,〈曾南豐の學行に就いて-宋代儒家思想史上に占める地位〉, ≪防衛大學校紀要≫ 7, 防衛大學校, 1963.

譯者 略歷

1949년 전남 고흥 출생
향리 龍岡齋에서 梧泉 朴壽烈 선생에게 한문 수학
蓬山 安鍾宣 · 海蓑 朴奎鉉 선생 師事
1980년 민족문화추진회 부설 국역연수원 수료
1985년 민족문화추진회 상임연구부 졸업
1985년~2006년 민족문화추진회 전문위원, 국역실장, 편찬실장, 교무처장 역임
2004년~현재 한국고전번역원 부설 고전번역교육원 교수
2009년~현재 성균관대학교 번역대학원 고전번역통합과정 겸임교수

譯書

≪효종실록≫ ≪중종실록≫ ≪정조실록≫ ≪인조실록≫ ≪선조실록≫
≪한수재집≫ ≪송자대전≫ ≪성소부부고≫ ≪상촌집≫ ≪다산시문집≫
≪농암집≫ ≪한강집≫ ≪농산세헌≫ ≪고문선독≫ 등 다수

업적

1994년 한자 고속입력법 '송마법' 개발
1996년 동양고전검색시스템 개발 'CD-ROM 상우천고' 제작
현재 11개 분야 700종 4억 5천만 자 DB화, www.s-sangwoo.kr 서비스

東洋古典譯註叢書 52
譯註 唐宋八大家文抄 曾鞏

2010년 12월 30일 초판 발행
2011년 7월 15일 초판 2쇄

譯 註 宋基采
編 輯 古典國譯編輯委員會
發行人 李啓晃
發行處 社團法人 傳統文化研究會
서울시 종로구 낙원동 284-6 낙원빌딩 411호
전화 : (02)762-8401 전송 : (02)747-0083
전자우편 : juntong@juntong.or.kr
홈페이지 : juntong.or.kr
사이버書堂 : cyberseodang.or.kr
온라인서점 : book.cyberseodang.or.kr
등록 : 1989. 7. 3. 제1-936호

인쇄처 : 한국법령정보주식회사(02-462-3860)
총 판 : 한국출판협동조합(070-7119-1750)

ISBN 978-89-91720-62-6 94820
89-85395-71-8(세트)

정가 25,000원